清华
国学
书系

赵万里文存
ZHAOWANLI WENCUN

清华大学国学研究院 主编
付佳 选编

江苏人民出版社

图书在版编目(CIP)数据

赵万里文存/清华大学国学研究院主编;付佳选编
.—南京:江苏人民出版社,2016.7
(清华国学书系)
ISBN 978-7-214-19158-8

Ⅰ.①赵… Ⅱ.①清… ②付… Ⅲ.①国学—文集
Ⅳ.①Z126.27-53

中国版本图书馆 CIP 数据核字(2016)第 159192 号

书　　　名	赵万里文存	
主　　　编	清华大学国学研究院	
选　　　编	付　佳	
责 任 编 辑	卞清波	
装 帧 设 计	姜　嵩	
出 版 发 行	凤凰出版传媒股份有限公司 江苏人民出版社	
出版社地址	南京市湖南路 1 号 A 楼,邮编:210009	
出版社网址	http://www.jspph.com	
经　　　销	凤凰出版传媒股份有限公司	
照　　　排	江苏凤凰制版有限公司	
印　　　刷	南京爱德印刷有限公司	
开　　　本	652 毫米×960 毫米　1/16	
印　　　张	34.75　插页 2	
字　　　数	465 千字	
版　　　次	2016 年 10 月第 1 版　2016 年 10 月第 1 次印刷	
标 准 书 号	ISBN 978-7-214-19158-8	
定　　　价	68.00 元	

(江苏人民出版社图书凡印装错误可向承印厂调换)

总　序

晚近以来,怀旧的心理在悄悄积聚,而有关民国史的各种著作,也渐次成为热门的读物。——此间很重要的一个原因,当然是在蓦然回望时发现:那尽管是个国步艰难的年代,却由于新旧、中西的激荡,也由于爱国、救世的热望,更由于文化传承的尚未中断,所以在文化上并不是空白,其创造的成果反而相当丰富,既涌现了制订规则的大师,也为后来的发展开辟了路径。

此外还应当看到,这种油然而生的怀旧情愫,又并非只意味着"向后看"。正如斯维特兰娜·博伊姆在《怀旧的未来》中所说:"怀旧不永远是关于过去的;怀旧可能是回顾性的,但是也可能是前瞻性的。"——由此也就启发了我们:在中华文明正走向伟大复兴、正祈望再造辉煌的当下,这种对过往史料的重新整理和对过往历程的从头叙述,都典型地展现了坚定向前的民族意志。

正是在这样的背景下,本院早期既昙花一现、又光华四射的历程就越发引起了世人的瞩目。简直令人惊异的是,一个仅存在过四年的学府,竟能拥有像梁启超、王国维、陈寅恪、赵元任、李济、吴宓这样的导师,拥有像梁漱溟、林志钧、马衡、钢和泰及赵万里、浦江清、蒋善国这样的教师,乃至拥有像王力、姜亮夫、陆侃如、姚名达、谢国桢、吴其昌、高亨、刘盼遂、徐中舒这样的学生……而且,无论是遭逢外乱还是内耗,这个如流星般闪过的学府,以及它的一位导师为另一位导师所写的、如今已是斑驳残损的碑文内容——"独立之精神,自由之思想",都在激励后学们去保持操守、护持文化和求索真理,就算不必把这一切全都看成神话,但它们至少也是不可多得的佳话吧?

可惜在相形之下,虽说是久负如此盛名,但外间对本院历史的了解,总体说来还是远远不够的,尤其对其各位导师、其他教师和众多弟子的总体成就,更是缺少全面深入的把握。缘此,本院自恢复的那一天起,便大规模地启动了"院史工程",冀能在深入研究的基础上,最终以每人一卷的形式,和盘托出院友们的著作精选,以作为永久性的追思缅怀,同时也对本院早期的学术成就,进行一次总体性的壮观检阅。

就此的具体设想是,这样的一项"院史工程",将会对如下四组接续的梯队,进行总览性的整理研究:其一,本院久负盛名的导师,他们无论道德还是文章,都将长久地垂范于学界;其二,曾以各种形式协助过上述导师、后来也卓然成家的早期教师,此一群体以往较少为外间所知;其三,数量更为庞大、很多都成为学界中坚的国学院弟子,他们更属于本院的骄傲;其四,等上述工作完成以后,如果我们行有余力,还将涉及某些曾经追随在梁、王、陈周围的广义上的学生,以及后来在清华完成教育、并为国学研究做出突出贡献的其他学者。

这就是本套"清华国学书系"的由来!尽管旷日持久、工程浩大、卷帙浩繁,但本院的老师和博士后们,却不敢有丝毫的懈怠,而如今分批编出的这些"文存",以及印在其前的各篇专门导论,也都凝聚了他们的辛劳和心血。此外,本套丛书的编辑,也得到了多方的鼎力支持;而各位院友的亲朋、故旧和弟子,也都无私地提供了珍贵的素材,这让我们长久地铭感在心。

为了最终完成这项任务,我们还在不停地努力着。因为我们深知,只有把每位院友的学术成就,全都搜集整理出来献给公众,本院的早期风貌才会更加逼真地再现,而其间的很多已被遗忘的经验,也才有可能有助于我们乃至后人,去一步一步地重塑昔日之辉煌。在这个意义上,这套书不仅会有很高的学术史价值,也会是一块永久性的群英纪念碑。——形象一点地说,我们现在每完成了一本书,都是在为这块丰碑增添石材,而等全部的石块都叠立在一起,它们就会以一格格的浮雕形式,在美丽的清华园里,竖立起一堵厚重的"国学墙",供同学们来此兴高采烈地指认:你看这是哪一位大师,那又是哪一位前贤……

我们还憧憬着:待到全部文稿杀青的时候,在这堵作为学术圣地的"国学墙"之前,历史的时间就会浓缩为文化的空间,而眼下正熙熙攘攘的学人们,心灵上也就多了一个安顿休憩之处。——当然也正因为那样,如此一个令人入定与出神的所在,也就必会是恢复不久的清华国学院的重新出发之处,是我们通过紧张而激越的思考,去再造"中国文化之现代形态"的地方。

清华大学国学研究院
2012 年 3 月 16 日

目 录

导言　赵万里生平与学术　1
王静安先生年谱　1
王静安先生著述题跋　53
王静安先生之考证学　107
中国印本书籍发展简史　114
古代的版刻　129
两宋诸史监本存佚考　135
中国史料目录学讲义　143
《西谛书目》序　211
唐写本《文心雕龙》残卷校记　217
《说苑》斠补　244
谈谈《永乐大典》　260
《永乐大典》内辑出之佚书目　265
《宋会要稿》略说　268
重整范氏天一阁藏书记略　275
从天一阁说到东方图书馆　283
论商务印书馆出版之《四部丛刊》　288

《四部丛刊续编》的评价　293

《程氏墨苑》杂考　307

《校辑宋金元人词》序　315

谈柳词　317

评罗庄女士《初日楼词》　322

评顾随《味辛词》　324

悼江山刘毓盘先生　326

散曲的历史观　330

关汉卿史料新得·一点补正　340

关汉卿散曲辑存　344

写在《琵琶记》之后　390

《水浒传》双渐赶苏卿故事考　397

《汉魏南北朝墓志集释》序　405

魏宗室东阳王荣与敦煌写经　409

赵韶事实考证——北朝定州之新史料　416

彭城王元勰妃李瑗华墓志铭　420

洛阳新出尔朱敞父子墓志考证　422

高虬墓志跋　426

高湛墓志跋　428

李挺墓志跋　430

徐智竦墓志跋　432

跋洛阳近出陈叔明墓志　434

评《河南金石志图》第一集　437

《元一统志》前言　441

《薛仁贵征辽事略》后记　444

宋刻《淮海居士长短句》跋　447

稿本《今乐考证》跋　449

元大德刻《稼轩长短句》跋　454

宋龙舒本《王文公文集》题记　*456*

跋汤舜民《笔花集》　*461*

《馆藏善本书提要》选录　*465*

《重广会史》五十卷　*474*

《芦浦笔记》十卷　*476*

《典雅词》十四种　*484*

《明人文集题记》选录　*489*

附录　赵万里先生年表　*501*

后记　*512*

导言　赵万里生平与学术

赵万里(1905—1980),字斐云,号芸盦、舜盦,浙江海宁人。天生聪明颖悟,少时即有志于文史之学,先后入国学大师吴梅、王国维门下,得二氏之亲传,受教匪浅。他一生主要供职于北平图书馆,任善本部主任、研究员,又为北京大学、清华大学等校兼职教授。赵万里是著名的文献学家,长于目录、版本、辑佚、校勘之学,在金石学、词曲学方面亦造诣颇深。

一、赵万里之生平

1905年5月7日,赵万里出生于浙江省海宁县城的啸园。海宁自古为人杰地灵之所,明清以来更是人才辈出,文化气氛十分浓郁。赵家也是书香门第,祖父赵承鼎,是个廪生,以开馆授徒为业。父亲赵宗孟,善作诗,工书法,在上海商界任职,为沪上书法界名人。赵万里童年受教于母亲和祖父。母亲张顺媛是他的启蒙老师,学前已教他识得千余字,背诵唐诗数十首。祖父则教他学习《四书》,培养他研究国学的兴趣。六岁入海宁达材小学,学习勤奋,成绩优异。十二岁考入嘉兴市省立第二中学。他致力于学,尤其喜好文史,得到了陆颂襄、刘毓盘两位宿儒的指教,学业上有所精进。刘毓盘是著名词人和词学家,赵万里对词曲研究产生兴趣应是受到了他的影响。

1921年,年仅十六岁的赵万里考入南京国立东南大学国文系,师从吴梅,研习词曲。吴梅是词曲研究大家,在人才培养上更是桃李满园。执教东南大学期间,唐圭璋、王季思、任中敏、卢冀野等齐集门下,后皆成为词曲研究名家。赵万里后来虽不专攻词曲,但在词曲校辑、词曲史研究方面也有所成就,这跟吴梅的教导是分不开的。吴梅曾在王季思的习作批语中写道:"自万里(赵万里)、雨亭(孙雨亭)、维钊(陆维钊)之后,复得斯才,我心喜极。"①可知吴梅亦将赵万里视为得意弟子、可造之材。以吴梅为中心的国文系师生,坚持古典诗词的创作,常结社集会,互相唱和联吟。赵万里常参与其中,习作填词。浦江清、王季思等人的著述中都存有他们即席联句的词作,可见一时之风雅。当时东南大学提倡以传统方法研究国学、整理国故,重视小学,注重古籍的校勘、疏证。在顾实、陈中凡等老师的教授下,赵万里系统学习了古文字、训诂、校勘、音韵等小学方面的知识,为之后校释、研究古籍打下了良好的基础。1923年,他在东南大学《国学丛刊》上发表了处女作《述彔、方二字义》一文,内容为古文字的考释。大学期间,他更醉心学业,勤于读书,常常废寝忘食。曾费尽千辛万苦得到机会,获允到南京图书馆阅读丁氏八千卷楼的藏书。为了多看书,中午不返校吃饭,只以一两个炊饼充饥,这样坚持了一年有余。读书的同时,还开始刻意搜求、收藏书籍。他生活简朴,将节余之钱都用来买书,几年间所得颇丰,盈橱满屋,还手抄了《水云楼词》、《烟霞万古楼诗》、《黼黻图回文诗》等古籍,其爱书、藏书之嗜好日渐养成。

大学毕业后,经吴梅推荐,赵万里于1925年7月赴北京拜王国维为师。他与王国维既是同乡,又为姻娅,按辈分王国维是他的表姨父,但此前他仅在海宁谒见过王国维一次,彼此并不相熟。拜师当天,他还请了蒋复璁作陪,奉上束脩,按传统入室之仪行了叩拜大礼,执礼甚恭。这一

---

① 王季思:《玉轮轩后集·回忆吴梅先生的教诲》,广州:中山大学出版社,1994年,第29页。

年，王国维被聘为清华学校研究院国学门导师。起初王国维命他馆于家，恰逢研究院聘请的助教陆维钊因事未能赴职，于是赵万里承其乏任职清华研究院。助教的工作主要是为王国维检阅书籍、抄校文稿。有了入室弟子和助教的双重身份，他得以随侍王国维左右，时常受教。获此得天独厚的问学请教之机，他在学问上自是受益良多。在侍读过程中，赵万里开始了解、熟悉王国维的治学领域，拓宽了自己的研究视野，涉猎范围延伸至目录版本学、考据学、金石学、地理学等方面，并逐渐掌握了以史料为支撑的研究方法，考索、辨析史料的功力见长。王国维重视目录、校勘等文献基础工作，每治一门学问，都要先对相关书籍进行校勘、释读。每遇善本佳椠，必会与自藏本比勘，将异文和研究心得著录书中，因此批校之书极多。赵万里将其中重要的校本进行过录，如王校《水经注笺》《穆天子传》《蒙古史料四种校注》等十几种都有赵万里临校本。通过抄校，他吸取了王国维的校书经验，提升了校勘、考释古籍的能力。其间，他还在《国学论丛》上发表了《唐写本〈文心雕龙〉残本校记》，以敦煌写本残卷校嘉靖本《文心雕龙》，考订细密、严谨，校正异文数百条，足见其考校古籍能力的提升。

1927年6月2日，王国维自沉于颐和园昆明湖。当天赵万里曾四处寻找打听，遍寻不获之际得闻噩耗，他悲恸不已。王国维遗书将身后书籍之事托付吴宓与陈寅恪二人，他们考虑到赵万里与王国维师生关系密切，且随侍日久，遂将整理遗稿的工作交给了赵万里。随后一年，他在研究院的工作转为全力整理王国维遗作。先后编写了《王静安先生著述目录》，收录王国维著述六十二种，书名之下写有提要，说明写作、编定经过及修订、发表情况等。《王静安先生手校手批书目》，著录王国维批校本一百九十二种，亦有提要说明校勘采用的版本、参考材料，并略有论析和补正。《王静安先生年谱》，总结王国维生平和学术，所述生平事迹详实可靠，论其学术发展演变、著述本末完备清晰。此三者都载于1928年《国学论丛》所设"王国维纪念专号"。此外，他撰写了《王静安先生之考证学》一文，对王国维在考证学各方面所取得的成就及特色皆作了深入论述。又将王国维遗著《唐五代二十一家词》整理出版,还将遗作中有关词论的内容加以辑录,发表了《〈人间词话〉未刊稿及其他》一文。离开清华之后,他并未中止编纂,而是将整理恩师著述、传扬其学术,作为了毕生的一项重要工作。三十年代初,他参与编写《续修四库全书总目提要》,负责王国维著作提要的撰写,共计完成四十三篇。诸篇提要不仅对王著详加介绍,并叙其创作缘起、宗旨,论其研究方法、学术价值,内容丰赡。且毫不讳言王著之失,在《两浙古刊本》、《曲录》、《录曲丛谈》等书的提要中均根据新材料和新研究成果指出了书中的缺失与谬误。1934年,他将王国维《古史新证》手稿影印出版。该书原是王国维在清华研究院上课时的讲义,其中有论"二重证据法"等代表其学术观念的重要内容,手稿一直为赵万里珍藏,尚未完整刊行过。之后,他又与王国华合作全面编辑王国维著述,于1940年出版了《海宁王静安先生遗书》。此前罗振玉所编《海宁王忠悫公遗书》,带有一些主观之见,摒弃了王国维早年的著述,而赵万里所收范围要广泛得多,力求完备,故出版之后一直是王国维全集最通行的本子,影响很大,一再被重印[①]。50年代,王仲闻将其父藏书捐赠给北平图书馆,也是由赵万里经手操办,并编写目录。他所编撰的这些书籍、文章至今仍是研究王国维生平和学术的重要参考资料,对于"王学"之贡献,可谓厥功甚伟。在这一系列编撰过程中,赵万里全面研读了王国维著述,对其治学之精要有了更加深入的体会和掌握,潜移默化,将之运用到自己的研究中。赵万里的学术研究,很大部分是承"王学"之绪余而进一步发展。如他承袭"二重证据法",重视纸上史料与考古文献相印证,整理出土墓志,编撰《汉魏南北朝墓志集释》;借鉴王国维所编《密韵楼藏书志》,编成《北平图书馆善本书目》;补充、修正王国维《两宋监本考》,写成《南宋诸史监本存佚考》。在治学路径与方法上,他主要继承了王国维注重文献基础、史料支撑的一面,将研究重心置于

[①] 参考彭玉平:《王国维全集的编纂:历史回顾、当下需求与后续寻访》,《学术研究》2012年第10期,第107—108页。

古籍编目、校辑与考订,在目录版本学上成就斐然。同时,他更是继承了王国维一心向学的执着精神和严谨求实的治学风格,终生致力于学术事业,从无荒疏、懈怠。

赵万里感念师恩,在王国维去世之后给予其家人生活上的照顾。受王夫人潘氏之请,他教幼女王东明学习古文,为她准备了《古文观止》,悉心讲授一年时间。潘夫人举家南迁时,将无法携带的家具包括王先生的书桌留给了赵万里。赵家一直妥善保管,直至八十年代将书桌捐赠北大考古博物馆。"文革"时期,赵万里的藏书被悉数抄没,平反后归还之时,北京图书馆希望他将藏书中的十余部古籍捐献出来。时已病重的赵万里看过清单后,同意捐书,但表示其中一件务必要归还,那便是他当年过录王国维所校《水经注笺》的临校本,上面有王国维的两方钤印和一篇题赠之跋。跋文曰:

> 门人赵斐云酷嗜校书,见余有此校,乃觅购朱王孙本,临校一过,并嘱余识其颠末。余近岁方治他业,未能用力此书,时距今才六载寒暑,而人事之盛衰,交游之存亡聚散,书籍之流转,已不胜今昔之感。然则斐云以数月之力,为余校本留此副墨,亦未始尘劫中一段因缘也。丁卯二月十八日雪霁后观堂书。

此部校本,他视之为恩师留下的最珍贵的纪念,永不能相舍。王国维曾言:"余毕生惟与书册相伴,故最爱而最难舍去者,亦惟此耳。"[①]赵万里之志向追求,与此最为契合。他一生事业学问,不负王国维之教。

1928年7月,经陈寅恪介绍,赵万里离开清华去北平北海图书馆工作,任中文采访组和善本考订组组长。次年北海图书馆并入北平图书馆(以下简称北图),他仍为善本部考订组组长。时任北图善本部主任的是著名文献学、文物学专家徐森玉。他在工作上受徐森玉的指导,在古籍采购、编目、鉴定等业务方面受教良多。三十年代的北图汇聚了一批优

---

① 赵万里:《王静安先生手校手批书目》,《国学论丛》第一卷第三号,第197页。

秀青年学者，同为清华国学研究院毕业的谢国桢、刘节、王庸先后在此供职，还有王重民、孙楷弟、向达、贺昌群、谭其骧等人，后来皆成为了学有独造之名家，可谓俊彦荟集，极一时之选，共同营造了浓厚的学术研究氛围。北图善本资源极丰，赵万里长期浸淫于宋元旧椠、名钞精校之中，积累了宝贵的经验。在这对做学问极为有利的条件和环境中，赵万里的学术造诣进一步提升，取得了丰硕的成果。

从二十三岁进入北图，直至去世，五十余年的图书馆生涯中，赵万里一直将北图善本部的建设视作本职工作，将采购、整理和守护古籍作为毕生事业，即使是在战事频仍的纷乱岁月中，仍孜孜矻矻，从未中断。二三十年代，私家藏书业难以继守，大多流散变卖，古籍交易市场十分活跃，引发了购书的热潮。在图书馆经费的支持下，赵万里南北奔走，为北图购回许多珍稀善本，大大充实了库藏。据不完全统计，自他入职到1933年编写《北平图书馆善本书目》时，采入的古籍善本至少有一千多部。对于他这一时期的采书之功，傅增湘曾在《书目》的序文中大加褒扬曰：

> 袁君守和以专门名家，久领馆政，任是伊始，即延赵君斐云专任征访纂校之职。赵君夙通流略，允擅鉴裁，陈农之使，斯为妙选。频年奔走，苦索冥搜，南泛苕船，北游厂肆，奋其勇锐，撷取精英。且能别启恒蹊，自抒独见，于方志、禁书、词曲三者，蒐采尤勤。①

除方志、禁书、词曲三种外，数十册《永乐大典》及三百余种明刊明人别集也是这一时期采入的大宗精品。抗战爆发后，馆长袁同礼率部分人员南迁昆明，赵万里留守北平主持工作。战时许多沦陷区的藏书家为逃避战祸、维持生计，将大量藏书纷纷散出，日寇趁机大肆劫掠搜刮，将大批善本运往日本。为保护古籍文物免遭掠夺损毁，郑振铎、张元济等在上海成立了"文献保存同志会"，秘密搜购、收藏古籍善本。赵万里在北平积

---

① 傅增湘：《〈北平图书馆善本书目〉序》，引自《旧京书影·北平图书馆善本书目》，北京：人民文学出版社，2011年，第781—782页。

极支持响应,为"同志会"抢购北方市场的善本,如 1940 年 5 月购得元刊《乐府诗集》等三种,7 月又购得元刊《中庸集解》等六种善本,寄往上海。郑振铎书信中曾反复提及"赵万里先生昨来一函,可见其为我们得书之苦辛","赵先生为我们尽力极多"①等语。同时,他每年皆赴上海,参与沪上的文献抢救,在此期间也为北图收购了不少善本。其中最值一提的是在郑振铎的帮助下,购得了赵琦美抄校的《古今杂剧》二百余种。1946年,经赵万里奔走商洽,为北图购得天津"存海学社"②收集的海源阁旧藏善本九十二种,内中包括著名的宋版前四史。对此朱自清曾致信表彰曰:"兄多年来搜访珍籍,全力以赴。保存文化,厥功至伟!海源阁宋元本一事,尤其著者。佩甚佩甚!"③1949 年北平解放前夕,南京国民政府派专员赴北平,策划将北平文物古籍南迁。馆长袁同礼决定将北图数百箱善本佳椠运送台湾。赵万里为保护北图善本不被流失,积极奔走呼吁,争取各界人士支持,并根据郑振铎先生的建议,采取拖延的办法,与当局周旋抵抗。同时知会上海办事处,让他们注意保存北图存于沪上的善本。由于多方面的协作支持,使得北图的古籍完整地保存了下来。新中国成立后,在国家鼓励收购和捐献古籍文物的政策号召下,他受文化部派遣,先后购得瞿氏铁琴铜剑楼、陈清华郇斋之珍藏等,鼓励劝说海宁蒋氏向北图捐献了衍芬草堂、西涧草堂所藏宋元善本,又接手经办了周叔弢、傅增湘、翁之憙、潘世兹等人的捐赠,使得大量善本荟萃于一地。至六十年代,北图的善本藏量在全国独占鳌头,达到了现存善本总量的百分之八十,质量更是精选上乘、无与伦比,成为了首屈一指的书林与学海。对于赵万里多年的搜访之功,周叔弢曾有精当的总结:

---

① 刘哲民、陈政文编:《抢救祖国文献的珍贵记录——郑振铎先生书信集》,上海:学林出版社,1992 年,第 89、116 页。
② 1927 年,杨敬夫为筹措资金,将海源阁藏书中九十二种善本抵押给天津盐业银行。1931 年到期后无力赎回,藏书面临被拍卖的风险。天津文化界人士潘朗、张廷谔、王绍贤等为此成立了"存海学社",筹集八万元,购入这批藏书并妥善保管。
③ 朱自清:《致赵万里》,《朱自清全集》第 11 卷,南京:江苏教育出版社,1990 年,第 169 页。

> 斐云版本目录之学，既博且精，当代一人，当之无愧。吾独重视斐云关于北京图书馆善本书库之建立和发展，厥功甚伟。库中之书，绝大部分是斐云亲自采访和采集，可以说无斐云即无北京（图书馆）善本书库，不为过誉。斐云在地下室中，一桌一椅未移寸步，数十年如一日，忠于书库，真不可及。①

然而，赵万里费尽心力为北图采书，尤其是建国后的大力收购和规劝捐献之举，在当时乃至今天仍有所非议，主要是认为其行事过硬，对藏书家有所不公②。诚然，在建国初的捐献热潮中，藏书家的捐赠未必全是出于自愿，不乏有迫于形势、疏财避祸的心态，这是特殊环境下的无奈之举。若从文物市场经济的角度考虑，当时有的收购价格确会令藏书家蒙受损失。但是，就古籍流传和保护来看，清末以来，私家藏书走向没落，藏书世家大多无力支撑规模巨大的藏书事业，再加上天灾兵祸，使得藏书纷纷流散，海源阁被盗匪所躏，皕宋楼尽归日人之手，劫余之书，基本都辗转流入了公立图书馆，变私藏为公藏，这是历史大势所趋。即使有一二勉力守护者，在书籍管理、保护上也经营乏术。三十年代，赵万里登天一阁时就发现阁中书帙零乱、潮湿霉烂、鼠啮虫穿等现象非常严重。且书籍与其他文物古董不同，其价值重在所承载的内容，历史性、资料性远超艺术性，作为私藏品束之高阁，秘不示人，不能得到有效的利用，反而湮没其价值。傅增湘一生以藏书为业，晚年终悟“信知私家之守，不敌公库之藏”，为使“今日矜为帐秘者，他日不委之覆瓿”③，毅然决定将藏书和手校本皆捐献公家。因此，赵万里的搜书购书或有不近人情之处，但是一心为公，一心为书，唯愿古籍能够得到妥善的收藏和保护，无疑是更值得肯定的。他的见识已深谙私藏非古籍管理之道，他的襟抱也超越了学者个人对书籍的钟爱，而表现为一种守护传统文化事业的人文主义关

① 周叔弢：《弢翁遗札·致黄裳》，引自《中国历史文献研究（一）》，武汉：华中师范大学出版社，1986 年，第 22 页。

② 参见陈麦青：《赵万里：一生为书》，《东方早报》，2013 年 6 月 2 日。

③ 傅增湘：《藏书群书题记·双鉴楼藏书续记序》，上海：上海古籍出版社，1989 年，第 1085 页。

怀。此后不久"文革"爆发,古籍遭到了前所未有的践踏和损毁,若非藏于大型公立图书馆,这些珍稀善本定是难逃灭顶之灾,那将造成书籍史上无法估量的厄难。念及于此,不能不感佩赵万里的良苦用心。

  古籍编目是图书馆的一项基础性工作,同时也极具专业性、学术性。北图历史上共有三次大型的古籍编目,前两次都主要是由赵万里完成的。自1909年学部图书馆(北平图书馆的前身)成立以来,最初二十年中虽然组织过几次善本编目,但所编书目大多非常粗略,只有张宗祥《京师图书馆善本书目》稿本记载较详,但此本并未公开刊行,只有稿本供内部人员使用。直至三十年代,北平图书馆尚无一部较为完整、便于学者参考利用的书目。且1929年并入北海图书馆之后,新增许多善本,期间又陆续购入不少,馆藏善本的情况发生了很大变化,于是亟需重新编撰一部适用的善本书目。时任善本考订组长的赵万里独力承担了这一任务,他一面进行善本的清点、补配、甄别、归类等整理工作,一面着手将整理好的善本著录编目,历时半年完工,于1933年编成付梓。此本《北平图书馆善本书目》著录的是该馆善本甲库所藏的善本情况,共收宋元明刊本及精校、名钞、稿本三千七百九十六种①。该目收录完备,著录详明,是"首次给学部图书馆以来收藏的善本书作了精细准确的明细清单,在图书馆收藏的历史上具有划时代的意义"②。建国初十年间,北图接收了大量私家藏书,善本存量激增,赵万里于1959年主持编写了新的《北京图书馆善本书目》,著录建国后新增入的善本书一万一千多种。此本书目亦对书名、作者、册数、书号、版本情况等信息著录具体详细,核实准确,便于查阅检索,清晰地反映了北图善本收藏的阶段性发展情况。同时,为了提高馆内外古籍工作者的业务水平,赵万里自1955年起在馆内开展目录学系列讲座,持续了十余年,系统讲完了史部目录学和集部目

---

① 1931年北平图书馆北海新馆建成后,将善本分藏于甲乙两库,甲库藏宋元明刻本抄本及名贤手校手抄本,乙库收藏清人著述。
② 人民文学出版社编辑部:《〈旧京书影·北平图书馆善本书目〉出版说明》,《旧京书影·北平图书馆善本书目》,第10页。

录学,至"文革"起才被迫中止。

由于古籍的材质由有机物构成,容易腐坏,也常遭虫蚁噬蠹、水火侵蚀,不少传世的古籍都有不同程度的损坏,需要专业的修复。赵万里十分重视对古籍的修复,对所领导的修复工作竭心尽力。1949 年,在关于修复《赵城金藏》的座谈会上,他明确提出了古籍修复需"整旧如旧",即修复过程中应尽量保持古籍原貌,使其资料价值与文物价值不受损失,同时尽可能长久地保存下去。"整旧如旧"后来成为了古籍修复中的一项基本原则。以此项原则为指导,不仅《赵城金藏》的修复获得了极大的成功,近年北图在大规模修复敦煌遗书、《永乐大典》上也取得了突出成绩,"整旧如旧"的技术理论探索也在不断进步。赵万里还经常亲理其事,每次去琉璃厂买书都留意购买适合补配的旧纸,去南方出差总是要带回适宜装书的粗细不一的上等丝线,正如他所说:"只要对书有好处,我什么都愿意做。"① 他还曾说:"我一日不死,必使库中之书不受委屈,我死则不遑计及也。"② 其爱书之笃,丝毫不亚于访书之勤。古籍修复是一项对专业、技术要求较高的复杂作业,需要经过专门训练的工作人员。建国后,由于古旧书业的衰落,传统装裱、修复技艺日益凋零,面临后继无人的局面。为培养修复人才,赵万里不仅从民间请来装裱高手为北图工作,还和徐森玉在第三届全国人民代表大会上提出举办"古籍装修培训班"的建议。这项提议后被落实,有关方面在北图举办了两届培训班,至"文革"停办。

赵万里为北图贡献一生,与书相伴,也以书为媒,与各界人士展开交流与合作。在与赵万里往来的书信中,绝大部分是关于借书、抄书、读书、购书、评书的内容,交往者有学者、文化名人、藏书家、书商等等。其中郑振铎是与他过从甚密、交情最深的朋友之一。二人皆年轻有为,二三十岁即在学界、书界崭露头角,甚得时人推许,有"郑龙赵虎"之并称。

---

① 参考冀叔英:《忆念赵万里先生》,《文献》1982 年第 2 期,第 155 页。
② 周叔弢:《弢翁遗札·致黄裳》。

交往三十年间,他们在购书、编书、印书、抢救国家文献上通力合作,在学术研究上互相琢磨砥砺,成为了学界的一段佳话。郑振铎去世后,藏书捐赠国家,由文化部转交北图收藏,北图成立了"西谛专藏"。《西谛书目》出版之际,赵万里被推举为撰写序言的不二人选。因图书馆工作之便,赵万里常应人之请,代为查阅、抄写文献资料,或为他人阅读古籍提供协助。如吴晗为研究建州史和中朝关系,曾在1932年和1959年两次通过赵万里向北图借抄珍稀善本《李朝实录》,不论其身份是一名普通学生还是北京市长,他都鼎力相助,给予方便。

赵万里在工作上勤勉奋进,精力过人,除任职于北图外,还在多所重要的学术机构兼职。自1928年起,他先后在北京大学、清华大学、辅仁大学、中法大学、中国大学等校任教,历任讲师、副教授、教授,开设了中国史料目录学、目录学、校勘学、版本学、金石学、宋史史料目录学、图书馆学、中国版本史、中国戏曲史、中国俗文学史、词史等课程。赵万里最初在北大史学系授课,年仅二十四岁,却是年轻教师中出类拔萃者。他开设的中国史料目录学课程,非常受学生欢迎。他学识丰富,博闻强记,讲课生动,富有感染力和启发性,给学生留下了深刻的印象。有学生多年后回想起来还有记忆如新的描述:

> 赵万里先生的"中国史料目录学",虽然只是史学入门的课程,但他将几千年来中国历史史料的来源、内容、演变、分散情形、重现经过、可靠性等等……原原本本、一五一十地介绍给这班青年史学家。也不知道他怎么对于史料这样熟,真所谓"如数家珍"。就凭这一课,就使人不能不羡慕北大史学生的幸福。①

其读书之广、识断之精、记忆之强,令人惊叹。上课不带片纸,各种珍本、善本的特点,刊刻年代、内容均烂熟于胸。娓娓而谈,均有来历。课堂上有问必答,略无迟滞。据说他幼年时走过几遍街

---

① 朱海涛:《北大与北大人:课程与图书》,引自陈平原、夏晓虹编:《北大旧事》,北京:北京大学出版社,2009年,第376页。

道,就能把两旁商店招牌暗记背诵出来。①

许多著名学者如柳存仁、吴相湘、吴晗、邓广铭、张守常等都曾在赵万里的课上深受启发,有的还得到了赵万里的直接指导。如邓广铭在1938年进行辛弃疾的课题研究时,赵万里就是他的指导老师②,对他在史料整理和研究上有许多指导和帮助。邓广铭在《辛稼轩诗文钞存》的"弁言"中写道:"凡此校辑工作,所得赵斐云万里先生之指教及协助极多。"③他在辅仁大学的学生冀叔英,后就职北图古籍部,在工作中又得到了赵万里的言传身教,成为了目录版本学专家。

自1929年起,赵万里还兼任中央研究院历史语言研究所特约研究员、编辑员,负责校释《广韵》,此项工作后来由周祖谟完成,赵万里改为通讯研究员、编辑员。他的两部金石学著作《汉魏六朝冢墓遗文图录》、《汉魏南北朝墓志集释》皆是由中央研究院史语所出版。同年他又兼任故宫博物院图书馆和文献馆专门委员,至1949年结束。1927年,赵万里应吴宓之邀,与浦江清、张荫麟、王庸一起担任天津《大公报·文艺副刊》编辑,1933年又改任《大公报·图书副刊》编辑,至1949年结束。自1928年起,他还一直担任《国立北平图书馆馆刊》主编。工作除负责组稿外,还承担撰稿任务,他经常在这两种刊物上发表文章,文章多为古书题识和书评。他任职的这些机构,都是富有盛名的学术文化重地,可见他一直活跃在学界的中心,研究和工作能力为学界所公认。

赵万里不仅是一位学者,也是一位传统的文人雅士。他风度翩翩、神采奕奕,且舌灿莲花、谈吐不凡。朱自清曾作诗赞曰:"听子一神王,滔滔舌有澜。访书夸秘帙,经眼数精刊。历落盘珠走,沉吟坐客看。盛年

---

① 戴逸:《初进北大》,引自北京大学校友会编:《北大岁月:1946—1949 的回忆》,北京:北京大学出版社 2013 年,第 35 页。
② 该项课题"研究指导人"一栏原来填的是胡适和姚从吾,但"七七事变"后胡适赴美,姚从吾南迁昆明,故 1938 年邓广铭在申请延长一年研究期限之时,将"研究指导人"改成了赵万里。参考刘浦江:《邓广铭与二十世纪宋代史学》,《历史研究》1999 年第 5 期,第 118 页。
③ 邓广铭:《辛稼轩诗文钞存》,上海:古典文学出版社,1957 年,第 2 页。

飞动意,不觉夜将阑。"①他自幼勤练书法,字迹颇受称道。雅好观剧听戏,常与家人、朋友一起去剧场观看演出,到南方出差也常观赏、考察地方戏。他喜爱草木,中学时制作的植物标本曾在校中展览。在京所居四合院中的园艺经他打理,佳木繁荫,四时鲜花绽放。他在大学时随吴梅学习填词,在旧体词创作上也有所得,偶尔作词遣怀或与人唱和,留下了不少词作,自己誊抄、编定为《斐云词录》一卷。谢国桢曾称:"他不但长于考据之学,而填一两首小词,也洒洒有致,翩翩然有江左徐庾风流的才华,而谨严过之。"②今观其词作,讲究用词炼句,以求合音韵、中法度,词中多感伤抒怀之语,风格婉约,小令长调既有秦淮海之缠绵凄冷,又有周清真之清丽雅致,堪为词家当行。兹录《鹧鸪天·癸亥春感》二首如下:

  暂藉花阴作翠屏,未须金弹打流莺。那知雪夜琼宫里,已有霜天晓角声。风悄悄,雨泠泠,洞箫零乱可曾听。绝怜衾冷阑干热,春佔纱窗第几棂。

  未负灯华划地寒,梦回翠羽说春残。尊前还有飘裙路,袖底终无息影阑。明镜里,两眉弯,红桑不许度屏山。餐霞休问人间世,到处斜阳作意难。

然而,这样一位工作勤谨、在学术事业上颇具声望的学者,一位富有风雅气息的文人,遭遇"文革",自是难逃厄运。1966年"文革"初起之时,赵万里就被冠以种种莫须有的罪名,遭到无情的迫害。残酷的批斗和人身攻击严重损害了他的健康,使他一病不起,瘫痪在床,行动和语言能力丧失殆尽。此时,他才过六旬,正是事业走向高峰可期登顶,学术成熟可臻化境之时。他眼看古籍善本大多已收归公藏,认为编著全国性古籍总目的时机来临,正在酝酿这一宏大计划;他开始总结多年文献整理、研究心得,着手系统撰写《中国版本学》、《中国目录学》;他以为自己身体康

---

① 朱自清:《赠斐云》,《朱自清全集》第5卷,南京:江苏教育出版社,1990年,第183页。
② 谢国桢:《怀念版本学家赵万里先生》,《文献》1982年第2期,第148页。

健,尚不急于搜集过去的文章,编写文集……而当这场空前的浩劫席卷而来,一切计划皆化作尘埃,灰飞烟灭,学术生涯戛然而止。困守病榻十年后,他等来了平反的日子,"文革"时强加的各项罪名全部撤销,恢复了他在政治和学术上的名誉。他欲重拾书笔,却已力不从心,那已是近黄昏的生命,再无夕阳无限好的光景。

二、赵万里之学术研究

赵万里天资聪颖,博闻强记,得从名校名师,又就职于学术重镇,在学问研究上起点既高,成名亦早。二十多岁已声名在外,为学界所推重,"洵为后来之英秀"[①]。他一生勤于治学,笔耕不辍,学术成果十分丰硕。据笔者初步统计,他出版了《校辑宋金元人词》、《汉魏南北朝墓志集释》、《汉魏六朝冢墓遗文图录》、《中国版刻图录》、《北平图书馆善本书目》、《元一统志》等古籍整理著作六部,发表论文(含书评)六十余篇,撰写序跋提要八百余篇,辑佚古籍两百余种,编写教学讲义十余种。青年时代是他的学术高产期,许多重要著述在三十年代就已完成。战争年月为图书事业奔波,学术研究上略有迟滞。建国后又继续投入研究,厚积薄发,再创佳绩。赵万里治学审慎严谨,一丝不苟,撰述文章往往经过再三修订方予以发表,如《校辑宋金元人词》前后易稿三四次而成,《汉魏南北朝墓志集释》经过二十年不断补充修正才出版,故其著述的细致性与精确性都达到了相当高的水准。他早年涉猎的学术范围十分广泛,后来逐渐集中于文献学,在版本、目录、辑佚、校勘、金石、词曲等方面皆有不凡的贡献。

[①] 语出傅增湘致张元济之信函,引自《张元济傅增湘论书尺牍》,北京:商务印书馆,1983年,第237页。

（一）版本目录学

赵万里在版本目录学界最具声望，被誉为近代版本目录学第一人①。古籍版本鉴定、目录编写都有很强的实践性，过眼、经手的经验十分重要。北图善本资源极丰，赵万里数十年的工作、研究皆围绕善本展开，可能是近百年来经眼善本最多的人，眼力、见闻都罕有能及者。且他长期开设版本学、目录学的课程，不断将经验转化为系统的理论知识，沉淀积累之后，再运用到版本考订、编目的工作中，故能成就卓著，享有殊誉。虽然现代学科分类中已将版本学、目录学作为两个学科，前者研究图书的版本特征、源流和鉴定方法等，后者研究图书分类编目，以布次群籍、揭示文献信息为主，但古代的版本学、目录学是交叉重合的，在传统学术中几乎是合二为一的，古籍版本学的成果多数体现在目录学著作中，而目录提要的一项重要内容就是反映版本情况，故以往版本学是作为目录学的分支存在的，有专门的"版本目录学"。赵万里对于古籍版本、目录的研究，与张元济、余嘉锡等人以专著的方式进行系统的学理论述不同，在内容、形式上都是偏向传统的，即不重理论阐述和学术史研究，而是以编目的形式，考证古籍的刊刻年代、版本特征、源流，以撰写提要的方式揭示古籍文献信息，与传统的"版本目录学"较为接近。因此学界一般笼统称他为版本目录学家，本文也将其版本学、目录学之成就合而论之。

赵万里在版本目录学方面的著述极多，其中在版本学上成就最为突出的是1960年主编的《中国版刻图录》（下文简称《图录》）。这是一部以影印善本书页为主，配合文字解说的大型综合版本目录。古籍版本鉴定、研究需要查验善本，观其原貌，但善本往往珍藏于不同的机构，管理严密，难以得窥真面目，而据图录则可以了解古籍原貌之大概，正可弥补不能目验真本之缺憾。故自十九世纪末石印技术传入之后，善本图录就时有推出。早期的善本图录多限于一时一地，如民国时瞿启甲所编《铁

---

① 如前引周叔弢语。

琴铜剑楼藏宋金元本书影》，顾廷龙、潘承弼所编《明代版刻图录初编》等。时至六十年代，基于古籍善本多已收归公藏这一历史条件，赵万里等人得以突破前人局限，在全国范围遴选善本，编著这部具有集大成性质的通代善本图录。《图录》共八册，第一册为解说，有序文和目录，每本书目后有一则提要，后七册为书影图像，共选雕版刻本四百六十种，活字刻本四十种，版画五十种。在版本选择上，最大的特点就是既博且精。《图录》所选版刻十分系统全面，时间上从唐代跨至清代，其中将大量清刻善本纳入古籍图录中尚属首次，这打破了过去版本鉴定中以古为善的陈见，对于增强学界对清代版刻的重视，扩大版本学的研究范围有积极意义。地域上不仅重视浙、闽、蜀等刻书业发达的中心地区，对于苏、皖、赣、鄂、湘等地的善本亦有所兼顾。就版刻机构而言，无论官刻、家刻、坊刻皆有选取。在版刻工艺方面，囊括了单色印版、双色套印以及彩色印版等。排列上按雕版、活字版和版画分为三种类型，每类各成体系，皆按时代先后排列，同一时代则按地域归类，这样编排充分展现了不同地域之间版式风格的差异，以及同一地域的版刻风格在不同时代的沿袭变化。《图录》所选皆是古代版刻善本中的精品，在时代、地域、工艺特征方面皆具代表性。所选善本多数为北图所藏，若北图藏品有不尽善之处，则从上海图书馆、南京图书馆、辽宁省图书馆、北京大学图书馆、宁波范氏天一阁等机构选借佳本。其中最突出的如南宋刻《唐女郎鱼玄机诗》，是临安府北睦亲坊南陈宅书籍铺所刊。宋代刻书业发达，多质量上乘的精良之作，各地之中以杭本为上，而杭州坊间以陈氏书铺名气最著，且此书保持了蝴蝶装，历经无数学者名家递藏，实属刻版中的极品。又如版画中所选的《十竹斋笺谱》，是彩印中饾版和拱花技术达到顶峰的典范之作。择选之精，以致后来往往将是否入选《图录》作为判断刻版质量高下的标准之一。这本集善本佳刻为一体的《图录》本身制作也十分精良，采用珂罗版，印刷精美，并以线装的形式装帧，具有古籍风貌。

《图录》在版本鉴定上也有突破性的成就。第一册书目提要部分，清晰地记载了每部书的作者、刊刻年代、版式、避讳、序跋等版本特征，并对版本源流进行考订,文字大多出自赵万里之手,用语精练、描述贴切。对于前人著录模糊不清或是存有争议之处,基本都作了明晰的判断,一些错误失实之处也得到了厘正。如论所选《汉书注》为北宋后期所刻而非景祐监本,《册府元龟》为南宋眉山坊刻而非北宋官刻,相台岳氏九经三传的编刻者为岳浚而非岳珂等,皆对版本学史上由来已久的错误进行了廓清。尽管学界对《图录》中的版本鉴定仍有些许争议,但基本都切实可信,成为后人鉴定古书版本的权威依据,为许多版本研究著述所引证。《图录》一书系统地反映了中国古代版刻发展历程,所选书影极具全面性、多样性、代表性,且有精湛的版本鉴定提要,代表了当时版本目录学的最高水平,成为了版本目录学所必备的参考书。

1933年所编《北平图书馆善本书目》,不仅在北图善本目录史上具有划时代的意义,在古籍编目、版本鉴定上亦颇具价值。该目体例完善、条理清晰,采用四部分类,详细著录了书名(包括丛书子目书名)、卷数、撰者、版本、存佚情况及批校题跋者姓名,全面反映了善本的基本信息。编目之前,赵万里已完成了对馆藏善本的合并、补配,之后没有再进行大的调整,故而该书目准确地反映了馆藏善本的情况,读者据此可将北图善本的基本信息尽数知悉,便于查阅、利用,具有极高的实用价值。由于馆藏善本数量空前丰富,为鉴定版本提供了比勘互证的条件,且赵万里在鉴别版本时采用了审慎的态度和科学的方法,提出"一二人之意见不足凭,必就正于专门名家,或检得客观之条件,始敢写定"[1],使这本目录避免了以往版本鉴定中常见的主观误断,修正了不少之前著录的错误,更为准确可靠。因其著录详明,考订精准,这本目录也成为了之后各家图书馆编纂善本书目所参考的典范。此外,在此书目编成一年后,由于日军入侵,华北局势紧张,馆方决定将甲库所藏善本书运往上海。之后抗战全面爆发,为了分散风险,在馆长袁同礼主持下,将其中部分珍品运送至美国国会图书馆寄存,运送过程中几经艰险,历时大半年方毕其役。

---

[1]《本馆善本书目新旧二目异同表》,《旧京书影·北平图书馆善本书目》,第913页。

战后存于上海的藏书陆续回归北图,而寄存美国国会图书馆的藏书则在六十年代交给了台湾"中央图书馆"。随着国事动荡,这批藏书经历了三十余年的流离辗转,可谓是书籍文化史上一起富有传奇色彩的事件。有关这批藏书的下落和流转过程,一直受到大陆、台湾两地学者关注,引发了不少质疑和讨论。在相关的研究中,作为甲库藏本清单的编目自然成为了不可或缺的材料依据,故而这本目录还具有特殊的史料价值。

除了编目外,赵万里还撰写了大量的古籍提要,集中在史部和集部。这些提要有的较为简略,仅记作者、序跋、版本特征等基本信息,如诸种"经眼录"多是如此。但大部分内容详实、考证精辟,不仅对古籍形式特征详加著录、考订,对内容之优劣得失、学术价值之高下也有精到的评价,如《中国史料目录学讲义》、《清代史学书录》中诸篇提要皆是典型之例。总的来看,所写提要最为突出的特色还是在于对版本源流、异文校补极为重视,考订尤为细密。如《馆藏善本书提要》之"《刘随州文集》提要",不仅将文集版本之来龙去脉一一梳理清楚,还将现存两个版本进行比勘,列出异文百余条;又如"《封氏见闻录》提要"中比较众版本之优劣,并附录"校补"内容数百条。

赵万里所写提要中最引人注目的当属《续修四库全书总目提要》中有关明人别集的提要(以下简称《明集提要》)。三十年代,赵万里参与编修《续修四库全书总目提要》的工程,除前述王国维著作提要外,主要撰写了大量明人别集提要,共计三百余篇。数百种明刊明人别集善本,原本就是北图善本藏书的一大特色。赵万里于1930年发表的《馆藏善本书志》中,已对六十种明人别集作了简短的介绍,故而他对明人别集的情况是了然于胸的。较之《馆藏善本书志》,《明集提要》有了大幅的扩充和提升,内容丰赡、详实,除了卷数、序跋、作者生平、内容构成等基本信息,还涉及成书经过、版本考辨、诗文论赏、人物评骘等等。写法上不拘一格,各有详略侧重,大体是就作者或其作品有突出可书之处加以浓墨重彩,或就前人提要中未为详尽之处进行生发。有的详于版本,如《阳明先生别录》之提要,梳理了王阳明文章的各个集本的成书、刊刻时间以及内容沿袭变化,以揭示此本《别录》特殊的版本价值,认为《别录》虽收录不全,但属最先刊行的选集本,校勘精良,脱讹较少,文字上较《阳明先生全书》为优。有的详于文学评论,如《华阳稿》之提要。《华阳稿》作者王廷相,是明代诗文复古派的代表"前七子"之一。复古派的诗文风格历来褒贬不一,是明代文学研究的一个焦点,故赵万里着重就《华阳稿》所收诗文论述其优劣所在和前人评论之是非。有的详于作者生平事迹,如刘玉《执圭集》之提要,因刘玉不以诗文见长,而以风节品行著称于正嘉之际,故详述其抚恤百姓、弹劾奸佞、整顿世风的政绩,进而论及其诗文亦具有切实、矫健之风。

《明集提要》在版本、目录问题的考订上也有不少独到、精辟之处。如刘璟《易斋稿》,书中并无序跋题识等提供版本线索,赵万里一经过目,便知此本与明初所刊其父刘基《覆瓿集》、《写情集》、《翊运录》及其兄刘琏《自怡集》的版式相同,再据《古今书刻》所载判断为永宣间处州府刻本。又如《勤事汗语》一书,无题名无序跋,亦不见载于其他文献,难断其作者何人。赵万里通过细读书中文章,知作者名字中有"泰"字,且镇守辽阳,再查得熊廷弼《抚辽疏稿》中有《急救辽阳疏》一文,引辽阳道阎鸣泰来帖,与《勤事汗语》所述之事正合,于是考得此书即为阎鸣泰所作。他阅书之丰、审读之细、辨析之精,读来皆令人叹服。同时,提要中的诗文评论也颇为出色。赵万里所论在一定程度上吸纳了《四库全书总目》、《列朝诗集小传》、《明诗综》、《明文海》等前代目录或诗文总集提要中所载的评论内容,又无四库馆臣的门户之见,以及钱谦益等人因诗学立场而带有的主观好恶,所论基本中肯持平。文集序跋中往往有溢美浮夸之辞,他多能根据诗文之水平作出适当的辨正。如论辽王朱宪之诗文,云:"徐学谟《海隅集》序其《庚申稿》,有'逸世命才,蕴藉今古,对客挥毫,一伸纸即千数百言'语,所道未免失实。宪之诗平淡庸俗,文亦蹉驳无一是处,然在明季人中固不失为傲才使气者矣。"[1]对于前人褒贬不一的评论,

---

[1] 《续修四库全书总目提要稿本》第四册,济南:齐鲁书社,1996年,第794页。

他亦就自己的经验作出折中的判断。如论曾棨之诗,云:"棨所作诗以七言古诗最胜,如《望岳歌》、《铜爵瓦砚歌》……皆雄放清丽,自成标格,宜乎为于肃愍、杨贞公所倾倒也。陈卧子评之曰:'学士诗如南金在握,未入丹鼎;又如金羁玉勒,微有蹄啮之处。'未免过伤刻薄,转不如郑瑗《井观琐言》谓其佳处不减昆体之为愈矣。"①且他能坚持独立的文学批评立场,不因人废言,对严嵩、阮大铖之诗赞誉有加,尤其推崇阮大铖诗,云:

> 大铖机敏奸猾,其人格无足称,独工于诗,开五百年未有之局。所谓孔雀有毒,文采斐然,固未可一概而论也。乃其诗不登于《明史·艺文志》,钱谦益与大铖有私谊,仅录其诗七首,均非其绝作,朱彝尊《明诗综》不载大铖名氏,附论于李忠毅诗曰:"金壬反复,真同鬼蜮,虽有《咏怀堂诗》,吾不屑录之。"以故其集公私藏书目录罕著于录。然就其诗艺论之,大铖要亦人杰矣。②

在知人论世的中国古代文论思想影响下,阮大铖之诗受其人品连累,自是难以得到赏识的,以致《列朝诗集》、《明诗综》等总集中不免有遗珠之憾。相较之下,赵万里以诗论诗,无疑是秉持了客观、持平的态度。这也是继陈三立、胡先骕等人之后,率先为阮大铖诗歌翻案言论之一。除了持论公允,赵万里还对别集中的诗或文进行对比,区分轩轾,披沙拣金,选出名篇佳句并指明妙处之所在,这种对名篇佳句的赏析对于明代诗文经典的择选亦有所裨益,也是《明集提要》在诗文评论上的长处之一。此外,《明集提要》中还偶尔可见赵万里的感发抒怀之言,主要是对明末志士忠烈节义的慨叹。如《江止庵遗集》提要中,感江天一的严气正性,云:"读其文如见其人,诚足以励末俗而风百世矣。"③《夏节愍全集》提要中,哀夏完淳年少捐躯,云:"呜呼!当断续之交,丁无妄之世,怀申胥之志,

---

① 《续修四库全书总目提要稿本》第四册,第800页。
② 《续修四库全书总目提要稿本》第二十册,第132—133页。
③ 《续修四库全书总目提要稿本》第二十册,第165页。

赋汨罗之文。生为才人，死作雄鬼。百世之下，读其歌章，亦可哀其遇。"①皆可见赵万里将自身情感投射文中，使得提要亦沾染了个性化、感性化的色彩。由于《续修四库全书总目提要》是由日本建立的学术机构"人文科学研究所"主持，当时正值日本加紧侵华之际，故笔者揣测，赵万里的感叹中或许含有复杂的隐曲。要之，《明集提要》不仅可作为了解明代别集之门径，对研究明代诗文的艺术成就、风格流派、文学地位等亦有重要的参考价值。

此外，赵万里还写有不少有关版本、目录的文章，对相关问题作了专门论述。如《中国印本书籍发展简史》、《从简牍文化到雕版文化》、《古代的版刻》等文章，都集中论述了古籍制作方式的源流演变，对写本、雕版、活字本、拓印本、插图本、石印本皆有论及，文章并非简单的铺叙，而是吸收了他多年的研究所得，作了深入浅出的分析。《两宋诸史监本存佚考》一文，对北宋国子监所刊诸史版本的流传、分化和演变作了十分精细的考证，有不少新的创见。在相关课程的讲义目录、提纲中，也有一些有关版本学、目录学理论建设上的意见。如提出版本研究应重视写本时代、清代刻本，还将近代名人手稿视作新善本，都是对以往版本学研究范围的拓展。另如在目录学研究上分史料目录学、实用目录学，对《四库全书总目》的史部分类提出异议等。可惜课程讲义仅有极小部分保存下来，而赵万里计划系统撰写的《中国版本学》、《中国目录学》亦未能成书，使他未能对一生的版本目录研究进行理论总结，从而不能清楚地呈现出他从传统版本目录学向现代版本学、目录学转向的轨迹，实在是一大憾事。

（二）古籍校辑

所谓校辑，指校勘与辑佚，二者在古籍整理中密切关联，实不可分，辑佚内容需经过仔细校勘以辨别材料之真伪、异文之是非，校勘过程中也常需要搜集佚文。赵万里在校辑古籍方面亦有不菲的成就，不仅成果

---

① 《续修四库全书总目提要稿本》第二十册，第321页。

众多，且所辑之书搜罗完备、考订精审，多为辑本中的善本。

赵万里校辑古籍的重要对象是《永乐大典》。《永乐大典》规模宏大，所采之书不少亡佚于明清之际，向来被奉为辑佚之渊薮。然几经兵火盗窃，《永乐大典》也不断散佚，至民国时所剩已不及原书之十一，劫余之书大多陆续归藏北图。赵万里入馆伊始，便开始着手从《永乐大典》中辑佚新的材料。1929年，《北平图书馆月刊》创"《永乐大典》专号"，他先后发表了多种辑佚成果，如《周美成佚诗》、《〈渑水燕谈录〉佚文辑补》及多种宋金元人佚词等。又鉴于缪荃孙《〈永乐大典〉考》附录之佚书目有所缺失，他编纂了《〈永乐大典〉内辑出之佚书目》，以表格形式统计四库馆臣及以后诸家所辑，共得校辑之书五百余种，校补之书三十种。表中将前人所辑之书名、校辑者、版刻情况一一著录，并设"杂记"一栏说明相关的版本、校补信息，可谓是对此前《永乐大典》辑佚情况一次全面的总结。表格前还有一篇弁语，论述了前人辑佚《永乐大典》之成绩与不足，并提出了辑佚内容上可继续开拓之处，以及注意甄别真伪的辑佚方法，为之后展开的系统辑佚作了理论准备。三十年代中期，北图善本部在清点核对文津阁《四库全书》时，发现《四库全书》中部分《永乐大典》辑本与现存的《永乐大典》内容有出入，于是将重新辑佚《永乐大典》列入计划。这项工作由赵万里负责领导，陈恩惠及其他组员负责核对、抄写佚文，最后再由赵万里将佚文确定下来，前后进行了六年时间，新辑佚书两百余种。这是继四库馆臣之后再次将辑佚《永乐大典》的工程作了极大的推进。可惜这批辑佚之书至今大多尚未面世。赵万里生前，曾花二十余年时间将所辑《元一统志》陆续增补修订，于1966年出版。

《元一统志》是元至元二十二年（1285）至大德年间官方修纂的一部地理总志，凡一千三百卷，元至正六年（1346）付梓刻板。此书在明朝即已散佚，传世仅数十卷残本。《元一统志》中征引了大量元以前的方志、图经和文集等，对研究元代及之前的历史地理具有极高的史料价值，故而此书的散佚是方舆文献的重大损失。赵万里所辑《元一统志》，是在内阁大库所出元刊本、常熟瞿氏抄本、吴县袁氏抄本等残卷基础上，以《永乐大典》中所引为主，再结合其他相关材料，汇辑成十卷本，在辑佚数量与质量上皆远超之前的金毓黻辑本，是目前最佳的通行本。此辑本材料详实，凡可资利用的材料基本已搜罗殆尽，至今发现可堪增补的条目寥寥无几。体例清晰，以《元史·地理志》为纲，各卷按行省、路（州）分设两级目录，再逐条列出，层次分明。每个条目末尾皆标明出处，凡有异文、疑误之处皆作校勘。赵万里所作校勘极为精细，综合运用了对校、本校、他校、理校等方法，不仅对多种佚文来源加以比勘，还将书中引文与原出处核对，校正了大量衍夺讹误之处。凡所校改，皆出校记详细说明理据。如卷一《太原路·建置沿革》"乐平县"一条"（唐武德）六年移辽州治于辽山县"句下出校曰：

> 辽山原误箕山，今正。《太平寰宇记》四四：武德三年置辽州，治乐平，六年自乐平移于辽山，仍以石艾、乐平属受州，八年改辽州为箕州，因辽山县界箕山为名。据此知唐时并无箕山县。《旧唐书·地理志》：武德六年移辽州治于箕州，亦误。①

《元一统志》辑本亦体现了赵万里注重辨析辑佚材料真伪的观念。《永乐大典》引《元一统志》时对原文有刻意的改动，将其中一些地名按明代建制作了修改或增加注解，如将檀州改作密云县，东安州改作东安县，在秀容县后增加"即今忻州"四字。还有因避讳而造成的脱误，如《大都路·古迹》"明远庵"一条"滨、棣二州长春万公兴建之力"句中，"棣"字原本空缺，这是由于"明成祖名棣，《永乐大典》遇'棣'字贴一小黄笺，有时黄笺脱去，便似空一字矣"②。对于这类篡改原文的问题，赵万里皆于校记中一一指出、纠正，避免了以讹传讹，还《元一统志》之原貌。辑本中还偶有注释，如《大都路·古迹》"烟霞崇道宫"一条"玄真大师张鹏举"之下，注"张鹏举即《长春真人西游记》附录侍行门人十八人中之张志远"③，

---

① （元）孛兰肹等撰，赵万里校辑：《元一统志》，北京：中华书局，1966年，第105页。
② 《元一统志》，第54页。
③ 《元一统志》，第44页。

《大都路·宦绩》"朱浮"名下注"汉光武帝时拜大将军幽州牧,守蓟城"①等。这些注释,有助于理解志文内容。经过赵万里的辑佚、校勘,本已散佚零乱、异文芜杂的《元一统志》有了一个可以通读的辑本,部分恢复了其旧貌。

词曲研究是赵万里治学领域的重要方面,他在词曲辑校上亦卓有成绩,其中以《校辑宋金元人词》为代表。《校辑宋金元人词》是一部辑录、校勘宋金元时期词集、词话的总集。传统的文学观认为,词是"小道末技"、"绮罗香泽",故文人别集中多不收词,坊间虽时有刊行词集,但随时流散,往往因得不到藏书家的青睐而佚失。至明代,宋元刊词集流传已稀。明末毛晋开始收集宋人词集进行整理、刊行,至清末,在词学复兴潮流影响下,王鹏运、朱祖谋等大规模勾稽文献,网罗遗佚,校辑之学勃然而兴。赵万里作《校辑宋金元人词》,即是为补王鹏运《四印斋刻词》、江标《宋元名家词》、吴昌绶《双照楼影宋元本词》等书之遗,广采旧籍,勤辑精校,"宋元所著说部别集繙阅殆遍,凡三四易稿"②而成。所得颇丰,计辑宋金元词别集六十五种,词总集两种,词话三种,并附《宋金元名家词补遗》一卷,共一千五百余首词作。此书材料之丰富、体例之完善、校勘之精审,皆超越清人所辑,堪称词林辑佚后起之翘楚,颇为学者推崇。如龙榆生曾论道:

> 晚近之专精于此者,则有江山刘子庚氏之《唐五代辽金元名家词辑》,辑录失传已久之唐宋元词集仅六十家,采摭之勤,有足多者。而真赝杂糅,抉择未精,识者憾焉。海宁赵斐云君,继兹有作,遂成《校辑宋金元人词》七十三卷,谨严缜密,远胜刘书,词林辑佚之功,于是粲然大备矣。③

---

① 《元一统志》,第56页。
② 赵万里:《〈校辑宋金元人词〉序》,引自《校辑宋金元人词》,北京:国家图书馆出版社,2013年,第5页。
③ 龙榆生:《〈唐宋金元词钩沉〉序》,见施蛰存主编:《词籍序跋萃编》,北京:中国社会科学院出版社,1994年,第747页。

唐圭璋亦极称之,曰:

> (赵万里)对词学贡献尤巨,继承先修,启迪后学,实事求是,多所发明,开一代之风气,为学术之典范。1931年万里自己所撰《校辑宋金元人词》七十三卷出版……既补晚清诸家汇刻词集之遗,又一扫清以来词选真伪不分、妄增妄删之弊。关于宋代各地刻词之情况,所引书之版本来源,俱叙述详尽,指陈明确,有条不紊,有卷可查,丰富词学之知识,显示科学之谨严,其影响极其深远。①

《校辑宋金元人词》之谨严精善,首先体现在体例上,胡适在该书《序》中极称之。此书卷首除胡《序》外,有赵万里自《序》一篇,论述了词集在宋代刊刻和流传的情况,以交代研究背景和编纂缘由;次有《例言》七则,明确了辑佚原则、收录范围、内容去取、体例格式等;次有《引用书目》,将校辑所采用、参考之书逐一编目,并标明所用版本,部分重点利用之书如《唐宋明贤百家词》、《唐五代宋辽金元名家词集》、《绝妙好词》、《类编草堂诗余》、《花草粹编》、《全芳备祖》、《翰墨大全》等皆写有提要,介绍作者、内容,辨析优劣,以说明其辑佚、校勘价值;次有《跋》一篇,为校印之后新发现的讹误之更定说明;次有《总目》。卷首内容完备,纲举目张,近似专门的绪论。正文中每部词集(或词话)单独分卷,卷前又设子目录,包括一则词集提要和所辑篇目,提要除了介绍词人、词作基本情况,在版本源流上论述尤详。每部词集"以调之长短为次,每首后注所出,以书之时代为次,正文依时代最先者,而以成书在后者所引校之。有异文则夹注于行间,可以觇诸书因袭之迹"②。凡是有疑问的词,列为"附录"置于各卷之末,详加考订。作者不惮烦细,一首词下注出的来源多至十余种,各种异文、异说一一列出,且清楚标明出处,这样不仅使辑佚材料完整呈现,不被湮没,也便于复核、查验,为词学研究提供了全面、可靠

---

① 唐圭璋:《读词三记》,《南京师院学报》(社会科学版)1982年第4期,第47页。
② 《校辑宋金元人词·凡例》,第15页。

的材料,是"最可敬最有用的"①。《校辑宋金元人词》一书体例严谨,眉目清晰,格式规范,堪为现代辑佚之作的范本。

《校辑宋金元人词》在考订方面也十分缜密、精到。由于宋元刊词集多已散佚,长时间未能得到有效的整理,总集、类书之中所收的词作往往作者不明,异文迭出,辑佚过程中需要详加校勘才能辨明作者归属。每部词集"附录"中所收,大部分皆是他书之中误题该作者名下之词。以李清照《漱玉词》为例,赵万里辑得前代文献中题为李清照之词共六十首,其中有十七首皆为误题,归于"附录",并一一辨析。他考出《如梦令》"谁伴明月坐"、《生查子》"年年玉镜台"、《菩萨蛮》"绿云鬓上飞金雀"、《浪淘沙》"素约小腰身"、《品令》"零落残红"、《玉烛新》"溪源新腊后"等七首确为他人之作。《怨王孙》"梦断漏消"、"帝里春晚",《浪淘沙》"帘外五更风",《青玉案》"征鞍不见邯郸路",《品令》"急雨惊晚秋"等篇出处来源不可据,皆是明代晚出之书题作李清照作,而出处更早之书不署李清照之名。其余如《点绛唇》"蹴罢秋千"、《减字木兰花》"卖花担上"等数首因题材、风格、水平皆不类李清照词而存疑。尽管目前对某些篇目是否为李清照作尚有争议,但赵万里的考订使大部分误题得以澄清,在李清照词集校勘、整理上有重要贡献,其后王仲闻、黄墨谷在整理李清照集时对其观点多有采用。此外,正文部分对作者有争议的异说也出按语进行考辨。如赵令畤《清平乐》"春风依旧"一首后案语云:

> 案此阕或以为刘伟明作。《苕溪渔隐丛话》后集四十引《复斋漫录》云:"刘伟明既丧爱妾,而不能忘,为《清平乐》,词云'东风依旧,着意随柳堤'。"……《诗话总龟》后集四十八引《复斋漫录》同,惟"斯勾"作"时候","青门"作"青城"为异耳。《尧山堂外纪》则云:"刘弇丧爱妾,而不能忘。赵令畤为《清平乐》云云。"疑今本《渔隐丛话》"不能忘"下脱"赵令畤"三字,《外纪》所据,则较今本为长。②

---

① 胡适:《〈校辑宋金元人词〉序》,引自《校辑宋金元人词》,第10页。
②《校辑宋金元人词》,第100页。

《清平乐》"春分依旧"一阕,各种词总集、选集皆题赵令畤作,唯《苕溪渔隐丛话》、《诗话总龟》所题不同。赵万里不仅举证力辨后者之误,还指明了致误原因,使得争议得以彻底解决,后人可不复再议。此类例子甚多,兹不赘。总之,《校辑宋金元人词》一书确实"精审突过前贤"①。

戏曲校辑方面还有《〈天宝遗事诸宫调〉校辑》、《关汉卿散曲辑存》等。《天宝遗事诸宫调》是现存仅有的三部诸宫调之一,为研究金元诸宫调的主要文本。现今较为通行的是朱禧的辑本,民国时郑振铎、冯沅君、赵景深等人的辑佚成果也受到了学界的关注。赵万里《〈天宝遗事诸宫调〉校辑》,在收入文集之前并未公开发表,鲜为人知。共辑六十套曲,并有详细校笺,套曲内容、排序上与赵景深、朱禧辑本有所不同,在诸宫调的整理和研究方面应有不可忽视的参考价值,值得重视。《关汉卿散曲辑存》,共辑录套曲十四套,小令五十七首,附录五首存疑之作,每首皆标明出处,并对异文作详细校笺,所收较《全元散曲》更全,是关汉卿散曲整理和研究史上的重要成果。

(三) 墓志整理与研究

赵万里在金石学上的成就,体现在对汉魏六朝墓志的整理和研究上。墓志,即墓中石刻所载有关墓主生平事迹的文字,属于王国维"二重证据法"理论中地下材料的一种,是极为重要的文献资源。饶宗颐曾言:"向来谈文献学(philology)者,辄举甲骨、简牍、敦煌写卷、档案四者为新出史料之渊薮。余谓宜增入碑志为五大类。碑志之文,多与史传相表里,阐幽表微,补阙正误,前贤论之详矣。"②王国维对地下材料的研究主要在清末民初出土的甲骨文、金文及简牍方面,于碑志着力不多。民国以来,大量的碑志尤其是北朝碑志相继现世,赵万里沿着王国维的治学

---

① 唐圭璋:《我学词的经历》,《文史知识》1985年第2期,第6页。
② 饶宗颐:《法国远东学院藏唐宋墓志拓片图录引言》,见《选堂序跋集》,北京:中华书局,2006年,第49页。

思路,适时地将对新材料的研究加以推进、拓展。

自30年代初,赵万里就不断搜集、整理从汉至隋的墓志,于1936年出版了《汉魏六朝墓冢遗文图录》,这是一部墓志拓片的影印图集。同年,所著《汉魏南北朝墓志集释》(以下简称《集释》)一书亦基本完稿,因战事未能及时付印,之后二十年中又陆续增补、修订,至1956年方出版。《集释》一书搜罗宏富,共收录汉、魏、南北朝及隋朝的墓志六百零九种,涵盖了当时可见这一时期墓志的绝大多数。该书体例完备,将文字和拓片分置上下卷。上卷为文字著录考释,对所收墓志逐一记录其日期、尺寸、行字数、字体、出土地等,对志文中所涉史事进行考释,并将前人的相关研究成果择要附录于后;下卷为拓片图录,所选力求为整纸初拓足拓本或损字较少者,多数较为清晰,便于释读。故此书为了解隋代之前的墓志提供了全面的信息,在墓志文献整理上具有集成性质。同时,赵万里对每篇墓志的考释,是一次对墓志大规模的深入研究,成果空前。

赵万里对墓志的研究,大体上延续了清代金石学的考证传统,将从志文中提取的史料与正史材料进行比对,以达到证史、补史或正史的目的,即他自言:"今志石踵出,读其文上足以征前代之事实,下足以匡史文之讹谬。"[①]如他根据《陈叔明墓志》中所载历任官职,指出出守吴兴,入为秘书监、中书令、司空,皆为《陈书》本传中所不载,据志可补史阙;根据《元飐妃李瑷华墓志铭》可知李瑷华之子元子攸(即魏庄帝)字彦远,可补《魏书·庄帝纪》之缺失。又如根据《元简墓志》中叙元简死后谥号即为顺王,纠正《魏书·文成五王传》中云"谥灵王,世宗时改谥顺王"之误;根据《萧宗充华卢令媛墓志》述令媛之外曾祖李孝伯为泰州刺史,再经细致的考证,纠正了《魏书·李孝伯传》载其为"秦州刺史"之误。在《集释》一书中,这类补阙纠谬的例子俯拾皆是,其中不乏精彩之例,"就考订史实的角度说,赵万里的工作可以说是非常有成绩的,其学问的深厚和工作

---

① 赵万里:《汉魏南北朝墓志集释》,《石刻史料新编》本,台北:新文丰出版公司,1982年,第51页。

的细心,都远非前人可比"①。同时,赵万里对墓志解读之精准、剖析之深入也颇值称道,往往能通过综合运用史料辨析出模糊不清、令人费解的志文中所蕴含的复杂信息。如《元子邃墓志》中有"今葬后九百年,必为张僧达所开,开者即好迁葬,必见大吉"一行文字,颇为难解。赵万里解释云:"其文荒诞不经,盖术者压胜之辞,古人墓志常有之。"②并举出了隋开皇九年《赵洪墓砖》、建中二年《李夫人贾嫔墓志》为例,引《宣室志》、《太平御览》、《太平广记》中的相关记载为佐证,以见南北朝人常在墓志书写过程中施压胜之术。此解颇有理据,对古代墓葬文化研究应不无启示。又如《高虬墓志》中,仅据志文中"薨于开皇二十年十月十三日"一句,发现高虬与左卫大将军元旻死于同一天。元旻因党附太子杨勇而获罪,故推测高虬之死或与此有关。再经查阅《隋书·房陵王勇传》,其中果然记载高虬为太子东宫之臣属,负责营造,被定以修建违制之罪,随太子党人一并被处决,于是高虬之死始末可见。这样层层迭进的考索推究,将一句志文背后的历史作了充分挖掘,足见赵万里对史料的熟悉程度和敏感的问题意识。

陆扬撰文指出《集释》一书在史料考订上成就突出,但因局限于传统金石学的方法,未能将墓志内容用作史学上的开拓性研究,关注重点仍在与正史相重合的部分,基本为政治史的内容,缺少将墓志用于民族、文化、宗教等方面的分析。对照当今的墓志研究发展来看,这一评价自是中肯之论,《集释》对传统金石学确是"继承"多于"突破",但其中的"突破"仍是可观的,不仅倡乎先导于当时,而且对今天的研究仍有启发意义,这在赵万里将墓志运用于家族谱系、婚姻以及文学研究等方面皆有体现。魏晋南北朝的历史特征之一就是标榜家族门第,有关世族谱系的研究是中古史研究的重点。墓志不仅记载墓主生平,也会记录其家庭成员的基本信息,是研究世族谱系最重要的文献。赵万里将世族谱系作为

---

① 陆扬:《从墓志的史料分析走向墓志的史学分析——以〈新出魏晋南北朝墓志疏证〉为中心》,《中华文史论丛》2006 年第 4 辑,第 96 页。
② 《汉魏南北朝墓志集释》,第 260 页。

墓志考释的重点,往往将同一家族成员的墓志所载信息加以归纳整合,并结合其他史料,梳理出详细的世族谱系。如《卢文构墓志》中考范阳卢氏自汉卢植至卢文构十三代世次,《王衮暨夫人萧氏墓志》中考琅琊王氏自晋王导至王衮十代世次,《寇臻墓志》中考上谷寇氏自魏至唐数代成员之名字。其中尤以在北魏宗室世系的研究上最为突出。《集释》卷三、卷四专收北魏宗室墓志,并于卷三之首加引言曰:"昔周氏嘉猷撰《北魏世系表》,据李延寿《北史》而未校以他史,罣漏百出,未餍人意,以视志石所载,得失之殊,夐乎远矣。余近于周氏书复有所补正,他日当别出印之,俾与此编同为读史者之一助云尔。"①可知赵万里曾致力于研究北魏宗室谱系,并有意出版专著,惜后来未见刊行,但相应的成果已在《集释》中有所体现。《集释》共收北魏宗室及配偶墓志一百六十一篇,按《魏书·宗室传》胪列,分平文子孙系、昭成子孙系、道武七王系、太武五王系、景穆十二王系、文成五王系、献文六王系、孝武五王系,逐次排列,世次不清者归附录,形式上已近宗室谱系专题研究。对其中每篇墓志的考释,亦多从宗室成员的生平及亲族关系着手,颇多新见。与世族谱系密切相关的是婚姻问题,汉魏六朝时期世家大族的联姻及其对社会、政治的影响一直是备受关注的课题,《集释》之中也屡有论及。如《元飏妃李瑗华墓志》、《萧宗充华卢令媛墓志》、《卢文构墓志》等篇中皆通过梳理墓主之家庭成员及亲戚关系,揭示出陇西李氏、清河崔氏、荥阳郑氏、范阳卢氏等高门大族之间累世通婚的情况,以彰北朝门阀制度之盛、门第观念之强。又如据《邢峦妻元纯陁墓志》记载任城康王之女元纯陁有改嫁经历,联系史书中多有关于北朝宗室女改嫁的记述,认为宗室女再嫁在北朝并不受约束,即使墓志中也并不讳言,可觇当时习俗风尚之开放。又据《元恭墓志》中载元恭之妻为茹茹(即柔然)主之曾孙女,又载茹茹主之子娶景穆皇帝之女乐平长公主,《闾伯昇墓志》中载茹茹主之子伯昇所取为咸阳王之女乐安郡公主,结合史书中有关茹茹归附北魏的记载,论道:"以此

---

① 《汉魏南北朝墓志集释》,第51页。

志互证,知茹茹主内附后,其子姓频与魏室通婚。拓跋氏怀柔外族之术,可于此见矣。"①就皇室婚姻带有的政治内涵作了分析。

此外,《集释》之中就墓志文学写作也有所论述。墓志作为一种传记性文体,在内容上有不少与正史重合呼应之处,但在写作立场上却存在明显的区别,一为亲友之私议,一为史家之公论。这也就决定了二者在材料剪裁、叙事详略、遣词用句上皆有差异,其中的微妙关系也应为研究者所留心。赵万里注意到墓志文采藻饰,常有虚浮空洞之辞。如指出《徐之才墓志》多典丽之辞,无一事及其医术,全然不能彰显其作为一代名医之事迹。同时对墓志叙事含蓄隐曲、回护虚美之风亦有论述。如隋人徐智竦因牵连赵讷贪污一事连坐而死,其墓志云:"昊天不憖,殱此哲人,痛心疾首,行路悲戚……泪落花堕,鸟共哀鸣,孝子欲养,慈亲不在。"《集释》解释曰:"辞意隐婉,有非楮墨所能宣者也。一如高虬以坐废太子勇党诛死,而志云'光景不留,溘先朝露'之比,志例当如此。"②

总的来说,《集释》一书不仅为相关文史研究提供坚实的材料基础,也对墓志作了多维度、综合性的史学研究,在传统金石学向现代转型上具有重要意义。目前学界对此书的认识和评价仍有所欠缺,有待作进一步的细致探讨。墓志研究具有相当大的开放性,新材料的发现、新方法的提出会不断促进研究的更新和发展。赵万里之后,赵超编有《汉魏南北朝墓志汇编》,罗新、叶炜著有《新出魏晋南北朝墓志疏证》,二书皆在《集释》基础上搜采新资料,是补充《集释》的续作,《疏证》在墓志解读上也对《集释》有所继承并有进一步提升。这也从另一方面说明了《集释》在墓志研究上具备典范意义。

(四) 词曲研究

除了校辑词曲文献,赵万里也从文学研究的角度探讨词曲,他在二

---

① 《汉魏南北朝墓志集释》,第 95—96 页。
② 《汉魏南北朝墓志集释》,第 269 页。

十世纪词学史上有较为特殊的位置,在词曲发展史、词曲作家、戏剧情节原型研究上皆有不少创见。

词学是上个世纪前叶文学研究热点,各派学者从不同立场、角度、方法将词的研究深入到了方方面面。以胡适为代表的新派学者,认为词是白话文学发展的重镇,所以古体词并未像"选学"辞赋、桐城古文那样被打倒,反而作为新文化运动"整理国故"的重要内容,以胡适为主导,有胡云翼、陈中凡、郑振铎、薛砺若等追随者,取得了新锐可喜的成果。同时,清末词学繁荣的余波一直延续下来,至三十年代还有一支由常州词派、彊村词派正统传人构成的声势浩大的词学队伍,代表人物有刘毓盘、梁启勋、吴梅、顾随、俞平伯、夏承焘、龙榆生等。胡明《一百年来的词学研究:诠释与思考》一文中将胡适一派称为"体制外派",而传统一派称为"体制内派"。主要区别在于前者从外部入手研究词,注重以新的思想理论来评论词风、词作,评价词在文学史上的地位;而后者关注的是词的本体,研究工作集中于词籍、词谱、词调、词韵、词史。文中指出王国维词学成就主要在于将新的文学、美学理论引入词学,开创词学研究新的体系,总体上倾向"体制外派";赵万里在词学界以《校辑宋金元人词》闻名,这是承袭王鹏运、刘毓盘等人的路子,故划入"体制内派"[①]。其实不仅是词集校辑,赵万里在词学观点、古体词创作上都深受吴梅影响,尽管他的校辑之学、词史研究体现出一些受王国维影响的痕迹,但与王国维的词论体系相去较远,归入"体制内派"自是没有问题。三十年代,"体制内派"是更为活跃的,不仅取得了辉煌硕果,还常结社集会、创办杂志,影响很大。知名大学中纷纷开设词学课程,时任教授者多为"体制内派"词学家,北京大学所聘的词学教授正是赵万里。他在授课过程中,编写了一部名为《词概》(又名《词史》)的讲义,系统论述了词学发展史。

《词概》由于是讲义而非专著,主要根据其师吴梅讲授词学时所著的《词学通论》撰写而成。按照目录,全书共十一章,全面讲述由唐至清的

---

① 胡明:《一百年来的词学研究:诠释与思考》,《文学遗产》1998年第2期,第19—21页。

词学发展,并论词韵、词律。可惜存稿不全,仅见前七章,至"明人词概"止,各章内容主要是综论一代词之发展和分析主要词家作品。虽然创新程度有限,然与吴梅之书细加比较,《词概》仍有一些独到之处,可圈可点。作为目录版本学家,赵万里仍旧在书中发挥了其长于文献考据的特色,增加了对各家词集版本情况的分析,吸收了学界对词学史料的最新研究成果。如论周邦彦词,即纳入了郑叔问《清真集校后录要》和王国维《清真先生遗事》对周邦彦生平和词集版本的考证,以及他自己对周邦彦词作的辑佚所得。他还对前代文献记载中的一些混淆错误之处进行了辩正,如考旧题冯延巳《谒金门》"风乍起"一首应为成幼文所作,辨《贵耳集》所载周邦彦《兰陵王》"柳阴直"一词是为李师师作非实等,皆持之有据。吴梅《词学通论》之一大卓识在于寓"史"于"论",着意于词家艺术面貌的沿承和新变,精当地将其放置到"史"的坐标上去辨析[①]。赵万里《词概》对此有进一步的发挥,如其论稼轩词云:"辛词佳处全在有真性情,笔墨飞舞跳荡,与晏欧柳秦之冶逸作态者色泽全异。从此宋词中别创一新境界,后之刘龙州、刘后村,金之元遗山,元之白仁甫及清初之陈其年皆承稼轩衣钵。"[②]论夏言词云:"仁宣以后,兹事几绝。独文愍以魁硕之才,起而振之,豪壮典丽,与于湖、剑南为近。王元美评其词最号雄爽,且拟诸稼轩,自是不刊之论。"[③]皆打破了朝代界限,以词本身的演进和词人风格为中心作出融贯之论。

  吴、赵二人论词,对于流派纷繁、风格竞出的词学各家基本做到公允持平,但对某些词人的评论也因个人观点、偏好不同而有歧见。吴梅对李清照之词颇有指摘,谓"大抵易安诸作,能疏俊而少沉着"[④];而赵万里对李清照却甚为推崇,赞其词"清丽疏宕,开南北宋未有之境界"。又云:"盖易安天才独擅,其所作《金石录序》亦层次井然,有条不紊。然则谓易

---

① 严迪昌:《吴瞿安先生的词与词学观》,《词学》第十六辑,第 305 页。
② 赵万里:《词概》,引自《赵万里文集》第二卷,北京:国家图书馆出版社,2012 年,第 52 页。
③ 《词概》,第 76 页。
④ 吴梅:《词学通论》,上海:上海古籍出版社 2013 年,第 74 页。

安仅工倚声,不足以尽其长也。"①吴梅论词,更靠近清末朱祖谋彊村派一路,以周邦彦、吴文英为宋词之正宗。赵万里虽不像王国维、胡适那般极度重五代北宋而轻南宋之词,但他对吴文英贬抑甚低,批评梦窗词堆垛雕缋、失之晦涩,进而谓:"南渡后人始斤斤于寻章摘句,陆辅之《词旨》即此时代之产物。有时一阕中虽有二三名隽之笔,然通全篇观之,罕见一气呵成圆活灵妙者,观于梦窗词即可知也。"②这又表现出他受王国维影响的一面。又吴梅论词尚雅正,排斥俳谑之体、以俚俗之语入词,故他不喜柳永之词,认为其"好作俳体,词多媟黩","率笔无咀嚼处"③。赵万里却极好柳词,推柳永为北宋词家之巨擘,对于柳词中风月之作,也谓其"虽系游冶之作,温柔沉着,绝不似郭频珈辈专以挑达轻率见长也"④。他还专门作了一篇《谈柳词》,文中将柳词之中具有市井俚俗气之作品,比之于南北散曲与明代山歌等,认为正是新兴时曲的代表,不应指责。尽管赵万里并未如胡适、胡云翼等"体制外派"将俚俗视为柳词特出之优点,但无疑是持肯定态度的。他还提出词学研究应留意话本、戏曲中的俳谑之词,这也是颇具创见之论。胡文中曾指出三十年代的"体制内派"与"体制外派"是"各干各的",两派之间罕有往来,而赵万里作《校辑宋金元人词》请胡适作序,却是两派之间互有交流的特例之一⑤。然就上述赵万里与吴梅论词的差异来看,赵万里的词学研究一定程度上接受、吸纳了"体制外派"的观点,故而显得更加多元融通、不拘一格。

戏曲研究方面,主要是撰写了一些考证性的文章。《散曲的历史观》一文,对散曲发展的历程作了简要明晰的勾勒,并对散曲兴衰演变的原因作了分析。文中采用了一些新的文学史料如《永乐大典》辑出的戏曲材料、作者搜集的明代时曲等,使文章内容更充实,论证也更有力。《关

---

① 《词概》,第54页。
② 《词概》,第58页。
③ 《词学通论》,第49页。
④ 《词概》,第42页。
⑤ 《一百年来的词学研究:诠释与思考》,第22页。

汉卿史料新得》及《一点补正》两文,是对关汉卿生平问题的考证。因缺乏确切的文献记载,关汉卿之生平颇多疑点。关于其生卒年的问题,三十年代胡适、顾随、郑振铎等人就曾多次发文讨论,1958年关汉卿被选入"世界文化名人"后,这一问题再次成为了学术争论的热点。赵万里在辑佚《永乐大典》过程中,从佚书《析津志》中发现了一则关汉卿的小传,据此论证"汉卿"非名而是字,以及关汉卿应为金末元初之人①。这则史料的发现对于关汉卿生平研究十分重要,故而赵万里的文章也成为了"具有长期影响的关汉卿生平籍贯研究的重要论述"②。《金元素事迹考》也是勾稽史料,对学界尚较陌生的元代文人金元素的生平事迹作考述。《〈水浒传〉双渐赶苏卿故事考》、《王子高芙蓉城故事考》二文,都是对戏曲故事情节的考证,通过扎实的文献爬梳,将故事的原型及流传变化的脉络清楚地呈现出来。《写在〈琵琶记〉之后》一文,是就高明创作《琵琶记》的动机进行推究,通过对高明的诗文作品及相关文献的挖掘,指出对贞洁孝义的表彰和对名教纲常的维护是高明文学创作的一贯宗旨,且他身逢元末乱世,目睹了民不聊生的惨状,故而在《琵琶记》中高度称颂赵五娘的贞孝,并极力渲染她因贫吃糠的场景。此外,还有《旧刻元明杂剧二十七种序录》、《元明杂剧之新发现》等,皆是就戏曲文献作提要式的介绍。总的来说,赵万里戏曲研究方面的文章数量虽然不多,但是多能就新发现之材料论述新的问题,有理有据,具有较高的学术价值。

纵观赵万里一生,除却晚年,其求学、治学之路都是比较顺遂的。虽历经战乱年月,但相较同辈学者,他未曾遭受辗转逃亡、颠沛流离之苦,而是拥有较为安稳、平静的人生,又有极佳的问学、工作环境与条件,足以让所学得以施展发挥。他一直活跃于学术文化界的中心,于北图、北大、清华、中央研究院、故宫博物院等重要学术机构任职,在图书馆建设、

---

① 因在《关汉卿史料新得》一文中,赵万里误将史秉直降元之"癸酉"断作1263年,从而误将关汉卿当作元世祖中统时期之人。后经吴晓铃、胡忌指出,"癸酉"实为1213年,他又作了《一点补正》将此问题修正。
② 赵建坤:《关汉卿研究学术史》,广州:中山大学出版社,2008年,第136页。

学术研究、教书育人、刊物编辑上皆有作为。他一生与书结缘,为北图善本部之发展作出了卓越贡献。今天国图古籍馆以善本收藏之盛傲立于同侪,大半功劳应归于赵万里一人。身处中西、新旧之学激烈交汇、碰撞的时代,赵万里治学较少受西学影响,而偏向传统旧学,这应与他从东南大学国文系再到清华大学国学研究院的求学经历密切相关。他基本上是沿着清代考据学的路径继续探索、推进,内容上重文献史料、目录版本,方法上尚考证、辨析,形式上以古籍整理、考释为主,表达上亦多用文言文。他见闻广博、学植深厚,治学极为严谨、精细,所编著《校辑宋金元人词》、《汉魏南北朝墓志集释》、《中国版刻图录》、《北平图书馆善本书目》等均达到了同时期的最高水平,堪为领域内的典范之作。他早年涉猎广泛,后期逐渐聚焦于目录版本之学,从广博走向专精。他在目录版本、金石、戏曲等方面的研究,也或多或少旧中带新,体现出由传统向现代转型的痕迹。若非"文革",他应能完成自身学术的总结,建立起更为完善的学术体系,至少能写出系统的版本学、目录学理论专著。尽管有未尽之憾,赵万里平生事业、学问之成就,已是硕果累累,足以令世人瞩目,为学界所赞誉。

王静安先生年谱

清德宗光绪三年丁丑十月二十九日,先生生于浙江海宁州城内双仁巷之私第。

先生讳国维,初名国桢,字静安,亦字伯隅,初号礼堂,晚号观堂,又号永观。王氏先世籍开封。远祖禀,宋靖康中,以总管守太原,城陷死之,赠安化郡王。孙沆,随高宗南渡,赐第盐官,遂为海宁人焉。先生高祖建臣,国学生,貤贴封朝议大夫。曾祖溶,国学生。本生曾祖瀚,国学生。祖嗣铎,国学生。本生祖嗣旦,国学生。父乃誉,字与言,号尊斋,值洪杨之乱,弃儒而贾,于贸易之暇,攻书画篆刻及诗古文辞。著《游月录》十卷,《娱庐诗集》二卷。母凌孺人,同邑三里桥凌岫云先生之六女。凌孺人生子女各一,先生其仲也。

四年戊寅　二岁

五年己卯　三岁

六年庚辰　四岁

九月十四日,凌孺人病卒。时先生甫离襁褓,姊蕴玉仅年九岁,赖祖姑母范氏及叔祖母提携抚养,至于成立。

七年辛巳　五岁

八年壬午　六岁

九年癸未　七岁

是岁先生始就傅于邻塾潘紫贵(绶昌)先生处。

十年甲申　八岁

十一年乙酉　九岁

是岁，尊斋公娶同邑叶砚耕先生女为继室，时尊斋公年已三十八岁矣。

十二年丙戌　十岁

是岁移家西门内周家兜新屋。

十三年丁亥　十一岁

正月二十六日，大父嗣铎公病卒。

是月，更从邑人庠生陈寿田先生读。

案先生《三十自序》云："家有书五六簏，除《十三经注疏》为儿时所不喜外，其余之书，晚自塾归，每泛览焉。"云云，当是是时事。

是岁尊斋公自江苏溧阳县署游幕归，居丧不出，夜课先生读，并自攻金石书画。

四月，弟国华(字健安，后字哲安)生。

十四年戊子　十二岁

十五年己丑　十三岁

十六年庚寅　十四岁

十七年辛卯　十五岁

十八年壬辰　十六岁

六月，入州学。

朱逢辰《海宁州采芹录》(下)云："光绪十八年壬辰岁试，为陈宗师(彝)，题为'季氏富于周公而求也'，'七八月之间雨集'，'夜归读古人书'。生第二十一名王国维(静庵)。"

是岁，始读前四史，兼治骈散文。

《自序》云："十六岁见友人读《汉书》而悦之，乃以幼时所储蓄之钱，购前四史于杭州，是为平生读书之始。时方治举子业，又以其间学骈文散文,用力不专,略形似而已。"

十九年癸巳　十七岁

二月,赴杭垣,应科试不售。

陈守谦祭文云:"君于学不沾沾于章句,尤不屑就时文绳墨,故癸巳大比,虽相偕入闱,不终场而归,以是知君之无意科名也。"

十一月,姊适同邑庠生陈达瞿(汝聪)。

二十年甲午　十八岁

是岁,中日开衅,先生始知世有新学。

《自序》云:"甲午之役,始知世尚有所谓新学者,家贫不能以赀供游学,居恒怏怏。"

二十一年乙未　十九岁

二十二年丙申　二十岁

十月二十四日,夫人莫氏来归。夫人为同邑春富庵镇莫寅生先生孙女,世业商。

二十三年丁酉　二十一岁

三月,为同邑陈枚肃(汝桢)权家塾。

八月,赴杭垣应乡试,又不售,归就馆于同邑沈冕甫(冠英)家。

二十四年戊戌　二十二岁

是时钱塘汪穰卿舍人(康年)创《时务报》于上海,邀上虞许默斋孝廉司书记,倩先生为之代。先生于正月中抵沪就事,所得资甚微。时上虞罗叔言先生(振玉)方创农学社,迻译东西各国农学书报。以乏译才,乃以私赀设东方学社于新马路之梅福里。聘日本藤田剑峰(丰八)博士为教授。五月朔,学社开学,先生请于馆主,日以午后三小时往学,听讲之外,绝少自修之暇。时同学仅六人,罗先生偶于其同舍生扇头读先生咏史绝句有"千秋壮观君知否,黑海西头望大秦"之句,乃大异之。月末甄别,先生与嘉兴沈昕伯(纮)、山阴樊少泉(炳清)皆在不及格之列,罗先生为言于藤田博士,仍许入学。六月,病足归里,数月而愈。秋后至沪,《时务报》已停版,罗先生仍使先生治社中庶务,而免其各费,至是乃得专力

于学。(参《自序》及罗先生撰传)

编年诗:杂诗二首(四月,见《外集》卷二)

二十五年己亥 二十三岁

时学社以人多地隘,乃移制造局前之桂墅里。罗先生任先生为学监,同学多与之不洽,遂罢职,而致月廪如在职时。

是岁,先生始从日人田冈佐代治君读欧文。

《自序》:"是时社中教师,为日本文学士藤田丰八、田冈佐代治二君。二君故治哲学,余一日见田冈君文集中,有引汗德(Kant)、叔本华(Schopenhauer)之哲学者,心甚喜之。顾文字睽隔,自以为终身无读二氏之书之日矣。次年而社中兼授数学、物理、化学及英文。其时担任数学者,即藤田君。君以文学者而授数学,亦未尝不自笑也。"

十月,长子潜明(字伯深)生。

是时(戊戌己亥间)龟甲兽骨文字出土于河南安阳县之小屯。其地在洹水之南,水三面环之,即《史记·项羽本纪》所谓"洹水南殷虚上"者也。初出土后,潍县估人得其数片,售之福山王文敏公(懿荣),一时所出,先后皆归之。(详先生所撰《最近二三十年中国新发见之学问》一文中)

编年诗:嘉兴道中一首 红豆词四首 题梅花画箑一首 题友人三十小象一首 杂感一首(以上见《外集》卷二)

二十六年庚子 二十四岁

学社因兵事提前毕业,秋间学社遂停。先生毕业后,即返里。后又赴沪,仍主罗先生家。罗先生请译《农报》,先生自谓译才不如沈君昕伯,乃让沈任之。

是岁,先生仍努力治欧文。

《自序》:"庚子之变,学社解散。盖余之于东文学社也,二年有半,而其学英文,亦一年有半。时方毕第三读本,乃购第四第五读本归里自习之,日尽一二课,必以能解为度,不能者稍置之。"

是岁,印度政府派遣匈牙利人斯坦因爵士(Sir Aurel Stein,

1862—),访古于我和阗,于尼雅河下流废址,得魏晋间人所书木简数十枚等以归。

二十七年辛丑　二十五岁

罗先生时主武昌农学校。春,招先生与樊君少泉往任译授。秋,罗先生谢校事。会北乱稍定,罗先生助以赀,使留学日本。先生从藤田博士之介,入东京物理学校肄业。又因博士之劝,拟专修理科。乃以昼习英文,夜至物理学校习数学。(参罗传及《自序》)

二十八年壬寅　二十六岁

二月,次子高明(字仲闻)生。

先生在校颇以几何学为苦。夏间病脚气,罗先生劝之返国。返国后,仍主罗先生家。时盛宣怀为南洋公学监督,设分校于虹口之谦吉里。罗先生被任为校长,先生即为校之执事。暇更从藤田博士习英文,兼为罗先生编译《农学报》及《教育世界》杂志,撰述乃益富。而先生之治哲学,即自此始。

《自序》云:"留东京四五月而病作,遂以是夏归国。自是以后,遂为独学之时代矣。体素羸弱,性复忧郁,人生之问题,日往复于吾前,自是始决从事于哲学。而此时为余读书之指导者,亦即藤田君也。"

是岁丹徒刘铁云(鹗)选印其所藏殷虚甲骨文字千余片行世。助之校印者,为罗先生。而先生之得见甲骨文字当自此始。

先生所撰《最近二三十年中国新发见之学问》云:"庚子王文敏公殉难,其所藏皆归丹徒刘铁云鹗。铁云复命估人搜之河南,所藏至三四千片。光绪壬寅,刘氏选千余片影印传世,所谓《铁云藏龟》是也。"

二十九年癸卯　二十七岁

罗先生是岁有粤东之行。会通州师范学校欲聘心理学、论理学教员,罗先生荐先生往。主其事者欲与订三年契约,先生商之于罗先生,乃定一年期。

时先生已遍读社会学、心理学、论理学、哲学诸西书,且以日文译本参阅,收效遂益宏。是年春又读汗德之《纯理批评》,继又改习叔本华之书而大好之。

《自序》云:"次岁春,始读翻尔彭(Fairbanks)之《社会学》,器文(Jevons)之《名学》,海甫定(Hoffding)之《心理学》之半,而所购哲学之书亦至。于是暂辍心理学,而读巴尔善(Paulsen)之《哲学概论》,特尔彭(Windelband)之《哲学史》。当时之读此等书,固与前日之读英文读本无异。幸而已读日文,则与日文之此类书参照而观之,遂得通其大略。既卒《哲学概论》与《哲学史》,至次年始得汗德之《纯理批评》,至《先天分析论》,几全不可解,更辍不读,而读叔本华之《意志及表象之世界》一书。叔氏之书,思精而笔锐。是岁前后读二过。次及于其《充足理由之原则论》、《自然中之意志论》及其文集等。"

案:据《静安文集自序》,读汗德、叔本华之书,均为本年事。则上所云读《哲学概论》等,乃壬寅年事,《自序》或失之误记耳。

《静安文集自序》:"余之研究哲学,始于壬癸之间。癸卯春,始读汗德之《纯理批评》,苦其不可解,几半而辍。嗣是读叔本华之书而大好之。自癸卯之夏,至甲辰之冬,皆与叔本华之书为伴侣之时代也。其所尤惬心者,则在叔本华之《知识论》,即汗德之说,亦得因之而上窥焉。"

编年文:汗德像赞(八月,见《教育世界》杂志)

编年诗:书古书中故纸一首 端居三首 嘲杜鹃二首 五月十五夜坐雨赋此一首 游通州湖心亭一首 六月二十七日宿砍石一首 秋夜即事一首 拼飞一首 重游狼山寺一首 尘劳一首 来日二首 登狼山支云塔一首(以上均见《外集》卷二)

三十年甲辰 二十八岁

是岁秋,罗先生被任为苏州师范学校监督。延先生自通往苏,主讲心理、论理、社会诸学。时藤田博士亦在苏,先生暇时仍从博士问学,兼攻叔氏书。时出其绪余,为文于《教育世界》杂志中刊之。

《静安文集自序》:"去夏(即今夏)所作《红楼梦评论》,其立论虽全在叔氏之立脚地,然于第四章内已提出绝大之疑问。旋悟叔氏之说,半出于其主观的气质,而无关于客观的知识,此意于《叔本华与尼采》一文中,始畅发之。"

编年文：就论理学上之二元论　教育偶感四则　论叔本华之哲学及其教育学说　国朝汉学派戴、阮二家之哲学说　红楼梦评论　释理　叔本华与尼采（以上均见《教育世界》杂志及《静安文集》）

案：余所见《教育世界》杂志自七十号甲辰正月起至八十六号九月止。八十七号以下或有先生文字，俟后增补。

编年诗：病中即事一首　莫春一首　冯生一首　晓步一首　蚕一首　平生一首　秀州一首　偶成一首　九日游留园一首　天寒一首　欲觅一首　出门一首　过石门一首（以上见《外集》卷二）

三十一年乙巳　二十九岁

三月，三子贞明（字叔固）生。

是岁，仍在苏讲学，于汗德哲学复为第二次之研究。且愿于今后数年，专力治之。

《自序》："《意志及表象之世界》中有《汗德哲学之批评》一篇，为通汗德哲学之关键。至二十九岁，更返而读汗德之书，则非复前日之窒碍矣。嗣是于汗德之《纯理批评》外，兼及其伦理学及美学。"

八月，汇集此数年间所为文之刊于《教育世界》杂志及所为诗，重刊之，署曰《静安文集》。

案：《静安文集》中各文，均为先生治泰西哲学教育学时所作，与其他遗著性质大殊，故未入遗书中刊行，现拟别出印之。至所附古今体诗，今别署曰《观堂丙午以前诗》入《外集》中印行矣。

是岁，先生于治哲学之暇，兼以填词自遣。先生于词，独辟意境，由北宋而反之唐五代，深恶近代词人堆砌纤小之习。先生尝谓六百年来词之不振，实由此故。

樊志厚《人间词甲稿序》："读君所自为词，则诚往复幽咽，动摇人心，快而能沈，直而能曲，不屑屑于言词之末，而名句间出，往往度越前人。至其言近而旨远，意决而辞婉，自永叔以后，殆未有工如君者也。"

案：此序与《乙稿序》，均为先生自撰，而假名于樊君者。先生于《自序》中亦谓:"近年嗜好已移于文学,而填词亦于是时告成功。"

又云:"虽所作不及百阕,然自南宋以来,除一二人外,尚未有能及者。"此言也,或以为自视过高,然细读先生之词有清真之绵密,而去其纤逸;有稼轩、后村之闳丽,而去其率直。其意境之高超,三百年间,惟万年少、纳兰容若差可比拟,余子碌碌,实不足以当先生一二词也。

冬,返里,友人同邑张君渭渔(光弟)来访。出其所藏马湘兰兰石小幅、唐寅芍药画卷,相与把玩。未几,别去,遂不复相见。(据先生所撰《查他山文集序》)

案:张君,吾邑光宣间收藏家也。所藏书画金石墨本及乡先哲遗著至富。后张君卒,其遗书为估人挟至京师散去。吾邑文献,为之俄空,先生每念及张君,辄为之慨然。

编年文:书叔本华遗传说后　论近年之学术界　论新学语之输入　论哲学家及美术家之天职　论平凡之教育主义(以上见《静安文集》,当为前年或是年所作,俟访得是年《教育世界》杂志后,再行勘正)

编年诗:留园玉兰花一首　坐致一首　五月二十三夜出阊门驱车至觅渡桥一首　将理归装得马湘兰画幅喜而赋此二首(以上见《外集》卷二)

三十二年丙午　三十岁

罗先生奉学部奏调,春,谢苏校事,携家北上,先生与之偕,抵京,即主其家。

三月,集此二年间所填词刊之,署曰《人间词甲稿》。盖先生词中人间二字数见,遂以名之。

七月,尊斋公病卒于家,得年六十岁。先生在京闻耗,亟奔丧归里。十月,葬尊斋公于城北徐步桥之东原。

冬十月,邑人推先生为学务总董,先生却之不就。(据先生所撰《纪言》)

是岁,先生于汗德哲学为第三次之研究。

编年文:原命　屈子文学之精神　文学小言十七则　去毒篇　教育

小言十则　纪言(以上见《教育世界》杂志,但不知是否为是年所作,容后勘正)

三十三年丁未　三十一岁

春,罗先生荐先生于蒙古荣文恪公(庆)。三月,北上,命在学部总务司行走,充学部图书馆编辑。

六月,莫夫人婴病危,先生于十六日抵里门,二十六日莫夫人卒(年三十四岁)。七月,又北上。

十月,弟国华娶妇,先生未返里。

十二月二十日,继母叶孺人病卒于家。

是岁,先生于汗德哲学,为第四次之研究。至是乃倦于哲学而转治文学。因草《三十自序》一文,于《教育世界》杂志刊之,历述此数年间为学之经过,及其厌于哲学之故。

《自序》云:"此五六年间,亦非能终日治学问者,其为生活故而治他人之事者,日少则二三时,多至三四时。其所用以读书者日多不逾四时,少不过二时,过此以往,则精神涣散,非与友朋谈论,则涉猎杂书。惟此二三时之读书,则非有大故不稍间断也。"又云:"至今年于汗德哲学从事第四次之研究,则窒碍更少,而觉其窒碍之处,大抵其说之不可恃者也。此则当日志学之初所不及料,而在今日亦得以自慰者也。"

又云:"余疲于哲学有日矣,哲学上之说,大都可爱者不可信,而可信者不可爱。余知其理,而余又爱其误谬伟大之形而上学,高严之伦理学,与纯粹之美学,此吾人所酷嗜也。然求可信者,则宁在知识论上之实证论,伦理学上之快乐论,与美学上之经验论。知其可信而不能爱,觉其可爱而不能信,此近二三年中最大之烦闷也。而近日之嗜好,所以渐由哲学而移于文学,而欲于其中求直接之慰藉者也。"

又云:"以余之力,加之以学问,以研究哲学史,或可操成功之券。然为哲学家不能,为哲学史家则又不愿,此亦疲于哲学之一原因也。"

十月中,又汇集此一年间所填词为《人间词乙稿》,入《教育世界》杂志中刊之。

案：先生时新丧耦，故其词益苍凉激越，过此以往，又转治宋元明通俗文学，其致力于词者，亦仅此数载耳。

是岁，英人斯坦因爵士第二次访古于我敦煌塞上及新疆罗布泊附近，得两汉人所书木简数十枚以归。斯氏及法国伯希和教授又于敦煌千佛洞道观壁中先后购去六朝及隋唐人所写卷子本及古梵文、波斯文、回鹘文等书各数千卷以归。伯氏所得，携之过京，罗先生与吴县蒋伯斧（斧）、武进董绶经（康）及先生均往假观，并择其尤者录之，先生之识伯氏自此始。

案：此二事，均于先生后此所撰《中国二三十年新发见之学问》，及罗先生所撰《莫高窟石室秘录》中详之，兹不赘。

编年文：教育小言十三则　古雅之在美学上之位置　人间嗜好之研究　论小学校唱歌之材料　自序　教育小言十则　书辜氏汤生英译中庸后（此文后又刊入《学衡》杂志，以上均见《教育世界》杂志）

三十四年戊申　三十二岁

去冬岁暮，始得叶孺人病没之耗，亟奔丧归里，于正月初二日到家。时三子贞明尚幼，此二年来屡遭大故，戚族咸劝先生续娶以支门户。先生未决，岳母莫太夫人亦以此说进，婚事遂定。是月二十九日，继室潘夫人来归。夫人为同邑潘鹿鸣（祖彝）茂才女，世业儒。

三月，携眷抵京，赁宅于宣武门内新帘子胡同。

六月，据《花间》《尊前》诸集及《历代诗余》《全唐诗》等书，辑《唐五代二十家词》成。

八月，草《曲录》初稿成。

《三十自序》云："余所以有志于戏曲者，又自有故。吾中国文学之最不振者，莫若戏曲。元之杂剧，明之传奇，存于今日者，尚以百数，其中之文字，虽有佳者，然其理想及结构，虽欲不谓至幼稚至拙劣，不可得也。国朝之作者，虽略有进步，然比诸西洋之名剧，相去尚不能以道里计，此余所以自忘其不敏而独志乎是也。"

案：先生以宋之官本杂剧，金之院本，元明之杂剧传奇，其名不见于史志,其源流变迁,又不尽可寻,而士大夫谈艺,辄鄙之若遗,焦里堂、黄文旸之书,当时已若存若亡,因思有以董理之。董理之方,其道凡二。一则由元明而上溯宋金以求其阐变演化之迹,于是有《戏曲考源》、《宋大曲考》及《曲调源流考》之作。一则就各家书目所载及有传本者,录其名目,并作者爵里为一编,以便稽考,于是有《曲录》之辑。而《曲录》一书,尤为重要,故是时初稿即已写成。

编年文:跋词林万选(七月,见《别集初编》)初稿本曲录序(八月之望) 曲品新传奇品跋(冬月,以上见《别集补遗》)跋王周士词(见《别集初编》)古代名家书册叙(十月,见《集外文》)

宣统元年己酉　三十三岁

闰二月,以鲍刻《蜕岩词》校所藏旧钞本,并为之跋。

三月,过录樊榭老人手抄宋、元四家词,陈克《赤城词》即其一也。是月,又校《南唐二主词》,为校记,并辑补遗。

五月,见闽县叶申芗《闽词钞》中所载刘后邨词三十首,为汲古阁本《后邨别调》所未载,乃自闽县陈氏(寿祺)所录天一阁本《后邨大全集》中钞出,因重录一本。时罗先生为番禺沈太侔(宗畸)校刻《晨风阁丛书》,因以先生所辑之《后邨词》及所校《南唐二主词》次第刊之。

是月,修订《曲录》,定为六卷。而《戏曲考源》之成,亦在此时,均入《晨风阁丛书》中刊之。

是月,长女明珠生。

秋八月,伯希和教授寄敦煌所出古写卷子本至。罗先生等乃有《敦煌石室遗书》之辑,计慧超《往五天竺传》、《沙州图经》等十余种,武进董绶经刊之,助之校理者,亦以先生之力为多。

冬十月,《宋大曲考》及《优语录》、《曲调源流表》写成。《曲调源流表》今不可得见。《宋大曲考》、《优语录》、《戏曲考源》及同时所作《录曲余谈》四种,均寄邓秋枚(实)于海上,入《国粹学报》刊之。

案:先生以元之杂剧,其源即出于唐宋大曲,因于各史《乐志》及宋人词集钩稽之,尚可得其一二,于是有《宋大曲考》之作。先生又以优人诽语,大都出于演剧之际,而戏剧之源与变迁之迹,均可由此推寻,于是有《优语录》之辑。《曲调源流表》则考各宫调曲调之源于乐府及诗余者,列表为之。而后此之《宋元戏曲史》其材料亦大都于此时搜辑成之矣。

十一月,藤田博士寄英伦《地学协会杂志》至。中有斯坦因氏游历中亚细亚演说,记敦煌得书,并考西域水道至详。先生译其文入《敦煌石室遗书》附录中刊之。

是岁,罗先生介先生与胶州柯凤荪(绍忞)学士及江阴缪艺风(荃孙)京卿相见,遂定交。柯学士治《元史》,又善诗;缪先生精目录学,时任京师图书馆总监。

案:是时贵池刘聚卿(世珩)、仁和吴耘存(昌绶)亦常与先生往返论学。二君好聚书,时有资异闻于先生,先生之草《曲录》,二君亦与有力焉。

是岁,学部考试留学生,先生为阅试卷。时罗先生任京师大学农科监督,因荐先生为文科教授,总监刘廷琛却之,遂罢议。

先生之官京曹也,每日晡出署,或往罗先生处假书,或往厂肆游览。此数年间,收得善本书凡十余种,如宣德本《周宪王杂剧》、正德本《唐六典》、嘉靖本《雍熙乐府》(此为光绪戊申年所得)、万历本《花草粹编》及《盛明杂剧》、《元曲选》等,今董刻之《盛明杂剧》初集,即假自先生者也。

编年文:跋曲品(正月)　跋蜕岩词(闰二月)　跋赤城词(三月,以上均见《别集初编》)　校补南唐二主词跋(三月,见《别集后编》)　跋鸥梦词(四月,见《别集初编》)　曲录序(五月,见《别集补遗》)　跋吴起敌秦挂帅印杂剧(五月)　跋雍熙乐府(十月,以上均《别集初编》)

二年庚戌　三十四岁

正月,长女明珠殇。

二月,将臧刻《元曲选》全书细读一过,并以《雍熙乐府》勘之,不能徧也。

八月,考定旧钞本《续墨客挥犀》非彭乘所撰,并条举其所自出各书,计出《梦溪笔谈》者四十九则,出《冷斋夜话》者十七则,余与张文虎所考者同。

九月,撰《人间词话》成。

案:先生之论词,独标出意境二字,此旨于前此所撰《文学小书》及《人间词甲乙稿》序中已言之。至是始畅发其旨,得六十四则,成《词话》一卷。

十一月,草《清真先生遗事》一卷成。《古剧脚色考》亦属草于此时。明年春,罗先生创办《国学丛刊》,即以此二书刊入之。

十二月,四子纪明(字季耿)生。

是岁,先生兼充名词馆协修。

编年文:跋元曲选(二月,见《别集初编》) 续墨客挥犀跋(八月,此文原为《庚辛之间读书记》之一,后入《永观堂海内外杂文》)

(附)鹧鸪天除夕和吴伯宛舍人(此词入《苕华词》)。

三年辛亥　三十五岁

先是,先生曾假武进董氏所藏元翻乾道本《梦溪笔谈》校《稗海》本。是年正月,始得马元调本,以董本证之,均合。复以商本校于马本上,原刻误字及分段歧误者,均附正之。宋本异同,并记眉上,至上灯节校毕。

是月二十六日,假荆州田氏藏宋嘉定赣州刻本《容斋随笔》、《续笔》校扫叶山房重刻马元调本,凡四日而工毕。缪艺风复取宋本重勘,亦校得数十字。宋本乃田氏自日本购归,仅至《二笔》。二月,又假罗氏唐风楼所藏明活字仿宋本校《三笔》、《四笔》及《五笔》,至初八日校毕。后又临缪氏校内阁大库藏宋刻本,仅《四笔》前五卷,亦非前本也。

二月,以日本享保甲辰近卫公爵家熙所校《大唐六典》校所藏正德本。家熙本所引各书,辄复检原书重加改正。中患目疾,时作时辍,至三月二十九日校毕。

春日,撰《隋唐兵符图录附说》成。

案:先生之治古器物学自此始。后丁巳年重订此文,为《隋虎符跋》、《伪周二虎符跋》入《海内外杂文》中刊之。

八月,见弘治乙卯华容令徐瑶刻本《梦溪笔谈》,亦从乾道本出,行款不同而平阙仍旧,乃《稗海》本祖本,即移校于马元调本上。

是月,武昌民军告警,罗先生与先生约留京师。九月,日本京都大学诸教授函请罗先生至京都避地,初尚犹豫,继以国事日非,乃于十月中携眷东渡,先生亦携眷与之偕。抵日,寓京都田中村,与罗先生同居。而罗先生之《国学丛刻》至是遂辍刊。

编年文:国学丛刻序(正月,见《别集补遗》) 太公家教跋(六月,此为《庚辛之间读书记》之一,后写入《海内外杂文》及《观堂集林》) 大唐六典跋(见《庚辛之间读书记》)

(附)增入宋儒议论杜氏通典跋 岩下放言跋 诚斋挥犀录跋 清异录跋 片玉词跋 桂翁词跋 花间集跋 尊前集跋 草堂诗余跋 宋旧宫人诗词跋(此与《海内外杂文》所收者不同) 董西厢跋 郑光祖王粲登楼杂剧跋 元人隔江斗智杂剧跋 雍熙乐府跋 盛明杂剧跋

案:上列十五跋,均收入《庚辛之间读书记》,不知为何年所作,姑附于此,俟考。

壬子 三十六岁

是时罗先生家,人多地仄,先生乃移居邻屋,辄以书翰与罗先生往返论学。时罗先生藏书寄存京都大学,先生日往整理,因与彼邦诸文学教授相稔,而藤田博士,又先生旧友也。

先生东渡后,始弃前所治诸学,而专习经史小学。日有常课,学力乃骎骎日进。而《简牍检署考》,即属草于此时。

罗先生撰传云:"初公治古文辞,自以所学根柢未深,读江子屏《国朝汉学师承记》,欲于此求修学涂径。予谓江氏说多偏驳,国朝学术,实导源于顾亭林处士。厥后作者辈出,而造诣最精者,为戴氏震、程氏易畴、钱氏大昕、汪氏中、段氏玉裁及高邮二王,因以诸家书赠之。公虽加浏览,然方治东西洋学术,未遑专力于此。……公既居海东,乃尽弃所学,而寝馈往岁予所赠诸家之书。"

二月,作《颐和园词》,罗先生见而激赏之,为手写付石印。其后又改订数处,而以夏秋间所作《送狩野博士游欧洲》及《蜀道难》二首附录于

《颐和园词》后,署名《壬子三诗》。

案:先生之诗,初与放翁体格略近。先生《题友人小象诗》有云:"差喜平生同一癖,宵深爱诵剑南诗。"盖自道也。至是,乃好唐音。

先生尝谓:余所作,惟《颐和园词》、《蜀道难》及《隆裕皇太后挽歌辞》,差可自喜。先生又尝评柯凤荪学士《蓼园诗钞》云:"义山而后,学杜者惟后山,二千年后乃得蓼园。"推崇可谓备至。又于沈乙盦先生诗,亦必手自钞录,而尤爱诵其《秋怀》及《陶然亭》二诗,无事时,辄讽咏不已。此二老外,其他则少所许可矣。

九月朔日,《简牍检署考》始写定,盖至此已四易稿矣。此文日本铃木博士(虎雄)译为日文,登诸是年《艺文杂志》者,乃未改定之本。本年夏间,复增补若干则,遂得写定。岁暮,闻法国沙畹教授方研究斯坦因所得古简牍,因复写一本寄之。

十月,将历年研究所得宋元戏曲诸史料,以三月之力,写为十六章,署曰《宋元戏曲史》。自是以后,遂不复谈斯艺矣。

十二月,罗先生编印其历年所搜得甲骨文字为《殷虚书契》八卷成。

编年文:跋双溪诗余(夏日,入《别集初编》) 此君轩记(九月,为川江国次郎作) 墨妙亭记(九月,为久野元吉作) 二田书贶记(十月,为隅田吉卫作。上三文均入《海内外杂文》及《观堂集林》) 宋元戏曲史序(冬日)

编年诗:颐和园词一首 读史二首 送日本狩野博士游欧洲一首 蜀道难一首 观红叶一首 岁除即事(以上均入《壬癸集》及《观堂集林·缀林》)

癸丑　三十七岁

是岁圈点三礼,细读一过,并时作疏记。自二月初九日起,至三月十八日读《周礼注疏》毕。先生自跋注疏本后云:"此时注意于疏,而于经注反觉茫然。"自四月二十一日起,至六月九日,读《仪礼注疏》毕,日尽一卷,中二日尽二卷,幸无间读。又自八月十一日起至十月十二日,读《礼记注疏》毕。并跋其后云:"冲逮此疏,除大典制尚存魏晋六朝古说外,可取殊少,其敷衍经旨处,乃类高头讲章,令人生厌,不及贾氏二礼疏远甚,若去其芜秽,存其菁英,亦经义得失之林也。"

先生读三礼时,又圈读段茂堂《说文解字注》一过。自二月二十七日起,至三月十二日毕第三篇。时因作《明堂寝庙通考》,中断四十余日。四月二十六日起至五月下旬,又毕第七卷及第十五卷。七卷以下,浏览一过,不复圈校,盖当时又治他业故也。

二月二十九日清明,与家人游真如堂,循东麓,下至安乐寺,时樱花初放。

三月三日上巳,京都大学诸教授及罗先生等,各以所藏右军兰亭帖佳本展览,先生亦与焉,且以诗记其事。

八月,罗先生出所藏《齐鲁封泥》墨本,倩先生排比之,成《齐鲁封泥集存》一卷。

九月,罗先生影印《鸣沙石室古佚书》十八种成。

冬,草《布帛通考》,后更名曰《释币》,凡二卷,于古今布帛之制及尺度之长短,考证至详。

十一月,次女东明生。

是岁,日人一宫主《盛京时报》社,邀先生作札记刊日报中,月致束修三十元,且有时不至,遂解约。《东山杂记》、《两膁轩随笔》即作于是时。

冬日,法人沙畹教授,寄其所撰《斯坦因所得之汉晋木简文字考释》未印成本至。其中颇有不惬意处,罗先生与先生乃发愤重行分类考订,其小学方技书及简牍遗文均罗先生任之,其关于屯戍诸简则由先生任之,盖以先生熟于两汉史事故也。

编年文:明堂寝庙考(三月,见《雪堂丛刻》及《观堂集林》) 唐写本春秋后语背记跋(五月) 唐写本兔园策府残卷跋(七月) 齐鲁封泥集存序(八月,以上三文均见《海内外杂文》及《观堂集林》) 译本琵琶记序(夏日,见《集外文》) 杂剧十段锦跋(八月,见《别集补遗》) 书齐鲁封泥集存后(此文作于印成之后,故不及刊入本书中) 书旧宫人诗词湖山类稿水云集后 阳陵虎符跋(上三文均见《海内外杂文》及《观堂集林》)

秦郡考　汉郡考（此二文初刊入《雪堂丛刻》，总名《秦汉郡考》，后入《观堂集林》）　唐三藏取经诗话跋（见《别集补遗》。此文乃本年所作，见先生手书《癸丑文录》中，《别集》及诗话卷末均作乙卯春，非是）

编年诗：咏史五首　昔游六首　隆裕皇太后挽歌辞一首　上巳日京都兰亭会诗一首（初与上年所作诗合刊为《壬癸集》，入《雪堂丛刻》，后收入《观堂集林》）

甲寅　三十八岁

正月，《屯戍丛残考释》草稿已具。合罗先生所撰考释，次第校录，至四月写毕。罗先生即据先生手写本付石印，署名《流沙坠简》。先生复为序以考木简出土之地，文长数万字，实为近代研究西陲古地理第一篇文字。

二月，始得读斯坦因纪行之书，乃知沙氏书中每简首所加符号，皆记其出土之地，其次自西而东，自敦一敦二至敦三十四，思复加入考释中，而写定已过半，乃为图一、表一，列烽燧之次及其所出诸简附于书后，并举其要于后序中。

三月，复考释和阗尼雅河下流所出各简，为补遗一卷，印于《流沙坠简》后。

是年春，罗先生又拟编印《国学丛刻》，月出一册，请先生任编纂。于是先生海外著述，悉于此丛刊中刊之。

五月，撰《宋代金文著录表》成。

《宋代金文著录表》自序："今错综诸书，列为一表，器以类聚，名从主人，其有异同，分条于下。诸书所录古器之有文字者，胥具于是。惟博古所图钱镜，啸堂所集古印，较近世所出，厥数至尠，姑阙焉，以供省览之便云尔。"

五月，草《国朝金文著录表》，至七月成书，凡六卷。

《国朝金文著录表》自序："东渡后，时从参事问古文字之学，因得尽阅所藏拓本。参事属分别有已著录者与未著录者，将以次编类印行。又属通诸家之书，列为一表。自甲寅孟夏讫于仲秋，经涉五月，乃始毕事。

书成,都六卷。长夏酷暑,墨本堆案,或一器而数名,或一文而数器。其间比勘一器,往往检书至十余种,阅拓本至若干册,穷日之力,不过尽数十器而已。既具稿,复质之参事,略加检定。"

六月,读潘文勤公《攀古楼彝器款识》,于齐镈、於彝均有考释,并为文跋其后。跋云:"此书萃各名士之说为之,而可采者殊无一二。其中周孟伯说,尤为纰缪。张文襄说翼戴二字,差强人意,然非说金文,乃说谥法耳。"

九月,为罗先生校写《历代符牌图录》、《蒿里遗珍》、《四朝钞币图录》等书,序目或所附考释付石印。

十二月,罗先生撰《殷契书契考释》成。其中颇采先生之说,先生为之校写,并为序跋各一以弁之。

编年文:流沙坠简序(正月) 又后序(三月) 国学丛刻序(五月) 宋代金文著录表序(五月) 国朝金文著录表序(八月) 殷虚书契考释序(十二月) 又后序(十二月,以上均见《海内外杂文》及《观堂集林》) 邸阁考(见《海内外杂文》,今入《别集后编》)

乙卯 三十九岁

正月三日至十二日,写《殷虚书契》一二两卷释文竟。

二月初旬,携眷返国扫墓。是月下旬,罗先生亦返国,相约为鲁卫之游。先生以病目不果行,乃留沪。

三月,偕长子潜明与罗先生同返海东,即主罗先生家。眷属则仍留海宁。

罗先生在沪,介先生与嘉兴沈乙盦尚书相见,谈艺至洽,遂定交。

《尔雅草木虫鱼鸟兽释例》自序:"甲寅岁莫,余侨居日本,为上虞罗叔言参事作《殷虚书契考释后序》,略述三百年来小学盛衰。嘉兴沈子培方伯见之,以为可与言古音韵之学也。然余于此学,殊无所得。惟窃怪自来治古音者,详于迭韵,而忽于双声。夫三十六字母,乃唐宋间之字母,不足以律古音,犹二百六部,乃隋唐间之韵,不足以律古韵。乃近世言韵者十数家,而言古字母者,除嘉定钱氏论古无轻唇舌上二音,番禺陈氏考定《广韵》四十字母，此外无闻焉。因思由陆氏《释文》，上溯诸徐邈、李轨、吕忱、孙炎以求魏晋间之字母，更溯诸汉人读为、读若之字与经典异文，以求两汉之字母，更溯诸经传之转注、假借，与篆文、古文之形声，以为如此，则三代之字母，虽不可确知，庶可得而拟议也。然后类古字之同声同义者以为一书，古音之学，至是乃始完具。乙卯春，归国展墓，谒方伯于上海，以此愿质之。方伯莞然曰：'君为学，乃善自命题，何不多命数题，为我辈遣日之资乎？'因相视大笑。余又请业曰：'近儒皆言古韵明而后诂训明，然古人假借、转注多取诸双声，段王二君，虽各自定古音部目，然其言诂训也，亦往往舍其所谓韵而用双声，其以迭韵说诂训者，往往扞不得通，然则谓古韵明而后诂训明，毋宁谓古双声明而后诂训明欤？'方伯曰：'岂直如君言，古人转注、假借，虽谓之全用双声可也。双声或同韵，或不同韵，古字之互相假借、转注者，有同声而不同韵者矣，未有同韵而不同声者也。君不读刘成国《释名》乎？每字必以其双声释之，其非双声者，大抵讹字也。'余因举首章'天显也'三字以质之。方伯曰：'显与湿俱从㬎声，湿读它合反，则显亦当读舌音，故成国曰：以舌腹言之。'余大惊，且自喜其亿中也。是岁复赴日本，长夏无事，稍就陆氏《释文》以反切之第一字部分诸字，及五六卷而中辍。"

案：此为先生初谒沈先生时所请业者。丙辰返沪后，又以书询沈先生古字母之学。沈先生复书云："字母古学，自唐以后，陈氏《切韵考》已得会通。第六朝与隋唐，似不能绝无异同。两汉与隋唐，则显有异同。凡在后世为类隔者，在前世皆音和也。《释名》纯是双声，且为音和之双声，昔尝以此证汉与隋唐同异，未易可言。然循此以往，亦非必无可言者。"云云。此书与先生撰《尔雅草木虫鱼鸟兽释例》，及攻究古字母学有关，故附见之于此。

七月，补正《流沙坠简考释》凡三十余处，重阳日读《汉书·功臣侯表》至续相如使西域事，因订正前所释《屯戍丛残考释》廪给类第一简之误，至为愉快。

是岁春，先生撰《洛诰笺》一篇，印入《国学丛刻》。日人林泰辅博士读而善之,惟于先生据甲骨文以释王宾杀禘之说,颇不谓然,作《读国学丛刻》一篇,指其瑕疵,刊于《东亚研究杂志》中。先生以书详答之,博士复就先生之书,有所违覆,先生乃有第二书之答,此十月十二月间事也。后先生以此事关于殷周礼制至巨,有非可以疑文虚说及一二人私见定者,故于翌年四月将往返各书汇之为《祼礼榷》卷,刊人《学术杂志》中,以待海内贤达论定焉。

十二月十九日,日人富冈铁斋(百炼)、矶野秋渚(惟秋)及内藤湖南、狩野子温诸先生,假座圆山春云楼,各出所藏苏东坡墨迹或书籍陈列,以供众览,盖是日为东坡诞辰,先生及罗先生均与焉。

先生之赴海东也,罗先生既为别赁居,仍致月饩而助之。至是时,海东百物腾贵,日常费用,渐觉不裕。而罗先生以历年印书,所费甚巨,先生甚不愿有累于罗先生,欲先返国。会吾乡邹景叔(安)大令为海上西人哈同君致书邀先生任《学术杂志》编辑之职,乃决于次年返国,而罗先生之《国学丛刻》,至是遂辍刊。

编年文:洛诰笺(正月) 鬼方昆夷猃狁(初名《古代外族考》,二月初脱稿,见《雪堂丛刻》及《观堂集林》) 不期敦铭考释(三月,见《雪堂丛刻》,今收入《古金文考释五种》中) 三代地理小记(四月,见《雪堂丛刻》。后又别出《说自契至于成汤八迁》、《说商》、《说亳》、《说耿》、《说殷》、《秦都邑考》等六篇,入《观堂集林》,鬼方昆夷獯鬻字音之变一则,移入《鬼方猃狁考》中,又他三则,今录人《别集补遗》) 古胡服考(七月,名《袴褶服考》,见《雪堂丛刻》及《观堂集林》) 古礼器略说(九月,见《雪堂丛刻》,后别出《说斝》、《说觥》、《说盉》、《说彝》、《说俎》上下六篇,入《观堂集林》) 元刊杂剧三十种叙录(九月初吉,见《别集后编》) 答林泰辅博士论洛诰书(十月,见《祼礼榷》及《观堂集林》) 生霸死霸考(十一月,见《雪堂丛刻》及《观堂集林》) 再与林博士论洛诰书(十二月,见《祼礼榷》及《观堂集林》) 宣和博古图跋(见《海内外杂文》,丙寅冬又增订入《观堂集林》) 浙江考 汉会稽东部都尉治所考 后汉会稽郡东部侯官考(上三篇均见《海内外杂文》及《观堂集林》)

编年诗：游仙二首（季冬，见《观堂集林》）

丙辰　四十岁

元旦，罗先生出所藏郭河阳《寒山行旅》、黄子久《江山幽兴》、王叔明《柳桥渔唱》图卷，相与赏玩。

正月初二日，收拾行装，偕长子潜明登车赴神户，狩野子温（直喜）博士及罗先生等均来送行。初三日，乘筑前丸赴沪。于舟中作一书致罗先生，论石鼓字，并举《说文》一字两声者共得三字。初七日抵沪，寓樊少泉君家，后即迁住英界大通路吴兴里。即就哈氏《学术杂志》编辑之职。主其事者，分艺术、学术二种出版物，邹君任艺术编辑，学术方面则先生任之。

案：先生在京都四载余，此四年中，先生自云生活最为简单，而学问则变化滋甚，成书之多为一生冠。客中无书籍，金石墨本等取诸罗氏大云书库。至沪后，则借书綦难，海上藏书，推华阳王雪澄方伯（秉恩）为巨擘，然王氏笃老，又未便多烦。故临行时，于海东书肆购得《太平御览》、《戴氏遗书》等书，罗先生又贻以复本书若干种。先生亦以所藏词曲诸善本书报之，盖兼以答此数年之厚惠也。

正月，录《说文》籀文撰《史籀篇疏证》成。继草《周书顾命礼征》，至二月始写成。

《周书顾命礼征》自序："《周书·顾命》一篇，记成王没，康王即位之事。其时当武王克殷，周公致太平之后，周室极盛之时。其事为天子登遐，嗣王继体之大事。其君则以圣继圣，其公卿犹多文武之旧臣，其册命之礼，质而重文，而不失其情，史官纪之为《顾命》一篇。古礼经既佚，后世得考周室一代之大典者，惟此篇而已。顾年代久远，其礼绝无他经可证。《书》今文家说是篇者，略见于《白虎通》及《吴志·虞翻传》注所引翻别传，而殊无理致。古文家如马融、郑玄，虽礼学大师，其注是篇，亦多违失。虞翻所奏郑注《尚书》违失三事，是篇居其二。翻所难固无当，然郑以册命之礼，行于殡所，祭咤之事请为对神，其失远在仲翔所举二事之上。作伪孔传者，亦从其说。有周一代巨典，訾闇而弗章者，二千有余年矣，今以彝器册命之制与礼经之例铨释之。其中仪文节目，遂犁然可解。世之君子，弗以易古注为责，则幸矣。"

二月十八日，眷属自海宁来沪。

是月，将历年所补释《流沙坠简》各条写定为补正一卷。继又撰《史籀篇疏证》序录，于史篇之时代与史籀之为人名与否，均有致疑。

正月中，缪艺风先生与先生谈及，江有诰音学书沈乙盦先生处有之。因于沈先生处假归读之，乃咸丰壬子重刊本。其所刊者为《诗经韵读》、《群经韵读》、《楚辞韵读》、《先秦韵读》、《唐韵四声正》、《谐声表》、《入声表》、《等韵丛说》、《隶书纠缪》凡九种。先生即以其《叙录》及谐声表、《入声表》、《唐韵四声正》先后刊入《学术杂志》。未几，即得两原刊本于沪上书肆，先生自留其一，以其他寄赠罗先生。先生往闻王雪澄方伯访此书数十年不能得，今一旦购得二本，亦奇缘也。

自正月至二月底作日记，中无间断，至三月朔中辍。

四月初二日，临沈乙盦先生校吴县曹氏旧藏残宋本《水经注》卷三十九之半及卷四十。沈先生校宋本于嘉靖黄省曾本上，先生则移录于赵氏《水经注释》内，盖时尚未蓄朱王孙笺本也。

是月，撰《毛公鼎考释》成。

《毛公鼎考释》自序："自周初讫今，垂三千年，其讫秦汉，亦且千年，此千年中文字之变化，脉络不尽可寻，故古器文字有不可尽识者，势也。古代文字，假借至多，自周至汉音亦屡变，假借之字，不能一一求其本字，故古器文义有不可强通者，亦势也。自来释古器者，欲求无一字之不识，无一义不通，而穿凿附会之说以生。穿凿附会者，非也；谓其字之不可识、义之不可通而遂置之者，亦非也。文无古今，未有不文从字顺者。今日通行文字，人人能读之，能解之，《诗》《书》彝器，亦古之通行文字，今日所以难读者，由今人之知古代，不如知现代之深故也。苟考之史事与制度文物，以知其时代之情状；本之《诗》《书》，以求其文之义例；考之古音，以通其义之假借；参之彝器，以验其文字之变化；由此而之彼，即甲以推乙，则于字之不可释，义之不可通者，必间有获焉。然后阙其不可知者，以俟后之君子，亦庶乎其近之矣。孙吴诸家之释此器，亦大都本此方法，惟用之有疏密，故得失亦准之。今为此释，认前人之是者证之，未备者补之，其有所疑，则姑阙焉。虽于诸家外所得无多，然可知古代文字自有其可识者与可通者，亦有其不可识与不可强通者，而非如世俗之所云云也。"

案：此序可见先生为学之方法及其态度，故备录之。

自三月起，草《魏石经考》，由汉石经之经数石数，以考魏石经之经数石数。又详释黄县丁氏所藏魏石经残石，及洪氏《隶释》所载各残石文字。中以撰《乐诗考略》间断若干时，至八月中始具稿。然颇怪汉石经诸经全用今文，而魏时全用古文，因思官学今古文之代谢，实以三国为枢纽。乃考自汉以来诸经立学之沿革，为《汉魏博士考》，已具大略。念前人究此者，有胡秉虔之《西京博士考》、张金吾之《西汉五经博士考》，客中乏书，未之见也。八月于坊肆始得张金吾书，其书采取虽博，而苦无鉴裁。继又假得胡氏书于《续艺海珠尘》中，其书至不知博士与博士弟子之别。至是，乃写定已所考定者，得书三卷。上卷考博士之沿革，中下两卷刺取诸书博士之名汇考之，并订正张、胡书中误处，为跋录于后。

九月，撰《周书顾命后考》成。

《周书顾命后考》自序："丙辰春二月，余草《周书顾命考》一篇，据礼经通例及彝器所载册命制度，以大保承介圭由阼阶隮，为摄成王；以乃受同瑁一节，为康王受献事；以大保受同降盥一节，为大保自酢事，以正郑注（《尚书正义》引）及孔传之误。自谓得此解，则《顾命》一篇文字与其仪制，怡然理顺矣。若如郑注，则受册之礼行于殡所，祭咤之事所以对神，君臣吉服拜起尸柩之侧，献酢同事分于二人之手，凡此数者，无一与礼意相合。郑君礼学大师，岂宜不见及此。嗣读《通典》（卷七十）魏尚书所奏王侯在丧袭爵议引郑君又一说，则与《正义》所引郑注大异，而与余说正合。《通典》此议，当出《魏台访议》，或六朝人所集《礼论》、《礼论钞》诸书。其后又载王肃驳议，足与郑说相发明，而自宋王深宁及近世江艮庭、王凤喈、孙伯渊诸家辑《尚书》郑注者，全不及此。故取而铨释之，不独为古人表微,亦深喜余前说之非无根据也。重阳前一日。"

是月,于书肆得明本《孔子家语》,审之乃嘉靖覆宋本,因以汲古阁本勘之。至卷三以下,无甚悬绝。卷一则汲古本注文,较嘉靖本为多。先生云:"注文盖出明人增加,不尽出王肃也。"

十月,撰《汉代古文考》成。

案:《汉代古文考》凡九篇,其论战国时秦用籀文,六国用古文,近时学者尚有疑其说者,后先生又阐发其旨于《桐乡徐氏印谱序》中。

十一月,撰《尔雅草木虫鱼鸟兽释例》成。

《尔雅草木虫鱼鸟兽释例》自序:"丙辰春,复来上海,寓所距方伯处颇近,暇辄诣方伯谈。一日,方伯语余曰:'栖霞郝氏《尔雅义疏》于诂言训三篇,皆以声音通之,善矣。然草木虫鱼鸟兽诸篇,以声为义者甚多。昔人于此,似未能观其会通,君盍为部分条理之乎?'又曰:'文字有字原,有音原。字原之学,由许氏《说文》以上溯殷周古文止矣,自是以上,我辈不获见。音原之学,自汉魏以溯诸群经《尔雅》止矣,自是以上,我辈尤不能知也。明乎此,则知文字之孰为本义,孰为引申。假借之义,盖难言之。即以《尔雅》"权"、"舆"二字言,《释诂》之权舆,始也;《释草》之权黄华,《释木》之权黄英,其义亦与此相关。故谓权舆,虇蕍之引伸可也;谓虇蕍、虇舆,即用权舆之义以名之,可也;谓此五者同出于一不可知之音原,而皆非其本义,亦无不可也。要之,欲得本义,非综合其后起诸义不可。而亦有可得,有不可得,此事之无可如何也。'余感是言,乃思为《尔雅》声类以观其会通,然部分之法,辄不得其衷。盖但以喉牙齿舌唇分类,则合于《尔雅》之义例。而同义之字,声音之关系,读之苦不甚显。若以字母分之,声音之关系显矣。然古之字母有几,又某字当属何母,非由魏晋六朝之反切,以溯诸汉人读为读若之字及诸经传之异文、篆文古文之形声,无由得之。即令假定古音为若干母,或即用休宁戴氏古二十字之母说,以部分《尔雅》,则又破《尔雅》之义例。盖古字之假借转注,恒出入于同音诸母中。又疑泥来日明诸母字亦互相出入,若此者,《尔雅》既类而释之,今欲类之而反分之,颠倒孰甚,因悟此事之不易。乃略推方伯之说,为《尔雅草木虫鱼鸟兽释例》一篇。既以释例名,遂并其例之无关音声者,亦并释之。"

是时邹景叔大令所编之《艺术丛编》,苦乏材料,而罗先生所著书之未印行者,尚不在少,因寄先生于丛编中刊之。计是年所印成者,有《殷虚书契后编》二卷、《古器物范图录》三卷、《金泥石屑》二卷、《殷虚古器物图录》二卷、《古明器图录》三卷等五种。

冬日,得孙仲容(诒让)比部《契文举例》稿本于沪肆。因寄罗先生,印于《吉石盦丛书》中。先生云:"此书虽谬误居十之八九,然摹路椎轮,不得不推此矣。"

十二月,为罗先生所招,乘轮赴日,寓罗先生家,即在海东度岁。

编年文:学术丛刊序(代作,正月,见《广仓学宭丛书》第一册) 周书顾命考(二月,初名《周书顾命礼征》) 史籀篇疏证序录(三月,上二篇见《广仓学宭丛书》及《观堂集林》) 流沙坠简考释补正序(二月) 大元马政记跋(三月,上二篇见《别集后编》) 释史(三月,先生初为《书作册诗尹氏说》,后成此文,见《观堂集林》) 毛公鼎考释并序(四月,见《广仓学宭丛书》及《古金文考释》) 秘书监志跋(五月,见《海内外杂文》及《别集后编》) 释乐次 周大武乐章考说勺舞象舞 说周颂 说商颂上 说商颂下 汉以后所传周乐考(上七篇均三月至五月作,即《广仓学宭丛书》中之《乐诗考略》,后重订入《观堂集林》) 魏石经考(八月,见《广仓学宭丛书》,其首卷后重订入《观堂集林》) 周书顾命后考(九月,见《广仓学宭丛书》及《观堂集林》) 书绩溪胡氏西京博士考昭文张氏两汉博士考后(九月,见《海内外杂文》及《观堂集林》) 隋志跋(九月,见《海内外杂文》及《别集后编》) 彊村校词图序(秋日,为朱祖谋侍郎作,见《海内外杂文》及《观堂集林》) 战国时秦用籀文六国用古文说 史记所谓古文说 汉书所谓古文说 说文所谓古文说 说文今序篆文合以古籀说 汉时古文本诸经传考 汉时古文诸经有转写本说 两汉古文学家多小学家说 科斗文字说 (十月,上九篇,即《广仓学宭丛书》之《汉代古文考》,后均入《观堂集林》) 尔雅草木虫鱼鸟兽释例序(十一月,

《海内外杂文》及《别集后编》)仓颉篇残简跋(□月,见《海内外杂文》及《观堂集林》)周开国年表(见《别集补遗》)

编年诗:和巽斋老人伏日杂诗四首 再酬巽斋老人一首(均见《观堂集林》) 题沈乙盦方伯所藏赵千里雪麓早行图三首(见《外集》卷三)

丁巳 四十一岁

正月,罗先生以日本宽永活字本《孔子家语》见赠,以校嘉靖本一卷,知宽永本佳处,实出诸本上。

是月下旬,由日返沪后,即草《殷卜辞中所见殷先公先王考》,至三月中始脱稿。

《殷卜辞中所见先公先王考》自序:"甲寅岁暮,上虞罗叔言参事,撰《殷虚书契考释》,始于卜辞中发见王亥之名。嗣余读《山海经》、《竹书纪年》,乃知王亥为殷之先公,并与《世本·作篇》之胲,《帝系篇》之核,《楚辞·天问》之该,《吕氏春秋》之王冰,《史记·殷本纪》及《三代世表》之振,《汉书古今人表》之垓,实系一人。尝以此语参事及日本内藤博士(虎次郎)。参事复博搜甲骨中之纪王亥事者,得七八条载之《殷虚书契后编》。博士亦采余说,旁加考证,作《王亥》一篇,载诸《艺文杂志》。并谓自契以降诸先公之名,苟后此尚得于卜辞中发见之,则有裨于古史学者当尤巨。余感博士言,乃复就卜辞有所攻究,复于一王亥之外得王恒一人。案《楚辞·天问》云:'该秉季德,厥父是臧。'又云:'恒秉季德。'王亥即该,则王恒即恒。而卜辞之季之即冥(罗参事说),至是始得其证矣。又观卜辞中数十见之田字,从甲在口中,及通观诸卜辞,而知田即上甲微,于是参事前疑卜辞之⊠⊠⊡即报乙、报丙、报丁者,至是亦得其证矣。又卜辞自上甲以降,皆称曰示,则参事谓卜辞之示壬示癸即主壬主癸,亦信而有征。又观卜辞王恒之祀与王亥同,太丁之祀与太乙太甲同,孝己之祀与祖庚同,知商人兄弟无论长幼与已立未立,其名号典礼,盖无差别。于是卜辞中人物,其名与礼,皆类先王而史无其人者,与夫父甲兄乙等名称之浩繁求诸帝系而不可通者,至是亦理顺冰释。而《世本》、《史记》之为实录,且得于今日证之。又卜辞人名中,有'䌛'字,疑即帝喾之名。又有'土'字，或亦有相土之略。此二事虽未能遽定，然容有可证明之日。由是有商一代先公先王之名，不见于卜辞者殆鲜。乃为此考以质诸博士及参事，并使世人知殷契遗物之有裨于经史二学者有如斯也。"

案：此稿成后，即以寄罗先生，罗先生惊为绝作，且为证成上甲二字之释。后先生于英人明义士所摹《殷契卜辞》第二十九叶、第一百十八叶，两见畐字，然则上甲两字于卜辞中，亦非鲜见矣。

闰二月下旬，撰《殷卜辞中所见先公先王续考》成。

《续考》自序："丁巳二月，余作《殷卜辞中所见先公先王考》，时所据者，《铁云藏龟》及《殷虚书契前后编》诸书耳。踰月，得见英伦哈同氏《戬寿堂所藏殷虚文字》拓本凡八百纸。又踰月，上虞罗叔言参事以养疴来海上，行装中有新拓之书契文字约千纸，余尽得见之。二家拓本中，足以补证余前说者颇多，乃复写为一编，以质世之治古文及古史者。"

是月，假罗先生所藏吾乡吴氏拜经楼旧藏嘉靖《海宁县志》校光绪中重刻本一过。始知重刻本乃出隆庆修改本，故视嘉靖原刊有详略也。

时先生撰《殷先公先王考》，颇取资于《世本》，因据《史记索隐》所引，补《世本》佚文及宋衷注为孙冯翼辑本所未备者，共得十余则。

三月，撰《古本竹书纪年辑校》成。

《古本竹书纪年辑校》自序："汲冢《竹书纪年》，佚于两宋之际。今本二卷，乃后人搜辑，复杂采《史记》、《通鉴外纪》、《路史》诸书成之，非汲冢原书。然以世无别本，故三百年来学人，治之甚勤，而临海洪氏颐煊、栖霞郝氏懿行、闽县林氏春溥三校本，尤为雅驯。最后嘉定朱氏右曾，复专辑古书所引《纪年》，为《汲冢纪年存真》二卷。顾其书传世颇希，余前在上虞罗氏大云书库假读之，独犁然有当于心。丁巳二月，余复作《殷先公先王考》毕，思治此书，乃取今本《纪年》一一条其出处，注于书眉。既又假得朱氏辑本，病其尚未详备，又所出诸书异同亦未尽列，至其去取，亦不能无得失。乃取朱书为本，而以余所校注者补正之，凡增删改正若干事。至于余读此书有所考证，当别为札记，将继是而写定焉。"

四月，撰《今本竹书纪年疏证》成。

《今本竹书纪年疏证》自序:"余治《竹书纪年》,既成《古本辑校》一卷,复怪今本《纪年》为后人搜辑,其迹甚著。乃近三百年学者,疑之者固多,信之者亦且过半。乃复用惠、孙二家法,一一求其所出,始知今本所载,殆无一不袭他书,其不见他书者,不过百分之一,又率空洞无事实,所增加者年月而已。且其所出,本非一源,古今杂陈,矛盾斯起,既有违异,乃生调停,纷纠之因,皆可剖析。夫事实既具他书,则此书为无用;年月又多杜撰,则有说为无征,无用无征则废此书可,又此疏证者亦不作可也。然余惧后世复有陈逢衡辈为是纷纷也,故理而写之,俾与《古本辑校》并行焉。"

五月,辑英伦哈同氏所藏《龟甲兽骨文字》成,并定释文一卷附于书后。

六月,撰《唐韵别考》成。

是月,同邑管振之(元耀)为先生钞得周耕匡(广业)《宁志余闻》及周松霭(春)《海昌胜览》二书至。

案:先生是年,既校嘉靖蔡(完)志原本于重刻本上;又于四明卢氏抱经楼散出书中,购得康熙许(三礼)志,今又钞得二周氏之书,而战氏(效曾)《州志》、钱氏(泰吉)《备志》亦同时假至。于是吾乡旧志为先生所未见者,仅赵氏(维寰)之《宁志备考》、谈氏(孺木)之《海昌外志》及金氏(鳌)之《海宁县志》而已。时邑人方拟创修邑志,佥以主撰须请先生任之。先生以事繁无暇他及却之。原先生以钱氏《备志》,搜辑最备,而体例亦最善,后之作者,即纂修近百年间事迹,以续《备志》可矣,似不必多所更张。此意与修志诸公相左。今州志稿已印成,惟《艺文志》尚详该,其他各门,均未能餍人意,亦由是故也。

七月,撰《殷周制度论》成。

案:此篇虽寥寥不过十数叶,实为近世经史二学第一篇大文字。盖先生据甲骨及吉金文字,兼以《诗》、《书》、《礼》参之,以证殷之祀典及传统之制,均与有周大异。而嫡庶之别,即起于周之初叶,周以前无有也。复由是于周之宗法丧服及封子弟尊王室之制,为具体之解说,义据精深,方法缜密,极考据家之能事,殆视为先生研究古文字学及古史学之归纳的结论可也。

八月,撰《韵学余说》成。

案:先生于本年春致胶州柯凤荪学士书,有云"近年讲求古韵,始叹此学至王石臞、江晋三已极完密,惟某则谓戴、孔两君,所谓阳声皆有平,无上去入,此说段君《六书音韵》已微发之,因欲将古韵与《说文》偏旁,及唐韵平仄证明此事,然仓卒不易成书。又久思继钱竹汀、陈兰浦老之业,为古双声古字母之学,然为人事所间,亦未能着手"云云。至是先生始申段君之说,为《五声说》一文。其言曰:"古音阳声自为一类,有平而无上去入,今韵于此类之字,读为上去者,皆平声之音变,而此类之平声,又与阴类之平声,性质绝异,故此阳声一与阴声平上去入四,乃三代秦汉间之五声,此说本诸音理,征诸周、秦、汉初人之用韵,求诸文字之形声,无不吻合。"先生并举三大证以明之,是其说几于论定矣。至先生于古字母之研究,虽迄未成书,然其方法已于壬戌冬致北京大学研究所国学门主任沈兼士书中详言之矣。今迻录如左:

"一字之音,有母有韵,古韵之学,创于宋人,至近世而极盛。古字母之学,创于嘉定钱氏,同时休宁戴氏,亦作《转语二十章》,而其书不传,其流亦微。惟番禺陈氏,作《切韵考》,始据《广韵》中反切,以求中古字母之系统,其所得与等韵家之三十六字母不同。至于古音之中字母,则尚未有论其全体者,此亦音韵学上一阙点也。此问题不待说明,所当说者,材料与方法耳。今举其要,约有五端。一、经传异文,如《尚书》古今文、《春秋》三传实同名异,往往遇之,汉儒注中,某读为某,亦其类也。二、汉人音读,古注中某读如某,某读若某,是也。三、音训,如仁人、义宜之类,《释名》一书,所用以相释者,什八九皆同母字也。四、双声字,如玄黄、鬓发、栗烈之类,皆同母字也。五、反切,孙炎以下,至于徐邈、李轨之音,见古书注及《经典释文》者,是也。苟以此数者参互相求,但顺材以求合,而不为合以验材,仿顾氏《唐韵正》之例,勒成一书,庶几古字母部目,或睹其全,不让古韵之学专美欤。"

是月，撰《两周金石文韵读》成。

《两周金石文韵读》自序："余比年读三百篇，窃叹言韵至王、江二氏，殆毫发无遗憾。惟音分阴阳二类，当从戴、孔。而阳类有平无上去入，当从段氏。前哲所言，固已包举靡遗，因不复有所论述。惟前哲言韵皆以《诗》三百五篇为主，余更搜周世韵语见于金石文字者，得数十篇。中有杞、邻、许、邾、徐、楚诸国之文，出商、鲁二《颂》及十五《国风》之外。其时亦上起宗周，下迄战国，亘五六百年。然其用韵，与三百篇无乎不合，故即王、江二家部目谱而读之，虽金石文字用韵无多，不足以见古韵之全，然足证近世古韵学之精密，自其可征者言之，其符合固已如斯矣。"

是月，三女松明生。

十月，汇集此数年间所为文，得五十七篇，凡二卷，署《永观堂海内外杂文》。先生初号礼堂，其号观堂也或自此始。

十一月，据《唐语林》以校《封氏闻见记》，补第七卷北方白虹、西风则雨二则，并订正误夺若干字。

是月，校录日本古写本及敦煌唐写本《尚书孔传》于别纸，并据以校薛氏（季宣）《书古文训》，知薛本与真本《隶古定尚书》文字，实有大殊。

十二月初九初十两日，以影宋李孟传本《方言》（盛意园旧藏）校抱经堂本，始知卢氏所谓李本，实与今所见之李本异，或卢所引者，非李氏原刊也。二十日，又覆校一过。是月又以释玄应、慧琳两《一切经音义》所引《方言》细勘之，因订正今本讹夺十余处。

是月，以敦煌唐写本及宜都杨氏影日本古写本《尚书·盘庚》、《说命》、《高宗肜日》、《西伯戡黎》、《微子》残卷校影日本高山寺所藏古写本。

是月，于书肆得张船山旧藏明嘉靖黄勉之刊本《楚辞章句》。除夕日，以校汲古阁本，至夜二鼓，仅毕三卷有奇。

是岁，日本内藤湖南博士、富冈君挧助教，自北方来游上海，与先生谈艺至快，博士离沪时，先生作古风赠行。

编年文：殷卜辞中所见先公先王考（二月） 又续考（闰二月，以上见《广仓学宭丛书》及《观堂集林》） 古本竹书纪年辑校序（三月） 今本竹书纪年疏证序(四月,以上见《海内外杂文》及《别集后编》) 唐韵别考(六月,见《广仓学窘丛书》,后改订入《观堂集林》) 韵学余说(八月,见《广仓学窘丛书》,后改订入《观堂集林》,其他四篇,为《集林》所未收者,今均入《别集后编》) 两汉金石文韵读序(八月,见《海内外杂文》及《观堂集林》) 汉书艺文志举例后序(八月,见《海内外杂文》及《别集后编》) 宋史忠义传王禀补传(八月,见《广仓学窘丛书》,后重订入《观堂集林》,更名为《补家谱忠壮公传》) 江氏音学跋(九月,见《海内外杂文》及《观堂集林》) 汉黄肠木刻字跋 商三句兵跋 刘平国治口谷板诵跋 毋邱俭丸都山纪功刻石跋 楚公钟跋 铸公簠跋 书春秋公羊传解诂后 书论语郑氏注残卷后 新莽四虎符跋 王复斋钟鼎款识中晋前尺跋 唐尺考(后改订为《日本奈良正仓院藏六唐尺摹本跋》,以上均秋日作,见《海内外杂文》及《观堂集林》) 书毛诗故训传后(秋日,见《海内外杂文》及《别集后编》) 新莽一斤十二两铜权跋(秋日,见《海内外杂文》及《别集补遗》) 裴岑纪功刻石跋(秋日,见《海内外杂文》。此误汉永和为永平,后删去不存。) 明刻楚辞章句跋(十二月,见《别集补遗》)

编年诗:游仙一首 海上送日本内藤博士一首(见《观堂集林》)

戊午 四十二岁

春,罗先生携眷返国,抵沪,与先生相见,盖相别已一载矣。

三月,假罗先生藏宋本《一切经音义》校孙星衍校刊本。

四月,在沪为长子潜明授室,子妇即罗先生次女。婚事毕,罗先生即赴津营宅。

是月,假日本富冈君摄藏明覆宋陈道人本《释名》,校毕氏《疏证》本。先生云:"吾乡查翼甫太守藏元刊本,不知校陈本异同何如也。"

是月,以日本小岛知足手写颜本《急就篇》,校王应麟补注本。又以叶石林、宋仲温本校灵鹅阁刊钮匪石校定皇象碑本。六月十五日复以孙伯渊所称索靖本,及《三希堂法帖》所刊俞紫芝本校之。七月十三日,又校以赵文敏章草本。由是传世《急就篇》异本,校得已踰半矣。

五月,撰《唐写本唐韵校记》及辑《唐韵佚文》成。

《唐写本唐韵校记》自序："唐写本《唐韵》，存卷四卷五两卷，卷四之首及中间又有阙叶（阙一送至八未之前半，又阙十九代之后半至二十五愿之前半）。藏吴县蒋伯斧部郎（黼）家。部郎曩跋此书，谓此书虽名《唐韵》，实陆法言《切韵》原本。去岁余作《唐韵别考》，举十证以明此书是孙愐韵，非法言韵，盖几于论定矣。考孙愐书在唐时别本至多，书名亦不一。据《广韵》首所载孙愐自序，虽称《唐韵》，然日本人源顺所撰《和名类聚钞》其所引有《唐韵》，有孙愐《切韵》，辽僧希麟撰《续一切经音义》，又引孙愐《广韵》（见卷三），又书中单引《广韵》者凡十一条。希麟之书，成于辽圣宗统和五年丁亥，前于宋大中祥符重修《广韵》时凡二十年，是凡单云《广韵》者，亦指孙愐书。而唐僧慧琳《一切经音义》（八十）引《广切韵》一条，在此残卷中。盖孙愐之书，本因法言《切韵》而广之，故一名《广切韵》，略之又称《广韵》。元王恽《玉堂嘉话》纪所见南宋内府书画，有吴彩鸾龙鳞楷韵，后有柳诚悬跋，亦云吴彩鸾一夕书《广韵》一部。是孙愐之书，唐时称名，固不尽同。然谓孙愐之书，《唐韵》以外，别有他名则可，谓《唐韵》非孙愐书，则固不可也。韵书为唐时诗赋所需，当时速写者，当不下数万部。故不独书名互异，即各本卷帙详略，亦不尽同。如魏鹤山所藏《唐韵》二十九山之后，继之以三十先、三十一仙，上下平不分，当是四卷本。而此本与唐、宋史志所著录者，则皆五卷。鹤山本部叙中各韵皆注清浊，而此本无之。《广韵》注中纪姓氏者，皆孙愐旧文，极为详核，此本则多删节。又他书所引《唐韵》及孙愐《切韵》，亦与此本颇有异同。盖传写既多，写者往往以意自为增损，固其所也。此本亦当时传写者之一，故讹夺往往而有，然《唐韵》规摹，已具于是。又天壤间仅此孤本，故竭数月之力，为之校雠。以《广韵》及他书所引《唐韵》勘其字，以大徐《说文》所用孙愐反切校其音，成校勘记二卷。复集他书所引《唐韵》此本所阙者为佚文一卷，与原本并行。世之治韵学者，或有乐于是欤。"

案：此序今《遗书》第一集中未列入，故备录之。

七月二十七日，以去冬所校《方言》各条整理之，分注于戴氏《疏证》本上。复以李文授本校戴本，乃知戴本亦移音于本字上，因并正之。是月,以元雪窗书院本《尔雅》校阮刻注疏本经注及音一过,又以蜀大字本校经注一过。

八月,假江阴缪氏藏大德平水本《尔雅注》校崇文书局本。九月又校以明嘉靖间吴元恭仿宋本、日本松崎覆刊北宋本、及明刊黑口本。

秋日,遣人往松江府学拓得明正统四年吉水杨政摹刻叶石林所摹皇象本《急就篇》。是岁小除夕无事,手自黏装成帙,以便循览。先生云:"吾乡陈氏《玉烟堂法帖》本,实从此出也。"

十月,读《格致丛书》本李匡义《资暇集》,改正误字十余处。

十一月,改定前所撰《唐韵别考》、《韵学余说》二书,合之,署曰《续声韵考》,盖以与戴氏《声韵考》体例正合。托沈乙盦尚书作序,后失其稿,至庚申夏,再录一本藏之。

十二月,读雅雨堂本《文昌杂录》,订正误字十余处。又读颜师古《匡谬正俗》,书中诸题,悉加校正。

除夕日,重检《唐语林》校《封氏闻见记》。又补第三卷风宪及第七卷石鼓佚文二则。

是岁,先生兼任广仓明智大学教授。

是年,罗先生影印《鸣沙石室古籍丛残》三十种成。

编年文:雪堂校刊群书叙录序(六月既望) 校松江本急就篇序(九月) 释觯觛巵𪔀𪔈(九月) 释由上(秋日) 随庵吉金图序(十月晦) 释由下(冬日) 女字说 书郭注尔雅后 书郭注方言后三篇 邵钟跋(以上十二篇均见《观堂集林》) 释宥(见《别集补遗》)

编年诗:海月楼歌寿东轩老人七十一首 戊午日短至一首 东轩老人两和前韵再迭一章 哭富冈君摄一首(以上均见《观堂集林》) 题徐积余观察随庵勘书图三首 姚子梁观察母濮太夫人九十寿诗 题费口口竹刻小象(以上见《外集》卷三) 题况夔笙无量佛画象二首(见《织余琐述》卷下,《别集》失载)

(附)题孙隘庵(德谦)南窗寄傲图念奴娇词一首(见《苕华词》)。

已未 四十三岁

正月初吉至既望，写《书契后编》上卷释文。

是月，购得唐栖劳氏丹铅精舍藏严悔庵（元照）诗文稿若干纸，即据以校刻本，颇有异同。

六月，据《笑道论》《道宣集》及玄嶷《甄正论》，补蒋伯斧辑《老子化胡经》佚文五则。

夏日，读伯希和教授所撰《摩尼教考》，所引《九姓回鹘可汗碑》与李文田《和林金石录》本异。乃假沈乙庵先生所藏拉特禄夫《蒙古图志》中所载本校之，遂得通其读。十一月，写碑图，并为碑跋，以补沈先生跋文之未备。

七月，以《蒙古图志》所载《芯伽可汗碑》校《和林金石录》本一过。

是月，得见狩野博士所录英伦博物馆藏敦煌唐写本书，因草《敦煌石室碎金跋尾》，其目见下列编年文中。

是月，由沈乙盦先生处，钞得沈先生所撰《和林三唐碑跋》。

八月，病脚气，会罗先生津沽新居落成，先生乃由海道赴津养疴，即主罗先生家。至九月返沪。先生在津得谒蒙古升素庵（允）相国。

九月，撰《重辑仓颉篇》成。

案：先生此辑，以敦煌所出汉简及《急就篇》所用《仓颉》正字为上卷，而以扬（雄）、杜（林）、张（揖）、郭（璞）之说此诸字者附焉。其余诸书所引《仓颉》、《三仓》之字，并为下卷。卷首弁以序录。自来辑之者凡七家，均未有如先生之详尽者也。时同事某君欲著书，苦于无成，因以先生此书校刊之，而没其名焉。昔吴兰庭校《元丰九域志》成，桐乡冯集梧假刊之，后世读冯氏书者，几不知校书者之为谁也。余颇惧后世或有惑于此者，因附见之于此。

是月，撰《校松江本急就篇》成。

初，先生以诸子学费稍绌，谋兼一撰述事。闻乌程蒋孟苹（汝藻）方拟撰所藏《密韵楼书目》，已聘吴县曹君直舍人（元忠）任其事。逾岁无以成，罗先生介入以先生荐。先生以曹君亦旧识，不忍遽夺之，不欲往。至是曹君以事辞，先生乃应蒋君之聘。

案：乌程自来多藏书家，其流风至近代犹盛。蒋君与同邑张君石铭（钧衡）、刘君翰怡（承幹）均以藏书名，而蒋君之藏为尤富。南北故家若四明范氏、钱塘汪氏、泰州刘氏、泾县洪氏、贵阳陈氏流出之书，多归之。其聘先生为撰藏书志，亦最为适宜。此后先生之书，以蒋氏书校者，殆皆为蒋志作也。

是时浙省当局，拟续修《浙江通志》。聘沈乙盦先生为总纂。沈先生聘吴子修、朱古微、金甸丞、叶柏皋、章一山、喻志韶、陶拙存、刘翰怡、张孟劬诸先生及先生为分纂。九月二十三日送聘约至。先生与张孟劬先生共任寓贤、掌故、杂记、仙释、封爵五门撰述。先生尝作书致沈先生询志书义例及范围，沈先生覆书详为解答。先生原书已不可得见，今录沈先生书如左：

"接奉手书，瞚经再月，屡思作覆，畏难中止。病夫心理不完，大哲学家必能悬照也。晨起神思略清，覆读来书一过，粗略作答，幸希教示。旧志于前朝事实，诚多疏略，然如地理人物，补遗则易，经政各门，补遗则难，先事图维，苦无善法，不知公意若何？姑举一事言之：如南齐《陆慧晓传》中，有论西陵牛埭税一事，此于六朝赋税，束州彫劫，具有关系。然其沿革，颇不易言，其等比又不能具述，仅录旧文而无所阐发，亦不足餍阅者之心。谅公部署，必有精思，傥可先示数纸否？若山川诸门，宋元旧志，自可据所见者，尽量补之。有征则详，无征盖阙，著之简端，标为义例，无不可也。如虑卷帙太繁，则去其与明志同者。更张太甚，似无此虑。列举六事，所谓读一省之志，不可不知一省之事者，此固读书之士，心所同然。常氏《华阳》，早开兹例，粤西前事，见许通人。第犹病其兵事偏详，他端未称。今拟仿史表例为大事表，以举其纲；仿纪事本末为大事录，以详其目。近代事如浙东义兵、湖州史案之类，前人记载，事迹綦详，非有专篇，不能委备。以古准今，则裴甫、方腊之骚乱，建炎、德祐之播迁，皆以纪事本末体叙之，亦《国语》、《赵绝》之遗意也。学术源流，非一篇所能该举，儒林、文苑、理学诸传，或叙于前，或论于后，皆足以阐宗述绪，索隐表微。其显学巨儒，实有关于一代风气者，仍集其同气同声门人弟子汇为专传,其传体仿竹汀先生所为学传例,铺陈学术,不厌加详。如竹垞、梨洲,虽专卷不妨。至如绍兴古器、复斋收藏、书板书棚,尽可于杂识中分类收之。赵窑、剡纸、湖笔、绍酒,则叙诸物产考叙。其畸零无归者,仍可归诸杂识。窃意如此等比。吾公心得最多,现在尽可着手为杂识。将来物产考叙,仍烦大笔,稍加增损,即可入书。公意以为何如?风俗别四礼、节物为两事,前后书之。其特别情形,古事如吃菜事魔,近事金钱会匪之类,别以专篇(在古为考,在今为记),不可以少数奸民,遽诬全邑。海盐戏剧,似亦入杂识,始得发挥尽致。吾意此杂识成,他日乃可单行,程度或与《梦溪笔谈》相当,不尽《中吴纪闻》而已。大雅君子,亦有乐于此乎?努力尽此,殊不尽意。"(下略)

案:先生此后所撰《两浙古刊本考》及《乾隆浙江通志考异》,盖均为志局而作。先生又尝于各书中札出元、明海运及倭寇事数十则,似为杂识一门草稿,但不知其有否成书也。

九月,六子登明生。

十月十七日起,以乌程蒋氏藏嘉靖徐氏本《周礼郑注》,校士礼居本。次日又以明翻宋相台岳氏本,校于眉端,凡十一日校毕。其异同,悉录入藏书志中。

十一月,以乌程蒋氏藏嘉靖间覆刊宋大字本《礼记》,校崇文书局翻张敦仁覆宋抚州本。

十二月三日起,以蒋氏藏北宋刊《尔雅单疏》,校阮刻注疏本,凡四日而毕。继又据《尔雅疏》所引《方言》,以校戴氏《疏证》本,颇有异同。

编年文:沈乙盦先生七十寿序(二月,见《观堂集林》) 音学五书跋(六月,见《别集补遗》) 唐写本残职官书跋 唐写本食疗本草残卷跋 唐写本灵棋经残卷跋 唐写本失名残卷跋 唐写本大云经疏跋 唐写本老子化胡经跋 唐写本韦庄秦妇吟残诗跋 唐写本云谣集杂曲子跋 唐写本残小说跋 唐写本敦煌户籍跋 宋初写本敦煌县户籍跋(以上均七月作,见《观堂集林》) 唐写本字寅残卷跋 唐写本新乡众百姓谢司徒施麦恩牒跋 唐写本季布歌孝子董永传跋 唐写本回文诗跋(以上均七月作,见《别集补遗》） 近日东方古言语学及史学上之发明与其结论(七月译,伯希和原撰,见《观堂译集》） 乐庵写书图序(闰七月,见《观堂集林》） 虢仲簋跋(八月,见《别集补遗》） 摩尼教入中国考(七月,见《别集后编》） 高昌宁朔将军曲斌寺碑跋 书虞道园高昌王世勋碑后(上二篇均九月作,见《观堂集林》） 九姓回鹘可汗碑跋(十一月,见《观堂集林》） 于阗公主供养地藏菩萨画象跋 曹夫人绘观音菩萨象跋 西胡考上 九姓回鹘可汗碑图记(十一月,见《集外文》） 西胡续考 西域井渠考 唐李慈艺授勋告身跋 北伯鼎跋(以上均秋日作,见《观堂集林》） 西域杂记 元丰九域志跋 秉中丁卣跋(以上均见《别集补遗》）

案:先生是年得见敦煌所出诸史料,因详考中古西陲及高昌、回鹘之史实。又《化胡经》、摩尼教等之关于古代宗教者,亦有所论述。而《西胡考》之作,尤有极重要之结论。先生之作《西胡考》也,罗君君楚(福苌)为征内典中故事。君楚为罗先生次子,熟精梵天文字,又创通西夏国语。时养疴沪上,故与先生常相往返也。

编年诗:题戢山先生遗象一首 题敦煌所出唐人杂书六首 赠太子少保梁公挽歌辞三首 冬夜读山海经感赋一首 小除夕东轩老人饷水仙钩钟花赋谢一首(以上均见《观堂集林》） 题刘翰怡小象一首(见《外集》卷三）

(附)用梦窗韵补寿朱彊村侍郎霜华腴词一首(见《苕华词》）

庚申　四十四岁

正月,以《续古逸丛书》影内府藏宋刊大字本《孟子章句》,校《吉石盫丛书》日本覆宋音注本。又以《孟子音义》检对一过。

三月清明后四日,以蒋氏藏覆宋小字本《史记集解索隐》校汲古阁本《史记索隐》末二卷。

是月,于蒋氏密韵楼见卢弓父校本《穆天子传》,以校翟云升校注本,见翟校多与卢说合,似翟氏曾见卢本也。先生又增释若干条,又兼采沈乙盫先生说注于眉端。

四月,以蒋氏藏景元本《东京梦华录》校刻本一过。刻本为江山刘卹生司马(履芬)旧藏,且有司马手跋,乃先生在苏垣时所收得也。

六月,复读《文昌杂录》,又订正卢刻误字十数处。

八月中秋,以明黄省曾刻本《列女传》,校萧道管《集注》本。萧本正文依王照圆注本,不知自何本出。先生又据《艺文类聚》所引勘之,其以己意发正者,亦并记之。

九月,读《诗话总龟》,据以补《封氏闻见记》卷七高唐馆佚文一则。

是月,以蒋氏藏士礼居旧藏宋本《景定建炎续志》,校渐西村舍本。渐西本据《四库》本校刊,实远逊于宋本也。

十月,以影汲古阁影宋钞本《焦氏易林》校士礼居本,是正甚多。继又以彭华本校前八卷,嘉靖四年重刊彭本校后八卷。校彭本时,用朱笔,所以别于宋本也。

十一月,以日本宽永活字本《孔子家语》,校嘉靖本一过,补注中音切,及卷九卷十缺文数百字。

是年十一月,缪艺风(荃孙)先生卒。先生挽以联曰:"朴学抱经俦,钟山龙城,更喜百年开讲席;著录平津亚,图书金石,尚留二志重文林。"

编年文:顾刻广韵跋(三月,见《别集补遗》) 武玄之韵铨分部考(春日,见《观堂集林》) 内府藏宋大字本孟子跋(五月,见《别集补遗》) 宋刊本尔雅疏跋 覆五代刊本尔雅跋 宋赵州刊本礼记正义跋 旧刊本毛诗注疏残叶跋(均夏日作,见《观堂集林》) 残宋本三国志跋(中秋,见《观堂集林》) 随庵所藏殷虚文字跋(秋日,见《别集补遗》) 日本宽永本孔子家语跋(十月朔,见《别集补遗》) 刘氏金石苑稿本跋(十二月二十七日,见《观堂集林》) 散氏盘跋 克鼎跋(冬日,均见《观堂集林》) 书金王文郁新刊韵略张天锡草书韵会后 新郭虎符跋 释朕 释辟(均见《观堂集林》) 与友人论石鼓书 诗齐风岂弟释义 魏曹望憘造象跋(均见《别集补遗》)

编年诗:张小帆中丞索咏南皮张氏二烈女诗一首(见《观堂集林》) 题族祖母蒋夫人画兰一首 高欣木舍人得明季汪然明所刊柳如是尺牍三十一通并己未湖上草为题三绝句(均见《外集》卷三)

（附）题况夔笙守香南雅集图清平乐词一首（见《苕华词》）

辛酉　四十五岁

正月，以蒋氏藏冯己苍钞本及劳季言校本《封氏闻见记》校雅雨堂本，得校订多处，且有与先生旧校合者。

是月初八日，又假旧钞本《文昌杂录》校雅雨堂本。继又以天一阁旧藏明钞本《资暇集》校胡文焕本。

是月二十三日，假某氏所藏内阁大库旧藏残宋本《唐六典》校正德本，补第三卷佚文数百字，盖距辛亥年校日本享保本时已十年矣。

春日，仁和姚君虞琴以邑人张渭渔茂才旧藏《查他山先生文集》请序于先生。先生为述三百年来吾邑收藏家之概略以序查书，并以悼张君也。

四月，四女通明生，七月殇。

是月十五日，写定此数年所为文及旧作之刊于《雪堂》、《广苍》二丛刊者，删繁挹华，为《观堂集林》二十卷。乌程蒋氏出资以聚珍版印行，至岁终印成《艺林》首三卷。

案：先生之辑《集林》也，去取至严，凡一切酬应之作，及少作之无关弘旨者，悉淘去不存。旧作如《魏石经考》、《汉魏博士考》、《魏博士考》、《尔雅草木虫鱼鸟兽释例》，亦只存其一部分而已。

是月十九日起，以蒋氏藏明钞本《张说之文集》，校《四部丛刻》影明嘉靖本，订正误字千余，至五月初旬校毕。明钞本与结一庐朱氏刻本佳处大同。又以《唐文粹》检校一过，遂成善本矣。

五月，又以残宋刊建本《元微之文集》校明董氏刻本。宋刻仅存十四卷，篇数次第与董本大异，佳处时出董本上。

是月，又假蒋氏藏北宋刊南宋剜改本《李贺歌诗编》，校《四部丛刻》影蒙古刻本。又假蜀本《笠泽丛书》，校影黄复翁校明钞本一过。六月，盛暑中，以艺芸精舍钞本《小畜集》，校影经鉏堂本，订正错叶四五处，及误字千余。

七月，沈乙盦先生书杜工部诗于笺上以贻先生。诗后并有沈先生跋语云:"晚岁读草堂蜀中诸诗,弥益亲切,觉其善道人意中事,寄情于景,写实以虚,正使元、白、张、姚尽其笔力,不能当此老一二语助词也。质之高明,以为何如?"云云。至壬戌三月,先生乃书沈先生《乙卯还家杂诗》四章以俪之。

是岁,缪艺风藏书散出,先生购得十万卷楼刻本《尔雅单疏》及日照许氏刻本《孟子音义》两书。八月中秋,以士礼居刻本《孟子音义》校许本一过。

九月朔日起,录唐写本《切韵》残卷三种,至二十三日录毕。复印件乃寄自法国伯希和教授者。因增订旧文,为跋尾,书于写本后。

是月,罗君君楚病卒于津寓。

十一月,以蒋氏藏宋刊纂图互注本《礼记》,校崇文局本。《四部丛刻》即据蒋本影印,但有描失处,因以原本勘正之。

除夕日,录旧校《尔雅疏》校宋本于十万卷楼刊单疏本上。

是岁,先生摘出经典中连绵字,为《连绵字谱》,草稿粗具,计分三卷,上卷为迭韵连绵字,中卷为双声连绵字,下卷为非迭韵非双声之古成语。

编年文:长术辑要跋(人日,见《别集补遗》) 查他山文集序 与友人论诗书中成语书(春日,均见《观堂集林》。案此二书,乃辑平时所撰经义杂记而成,其体裁托为书札,实非有友人某君其人也) 小盂鼎拓本跋(春日) 段懋堂先生手迹跋(长至后三日,均见《别集补遗》) 百一庐金石丛书序(孟冬,见《集外文》) 书唐写本切韵后(十一月初十日,见《观堂集林》) 唐吴郡朱府君墓志跋汉南吕编磬跋 宋赵不渗墓志跋(以上季冬) 宋刊后汉书郡国志残叶跋(十二月十一日) 宋韶州木造象刻字跋(醉司命日) 晋开运刻毗沙门天王象跋(岁不尽三日,以上均见《别集补遗》) 释珏朋 释环殃 释礼(此三文,均见《观堂集林》,殆庚申辛酉间作,姑附于此,俟考)

编年诗:题汉人草隶急就章二首(见《外集》卷三)

壬戌 四十六岁

二月,归里,为次子高明完婚。

是月，罗先生于京师市肆，见洪文襄揭贴及高丽国王贡物表，知为内阁大库旧藏文书，新自历史博物馆售诸故纸商者。因踪迹之，得其全卷，共九十袋十五万片。乃贻书先生告其事。七月，先生为作《库书楼记》以记之。

是月，撰《两浙古刊本考》及《五代两宋监本考》，草稿略具，然迄未刊行，盖有待于增订也。

案：先生原拟撰《历代监本考》，元明以下，材料未备，故仅将《五代两宋监本考》次第写定。

是月，于蒋氏密韵楼得见《永乐大典》四册，自卷一万一千一百二十七至三十四，乃《水经注》河水起至丹水止，正得原书之半，即戴东原校本所自出之本，因以戴本校之，始知凡戴本所云据《大典》校改者，实与《大典》十不一合。自十一日校起至十九日校毕。二十三日，又假沈乙盦先生藏嘉靖间黄省曾本以勘戴本。至三月五日校毕。

四月，以结一庐刊本《张说之文集》校嘉靖伍氏刻本，至五月初校毕。

五月，五女端明生。

闰五月，以蒋氏藏吾乡陈仲鱼钞本《千顷堂书目》，校《适园丛书》本，增订甚多。六月，复以《明史·艺文志》勘对一过。

八月，《观堂集林》印毕，都文二百篇，诗词六十七首。

九月，临惠定宇校鄂州本《公羊注疏》于阮刻注疏上。是月，复以何注所本汉人旧说注于书眉。先生云："何注殆字字有来历，徐疏未能征引也。"

十月，沈乙盦先生病殁于沪寓，先生哭之恸，并挽以联曰："是大诗人，是大学人，是更大哲人，四昭炯心光，岂谓微言绝今日；为家孝子，为国纯臣，为世界先觉，一哀感知己，要为天下哭先生。"

案：先生自海外归国后，与沈先生过从最密。沈先生寓居新闸路，与先生寓所相距甚近。沈先生每见一书画或金石墨本，必招先生往，相与商榷。沈先生笃老不著书，惟以吟咏自娱，故常与先生相唱酬。先生每成一文，必先以质沈先生。后先生治西北地理及元史学，似受沈先生相当之影响也。

十一月,以蒋氏藏明刊《张文献公集》校《四部丛刻·张曲江文集》一过。

初,岁在己未,夏,北京大学文科拟聘先生为教授,倩先生友人鄞县马叔平(衡)先生为先容,先生却之。庚申,又提前请,先生仍以不能北来为辞。辛酉,北大研究所国学门成立,函聘先生为通信导师,强之乃就。是年冬,先生始提出研究问题四目,以寄研究所主任沈兼士先生。其研究问题,一曰《诗》、《书》中成语之研究,二曰古字母之研究,三曰古文学中连绵字之研究,四曰共和以前年代之研究。尚有一目,曰六朝迄唐蕃姓之研究,因日本桑原隲藏教授已从事于此,故不复提出也。

编年文:两浙古刊本考序(二月) 匈奴相邦印跋 日本奈良正仓院藏六唐尺摹本跋(此改定前所作《唐尺考》而成) 宋巨鹿故城所出三木尺拓本跋 宋三司布帛尺摹跋 显德刊本宝箧印陀罗尼经跋 元刊本资治通鉴音注跋 元刊本西夏文华严经跋 罗君楚传 罗君楚妻汪孺人墓碣铭(以上均春夏间作) 传书堂记(六月) 库书楼记(七月,以上均见《观堂集林》) 四部丛刻影宋本周易跋(五月分龙日) 跋熊忠节遗稿(十一月) 敔卣跋 敕鼎跋(均十二月) 㢭父丁角跋(岁不尽四日)

书某氏所藏金石墨本后 沈乙盦先生绝笔楹联跋 跋乾隆诸贤送曾南邨守郴州诗卷 梁虞思美造象跋 显德刊本寶箧印陀罗尼经又跋 四部丛刻影宋本分类集注杜工部诗跋(以上均见《别集补遗》)庚嬴卣跋(见《别集初编》) 书式古堂书画汇考所录唐韵后(今补入《观堂集林》) 肃忠亲王神道碑(见《集外文》)

编年诗:梁溪高仲均兄弟以其先德古愚先生事实属题为书一绝 题西泠印社图二首(见《外集》卷三)

癸亥 四十七岁

正月,以明初黑口本《邓析子》校《四部丛刻》影明本,又以嘉靖正学书院本《国语补音》校微波榭本。

是月,先生因事返里,里于戚氏家谒见先生。先生以治学必先通《说文》,而后治《诗》、《书》、三《礼》相诏。

是月二十八日,据蒋氏藏残宋本《草堂诗笺》目录,以校黎刻《古逸丛书》本,知黎本原缺十卷,其《拾遗》十卷,即所阙之卷也。常熟瞿氏藏残宋本,存卷二十六至卷五十,后复有外集一卷,知蔡氏原书凡五十一卷。因为厘定黎刻卷数。

三月,五女端明殇。是月,岳母潘太夫人病卒,先生又返里。

是月,《密韵楼藏书志》撰成,书凡若干卷,稿藏蒋氏。

初,升素庵相国于津寓见先生,甚重之。会内廷拟选海内硕学,入直南斋,升相国上书以先生荐。三月初一日奉谕旨,杨钟羲、景方昶、温肃、王国维均着在南书房行走。

海上友人闻讯,均以诗道贺。四月十日束装由海道北上,到京,寓户部街金息侯少府(梁)家。

先生到京后,上午入直,下午在寓自课。长夏无事,赴津,于罗先生处假归王石臞先生《释大》及《方言疏证》稿,手自录副藏之。王氏手稿中,有《周秦合韵谱》,与金坛段氏《六书音韵表》例同,中采《穆天子传》、《逸周书》、《战国策》诸书。又有《西汉合韵谱》,中采《尚书大传》、《韩诗外传》、《春秋繁露》诸书。先生疑其未辑,容有遗漏,乃自八月一日起,重读《外传》、《繁露》及《逸周书》、《山海经》等书一过,凡有韵处皆规之,窥其意似欲竟王氏之业,然迄未成书。先生又见王氏遗书中,有《谐声谱》二册,乃以古音二十一部谱《说文》诸字,稿亦残缺。乃重草《说文谐声谱》一卷,以补王氏之阙,至岁终始写成。

六月初一日,奉谕旨加恩赏给五品衔,并赏食五品俸。

是月,以敦煌所出六朝人写本《抱朴子内篇》一二卷校《四部丛刻》影明鲁藩刻本。余卷亦通读一过,讹字甚多,略正其可知者而已。

八月,眷属来京,赁宅于地安门内织染局。

是月,以王石臞《读淮南杂志》所订正诸字,录于影宋本《淮南子》上,以便检索。

九月二十三日,奉谕旨,派南书房翰林清查景阳宫等处书籍。

十月,以朱王孙《水经注笺》校戴本一过。十一月,复以全氏七校本校戴本一过。始知戴氏所改定经注,大半朱全二氏已先为之矣。是月又假江安傅氏藏宋刻残本,及孙潜夫校宋刻残本,校朱本。继又以吴管《古今逸史》本校朱本一过。于是传世郦书旧本,校得已过半矣。

十二月初二日,奉谕旨,着在紫禁城骑马。

编年文:高邮王怀祖先生训诂音韵书韵叙录(二月,今补入《观堂集林》） 与马叔平论石鼓书(春日) 唐贤力苾伽公主墓志跋(夏日) 梁伯戈跋(夏中伏,案此文即删订旧作《鬼方昆夷猃狁考》而成,以上均见《别集补遗》) 殷契文字类编序(夏至后十日,见《别集后编》) 罗子期仿古钵印谱序(秋日) 秦公敦跋(八月) 古磬拓本跋(季秋,案此即前所跋之南吕编磬也。盖彼则题于自藏墨本上,此题于罗先生藏本为异耳。以上均见《别集初编》) 元次山砚拓本跋(小除夕前二日,见《别集初编》) 肃霜涤场说(冬日,今补入《观堂集林》) 沈司马阙朱鸟象跋 鱼匕铭跋(均见《别集补遗》)

编年诗:梦得东轩老人书醒而有作时老人下世半岁矣一首 杨留坨六十寿诗二首 题濩斋少保独立苍茫自咏诗图卷二首 题贡王朵颜卫景卷四首(以上均见《别集初编》) 题御肇双鹦鹆一首 题绍越千太保先德梦迹图二首 题御笔牡丹九首 题御笔花卉四幅四首 题陈子砺学使画册一首(以上见《外集》卷三)

甲子 四十八岁

正月,法国伯希和教授寄所录敦煌所出韦庄《秦妇吟》全卷至,并以伦敦另一足本校之,遂成完璧。首题右补阙韦庄撰,与先生旧跋合。

三月,以商丘宋氏藏钞本《明内阁书目》校张氏《适园丛书》刻本。并以《文渊阁书目》比勘一过。

四月,养心殿库中发见散氏盘,有旨摹拓六十本,以赐臣工。先生亦与此赏,因草考释长篇,以补前跋之未备。

八月初四日,罗先生奉旨入直南斋,抵京,即主先生家。

是月二十一日,以日本旧钞本皇侃《论语义疏》校正平本《论语集解》。二十四日复以注疏本勘之，又以阮氏校勘记检补一过。

九月，奉旨与罗先生检理内府藏器，又获观散氏盘于养心殿西庑。

十月初九日，皇舆出宫幸摄政王府，先生侍行。未敢稍离左右，其后又时往日使馆觐见。

时清华学校当局拟创办研究院，欲聘海内名宿为院长，绩溪胡适之（适）先生以先生荐。主其事者亲往致辞，先生以时变方亟，婉辞谢之。

十一月，假海盐朱氏藏钞《水经注》校朱王孙本。明钞与《永乐大典》及孙潜夫校宋本大同，其祖本当自宋本出。今宋本已残缺，而《大典》本亦只存前半，然则传世郦书，最古最备之本，当首推朱氏所藏本矣。

十二月，撰《魏石经续考》，草稿略具。

《魏石经续考》自序："余于丁巳作《魏石经考》，据黄县丁氏所藏残石，以定魏石经每行字数。又由每行字数，推定每碑行数。复以《御览》引《洛阳记》所载碑数及诸经字数，参互求之，以定魏石经经数。又排比《隶释》所存残字，为《经文考》、《古文考》。共书二卷，刊行于《广仓学窘学术丛书》中。岁在辛酉，复删《经文考》、《古文考》诸篇，而掇取其首五篇，编入《观堂集林》。癸亥春，乃闻洛阳复出魏石经残石一，两面分刻《尚书·无逸》、《君奭》二篇，《春秋》僖文二公，字数至千余。三月中，始得拓本，则已剖而为二。又见《尚书·多士》、《春秋》文公一小石，亦二百余字。比四月，予来京师，则见残小石拓本至多。其为《书·皋陶谟》者，有吴兴徐氏所藏帝言一石、夜五一石、明庶一石、禹四一石、五典一石、木臬一石、应欲一石、绌一石、黼黻二石、介退一石，皖中周氏所藏都帝予一石、女说一石。《尚书·无逸篇》则有鄞县马氏所藏小鸟一石。《春秋》则有某氏所藏姬遇一石（庄公三十年），徐氏所藏赵敦一石（文公八年）。共十六余石。已而复见《无逸》、《君奭》一石未剖时拓本，中间《君奭》篇题一行，与《春秋》僖三十一年取济西田一行具存，余亦较剖后拓本多十余字，此石与丁氏残石正相衔接。总今日所有残石，凡得二千有数字，除磨灭不可见者，尚二千字，视五代宋初人所见拓本，字已逾倍，乃复为此考，以补前考之未备焉。"

编年文:旗爵跋(岁朝后一日)　古瓦灶跋(二月,以上见《别集补遗》)　韦庄秦妇吟又跋(二月,今误以初稿补入《观堂集林》,俟再版时修正)　明内阁书目跋(三月二十八日,见《别集补遗》)　散氏盘考释(五月,见《古金文考释》)　攻吴王夫差鉴跋(五月,见《别集初编》)　金文编序(夏五,见《别集后编》)　伪齐所刊禹迹华夷两图跋(孟秋,见《别集补遗》)　郭春榆宫保七十寿序(八月,见《别集初编》)　王保卿买地券跋(重阳日,见《别集初编》)　宋刊水经注残本跋　永乐大典本水经注跋　孙潜夫校水经注残本跋　朱氏水经注笺跋　明钞本水经注跋(以上均十二月作,今补入《观堂集林》)　高宗肜日说　陈宝说　书顾命同瑁说　释天(案此文从辛酉年作《齐侯壶跋》删订而成)　周莽京考　郳公钘钟跋(戊午年作,是年重订)　通敦跋　王子婴次卢跋(以上今补入《观堂集林》)　以五介彰施于五色说　羌伯敦跋　古画砖跋　海宁陈君暨妻邹淑人墓志铭　魏石经续考序(以上见《别集补遗》)　与某教授书(见《别集初编》)　论葬张勋碑文(见《集外文》)　陈政事疏(全文见罗撰别传)

编年诗:题镇海李氏八徽图八首(见《外集》卷三)

乙丑　四十九岁

正月,先生被召至日使馆,面奉谕旨命就清华学校研究院之聘。

三月,移居清华园西院。以院长须总理院中大小事宜,先生辞不就,专任教授。主其事者,改聘泾阳吴雨僧先生(宓)为主任。又聘新会梁任公先生(启超)、武进赵元任先生、义宁陈寅恪先生为教授。时院务草创,梁、陈诸先生均未在校,一切规画,均请示先生而后定。

三月,以敦煌所出唐写残本《唐律疏义》校嘉业堂刻本《宋刑统》。其缺字,则据《通考》补之。

是岁春日,始拟治西北地理及元史学。四月,从《通典》内抄杜环《经行记》,而以《太平寰宇记》所引者校之。又从《五代史》钞出高居诲《使于阗记》。从《宋史·外国传》钞出王延德《使高昌记》,并以王明清《挥麈前录》所引校之。又从《吴船录》钞出继业《三藏行记》。从《庶斋老学丛谈》钞出耶律文正《西游录》。从陶九成《游志续编》钞出刘祁《北使记》。又从明刊《秋涧大全文集》卷九十四《玉堂嘉话》中，钞出刘郁《西使记》，并以《四库》本校之。共得古行记七种，装为一册，以备参阅。

是月十九日起，从《连筠簃丛书》内，钞出《长春真人西游记》，凡十日而毕。闰四月朔，又从陶南邨《辍耕录》补录诏书及表二篇，其所注释，均笺识于眉端。

六月，为清华学校暑期学校演讲《中国近二三十年来新发见之学问》一题。其目凡五，一曰殷虚甲骨文字，二曰敦煌塞上及西域各地之简牍，三曰敦煌千佛洞六朝唐人所书卷轴，四曰内阁大库之书籍档案，五曰中国境内之古外族遗文。此五者之三，先生皆曾创通之，考释之，故此讲演，最明晰而详尽也。

是月赴津，祝罗先生六十寿，并以诗贺之。

七月，里北来受业于先生之门，先生命馆于其家。会研究院原聘助教陆君以事辞，主任吴先生命里承其乏，日为先生检阅书籍，及校录文稿。

是月，草《耶律文正公年谱》及《西游记注》大体告成。

八月开学，先生任经史小学导师。并为诸生演讲《古史新证》每周一小时，《尚书》二小时，《说文》一小时。《古史新证》即改订旧著《殷先公先王考》、《三代地理小记》等篇而成。

是月，日本狩野子温博士（直喜）来京师，与先生相见，博士出彼邦新刊宋本《尚书正义》为赠。

是年夏，为日本内藤湖南博士六十还历纪念，其友朋为聚赀刊行《支那学论丛》以寿博士，征文于先生，是月，先生以新著《西辽都城虎思斡耳朵考》寄之。

九月，假沈庵宫保（宝熙）藏芋楮书屋钞本《蒙古源流》以校坊刻本。十一月中，又读数过，并据《元秘史》《元史》等书校释一过。

是月，先生读《金史》，发见阻䩸字样多处，而《元史》中并无此种部族，乃大疑。一夕读《元秘史》，见卷四所载大金因塔塔儿不从命，王京丞相领军来剿，于浯泐札河破之，与《金史·完颜襄传》参之，地望人名悉合。因悟《金史》之阻䩸即《元秘史》之塔塔儿，而塔塔儿一语，亦即唐宋间鞑靼之对音。乃摘录载籍中所言鞑靼、阻卜、阻䩸事，草《鞑靼年表》及《鞑靼考》。是年冬，即提出此问题为北京历史社会学会讲演之。

是月，草《元朝秘史地名索引》成。

案：先生初拟草辽、金、元三史人名地名索引，已注其所见于汪氏《三史同名录》眉端，后以兹事不易，乃改著此篇，并以《亲征录》、《元史》比勘之，未能徧也。

十月，以《元秘史》校《皇元圣武亲征录》。因忆前在沈乙盦先生案头见所校旧钞《云麓漫钞》本《亲征录》，较刻本异同颇多。后询之江安傅沅叔，始知沈先生所校者，乃旧钞《说郛》本，非《云麓漫钞》也。十二月下旬，从傅氏处，假弘治钞《说郛》本，以校何秋涛本，得订补讹夺多处。

十一月，从《秋涧大全集·玉堂嘉话》中，录出张德辉《纪行》，是月，又从上虞罗氏假录《黑鞑事略》一过。

编年文：戴校本水经注跋（二月，今补入《观堂集林》）　四部丛刻李贺歌诗编跋（五月，见《别集补遗》）　最近二三十年中中国新发见之学问（六月，刊入《学衡》杂志）　西辽都城虎思斡耳朵考（八月，今补入《观堂集林》）　书番禺商氏所藏散氏盘墨本后（中秋日，见《集外文》）　鄂侯骏方鼎跋（十月）　秦瓦量跋（十月，均见《别集补遗》）　蒙文元朝秘史跋（十月望日，见《别集初编》）　蒙鞑备录跋（十月，今补入《观堂集林》）月氏未西徙大夏时故地考（冬日，见《别集补遗》）　重刻施国祁元遗山诗笺注序（冬日，代蒋孟苹作，见《集外文》）　鞑靼考附年表（十月）　辽金时蒙古考（十一月，以上附刊《蒙古史料校注四种》后）　黑鞑事略跋（十二月二十日，今补入《观堂集林》）

编年诗：罗雪堂参事六十生日二首（见《别集初编》）

丙寅　五十岁

正月初三日，校《说郛》本《亲征录》毕。又据《说郛》本《蒙鞑备录》校《古今逸史》本。上灯日在天津，又从武进陶氏借校万历钞《说郛》本《亲征录》。是月，又从江南图书馆钞得汪鱼亭藏钞本《亲征录》，以校今本，知汪本与何本同出一源,虽优于何本,实逊于《说郛》本。乃知《说郛》本为传世最古最备之本。乃撰《校注》一卷,至寒食节稿始写定。四月中,《西游记注》又整理一过,拟将此二书合《耶律文正公年谱》、《蒙古源流校注》刊之。继以文正行事未详处尚多,而《蒙古源流》又无佳本可校,满蒙文原本仓卒亦无由通其读,乃将《蒙鞑备录》、《黑鞑事略》眉注录为笺证,合《西游记》、《亲征录注》刊之,署曰《蒙古史料四种校注》。由研究院以活字版印行,自夏徂秋,校刊始毕。

《古史新证》一课,至去冬已授毕。正月起,撰《克鼎孟鼎铭考释》,并改订《毛公鼎考释》,合《散氏盘考释》以授诸生。其他宗周诸重器,亦多写为释文,讲演之。

六月,为燕京大学演讲《中国历代之尺度》一题。

八月,研究院开学,先生每周讲授《仪礼》二小时,《说文》一小时。是时院中采购中文书籍,均由先生审定。

是月,长子潜明在沪病笃。先生闻讯,乘车赴沪,至已不瘳,是月二十日卒于寓所。先生久历世变,境况寥落,至是复有丧明之痛,乃益复寡欢。丧事毕,即北返。

先生在沪时,桐乡徐君楸斋以所撰《古钵印谱》请序于先生。九月,先生重申前论战国时秦用籀文六国用古文之说以序之。

十月,从上海涵芬楼假顾涧蘋手校本《蒙文元朝秘史》,校叶氏观古堂刻本。

是月二十九日,为先生五十初度,亲友及门弟子均称觞致贺。十一月中,先生出汉、魏、唐、宋石经墨本或复印件多种,以示诸同学,并讲述石经历史及其源流。

编年文:圣武亲征录校注序(二月清明日) 孟鼎铭考释 克鼎铭考释(春日,均见《古金文考释》) 长春真人西游记注序(孟夏) 蒙鞑备录又跋(六月,后与前跋合并为一) 记现存历代尺度十七种(六月,以上均补入《观堂集林》) 乐庵居士五十寿序(六月,见《集外文》) 新莽嘉量跋(八月) 桐乡徐氏印谱序(九月) 书内府所藏王仁昫切韵后(秋日)

六朝人韵书分部说（秋日，以上今补入《观堂集林》） 宋代之金石学（十月，乃历史社会学会讲演稿。后别出为《书宣和博古图后》，今补入《观堂集林》） 蜀石经残拓本跋（仲冬朔，今补入《观堂集林》） 书影明内府刊本大诰后（仲冬，见《别集初编》） 元刊虞伯生诗续编跋（仲冬，见《别集补遗》） 南宋人所传蒙古史料考（十二月十一日写成，今补入《观堂集林》）

编年诗：袁中舟侍讲五十生日一首（见《别集初编》） 题橄山检书图二首　题邓顽白梅石居小象一首（见《外集》卷三）

丁卯　五十一岁

正月，读《元秘史》，见所载主因之语凡四。就史实上证明之，盖与辽、金二史中之乱军相当。因草《元朝秘史之主因亦儿坚考》，寄日本藤田剑峰博士（丰八），入《史学杂志》中刊之。先生又致藤田博士二书，讨论乩字之音读。其第二书稿具后，未发，今并见《观堂集林》中。

正月，以正统《道藏》本《西游记》校先生校注本。得订正讹夺数十处。

是月，检《道藏》姬志真《云山集》，尹志平《葆光集》，据以订补《西游记注》凡三则。

三月，得读日本《满鲜历史地理研究报告》中有箭内博士（亘）《鞑靼考》与先生说阻卜、阻𩸽之为鞑靼结论相同。惟谓兴安岭西之鞑靼，乃蒙古人种，而阴山鞑靼出于沙陀，为土耳其人种，乃震于漠北鞑靼之名，而窃以自号。此论先生颇以为不然。先生谓当唐之季世，兴安岭左右诸部族，若室韦，若蒙古，若鞑靼，皆有迁徙之事。盖唐德既衰，回鹘亦为黠戛斯所攻，去其故都，而汉塞下惟有沙陀、退浑诸小部族，故室韦、蒙古、鞑靼三部族，乃各有一支部，侵入阴山附近。此事前人均未道及，先生为疏通证明之，草《鞑靼后考》一篇。后以蒙古南徙事，其证据未充。乃摘出室韦南徙一章，为《黑车子室韦考》，至四月稿始写定。

是月下旬，携家人游西山。

是月，日本神田鬯庵学士（信畅）寄排印足本耶律文正《西游录》至。

足本《西游录》中土久佚,此抄自宫内省图书寮者,盖人间秘籍也。先生即据以重录一本,复订正刻本误字数处。

四月,改定《蒙古上世考》(即《辽金时蒙古考》)为《萌古考》,至初八日写毕。继又改定《鞑靼考》,至十四日写毕。复摘录《元朝秘史》眉端笺识之可存者凡七则(中有刘郁《西使记札记》一则),为《蒙古札记》。此均先生最后之定稿也。

去秋以来,世变益亟,先生时时以津园为念。新正赴津觐见,见园中夷然如常,亦无以安危为念者,先生睹状至愤。返京后,忧伤过甚,致患咯血之症。四月中,豫鲁间兵事方亟,京中一夕数惊。先生以祸虽且至,或有更甚于甲子之变者,乃益危惧。五月初二日夜,阅试卷毕,草遗书怀之。是夜熟眠如常,翌晨盥洗饮食赴研究院视事亦如常,忽于友人处假银饼五枚,独行出校门,雇车至颐和园。步行至排云殿西鱼藻轩前,临流独立,尽纸烟一枝,园丁曾见之。忽闻有落水声,争往援起,不及二分钟,已气绝矣。时正巳正也。家人候先生归,至午后尚未至,乃大疑。其公子急踪迹之,至申刻,始得噩耗。次日入殓,友生集哭。奉尸出园,始于里衣中得致三子贞明遗书一纸。纸已湿透,惟字迹完好。书曰:"五十之年,只欠一死,经此世变,义无再辱。我死后当草草棺殓,即行藁葬于清华茔地。汝等不能南归,亦可暂于城内居住。汝兄亦不必奔丧,固道路不通,渠又不曾出门故也。书籍可托陈吴二先生处理。家人自有料理,必不至不能南归。我虽然无财产分文遗汝等,然苟谨慎勤俭,亦必不至饿死也。五月初二日,父字。"云云。既棺殓,暂厝于邻寺中。罗先生在津得电,即据以上闻。初六日诏曰:"南书房行走五品衔王国维,学问博通,躬行廉谨,由诸生经朕特加拔擢,供职南斋。因值播迁,留京讲学。尚不时来津召对,依恋出于至诚。遽览遗章,竟沉渊而逝。孤忠耿耿,深恻朕怀,着加恩予谥忠悫。派贝子溥忻即日前往奠醊。赏给陀罗经被,并赏银贰千圆治丧,由留京办事处发给,以示朕悯惜贞臣之至意。"罗先生又来京经纪其丧事。五月十七日假全浙会馆设位致吊,共收得哀挽诗联数百副。是月二十四日,先生日本友人狩野、内藤诸先生,假座京都袋中庵，诵经追悼，日本《艺文杂志》并为特刊追悼号。海内外学人，知与不知，无不同声哀悼。七月十七日，诸子遵遗命，葬先生于清华园附近西柳村七间房之原。其同官辽阳杨留垞先生（钟羲）为铭志其墓，武进袁中舟（励准）先生书之。遗书遗稿藏于家。罗先生为校理其遗著，凡四集，署曰《海宁王忠悫公遗书》，现尚在校印中。

编年文：元朝秘史之主因亦儿坚考（正月）　金界壕考（二月，初名《金长城考》，以上今补入《观堂集林》）　校本水经注笺跋（二月，见《别集补遗》）　箭内博士鞑靼考译文　津田博士辽代乌古敌烈考译文　津田博士室韦考译文（以上均三月译，见《观堂译集》）　萌古考（四月初八日改定）　鞑靼考（四月十四日改定）　蒙古札记（四月，以上今补入《观堂集林》）　尚书覈诂序（四月，见《别集补遗》）

丁卯十二月十日初稿写毕

《国学论丛》将刊行王先生纪念号，新会梁先生、义宁陈先生均以里与先生有戚谊，且侍先生讲席久，知先生学行或较他人为多，因嘱草《年谱》以实之。里辞不获命，以一月之力，写为此编。其遗漏疏略之病，在在遇之。海内外学人，幸匡其不逮焉。又先生手校书之存沪上者，尚有数十种。其校书岁月，与其他行事之未详者，当续行补入，以俟写定。万里又识。

（原载《国学论丛》第一卷第三号，1928 年 4 月）

王静安先生著述题跋

《唐韵佚文》一卷
(《王忠悫公遗书》本)

　　清王国维撰。此书作于戊午五月,原题姬觉弥辑。盖王君馆上海仓圣明智大学时所作,时姬氏主大学事,故迳题姬名以便出版耳。书成后因故未印行,此本刊于戊辰,距成书时已十二年矣。案:传世唐写本《唐韵》,藏吴县蒋氏(黼)者,仅卷四、卷五去入两卷,卷四之首及中间又阙叶,至上下平及上声皆付阙如,读者憾焉。此编所载佚文,辑自慧琳《一切经音义》、希麟《续一切经音义》、日本释源顺《和名类聚钞》、信瑞《三部经音义》、洪迈《容斋随笔》及宋人《草堂诗余笺注》,共得三百八十一条,于校读孙书裨益匪鲜。考孙愐书在唐时别本至多,书名亦不一律。《和名类聚钞》所引有作《唐韵》者,又有作孙愐《切韵》者。希麟《续音义》则因作孙愐《广韵》,亦有仅作《广韵》而不冠他名者,凡十一条。希麟之书成于辽圣宗统和五年,前于大中祥符重修《广韵》凡二十年,是单云《广韵》者,亦必孙愐书矣。而慧琳《音义》八十又引《广切韵》一条,与蒋氏本合,知孙愐又有"广切韵"之称,明其书乃广陆法言《切韵》而作,简言之则称"广韵",其非宋之《广韵》明矣。此辑于某书引作某必详注明,以便覆按,方法精研,非马国翰、任大椿辈可及,实堪为后人效法也。顾此书校辑时,独于岛田翰《古文旧书考》卷一古写本萧吉《五行大义》背记所引诸条均未甄录,乃一大憾。案:《五行大义》背记全文不知何书音义,中引唐人已佚韵书名目繁多,其引孙愐《唐韵》,则均作"孙愐云",辑之共得三十九条,具录如后:

邦　大曰邦,小曰国。

惩　劝也,诲也。

斐　文章相杂也。

微　劣也,薄也,少也。

震　卦。至东方起夜。

水　上古之时用之为酒,今之玄酒也。

湊　合。

荸　《说文》:"草也。"

寅　《说文》:"膑也。"

已　此也,说也,了也,止也,果也,尽也。

巳　《说文》:"以四月阳气以出,阴气以藏,万物皆成文章,故巳为蛇形。"

仵　偶敌也。

酉　饱也,老也。《说文》:"就也。八月黍成,可作酎酒,故八月建酉。卯为春门,万物以出;酉为秋门,万物以入。"

桄　《字林》:"桄,枪㮇也。"

窟　窠也。

搏　持也,击也。

朝　晨。又寅时,从旦至食为终期。

渠　《尚书》:"渠,大。"

策　谋也,筹也。

邃　幽远之貌。

括　开合也。

赞　《韵略》:"佐助"。

澙　《字林》:"卤也。"

斫　削也。又断也。

偶　妃也。又匹也。

匹　仇也。

殿　军前曰启,后曰殿也。

挈　乳化曰挈,交接曰尾。

拘　系也,绊也,拘系也。

连　举也。

户　一扇为户,两扉为门。

僭　滥也。

榜　补孟反。所以引船也。榜,击也。

笞　耻也。击之以令耻。

钳　以铁有失法束。田叔自髡钳,为王家奴。

讯　《毛诗》:"告也。"

揆　察也。

押　监也。

以上均可补苴此辑,或以迻校唐钞,惜乎其未及见之也。(此辑上平四江引《五行大义》背记"大曰邦,小曰国"一条,则原稿所无,缘上虞罗氏写印此书时乃据海宁赵万里氏重录本,此条赵氏所增,写者不察,遂一并附入,固有此误也。)

又,孙愐自序此据《广韵》所引辑入,实则应据王仁昫《刊谬补缺切韵》,盖其成书于唐时,在宋修《广韵》前,故较为正确也。清内府旧藏唐写本《王韵》、孙愐《唐韵》序文已脱,巴黎国民图书馆藏本有之。巴黎本《王韵》为王君所未见,拾遗补缺,责在后人矣。

《唐写本〈唐韵〉校勘记》二卷

(《王忠悫公遗书》第一集本)

清王国维撰。唐代诗赋盛行，韵书流别甚繁，殆家有其书，其名目见于大宋祥符重修《广韵序目》，及日本释源顺《倭名类聚钞》，信瑞《三部经音义》、《日本见在书目》者不下二十余种。顾传于中土者，则仅巴黎国民图书馆所藏唐写陆法言《切韵》残卷、北平故宫博物院所藏唐代王仁昫《切韵》残卷，及吴县蒋氏所藏孙愐《唐韵》残卷而已。王氏《切韵》巴黎亦有唐钞本，可补故宫本之缺。三者之中，自当以孙愐书为最罕见，海内外未闻有第二帙，自内阁大库流出，光绪末叶为吴县蒋伯斧（黼）郎中廉价购得，顺德邓秋枚（实）为之影印行世，今所传神州国光社印本是也。其书前有晋府朱记，晋府藏书多宋内府故物，疑此书亦当为南宋御藏矣。书凡四十五页，存四、五两卷，去入两声。去声首又阙一送、二宋、三用、四绛、五寘、六至、七志及八未之半，以下又阙十九代之小半、二十废、二十一震、二十二稕、二十三问、二十四焮及二十五愿之大半，余均完善。曩蒋氏跋此书，以此为陆法言《切韵》原本，又以为长孙讷言初笺注之本。至王君撰《唐韵别考》，始力返其说，以为即孙愐书，举八证以明之，盖已成定论矣。王君既确定此为孙愐书，又推知孙愐书即据陆法言书增益而成，书中每组各字下注加者，乃孙愐所益，其不注者，则陆法言原文也，是见孙书不啻兼存陆书矣。又宋修《广韵》首载陆法言、长孙讷言、孙愐三序，知《广韵》即据陆、孙两家书为蓝本之证，是《广韵》存不啻孙书存矣。孙愐书盖隐然为唐、宋两代韵书之中心枢纽，其重要非王仁昫书可比，自不待烦言而解。本书校记之作，即系于此。大抵以《广韵》校其注释，以大徐《说文》所用孙愐反切校其音，改正误字凡数百事，至源顺、信瑞书中所引间有与此本互歧者，亦附入焉。惜草此书时，巴黎本陆法言《切韵》、故宫本王仁昫《切韵》，俱未显于世，而《五行大义》背记，及《游仙窟》注所引孙氏书，亦未为世人所注意。吾人今日可据以补正此书者正多，然非此书为之先导，吾人又盍能赞一辞乎?!

《〈古本尚书孔氏传〉汇校》不分卷

（稿本）

清王国维撰。案：六朝以降，伪《古文尚书孔传》通行本，乃隶古定本。隶古定者，依古文作今隶也。至唐天宝三年，玄宗召集贤学士卫包改古文尚书为今文（此所谓今文，指唐季通行书体而言，非汉代今古文之今文也），于是民间皆行改字之本，沿用迄于今日。幸陆德明撰《音义》，于字之别构，尚见之音内，可据以窥见隶古定本之十一。及北宋开宝五年，因陆氏所解与玄宗所定互异，又令陈鄂删定，别为今本音义，于是不但原本不可见，即别构之字仅见于《音义》者，亦无一存。近始于日本及敦煌得见唐时隶古定真本，于是梅本《尚书》之真相，大白于世。然各篇散见上虞罗氏所刊《云窗丛刻》、《鸣沙石室古籍残丛》、《鸣沙石室古佚书》中，迄未有汇为一编以供众览者，有之，自此便始。此编收隶古定写本凡七：

一、《禹贡》残卷（日本古写本，日本东大寺藏）

二、《禹贡》、《甘誓》、《五子之歌》、《胤征》残卷（敦煌唐写本，法国国民图书馆藏）

三、《盘庚》、《说命》、《高宗肜日》、《西伯戡黎》、《微子》残卷（日本古写本，日本东大寺藏）

四、《泰誓》、《牧誓》、《武成》残卷（日本古写本，日本神田氏藏）

五、《洪范》、《吕敖》、《金縢》、《大诰》、《微子》残卷（日本古写本，上虞罗氏藏）

六、《顾命》残卷（敦煌唐写本，法国国民图书馆藏）

七、《毕命》、《君牙》、《冏命》、《吕刑》残卷（日本古写本，日本东大寺藏）

编者既手自校写，其第三卷《盘庚》、《说命》、《高宗肜日》、《西伯戡黎》、《微子》诸编,复据敦煌唐写本及宜都杨氏影日本古写本逐校一过,补正东大寺讹夺不少。惜英伦多存《洛诰》、《大禹谟》、《泰誓》诸卷,以不得写影与此诸卷相俪为憾。《尧典》、《舜典》隶古定本虽佚,然真本陆氏《音义》残卷尚存于法京,世有《吉石盦丛书》影印本,可据以钩稽隶古定本,亦应附录于卷末,此则有待于后贤矣。

《〈大唐六典〉校勘记》不分卷

(稿本)

清王国维撰。案:《唐六典》传世以正德重刊绍兴本为最古,字体斩方,犹存宋椠遗意。其后嘉靖甲辰浙江按察司重刻本,已无此严整,然讹误错落,则两本如一。日本享保甲辰(即清世宗雍正二年),摄政大臣家熙尝为《六典》考订,凡《六典》原书空缺者,拟补于其下,亦有原书本缺,如第四卷"礼部郎中"条下脱文,则据《册府元龟》、《旧唐志》补之,第七卷"屯田郎中员外郎"下凡天下诸军云云,则据《通典》、《旧唐志》补之,凡数百字,校订矜慎,闻见亦博。此编据家熙所撰校语,各以原书复勘,是者录之,讹者正之,不愧为家熙净友矣。然此所订校,尚有一事出家熙本外者,即得见宋绍兴温州本是也。考传世宋绍兴本出自内阁大库者,约得原书三之一,此所据校者,仅江安傅氏所藏之第三、第二十八至三十四卷耳,卷三脱文,赖以补全。宋本胜处,虽多与家熙本不谋而合,然其误处亦不一而足。《宋史》言神宗将改官制,摹《六典》以赐群臣,是《六典》尚有元丰官刻本。安得元丰本出,一一与此编相对照也。

《〈史籀篇〉疏证》一卷

(《广仓学窘丛刊》本,《王忠悫公遗书》第一集本)

清王国维撰。案:《史籀》十五篇,秦世李斯、赵高、胡毋敬据此作《仓颉篇》,刘向校书中秘,始著于录。建武之世,亡其六篇,许叔重(慎)纂《说文解字》,据所存九篇存其异文,所谓籀文者是也。综计《说文》全书所载籀文,仅得二百二十五字(内重文二),其不出籀文作某者,必小篆与籀文同者也。此编搜集《说文》中籀文,以近世地下所出殷周古文一一疏证之,复为序录以弁篇首。序录中颇有特发之覆,举其荦荦大者,凡两事焉。一曰"史籀"为人名之疑问也。案籀之为言读也,其书首句当云"太史籀书"。"太史籀书"犹言太史读书,后世因此取"史籀"两字名其书,并以"史籀"为作书者之名,实大谬也。二曰《史籀篇》时代之疑问也。前人谓《史籀篇》作于周宣王时,不免失之过早,今以《说文》所收遗文观之,其体势大抵上承石鼓文,下启秦刻石,与甲骨彝器中所见殷周古文绝然不同,与战国时秦之文字,如大良造鞅铜器、大良造鞅、相邦吕不韦戟、新郪、阳陵两虎符,及绛帖本诅楚文相类似。诅楚文文字多同小篆,其中殹、盇、薶、劓四字,则与《说文》中籀文合若符节。故知籀文者,周秦间西土通行至文字,秦之小篆实其变体,二者同出一系,血脉故相通也。由前之说,史籀之非人名,以《仓颉篇》仓颉两字非作书者之名例之,其说实不可易。由后之说,籀文实与战国之际东土通行文字相对称,盖自春秋以降,东土文字日趋简易,讹别之途,殷周古文之规矩尽失,故齐鲁间所出之钱币、兵器、陶器,其文字多不可识。近年寿春所出楚王遗器,亦多异文奇字,即西汉所出壁中古文,今见之正始石经者,亦为战国时东土文字之旁流,《说文》中之古文,皆此类也。逮乎始皇以兵力统一六国,李斯辈以西土文字行之于东方,东土讹别之文字,遂一扫而空,《说文》谓小篆是也。小篆自籀文出,自小篆行而籀文益微,汉世所见,略得其半而已。此编所考,虽不盈四十纸,乃三百年来文字学之一大进步。

《重辑〈仓颉篇〉》二卷

(广仓学窘排印本)

清王国维撰。《仓颉篇》者,秦相李斯所作。汉人合以车府令赵高所作《爰历篇》,太史令胡毋敬所作《博学篇》,凡五十二篇,并为《仓颉篇》。自后扬雄作《训纂篇》,贾鲂作《滂喜篇》,合之号曰"三仓",与史游所作

《急就篇》同为训蒙之用，取便讽诵而已。自梁人周兴嗣著《千字文》，唐宋两代士人迭有蒙求之作，于是"三仓"益微，其幸而获存者，则仅《急就篇》耳。故近三百年来，小学家无不以搜辑《仓颉篇》为当务之急。乾隆间阳湖孙氏（星衍）首自唐释玄应《一切经音义》辑"三仓"及张揖、郭璞两家旧注。稍后兴化任氏（大椿）、历城马氏（国翰）续有辑述。光绪中叶，东邦所存古佚书，如顾野王《玉篇》原本，杜台卿《玉烛宝典》，慧琳、希麟《一切经音义》复入中国。于是会稽陶氏（方琦）据以续孙氏书，山阳顾氏（震福）亦以补任氏书，嗣是吴县曹氏（元忠）复辑陶氏之辑，而嘉兴陈氏（其荣）得海宁陈氏（鱣）所校孙本，复采孙、陈未见之书何为一编，颇有与陶、顾两家书暗合者，盖至是辑本凡得七家。而诸可宝、王仁俊、龚道耕诸家书，及甘泉黄氏（奭）汉学堂校本尚不与焉，其事不可谓不盛矣。顾诸家于班固《汉书·艺文志》所谓史游《急就》皆《仓颉》正字一语，熟若无睹，竟无采《急就》入录者，是可异矣。此辑出诸家后，故能力矫诸家之失，以敦煌塞上所出之汉残简，及《急就篇》所用《仓颉》正字为上卷，而以扬（雄）、杜（林）、张（揖）、郭（璞）之说此诸字者俪焉，其余古书所引《仓颉》"三仓"之字，悉入下卷。换言之，上卷为《汉志》所录《仓颉》之字，下卷则《隋志》所谓"三仓"之字也。又别本字与注为二，仍用孙氏书例，以《说文》五百四十部首为之类次，条理精详，便于检寻，在诸家辑本中不愧为后来居上矣。难者曰：《汉志》所言固矣，然后汉时贾昇卿（鲂）辑《滂喜篇》讫"彦均"，明见庾元威《论书表》，则《仓颉篇》中无"彦均"两字可知，今史游《急就篇》"援众钱谷主办均"一句中，明有均字，又何解乎？案今本《急就篇》与庾元威所论，故不能无后来传写之失，籍曰无之，《汉志》所言，殆自大体言之，非谓无一字与他书相重也。执此以疑《汉志》，遂谓此编体例有未妥处，是不免吹毛求疵矣。此编下卷，不采陆法言《切韵》、孙愐《唐韵》、王仁昫《刊谬补缺切韵》、陈彭年《广韵》、丁度《集韵》，及岛田翰《古文旧书考》中所引《五行大义》背记，诚有遗珠之憾，而于慧琳、希麟之书，亦只据近印活字本入录，不及见海印寺高丽大藏经本，则有待于后人为之订补矣。此编作于壬午之秋，时编者方主讲于上海仓圣明智大学,遂以全稿售诸大学主事者睢宁姬觉弥,姬氏因之冒为己作,即今所行广仓学窘排印本是也。他日先生全集重印时,此书亟应收入,庶与史游《急就篇》校正,永垂不朽焉。

《两浙古刊本考》二卷

(《王忠悫公遗书》第二集本)

清王国维撰。此编乃己未、庚申间应浙江通志局而作。时嘉兴沈乙盦(曾植)尚书主通志局事,请先生任分纂,因搜辑诸家藏书目录,益以所闻所见写成此编,以实志稿杂志门。会乙盦物化,志局易人,此稿亦废置箧中,盖终其身迄未版行也。考北宋胄监,自太宗淳化之初迄于徽宗宣政之际,所刊经籍,如《群经正义》、《资治通鉴》及《史记》以下诸史,无不下杭州路雕版。南渡以后,临安为政治中心,胄监在焉,虽绍兴之初,胄监刊书仰给江左、江南、巴蜀诸地,然如衢州之刊《三国志》,严州之刊《通鉴纪事本末》,越州之刊群经注疏,亦无不请临安良工成之。即元修官书如《大元一统志》,辽、金、宋三史,及《大德重校圣济总录》,亦均下杭州路雕造,盖至至正之末,杭州尚不失为文化之重镇也。此外书肆及私家所刊,公庠及郡庠所雕,流风余韵,泽及百代,故言宋、元两代雕版史事者,无不首推浙刻。然则此编之作,又岂可已乎。此编以各州郡为纲,以各地所刊书为纬,序跋行款及校勘诸氏衔名,无不备书,间附考证,亦多发前人所未发,与《五代两宋监本考》同为治应用目录学者所不废。然以吾人今日海内外所见新资料之多,在在可据以补苴此编之未备。兹姑举其舛误之大者言之。一曰不应收入而误收也。如杭州府项下有钱塘王叔边所刊前后《汉书》一目,案王叔边虽自称钱塘人,然其书实刊于建阳,故为之校雠者乃武夷吴骥,聊城杨氏旧藏宋刊四史中之《后汉书》可证也。又如宁波府项下有郡太守刘廷幹所刊《汲冢周书》一目,案刘廷幹于至正间官嘉兴路总管,锐意校刊家藏《韩诗外传》、《大戴礼记》、《汲冢周书》、《吕氏春秋》善本于郡庠,诸书版式悉同,半页十行,行二十字,世尚有传本。此编误以《汲冢周书》为明州所刊，盖涉四明黄玠序文而误，皆其例也。二曰以他本款式误为原刊也。如记元修《宋史》行款，以明成化间朱英刻本当之，半页十行，行二十字，此明修《元史》款式，故朱英遵之。至元修《宋史》，则应为半页十行，行廿二字，与同时所刊辽、金两史，及大德间以建康路儒学为中心所刊之十史，款式固无二致也。此外卷中失记原书款式者，亦更难握数。如杭州府所刊《大德重校圣济总录》后，应加半页八行，行十七字；嘉兴府所刊《韩诗外传》、《大戴礼记》后，应加半页十行，行二十字；又《韵补》后，加半页十行，行廿四字；绍兴府浙东转运司所刊《苕溪渔隐丛话》后，应加半页十三行，行廿二字；又绍兴府杂刊本项下《剡录》后，应加半页十行，行二十字。台州府所刊《荀子》后，应加半页八行，行十六字；严州府所刊《剑南诗稿》后，应加半页十行，行二十字；金华所刊吕氏《童蒙训》后，应加半页十行，行二十字；又《黄文献公集》后，应加半页十四行，行廿五字；又《渊颖吴先生集》后，应加半页十一行，行廿二字。凡此皆偶尔疏失，或草此编时，未及见原书，固未可一概而论也。

《五代两宋监本考》三卷

（《王忠悫公遗书》第二集本）

清王国维撰。卷上考五代监本，引新旧《五代史》、王溥《五代会要》、《宋史·儒林传》、王明清《挥麈录》、洪迈《容斋续笔》、无名氏《爱日斋丛钞》所载数据，一一加以疏证。知五代监中所刊群经，悉依开成石经文字付雕，惟石经专刊经文，此则兼及注文为异耳。以日本室町氏重刊本《尔雅》卷后，有"将仕郎守国子四门博士臣李鹗书"一行，半页八行，行十六字，卷中且避南宋讳，与《挥麈录》其家有李鹗书《五经》，及《玉海》载景德二年国子监言《论语》、《尔雅》等请以李鹗本别雕相互印证，知室町氏本即转从五代监本出。五代监本久佚，其面目当于室町氏本求之，因推之南北宋公私所刊群经注本，如兴国军本、建大字本、盱江廖氏本、相台岳氏本，其款式无不与室町氏本《尔雅》雷同，是不啻五代监本之子姓，至南渡后尚未断也。以上云云，皆此文独到处，惟草此文时未见室町氏本《尔雅》所从出之南宋监本，为美中不足耳。南宋监本《尔雅》，为汲古阁毛氏故物，后归清内府，款式与室町本无殊。更推之宋时蜀中眉山所刊经注大字本，传世者如天禄琳琅之《孟子》、日本静嘉堂文库之《周礼·秋官》二卷及内阁大库流出之《春秋左氏传》残卷，以较室町氏本《尔雅》及所从出之南宋监本，行款一一相合，知蜀本亦遵五代监本遗制，与南北宋监本固无二致，此可补证此文所未及。然非此文发之于前，吾人又乌从推论耶。卷中考北宋监本，卷下考南宋监本，引据绵密，推断明确，所载文献，虽仅程俱《麟台故事》、李焘《续资治通鉴》、王应麟《玉海》等书，然以实物与元、明覆刻本中牒文、结衔等相参证，采获之多，绝非前人所能望其项背。惜当时未引《宋会要·典籍门》，于实物则南宋监本所知苦隘，遂误谓世所传眉山七史乃重翻本，而非真本。今以宋印姚思廉《陈书》残帙证之，其为绍兴原刻而非重翻本，不待言矣。缘七史南宋监本，虽由四川漕司井宪孟刊版于眉山，然不久即移储临安，故光、宁之际，已有姚思恭辈为之补版，刊于蜀而补版于浙，亦犹淮南漕司刊《史记》，江东漕司刊前后《汉书》，亦有浙杭补版之例也，凡此小节，不烦细举。总之，吾人今日得知世所谓三朝版或邋遢本之前后史实，及南北宋胄监与元之西湖书院、明之国子监间之因果关系，皆此书之力也。学者欲明南北宋官刊书之经过，读此书及《两浙古刊本考》，则思过半矣。

《传书堂藏书志》

（稿本）

此编草创于己未之秋，断手于癸亥之冬，前后凡历五年，卒至于成。初先生在上海时，以诸子学费稍绌，谋兼一撰述事，闻乌程蒋孟𬞟（汝藻）方拟撰所藏书目，已聘吴县曹君直（元忠）舍人任其事，逾岁无少成，至是曹氏以事辞，乃得应蒋氏之聘。案：乌程自古多藏书家，流风至近代犹烈。蒋氏与同邑张石铭（钧衡）、刘翰怡（承幹）均以藏书名播大江南北，而蒋氏独走京师，所得最多，故家如四明范氏、钱塘汪氏、泰州刘氏、泾县洪氏、贵阳陈氏流出之书多归之，缥缃之盛，一时无两。所藏四部书在五千种以上，可入藏书志者，略得其半而已。此目分类悉遵《四库全书总目》，每书首载序跋、姓氏、年月及卷首题下之衔名，次作一简短之提要。至收藏印记、名贤题识，无不备书；遇宋、元善本，必载其行款版式，多以通行本比勘一过，录其异文为校记俪焉。其附校记者以宋本为多，如《尔雅》单疏、《公羊》单疏残卷、抚州本《礼记》残卷、《严州图经》、《元微之诗集》、《秦淮海文集》，及明覆宋本，如徐刻《周礼》、《仪礼》，皆一时之选。凡所考证，如南北宋监本单疏、越州所刊八行注疏，及眉山本七史之源流，均有特发之覆，而《两浙古刊本考》、《五代两宋监本考》两书，亦属草于此时。此数年间精力，盖毕萃于此数书矣。清稿三十余巨册，躬自缮录，存蒋氏处，至今未获刊行，知其事者无不引为遗恨。而蒋氏于甲子岁贸迁折阅，尽亡其书，有张月霄晚年之叹。其书散出后，大半又毁于冰火之灾。回视此目，十九皆沙上鸿爪，已成陈迹，不免令人感叹系之矣。

《曲录》六卷

（《晨风阁丛书》本，《王忠悫公遗书》本）

清王国维撰。中国之有纯正之剧曲，肇端于宋而大盛于元、明，顾自来文人辄鄙夷之不屑为，故三朝史志无著其书于目者。此编力惩前人之失，杂采《武林旧事》、《辍耕录》、《录鬼簿》、《太和正音谱》、《也是园书目》、《新传奇品》、《曲海目》、《元曲选》、《六十种曲》及所闻所见，无不备书，即作者仕履及前人评骘之语亦必依类辑入，其体例与姚梅伯（燮）之辑《今乐考证》全同。姚书之成，前于此书八十年，然传世则在此书印行之后，此书草创时，固未知前有姚氏书也。全书为部凡五：一曰宋金杂剧院本部，二曰杂剧部，三曰传奇部，四曰杂剧传奇总集部，五曰小令套数部，纲举目张，有条不紊，足为后学准绳。然时至今日，山林岩谷之藏，日出不穷，可据以补苴此书者，不胜枚举。兹姑录此书舛误之较著者：一曰重出。如《珊瑚殃》乃周穉廉撰，穉廉自号可笑人，同卷又别出可笑人撰《珊瑚殃》、《元宝媒》两本，可谓失之眉睫。又如《环翠堂乐府》乃汪廷讷所撰传奇之总称，而套数小令部又收之，盖误以为散曲集矣。二曰失考。如《香囊记》乃邵璨作，《锦笺记》乃周履靖作，《犊鼻裈》乃李栋作，录中失载其名氏，今据《宜兴志》、《夷门广牍》，及李栋所著诗集始得知之。又如《中山狼杂剧》一折，乃王九思作，而误以为康海作，不知康作实四折也。《耆英会》、《翠屏山》、《望湖亭》、《一种情》，乃沈璟侄伯明所作，录中误与沈璟他作同列。《秦楼月》乃朱素臣作，今有武进陶氏影印本可证，而误以为李玄玉作。王澹翁撰《樱桃园杂剧》，澹翁名澹，著有《墙东集》，以字为名亦误。三曰失收。如黄方胤有《倚门再醮》、《淫僧偷期》、《娈童惧内》等剧，而不数《督妓》一剧。茅维有《苏园翁》、《秦廷筑》、《金门戟》、《双合欢》、《闹门神》等剧，而不数《醉新丰》。汪廷讷有《高生》、《长生》、《天书》、《狮吼》、《投桃》、《二阁》、《同升》、《三祝》、《种玉》等记，而不数《彩舟》。史盘有《合纱》、《梦磊》，而不数《樱桃》、《鹔钗》、《双鸳》、《孪瓯》、《琼花》、《青蝉》、《双梅》、《檀扇》、《梵书》诸记。周宪王朱有燉著《诚斋杂剧》三十一种，而不数《孟浩然踏雪寻梅》，皆其例也。四曰误载。如董解元之《西厢》，王伯成之《天宝遗事》，皆诸宫调而误入传奇类。王实甫之《西厢记》、吴昌龄之《西游记》、叶宪祖之《四艳记》、吴城之《群仙祝寿》、《百灵效瑞》，皆杂剧而误入传奇类。吴伟业之《秣陵春》、嵇永仁之《扬州梦》，皆传奇而误入杂剧类。《灯花婆婆》、《种瓜张老》、《紫罗盖头》、《女报冤》、《风吹轿儿》、《错斩崔宁》、《小亭儿》、《西湖三塔》、《冯玉梅团圆》、《简帖和尚》、《李焕生》、《五阵雨》、《小金钱》，均见《也是园书目》，皆宋、元人平话，与官本杂剧无涉，竟误入卷一。又《中州元气》乃《元诗总集》，《永乐大典》中时有引之。《诸家宴喜词》即《典雅词》，乃宋人所刊宋词总集。《双溪醉隐乐府》乃耶律铸所撰古乐府，均非散曲，而误入套数小令类。《乐府混成集》之名见于《齐东野语》，明是词谱性质，王骥德《曲律》卷四引其旁谱，与姜夔《自度曲》相似可证，而误入曲谱类。此皆有待后人为之校正者也。总之，吾人现时所见此项文献，实倍蓰于此书,如徐渭之《南词叙录》、《永乐大典》之戏字韵。蒋孝之《南九宫谱》出,得知宋元戏文之名目可与元杂剧抗衡。原本《录鬼簿》、贾仲名《续录鬼簿》出,得知元及明初杂剧进展之程序,其名目可补此书者以百计。无名氏之《乐府考略》、焦循之《剧说》、姚燮《今乐考证》出,明、清两代戏曲文献,亦随之加长。此外《脉望馆书目》、《奕庆楼书目》、《大梅山馆书目》及别本述古堂、传是楼书目,清乾隆间笺注本《牡丹亭传奇》中所载,明代书肆如富春堂、文林阁、继志斋、广庆堂、世德堂、容与堂所版行,汇而录之,于读此书者有大裨益焉。此书可议处虽多,然大辂椎轮,创始不易,其精神固甚可佩也。

《〈录鬼簿〉校注》二卷

(《王忠愨公遗书》第四集本)

清王国维撰。元至正间,汴人钟嗣成,字丑斋,录前辈名公及方今才人有乐府杂剧传于世者,得若干人,详著其所著乐府名目,及其一生事实,为《录鬼簿》上下卷。自后其书遂为考金元乐章者所不废。先生所撰《宋元戏曲史》及《曲录》中杂剧一部分数据,几全凭此书为之。后于暇日札录宁献王《太和正音谱》、钱遵王《也是园书目》及《元史》、《山房随笔》、凤林书院《草堂诗余》,与此书可互证者为笺注。又以所见明钞本及江阴缪氏藏清初尤贞起钞本,以校通行《楝亭十二种》刻本,著其异字于行间,朱墨灿然,可称家塾善本。稿本后归上虞罗氏振玉处,罗氏儿辈录为校注两卷,入《遗书》四集中刊之,实则殊失作者之本意矣。按此书曹楝亭本与尤贞起本,殆同出一源,均非钟氏原本面目。原本之与曹本、尤本,几如孙强改本《玉篇》之与古写本,判若霄壤。原本剧名下多著正名一行或两行,曹本、尤本全删,一不同也。原本于每一作家仕籍后必系小令一支以寓意,曹本、尤本大抵脱去不留一字,二不同也。原本卷首有永乐二十年淄川贾仲铭序文,贾氏于明初以北曲鸣,尝著有《续录鬼簿》一卷以继钟氏之绪。曹本、尤本既失载《续录》全文,又不收贾序,故于贾氏续作之旨及钟氏一生事迹,均无由考见,三不同也。钟氏原本及贾氏《续录》,明万历后已罕见,故孟称舜《酹江集》中附刊本,亦与曹本内容相若。三年前忽于四明范氏天一阁遗书中见此书正德间钞本,于是钟氏原本与贾氏《续录》之面目始大白于世,恨不得起王君于九京告之。附书于此,以谂读此书者。

《录曲余谈》一卷
(《王忠悫公遗书》第四集本)

清王国维撰。此稿作于宣统乙酉,乃沈德符《顾曲杂言》,焦循《剧说》之比,而条理过之,初刊于上海《国粹学报》,后《遗书》四集所刊,即转从《学报》本出也。此稿最先出,所著戏曲考诸作,辄用其说。如副净参军及脚色名目两条,乃《古剧脚色考》之先河。《水浒传》及周宪王《吕洞宾花月神仙会杂剧》载院本一条,亦见《宋元戏曲史》第十三章。此外各条亦颇有裨考证,多资异文,然在今日视之,似不乏可议者。如曲家多限于一地一条,引叶文庄《菉竹堂书目》有永嘉韫玉传奇,以明南曲为温州人独擅。案:《菉竹堂书目》实系伪书,应改作《文渊阁书目》,此一事也。世以南曲为始于琵琶一条,引《南词定律》谓颇存元传奇名目,可与《草木子》、《录鬼簿》相发明。案:是时《永乐大典》戏字韵所收元人戏文,徐文长《南词叙录》及蒋孝《南九宫谱》未出,故于宋、元戏文,所知苦隘,遂疑钮少雅《曲录》所载元传奇名,未必有据,此二事也。元人杂剧存于今者一条,谓元剧除臧懋循《元曲选》外,所余别本仅钞本《楚昭王疏者下船》一种。案:"疏者下船"虽未卜存亡,然吾人今日所见《元明杂剧总集》除臧选外,尚有陈与郊《古名家杂剧》、息机子《元人杂剧选》、顾曲齐《古杂剧》、孟称舜《酹江集》、《柳枝集》诸事,至吴昌龄《西游记》及吴县黄氏旧藏之《元刊杂剧三十种》,家传户晓,更无论矣,此三事也。周宪王乐府一条,谓其时所见《诚斋杂剧》仅六本,今则全书三十一种及《诚斋套数小令集》世俱有传本,奇书踵出,远胜二十年前,此四事也。此非吾辈精力过于前修，诚以撰此书时，山林岩穴，秘书未出，故特留此空隙，以待后人，实未容吾辈轻议也。

《清真先生遗事》一卷

（《广仓学宭丛书》本《王忠悫公遗书》本）

清王国维撰。清真先生以著《片玉词》名，宋人评之者已推崇备至，如陈郁云："美成自号清真，二百年以来乐府独步，贵人学士、市侩伎女皆知美成词为可爱。"楼钥云："清真乐府传播，风流自命，顾曲名堂，不能自已。"强焕云："美成词极变物态，曲尽其妙。"沈伯时则云："清真最为知音，下字用意，皆有法度。"斯言盖得清真三昧。自有词人以来，清真殆为万世不祧之祖。词之有清真，犹诗之有李杜。李杜行事，彰彰在人耳目，清真则行事久湮，其所著《清真文集》二十四卷亦久佚不传。世无考其行年者，有之，自此书始。此书凡类三。一曰事迹，据《宋史·文苑传》、《东都事略·文艺传》、王明清《挥麈录》、《玉照新志》、庄绰《鸡肋编》、张端义《贵耳集》、周密《浩然斋杂谈》所载清真事迹详为辨正，千载之惑一朝冰释，可谓极考证之能事矣。二曰著述，大率录自《宋史·艺文志》及陈振孙《书录解题》，其文集序文见于楼钥《攻媿先生集》者亦一并录入，其论《片玉词》版刻一节，尤有心得。三曰尚论，字字珠玑，为全篇精华。其论清真词以为得诗人之境界，与作者《人间词话》持论正同，通观全书，直无懈可击。惟所举清真诗佚篇，不数《睦州建德县清理堂记》（《永乐大典》卷七千二百四十一堂字韵引）、《足轩记》（《圣宋文海》卷七引）、《续秋兴赋》（《圣宋文海》卷五引）及《次韵周朝宗六月十日泛湖》五首、《二月十四日至越州置酒泛湖欲往诸刹风作不能前》一首（《永乐大典》卷二千二百七十四湖字韵引）、《游定夫见过晡饭既去烛下目昏不能阅书感而赋之》一首（《永乐大典》卷一万九千六百三十七目字韵引），盖无由检及故耳。其论《片玉词》版刻，亦略有遗误。案：陈元龙笺注本《片玉词》传世有二本，其一今刊入《涉园影刊宋元人词》，亦即《彊村丛书》本所从出，实系宋末建本,为黄复翁士礼居故物,今不知何往矣。其一则元初剜改本,与宋本颇异,商丘宋氏藏书,今在南海潘氏。此事治《片玉词》者多未知,故并记之,亦谂读此书者。

《〈宋史·忠义传〉王禀传补》一卷
(《广仓学窘丛刊》本)

清王国维撰。此编据《宋史·徽宗纪》、《钦宗纪》、《童贯传》、《王珪传》、《王光祖传》、《三朝北盟汇编》、《大金吊伐录》及赵不汾墓志铭、王氏旧谱所载王禀事迹,以补《宋史·忠义传》之阙。禀盖珪之孙,光祖子也。宣和初,从童贯征方腊有功,迁武泰军承宣使,再从贯宣抚河东北,复与贯以宣抚司统制驻太原。及金人败盟,斡离不自平州趋燕山,贯遁而留禀及知府张孝纯守之。七年十二月,粘罕陷忻、代等州,遂至太原,城被围二百五十日。粘罕悉起云中兵以至,城破,与金人巷战,卒负太宗御容与子荀同赴汾水死。高宗南渡后,追封禀安化郡王,赐谥忠壮。禀可谓宋之尽臣矣。宣靖之际,斡离不以全胜之师趋汴京者,盖以太原未下故也。故禀之一身,实系宋室安危全局。太原既陷,汴京亦告不守,乃《宋史》独不为禀立传,仅附见于本纪及《忠义传·刘士英传》末,亦史臣之疏也。禀子孙随高宗南渡,遂世为海宁人。今海宁县治旁有安化郡王祠,自宋以来四时享祭不绝,静安先生即禀之裔孙也,故草此文以增光旧牒。此文后更名曰《补家谱忠壮公传》,入《观堂集林》卷十九刊之,稍后又有李心传《建炎以来系年要录》及旧谱略加补正,盖终其身凡三易稿,此本最先印行,尚是初稿本也。

《戬寿堂所藏殷虚文字》一卷
(广仓学窘石印本)

清王国维撰。此书作于丁巳初夏,时先生方主讲于仓圣明智大学,睢宁姬佛陀得英伦哈同氏宠,跻于魁首之列,故此书径题姬氏编次,实不得已也。光绪之季,地不爱宝,殷墟文字出土于河南安阳县之小屯村,其地为殷之宅京,《史记·殷本纪》所谓洹水南殷墟者是也。时福山王文敏公(懿荣)得初出土之片数千品,逮文敏殉国难,所蓄悉归丹徒刘氏(铁云),刘氏选印千余片为《铁云藏龟》,是为甲骨文字行世之始。嗣是小屯所出,多归上虞罗氏(振玉)。罗氏选印为《殷虚书契前编》、《殷虚书契菁华》,诸书规模以刘氏为弘富。顾罗氏所藏,亦多为刘氏遗物,故又有《铁云藏龟之余》及《殷虚书契后编》之作。此编所载,乃戬寿堂得之刘氏后人者,当即王文敏故物也。故编中第一页之第十片与罗氏所印《书契后编》卷上第八页之第十四片,乃本为一骨而离析为二者,可作延津之合。且此编诸骨所载殷先公先王名及中宗祖乙、小祖乙等号,又多为前、后编所未见,其足以羽翼经史,不待言矣。此书编次以类为归,与后编同,而谨严则过之,惜印本模糊,与前、后编之光彩照人不可同日语,此固主事者之过,亦编此书者之不幸矣。

《戬寿堂所藏殷虚文字考释》一卷

(广仓学宭石印本)

清王国维撰。此编据英伦哈同氏戬寿堂所藏甲骨文字,一一录为释文,并加考证俪焉。凡所考证,于古史学及古文字学俱有特发之覆,如谓相土、王亥、上甲微之名,求之《殷本纪》、《楚辞·天问》、《竹书纪年》均可通解。先生别撰《殷卜辞中所见先公先王考》,两文中已详言之矣,然其说实发于此。此外谓唐即汤之本名,以《博古图》所载齐侯镈钟,及《太平御览》八十二、九百十二引《归藏》证之,倍觉亲切有味。而考殷之祀礼,如㸸牛之㸸、卯几牛之卯,皆殷人用牲之名,亦为此后撰《殷礼征文》之先导,此有关于古史学者也。䏿、䖒、䗦、甹诸字释翌,以小盂鼎粤若䢦乙亥语,及今文《尚书·召诰》越若翌乙卯、越若翌戊午文例比之,知即翌之本字。《说文》作昱,后世假用翌字,今《尚书》作翼,则唐天宝间卫包所妄改也。又㫃、㫃诸字释旬,以使夷敦金十㫃,层敦盖金十㫃,《博古图》

宫聘钟金十󰎤,及《说文》钩之古文作𨱇,比勘知之。上举两事乃研究卜辞中所见殷历之先决问题,此有关于文字学者也。顾细读全书释文,亦间有小误,如第二页第二十四行,亥下脱贞字;第七页第十七行,口当释甲;第十八页第十三行,匕误释文;第二十页第十行,即下脱贞字;第二十四页第二十二行,宫下脱田字;第二十五页第十四行,脱去贞󰎤方不亦出一行;第二十六页第四行,伐误释代;又第十五行,弗其倒作其弗。第二十八页第十七行,子误释申;第三十三页第八行,脱去壬辰贞两一行;第三十五页第二十行后脱去六字;第四十五页第二十五行后脱一五字;第四十八页第九行,申上脱壬字;第五十页第一行,二误释一;第五十三页第六行,酉下脱卜字;第五十八页第十九行,巳误释子;第六十七页第二十二行,卯误释亥;第六十八页第二十三行,丝下脱用字;第七十页第九行,先敢误释敢先;第七十五页第十四行,脱去癸卯卜王□卯王一。凡此皆不足为此书之病,犹冀重印时为之釐正也。

《殷虚书契后编释文》一卷

(稿本)

清王国维撰。初上虞罗振玉氏既撰次其所藏殷墟甲骨文字为《殷虚书契前编》八卷、《殷虚书契菁华》一卷,影印行世,其箧中所藏尚有千余品,足资考证之助,苦无余力为谋印刷之费。会英人哈同氏创立仓圣明智大学于沪滨,聘王君往任教席,此千余品之甲骨,乃得王君之赞助,由大学附设之广仓学会为之版行。书成,罗氏署曰《殷虚书契后编》,俾与《前编》并行。越岁己未,王君始以暇日为校写释文于眉端,仅成上卷而罢。此从手稿本迻录,亦犹杨南仲之创释吉金文字,为便于初学计耳。外间亦时有假录之本,惜误字滋多,诚不如此本之得其真也。其于原书每页所载之甲骨,以甲、乙、丙、丁等字为次,眉目清晰,颇便阅览,于不可释之字,则以□别之,而不强为之释。其撰《殷卜辞中所见先公先王考》时,曾发见戬寿堂所藏一骨,与此书第八页后半之第七片大小相同,文义亦连续，以断痕验之，若合符节，乃定为一片而离析为二者。有商一代先公世系，得由此两片证之。王君尝叹其可贵在天球河图上，此事经过，至为奇兀，亦详载于此书。吾人如以此书与王君别撰《前编释文》、《铁云藏龟释文》参互读之，当知王君甲骨文之学，至撰此书时，已臻卓越之域。新会梁氏（启超）挽之以联，有"奇字译鞮创通龟契"语，洵非虚美矣。

《殷虚书契待问编简端记》一卷

（稿本）

　　清王国维撰。初，上虞罗振玉氏撰次殷墟文字为前、后编及《菁华》诸书，而未有释文，同时又汇辑可识可读之字得五百四十余，合重文得字千八百有奇，入所著《殷虚书契考释》中刊之，先生为任校官之劳，不啻张力臣为顾亭林校录《音学五书》时光景也。稍后罗氏复撮录不可遽释之字得千名，合以重文共得千四百有奇，手写为《待问编》以质方雅，盖与《考释》一书互为表里，罗氏所攻甲骨文字之学，实萃于此。此编乃王君就《待问编》复有所研究，嚮日罗氏以为不能识者，至此亦得其解。或虽不可遽释为何字，然其义亦得据他证推而知之，距解决之期只一间耳。其中有可视为十分之见者，如第四页第一行之䑣字，以虢季子白盘乘马之乘作䑣例之，知亦乘字，象人乘木之形；又第二十一行𣥐𦹪𦬊𣆪诸字，从母从倒字，象产字之形，当即育之古文；第六页第十行之𡘋字，从女凡声，当即任、宿、颛臾、须句风姓也之风；第二十三页第二十行𠂤𠂤二字，以戬寿堂所藏殷墟文字，有𠂤五𠂤之文，知确为卤之异文。以上所举皆确当不可易。然亦仅有四五分之见，在疑似之间者，如第三页第十六行𢦏𢦒诸字，疑即夹字；第八页、第十五页之𢌿疑即畀字；第十一页第二至四行之𠀎𠀎𠀎诸字，疑即戴字；第十四页第十九行之𡆧字，疑即邈字；第十七页第一行之𡆧字，疑即冲字；又第七行之𢾙字，疑即陵字；第二十页第二行之𠂎𠂎两字，疑即宕字。此皆姑存一说以待后人论定。今罗氏考释，已重订成书，编中所载，大都录入此戋戋小册，久成陈迹。然世有束广微，仍当视此为斯学之管钥也。

《两周金石文韵读》一卷

清王国维撰。古韵之学肇于赵宋而盛极于清，自昆山顾氏（炎武）著《音学五书》，至高邮王氏（念孙）、歙县江氏（有诰），中间不过百数十年，作者不过六七人，而分部廿有二，几令后人无可增损。观其所据材料，不过《毛诗》、《楚辞》及群经诸子有韵之文而已，而所得之多已如此，顾迄未有于纸上材料外作二重证明者，有之，则自此篇始。此篇搜集两周彝器石刻之有韵语者，以王江二家部目读之，无不与诸氏所据之纸上材料合。信乎近世古韵之学，虽古人复出，亦无以易其说矣。卷中收钟十二、鼎四、甗一、敦四、簠七、簋一、壶二、盘三、匜二，不知名金属器一，都三十七器，而以石鼓文殿焉。石鼓文乃秦缪公前后产物，略与秦公敦相同时，故用韵亦与《三百篇》及宗周彝器合若符节。卷中凡字之四周加圈为识者，皆有韵处，而旁注所属韵部于字之下方，体例仿江氏有诰《诗经韵读》、《群经韵读》诸书。今以诸彝器墨本校之，颇有刺谬。如宗周钟"我惟思配皇天"，"我"讹作"朕"；齐侯镈"中专盟刑"，"盟"讹作"盟"；齐子仲姜镈"余四事是台"，"四"讹作"三"；沇儿钟"眉寿无期"，"眉寿"讹作"万世"；䜌鼎"用征以迮"，"迮"讹作"倬"；剌公敦"子＝孙＝永宝"，"子＝孙＝"讹作"子孙"；石鼓文"邋其𩰫导"，"邋"讹作"我"；此讹字之应订正者也。又如秦盄和钟"厥名曰□邦"，"厥"上脱"作盭龢钟"四字；曾伯霥簠"惟王九月庚午"，"月"下脱"初吉"二字，"睪吉金"，"睪"上脱"余"字，"吉"下脱"其"字，"万年无疆"，"年"下脱"眉寿"二字；"召仲考父作壶"，"父"下脱"自"字；虢季子白盘"惟十有二年"，"年"下脱"正月初吉丁亥"六字；虡公匜"虡公作子叔姜盥匜"，"作"下脱"为"字，此脱文之应补入者也。凡此皆写官之误，不足为此书病也。两周文字除《三百篇》外，要以彝器款识为最直接可考之材料，而裨益于古韵之学与《三百篇》同，则赖此书知之。然则不独为治古彝器者所必修，亦古韵学中别开生面之绝作矣。此书作于丁巳之秋，仅据《宣和博古图》、阮元《积古斋钟鼎彝器款识》、吴式芬《攈古录》为说，未遑博徵近十数年间中州所出古彝器有韵读者，如秦公敦，如屬羌钟，如姬鬶鼎，皆此书未及收。补阙匡谬，端在后贤矣。

《宋代金文著录表》一卷

(《雪堂丛刻》本，《王忠悫公遗书》第二集本)

清王国维撰。按宋人首治吉金文字之学，士夫如刘原父（敞）、欧阳永叔（修）颇知收辑古器，搜求墨本，杨南仲辈研经撢史，复大举为之考释。下逮政和宣和之间，馨烈所扇，斯学弥盛。南渡以后，宣和殿器并为金人辇之而北，然绍兴内府藏器亦不亚于北宋盛时，盖宋之君臣方百计求之榷场。张抡《绍兴内府古器评》所载尚多为宣和御物，即其证矣。今就现存宋人著录之书约而别之，可得三类。如吕大临《考古图》、王黼《宣和博古图》、无名氏《续考古图》，既图其形制，复摹其款识，清乾隆间敕编《西清古鉴》、《续鉴》、《宁寿鉴古》诸书，及遵其式，此一类也。王俅《啸古集古录》、薛尚功《钟鼎彝器款识法帖》、王厚之《复斋钟鼎款识》，仅以录文为主，不图原器之形，清代阮元《积古斋钟鼎彝器款识》、吴大澂《愙斋集古录》诸书，盖其遗制，此二类也。他如欧阳修《集古录跋尾》、赵明诚《金石录》、黄伯思《东观余论》、董逌《广川书跋》、张抡《绍兴内府古器评》，亦多载器名，有资考证，此三类也。此表即统此三类书中之器为一编，旁行斜上，分载器名、诸家著录、杂记三目。各器有同名异实或同实异名者，则于杂记栏中详之。都计六百四十有三器，赵宋一代所出古彝器盖尽于是矣。惜此表匆促草成，即刊于《国学丛刊》（后更名《雪堂丛刻》），其于各器名称，多沿宋人之误，未能悉数釐正，如簋之误称敦或彝，盨之误称簋，觥之误称匜皆是。彝之专名当称敦，潘文勤公攀古楼所出墨本，已于世之称彝者辄以敦字小印钤之，编者于所著《古礼器略说》中亦详言之矣。至敦之当称簋，与簋之名当作盨，则至近代始据实物证成之,实未容以苛责此表也。至此表器名上不列朝代名称,其下又不书各器之字数,究于检阅未能称便,则有待后人为之增订矣。

《国朝金文著录表》六卷

(《雪堂丛刻》本,《王忠悫公遗书》第二集本)

清王国维撰。吉金文字之学至近代三百年而极其盛,著录古彝器之作昉自宋代,亦至近世始臻于完善之域。约而别之,有集诸家藏器为专书者,如阮元之《积古斋钟鼎彝器款识》、吴荣光之《筠清馆金文》、吴式芬之《攈古录金文》、徐同柏之《从古堂款识学》、刘心源之《奇觚室吉金文述》、罗振玉之《秦金石刻辞》及《历代符牌录》等均是。又有著录一家藏器者,如钱坫之《十六常乐堂古器款识》、曹奎之《怀米山房吉金图》、刘喜海之《长安怀古编》、朱善旂之《敬吾心室彝器款识》、吴云之《两罍轩彝器图释》、潘祖荫之《攀古楼彝器款识》、吴大澂之《恒轩所藏吉金录》、端方之《陶斋吉金录》等均是。其中或一器而数名,或一文二数器,真赝杂出,衡鉴为难。此表统上列诸家书为一编,一如《宋代金文著录表》例,而条理过之。前五卷为三代器,后一卷为秦汉以后服御器,至古玺印、钱币、镜鉴、造像等则略之,分列器名、诸家著录、字数、杂记四目,器以类聚,同类之器则以铭识字数之多寡为次,款卷瞭然,极便检寻,治古文字古器物学者得此不啻渡津之宝筏矣。此表于器之未见前人著录者,悉标以"集"字,盖其时罗振玉方拟纂辑《集古遗文》以补诸书之遗,故表中亦统以"集"字简称之也。此表成于甲寅之夏,距今已二十年。此二十年间,山川之宝日出不已,如关中之凤翔、山右之浑源、中州之邙洛新郑、淮上之寿春,所出各以数百计。藏器之家与著录之书亦日增月累,略倍于前修。有专录一己一地之藏者,如罗振玉之《梦郼草堂吉金图》、刘体智之《善斋吉金录》、容庚之武英殿及宝蕴楼彝器图录;有辑一时代之器为一编者,如罗振玉之《殷文存》,容庚之《秦汉金文录》;即前人已成待刊之作,如吴大澂《愙斋集古录》,亦早已版行,罗振玉氏拟编之《集古遗文》,其续编亦影印问世。返观此表,漏略孔多,近人有据此表改定为《三代秦汉金文著录表》,较原书增器至千余品,且别出藏器家、出土地二栏,标记详明,可称后来居上,然大辂椎轮,创始不易,此表编者之功固未容轻诋也。

《殷卜辞中所见先公先王考》一卷

(《广仓学窘丛刊》本)

清王国维撰。初,上虞罗振玉撰《殷虚书契考释》,始于龟甲兽骨卜辞中发见王亥一名。后先生读《山海经》及《竹书纪年》,知王亥乃殷之先王,与《世本》作篇之胲,《帝系篇》之核,《楚辞·天问》之该,《吕览》之王冰,《史记·殷本纪》之振,实为一人。继又于王亥外得王恒一人,当即《天问》所云"恒秉季德"之恒,而甲骨文之季即《天问》之冥,至是亦得其证矣。又通观甲骨文中常见之田字,从十在囗中,知即上甲微之甲,而甲骨文之匚囨匸,即《殷本纪》之报乙、报丙、报丁,至是亦无疑义矣。不特此也,通观卜辞王恒之祀与王亥同,大丁之祀与大乙、大甲同,雍己之祀与祖庚同,知商人兄弟无论长幼、已立未立,其名号典礼盖无等别,于是卜辞中父甲、父乙等名称,求诸世系而不能通者,至是亦得其解矣,于是写为此文以质罗氏。罗氏复书为证成上甲微之说,亦附录于文后。卜辞之学,至此文出,几如漆室忽见明灯,始有脉络或途径可寻,四海景从,无有违言。三千年来迄今未见之奇迹,一旦于卜辞得之,不仅为先生一生学问最大之成功,亦近世学术史上东西学者公认之一盛事也。今卜辞出土日多,以视先生草此文时,仅有《前编》、《菁华》寥寥数书,不可同日而语,然其结论终无以易之。吾人虽致疑于礨与相土之假设或不尽可靠,然今日亦尚未有较妥之新说也。报乙、报丙、报丁之从匚,先生以坛墠或郊庙之制拟之,近人谓匚即祊之象形,故有报某之称,此说虽辨,然微尘之末,安足以增光海岳也。末章余考,举五事以见殷之遗制,渊博翔实,运新旧史料于一轨。其论殷礼与周礼之异体,尤具悬解,惜后此刊入《观堂集林》时,删落不遗一字。前辈立言之严如此,愈于后人拾牙慧而肆臆说者万万矣。

《殷卜辞中所见先公先王续考》一卷

（《广仓学宭丛刊》本）

案：《殷卜辞中所见先公先王考》作于丁巳二月，时先生方主讲于沪上仓圣明智大学，兼负责编辑《学术丛编》之责，故其书即于所编《学术丛编》中影印之。越一月，得见英哈同氏所藏甲骨墨本凡八百纸，因择其优者辑为《戬寿堂所藏甲骨文字》，复为释文俪焉。又逾月，上虞罗振玉氏来沪上，行装中有新拓甲骨文字约千纸，两家墨本中有可作延津之合者。文凡三行，其辞曰："乙未酒，⿱⿱田十，彐，丙三，彐三，示壬三，示癸三，大丁十，大甲十（下缺）"。据此一文中，先公之名具在，不独田即上甲，彐即报乙、报丙、报丁、示壬示癸即主、壬、主、癸，获得一铁证，可补前考所不及，且足证上甲之后，当为报乙、报丙、报丁、主壬、主癸。《史记·殷本纪》以报丁、报乙、报丙为次者，实乖事实。又卜辞屡有自田至于多后衣之文，前疑多后亦为先公或先王之名，衣则祭名，苦无确证，且不识后为何字。今观戬寿堂所藏卜辞，屡云后祖乙、知后即后之本字，象女子产子之形。

后祖乙者谓武乙，犹大乙称高祖乙，小乙称小祖乙矣，故知多后者，商人尊其先祖之泛称，犹《书》之言多子、多士也。乃于所撰《戬寿堂甲骨考释》中摘出若干事，重加润色，为《续考》一卷，仍入《学术丛编》中刊之，俾与《前考》并行。末附殷世数异同表，据卜辞以订《殷本纪》、《三代世表》、《古今人表》之失，考古史者至此，可谓无丝毫遗憾矣。

毛公鼎铭考一卷

（《广仓学宭丛书》本，《王忠悫公遗书》初集本）

清王国维撰。毛公鼎铭凡三十二行，四百九十七字，为传世古彝器文字之最多者，与盂鼎、克鼎、曶鼎及近出之矢彝，均可谓为宗周谟训之典型作品，以视《顾命》《酒诰》亦无多让。铭文前述王锡毛伯之命，末纪所赐车马及毛公作鼎以答王休之事。道咸间出土后即归潍县陈氏，后入端忠敏公陶斋，近且入市舶，不知所终。打本摹本在陈氏时流出最多，一时学者如嘉兴徐籀庄（同柏）、海丰吴子苾（式芬）、瑞安孙仲容（诒让）、吴县吴清卿（大澂）竞相考释，莫衷一是。诸氏于不可释之字与不可解之义亦多逞臆附会。此篇作于丙辰初夏，于前人之是者证之，可疑者阙之，不备者补之，于是鼎文始釐然可诵。如云"惟"为"应"之假借，"薛"乃"乂"之本字，非深于文字之学者不办。"师氏"之释证之以《顾命》，"舍命"之义得之于《郑风》，尤有裨于经义。守先圣阙疑之恉，无前修穿凿之失，吉金文字之研究至此文出，始有一途径可循。读者如熟玩此文序言，庶乎其近之矣。

《不𣪘敦盖铭考释》一卷

（《雪堂丛刻》本，《王忠悫公遗书》第一集，《古金文考释五种》本）

清王国维撰。彝器中记宗周伐猃狁事，可与《诗·采薇》《出车》《六月》诸篇相互发明者，得三器焉。一合肥刘氏所藏虢季子白盘；一潍县陈氏所藏兮甲盘，张抡《绍兴内府古器评》所谓伯吉父盘是也；一即不𣪘敦，仅存一盖，今归上虞罗氏萝邨草堂。文累一百五十二言，记白氏伐猃狁，复命不𣪘穷追于洛，军次高陵，颇有斩获，因作皇祖尊敦，以记白氏之休，盖周宣王前后事也。此文往复考证，为治古史学别启一新途径，如释铭文之初吉，为月之上旬吉日，以师兑敦、虢季子白盘作证，谓古器纪日至例有四：曰初吉、曰既望、曰既死霸、曰既生霸。其后又别撰《生霸死霸考》，以折汉儒刘歆、孟康旧说，然其凡已发于此矣。又云：骏方为中国人呼西北外族之名，故猃狁亦得御方名之，骏方之名，已见于殷虚卜辞及鄂侯鼎，可知由来已久。今案乙亥鼎云"佳王正井方"，丁巳尊云"佳王来正人方"，般作父已甗亦云"王圉人方"。井方、人方之以方为名，亦犹此器之称御方矣,足正其说非诬。又谓广伐西俞,西俞者,宗周以西之山地也。俞也者,山地之通称,其字又作隃,或作揄,故泉有俞泉,次有隃次,上有俞山,谷有揄谷。此器之称西俞,盖在丰镐以西,与下文高陵地望相近,非《尔雅·释地》之西隃,更与《史记·赵世家》之先俞无涉,当以《水经》扶风之俞山当之,较为近似。其说戛戛独造,独辟蹊径,治古地理学者至此,可谓无丝毫遗憾矣。世有以考释古彝器为事者,视此文及屖鼎、散盘诸作为隅反可也。

《散氏盘铭考释》一卷

(《王忠悫公遗书》第一集、《古金文考释五种》本)

清王国维撰。散氏盘出土于乾嘉之际,阮文达公《积古斋钟鼎彝器款识》始著于录,原器亦由文达贡入内府,自后遂寂然无闻。世所行皆翻沙本耳。甲子之春,上虞罗叔言(振玉)氏入职南斋,奉旨理内府藏器,于懋勤殿尘土中觅得此器,于是倩人传拓百本,以赐臣工。时王君亦直南斋,故得拜精拓本之赐,因详考释以备一览,此本文之所由作也。文中论地理处独具悬解,谓用䥯散邑之矣。其地在散东,当即汉以来之盩厔县,而散之故地,当于盩厔以西求之。盖即《水经·渭水注》大散关、《沔水注》大散岭之散,此足破自来谬说。由是瀗之为扞水,大沽为故道水,均见于《水经·渭水注》、《沔水注》,亦得其解矣。至乃即散用田眉之眉,与羌伯敦惟王九年命益公征眉寇之眉,同为一地,亦即《大雅》之鄌,推之与周初预于伐商之微,亦为同一名族,得以音韵学证成之。盖当时王室及渭北诸国,以有狁之侵凌,仅能自保,而矢、散两国,依据南山,得以坐大。矢既僭越王号(此器外有壶文、尊文可证),而散入因矢人侵轶,力能使之割地,因作此盘以记一时约剂之事,可知散之国势,亦必不弱。矢、散均在周邦畿以内,而兵戎时见,目无王室,周德之衰,于此可觇。后犬戎灭周,秦人度陇,矢、散两族故地,均先后为秦所役属,故春秋以下载籍,无道及者。仅与盩厔及大散关、大散岭之名于后世,不有此器,何以证之？此文诚足以释千载之惑矣。先生尝谓考释彝器，非考之史事何以知其时代之情状，本之《诗》《书》以求其文之谊例，考之古音以通其谊之假借，参之彝器以验其字之变化不为功。观于此文，益见其方法之完密，非吴大澂、孙诒让辈可同日而语矣。

《克鼎铭考释》一卷

（《王忠悫公遗书》第一集，《古金文考释五种》本）

传世善夫克鼎有二：一为吴县吴氏藏器，八行，行九字，世谓之小克鼎；一为潘氏攀古楼藏器，文字繁缛，累数百言，当时与盂鼎齐名。此所考释者，乃潘氏器也。铭记王锡善夫克故事，首锡女[illegible]市同黹[illegible]，皆言衣服之赐。次锡田于埜，以下皆言土田之赐。又次锡女史小臣，以下皆言臣徒之赐。克盖大有功于王室，故铭有“保薛周邦畯尹四方”语。此器旧释以瑞安孙仲容（诒让）一文最晚出，然苦无鉴裁，于不能释之字，亦强作解人，如[illegible]鋈厥心之[illegible]字，孙氏依李文田说释作嚴，读为《书》“允恭克攘”之攘。宝静于猷之宝，孙氏径以宁字释之，不如此文守孔子多闻阙疑之训，存而不论之为愈矣。他如念厥圣保，孙氏无说，以此《诗》之神保，《楚辞》之灵保比之，亦确切不可易。䵣亶乃命，孙氏释作緟京释之，盖古文就字从亶，知亶即京字矣。京者，崇也，若释作庸，则不辞殊甚。孙氏深通古籀之学，然亦不能无误，可谓失之眉睫矣。此文草于乙丑之秋，与《盂鼎铭考释》同日所作，行文简洁明达，一如旧作《洛诰笺》，此学者所当取也。

《盂鼎铭考释》一卷

（《王忠悫公遗书》第一集，《古金文考释五种》本）

清王国维撰。盂鼎于道光初年，出土于郿县之礼村沟岸中，为岐山县周雨樵所得，旋归岐山宋氏。同治初，项城袁小午侍郎以七百金购至京师，遂归吴县潘文勤公（祖荫），卓然为攀古楼藏器之冠。器重七百余斤,高约营造尺三尺余,口径亦如之,大可容四石。铭文十九行,行十五字,宇内所出两周彝器,文字以毛公厝鼎为最多,器则以斯鼎为最钜矣。此鼎铭文拓本至潘氏时始流布于世,同县吴清卿(大澂)中丞首释其文,有凿空之功,然颇伤穿凿。此文作于乙丑之秋,虽戋戋不盈数纸,然多发前人所未发。如云王在宗周,金文中凡称镐京曰宗周,称洛邑为成周,与《穆天子传》自宗周瀍水以西称洛邑适得其反,足证《穆天子传》为六国时书,一扫历来今古文家之臆说,此一事也。"王若曰盂丕显玟王",玟王即文王,犹下文云珷即武王两字之合文,与归夆敦亦宗周时器,此二事也。匍有四方,以《书·金縢》"乃命于帝庭敷佑四方"作证,知《金縢》之佑乃有之假字,非《伪孔传》"布其德教以佑助四方"之谓矣,此三事也。铭末文曰:"维王廿又三祀",书年在文末,亦殷时及周初行文通例,《书·洛诰》亦曰:"惟周公诞保文武受命惟七年",近年殷墟所出兽头刻辞,书年亦在文末,可为此文添一强有力佐证,此四事也。他如"在雩御事",证谓雩乃粤之本字,"我䵼殷队命",谓䵼乃昏之古文,均由此文证成其说。世有治古文字之学者,持此为渡津之宝筏,枕中之鸿宝可也。

《三代地理小记》一卷

(《学堂丛刻》本)

　　清王国维撰。全书为文十篇。一曰《说自契至于成汤八迁》,据《荀子·成相篇》、《左氏》襄九年定九年传、《竹书纪年》及《水经注》、《尚书正义》引《世本》,以释《尚书序》自契至于成汤八迁之数。二曰《说商》,谓古之宋国实名商丘,犹洹水南之殷墟,杜预《春秋释地》以商丘为梁国睢阳。又云宋、商、商丘为一地,实得其解,《左氏传》上多称宋为商,则商为宋地审矣。三曰《说亳》,谓汤之亳即臣瓒注《汉书·地理志》山阳郡之薄县,其地为宋,而非《书正义》引郑玄说汤都偃师西亳及皇甫谧《帝王世纪》汤居南亳之亳。《括地志》折衷两说,谓汤始居南亳,穀熟后居西亳,其说更谬。历举三证以明臣瓒之说,全文实与《说商》一章相承。四曰《说耿》,

谓《尚书序》祖乙迁耿之耿即《说文解字》邢郑地之邢,亦即《左》宣六年传及《魏策》之邢邱,其地滨大河,有河患,故祖乙迁于是也。五曰《说殷》,谓盘庚迁殷,即今龟甲兽骨文字出土之殷墟,故武丁徂亳,必入于河,明其地当在河北,自《书序》误衍一"亳"字,亳殷连文,而《史记·殷本纪》仍之,后世遂误以殷与亳同在河南,今幸有甲骨文字出土,足以正千载之谬说矣。六曰《说殷墟卜辞中所见地名》,谓卜辞中所见地名虽多不可确知,然见于经典者若韠、若盂、若癰、若㦴、若雇,大抵在大河南北千里之内,殷之国境殆止于此。先是,林泰辅草《龟甲兽骨文字释文》,列举卜辞中所见古地名,载于《艺文杂志》,而不得其说,此文盖为林氏而发。七曰《考周时天子行幸征伐》,援据宗周彝器为说。越十四载草《周菥京考》,谓井鼎、静敦、史懋壶之"菥京"即《小雅》之"方",秦汉之蒲坂。此文亦涉及菥京,则后此之文,其动机即伏于此矣。八曰《说诸侯称王》,谓古诸侯称王乃殷周之惯例,见于古彝器者不少,自是文王受命称王而仍服事殷之传说,始得一确切之解释。九曰《秦都邑考》,以确定秦之先世之居留地,惜当时天水出土之秦公敦尚未闻于世,而石鼓文之为秦器亦未有确论,故此文仅能据《史记·秦本纪》所载反复推论,亦一憾也。十曰《说鬼方獯鬻昆夷字音之变》,据音理以补旧考。上举诸文后又修订入《观堂集林》而刊落七、八两章,实则无论何章均裨于古史学至钜,吾人视之字字珠玑,故不必有轩轾也。

《殷礼征文》一卷

(《王忠悫公遗书》第二集本)

清王国维撰。此编为文凡五:一曰殷人以日为名之由来。谓以日为名,夏则有孔甲、履癸,商之祖先自王亥、上甲微以降,无不用日为名。证以卜辞,知名甲者以甲日祭,名乙者以乙日祭,故知商人甲乙之号,殆专为祭而设。以甲日生者祭以甲日,因号之曰上甲、大甲、小甲、河亶甲、沃甲、羊甲、且甲,以乙日生者亦如之,皆出子孙所称而非其自名。上甲名微，大乙名履，帝辛名受，此本名之可知者，而与日无涉也。其说自上虞罗氏《殷虚书契考释》中衍出。二曰殷先公先王皆特祭。三曰殷先妣亦皆特祭。谓殷人祭先公先王皆以名之日特祭，其祭先妣亦同，均与周制大异。盖周之毁庙，自禘祫合祭外，更无特祭之目，而殷墟甲骨多文丁、帝乙时物，距王亥已二十世，例以周制多在毁庙之列，而各有特祭，知非以亲疏为厚薄矣。四曰殷合祭，谓殷人于特祭外，又有合祭之制，则仅及自父以上五世，而五世之中，非其自出者亦不与。故《吕氏春秋·有始览》引《商书》曰"五世之庙，可以观怪"，今于卜辞得其确证矣。五曰外祭，谓殷人亦有外祭名邦社，犹《礼记》祭法之国社，而用牲与周制异。《书·召诰》："乃社于新邑，牛一，羊一，豕一。"殷人则三少牢，卯一牛，沈十牛，知商周礼制之殊，不独内祭矣。上举五事，后又摘入所著《殷周制度论》中详论之。孔子曰："周因于殷礼，所损益可知也。"今以卜辞参证，千载之惑，决于一旦，读史者当同声称快也。

《古史新证》一卷

(民国廿四年北平来熏阁影印原稿本)

　　清王国维撰。此编作于乙丑之秋，时王君方就清华学校研究院之聘，任经史小学导师，每周为诸生讲授古史一小时，此即当时讲稿也。初印于《国学月报》中，以多误字，读者苦之。此据海宁赵氏藏原稿本付印，以校《月报》本，不可同日语矣。为章凡五：首章总论，谓上古之事，史实与传说合而不分，史实之中，固不免有所缘饰；而传说之中，又往往有史实为之素地。前者当指群经、《史记》诸书言之，后者则指《楚辞·天问》、《山海经》而言也。如欲于古史材料为系统之整理，则除纸上材料外，更得地下材料为助。地下材料如甲骨文字、金文，皆于整理匡谬之古史，可为两重证明者也。此章为全书纲领，故其言亦犀利精辟有如此。二章述禹，据秦公敦鼏宅"禹赍齐侯镈钟，辥辥成唐处禹之堵"两语，以证《吕刑》以禹为三后之一，及《尧典》、《皋陶谟》、《诗》三百篇之言禹，殆均为实录。

且知春秋之世,东西两大国,皆以禹为古帝王也,此言实为近时疑古者而发。三章述殷之先公先王,均自旧作《殷卜辞中所见先公先王考》及《续考》转录,举证尤密。如旧作谓卜辞屡见之😀字,象人形下加文,盖即夋字,夋者,《史记·五帝本纪》索隐引皇甫谧曰"帝喾名夋者"是也。此文则谓《说文解字》戈部之戛,毛公㫚鼎"我弗作先王羞"之𢦏,克鼎"柔远能柔"之𢦏,与卜辞之𢦏,实为一字,夔、柔、羞三字古音同部,故得互相通借,其说几于论定矣。四章述商诸臣,则旧考均未之及,齐侯镈钟云,"伊小臣惟补",以卜辞证之相合;王逸注《楚辞·天问》,小臣谓伊尹,亦与钟铭相符。又据卜辞有巫戊无巫咸,疑今文《尚书》巫咸乃巫戊之讹,足破前人之惑。至卜辞屡见之师盘,如:贞王命师盘、命师盘、贞乎师盘、戊辰卜宾贞乎师盘祭大(下缺)、贞今二月师盘至(下缺)、贞命师盘从……东。师盘当即《君奭》所云"在武丁时则有若甘盘"之盘,其人与伊尹、伊陟、巫咸同为有商一代佐命元臣,此文未及列入,盖偶疏矣。五章述商之都邑及诸侯,《说殷》一篇,从旧作《三代地理小记》转录,《说邶鄘卫》则摘自《北伯鼎跋》而加以改造者也。全书不记宗周史事,盖讲演至此而学期告终,故不烦续订,读此书者,不免有窥豹一斑之憾矣。

《重校定和林金石录》一卷

(稿本)

　　清王国维撰。同光之季,顺德李仲约(文田)侍郎,搜辑漠北古石刻遗文为《和林金石录》,仁和江氏为刊入《灵鹣阁丛书》。侍郎所见墨本,疑皆非精拓,故碑文脱误累累,不可纠诘,读其书者,无不引为憾事。此据嘉兴沈乙盦(曾植)尚书藏拉特禄夫《蒙古图志》中,载和林各碑影本,及某氏藏旧拓本以校李录,计于苾伽可汗碑补正七十三字,阙特勤碑补正十四字,九姓回鹘可汗碑补正五十六字,又补残石三小片合以番文,亦得数十字,三灵侯庙碑补正十二字,当大残碑补正十一字,题名残碑甲补正五十一字,乙补正五十字,丙补正七字,四世同居立石补正八字,和林兵马刘公去思碑五十一字，三皇庙残碑补正七字，岭北省右丞郎中总官收粮记补正廿四字，敕建兴元阁乃许文正（有壬）撰文，阙字以《中州名贤文表》补之，得三十六字。其校九姓回鹘可汗碑，尤有创获。缘此碑光宣间为俄国某大佐取去两段，置之圣彼得堡博物院，故世所传拓本，五、六两段皆付阙如。此据法国伯希和氏《摩尼教考》文中所引校李录，知此碑共碎为八段，前三段拉特禄夫书中已联合为一，李录从之，后五段则李录或载或不载，乃联合四、五两段为一，则全碑文义皆可贯通。又以行款文义定第六段位置，四、五两段即李录之第三、第四两片，第六段则李录之第五片也。又第七、第八两段李录失载，以行款求之，当在首二行，不能定其在此二行之第几格矣，因绘碑图而详著其说于下方。沈乙盦为署其端，且为之跋尾，盛称其说之确当，此又校本之特色，而为前人所未及知也。至汉冢石一碑，以不见拓本，故而未校，则有待于后贤为之补苴矣。

《魏石经残石考》一卷

（《王忠悫公遗书》第二集本）

清王国维撰。初岁丁巳，先生据黄县丁氏所藏魏石经残石，以定魏石经每行字数及每碑行数，复以《太平御览》引《洛阳记》所载碑数及诸经字数参互求之，以定魏石经数。又排比《隶释》所存残字为经文考、古文考，合之碑图，署曰《魏石经考》，刊入《广仓学窘丛刊》中。及癸亥春，洛阳城外汉魏太学遗址出魏石经残石一，前面分刻《尚书·无逸》、《君奭》两篇，及《春秋》僖、文两公，字数至千余，与黄县丁氏所藏之石，可作延津之合，盖一石而离析为二者。又出《尚书·多士》与《春秋》"文公"一石，存二百余字。此外零星小石，亦时有出土，乃复为此考，以补前考所未备。首列碑图十二，最可注目者，则《尚书·皋陶谟》十七石，皆一格之中，上列古文，下列篆、隶两体，成品字形；《高宗肜日》以下诸石，则古文、篆、隶三体直下，与洪氏《隶释》同。疑品字式之《皋陶谟》非原石所刻，故近出《皋陶谟》残石亦有作直下式者，是其确证矣。次为经文同异，以石经经文与今本比勘，共得异文数十事，皆段懋堂撰《古文尚书异说》时未及知。又次为古文、石经古文（即壁中遗文），与《说文解字》中之古文同出一源，故如五字、典字、后字、弼字、简字、革字、德字、乌字、民字、韦字、杀字、远字、陟字、事字、侯字、襄字、卯字古文均与《说文》全同。壁中古文实即战国时东土通行文字，故石经古文颇有与传世玺印、兵器文字相合者。此外石经古文见于宋人书，如《汗简》、《古文四声韵》亦一并摘入，以供比勘之助。末附《隶释》所录魏石经碑图，盖转从前考录入，此书出，则前考成陈迹矣。

《齐鲁封泥集存》一卷

（上虞罗氏影印本）

清王国维撰。自吴式芬、陈介祺合辑《封泥考略》，是为封泥有专书之始。封泥之出，以齐鲁为多。盖古之简牍，上必施检，然后约之以绳，填之以泥，按之以印，其制如后世之火漆印。自简牍易为楮帛，于是封泥之制始变而为濡朱。封泥之于简牍，既相为表里，故其出土地带，类系古代文书集中之处，所载官号地名至繁，中外官职，无不有之，与传世古玺印多见军中之宦者情状绝异。沈存中《梦溪笔谈》谓古之佩章，罢免迁死，皆上印绶，得以印绶葬者绝稀。土中所得，多是没于行阵者，斯言最得其实。故以传世封泥与玺印较，则封泥之有裨于两京史事，实远过于玺印。即以此编而言，可据以考见汉世官制与地理者不一而足。其一，汉诸侯王属官与中央政府组织无异，以齐国属官言，则郎中当汉之郎中令，长秋当汉之大长秋，其他称是。其二，汉朝廷之官与王侯属官，《汉志》失收，赖封泥得补其阙者，如洛阳宫丞、齐中右马、齐中左马、齐司宫丞等名，触目皆是，此关于官制者也。至于考证地理，则裨益尤弘。编中郡守封泥有临淄、济北两郡，太守封泥有河间、即墨两郡，郡尉封泥有城阳一郡，皆可补班《志》所未及。而《史》、《汉》两表之误字，千载无以定其是非者，亦可据封泥正之，如"清郭"之讹"清都"，"绛陵"之讹"终陵"皆是,此关于地理者也。此编所收,乃潍县郭氏旧物,益以宣统初滕县纪王城新出之品,仍以吴、陈两家遗法编次,计汉朝官印封泥二十一品,汉诸侯王属官印封泥五十五品,汉列侯属官印封泥三十九品,郡县官印封泥二百五十有一品,无考印封泥三品,新莽官印封泥六品,私印封泥五十四品,总四百二十有九品。封泥施墨最难,墨本皆藏上虞罗振玉氏所,时先生方客罗氏家,助罗氏整理金石刻文字,故两人合谋编此书以继吴、陈两家之故业,条理绵密,则在《考略》之上,而纸墨施印之精,犹其余事也。《观堂集林》有后序一文,述河间太守、即墨太守两封泥建置之沿革,盖成于此书印成之后,故不及载之矣。

《〈元朝秘史〉校记》二卷

(稿本)

案:《元朝秘史》,蒙文谓之"忙豁仑纽察脱察安",译言"蒙古秘史"。其书殆即《元史·虞集传》:"请以国书脱卜赤颜增修太祖以来事迹"之"脱卜赤颜"。其蒙文原本,元时必在燕京,明初始有译本。其造译之年,当与洪武十五年编类《华夷译语》一书相先后。《永乐大典》收入元字韵,四库馆臣钞自《大典》,然以其言不雅驯,故未著于录。至嘉道之际,灵石杨氏据钱竹汀家钞本刊入《连筠籍丛书》,以较顾广圻所见之影元钞本,颇多违异。杨本从《大典》出,顾本则自洪武刻本影录,洪武本字体宽博,雅近元椠,故自来簿录家径以元刻称之矣。顾氏所见本,后张古余(敦仁)借去传录一部,其本遂为今日所见《秘史》最古最善之本。光绪之季,长沙叶氏观古堂得传钞本,实从张古余本出,以其较善于灵石杨氏本,遂重梓于家塾,以广其传。然世固有张古余本,则叶氏刊行时所未知也。岁在壬戌,王君始从事于探讨蒙古史事,念此书为治蒙古史之惟一要籍,苦无善本可读。继得友人函告,谓张古余家钞本,经顾广圻手跋手校者,自长白盛氏(昱)郁华阁散出后,归上海涵芬楼。因转从涵芬楼借校,以一月之力比勘一过,改正叶本误字、脱字百余事,又于比勘之际,时时发见原本亦尚有讹误,得以前后文例定之,亦得六七十事。而《秘史》之专门术语,如"塔纳"、"烧饭"等,亦颇具历史意义,因据他书别为疏证,记于眉端,今刊入《观堂集林》中,题曰《蒙古札记》者是也。至其他校语,则终其身未遑写定。今据先生手校本迻录,厘为两卷,庶于《秘史》之学有一助云尔(近《秘史》洪武刻本残帙,亦自内阁大库检出,以校张本,一一吻合,且颇有与王君自校暗合者,恨王君不及见矣)。

《〈元朝秘史〉地名索引》一卷

(稿本)

清王国维撰。此编据蒙文译本《元朝秘史》,统计全书地名得一百六十三事,而条记原书卷页之数及今之所在地于下方。有时亦从前儒之说,如卷一第五页之"阿里(黑)兀孙",谓当在俄属阿连夏河巴儿忽真东;卷二第三十七页之"兀剌(黑)啜(勒)",谓当即客鲁涟河南,车臣汉中左旗之"库尔德克集赫";卷四第二页之"斡列该不剌合",谓当即车臣汗右翼左翼之"乌兰布拉克",均从丁益甫(谦)说。又如第二十八页之"勤(勒)豁沐涟"谓即今之齐兰河;卷五第二十八页之"滇豁河",谓即科布多河上游之"索㬵克河",则均从李仲约(文田)说。其余所记今地名,亦皆信而有征,无虚诞穿凿之失。盖《秘史》之学,至洪文卿(钧)、屠敬山(寄)而极其盛。李仲约侍郎注释较先出,纰谬亦最多,其说地理尤多向壁之谈,如卷一同为"过腾吉思"名字的水,李注漫以里海当之,可谓拾玑羽而失鲲鹏,可笑孰甚。至云元氏之兴,起于漠北,正高昌突厥故地,亦颇乖事实。又谓卷七之"勺儿合(勒)昆山",即今之合林山,仍是前卷之"土兀河(里)林",卷九之"台合(勒)山寨",即"塔里寒寨"之对音,此等说真乃不辨菽麦,宜其为后人讥弹也。编者鉴于李注之不足法,故为此目以绳其失,然于李氏书之长处,亦频频称引,可谓虚怀若谷矣。眉上又录《皇元圣武亲征录》及《元史》地名与《秘史》同地者,以资比较。读者如遵斯法以治《秘史》之人名及其他专门术语,则于《秘史》思过半矣。

《〈圣武亲征录〉校注》一卷
(《蒙古史料四种校注》本,《王忠悫公遗书》第三集本)

　　清王国维撰。案:《皇元圣武亲征录》一书,《四库全书》以其叙述无法,词亦蹇涩,未著于录,仅存其目于史部杂史类中。稍后嘉定钱大昕始表彰之,有跋尾存《潜研堂文集》中。道咸以降,学者多治辽、金、元史事,于是此书亦渐为世重,张石洲(穆)、何愿船(秋涛)俱为之校勘,而愿船治之尤勤。石洲校本未行世,愿船校本则由其子幼愿首刊之于莲池书院,桐庐袁氏再刊之,略加删并。然张、何两家所据本,均从竹汀老人藏本出,脱误累累,不可究诘,未能餍学者意。此本据江安傅氏(增湘)、武进陶氏(湘)所藏明钞《说郛》本以校袁刻何本,不仅元太祖初起时之十三翼,《说郛》本独多"札剌吾思"一翼,即其他胜处,亦指不胜屈,盖此书之无善本,非一朝一夕之故矣。继又钞得汪鱼亭家藏本,亦百年前旧帙,与何本系统虽近,然亦有胜于何本处。合诸本互校,知《说郛》本为各本之祖,且为今日最备最善之本,此书之得传于世,陶南村一人之力也。继又以明初官译之《元朝秘史》及洪钧《元史译文证补》所载之西域人拉斯特书,相互比勘,于是此书先天之谬误,亦赖以订正不少。盖此书与《秘史》及拉斯特书,实同出于蒙古国史,当时名曰"脱卜赤颜"者,故诸书内容多有雷同也。校勘既毕,又据明修《元史》及武进屠氏(寄)《蒙兀儿史记》、仁和丁氏(谦)对本书地理考证、海东那阿通世《成吉思汗实录》诸书考订,几如拨云雾而睹青天,此书始厘然可读矣。遂付万里校写成书,清华学校研究院为之印行,即世传《蒙古史料四种》本是也。惜当时草此书时,未见何幼愿所校家刻本,仅据桐庐袁氏本为说,亦一憾也。

《〈长春真人西游记〉校注》二卷

(《蒙古史料四种校注》本,《王忠悫公遗书》第三集本)

清王国维撰。案:《长春真人西游记》为元邱处机弟子李志常所述,《元史·宪宗本纪》元年记载道士李真常掌道教事,盖即其人。长春以成吉思汗辛巳二月八日自宣德州启程,应成吉思汗西域之召,至癸未七月回至云中,往返两年余,志常从行,山川道里,皆其亲历,且系元初之书,译文得其本音,可与耶律楚材《西游录》相抗衡。乾隆末钱大昕读《道藏》于苏州玄妙观,始表彰此书,为之跋尾,阮文达遂写以进于内府,著录于宛委别藏。嗣是徐星伯(松)、程春庐(同文)、沈子敦(垚)迭有考订,而仁和丁益甫(谦)、吴县洪文卿(钧)治之尤力。然诸氏考地理则病穿凿,疏史事则伤漏略。岁在丙寅,王君方治辽、金、元三朝史事,以此书于蒙古史事有特发之覆,不独为全真教史留一奇迹。因创为之注,于其中地理人物,颇有创获,如本《至元辨伪录》谓刘仲禄即刘温,亦即《元史·河渠志》之刘仲录。又据《湛然居士集》知长春与耶律楚材迭相唱和,而长春所善之人如南塘老人张子真,《湛然集》中亦有寄张子真诗,然《至元辨伪录》与湛然所撰《西游录》,于长春攻击甚烈,此中因果关系,本书序中已详言之。阅者如以作者所著《耶律文正公年谱》及《黑鞑事略》、《蒙鞑备录笺证》与此注参互读之,则于金、元之间史事思过半矣。

《王延德使高昌记校注》一卷

(《王忠悫公遗书·古行记四种校录》本)

清王国维撰。宋太宗太平兴国六年五月,诏遣供奉官王延德、殿前承旨白勳西行使高昌,前后凡历三年,至雍熙元年四月始归京师,叙其行程以上。自唐天宝以来,西域声教久绝,至是又通,则延德之力也。《宋史·外国传》载之,然不及王明清《挥麈前录》之详赡。此篇以《宋史》为主,以《挥麈录》疏校于下方,庶几为善本矣。又据李焘《续资治通鉴长编》宋琪疏以释番语"打当"之义,亦至明确。然所见《挥麈录》乃通行丛书本,颇多误字,今以汲古阁影宋钞本正之,如"遗以财产"汲古本"产"作"货","人尚衣锦绣"汲古本"尚衣"作"衣尚","唐时诰敕"汲古本"诰"作"诏","可为绵"汲古本"绵"下有"帛"字,"重者三斤"汲古本"重"上有"尾"字,"又有胡桐树"汲古本"有"作"生","雨后即生胡桐"汲古本"雨后"作"经雨","黠戛斯"汲古本"斯"作"司","绝食者共振之"汲古本"振"作"赈","遂张乐饮为优戏"汲古本"饮"下有"宴"字,"善攻玉"汲古本"善"作"及","咸甚悽感"汲古本"咸"作"意"。以上诸事,文义皆较《宋史》为长,而卷中未校出,故为补正于此。又《挥麈录》载延德自叙云"此虽载于国史,而世莫熟知,用书于端,以俟通道九夷八蛮将使指者或取诸此焉"云云,《宋史》失载,亦应补列卷首,以见延德述作之恉。此书乃王君校注《长春真人西游记》时所作,当时匆遽校录,故有此失。上虞罗氏印行时,与杜环《经行记》等同列,改名《古行记四种》,今改从初名,故裁篇别出,仍以"校注"名书云。

《杜环经行记校注》一卷

(《王忠悫公遗书·古行记四种校录》本)

清王国维撰。案:杜环乃佑之族子,著有《经行记》,久佚,赖《通典》及乐史《太平寰宇记》得见一鳞一爪,殊足珍也。杜君卿跋之曰:"族子环随镇西节度使高仙芝西征,天宝十载至西海,宝应初因贾商船舶自广州而回,著《经行记》。"考《新唐书·石国传》,天宝初高仙芝诈俘其王斩阙下,西域皆怨,王子走大食乞兵,攻恒逻斯城,败仙芝军,环殆被俘,流落异国凡十数年,始得生还耳。环经行中亚诸国,一曰碎叶国,当时为西突厥所据,在今之忒穆尔图西滨;二曰石国,一名赭支,一名大宛,亦有《隋书·外国传》,即今之塔什干城。大宛则在东南,当时石国兼有大宛,天宝中高仙芝擒其王以归,环之西行自此肇端。三曰拔汗那国,似即《新唐书》之宁远国。四曰康国,即今萨马尔罕。五曰波斯,其时已役属于大食,所记风物与两《唐书》多同。六曰朱禄国,七曰苫国,亦见《唐书》,似在今高加索南境。八曰摩邻国,未详今地所在,或谓当在非洲北部,亦无确证。九曰狮子国,即《大唐西域记》之僧伽罗,即今锡兰岛也。盖环所历诸地,皆当时胡人东来必经之程。其后遵海而还,又晋时法显西去之线,不愧为壮游矣。此篇以《通典》所载为主,而以《太平寰宇记》校之。《寰宇记》所引,颇有足正《通典》之误者。如拔汗那国有波罗林,"波"原误"皮",《寰宇记》不误;大食国其大食王号墓门都,"王"原误"土","都"原误"部",《寰宇记》并不误,皆其例也。至康国小有神祠名祆节,则《通典》、《寰宇记》"祆"均误作"拔",以《隋书·康国传》正之,知当作"祆"。此又编者独具之悬解,治中世纪宗教史者所不废也。惜此书校注时所据《通典》乃嘉靖中闽中李元阳刻本,而非北宋监中十四行本,《寰宇记》则采自江苏局刻本,而非日本宫内省图书寮之宋大字十一行本,故不免仍有误字为憾也。

《刘郁西使记校注》一卷

(《王忠悫公遗书·古行记四种校录》本)

清王国维撰。刘郁,浑源人,仕履不详。蒙古宪宗(蒙格汗)二年,即宋理宗淳祐二年,命诸王旭烈征西域,凡六年,拓境万里。越岁己未,常德奉使西觐,宣扬中朝旨意,自和林过瀚海,直至阿速伯境而归。此书开首即云:常德字仁卿,驰驿西觐。末云:浑源刘郁记。篇中又有"郁叹曰"字样,明常德与刘郁为二人。王恽《秋涧先生大全集》有《题常仁卿运使西觐纪行》诗二律,是其明证。仁和丁益甫(谦)倡为刘郁一名常德又字仁卿之说,可谓疏谬已极。郁盖预于西觐之行,故为此记以记行实耳。原书旧本无传,全书录自明弘治刻《秋涧大全集》卷九十四《玉堂佳话》二,并以《四库全书》本《秋涧集》校过,凡篇中人名、地名,库本悉以同音字妄加窜易,此乾隆间四库馆臣校录辽金元三史及宋明人文献之涉及外务者之惯例,自不足怪。然有一事不得不辨。此书校者所引之库本,今以文津阁本勘之,文字大相径庭。如"别失八里"注云"库本作巴克实",文津本作"伯实巴哩";"则里八寺"注云"库本作克色勒伯页",文津本则作"齐实哩巴特";"乞里乞四"注云"库本作吉尔吉斯",文津本则作"齐哩齐肆";"塔赖寺"注云"库本作塔赖寺",文津本"达拉寺";"不乃真"注云"库本作穆乃锡",文津本则作"布埒齐";"乞石达西"注云"库本作克实密尔",文津本则作"齐实默西";"奴哥撒儿"注云"库本作努克实勒",文津本则作"努格萨尔",此不可解也。至库本、明本间之异字,此校亦未能毕具。如"马兰城"库本作"玛兰地","纳失儿"库本作"纳实尔","合里法"库本"哈哩达","癖颜八儿"库本作"巴延巴尔","密乞儿"库本作"默齐尔","失罗子"库本作"实罗子","襖斯阿塔卑"库本作"鄂斯阿达辉","兀林国阿早丁"库本作"乌兰国阿克丹","乞里弯"库本作"齐理曼","忽教马丁算滩"库本作"呼扎玛丹克坦","拔里寺"库本作"特哩寺","撒八兒"库本作"萨巴尔","密昔儿"库本作"默实尔",此校均失载。此外篇中所谓"库本作某,与明本异"者,据文津本校之,又与明本同。如"昏木辇"注云"库本作和木觐",案文津本正作"昏木辇";"业瞒"注云"库本作讷衮",今案文津本正作"业瞒";"麻里"注云"库本作玛图",今案文津本正作"麻里";"麻阿"注云"库本作玛哈",今案文津本正作"麻阿";"赛蓝城"注云"库本作赛哩木",今案文津本正作"赛蓝";"别石兰"注云"库本作巴咱尔",今案文津本正作"别石兰";"挦思干"注云"库本作齐哩克",今案文津本正作"挦思干";"阿息儿"注云"库本作阿萨尔",今案文津本正作"阿息儿";"殢扫儿城"注云"库本作过斋札尔城",今案文津本正作"殢扫儿城";"讫立儿"注云"库本作齐拉尔",今案文津本正作"讫立尔",此例正多,兹不偻举,颇疑当时馆臣屡改屡易,故此书校者所据之传钞本与中祕正本多歧,否则绝无此现象也。《秋涧集》通行者皆明弘治间侍御史李瀚覆刻本,从元至治二年嘉兴路刊本出,并行款亦遵之,然所据元本多缺叶缺字,故讹误满目,不可纠诘。此校自明本出,恐尚有误字,惜未能举元本正之,亦千虑之一失也。

《刘祁北使记校注》一卷

(《王忠悫公遗书·古行记四种校录》本)

清王国维撰。祁字京叔，浑源人。事迹具详《金史·文苑传》。元兵入汴，遁归故里，后复出就试，选充山西东路考试官，后征南行省辟置幕府，晚节无称。祁实元人，著有《归潜志》十四卷，以存金源一代掌故。《四库全书》子部小说类二著录，今有长塘鲍氏《知不足斋丛书》本。此篇乃祁在金日所作，金宣宗兴定四年七月，诏遣礼部侍郎吾古孙仲端使于北朝，翰林待制安庭珍副之，至五年十月复命。吾古孙以所游历其异，因属祁为文以志鸿爪，得九百二十五言。祁为吾古孙撰此记，亦犹常德西觐刘郁为撰《西使记》之比耳，元末陶九成(宗仪)辑《游志续编》悉载之。《续编》今仅传明万历间吴郡钱叔宝(榖)手写本，其书晚出，故《四库全书》未著于录。至阮文达公(元)辑四库未收书目，始据以上呈，故此记自元以来亦湮没无闻，今复显于世，与刘郁《西使记》同为治金元之际域外地理者唯一原料，校者之功诚不可没也。钱钞虽名震一时，迭藏士礼居、艺芸精舍，久为书林推重，然其中讹误亦复不少。此本凡钱本误字灼然可知者，已多为之釐正。如"大石林牙辽族也"钱本"牙"讹作"麻"，"其须髯卷如毛"钱本"卷"讹作"拳"，"肉必手杀而噉之"钱本"必"作"又"，"其国王阇寺选印度中之黔而陋者"钱本"寺"讹作"侍"，"蛇有四趾"钱本"蛇有"讹作"有蛇"，"然声名皆完"钱本"皆"讹作"偕"，校时虽未一一注明所出，然以钱本勘之，则钱本之歧误与校者之用心俱昭然若揭矣。篇中涉及磨里奚、磨可里、纥里迄斯、乃蛮、航里诸族，以《黑鞑事略》证之，航里即抗里，乃蛮即奈蛮，乃一音之转，校者未举，殆偶遗忘耳。至大石林牙乃西辽建都之地，《辽史·天祚纪》"耶律大石号为西辽"，辽之学士为林牙，故称大石林牙，盖以人名名其国都。《天祚纪》谓之虎思翰耳朵，拉施特哀丁《蒙古史》谓之八喇沙衮，实一地也。校者别有《西辽都城考》一文，论证甚详，载入《观堂集林》及《长春真人西游记注》，此不备具，盖略之矣。

《耶律文正公年谱》一卷

(《王忠悫公遗书》第二集本)

清王国维撰。耶律文正公(楚材)为成吉思汗佐命元臣，草创法度，功在庙社，其人又深于象数之学，而事迹不彰，依赖《元史》本传以传，颇伤简略。《元文类》载宋子贞撰神道碑，虽稍详于传，然以校本传及苏天爵《名臣事略》，亦互有得失。此编以《湛然居士集》为主，佐以本传、神道碑、《长春真人西游记》、《中州集》、《元遗山集》诸书，著为年谱，其诗文亦各为编年次于事迹之后。盖集中诸文本有编年意味，得此谱为之论定，于是《居士集》始厘然可读矣。考文正于成吉思汗辛巳、壬午间，驻寻思干，长春真人邱处机适于此时至西域，故文正在西域时所作之诗，用长春原韵者凡得四十五首，其交善可知。然其后草《西游录》，则鸣鼓而攻之不遗余力，故虽和其诗而役其人。王君于甲子、乙丑之际，移居京西清华园，始从事蒙古史之研究，草《长春真人西游记校注》，以探蒙古初期史迹。念文正与长春各有一种宗教信心以运用于实际政治，遂并草此谱以观会通，久之未能写定。文正传世所著《湛然居士集》仅有渐西村舍刊本，实从南海李仲约(文田)侍郎评本出，侍郎于西北地理之学，几不辨东西，其于禅理，亦强作解事，因摘此谱之略，注于《居士集》本上，是此谱不啻一集本笺注矣。然篇中亦有一缺憾，吾人毋庸为讳者，即从神道碑之说，谓文正生于金章宗明昌元年，又从《元史》本传，谓卒于乃马真后称制之三年。今以文正之子铸之生(铸生于成吉思汗十六年，有集中乙未为子铸寿诗可证)，以证文正之卒，当为乃马真后称制之二年。又以其父履之卒，以证文正之生，知文正实生于金世宗大定廿九年。神道碑明云"文献公(即履卒后之谥)谓所亲曰，吾年六十而得此子"，又云"公生三岁而孤"，《金史·章宗纪》及履本传均言履卒于明昌二年六月，则文正当生于大定之末，而非明昌改元审矣。此事近人已发其凡，王君下世已久，不及知之矣。

《静安文集》一卷

（光绪三十一年排印本）

此编为文十有二：曰《论性》、曰《释理》、曰《叔本华之哲学及教育学说》、曰《红楼梦评论》、曰《叔本华与尼采》、曰《国朝汉学派戴、阮二家之哲学说》、曰《书叔本华之遗说后》、曰《论近年之学术界》、曰《论新学说之输入》、曰《论哲学家及美术家之天职》、曰《教育杂感》、曰《论平凡之教育主义》，乃先生壮岁攻究哲学、教育学时所作。初揭载于《教育世界》杂志，光绪三十一年八月，时先生年二十九岁，乃汇编为一集，以存此数年间思想上之陈迹，仍以活字版印行，即举世艳称《静安文集》是也。此编各文之思想出发点，乃在叔本华之知识论。初先生读汗德之《纯理批评》，至先天分析论，几全不可解。及读叔本华之《意志与表象的世界》一书，悦其观察之精锐与议论之犀利，而大好之。然稍稍又觉其有矛盾处，因作《红楼梦评论》以发其慨。谓《红楼梦》一书之意义，乃在人生之欲之提出与解答，苦痛固由吾人自造，然仍须自求其解决之途径。人生为一悲剧，《红楼梦》不失为一自然演进之悲剧，且其悲剧壮美的成分尤多于优美者也。至第四章对伦理学上之价值所提出之疑问，其后撰《叔本华与尼采》一文时，始获一满意之解答。盖叔氏之说，半出于主观的气质，而无涉于客观之知识，持论乃复返于汗德之学。此书印行时，先生又转移其求知之鹄于汗德之《纯理批评》，而试作再度之探求，不复徘徊叔氏之门矣。

《静安文集续编》一卷

（稿本）

清王国维撰。此编为文凡二十，关于哲学者六：曰《原命》、曰《辜汤生英译〈中庸〉书后》、曰《汗德像赞》、曰《自序一》、曰《自序二》、曰《人间嗜好之研究》。关于教育学者七：曰《纪言》、曰《教育小言》、曰《教育普及之根本办法》、曰《论小学校唱歌科之材料》、曰《崇正讲舍碑记略》、曰《去毒篇》、曰《奏定经学科大学文学科大学章程书后》。关于文学者四：曰《古雅在美学上之位置》、曰《屈子文学之精神》、曰《文学小言》、曰《译本〈琵琶记〉序》。关于历史学者三：曰《〈欧罗巴通史〉序》、曰《宋代之金石学》、曰《最近二三十年中中国新发见之学问》。除《崇正讲舍碑记略》录自《海宁州志》稿《建置志》，《译本〈琵琶记〉序》、《〈欧罗巴通史〉序》录自本书外，《宋代之金石学》结论谓宋人之治金石学，一方面为研究的，一方面为欣赏的，其旨趣与规模，惟清人亦无能加焉，持论公允，盖以旧作《〈宣和博古图〉跋》跋衍出；《最近二三十年中中国新发见之学问》，略述殷墟甲骨文字，敦煌塞上及西域之简牍，敦煌千佛洞之六朝唐人所书卷轴，内阁大库之明清档案四项出世之始末及研究方法与经过。此二文乃王君晚岁主讲清华学校研究院时之讲稿，前者刊入《国学论丛》，后者刊入《学衡杂志》，余者均见于光绪三十一年以后出版之《教育世界杂志》，乃壮岁所作。其时《静安文集》已刊行，故不及甄录，近且无人能举其名矣。《自序》二篇，记少时入东文学社就学及其后努力治哲学、文学之经过，而自视过高，自誉特甚，为今日考见作者一生治学之唯一材料。至论《古雅在美学中之位置》，文中所谓第一形式与第二形式，即现时新文学术语中之内容与技巧二字之代名词，其全篇旨意盖谓文学作品之内容故应注重，而技巧亦不容轻视，换言之，天才与修养在作家固缺一不可也。持此以衡量楚人之骚，汉魏以下之诗，宋之词，元之曲，遂有《屈子文学之精神》、《文学小言》、《人间词话》诸文之作，前后议论实互为因果，故誉之者直以文学"革命"之先驱者目之（见《小说月报》吴文祺撰文）。然在作者晚年绝口不弹此调，颇以少年作为悔，亦可见其思想演变之大较也。

《静安诗稿》一卷
（光绪三十一年排印本）

清王国维撰。此编凡收古今体诗四十七首，按年类次，自光绪二十四年戊戌迄于三十一年乙巳。此七年间先生以治哲学、文学、教育学鸣于沪上,助上虞罗振玉校译西书,以余暇习吟咏。然各诗有时清隽如永嘉四灵,不类初学所作。如《秀州》云"天边远树山千叠,风里垂杨态万方。"《欲觅》云:"起看月中霜万瓦,卧闻风里竹千竿。"《病中即事》:"因病废书增寂寞,强颜入世苦支离。"戛戛独造,不同凡响,而其闲淡平实处,亦与放翁相近。他如《端居》、《暮春天寒》、《拼飞》、《偶成》诸作,尤非大哲学家不能道一字。至《六月二十七日宿硖石》云:"人生过处唯存悔,知识增时只益疑",殆从叔本华知识论中得来,非寻常座右铭可比矣。自是以后,先生渐受北方学者之影响,尽弃所治欧西之新学,而改治经史考证之学,诗格亦随之一变而为唐音,遂有《壬癸集》、《颐和园诗》、《蜀道难》诸什之作。自宋而复返于唐,由哲学家之诗而为文学家之诗,均非作者始料所及也。此集初印入《教育世界》杂志第一百二十四期,后附于《静安文集》后刊之,近又编入《观堂外集》中,盖前后凡三付剞劂矣。

《庚辛之间读书记》一卷

(《王忠悫公遗书·观堂外集》本)

清王国维撰。此编作于宣统庚戌、辛亥间。为文凡十有五:一曰正德刻本《大唐六典》,二曰明嘉靖御史李元阳刻《增入宋儒议论杜氏通典》,三曰明抄本四库馆底本《岩下放言》,四曰旧抄本《续墨客挥犀》,五曰左圭《百川学海》本《诚斋挥麈录》,六曰隆庆间叶恭焕刻本《清异录》,七月汲古阁刻本《片玉词》,八曰嘉靖刻本《桂翁词》,九曰明覆宋刻本《花间集》,十曰明刻本《尊前集》,十一曰明嘉靖刻本《古今名贤草堂诗余》,十二曰贵池刘氏本《董西厢》,十三曰《元曲选》本郑光祖《王粲登楼杂剧》,十四曰《元曲选》本无名氏《隔江智斗杂剧》,十五曰明崇祯刻本《盛明杂剧初编》。其中《续墨客挥犀跋》又刊入《永观堂海内外杂文》,余皆未刊。上虞罗振玉氏校刊遗书时,始录入《外集》为首卷,原稿有《太公家教跋》一文,以收入《观堂集林》,故删之,盖诸文已非原第矣。各文提要钩玄，独具悬解，如辨《诚斋挥麈录》即王明清《挥麈录》之初稿，明本《增入宋儒议论杜氏通典》乃南宋科场之作。他如证《董西厢》乃诸宫调体而非杂剧，其时《刘知远诸宫调》未出土，而论证之完密有如此，洵足多矣。至论《草堂诗余》谓分类本早于调本，今有元至正双璧陈氏本为证，益知其说之不可易矣。分类本以时令、天文、地理、人物等标题，与周邦彦《片玉词》、赵长卿《惜香乐府》编次略同，盖所以取便歌者。至调本以小调、中调、长调为次，于前书无征，自应后于分类本，殆即顾汝敬辈所创矣，此本静安先生之说衍之，想不诬也。

《壬癸集》一卷

（日本活字印本、《雪堂丛刻》本）

清王国维撰。此编收古今体诗二十首，皆作于壬子癸丑间。时清社易屋，王君方与上虞罗振玉氏避地日本西京田中村，尽弃旧日所治通俗文学，日读《礼经》尽数卷，而一返于名物、声韵、训诂之学。暇日辄以吟咏自遣，以寄故国兴亡、狡童禾黍之思。《颐和园词》成于壬子二月，文辞渊茂，盖《连昌宫词》、《圆圆曲》之流亚，而沉着过之。"离宫一去经三载"后数章读之，尤令人神往。煞尾云："定陵松柏郁青青，应为兴亡一拊膺。却忆年年寒食节，朱侯亲上十三陵。"以清初以来朱侯故事相比，倍觉黯然。《蜀道难》、《哀端忠敏公方死节事》、《孝定景皇后挽歌词九十韵》，记同光两朝史事，下迄辛亥逊国，徐徐写来，俱见魄力。此三诗为诸作之冠，近古以来未尝有也。王君之诗，初与放翁体格相近，故其《题友人小象诗》云"差喜平生同一癖，宵深爱诵剑南诗"，盖自道也。至是大矫前弊，力返于唐，然亦未尝轻作。当时南北硕儒如胶州柯蓼园学士、嘉兴沈乙盦尚书亦无不叹服，东人大喜之诵之，罗振玉氏亦加激赏，为手写《颐和园词》付诸石印。稍后复以全稿交京都圣华房以江州旧木活字排印百部，不匝月亦为好友散尽，其纸贵可知。越岁甲寅，始正式刊布于《国学丛刊》，自是流传渐多。又八年重加裁正，刊入《观堂集林·缀林》，距壬子初稿时匆匆已十易寒暑,而君亦垂垂老矣。今以活字本与《集林》本互勘,异文甚多,有每句仅易二三字者,如《颐和园词》"西宫才略称殊绝","殊绝"改"第一";"六王辅政最称贤","六"改"亲";"北门独付元臣手","元臣"改"西平";"高秋风日近重阳","近"改"过";"六王小女最承恩","六王"改"东平";"笑谈差喜缪夫人","笑谈"改"丹青";"北渚方深帝子愁","方深"改"何堪";"草地间关下泽车","下泽"改"短毂";"宗庙重闻钟鼓声","宗"改"九";"紫柜元老兼黄阁",兼黄阁改"开黄阁";"翻教今日作尧臣","作"改"恨"。《蜀道难》"开府河朔称名门","称"改"生";"尺天寸地生榛莽","尺天寸地"改"可怜遍地";"平时武帐呼元戎","平时"改"朝趋";"此日辕门诟当庑","此日"改"暮叩"。《孝定景皇后挽歌辞》"暂得望龙颜","望"改"对";"王家犹虑兀","虑兀"改"陧杌";"去梦瀛台近","去梦"改"梦去";"量愁渤海宽","量愁"改"愁来";"绍衣迎济北","绍衣"改"委裘";"腐心看社屋","社屋"改"夏社";"此去惭先帝","惭"改"朝";"身原轻似叶",改"身原虚似寄"。《癸丑三月三日京都兰亭会诗》"郡中流寓多嘉客","嘉客"改"朝绂";"一朝茧纸昭陵入","昭陵入"改"閟幽宅";"戈戟尚存八分法","戈戟"改"波磔"。亦有并全句或一韵全易者,如《颐和园词》"内殿频闻久论恩,外家颇惜间恩泽",改"恩泽何曾逮外家,咨谋往往闻温室";"因看批答亲教写,为制金章特与铃",改"内批教写清虚馆,小印还镌同道堂"。《壬子岁除即事》"定闻老鹤话当年",改"定谁军府问南冠"。《孝定景皇后挽歌辞》"号天唯鹄首,堕地但龙髯",改"鹤归寒有语,龙去迥难攀";"令原宣德降,名负道清金",改"琅琅宣德令,草草载书编"。又有原无此韵,而新增者,如《咏史诗》"乃劫西域下"增"祖逖出东塘,戴渊踞淮浦"二句,文义无不后胜于前,前辈临文不苟之精神,于斯可见。今《集林》本行而活字本微,故不辞烦屑,举其异同之迹于此。虽戋戋小册不盈二十页,然实绪三百年治乱兴衰之局,读者以少陵、遗山诗史目之,固无不当也。

《丙辰日记》一卷

（稿本）

清王国维撰。此编记事,自丙辰年元旦日起,至本年三月朔日止,前后不足六十日,全文凡二万余言。初,王君于辛亥之秋,随上虞罗振玉避地海东,至是已四历寒暑,故国之思,时形梦寐。乃于乙卯冬应上海英人哈同氏函约,往就《学术杂志》编辑之职,开岁正月初二离京都,初五日抵门户,乘"筑前丸"于七日抵沪,初寓友人樊君处,后卜居于英租界大通路吴兴里。自是无日不神游太古,与书卷相接,日读段注《说文解字》,摘录《说文》中所见籀文,草《史籀篇疏证》。继草《周书顾命礼征》,至二月初旬告成。是月又写定历年所释流沙坠简为《补正》一卷,继又撰《史籀篇疏证序录》,于《史籀篇》之成书时代及史籀之为人名与否均有质疑,其颠末均详载于日记。他如酒食之酬应,天气之阴晴,友朋赏奇析疑之乐,无不备书。当时上海名流,如缪艺风(荃孙)秘监、朱古微(孝臧)侍郎、沈乙盦(曾植)尚书,亦时时道及。至今仅隔十数载,编中人物,大半化为异物,风流顿尽。读此书者,殆不胜梦华东京之感矣。

《观堂丙辰以后诗》一卷

（《王忠悫公遗书·观堂外集》本）

清王国维撰。此编凡古今体诗四十七首,皆自海东返国后所作。大半皆酬应之文,然如《题赵千里云麓早行图》:"一种高华严冷意,百年嫡嗣在吴兴"云云,又岂通常谈艺者所能道耶！其题明汪然明刊《柳如是尺牍》,有"汪伦老去风情在,出处商量最恼公"之句,又云:"织郎名字吾能忆,合是扬州王草衣",风格隐秀,与少作"书生归路真奇绝,载得金陵马四娘"较之,境界之深浅,不可同日语矣。《题御笔牡丹双鸰鹆》诸诗,虽系应制之作,然不让沈德潜、钱陈群居先,非同时应值诸子可及也。至《题邓顽白梅石居小像》诗,则身世难言之痛,跃然于楮墨间,读者当自知之。

《永观堂海内外杂文》二卷

(《广仓学窘丛刊》本)

清王国维撰。此稿辑于丁巳之冬，凡为篇五十有七，所收皆诂经考史之作，间收散文如《此君轩记》、《墨妙亭记》，高妙馨逸，亦不在庐陵、眉山之下。案：王君自辛亥避地海东，所至无不与上虞罗振玉偕。至丙辰春返国，就上海仓圣明智大学之聘，主编《学术杂志》。前后六、七年间，肆力于名物、训诂、声韵、古文字、古器物之学，间为罗氏校录《殷虚书契考释》、《四朝钞币图录》，囊辑《鸣沙石室古佚书》诸书。更以暇日月著一书，如《宋代金文著录表》、《国朝金文著录表》、《齐鲁封泥集存》。《流沙坠简考释》，皆属草于海东日。《尔雅草木虫鱼鸟兽释例》、《史籀篇疏证》、《殷卜辞中所见先公先王考》、《毛公鼎考释》、《两周金石文韵读》、《古本竹书纪年辑校》、《今本竹书纪年疏证》，则返国后所作，均载于《学术杂志》。此稿即辑诸书序文，益以短篇他作而成，读者得此，可以觇先生为学之次第矣。岁在辛酉，先生又录其平生所作，删繁挹华，为《观堂集林》二十卷，此稿所载，其后大抵收入《集林》。惟刊落《汉书艺文志举例后序》、《新莽一斤十二两铜权跋》、《裴岑纪功刻石跋》、《邸阁考》，又改订《唐尺考》为《日本奈良正仓院藏六唐尺摹本跋》为异耳。《裴岑纪功刻石跋》误汉永平为永和，宜其刊落不存也。先生初号礼堂，其后自号观堂也，自此始。

《观堂译稿》二卷

(《王忠悫公遗书》第三集本)

清王国维撰。此编为文凡五：一曰《中亚细亚探险谈》，匈牙利籍英人斯坦因原著，记中亚细亚第一次探险及获得敦煌古卷轴事经过，甚详尽，曾排印入武进董授经(康)所编《敦煌石室遗书》，此转从排印本迻录者也。二曰《近日东方古语言学及史学上之发明与其结论》，法兰西伯希和原著,历举近年东方古语言学、史学及文学研究之新资料与新途径。日本京都大学教授榊博士(亮三郎)首译为日文,刊之《艺文杂志》,此从该杂志迻译,时先生方草《西胡考》及考释阙特勤碑,故译伯氏文以便参考,曾刊之北京大学《国学季刊》。三曰《室韦考》。四曰《辽代乌古敌烈考》,日本津田左右吉原著。五曰《鞑靼考》,日本箭内亘原著,均自东京文科大学满洲朝鲜历史地理研究报告译出,盖丙寅、丁卯间事。时先生方专治金、元、蒙古史事,曾撰《鞑靼考》,谓唐、宋间之鞑靼,在辽为阻卜,在金为阻䪁,在蒙古之初为塔塔儿,持论虽与箭内博士之文颇异,然实可互相发明也。又撰《黑车子室韦考》,谓唐、五代之际,黑车子室韦有南徙之事实,为津田博士文中所未及,故译两氏之文以便翻阅。此书盖辑东西洋史学名著于一编,而迻译出于熟精史事之静安先生,读之弥增观感。惜《中亚细亚探险谈》一文,译名时有谬误,如张叔伊应译为蒋师爷(按蒋君名孝琬),均属于六大写本当作六种不同写本,沙尔克里克(Charklik)当作婼羌,音奇克河(Inchike)当作英气盖河,俄人希亭(Hidin)当作瑞典人赫丁,沙尔沙克河(Charchak)当作孔雀河,斯吐拍(Stupa)当作窣堵坡,米兰(Miran)当作磨朗,柯尔品(Kelpin)当作柯坪城,马拉尔披希(maralbashi)当作巴楚等均是,至谑方乃沙畹城(Chavaune)之异译,末尼教乃摩尼教之音误,则今日尽人知之矣。

《观堂别集》一卷《后编》一卷《补遗》一卷

(《王忠悫公遗书》第一集本)

清王国维撰。初,岁在辛酉,王君手辑生平所作文字为《观堂集林》二十卷。越岁丁卯,又辑近作为《补编》一卷,未及刊行而遽弃世。上虞罗振玉校辑遗书,既将《补编》各文一一收入《集林》,又别辑集外文为此集,大多乃吉金石刻、经籍题识之属,间收诗文,亦系友朋间酬应之作,原非精心结撰可比也。顾亦有应入《集林》而误收者,如初集中《庚嬴卣跋》、《齐国差(1)跋》、《攻吴王夫差鉴跋》、《秦公敦跋》、《汉王保卿买地券跋》《蒙文元朝秘史跋》《书影明内府刊本大诰后》及《梦见东轩老人》等诗十二首，俱见先生手写《补编》目中，而罗氏以此数文未见于王氏自藏《集林》目录眉注，悉行删落，殊未妥也。此集各文非一人一时所辑，故各卷体例颇不纯密。前两卷大抵录自手稿或手校各书，《后编》则有录自《唐韵别考》《永观堂海内外杂文》者，虽多为断玑零缣，然精义络绎而出，时有特发之见。如《跋曹望憘造象》，谓可徵中古辒车之遗制；《跋汉南吕编磬》，可补正程瑶田《磬折古义》；《跋羌伯敦》，谓羌之文化与中原无殊，以证宗周文物所被之远等皆是。此外如《跋九行本宋刻后汉书》，谓为南渡后江东漕司刊本；《跋常熟瞿氏藏本李贺歌诗编》以《双溪醉隐集》证之，知乃蒙古刊本，俱精确无以易。然如《跋雍熙乐府》，谓明代凡经三刻，实则安肃春山本与楚愍王显榕序本，是一而非二，《四库提要》之海西广氏本，则万历间刊，乃删节本也。又《跋内府宋大字本孟子》，为此乃南渡后所翻北宋监本，而不知此乃眉山所刊经注本之仅存者，两宋蜀刊至今日始大明，此固王君所未及知也。计为文一百二十一篇，古今体诗十二首，王君集外文，尚有出此集外者，删繁拾遗，责在后人矣。

《重订观堂别集》四卷

（稿本）

清王国维撰。上虞罗氏刊行《王忠悫公遗书》后又六年，王君后嗣谋重刊遗书以昭久远，以编校之事责于万里，因据旧刊《别集》及《外集》中《观堂丙辰以后诗》，合以他处搜集所得，别为此书，以正罗氏印本之舛失。计卷一为文十七篇，其中《摩尼教流行中国考》，据最后定本重订，增入新材料十事，以较《亚洲学术杂志》所收第一次稿本，截然不同。卷二为文四十八篇，皆古吉金石刻题识之属。《毛公鼎跋》《(1)父丁鼎跋》《姬鼎跋》《公违鼎跋》《杞伯鼎跋》《般作父己甗跋》《公违敦跋》《史颂敦跋》《王子由簠跋》《(2)从簋跋》《召尊跋》《齐侯壶跋》《父乙卣跋》《滕侯戈跋》《杨绍荝跋》《甘陵相碑跋》《瞿忠宣印跋》，诸文俱新增，十九皆系闽县陈氏藏器，盖先生入职南斋时，为太傅陈宝琛所作。卷三为文五十篇，皆经籍及古名贤手迹题记，大抵作于为乌程蒋氏编制藏书目时，其中《明钞本北磵集跋》、《罗懋登注拜月亭传奇跋》、《明太傅朱文恪公手定册立光宗仪注稿卷跋》、《涧上草堂会合诗卷跋》、《周之琦鹤塔铭手迹跋》，亦新自手稿录入。卷四凡序、赞、杂文十九篇，古今体诗五十五首，如《奉答铃木豹轩》诗、《题三体石经》诗，皆前所未见，各文以类相从，一如先生之自编《集林》。至《庚嬴卣跋》等文七篇，及《梦见东轩老人》等诗十二首，罗氏辑本误入《别集》初编者，俱依次编入《集林》，不烦重出矣。

《观堂遗墨》二卷

（民国十九年影印本）

清王国维撰。此编乃近人海宁陈乃乾氏所辑。上卷乃彝器图籍题识之属，虽多应酬之作，然以《观堂集林》校之，颇可玩味。如《周玉刀跋》，实即《集林》卷一之《陈宝说》；《齐侯二壶跋》，实即《集林》卷六之《释天》。惟行文遣词略有不同耳。又如《飞燕角跋》则衍自《集林》卷三之《释觥》，《父乙卣跋》与后此所作《魏石经考》释智一节相似，均可比较知之。此外各篇多散见于《观堂别集》，而内容亦时有异同，盖一据底稿入录，此则最后写定之本也。又《明钞北磵集跋》、《拜经楼览古图跋》、《乐庵居士五十寿序》三文，《别集》均失收，亦赖此编得读其全文。《尔雅疏校记》所占篇幅最多，盖自《传书堂藏书志》录出，纲举目张，可为初学准则。下卷乃致蒋孟蘋（汝藻）父子及徐积余（乃昌）等手札，大半为蒋氏编书目时所作，故时时涉及校理书籍事，中载遗文佚事甚多，阅者以近代史料视之可耳。

《王忠悫公遗墨》一卷

（日本影印本）

清王国维撰，日本神田信畅辑录。岁在丁卯，天不憖遗，先生遽逝，海内外学人无不惊悼。神田氏与先生有旧，时时通讯问难，故应京都浪华博文堂主人之约，编印遗墨二十种，分贻彼邦友好，以志景仰，其意弥诚，可风末世。首列遗像遗书，次列《颐和园诗》、《此君轩记》、《二田书庼记》、《送狩野博士游欧洲》、《游仙三律》、《海上送内藤博士》、《海日楼歌》、《冬夜读山海经感赋》、《昔游六首》、《癸丑京都兰亭会作》、《影明内府刊本大诰跋》诸文，凡十九篇，皆先生居海东及返沪后所作诗文，彼邦友人有藏其手迹者，故得汇为一集。此列铃木豹轩（武雄）、狩野君山（直喜）、内藤湖南（虎）书各一通，及神田邕庵（信畅）书两通，所记论学语居多。又次列手录前贤诗文共四通，则殿于册尾，以备一格而已。编中诗文时与集本互殊，如《颐和园词》内容与《壬癸集》本及《观堂集林》本时有违异，盖一为初稿，一为定稿，此则写于初稿后定稿前，故与二者俱不合也。致铃木氏书，谓："白傅之诗，能不使事，梅村则专以使事为工，然梅村自有雄气骏骨，遇白描处尤有深味，非如陈云伯辈但以秀缛见长，有肉无骨也。"此数语非于此道三折肱者不能知其甘苦，殆可为《人间词话》下一转语，不得以寻常捕风捉影之谈视之也。

（据齐鲁书社1996年影印《续修四库全书总目提要（稿本）》整理）

王静安先生之考证学

　　王先生少时治泰西哲学，中年治通俗文学，后即治金石、舆地、目录、经史诸学，孜孜兀兀，未尝一日废书。范围难广，而所得之多，不仅为近世诸家之冠，其立说精审，创解新颖，三百年来学者实无出其右者。故谓有清一代考证学以先生为之殿，可也。谓中国之有精密的纯粹的考证学自先生始完成，亦无不可也。然则先生影响于吾国现代及未来学术界者为何如耶？管蠡所及，略论先生考证学之大要如次。

　　初，先生既倦于哲学，乃致力于填词。由词而浸淫于戏曲，继思戏曲由大曲而院本而杂剧而传奇，其蜕变阐化之迹，脉络或不尽可寻，沿革或不尽可考，因博览唐宋载籍，以考古剧脚色名义之由来，宋金大曲之概略。又荟萃其所获，成《宋元戏曲史》十六章。先生考证学之成功，谓自《宋元戏曲史》始，可也。时先生官京曹，与仁和吴耘存（昌绶）、贵池刘聚卿（世珩）相往来。二氏搜刻词曲尚夥，与先生有同嗜，故先生颇资以供参证。而上虞罗叔言氏（振玉）亦于此时广蓄古器物及殷商甲骨文字，自山左陈氏、潍阳端氏外，北方诸家更无有出其右者，其足供先生把翫研讨者已不在少。此种新材料之发现，其研究之兴趣与风味，实足转移先生治学之嗜好而有余，罗君又从而怂恿之，于是先生遂转而治古文字、古器物及古史学。据罗君所撰传，似先生当时闻罗君痛诋泰西哲学及崔东壁、康南海诸学说后,始迁徙义而归于正。实则罗说未尽善。其时崔氏《考信录》尚未有人提倡,而南海康氏诸经皆出伪造之说又未为其时一般学者所愿闻,与先生治文哲诸学更风马牛不相及。又泰西尼采、叔本华诸学说即稍有"贱仁义薄谦逊非节制"处,然与孔孟学说各为门庭,两不相关,初非欲"创新文化以代旧文化"也。是罗说或乃为行文之便,与二十年前学术趋势实不尽相符。盖先生识锐而思敏,每苦理性多于感情,自度不能于文学上有特殊之创发,而经史上之问题有待于论证及整理为前人所未及为或未能成者又所在皆是。先生交友中,以罗君为最密,罗君又富于鉴藏,材料上之需求,可不虞匮乏。耳濡目染,影象遂深,自非一朝一夕之故也。

会国势大变,罗君浮海赴日本,先生亦偕往,罗君乃尽出所藏以供先生研讨。先生以治古文学及古史学,自非贯通《诗》、《书》、三《礼》不可,《观堂集林序》中所谓"日读注疏尽数卷",即此时矣。夫据地下新发见之实物,以参证甄别古今载籍所载之史实或传说,设方法上无歧误,而运用时又恰当,则其所得之结果必真确不可易。清代二百余年间学者之治经也,于今古文之争论,相持至近代而莫决,势已成强弩之末,多未遑与古文(指彝器文字而言)相印证,作文字音韵间比较相互之研究。即有之,非立说之根柢有至不可恃者,即其范围狭小,殊不足开风气以震惊世人之耳目。治史者大抵专力于正史上片段之点勘,多未能为综合的论断及与一切金石刻或其他实物作归纳的研究。有之也,则自先生始。读先生《与友人论诗书成语书》、《洛诰解》、《陈实说》、《肃霜涤场说》诸篇,自可知先生通经之方。古书成语多不能强解,若数数见者,得由诗书或彝器中文字参校以定其相沿之意义,否则必不能赞一辞,先生于此二书中引证颇详。《洛诰解》一文,简洁精练,不溢一语,非戴、段、王、程诸先辈所能办。其解王宾,则据殷卜辞定。又《洛诰》纪年在后,乃殷周间文辞通例,先生亦加以证明。肃霜、涤场之互为双声连绵字,先生为之说,其确义始见。学者于先生所撰《连绵字谱》及他书中求之,当更有同样之创获。至先生之治史则范围更广,上溯殷周,下迄蒙古。一生精力,胥在于是。其治古史也,著有《殷卜辞中先公先王考》、《生霸死霸考》、《鬼方昆夷玁狁考》、《殷周制度论》、《殷礼征文》诸作。其立说之根原,大抵据卜辞及彝器文字以镕铸经史。《生霸死霸考》中且有特发之覆,日本新城新藏博士据其说以解《汉志》、《武成》,因推武王克殷之年为纪元前1066年,较姚文田《学古录》所推差一年(详见最近出版《支那学》第四卷第四号《周初之年代》文中)。然非先生之说,则新城氏安得生此论也。《殷周制度论》义据精深,方法缜密,极考据家之能事,海内外久已称道无间言。至《鬼方昆夷玁狁考》,亦近今古史上第一篇大文字。古彝器中纪古异族征伐事,除南淮夷外,以鬼方、玁狁为多,而经典上所纪者亦颇不乏,遂得证成此考。然古史学实与古文字学、古器物学互为表里,而古文字、古器物之学先生又治之甚勤,是先生之古史学其基础即建筑于古文字学、古器物学之上。先生古文字学、古器物学之大概,容庚君于所撰《王先生考古学上之贡献》一文中已沥述无余(见《燕京学报》第一卷第二期),兹略而不论。请再述先生史学上之特点。先生于三代地理,则著有《说自契至于成汤八迁》、《说商》、《说亳》、《说耿》、《说殷》、《周葬京考》、《秦都邑考》诸作。于秦汉地理,则著有《秦郡考》、《汉郡考》、《浙江考》诸作。《秦郡考》论秦郡总数得四十有八,说至新奇,足破千载之惑。其立说据《史记》而不据班《志》,以班氏不及史公所见之亲切也。且秦以水德王,其数为六,故无论三十六、四十八均为六之倍数。先生前此作《简牍检署考》时已为此说,以求秦之郡数,亦无不脗合。以是知先生学以通方也。当先生之世,中国之新发见影响于学术界最巨者凡三,一曰安阳洹上之殷商卜辞,二曰莫高窟之古写卷轴,三曰敦煌塞上及西域所出之汉晋木简,罗君与先生皆预于整理及考释之役。而木简之发见,关于汉晋间西陲建置及交通史至巨。先生就法国沙畹博士所撰考释,反复寻绎,重加论定。其中屯戍诸残简,尤非熟于汉晋史事者不办。先生握椠踰月,草创甫就,更考木简出土之地。其定魏晋时诸间出土地在前时凉为海头,而非德人喀尔亨利孔拉第二氏所谓古楼兰者,尤可折日本羽田学士之说。先生又合罗君所撰小学、术数、方技书及简牍遗文考释,校写为《流沙坠简》之

109

卷。由是此去国之神物,遂得与海内学人相见。实乃二十年来吾国学术界无上之盛事(后先生又从事补苴,更删订其精要者,为《汉晋木简跋》入《观堂集林》中刊之)。先生因考释坠简,更旁考古简牍检署之制,为《简牍检署考》一卷。继又与罗君排比齐鲁间所出封泥为《集存》一书,先生并为序文论封泥文字有裨于考证者以弁其首。日人铃木虎雄又译《检署考》为和文,载于《艺文杂志》。虽戋戋小册,而嘉兴沈乙盦先生至称为"岂今人所能为者"。坠简中有道及古袴褶语,先生以此制自来除沈存中《梦溪笔谈》略考一二外,尚无人为有系统的记载,因博综史书,成《胡服考》一卷。又《释币》一书,亦属草于此时。其论尺度当北朝时增长之原由,即为先生此后考历代尺度之制之先声。先生归海上后,获交沈乙盦先生,因假得俄人拉特禄夫《蒙古图志》一书,以重校李文田《和林金石录》,于九姓回鹘可汗碑文得通其读,并为碑图以记之。又撰《西胡考》,以考"胡"之容貌及六朝隋唐时称"胡"之定义及范围。而关于高昌、于阗诸史实,亦于石刻及西陲所出卷轴中多所创发。会日人狩野直喜博士自欧洲归,钞得英京博物馆所藏敦煌古写卷子甚富。当罗君景印《鸣沙石室古佚书》时,先生固尝从事于此。及见狩野博士所得书,乃大加考释。而《秦妇吟》一诗,亦于此时考定为韦庄所撰,与后此所见法京所藏之完本适合。及先生就清华研究院之聘,始努力于金源蒙古史料之研究。时与胶州柯凤荪氏(劭忞)过从甚密,柯氏告先生以明钞本《说郛》有《圣武亲征录》,较今本为详。先生因于友人处假得其书,以勘何秋涛辈校本。何本实未能满人意,乃据旧《元史》及洪文卿《元史译文证补》中所译拉斯特书互为斠补,成《校注》一卷。同时又笺校《长春真人西游记》、《蒙鞑备录》、《黑鞑事略》三书,于地理人物多所创获。盖先生于对音之比对最慎,不仅根据音理之符合与否为准,且须与地域之方位及史实之先后详为比勘,否则必至如李文田、丁益甫辈生穿凿无据之弊,既背音理,又乖史实,妄生支节,一无足取矣。虽先生于波斯文本拉斯特书及蒙文原本《蒙古源流》均未能通其读,然就其所考得者言之,固已十得七八矣。时先生见唐宋间中国北方有鞑靼一部族,而《辽史》、《金史》中均绝其迹,此疑终不能解，继读《元秘史》，始知鞑靼在《辽史》中为阻卜，在《金史》中为阻𩓥，在蒙古时为塔塔儿。继又于《金史》及《续资治通鉴长编》得其确证。而元修诸史中所以讳言者，盖当时史臣讹以元之祖先为鞑靼故也，因详著其说于《鞑靼考》中。虽与日本箭内博士结论无异，而其论证之方式固未尝同也。此外先生于蒙古未勃兴以前史料之校理，南宋人所传蒙古史料之真伪，及金世界壕之建置，均有论著。又日本东洋史学家数年未决之乣军问题，先生亦由《元秘史》中得其主名，而乣字之音读遂得由多桑及贝勒津书六种鞑靼名中定之。呜呼，先生之于辽金元史学，其成绩实已远过前人。惜其立志欲注之《元朝秘史》终未克蒇事。先生于逝世前数日，犹力疾写定其已成之《元朝秘史校释》为《蒙古札记》。此不独为先生遗憾，亦史学界莫大之不幸也。

　　治吾国经史考证之学，首当注意者，自须推版本、目录、校勘诸学。而目录学又为治任何学问之先导。清代朴学大师，未有不致力于此者。盖片字之微，每至牵动大局；一义之差，或可举覆全案。许浑咸阳之诗，白傅浔江之吟，缪写流传，尚有疑误。诗篇如此，经史可知（参段玉裁《经韵楼集》卷八《与阮云台书》）。自非通才懋学，无以识其异同之故。钩玄斟微，谅非易事。而版本之学，尤非精鉴别、熟史事者未易为力。昔人如黄荛圃、何梦华辈，迹近书客，一生碌碌，虽终老书城，实毫无所得。近世风尚，愈趋疏阔，佞宋侈明，相沿成习。嘉靖本之《琵琶记》，竟充元椠。蒙古本之李贺诗，亦号金镌。建本监本，尚多莫辨。缺笔避嫌，在所必争。先生有鉴于此，成《两浙古刊本考》、《五代两宋监本考》二书。元明监本，因搜辑未备，致未着笔。读先生集中《尔雅注》、《礼记正义》、《毛诗注疏》、《三国志》诸跋，无不洞烛源流，援证详覈，岂他人所能望其项背。以是知先生于斯学之精且勤也。先生居沪时，为乌程蒋孟蘋君编撰《密韵楼藏书记》。蒋氏藏书甲于江南，凡四明范氏、贵阳陈氏、钱唐汪氏、泰州刘氏诸家书，流出者多归之。先生既登其堂而览其书，又于暇日摘其可校者疏记之。今赵万里君所编《王观堂先生手批手校书目》（见商务印书馆出版之《国学论丛》第三期）中所载者，大半即校于此时。虽其中有

111

至常见之本，然如《水经注》、《广韵》、《元秘史》、《千顷堂书目》、《唐六典》、《尔雅注》、《封氏闻见记》诸书，其底本至不易觅，故先生校订时用力亦尤勤。《水经注》自残宋本、《永乐大典》本、明钞本以至嘉靖本、吴琯本、戴本、全本，无不毕校，前后阅时凡年余，亦可谓郦善长之功臣矣。读赵君所撰《年谱》(亦见《国学论丛》)则知先生无日不从事校读。先生有词云："坐觉亡何消白日，更缘随例弄丹铅。"其先生自为写照欤。

由上言之，知先生考证学以史学为最精，而史学中尤以古史上创获为最多，而古文字学、古器物学实乃先生治古史学之先导，版本、校勘诸学于先生之学中又为副产物，盖先生殊不欲以此见长也。原其学之所以卓绝者，可于先生与某君论治古文字学书残稿中见之。其言曰："昔戴东原先生论学，谓有十分之见，有七八分之见，有五六分之见。如《曹真碑跋》(案：乃某君所撰)则所谓十分之见者，至前所寄金文跋文则尚未到五六分。岂惟大作如是，前人说古文者亦大抵如是。盖古文字之学，材料太少，往往无征不信，故恒难得十分之见也。某去年所识数字，兹举一以为例。往见殷墟卜辞多󰀀字，其文恒云某日贞󰀀亡固，多至数百见，辄不得其义。去夏排比某氏卜文拓本，忽发见卜此事者皆以癸日。后徧披卜辞凡云󰀀亡固者，无不用癸。乃悟󰀀乃旬字。殷恒以每旬之癸日卜下旬之吉凶，其云旬亡固，犹《易》云旬无咎也。证以古金文钧字及《说文》钧字古文作玺，知󰀀确为旬字无疑。如此字者殆可谓有十分之见也。又卜辞中有󰀀字。《尔雅·释器》：麋罟谓之罞。郭注：冒其头也。󰀀字正象以冈冒角兽形之象，殆即罞之本字。后由象形字变为形声字，则成罞字。以此推之，󰀀当即兔罟之罝字，󰀀当即麚罟之䍋字，󰀀当即鸟罟之罗字，或从冈，或从毕，盖冈毕同意。此四字以形言之则是，然其声读均不可考，未可遽以《尔雅》之音拟之，则不过六七分之见而已。然古文字学在今日不过粗具萌芽，今日五六分之见，他日或成八九分、十分之见，亦未可知。故古文一事苟锲而不舍，将来开拓疆域，正未可量。某之所言，乃入手第一法，不可以此自馁。要知古文之不可轻释，而后有可释之字。

此与吾子共勉之。"云云。盖先生治学首重阙疑，而于肆私臆无忌惮如龚定庵、陈颂南辈，痛诋之不遗余力。尝闻某君往谒先生，以据古彝器或其他实物以改编东西周之史学为请，先生默不置辞。盖此君未尝知古彝器中片段之记载与史事有关者至鲜也，即有之，极少能确定其时代。而与载籍为翔实的考证，现尚非其时。此实有背于先生阙疑之旨。罗叔言君序《观堂集林》，云先生之治学由博以反约，由疑而得信，务在不悖不惑，当于理而止。斯言也，庶可得先生之微旨矣。呜呼！先生往矣，今世学人读先生之遗著，其知所先务乎。然则吾人此后之感怀先生者，又岂有既乎。

（原载《大公报·文学副刊》第 24 期，1928 年 6 月 18 日）

中国印本书籍发展简史

（一）未有雕版以前的写本

　　谁都知道，最早发明造纸术和印刷术的，是我们伟大的祖国的古代劳动人民。

　　自有文字以来，中国人民就在寻找记录文字的工具，并在改进这一工具上不断地努力。离今三千多年前的殷代的史官，曾采集龟甲和兽骨，用锐器来镂刻占卜后的卜辞和其他的记录。这些甲骨安置在政府档案库里，因为容易保存，所以贵族和统治阶级都乐于利用它。这就是1899年以来安阳小屯、侯家庄等地出土的甲骨文字。

　　此后，中国人民使用狭长的竹片或木片作为记录文字的工具。甲骨文字和《尚书·周书》称史官叫"作册"，标志着殷代和周初已经使用了竹制的简和木制的牍作为记录文字最普遍最主要的工具。西汉时壁中书和西晋时卫辉魏安釐王墓大量秦以前简牍的发现，曾引起当时和后代学术界莫大的影响，但这些原物不久都遗失了。最近半世纪，西北科学考察团等在新疆、甘肃、内蒙等地多次发掘，发现了从西汉到西晋前后约三百年的大量简牍。古简牍的形状和记事的内容，遂得大白于世。通常是汉尺一尺长，所以古人称书牍为"尺牍"。两面或一面写字。每根写一行，或两行。每行多的写四十字，少的写八九字。数十根简用绳子联结成篇。这里陈列的有一册用七十多根简编成的东汉永元五年(94)和七年(96)广地南部官兵兵器簿的模型，记载着破胡燧和涧上燧的器物名目，这是现存的唯一完整的汉代简册。此外医书、日历和小学课本——《急就篇》、《仓颉篇》等，在各地也有少量发现。又有少数多面形的觚，每面均写有文字。

1951年10月至1952年2月，科学院考古研究所湖南调查发掘团在长沙城外发掘战国时代的楚墓，发现了三十七根有字的残竹简。文字奇特，多不可识。但其中也有可识的，如"金戈八"和"鼎八"字样。大约是记录殉葬品的品名和号次。这是今日考古学者第一次发现的秦以前的简牍。又在西汉长沙王室的墓葬内，发现了一根木简，上有隶书"被绛函"三字。同时，又有使用丝绢来记录文字的。长沙出土的战国缯书，就是一个例子。

在东汉以前，中国就已开始有纸。关于纸的记载，可追溯至公元前12年，即汉成帝元延元年。《汉书·赵皇后传》说那时宫里有二枚包药而又写上字的薄纸，叫作赫蹏。因此我们可以肯定地说，距今一千九百六十多年前，中国已经有纸了。综合《说文》纸、箈、潎、絮等字的解说推测起来，大概纸的发明，最早可能是劳动妇女们在水中漂洗丝绵时，发现残留在席上有些敝绵，时常黏成薄片，把这些薄片晒干，便是初期的纸。到了东汉，蔡伦改良造纸方法，利用树皮、麻头和破布来代替敝绵，于公元105年即汉和帝元兴元年，制成一种新纸。从此以后，中国各地造纸手工业便依着蔡伦的方法，逐步予以推广和提高。前中央研究院曾在额济纳河岸掘出了一张用植物纤维制成的纸，又在同一坑位中掘出汉简多根，大都是公元93年至98年的兵器簿和文书。按照出土情况，这张纸和蔡伦造纸的年代相近。可见用植物纤维来造纸，不一定是蔡伦首先发明的，在他以前或同时已有人尝试了。

纸的发明和普遍使用，促使简牍时代迅速转入卷轴时代。就书籍的产量和著者们的写作热情来说,都大大地提高了一步。《隋书·经籍志》著录的书籍,无不是卷轴时代的写本,和简牍时代刘向《七略》、《汉书·艺文志》对比一下,种数篇数(即卷数)形成直线上升,这就是最具体的明证。但今日所知的最早的卷子写本,是清末日本人在我国新疆吐鲁番沙漠里盗掘古物时所发现的公元296年(即西晋元康六年)写本佛经残卷。此外现存的大量古卷轴,包括4世纪至10世纪(即东晋后期至北宋初期),绝大多数是1900年前后甘肃敦煌鸣沙山莫高窟发现的。莫高窟所出古卷轴,总数约二万余卷。1907、1908年先后为英人斯坦因、法人伯希和攫去精华一万卷左右。剩余八千余卷,佛经居多,曾由甘肃移送北京学部图书馆,即今之北京图书馆庋藏。这些写经,从开始发现到大转徙,当地遗失和流入私人手中的,也不少。

六朝人和唐人抄写佛经和道经,是一种专门职业。字体跟着时代演变,逐渐走向简易,谓之"经生书"。通常是写在一种用黄蘗汁染过色的,有防蠹作用的硬黄纸上。纸面以淡灰色的直钱和边栏为界,谓之"乌丝栏"。黏合幅度相等的数十纸成卷。前后施以竹筴木轴,贵族们则采用牙签玉轴。唐时行卷和诗文集子,有用五色笺纸缀合成卷的,非常鲜艳悦目。南朝末年大文学家徐陵在《玉台新咏》序里说:"五色花笺,河北胶东之纸。"假如我们联系到实物——日本庆云四年即唐中宗景龙元年(707)写本《王子安集》残卷,便知徐陵的话一点也不夸大,而且还在6世纪中叶,江南各地已有这类五色笺纸了。

(二) 雕版的兴起和唐五代刻本

和纸的发明有密切联系的,我国人民又一次对世界文明的重大贡献,便是印刷术的发明。有了纸以后,书籍全靠人们钞写来传播。但用手钞,仍是很受限制的,只能一次钞录一部。印刷术发明后,几百部几千部的书同时印成,书籍的流通量,比过去不知增加了多少倍。所以说:从卷轴转入雕版时代,就书籍的生产量来说,是空前大规模地提高了一步。

二十多年前,新疆曾出土一页残破纸片,上有"……官私……延昌三十四年甲寅……家有恶狗行人慎之……"等残文两行。延昌是建都于吐鲁番的高昌年号。三十四年,即公元594年,也就是隋开皇十四年。这个残片,现存英国。据英国人说,这两行残文系雕版印刷。如果没有错误的话,则是我国在6世纪末已有雕版印刷了。

日本皇室曾在770年刻成《陀罗尼经》四种,藏在小木塔里,分赠各寺院。每卷长约十八吋,高约二吋。这和北宋开宝八年吴越国王钱俶刻了《陀罗尼经》,分藏在西湖雷峰塔的砖孔中,情况相同。8世纪的日本文化,几乎完全从中国输入,雕版印刷自不能例外。这可证明8世纪初期,亦即一千二百年前,中国雕版印刷术,已经传布到日本去了。

初期的雕版印刷术,是属于人民大众的,是为人民大众利益服务的新兴技术。它是人民大众普及文化的有效武器。凡属人民大众迫切需要的书籍,就首先刊印流通。白居易的诗歌,"牛童马走之口无不道",那时社会各阶层,都喜欢他的诗。元微之在824年为白诗作序,便说有人拿白诗印本来换取茶酒。又日历和韵书,是人民大众尤其日历是农民们的必需品。所以835年(即唐太和九年)前后,四川和江东民间都曾"以版印历日"。唐文宗曾下诏"诸道府不得私置历日版",可见民间刊行日历,早已相习成风。敦煌所出两种唐历——乾符四年和中和二年——现藏法国巴黎图书馆,就是现存唐历的最古刻本。

雕版印刷术,也很早就为佛教徒们用作宣传的工具。他们有时刻些佛像,如观音和文殊菩萨之类。有时刻些篇幅比较简短的经疏,唐末文学家司空图的《一鸣集》里有一篇"为东都讲律僧惠确化募雕刻律疏文",下注"印本共八百纸",就是一例。现存最古老刊本,除了捺印的佛像之外,就是敦煌出的卷子本《金刚经》。这卷子用纸七张缀合而成,第一张扉画"佛在给孤独园说法图",以下是经文,末有"咸通九年四月十五日王玠为二亲敬造普施"一行。咸通九年即公元868年,距今已一千零八十三年。图和经文,线条劲挺,刀法圆熟,已是成熟期的作品。最令人愤激的是,这卷中外驰名的唐刻本,已于1908年为英人斯坦因攫去,现藏伦敦博物院,我们这次陈列的只是摄影本而已。

9世纪末,黄巢起义后,柳玭随着唐僖宗逃到成都,在城东南书店里看到"阴阳杂记占梦相宅九宫五纬之流"和"字书小学",都是雕版印本,足见唐末蜀中雕版之盛。但那时雕刻的书籍,还不是为统治阶级和士大夫们服务的,主要是供给人民大众参考的。人民需要诗歌、日历、佛经和小学韵书一类的书,不需要科场应试必读的经史。所以五代时宰相冯道说:"尝见吴蜀之人鬻印版文字,色类绝多,终不及经典。"因建议中央政府雕印九经。统治阶级在雕版印刷术流行后约四百年,才开始大规模地出版九经和其他经典来代替笨重而又不能行远的石经,这就是后世盛称的五代监本。

五代时政府学校兼出版机构——国子监,由于冯道、李愚等建议,于932年即后唐长兴三年,开始校刊九经,后来又扩大到《论语》、《孝经》、《尔雅》、《经典释文》和《五经文字》、《九经字样》等书。所刊经数和唐石经全同。所不同的,唐石经只刻经文,省去注文。五代监本则经文大字,每行约十六字,注文双行小字,每行约二十一字,经注并重,完全是六朝以来经注写本的旧式。这一空前未有、规模巨大的出版工作,直到953年即后周广顺三年才全数刻成。其中五经、《孝经》、《论语》、《尔雅》,都由国子监博士李鹗写了付刻。今传南宋浙本《尔雅》卷下后,有"国子四门博士李鹗书"一行,可知南宋浙本《尔雅》实源出五代监本。由此推断,现存的经注八行本,如南宋蜀大字本《周礼》、《礼记》,兴国军学本和建阳坊刻大字本《春秋经传集解》,南宋初浙刻本《礼记》,以及元岳浚荆谿家塾本五经和《论语》、《孝经》,明嘉靖间翻宋本三《礼》,可能都是直接或间接源出五代监本。五代监本虽然早已成为历史名词,但这一系统的经注本,至今还存在着。这也是值得我们注意和研究的。

(三) 宋金元雕版概况

从10世纪到14世纪包括宋金元三朝,是中国雕版印刷史上全面发展万花齐放的伟大时代。那时中央、地方、私人、书坊,无不从事雕版印刷工作。数量之多、范围之广、出品之精,不但空前,而且在某些方面,明清两朝也很难和它相比。雕版的中心地区,宋时除北宋首都汴梁外,浙江杭州、福建建阳、四川眉山,形成三个强有力的文化区域。金代雕版中心在平水,即今山西临汾一带。元代雕版中心,仍是杭州、建阳两个地区。现在扼要地说明如次:

北宋国子监刻书的范围,除重刻五代监本十二经的经注本,又遍刻九经单疏和《论语》、《孝经》、《尔雅》三经新疏。继又校刻十七史、重要子书、医书、算书,以及《文选》、《文苑英华》等书。这些书籍,由国子监校勘后,多数均下杭州雕版。因为杭州在五代时,已是一个政治而兼经济的中心,良工毕萃于是。所以宋时监本,多在杭州雕版。宋监本几乎都是浙本。浙本字体方整,刀法圆滑,在宋本中实居首位,这是我们应该肯定的。

北宋时运往首都汴梁的监本书版,靖康之变,全数为金人掠去,这就是后来金监本的底本,可惜现在都失传了。到宋高宗南渡重建国子监于首都杭州以后,才继续重刻经注本和单疏本(如毛诗单疏,是绍兴校刻,后来入监的)。这次陈列的《公羊》单疏,就是南宋国子监新刊单疏之一。又征取淮南江东漕司本《史记》、前后《汉》,即世称九行大字本,吴兴王氏本《新唐书》,衢州本《三国志》,台州本《荀子》,温州本《唐六典》等书版入监。而四川漕司井宪孟在四川眉山刻的南北朝七史,似乎后来也运到杭州入监。如上所说,南宋监里的书版,成份复杂,只有一部分是国子监自己负责校刻的。

宋亡,这些书版,都转入西湖书院。元时余谦等曾大事修补,继续出版。1380年即明洪武十三年,又移送南京国子监,重新整补。这些一再修补有名无实的三朝版,直到1800年左右,清嘉庆年间,南京臬署失火,才把它消灭干净。

南宋浙东西各地方政府和官吏,也都提倡刻书。如越州(绍兴)浙东茶盐司刻的《周易》、《尚书》、《礼记》、《周礼》、《春秋左氏传》,把经、注、疏合为一本，对于读者是一大便利。又如明州（宁波）重修的北宋本《文选》，也多由杭州工人刻版，未必是当地刻的。1132年即绍兴二年，湖州王永从等倡刻《思溪圆觉大藏》，1175年即淳熙二年，同地又有人倡刻资福大藏。这两部大藏，卷帙繁重，疑亦致工于杭州或他地刻的。只有婺州（金华）坊刻的《南丰文粹》、《圣宋文选》、白文九经等书，字体瘦劲，别具一格，前人所谓婺本，大概指的就是这一类字体的本子。

从南宋中期直到元明之间，这一百多年间，杭州众安桥一带书铺林立。诗人陈起，自号陈道人，开设的经籍铺，遍刻唐宋人说部书、唐人集和宋人小集。唐人集可能有百种。宋人集则分编为《江湖前集》、《后集》、《续集》、《中兴集》各若干卷。世传宋刻本《群贤小集》，即是《江湖集》中的一部分。又有尹氏书籍铺刻《续幽怪录》、《名医蒙求》等书，贾官人经书铺刻《文殊图赞》、《妙法莲花经》等书，这两个书铺在当时也颇知名。元初又有中瓦子张家书铺刻《唐三藏取经诗话》。这类平话小说，当时杭州坊刻定也不少。元时杭州杂剧戏文盛行，世传影元刻本《关大王单刀会》、《尉迟恭三夺槊》、《李太白贬夜郎》等杂剧，均题"古杭新刊"。又《永乐大典》本《小孙屠》等戏文三种，题"古杭才人"或"古杭书会"新编。这些通俗文艺刊物，自宋至元，风起云涌，极一时之盛。

元时杭州刻书盛况，比之宋代，有过之无不及。那时中央和地方政府刻书，如《文献通考》、《元一统志》、《圣济总录》、宋辽金三史，河西字（即西夏文）大藏，以及余杭南山普宁寺和尚道安等倡刻的《普宁藏》，都是由杭州刻版的。造就说明杭州在十三四世纪时仍是全国性的雕版中心区域。

福建建阳，地处较安全的后方闽北群山中，造纸工业非常发达，这就构成印刷事业的有利条件。北宋时建阳刊书情况不明。12世纪初叶后，书肆开业渐多，麻沙、崇化两坊书肆负责人和文人们合作，力求迎合时代，面向广大读者。如刘叔刚刻的《礼记》，合经、注、疏、释文为一体，代替了越州注疏本和《经典释文》。黄善夫刻的《史记》，合《集解》、《索隐》、《正义》为一书，代替了《集解》、《索隐》合刻本和《正义》单行本。都是人所共知的例子。同时又适应文人们科场应试和诗文獭祭的需要，建阳书肆出版了许多新型类书，如《事文类聚》、《纪纂渊海》、《山堂考索》、《全芳备祖》、《万卷菁华》、《万宝诗山》、《翰墨全书》，无不内容充实、条理明晰，当时流通量最大。此外人民需要的医卜星相杂书和日用百科全书，如《家居必用》、《事林广记》，话本小说如《武王伐纣》、《三国志》、《五代史》、《宣和遗事》，那时书肆也大量刊行。入明，建阳书肆的出版品，有增无减。嘉靖年间纂修的《建阳县志》有一张书坊图和书目，可以推知那时书肆分布情况和书籍出版动向。一直到17世纪中叶，这一文化区，才逐渐衰落下去，趋于消灭。

  9世纪末叶，四川成都已有雕版书籍流行。865年，即唐咸通六年，日本和尚宗叡带回日本的佛经和其他书籍目录里，就有西川印子《唐韵》和《玉篇》各一部。印子即是印本。883年，即唐中和三年，柳玭在成都城东南书肆里，也看到许多字书小学雕版印纸。后来蜀相毋昭裔在成都叫人写了《文选》、《初学记》、《白氏六帖》镂版行世。可见五代时成都已有雕版技术很熟练的工人在工作着。971年即宋太祖开宝四年，中央政府派人到成都雕造大藏，这就是《开宝藏》。《开宝藏》依照《开元释教录》的目次付刻，全藏应有五千多卷，但国内外现存的不过三四卷。当时成都的书籍出版量，在全国范围内，一定占有很大的比重。但从11世纪初叶起，这个中心区域逐渐向西南方眉山发展。眉山在宋时，人文极盛，有许多知名的文学家和政治家，造就造成了眉山刻书的有利条件。眉山出版事业，一面走监本路线，把中央政府校印的书籍迅速翻版，如大字本经注和小字本史书，都以监本为蓝本。一面又走大众路线，许多唐宋人的文学作品如李太白、王摩诘的诗歌，苏老泉父子的散文，和重要类书的出版，就是明显的例子。因此蜀本实兼浙建二本之长。但因遭受宋末元兵焚掠，眉山文化区全部毁灭，所以后代传本较少。

  金代雕版中心区域在平水，即今山西临汾。大概是北宋亡后汴梁刻工们迁徙过去，逐步发展，到12世纪中叶才形成的。关于金版，首先要提到《金藏》。据近人研究，《金藏》系1148年（即金皇统八年）至1173年

(即大定十三年),这二十多年间,解州天宁寺开雕大藏经版会主办,而由女子崔法珍断臂苦行,向晋南人民募刻成书的。原藏山西赵城县广胜寺,为国内外从未著录的孤本。1942 年八路军在赵城抢救出来,仅存四千三百余卷。1949 年,由华北人民政府移送北京图书馆庋藏。这次陈列的大小字各一卷,字体遒劲,纸质坚韧,可算是早期平水系雕版的代表作。《金藏》以外,要数 1237 年(即蒙古太宗九年)宋德方倡刻的道藏——《玄都宝藏》,总共七千八百余卷,1244 年(即蒙古乃马真皇后称制之三年)刊成。可惜这部经版,后为元世祖下令销毁,现今已片纸无存了。平水书肆,又盛刻诸宫调唱本和招贴画。俄国柯兹洛夫曾在甘肃甘州古塔内发现王昭君、赵飞燕木刻画和《刘知远传》残本,确系金元之间平水坊本。可见平水刻书范围之广,并且有一部分书籍是面向大众的。晦明轩张氏刻的《本草》和《通鉴详节》,也是一般性参考用书,纸墨印工俱臻上乘,在宋版中也很少见。史称蒙古太宗八年(1236 年),耶律楚材请立经籍所于平阳,这正是平水一带刻书的全盛时代。以后重心北移,到 13 世纪末叶,才逐渐消沉下去。元时,北京(大都)也是一个出版的中心。

宋元时地方官吏和儒学书院师生,都提倡刻书,有所谓漕司本、茶盐司本、公使库本、郡斋本、儒学本、书院本,名目甚多。不详述。

(四) 活字印刷术的发明和明清活字本

中国印刷史上最重要的改进工作,便是活字印刷术的发明。1045 年前后(即宋仁宗庆历年间),毕升发明胶泥活版印书。沈括在所著《梦溪笔谈》卷十八技艺门,说得很详细。他说毕升的活版,先用胶泥刻字,每字一印,用火烧硬。另设一块铁板,上敷松脂、蜡和纸灰等合制的药品。印时先放铁制框子在铁板上,框中满装活字,加热,等药品有点溶化,再用一平板压在活字上,再等药品凝固后,活字便平如砥石一般。可同时用两块铁板,一板在印刷,一板在排字,轮流印刷,转眼即就。每个字有数印，常用字则有二十多个印，不用时把活字按韵分装，并用纸签标明。除了沈括的记载，别处谁也找不到一点有关这位大发明家的事迹，而其他宋人用活字印书的史料，也没有任何记载留下来，这是很可惜的。有人说，故宫博物院藏的1259年即宋开庆元年印本《金刚经》，就是胶泥活字本。但经仔细鉴定，仍是木版。此外《天禄琳琅书目续编》著录的宋活字本《毛诗》，和叶德辉《郋园读书志》、《书林清话》里宣传他有宋活字本《韦苏州集》，也都是明铜活字本。宋活字印本大概很早就已失传了。

1314年即元延祐元年前后，东平人王祯发明了木活字印刷术。在他所著的《农书》后面，有详细记载。他把活字的大小高低，用小锯和刀子修整得都合乎标准，然后依照韵部编号，安置在两架特制的轮盘上。排版时，摘字的人中坐，便可"以字就人"，"不劳力而坐致字数"。他在安徽旌德时，曾如法创了一套木活字，试印本县县志，非常成功，总共六万多字，不到一月印成了一百部。这和敦煌发现的畏吾儿文木活字创制的年代，约略相近。可惜当时流传不广，现在都已失传了。

15世纪中叶，苏州无锡等地盛行铜活字印书。最知名的有两家：一为安国，曾以铜活字版印《吴中水利通志》、《颜鲁公集》、《魏鹤山集》；一为华坚、华镜的兰雪堂，印《春秋繁露》、《艺文类聚》、《蔡中郎文集》、《元白长庆集》。又有华燧、华煜的会通馆，印《容斋五笔》、《合璧事类》、《锦绣万花谷》、《诸臣奏议》和华燧自著的《九经韵览》、《十七史节要》。又有华理印《渭南文集》。以上各书自来藏书家都很重视它。还有苏州孙凤印《小字录》，建康张氏印《开元天宝遗事》，五云溪馆印《玉台新咏》，五川精舍（疑是常熟人杨仪）印《王岐公宫词》，金兰馆印《范石湖诗集》、孙黄《西庵集》，芝城印《墨子》，大概都是15世纪末叶至16世纪中叶苏南一带的出品。又有《曹子建集》和唐人集，前人不察，有时竟认为宋刻本，综合纸、墨、字体等条件看来，大约也是这一时期的铜活字本。明人陆深《金台纪闻》里说，常州人用铅字印书，比木版更为巧妙，则那时还有用铅制活字印书的了。

明时木活字印书也不少。这次陈列的碧云馆本《鹖冠子》，或许是木活字印的。李质颖曾把它送到《四库全书》纂修馆去，引起了清高宗弘历注意，在书首题了一首诗。据说后来武英殿聚珍版，就是摹仿着《鹖冠子》的活字，加以改进而制作的。所以这书在印刷史上，也起过一定的作用。

1726年（雍正四年）陈梦雷用新制的铜活字，排印了六十四部《古今图书集成》。每部一万零四十卷，五千二十册。这是从来未有的大百科全书，也是历史上规模最大的一次金属活字版印刷工作。后被清帝加上了一篇序，攫为己有。这批活字也被没收到皇帝宫中去，慢慢地被监守者盗卖。乾隆初年，又把这些活字销毁了铸钱。因此，1773年（乾隆三十八年），武英殿又另制了一套二十五万多个木活字来出版《聚珍版丛书》和《琉球国志》、《畿辅安澜志》等书。承办人金简为了说明木活字印书的方法和程序，特著《聚珍版程序》一书，这书在中国印刷史上是很有参考价值的。此外清代活字印书还不少，《红楼梦》乾隆间两次印本，以及某些地区出版的家谱和小唱本，都是木活字印的。北京出版的《京报》，是泥活字印的。19世纪初年山东泰山附近又有人创制了一种磁活字，可惜流行不广，印本也不多见。现在无锡还有胶泥活字印的通俗刊物，这大概是毕升用火烧泥的遗法吧！

（五）木刻画和彩色套印术

明清两朝中央政府所在地，南京和北京，尤其北京形成了一个强大的雕版中心。永乐的北藏，正统的道藏，这两部规模极大的宗教经典大丛书，都由"经厂"刻版。明经厂本，清武英殿本，以及雍正的龙藏，都是北京刻的。此外两朝全国各地刻书数量之多，种类之繁，尤难统计。

1375年前后（即明洪武年间）南京国子监大规模地集中了大江以南各地的宋元书版，许多杭州技术工人跟了西湖书院书版，到了南京。南京顿时代替了杭州，成为东南雕版中心。南藏和明初官刻书如《元秘史》、《元史》、《大诰》、《大明律》等书，都在南京刻版。16世纪中期（嘉靖以后），因为小说戏曲书大量刊行，吸收了建阳和徽州一部分刊工，南京又成了木刻画彩色套印的中心区域。

中国木刻画的起源，是很早的。唐末木刻画的技术，就已经很高了。纪元868年，即唐咸通九年，王玠刻的《金刚经》扉画，艺术已非常纯熟，是很重要的创作。许多敦煌出的唐五代雕版佛像，线条刚柔兼施，神态肃穆，具有独特的风格。宋时木刻画用途更广，从宗教画发展到应用科学、考古学，《证类本草》、《营造法式》、《宣和博古图》、《三礼图》，都有精美的木刻插图。而佛经的引首，如北宋崇宁元年刻《陀罗尼经》，南宋贾官人书铺刻《文殊菩萨图赞》，以及《碛砂藏》，尤为精美。元代木刻画范围更广，特别是大众所喜爱的通俗书刊和小说，如《事林广记》、《武王伐纣》、《三国志》等，几乎没有不附插图的。建安余氏勤有堂刻《列女传》，上图下文，据说图是顾恺之画的，和《三国志》等平话版式相同，也是元中叶的作品。明代出版了大量佛经和小说戏曲，都附有很多的插图。十六七世纪徽州派木刻画兴起，木刻画的作风，不仅带有明显的时间性，而且有地域性了。万历时南京唐家开的书铺，如世德堂、富春堂刻的戏曲小说，和《列女传》插图，纯系建阳风格。而文林阁和陈家的继志斋，却是标准的徽州派。那时徽州黄汪两姓刊工在各地创作的木刻画，独步一时。如黄鳞、黄应泰刻《程氏墨苑》，黄应瑞刻《女范编》、《大雅堂杂剧》，黄应光刻《琵琶记》、《昆仑奴》、《元曲选》，黄一楷刻《北西厢》，黄一彬刻《青楼韵语》、《西厢五剧》，黄应组刻《坐隐图卷》、《人镜阳秋》，都已达到了木刻画技术的最高峰。又有汪忠信刻《海内奇观》，汪文宦刻《仙佛奇踪》，汪士珩《唐诗画谱》，作风也和诸黄相近。此外《水浒传》、《金瓶梅》、《吴骚合编》插图，成于众手，尤为精丽。那时许多著名的画家，都曾为木刻家创作了画稿，如丁云鹏画《列女传》和《程氏墨苑》，陈老莲画《博古叶子》和《水浒叶子》，清初萧尺木也画了《离骚图》和《太平山水图画》。清康熙时的木刻画，除徽派殿军鲍承勋外，北京木刻家又从绘写皇家和官僚的生活方面，有独到的成就，如《职贡图》、《万寿盛典图》，都是规模极宏伟的。此后木刻画渐趋消沉，直到清末，北京木刻画又大盛，呈现着多年未有的气象。

彩色套印术的兴起,也是很早的。1340年即元至元六年中兴路刻无闻和尚《金刚经注》,经注和灵芝图,用朱墨两色套印,这是现存古书中最早的套色印本。16世纪末叶,吴兴凌蒙初、闵齐伋两家刻书,几乎全是朱墨或五色套印的。但在这时期稍前,已有像《花史》那样的以一块木板,涂上几种颜色而印刷成彩色画的作法。徽派刻工黄鏻等所刻《程氏墨苑》,第一次刷印本,也是把几种颜色涂在一块板上刷印的。稍后,便发明了分色分版的彩色木刻,把彩色木刻画印刷术提高到前所未有的程度。明末胡正言应用了当时流行的"饾板"、"拱花"二法,编印《十竹斋画谱》、《笺谱》二书,设色的妍丽、刊版的工致,直到现在还很少有人能赛过他。胡正言字曰从,原籍徽州,寄寓南京。他在1627年(即明天启七年)编刻《十竹斋画谱》,内分竹谱、梅谱、石谱、兰谱、果谱、翎毛谱、书画册等八种,全用"饾板"来表现画的浅深浓淡。1644年(即崇祯十七年),续刻《笺谱》四卷,又兼用拱花一法。拱花和现在凸版相似,印时用纸压在版面,花纹就一一凸现在纸上了。清初《芥子园画谱》,用"饾板"而不用"拱花",也是彩色套印的。在这时候,木刻画已不是一般书里的插图,而是画家临摹用的彩绘课本了。清末彩色套印木刻画又渐盛。鲁迅、郑振铎合编的《北平笺谱》,结集了这一时期彩色木刻画的精华。1934年郑振铎委托北京荣宝斋翻刻了《十竹斋笺谱》,饾板、拱花,全用胡氏遗法,比原本也无逊色。这二书,成为中国彩色套印木刻画的殿军。

(六) 近代印刷术的兴起和发展

19世纪中叶,近代印刷术跟着帝国主义传教师们的足迹,开始输入澳门、香港和沿海口岸宁波等地。他们把从中国学来的活字印刷术,又倒输到中国来了。1858年,有外人在宁波创制一套电镀中文字模,把中文活字和英文活字都铸成同样大小,共分七种,有所谓显字明字等名目。以后,香港、上海、广州、汉口也陆续铸造铅字,教会和外人就不断出版报刊和中英合璧的字典,作为导致中国走向半殖民地的有效工具。饱受帝国主义侵掠的中国人民,很快就觉醒起来,自己集资办报,如1873年创刊的汉口《昭文日报》,1874年创刊的《上海汇报》,都是国人自办的。同世纪60、70年代,上海、广州利用新法印行了许多声光化电的自然科学和技术科学译书。严复又译出《原富》、《天演论》等书,更进一步向中国人民介绍了资产阶级的文化思想。1897年(即戊戌变法的前一年),梁启超主编的《时务报》在上海大量发行,对于当时思想界曾起了救亡图存的很大作用。

1876年,平版印刷石印术开始输入上海。1881年粤人徐裕子开设同文书局,同时国人又开设拜石山房,印行了二十四史和书画谱等书。1902年,珂㼈版印刷开始输入上海,有正书局和商务印书馆首先试验成功,曾印行了一些有价值的美术书刊。

"五四"以前,中国资产阶级民主革命运动,曾运用书刊的力量,来进行革命宣传工作,印行了《中国日报》、《苏报》、《民报》,也印行了很多通俗宣传小册子。1919年五四运动,开创了新民主主义革命的新时代,马克思思想和共产主义运动开始在中国发展。接着,新文艺在上海和各地成长起来了。鲁迅的创作,文学研究会和创造社的出版物,对青年群众曾起了鼓舞他们斗争的作用。1924至1927年的革命运动中,中国共产党印行的《向导》、《中国青年》,是当时革命群众思想上和行动上的领导者。许多介绍马列主义、讨论中国内外革命问题的书籍,也在上海等地陆续出版,产生了强大的力量,使革命向前行进。

1927以后,中国人民在毛主席领导下,建立了革命根据地。到了抗日战争时期,革命根据地又有了更大的发展。人民的印刷事业,虽然在敌人重重进攻和封锁下,也克服了严重困难,获得了长足的发展。最初利用粗糙的土纸,窳劣印刷术,甚至利用雕版技术,印行了许多对革命有重大作用和贡献的书刊。随着革命形势的胜利进展,直到全国解放,出版物的质量也不断地提高。

1949年10月中央人民政府成立,《共同纲领》第四十九条鲜明地规定着"发展人民出版事业"。出版界和印刷工作者,在中央人民政府领导下,为了满足新中国人民的迫切需要,印行了越来越多的通俗读物、学习书刊、科学技术书刊、少数民族书刊、抗美援朝保卫世界和平书刊。还有人民领袖毛主席的选集、文化巨匠鲁迅的全集和日记,也都有精印本和精装本。这些书刊,印刷数量的庞大、发行地区的广泛,都是空前的。总起来说:多年来,在新民主主义革命运动中,近代印刷术是传播马克思列宁主义、毛泽东思想的有力工具。今后,在国家大规模经济建设和文化建设中,将发挥更大的作用。同时,人民的印刷事业也更将灿烂地发展。

(原载《文物参考数据》1952年第4期)

古代的版刻

我国是世界上最早发明印刷术的国家,早在公元8世纪前后,就有了刻版印刷术,到11世纪,又发明了活字印刷术。

北宋刻本《汉书》

早期的刻版印刷术,是广大市民阶层传播文化的有效工具,歌曲、日历、韵书等,就首先刻印流通。寺院和佛教徒们利用它大量刻印佛象和佛教经典,敦煌发现的公元868年刻印的卷子本《金刚经》,就是这一时期的产物。到了10世纪中期,中央政府才利用民间新兴技术刻印了《十二经》,可惜原本后来都遗失了。

从10世纪初到14世纪,包括宋、金、元三朝,浙江杭州、福建建阳、四川成都和眉山、山西平阳等四大文化区刻印了大量书籍，营销四方，其他地方政府、私人和书坊也多从事刻书工作。出版物中有唐宋著名作家的诗文、元曲作家的戏剧和民间流传的说唱平话脚本，这些作品的大量出版，对当时及后代诗歌、戏剧和说唱文学的发展起了极大的推动作用。

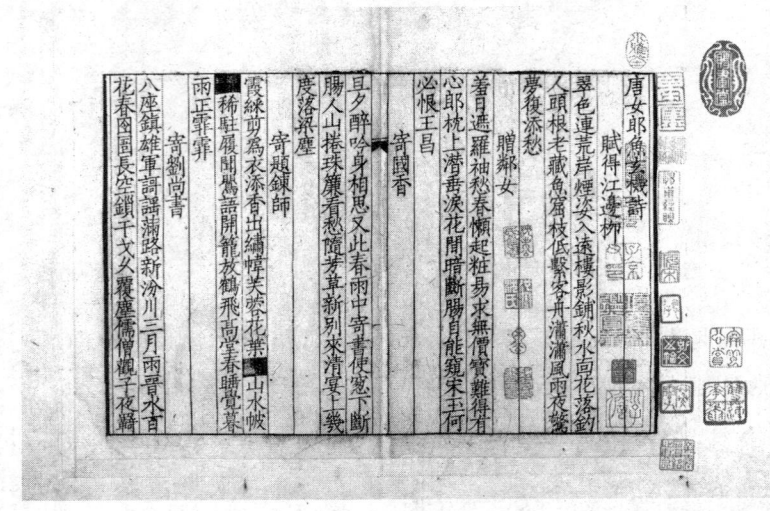

南宋杭州刻本《唐女郎鱼玄机诗》

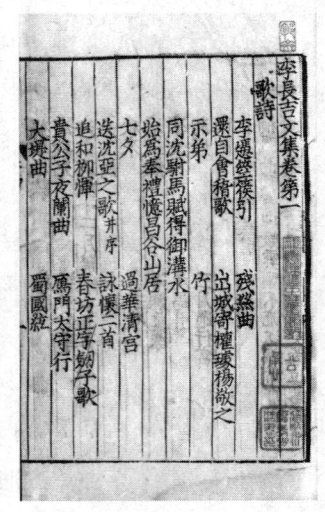

南宋成都眉山地区刻本《李长吉文集》

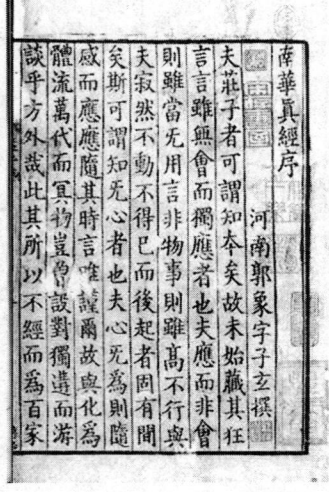

金临汾刻本《庄子》

14世纪后期,明朝政府在南京集中了杭州和江西、广西等地区的宋元版片,进行修补工作,南京成了全国的出版中心。16世纪前后,苏州、徽州、杭州、吴兴等地,私人和书坊刻印了大量文学艺术书籍和科学技术用书,销路远及国外。同时,一部分徽州刻工搬到了南京,南京又成了彩色套印木刻画和技术革新的中心。明迁都北京后直到清朝,北京也是全国性的出版中心。中央政府、私人、书坊编印的书籍,品种之多,纸墨之精,刻印之工,装潢之美,都是前所未有的。同时,地方政府编辑的方志的木刻本遍及边远地区。大、中、小城市都有刻字铺。当时江浙各地著名的藏书家,也多是刻书家,他们翻刻了许多对学术研究有用的参考书,和卷帙巨大的丛书、类书,营销全国。

元大德(1297—1307)铅山刻本《稼轩长短句》　　明正德(1506—1521)无锡铜活字印本《白氏长庆集》

活字版印刷术是公元1045年前后劳动人民毕升发明的,比德国谷腾堡的创造早了四百年。他发明的胶泥活字版,和13世纪末王祯发明的木活字版印成的书籍,很早就失传了。现在流传的最古的活字版,要数15世纪后期苏州、无锡一带流行的铜版活字印书,出版量最大的有无锡安国和华燧、华理两家,这两家印行的古类书、唐宋人诗文集和水利专业用书,营销各地,为当时出版界和后来藏书家所重视。同时,江南一带还有人用铅锡活字印书,可惜都早已亡失了。

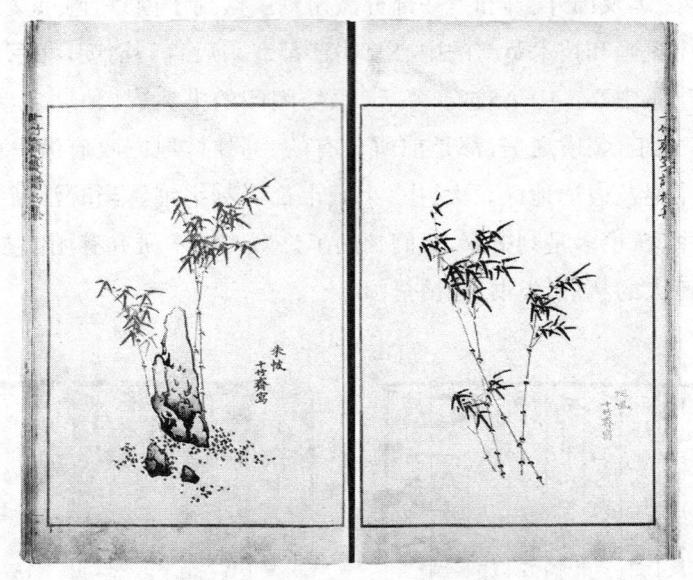

明崇祯(1628—1644)南京刻本《十竹斋笺谱》

公元1726年,陈梦雷用铜活字督工排印了六十四部《古今图书集成》,每部五千零二十册。公元1773年宫中武英殿排字工人又用木活字排印了新从《永乐大典》内发掘出来的古代佚书一百多种。这两次规模较大的活字版印刷工作,都是史无前例的。但运用前人遗法加以大胆革新的,要数山东泰山徐家的磁板和安徽泾县翟家的泥版。此外,这一时期北京出版的《京报》和民间文艺作品,用活字版印的也不少。

远在刻版印刷术大兴以前,中国木刻画就已经出现了。唐末王玠督刻的《金刚经》和敦煌发现的许多宗教画,艺术已渐趋成熟。公元984年浙江刻的著名宗教画家高文进绘制的木刻画,佛象庄严,工致绝伦,雕版艺术达到了前所未有的水平。此后,木刻画从单纯的宗教画发展到百科全书、文学、医学、考古学等方面书籍的插图,出现了不少艺术水平很高的作品。明代南北各地刻印的佛经、戏曲、小说和其他通俗书籍，几乎没有不附插图的。15世纪后期，徽州派版画兴起，直到17世纪末，徽派版画独步一时，风靡全国。徽籍刻工在徽州、杭州、吴兴、苏州、南京等地雕制的木刻画，特别是戏曲小说的插图，具有高度的艺术造诣和独特的时代风格。当时著名的画家如丁云鹏、陈老莲、萧尺木都曾为木刻家创作画稿。此后，木刻画转趋消沉。直到20世纪初，北京的木刻家和画家们合作，木刻画又渐盛。鲁迅和郑振铎合编的《北平笺谱》，就是这一时期的代表作。

清初杭州刻本《北西厢》中的插图

16世纪末，吴兴、杭州、南京等地书肆用朱墨两色和多色套印的通俗读物和戏曲小说逐渐增多。公元1600年徽州工人刻印的《程君房墨苑》，其中一部分图案是用各种颜色涂在一块版上印刷的，画面显得格外绚丽夺目。稍后，木刻家与印刷工人合作，便发明了分色分版的彩色木刻。明末徽州人胡正言运用当时流行的饾版、拱花二法，编印了《十竹斋画谱》、《笺谱》二书，把彩色套印木刻画推向新的艺术高峰。《画谱》全用饾版法，把刻好的一块块小木板顺序付印，用来表现画面的深浅浓淡。

《笺谱》则兼用拱花法。拱花和近代凸版相似,印时用纸压在版面上,天际的白云,江上的流水,就一一凸现在纸面了。稍后,南京画家王蓍等创作的《芥子园画谱》和其他地区出版的民间年画,也都是彩色套印的。

中国历代刻版书籍、活字版书籍和版画,是一宗十分宝贵的民族文化遗产。它们不仅给我们留下了许多有助于社会主义建设的各种资料,而且为进一步发展我国的版刻艺术提供了有利条件。

(原载《人民画报》1961年9月号)

两宋诸史监本存佚考

(一)

王观堂先生于所撰《两宋监本考》中述两宋诸史监本自淳化至绍兴,代有造刊。其所引纸上材料《麟台故事》、《玉海》、《容斋五笔》、《直斋书录解题》数书而已。《麟台故事》记之最早,厥后《国朝会要》即袭《故事》为之。《永乐大典》卷一千七百四十一引《国朝会要》曰:

> 太宗淳化五年七月,诏选官分校《史记》、前后《汉书》。崇文院检讨兼秘阁校理杜镐,秘阁校理舒雅、吴淑,直秘阁潘慎,修校《史记》,朱昂再校。直昭文馆陈充,史馆检讨阮思道,直昭文馆尹少连,直史馆赵况,直集贤院赵安仁,直史馆孙何,校前后《汉书》。既毕,遣内侍裴愈赍本就杭州镂板。
>
> 咸平三年十月诏选官校勘《三国志》、《晋书》、《唐书》。以直秘阁黄夷简、钱惟演,直史馆刘蒙叟,崇文院检讨直秘阁杜镐,直集贤院宋皋,秘阁校理戚纶,校《三国志》。又命镐、纶与史馆检讨董元亨,直史馆刘锴详校。直昭文馆许衮、陈充校《晋书》,黄夷简续预焉,而镐、纶、锴详校如前。直昭文馆安德裕、勾中正,直集贤院范贻

孙.直史馆王希逸同校《唐书》,五年校毕,送国子监镂板。校勘官赐银帛有差,锴特赐绯鱼。

以上所云,较《麟台故事》为略。然宋时官书中记诸史刊版始末,自李焘《续资治通鉴长编》外,莫详于此矣。今欲求淳化咸平刊本,固渺不可稽,即《直斋书录》所云南渡后监本,《唐书》、《五代史》取诸湖州者,亦从未见于诸家簿录。《天禄琳琅书目》载《汉书》卷尾题"淳化五年奉勅刊正,至道三年吕端等进",非后人伪造,即南宋后重翻本,与聊城杨氏藏咸平监本《扬子法言》实系南宋覆刊本者相雷同,盖淳化咸平监本绝迹于天壤者久矣。然则今日欲考两宋诸史监本之真面目,宁非至难事耶。余年来遍历南北,得见北平图书馆、南京国学图书馆、上海涵芬楼、江安傅氏、常熟瞿氏、吴兴刘氏、松江韩氏、海宁蒋氏诸家藏书,始恍然如见有宋内家故籍。而黄佐《南雍志·经籍考》区《史记》旧刊为大字、中字、小字三种,实得其真。即《史记》外其他诸史,亦有大字、中字、小字之别,特传世者未必如《史记》之独完耳。淳化咸平监本,虽不可复见,然景祐重刊淳化监本,固巍然独存。景祐监本诸史,虽不可尽见,然南宋复刊本亦间有存者。故谓北宋淳化咸平诸本,虽佚而实存可也。窃尝详加考定,知中字、小字二本,乃本宋监本面目之仅存者;大字本乃南渡后重刊,其版至明中叶间尚存。惜自来无人能肯定其说,今据实物与故籍相印证,两宋诸史监本之情状,始得大明。兹分篇述之如后,谅亦治史者所乐闻也。

(二)

《南雍志》区《史记》旧版为大字、中字、小字三种,今以传世宋刊《史记》旧本考之,知大字者乃半叶九行本,中字者乃半叶十行本,小字者乃半叶十四行本。除九行本乃南宋监本,十行本乃南渡后重翻北宋景祐监本外,明季南雍所储《史记》仅十四行本乃真北宋本之仅存者。其不言他史者,以他史在南监中,大小中三本未必俱存,而存者只《史记》一书故也。兹先考中字本,次及小字本,再后述及大字本。大字本在两宋诸史监本为晚出,故不得不先考中字本,以当引论耳。

甲　中字本(即十行本)

1.《史记集解》

北宋监本,存。江安傅氏藏。每行大十九字,小注二十五六字不等。此景祐覆刊本,以常熟瞿氏、松江韩氏藏北宋景祐本前后《汉书》,乃翻刊淳化乾兴监本者例之,盖即出淳化本也。《汉书》版心下记刊工姓名,有张珪、胡恭、钱真、屠亨、陈忠、屠武、陈吉诸人,与此本同,知此本与瞿藏《汉书》为同时所刊。然刊《老子列传》居列传之首,则政和间又有补刊矣。吴曾《能改斋漫录》记事门云"政和八年诏《史记·老子传》升于列传之首自为一帙",而嘉靖震泽王氏本《史记》于《老子列传》亦云"监本老子与伯夷同传",均与此本合,此均政和补刊景祐监本之证。此本南渡后有覆刊本,历宋元明三朝尚存于明南雍。《南雍志》所称中字《史记》,即指覆刊本言之。至真北宋本,则除江安傅氏藏一残帙外,世殆无第二帙也。

2.《前汉书》

北宋监本,存。常熟瞿氏藏。每行十九二十字不等,小注二十五六七字不等。此景祐覆刊淳化监本也。大德本《前汉书》有余靖上言,文曰:"景祐元年九月,秘书丞余靖上言。国子监所印两《汉书》文字舛讹,恐误后学,臣谨参括众本,旁据他书,列而辨之,望行刊正。诏以翰林学士张观等详定闻奏,又命国子监直讲王洙与靖偕赴崇文院譬对。……靖、洙悉取馆阁诸本参校。二年九月校书毕,凡增七百四十一字,损二百一十二字,改正一千三百九字。"与此本首叶所题增损改正字数正合,知即余靖辈校定本。大德重刊时据此本为底本,实以其胜于淳化监本故也。此本南渡后已亡,南渡后闽中有覆刊本。闽本未详刊于何时,明季不入南监,与《朱子大全集》版似并存旧藩署中,今所传有元明补版者,皆覆本也。

137

3.《后汉书》

北宋监本,存。常熟瞿氏、松江韩氏藏。每行字数与《前汉书》同。书后题"右奉淳化五年七月二十五日敕重校定刊正",下题"承奉郎守将作监丞直史馆赐绯鱼袋臣孙何,承奉郎守秘书省著作佐郎直集贤院赐绯鱼袋臣赵安仁"二行。又后列景祐元年余靖上言,其为景祐覆刊淳化监本,可待言矣。《容斋四笔》云:"刘昭注《补志》三十卷,本朝乾兴元年刊国子监,孙奭始奏以备前史之缺,故淳化五年监中所刊《后汉书》尚无志焉。"此本补志俱全,盖景祐间重刻时所附益。南渡后版亡,明时入南监者,乃绍兴间江东漕司九行本,非此本也。

4.《三国志》

北宋监本,亡。《麟台故事》、《国朝会要》均记《三国志》北宋监本,刊于咸平之初。今所传南渡后衢州刻本,半叶十行,行十九字,尚遵用北宋本行款。《吴志》后有咸平牒文,与《麟台故事》合。盖即南宋监本也。南宋监本分令诸州郡雕造,《唐书》、《五代史》刊于湖州,《史记》、前后《汉》刊于淮南江东,《荀子》刊于台州,《毛诗正义》刊于绍兴,则《三国志》刊于衢州,固其所也。今所传衢州本,多元明重修本,宋印本绝罕见。上海涵芬楼藏《魏志》,乃衢州本《三国志》宋印本之仅存者。至《蜀志》、《吴志》宋印本,世恐已无之矣。

5.《晋书》

北宋监本,亡。《麟台故事》记《晋书》北宋监本之刊行,与《三国志》同时。今所传南渡后闽中覆刻本,半叶十行,行二十字,较《三国志》每行增一字,盖已有移改矣。闽本传世者,多元明修补本,宋印本除德化李氏藏全帙外,平生所见仅松江韩氏藏一残帙耳。

6.《南史》

北宋监本,亡。南渡后覆刊本亦未见于著录。

7.《北史》

北宋监本,亡。《南北史》、《隋书》,北宋监本刊于天圣间,详见《麟台故事》、《玉海》诸书。今北宋监本无一存者。《北史》仅存南渡后闽中重刊本，半叶十行，行十八字，常熟瞿氏藏，他处未见有第二本也。

8.《隋书》

北宋监本，亡。今有南渡后闽中覆刻本，半叶十行，行十九字。传世者多元明修补本，宋印本则仅常熟瞿氏有之耳。

9.《新唐书》

北宋监本，亡。今有南渡后闽中覆刻本，半叶十行，行十九字。目录后有牌子，文曰"建安魏仲立宅刊行，收书贤士伏幸详鉴"。盖建安书肆所刊也。吴兴刘氏常熟瞿氏藏宋印本，传世者则均元明修补本耳。

以上各史，虽行字略有参差，然半叶无不为十行者。字体亚于九行本而大于十四行本，故《南雍志》于《史记》以中字本呼之。其中除前四史传世者尚有北宋监本或南宋覆本外，余皆闽覆本耳。闽覆本历宋元明三朝至嘉靖后始绝，与明南雍所存四部书情形略同。当时所刊者，除诸史外，尚有《五代史》、《资治通鉴》（覆刻绍兴浙东茶盐司本，世即以茶盐司本呼之）、附释音本《十三经》、《朱子大全集》诸书，未必尽为建阳书肆所刊，或有出于福建漕治者。其规模于明季虽逊于南雍，实胜于北雍（北雍所存宋版，仅《秦淮海集》较知名耳）多矣。以《朱子大全集》其版明时存于藩署者例之，殆亦闽藩署所储也。惜当时无专书记之，后人仅以刊工体势定刊刻时地，亦属不得已之一途也。

乙　小字本（十四行本）

传世诸史北宋刻本，除十行本外，尚有十四行本一种。其本与江安傅氏藏北宋本《文中子》、常熟瞿氏藏北宋本《列子》及北宋末盐官县所雕《通典》行款全合，与南渡后覆刻北宋本诸经单疏款式亦略符，惟半叶略减一行耳，此唐宋以来经史旧本之款式也。常熟瞿氏藏《史记集解》行二十四至二十七字不等，贞字不缺笔，乃仁宗前所刊。吴兴张氏藏《汉书》残卷行二十七八字，日本静嘉堂文库藏《吴志》二十五六字，皆北宋刻本。南京国学图书馆、海宁蒋氏藏《晋书》行二十六字，乃北宋末闽中覆本，卷中桓字不缺笔。江安傅氏藏《隋书》残卷，行二十五字，乃明内阁旧藏书。

日本静嘉堂文库、北平图书馆藏《新唐书》残卷行二十五字，北平图书馆藏本书背有天历间嘉兴府刑事公文，其为元西湖书院印本无疑。此皆北宋中叶刊本。其刊于南渡后者，则仅常熟瞿氏藏《旧唐书》一种耳。《旧唐书》行二十五六字不等，构字缺笔，而慎、敦诸字不缺，乃高宗朝刊本。卷后有"左从政绍兴府录事参军张嘉宾校勘"一行，刊工体势与日本竹添氏藏《毛诗》单疏相合，盖同为绍兴府所雕也。《旧唐书》咸平中亦已校定，以将别修，不镂版（见《玉海》），迄绍兴间始得补刊，然已非北宋秘阁传本之旧。《册府元龟》所载唐代事，皆出《旧唐书》，然颇有出今本外者，刘文淇辑为佚文十二卷，今以绍兴本勘之，知绍兴间所刊，已有残脱矣。综上所述各史计之，北宋刻者六，南宋刻者一。除《晋书》外，其版至元季尚存。与中字本诸史虽同为杭州或绍兴所刊，然迄未离杭他去，故元时其版并入西湖书院，与九行本诸史，明时同归南监。惜明季以其版多漫漶，且可以九行本或元九路刊十行本代之，故印本遂绝，至可憾也。除《史记》淳熙间有闽覆本外，余皆孤行抗行，在北宋监本中，其流传之端绪独不可见，此今日目录学家所当致力者也。

丙　大字本（九行本）

宋南渡后，北宋诸史监本中之十行本，既毁于兵燹，或且为金人辇去。十四行本独存，然有《新唐书》无南北朝各史，未为备也。绍兴间遂有令州郡分刊之议，除《三国志》乃衢州刊，仍遵用北宋旧式外，余皆九行行十九字本也。今可考者，《史记》为淮南漕司所刊，前后《汉》为江东漕司所刊，南北朝七史，虽未详确为何地所刊，然必为江南或浙杭附近雕，则可断言。何以征之？《容斋续笔》云："前绍兴中命两淮江东转运司刻三史版。"今所传《史记》列传二十七后有"左迪功郎充无为军军学教授潘旦校对，右承直郎充淮南路转运司干办公事石蒙正监雕"二行，其为淮南漕司所刊无疑。《史记》为淮南刊，则两《汉书》当为江东刊矣。《前汉书》版心下记刊工姓名有孙升、李度、董晖诸人，悉与《后汉书》同，而与《史记》所记刊工无一合者，其为江东所刊而非淮南，审矣。江安傅氏藏明影宋本《三国志》，半叶九行，行二十字，与衢州本不合，疑与前三史为同时同地所刊。当时所刊者，实得四史，《三国志》版早亡，故流传最罕耳。此前三史刊于淮南江东之明证也。至南北朝七史，世称之眉山本，亦谓之蜀大字本，盖本《郡斋读书志》，实则出于北宋旧监本，与眉山本无涉。江南蜀中绍兴间皆有翻刊。《玉海》卷四十三云："嘉祐六年八月庚申，诏三馆秘阁校理宋、齐、梁、陈、后魏、周、北齐七史书，皆不全者，访求之。七年十二月诏以七史版本四百六十四卷，送国子监镂板。"晁氏《读书志》云："嘉祐中以宋、齐、梁、陈、魏、北齐、周书舛谬亡缺，命馆职雠校。治平中曾巩校定南齐、梁、陈三书上之，刘恕等上校《魏书》，王安国上《周书》，政和中皆毕，颁之学官。绍兴十四年，井宪孟为四川漕，始檄诸州县学官求当日所颁本。时四川五十余州皆不被兵，于是七史遂全，因命眉山刊行。"此刊于蜀中者也。《玉海》云："绍兴九年九月九日诏下诸郡，索国子监元颁善本校对镂版。"此刊于临安者也。是临安蜀中二本，皆出北宋监本。然今所传者，乃临安本而非眉山本，其确证有三：传世大字本七史，元时版入西湖书院，明时版在南监。凡入南监诸版，皆江南或浙闽所雕，无蜀中刻本。其证一。眉山刊书，当时最有盛名。传世宋刻本确为眉山本者，小字则有《册府元龟》、《国朝二百家名贤文粹》、《东都事略》诸书，大字则有苏文定、苏文忠、秦淮海、陈后山、洪盘洲诸家全集。诸书无论大小字本，刊工体势与传世宋刊七史均不合，而七史字体方整古厚，与浙本相近。其证二。七史中《梁书》版心下记刊工姓名有庞知柔、曹鼎、童遇诸人，皆浙人也。浙本《朱子大全集》亦庞知柔等所刊。观于庞等重修《梁书》，其为浙刊而非蜀刊，断可知矣。其证三。世每见大字本，辄谓之蜀本，遂并淮南漕司本《史记》亦谓之蜀大字本。则于七史又何怪焉。七史自绍兴间刊行后，历宋元明三朝，至隆庆间冯梦祯为南监祭酒，以其版漫漶不可读，遂重刻之，世谓之南监本。然所据乃明印本，故《南齐书》脱三叶，《后魏书》脱二叶，北监本及清殿本遵之，世遂无完本，至可憾也。今《南齐书》江安傅氏藏元印本，《宗室传》、《地理志》缺叶俱全。而《后魏书》则元印本已残，世无七史宋印本，此憾终不能补矣。《史记》明印本，

141

吴兴刘氏嘉业堂有之，尝据以影雕行世。《后汉书》则上海涵芬楼、北平图书馆俱有元印本，去其重复，尚可得一完书，今商务书馆发行之百衲本二十四史，即遵用此本。至《前汉书》世仅有明初印本残册，海内未闻有全帙。传世诸史九行本十四行本，元印或明初印者，大率自明内阁流出，设无明内阁，则谓诸史无旧本流传也可。

（三）

由上言之，则宋时诸史监本，显有三大统系。《南雍志》以小字《史记》当元饶州路刊本，知明中叶间已无人能剖别矣。如谓不然，则请引群经正义宋刻本以证之。群经正义中单疏本、越州本及闽中附释音本鼎足而立，亦可谓之小字、大字、中字三种，与诸史无异。惟附释音本（即群经正义之中字本）乃闽中所刊，而非南宋监本，此其异于诸史者耳。余蓄此疑久矣，尝以质海内收藏家，均不能决，年来遍阅诸家藏书，往复比勘，渐有所悟。今草此文，聊以当发凡可耳。

二十年十二月九日初稿

（原载《庆祝蔡元培先生六十五岁论文集》上册，国立中央研究院历史语言研究所1933年编印）

中国史料目录学讲义

总目

第一章　总类
第二章　史后迄战国
第三章　两汉
第四章　三国两晋
第五章　南北朝
第六章　唐
第七章　五代
第八章　南北宋
第九章　辽金夏
第十章　元
第十一章　明
第十二章　清
第十三章　余论

凡例

（一）史料有直接与间接之别。所谓直接间接云者，纯以时间性为标准。去古远者，文籍传世愈少，虽间接的，今日亦以直接的视之。反之，去今近者，文籍传世愈多，虽同为直接的，有时以其错综繁琐，亦不为专门学者所注意。当代人所撰传记、谱谍、志乘、诗文、奏札及实录、起居注、日历，皆直接的史料也。隔代人或去古远者所纂通史或其他性质史籍，则间接的居多。间接的史料即自直接的史料贩来，吾人谓之二重史料。二重史料适用于直接史料衰亡时，此项史料非先经史学家或目录学者加以审定不可，否则靡不为行文书也。兹之所述，唐以前者二者兼著并重，唐以后者则于间接的略之，以省篇幅。

（二）史料又有纸上与地下之别。纸上材料，一切载籍是也。地下史料，宋元以来出土之地下宝物是也。地下材料无不属于直接史料。自清中叶以还，此项材料愈出愈多。洹上之甲骨、伊洛之碑碣、齐鲁之陶器、乐浪之漆器、塞上及西域之古简牍及丝织品，与夫关中、山右、中州之青铜器、中央亚细亚之壁画佛像及绝国文字，均其荦荦大者。兹之所述，专重纸上材料。地下材料除必须论述者外，余率略以省篇幅。盖有容庚之金石书录目在，固无须重加称道也。

（三）《四库全书总目》区别一切史籍为十五类：曰正史，总纲也；次曰编年，曰别史，曰纪事本末，曰杂史，曰诏令奏议，曰传记，曰史钞，曰载记，皆参考正史中之记传者也；曰时令，曰地理，曰职书，曰政书，曰目录，皆参考正史之诸志者也；曰史评，参考正史之论赞者也。兹所论列，于正史、杂史、别史、载记之名，纯出前人主观者，悉移入他类，以归划一。其他时令、史钞、史评诸类略之。另立部类如左：

（甲）纪传类　旧时正史类全部及别史、载记之一部皆属之。

（乙）编年类　旧时杂史类、载记类之一部亦属之。

（丙）纪事本末类　旧时杂史类、载记类之一部亦属之。

（丁）会要类　旧时职官类、政书类及子部类书类之一部分皆属之。

（戊）传记类　旧时子部杂家类、小说家类之一部亦属之。

（己）地理类

（庚）杂类　凡不入上列诸类者属之。

（四）版本学为目录学之先河，而校勘学又与版本学相辅而行。故兹之所述，于一书之体制内容详为阐发外，并于版本源流亦略加论列焉。

（五）兹编所述，先通史（即总类），后断代，均以中国史籍为主。日本、高丽人所著书涉及中国史事者亦择要著录，此外近世学者所撰短篇论文发表于报章杂志者，则一概从略。

（六）此编所收材料，辑佚书与见存书并重，传疑者不录。所草提要除少数参考《四库总目提要》、《郑堂读书记》及海内外各家藏书志、题跋、说部外。大多采自编者自著之《北平图书馆善本书志》及《舜盦经眼书录》甲乙丙丁四编。

第一章　总　类

《史记》一百三十卷（版刻见下）

汉司马迁撰。迁字子长，龙门人。太初中为太官令。事迹具详王静安先生所著《太史公行年考》。案太公之撰《史记》，盖承其父谈之遗绪，本书《自序》及《汉书》本传叙之甚详。传云："孔子因鲁史记作《春秋》，左丘明论辑其本事为之传，又纂异同为《国语》。又有《世本》，录黄帝以来至春秋时帝王公侯卿大夫祖世所出。春秋之后，七国并争，秦兼诸侯，有《战国策》。汉兴伐秦定天下，有《楚汉春秋》。故司马迁据《左氏》、《国语》，采《世本》、《战国策》，述《楚汉春秋》，接其后事，讫于天汉。"是史公撰《史记》时所据者皆纸上材料。其时山川之宝未出，距战国及嬴秦全盛时代甚暂，异代胜迹，往往而有。其足迹所至见于本书者：《五帝本纪》曰："余尝西至空同，北过涿鹿，东渐于海，南浮江淮矣。"《封禅书》曰："余从祭天地诸神名山川而封禅焉。"《河渠书》曰:"余南登庐山,观禹疏九江,遂至于会稽太湟,上姑苏,望五湖,东窥洛汭、大邳,迎河,行淮、泗、济、漯洛渠,西瞻蜀之岷山及离碓,北自龙门至于朔方。"《齐世家》曰:"吾适齐,自泰山属之琅邪,北被于海,膏壤二千里。"《魏世家》曰:"吾适故大梁之墟。"《孔子世家》曰:"余适鲁,观仲尼庙堂车服礼器,诸生以时习礼其家,余低徊留之不能去云。"《伯夷列传》云:"余登箕山,其上盖有许由冢云。"《孟尝君列传》曰:"吾尝过薛,其俗闾里率多暴桀,子弟与邹鲁殊。"《信陵君列传》曰:"吾过大梁之墟,求问其所谓夷门。"《春申君传》曰:"吾适楚观春申君故城,宫室盛矣哉。"《屈原贾生列传》曰:"余适长沙,观屈原所自沉渊。"《蒙恬列传》曰:"吾适北边,自直道归行,观蒙恬所为秦筑长城亭障,堑山湮谷,通直道,固已轻百姓力矣。"《淮阴侯列传》曰:"吾如淮阴,淮阴人为言,韩信虽为布衣时,其志与众异。其母死,贫无以葬,然乃行营高敞地,令其旁可置万家。余视其母冢,良然。"《樊郦滕灌列传》曰:"吾适丰沛,问其遗老,观故萧、曹、樊哙、滕公之冢。"《自序》曰:"奉使西征巴蜀以南,南略邛、昆明。"是史公足迹殆遍宇内,时年仅及冠,尚未服官。及西征还,父谈弃养,越三岁还为太史令,始绌石室金匮之书与实地考察所见之史迹相印证而作《史记》。天汉三年遭李陵之祸,幽于缧绁,自是以后,不复述作,故班固曰"迄于天汉",然史公《自序》则明云迄于太初。盖史公作史,创始于太初中,原稿纪事以元封太初为断,太初距天汉不过二年,故班氏云尔也。此事诸表中踪迹最多。今本间有太初以后事,皆后人所续矣。

《汉书》本传云:迁著十二本纪、十表、八书、三十世家、七十列传,凡百三十篇,而十篇有录无书。裴骃《集解》引张晏注云:"迁没之后,亡《景纪》、《武纪》、《礼书》、《乐书》、《兵书》、《汉兴以来将相年表》、《日者列传》、《三王世家》、《龟策列传》、《傅靳列传》。元成之间,褚先生补缺,作《武帝纪》、《三王世家》、《龟策日者传》,言辞鄙陋,非迁本意。"司马贞《索隐》复广其意曰:"《景纪》取班书补之,《武纪》专取《封禅书》,《礼书》取荀卿《礼论》,《乐书》取《礼乐记》,《兵书》亡,不补,略述律而言兵,遂分历述以次之。"今考《景纪》现存，是迁原文，且纪文及赞皆与《汉书·景帝纪》文不同，其他诸篇亦皆子长之作。褚先生所补实仅《武纪》一篇，其他《日者传》、《龟策传》、《外戚世家》、《建元以来侯者年表》，则仅数语耳。《索隐》张晏所云未得其实。书中所载太初后事，亦未必尽出褚先生手。如《平津侯传》采入《汉书》赞一篇，实后人所附益。张晏谓褚为博士在元成间，则非褚笔明矣。

《史记》一书，流传最早。《汉书》本传："迁既死，其书稍出。宣帝时迁外孙平通侯杨恽祖述其书，遂宣播焉。"《七略》春秋类有《太史公百三十篇》。《宣元六王传》："成帝时东平王宇来朝，上书求《太史公书》。"是汉中秘实有其书。故桓宽《盐铁论·毁学论》引司马子"天下攘攘，皆为利往"二语，此文见《货殖列传》。宽乃宣帝时人，知西汉中叶其书已流行。厥后冯商、刘向、扬雄俱得见之，传本益多。近英人于敦煌西北沙碛中发见《滑稽列传》残简，乃东汉季年物。知在东汉时塞上已有写本，其流播之广可知。然当时但称"太史公书"，或称"太史公记"，或称"太史记"，绝无称为"史记"者。其称"史记"，始见于《魏志·王肃传》，乃"太史公记"之略语，与《世说新书》之名称"世说"，《东观汉纪》之省称"汉纪"者同例。盖当时原书只有小题无大题，此等著述当时人名之曰"记"，乃太史公所撰，故名"太史公记"。汉后，人因省称曰"史记"。厥后刘珍撰《东观汉记》，荀悦撰《汉记》，尚沿袭故例，以"记"名其书。自班固撰《汉书》，易"记"之名曰"书"，其后诸史沿用不改，然在西汉时固无此称也。《史记》之有注，始于徐广之撰《音义》。广字野民，东莞姑幕人，事迹见《宋书》本传。稍后裴骃撰《集解》，即广广之《音义》为之。《集解》自序云："东莞徐广研核众本，为《史记音义》，粗有发明，而殊恨省略，聊以愚管，增演徐氏。以徐为本，号曰集解。"今骃之《集解》俱存而广之《音义》久佚，仅于《集解》中略存一二，是可憾矣。

裴骃字龙驹，河东闻喜人，官至南中郎参军。事迹附见《宋书·裴松之传》。松之者，骃之父，尝著陈寿《三国志》注。骃之史学，盖承其父之遗绪。所著《史记集解》，《隋志》著录为八十卷，宋时刊本则改为一百三十卷，以符《史记》原数。盖古人注书例为单注，不附本文，与唐宋群经单疏同例。唐以后人以《史记》本文散入注中，其真相遂不可见矣。骃之撰《集解》也，上半帙颇合法度。下半帙简略过甚。世家自陈涉以下，于徐广《音义》外，但袭取服虔《汉书注》，晋灼、臣瓒、蔡谟《汉书音义》，其自为者十无一二。疑出后人窜削，非骃原本如此。注中杂引古籍至多，如《楚汉春秋》、刘向《别录》、谯周《古史考》、《帝王世纪》及宋衷《世本注》，皆汉晋间史书之久佚者，于校辑佚书者最有裨益。

骃书成后约二百余年，至李唐开元之世，有朝散大夫弘文馆学士河内司马贞者，据骃书撰《史记索隐》三十卷。如陆德明《经典释文》例，仅标所注之字。此宋以前注书通例。今所传有明末毛氏汲古阁刻本，尚存原书格式。他本与《集解》、《正义》合刊者，则昉于南渡后人，说见另条。其书前二十八卷采徐广、裴骃、邹诞生、刘伯庄旧注，兼下己义。其第二十九卷及三十卷之前半，则贞嫌原本无述赞，仿范晔《后汉书》例，以韵语补之。后半则补序一篇，自述其改删升降之意。略谓五帝之前当补太皞庖牺氏、女娲氏、炎帝神农氏；并于其前又追补天皇、地皇、人皇三皇，总称《三皇本纪》；又欲将《秦本纪》、《项羽本纪》俱降为世家；又谓惠帝事不当附入《吕后纪》，当依班书分为二纪。其他或改或补，议论不一。后乃自悔穿凿，不加删改而附其说于序中。惟《三皇本纪》自撰自注，仍赘于卷末。盖贞欲以后代纪传体史书例以绳史公之书，故欲降世家为列传，或升列传为世家，以符正统派史家之主观。又当时谯周、皇甫谧诸家书早已盛行，古史上之神话层出不穷。其补《三皇本纪》于《五帝本纪》前。即此项神话史料促成之，实则不知而作，甚无谓也。贞书今尚无恙，其中援引唐以前载籍及《史记》旧注不少，吾人固不必以其言之不经少之也。

与贞书略同时，有诸王侍读率府长史张守节者，著《正义》三十卷。其原本亦如《索隐》例，以单语出之，不附原文。今并人合刊本者，则南宋人所为也。其《自序》作于开元二十四年，前有论例八：曰论史，曰论注，曰论字，曰论音，曰音字，曰发字，曰谥法，曰列国分野。盖守节所致意者乃音义及地理，故例中序中反复言之。其人与贞同时，而各不相谋。故所注往往重出。后人合刊时,先列《索隐》,因将《正义》重复处删除殆尽,故觉《正义》独详于地理。今《正义》单行本已佚,其原本面目不可知,甚可惜也。

《史记》白文本传世者,仅日本有古钞《殷本纪》残卷。今刊入《吉石盦丛书》中。此外则明人吴勉学、清人冯应榴所刊,皆自有注本录出,以便蒙童阅习,不足据为典要。此外自宋以后传世者皆系有注本。有注本种类繁多,约而别之有四类焉。

(一)《索隐》三十卷单刊本(明汲古阁毛氏刊本)

此小司马《索隐》原本。毛晋谓据北宋秘省大字刊本重雕,附于其所刊《集解》本后。然其底本自明以后无见之者,疑莫能明也。观卷中"世家"、"世本"俱作"系家"、"系本",避唐太宗讳,盖从唐写卷子本出。以蒙古中统刊《索隐》、《正义》合刊本校之,异文至多。

(二)《集解》单刊本(北宋景祐刻十行本　北宋刻十四行本　南宋绍兴淮南漕司刻九行本　南宋覆景祐刻十行本　明正德白鹿书院刻本　明末毛氏汲古阁刻本)

南北宋监中所刊《史记》,无不为《集解》本。今淳化乾兴诸监本并亡。传世最古者,当推江安傅氏藏之景祐刊十行本,与王念孙所据校之景祐本《汉书》行款及刊工姓名皆合。然刊《老子列传》居列传之首,则政和间又有补刊之叶矣。吴曾《能改斋漫录·记事门》云,政和八年诏《史记·老子列传》升于列传之首,自为一帙。而后此明嘉靖震泽王氏本《史记》于《老子列传》亦云,监本老子与伯夷同传。均与景祐本合。此为政和重补之证。其本南渡后版亡,有覆刊本。历宋元明三朝尚存于明南监。《南雍志》所称中字《史记》。则指南宋覆刻本言之。俗讹以福唐本当之,非是。除此本外,北宋监本尚有十四行本一种,常熟瞿氏及建德周氏均有之。其本与景祐本略同时,惟亦入明南监,《南雍志》所谓小字本《史记》是也。此二本者,皆北宋监本。至南宋监中除覆刊景祐本外尚有一九行本,乃绍兴间淮南漕司所刊。洪迈《容斋续笔》所谓绍兴中命两淮江东转运司刻三史版者,即九行本也。卷二十七后有淮南路转运司干办公事石蒙正衔名二行，即其明证。此本吴兴刘氏有之，尝据以影雕行世。《南雍志》所称大字本《史记》，即指此本言之。俗讹称蜀大字本者，亦即是本也。吾人于此须牢记一公式，自《史记》以下迄《新唐书》诸史南北宋监本传世者种别有三。《南雍志》于《史记》以大字中字小字别之，最得其实。大字者九行，中字者十行，小字者十四行。中字小字乃北宋监本面目，大字者则绍兴本居多也。《史记》如此，其他诸史亦何独不然。此事自来目录学家从未能肯定其说，故发其凡于此（详见中央研究院历史语言研究所集刊外编余所著《两宋诸史监本存佚考》）。

（三）《集解》、《索隐》合刻本（宋淳熙澄江耿秉刻本　宋乾道三山蔡梦弼刻本　蒙古中统平阳段氏刻本　明初丰城游明重刻中统本　明正德刻《史记大全》本）

南宋前所传《史记》，《集解》、《索隐》、《正义》三者各自为书。《集解》本独与史文相附丽，故最先出。其后并《索隐》、《集解》为一本刊之，则昉于澄江耿秉，稍后三山蔡氏继之。蔡氏为当时书林宗匠，所刊《史记》传世极罕，宇内仅聊城杨氏有之，乃海源阁四史之一。余前闻友人言，以为兼收《正义》，近于津门见之，始知其本曾校京蜀善本，兼收《索隐》而不及《正义》，与澄江本同。《十驾斋养新录》所云，实得其实。于是前疑乃冰释。此后有蒙古中统二年平阳段氏本，较他宋本为佳，明初游明本从之出。此二本者亦罕见，江安傅氏、吴兴张氏并有之。半叶十四行，盖袭用北宋监本，故犹遵用其行款也。

（四）《集解》、《索隐》、《正义》合刻本（宋庆元黄善夫刻本　元安成彭寅翁刻本　明正德廖铠刻本　明嘉靖金台汪谅刻本　明嘉靖秦藩刻本　明嘉靖震泽王延喆刻本　明万历南监刻本又北监刻本　清乾隆武英殿刻本　清同治崇文书局重刊王本）

并《史记索隐》、《正义》与《集解》合刊，则始于建安黄善夫。黄氏又尝校刊《后汉书》。半叶十行，盖袭用宋监中中字本行款。自是以后明正嘉间诸本并从之出，间有兼校宋监本者，如王延喆本是。世无不以善本视之。至明南北监本率脱落过甚，《四库提要》极诋之。然当时武英殿所刊亦未为完善。今黄善夫本上海涵芬楼及日本某氏处有之，将据以印入百衲本二十四史。自此本出则诸本无颜色矣。

清儒董理《史记》，除王念孙据唐宋类书及其他先秦典籍与史文互勘，著其说于《读书杂志》外，他人致力最勤者，当推嘉兴钱氏泰吉。钱氏尝据元明本以校官本《史记》，所获至多，卒后其门人唐仁寿得其副稿，时客金陵官书局，因与其友南汇张文虎重加校理，着为札记五卷，今附刊官书局本《史记》后者是也。钱氏别著《甘泉乡人稿》及《曝书杂记》，于《史记》版刻源流略有论及，然彼于南北宋监本均未获见，则亦隔雾看花之谭也。以上论《史记》版刻源流竟，请略述清儒治史记之重要论著。

《史记注补正》一卷（清方苞撰　《望溪全集》本）

《读史记十表》十卷（清汪越撰　原刻本　近沪上影印本）

《史记毛本正误》一卷（清丁晏撰　广雅书局本）

《史记正讹》五卷（清王元启撰　广雅书局刻本）

《史记志疑》三十六卷（清梁玉绳撰　乾隆家刻本　广雅书局刻本）

《二十一史札记》卷一至卷五（清钱大昕撰　嘉庆原刻本）

以上所举，皆通常易见者。中以梁氏《志疑》，最精炼邃密。梁字曜北，号谏庵，仁和人。别著《瞥记》一书，亦有论及《史记》处。此编据先秦典籍、班荀诸书以驳正史文，凡注释之傅会，文字之传讹，一一析而辨之。惜其时王鸣盛、段玉裁、孙星衍诸家《尚书》新解未出，故曜北于"《史记》《尚书》说"未能为之疏通证明，又其时古文字、古音韵、古器物之学亦未兴，故于古史传说，亦未能作更近一步之研究。厥后崔述著《考信录》，虽略具疑古精神，然其说未畅。时至今日，地下新材料及运用材料之方法，日新月异，《史记》一书自来认为研究上古史之直接史料者，不得不降为二重史料矣。

（附注）司马氏创立本纪、表、书、世家、列传为《史记》体例。纪传为经，表书为纬，开后此纪传类史书之权舆。后之作断代史者，递相祖述，莫能出其范围。即班范称"书"，陈寿称"志"，李延寿南北朝、宋、元、明称"史"，欧阳《五代》称"史记"，亦不过小异其名而已。"书"之名各史改称

"志",王隐《晋书》称"记",欧阳《五代》称"考",郑樵《通志》称"略"。"世家"则《晋书》改称"载记"。异名同实,皆在司马氏范围中。以先秦故籍比拟之,则本纪为编年体,昉自《春秋》经传。世家则载列国诸侯世系事迹居多,实出《世本》、《国语》、《战国策》。书记典制掌故,与《礼经》、《尚书》相表里。至表则为司马氏所自创,以补纪传之穷。史公自言述而不作,其此之谓乎。今述纪传类史书以《史记》居首,盖欲使学者知其体例影响于后世者至大,虽日本高丽亦尝效颦为之,不仅中国已也。

《通志》二百卷(元大德福州路刊本　清乾隆武英殿刻本　清光绪浙江书局刻本)

宋郑樵撰。樵字渔仲,号夹漈,莆田人。绍兴间以荐授右迪功郎、兵部架阁,后为枢密院编修。事迹详《宋史》本传。考通史之作,自司马迁《史记》始,厥后梁武帝撰《通史》六百二十卷,起三代迄萧梁,网罗繁富,然其书久佚。今所传者,《史记》而后,仅郑渔仲《通志》耳。渔仲此书,体例略本《史记》,惟易"表"为"谱",易"志"为"略",以别于他书为异耳。凡帝纪十八卷,皇后列传二卷,年谱四卷,略五十二卷,纪传即就史、汉、三国、南北朝诸史损益之,一如李延寿之撰《南北史》,苏辙之撰《古史》,因人成书,别无心得。起三代迄隋季,除略外均不录唐代史事。其全帙之精华,盖在二十略。二十略者,一曰氏族,二曰六书,三曰七音,四曰天文,五曰地理,六曰都邑,七曰礼,八曰谥,九曰器服,十曰乐,十一曰职官,十二曰选举,十三曰刑法,十四曰食货,十五曰艺文,十六曰校雠,十七曰图谱,十八曰金石,十九曰灾祥,二十曰草木昆虫。其中六书、七音、校雠、图谱、金石、草木昆虫诸目,历代史志俱无之,皆渔仲所自创也。实则七音、六书乃文字学之一部,金石、校雠盖艺文志之支流。熙丰后王安石著《字说》,赵明诚撰《金石录》,谈艺之风一时鼎盛,馨烈所扇,故渔仲亦受其影响也。今观其书,《氏族略》多挂漏,不及麻沙书肆所编《氏族大全》。《六书略》多穿凿,亦《字说》之流亚。《天文略》祇载《丹玄子步天歌》。《地理略》全钞杜佑《通典》州郡总名一篇及《汉志·地理》、《水经注》数十则以充篇幅。其他礼乐、职官、食货、选举、刑法诸略，亦仅剽袭《通典》，无所发明。艺文、金石二略并及北宋，核以《崇文总目》、晁陈二志及《博古》、《考古》二图，亦罣漏万状。盖当时通儒，主性命薄考证，渔仲欲力矫其弊以济世用，故辑为此书以见其学，实则名不副实，与《通典》、《通考》不可同日语也。书成后迄未刊行。宋末马贵舆撰《通考》，亦仅见二十略而已。元大德中福州路郡庠始为之刊行。刘埙《隐居通议》云："近大德岁东宫有令下临州刊《通志》，凡万余版。"知书实刊于成宗朝。至至治间吴绎任福州路总管，始印行五十部，散之江北诸郡，自是海内遂有传本。其版入明移存南监，摹传不绝。清乾隆间与《通典》、《通考》合刊于武英殿，号曰"三通"。并敕修续三通、皇朝三通俪之，谓之九通。光绪中浙江书局又据殿本重雕，今通行者皆是本也。《通志略》五十二卷，正德间陈宗夔，乾隆间于敏中、汪启淑俱有单刊本。

《续通志》六百四十卷（清乾隆武英殿刻本）

清乾隆三十二年奉敕编。纂修官为曹仁虎等四十一人。郑氏《通志》本仿《史记》而作，故于本纪、列传外有谱以当表，有略以当志，其廿略叙事至唐止，纪传及谱则迄于隋。自序谓唐五代史皆本朝大臣所修，微臣不敢议也，故不载唐五代事。此书一遵前例，除本纪、后妃传外，为略二十，为传二十有二。纪传自唐始，略则自五代始，至元而止，亦不收明代事，因郑氏旧目而损益之。有郑志无而新增者，如《孔氏后裔传》、《贰臣传》、《奸臣传》、《叛臣传》、《逆臣传》，皆郑《志》所无，而馆臣依《明史》立《衍圣公传》及《清国史》有《贰臣传》例而增补者也。然亦有郑《志》有而删并者，如郑《志》有《年谱》，有《异姓世家》，有游侠、刺客、滑稽、货殖诸传，此书皆无之。此皆自异于郑《志》而别开生面者也。略中艺文、图谱二略悉本《四库全书》，故所收不甚赅备。其他纪传大抵录自正史，诸略则出于史志居多。在清修续三通中，当以此书为最荒率矣。

<blockquote>右纪传类凡三种</blockquote>

《通典》二百卷（宋监本　明嘉靖方献夫刻本　明嘉靖李元阳刻本　清乾隆武英殿刻本　清光绪浙江书局翻武英殿刻本）

　　唐杜佑撰。佑字君卿，京兆万年人。以荫历官检校司徒同中书门下平章事加太保，谥安简。事迹详《唐书》本传。本传云："开元末，刘秩采经史百家之言，取《周礼》六官所职，撰分门书三十五卷，号曰《政典》。君卿得其书，以为条目未尽，因而广之，加以开元礼乐书，号曰《通典》。"今观其书，礼共百卷，自四十一卷至一百五卷，既历叙吉宾嘉军凶五礼，而于一百六卷以下至一百四十卷，又撮取《大唐开元礼》之文，仍以吉嘉宾军凶为次，盖一百五卷以前乃刘秩蓝本，至其后诸卷，则君卿所附益。其未明言者，亦犹班书之袭用《史记》，古人著书类多如此，不足异也。全书分九门，一食货，二选举，三职官，四礼，五乐，六兵，七刑，八州郡，九边防。每门又各分五目。每门以类相从，上自黄帝下至天宝之末，历代沿革废置及当时论议得失，靡不条载。肃代以后制有改易者，亦附载注中。然要以礼门载六朝人礼经古义至多，为宋以后治经者所取资。边防门载四裔地理，可与《南北史》、《唐书·外国传》相比勘。南北朝正史自《宋书》、《南齐书》、《北魏书》、《晋书》以下都省志，仅撰纪传，《隋书》之志统南北朝为之，与李林甫《唐六典》相似，然中多讹夺，非据《通典》不能正也。《唐六典》宋绍兴温州本已多讹字，两《唐书》诸书与《唐六典》、《大唐开元礼》、《大唐郊祀录》校之亦多异文，均可据此书参互定其是非。严可均辑《六朝文》，亦据以取材。盖可作多方面参考用也。《四库提要》议此书食货门之赋税载周官贡赋而太宰所掌九贡之法失载，载北齐租调之法而露田之数失载，钱币不载陈永定年制四柱钱法，榷酤不载后周榷酒坊法，则未免吹毛求疵矣。此书宋徽宗时始有盐官县雕本，其本南宋时入胄监，明初入南监，即世传十四行行二十六七字本也。此本海内所存仅二帙。其一藏常熟瞿氏，已毁于兵火。其一乃明内阁书，归江安傅氏，已随市舶归东国书肆，至可叹也。明嘉靖李献夫本，为殿本所从出，不及宋刻远甚。此外宋末麻沙书肆又有增入宋儒议论详节本，盖备科场帖括之用。传世有元至元丙戌重刻本,所增议论南宋止吕祖谦、陈傅良、叶适三人,余皆北宋人。杂取宋人论制度之文与古制比附,所引文字颇有他处不经见者。如卷二十一、二十三多引蔡惇《祖宗官制旧典》佚文,卷十九引黄琮《国朝官制沿革》佚文,多至八叶有半。考宋元丰前后官制者,必于此取资焉。明嘉靖时监察御史李元阳曾取元大德本重刻于福建,当时与李献夫本并行。然近世迄无覆刻本,兹连累及之,以告世之读是书者。

《文献通考》三百四十八卷(元至治西湖书院刻本　明内府刻本　明正德冯天驭刻本　清乾隆武英殿刻本　清光绪浙江书局翻武英殿刻本)

元马端临撰。端临字贵与,乐平人。宋宰相廷鸾子。咸淳中漕试第一,入元官至台州儒学教授。《自序》云:"唐杜岐公作《通典》,肇自上古以至唐之天宝,凡历代因革之故粲然可考。其后宋白尝续其书至周显德间,近代魏了翁又作《国朝通典》。然宋之书成而传习者少,魏尝属稿而未成书,行世者独杜公书耳。天宝以后盖阙焉。然节目之间未为明备,去取之际颇欠精审,天文、五行、艺文历代史各有志,而《通典》无述焉。马班二史各有诸侯王列侯表,王溥作唐及五代会要,首立帝系一门,以叙各帝历年之久近。是二者杜书亦不及,未为集著述之大成也。愚因忘其固陋,辄加考评,旁搜远绍,门分汇别。曰田赋,曰钱币,曰户口,曰职役,曰征榷,曰市籴,曰土贡,曰国用,曰选举,曰学校,曰职官,曰郊社,曰宗庙,曰王礼,曰乐,曰兵,曰刑,曰舆地,曰四裔,俱效《通典》成规。自天宝以前则增益其事迹,离析其门类。天宝以后至宋嘉定之末,则续成之。曰经籍,曰帝系,曰封建,曰象纬,曰物异,则《通典》未有,采扩诸书成之也。凡叙事本之经史,参之历代会要及百家传记书,所谓文也。凡论事先取当时臣僚奏疏,次及近代诸儒之评论,以至名流燕谈稗官记录,所谓献也。书成命名《文献通考》。"云云。是此书实本杜佑《通典》而作。说者谓为上比杜君卿则不足,下比郑渔仲则有余。其中《经籍考》七十六卷,尤为目录学家所取资。合晁公武《读书志》、陈振孙《书录解题》为一编,故尤详于有宋一代典籍。《舆地考》则本欧阳忞《舆地广记》。其他各门均可补《宋史》诸志之略。每门之端又详著其旨意为小序，条理精密，年纲月纬，非其后续貂诸作所可及也。马氏卒后，道人王寿衍上之于朝，泰定元年下江浙行省雕真于西湖书院。至元初余谦提举江浙等处儒学，又重加校正。其版后入明南监，即世传十三行二十六字本也。明内府及正德间校刻时均未见原书元印本，故讹误特多。今元印本已由明内阁流出，则诸本尽废矣。

《续文献通考》二百五十四卷（明万历刻本）

明王圻撰。圻字符翰，号洪洲，上海人。嘉靖乙丑进士。官至陕西布政参议。事迹附见《明史·文苑传·陆深传》。洪洲此书体裁一仿马氏原著，惟增节义、书院、氏族、六书、道统、方外诸目，略本郑渔仲遗意为异耳。辑金辽元及明万历前诸朝典故，至为详备。清乾隆间敕修《续文献通考》，即抄袭此书略加补充为之。四库馆臣于洪洲此书既贬入类书类中，复为辞痛诋之，而于《钦定续文献通考》目下识云："王圻旧本，间有一长。河中金屑，亦不废搜求。"可谓巧于辩护矣。全书为编二十四，舆《通考》同。凡宋以前事为书未备者则补之，宋以后事则续之。书成，郡守为文移于上宪，督抚曹时聘等筹金为之梓行，始克传世。洪洲学问为万历朝冠冕，长于经世之术，尝著《东吴水利考》十卷，详论东吴大郡水利得失，著《谥法通考》十八卷，以考历代君后臣庶谥礼。又著稗史汇编——《三才图会》，集古今稗官小说图谱遗闻为一编。其他言行则详于所著文集《洪洲类稿》中。著书千卷，乃厄于《四库》馆臣之一击，固无损乎洪洲也。

《文献通考正续合编》三十二卷（清嘉庆刻本）

清庐宣旬编。宣旬字来庵，武宁人。其先有宋氏眉祝者，集马王二书为一编，惟各为起讫，首尾仍判为二，学者咸称不便。至宣旬，始删繁就简，统马王二书按年编之，又补辑明万历后典制以竟王氏之业。其《自序》及《凡例》中不提《钦定续文献通考》一字，抑当时未见其书耶？宣旬又尝摘录阮元《十三经校勘记》附刊于江西局本《十三经注疏》后，其人殆长于校辑事业者。全书为编二十四，亦与马王二书同。

《古今治平略》三十三卷（明崇祯刻本）

明朱健撰。健字子强，钟陵人。此书于明以前事大抵本《通典》、《通考》、《通志》。明代事则采自徐学聚《国朝典汇》、陈建《皇明通纪》、王世贞《弇州史料集》、郑晓《吾学编》、章潢《图书编》、邓元锡《函史》及诸家奏疏、各朝馆课。为篇二十七：曰田赋，曰户役，曰国计，曰农政，曰屯田，曰水利，曰贮糴，曰漕运，曰钱币，曰盐课，曰杂征，曰赈恤，曰治河，曰官制，曰铨道，曰考课，曰贡举，曰荐辟，曰学校，曰律吕，曰历法，曰天文，曰地理，曰兵制，曰边兵，曰边防，曰驭夷。此书作者用意在经世济用，故体裁与冯应京《皇明经世实用编》相同。惟冯书以明代为断，此则统古今叙之为异耳。每篇分五章或二章、三章不等，以三代两汉唐宋明为断，或流言历代，叙次极明晰。卷末驭夷编分上中下三篇，下篇叙明代驭夷分北虏、建酋二目。建酋者，清入关以前明人称其部族之谓也。故此书后列入乾隆朝禁书书目，流本遂罕，近且无人能举其名目。余故表而出之，以为初学者取资焉。

《续通典》一百五十卷（清乾隆武英殿刻本　清光绪浙江书局重刻本）

乾隆三十二年奉敕撰。纂修官曹仁虎、陆伯焜等四十一人。杜君卿撰《通典》，纪事迄于天宝之末，至宋咸平间，宋白奉诏续修，其书宋以后久佚。此乾隆间续修本。纪事肇以唐肃宗，迄于明之季年，按年编次。各代正史而外，如《唐六典》、《唐会要》、《五代会要》、《册府元龟》、《太平御览》、《山堂考索》、《契丹国志》、《大金国志》、《元典章》、《明会典》诸书皆参酌引用。此外古今名贤议论有关典要者亦靡不甄录。除采自唐宋元明人文集奏议外，如《唐文粹》、《文苑英华》、《宋文鉴》、《元文类》、《历代名臣奏议》、《皇明经世文编》等书亦多依类摘入。五代及辽史事以传世文献较少，故从略。凡食货十六卷，选举六卷，职官二十二卷，礼四十卷,乐七卷,兵十五卷,刑十四卷,州郡二十六卷,边防四卷。篇目一仍君卿之旧,惟杜氏以兵制附于刑后,此则兵刑各为一篇,稍有不同耳。此书于辽金元人名地名官名悉从《钦定辽史索伦语解》、《金史满洲语解》、《元史蒙古语解》另行改易,与清刻辽金元三史、乾隆钦定诸书及《四库全书》同例。事固不足怪,然真相全灭,实读此书者一大憾也。

《续文献通考》二百五十卷(清乾隆武英殿刻本　清光绪浙江书局刻本)

清乾隆十二年奉敕撰。纂修官姓名与《续通典》同。体裁一本马氏原书,惟于郊社、宗庙内析出群祀、群庙广为二十六门为异耳。计田赋考六卷,钱币考五卷,户口考三卷,职役考三卷,征榷考七卷,市籴考三卷,土贡考二卷,国用考四卷,选举考十三卷,学校考四卷,职官考十四卷,郊社考十二卷,群祀考三卷,宗庙考五卷,群庙考二卷,王礼考十四卷,乐考二十卷,兵考十四卷,刑考六卷,经籍考五十八卷,帝系考七卷,封建考四卷,象纬考六卷,物异考十三卷,舆地考八卷,四裔考十四卷。记事自宋宁宗迄于明之季年,以王洪洲书为蓝本而损益之。正史外如《契丹国志》、《大金国志》、《元典章》诸书均资采录。明则《集礼》、《会典》而外,一代之实录,举凡礼乐刑政诏谕疏奏无不按岁而稽,亦据以辑人。《经籍考》以《四库全书》总目为准,散佚者不录。其论断一以《御批通鉴辑览》为准,无非欲内夷狄而外中国,清初勅修诸书无不如此。《四库提要》谓此书黜上海之野文,补鄱阳之巨帙,于洪洲《续考》攻击最烈,可谓数典而忘祖矣。近世有人见此书稿本,即据明刻洪洲续者,加以损益钩乙而成。与摭《四朝诗》之据曹学佺《历代诗选》为底本者情形无异。当时馆阁诸臣之妄谬至此而极。平心论之,此书与《续通典》尚不失为一朝巨著。纲举目张,尤便初学。然以云完善,则恐未必。盖宋元明三朝直接史料留于今者尚不胜偻指,既有直接史料,则此等次料,自不足供专门名家取资也。

《北堂书钞》一百六十卷(明万历刻陈禹谟补注本　清光绪刻孔广陶校注本)

　　唐虞世南撰。世南字伯施,余姚人。官至银青光禄大夫弘文馆学士。卒谥文懿。事迹详见《唐书》本传。晁公武《读书后志》云:世南仕隋为秘书郎时,钞经史百家之事以备用。北堂者,省之后堂,世南钞书之所。此说实本之刘禹锡《嘉话录》。《录》称虞公之为秘书,于省后堂集群书中事可为文用者,号曰《北堂书钞》,今北堂犹存而《书钞》盛行于世。盖唐时此书为词家帖括之用,与《白氏六帖》并传,故刘氏如此云云也。至北宋时馆阁已阙此书,真宗取之赵安仁家,始有传本。事见王氏《玉海》。自是以后迄于明之万历,常熟人陈禹谟始为之补注刊行,是为是书锓版之权舆。以增删过甚,不免以今易古,以存改佚,如以范晔《后汉书》改其他八家《后汉书》,唐修《晋书》改其他十八家《晋书》、《晋纪》。中以五十以下及七十、八十等卷为尤甚,贻误来学不浅,盖虽刊,仍与不刊等也。嘉庆中孙星衍平津馆称得元末陶宗仪旧钞本以校陈本,面目全异,乃与严可均分校数过,洪颐煊、王引之亦预与校订之役。后属江苏粮道南昌胡稷刻之,仅刻陈本窜补最甚者三十八卷,余卷未刻。孙本后归闽人陈征芝,同治间祥符周星诒以千金市归,榜其藏书处曰书钞阁,其珍重可知。稍后南海孔广陶访知其书,乃偕其子侄假书于周氏,以二十余月之力钞校一过,重梓于版,即世传光绪戊子三十三万卷堂刊本是也。其本于书中失书所出者,均条举其本末;其已注所出者,必校以原书或其他唐宋类书,详载卷数、篇数及异文,以备世人校勘辑佚之用。开卷了然,极便检索。自后《书钞》之效用始显,孔氏之功不可没也。顾孔氏所见旧钞本,除孙本外,仅见朱竹垞旧藏本,署曰《古唐类范》者,然亦不获细勘。此外如近世吴兴张氏藏唐栖劳季言钞校本,常熟崔氏藏明嘉靖钞本。此二本者余尝得假观,孔氏校刊时均未获见,意其中必有胜于孙本处。世有好学之士,据此等新材料以补孔校之不足,则固稽古者之深幸也。

　　全书为部十九:曰帝王,曰后妃,曰政术,曰刑法,曰封爵,曰设官,曰礼仪,曰艺文,曰乐,曰武功,曰衣冠,曰仪饰,曰服饰,曰舟,曰车,曰酒食，曰天，曰岁时，曰地。部各有子目。摘子史经传中文辞或故事，以数字括之而详注所出及全文于下。亦有不注全文或书名者，则后世传钞者之过也。汉魏南北朝已佚史籍收入卷内者不知凡几，清代辑佚家如马国翰、黄奭、汪文台均视此为著书唯一好材料。然当时诸家仅见陈改本，故所辑汉魏以来史籍未臻完善。书之贵见原本皆此类也。夫世南以文学名家，故辑此书以为辞人则取，与白居易撰《六帖》，晏同叔撰《类要》事相类。今《书钞》、《白帖》世皆有之，而《类要》独罕传，殊令人有寂寥之感也。

《翰苑》三十卷存一卷（日本西京大学影印唐写本）

唐张楚金撰。楚金并州祁人，少有志行，与兄越石同举进士。武后时为酷吏周兴所构，配死岭表。事迹附见《旧唐书·忠义传·张道源传》。此书题雍公叔注。公叔事迹无考。《唐书·艺文志》著录。《宋志》作十一卷，与两《唐书》及《日本见存书目》不合，盖宋时所见已非完本矣。体例与北宋初吴淑所进《事类赋注》相似，摘史传中文为骈句以供辞赋家獭祭之用。《后叙》言以唐显庆五年三月十二日昼寝并州太原县之廉平里，梦与兄越石同谒孔子，寤而兴叹，遂著是书。言虽荒诞，然书之时代可藉以考见。前于徐坚《初学记》而后于《北堂书钞》，略与李善《文选注》相同时。其价值从可知矣。传世者仅第三十蕃夷部一卷。全卷为目十五：曰匈奴，曰乌桓，曰鲜卑，曰夫余，曰三韩，曰高丽，曰新罗，曰百济，曰肃慎，曰倭国，曰南蛮，曰西南夷，曰两越，曰西羌，曰西域。其中两越条末至西域条首失去若干行，故中间西羌条全缺。其所援引如司马彪《续汉书》、王琰《宋春秋》、《汉名臣奏》、鱼豢《魏略》、《高骊记》、崔鸿《十六国春秋》、梁元帝《职贡图》、隋《东藩风俗记》、魏王泰《括地志》、《东夷记》、《肃慎国记》、陆剧《邺中记》，皆千年已佚之乙部名著，赖此获存一二。即寻常易见之书如两《汉书》，以今本校之亦多异文。其最著者如夫余条引《后汉书》北夷橐离国，不作索离、禀离，与《太平御览》合。以六畜名官中有猪加一官，可补今本之缺。高丽条引《汉书·地理志》乐浪属县夭祖，不作夫租。均其例也。原钞藏日本筑前男爵西高辻许，书法古劲，乃唐人手笔。数年前日本西京大学假以与唐钞《毛诗·唐风》、《王子安集》合印为一集，东儒内藤湖南博士为文跋其后，是为此书重见于世之称。合以日本滋野贞主《秘府略》所引，尚可得佚文七则。考唐以前四裔史地者，当以此书为鸿宝矣。

《初学记》三十卷（日本宫内省图省寮藏宋绍兴刻本　明黑口本　明嘉靖锡山安国刻本　明晋府重刻安本　明晋陵扬州九州岛书屋刻本　清乾隆古香斋巾箱本）

　　唐徐坚等奉敕撰。坚字符固，湖州长城人。官至右散骑常侍集贤院学士。事迹详《唐书》本传。《唐书·艺文志》载《元宗事类》一百三十卷，又《初学记》三十卷。注曰："张说类集要事以教诸王，徐坚、韦述、余钦、施敬本、张烜、李锐、孙季良等分撰。"似二书皆说总其事而坚等分修。晁公武《读书志》则云："《初学记》三十卷。唐徐坚等撰。初张说类集事要，以教诸臣，开元中诏坚与韦述等分门撰次。"盖说所撰者为《事类》，与坚之《初学记》无涉也。书为开元十三年五月所奏上，为部二十三，为目三百十三。部目与他类书相似。其例前为叙事，次为事对，末为诗文。叙事俱相连属，颇有条理，在类书中为别开生面之作。唐人类书除虞世南《北堂书钞》及此帙外，尚有欧阳询《艺文类聚》、白居易《六帖》二书。虞白之书苦于简略不完，欧书则专重艺文。繁简适中剪裁恰当者，自当推此书为甲选。盖合虞欧之长为一编，宜其胜于他书也。宋绍兴间刘本序之曰："开卷而上下数百年之事皆在目前。可用以骈四偶六，协律谐吕。"论此书佳处最为平允。卷中称引唐以前佚书至夥。乙部尤多名著。清人辑佚家如章宗源、严可均、汪文台、汤球、黄奭、茆泮林诸氏，无不以此书为枕中鸿宝。顾诸家所见除严可均外，最上者仅得安国刻本。安本虽号称依宋本重雕，然以校严可均所校之宋本，脱落至数万言。最著者如卷二十五火类一叶，卷二十六冠类一叶，卷二十八李榛桃樱等类八叶，卷二十九狗类一叶有半，卷三十鸡类后半叶鹰类前半叶，安本全脱。其他文字大异,至改不胜改。严校本今归吴兴张氏。跋称依青浦王述庵(即王昶)藏宋大字本校于孙氏冶城山馆(即孙星衍),不言宋本行款如何。考《平津馆记》有元本新刊《初学记》十行二十字本。疑孙氏所见之元本,即严氏所校之宋本,实即世传嘉靖宗文堂所刊之黑口本。宗文堂本正题《新刊初学记》,与孙严所见本同,其异文胜处与严校悉合。特以镌刻近于宋元,故前人不察,以宋元本目之耳。归安陆心源尝据严校本录为校记,刊入《群书校补》中。自是海内始见徐书真面。至真宋本仅日本宫内省图书寮有之,乃南渡后东阳余四十三郎宅重刻监本,其本与宗文堂本是否同源,尚不可知。安得持之与严校相比勘,一决千载之疑,此愿姑俟之他日耳。

《太平御览》一千卷(宋蜀刻本　明万历黄正色刻本　明闽游氏活字印本　清嘉庆虞山张海鹏刻本　清嘉庆歙县鲍崇城刻本　清嘉庆扬州汪昌活字印本　日本安政活字印本)

宋李昉等奉敕撰。昉字明远,饶阳人。官至中书侍郎平章事。谥文正。事迹详《宋史》本传。昉于宋太宗太平兴国二年受诏,至八年书成。李焘《续通鉴长编》卷十八云:"太平兴国二年三月戊寅,命翰林学士李昉等编类书为一千卷,小说为五百卷。"又同书卷二十四云:"太平兴国八年十一月庚辰,诏史馆所修《太平总类》自今日进三卷,朕当亲览,寻改《总类》名曰《御览》。"知此书初名《总类》,与《太平广记》同时所辑。故宋敏求《春明退朝录》云:"书成,帝日览三卷,一年而读周,赐名《太平御览》。"盖纪实也。以千卷五十五部之巨帙,不六载而成书,可谓神速。陈振孙《书录解题》称:"以前代《修文御览》、《艺文类聚》、《文思博要》及诸书参详条文。或言国初古书多未亡,以《御览》所引书名故也,其实不然,特因前诸家类书之旧尔。以三朝国史考之,馆阁及禁中书总三万六千余卷,而《御览》所引书多不著录,盖可见矣。"盖陈氏每见《御览》引用诸书北宋时未必具存,而宋时秘阁书《御览》又不尽援用,故发为此论以辨之。洪迈《容斋随笔》云:"太平兴国中编次《御览》,引用书一千六百九十种,其纲目并载于首卷,而杂书古诗赋又不能具录,今不传者十之七八。"一若《御览》援用各书北宋时具存而南渡后始佚其大半者。以今考之,则洪说全误而陈说独得其实。其确证有二。《北齐书·后主本纪》:"武平三年正月敕《横玄洲苑御览》,后改名《圣寿堂御览》,八月《圣寿堂御览》成,勒付史阁,后改《修文殿御览》。"此陈直斋所称《修文御览》成书岁月之见之于史者。据《北齐书·颜之推传》《文苑传》,知之推及祖珽、魏收、徐之才、崔劼、阳休之等数十人俱预与修撰之役。又据王氏《玉海》卷五十四所载,知其书为卷三百六十,为部五十,为目二百四十,《太平御览》分五十五部者略相埒。宋以后《太平御览》行而此书即微。明人所谓《修文殿御览》,乃《北堂书钞》之化名,与原书无涉。光绪间敦煌千佛洞出一唐写残卷,今归法京图书馆,上虞罗氏得复印件印入《鸣沙石室古佚书》中。存鸟部鹤类四十四则,鸿类十八则,鹄类十四则,雉类八则。以校《御览》鸟部诸类,引用诸书及序次无不尽同,于是前人谓《御览》出自《修文殿御览》之说始成定论。此一事也。当中国唐文宗太和五年,即日本淳和帝天长八年。日儒滋野贞主尝染中土古今群书以类相从,为《秘府略》一千卷。其书早亡,现存者仅布帛部残帙二卷。当时亦非出于自撰,盖据《修文殿御览》及唐人所撰《文思博要》等书为之。《旧唐书·经籍志》载《文思博要》并目共一千二百一十二卷,《三教珠英》并目共一千三百十三卷,篇幅较《御览》尤多。今所传《秘府略·布帛部》与《御览》多合,意宋时撰《御览》必不及见《秘府略》,当时所见者乃《文思博要》诸书。此《秘府略》出于唐人类书之证,亦即《御览》出于《文思博要》或前乎《文思博要》之书之证。此二事也。今观《御览》引用一书,其称名往往前后互歧,此即其书录自前人成书之旁证,否则决无此现象也。惟其如此,故《御览》所含唐以前史料之富,决非宋时其他类书所能望其项背。即目中现存各书,亦多可供校勘之用。王念孙、张文虎辈之校《汉书》即其一例。矧已佚各书占全书十之八九乎。今本《御览》首列引用各书一千五百余种。近年北京大学研究所重新加以剪裁,得书又增出千种,尝编为《太平御览引用书增订目录》,极洋洋洒洒之大观。学者据之,应几无遗憾矣。隋唐志所载诸史籍,宋以后十亡八九。吾人今日得窥已佚诸书之一斑者,其大半几全恃《御览》为之,故谓《御览》可济宋以前纸上文献之穷可也,谓《御览》可补中古期直接史料之不足,亦无不可也。汉魏南北朝传记体史书,如欲重加校订,以还宋以前原本之旧,舍宋元旧椠或其他碑志石刻外,自非取资《御览》不可,其重要为何如哉。北宋人书或宋以前书可据以校订古史籍或考见其佚文者,除上举诸类书外,亦仅十一二种:曰裴松之《三国志注》,曰郦道元《水经注》,曰刘孝标《世说新书注》,曰李善《文选注》,曰魏征《群书治要》,曰瞿昙悉达《开元占经》,曰敦煌所出无名类书,曰白居易《六帖》,曰吴淑《事类赋注》,曰晏殊《类要》。其一即此书也。诸书中自以《御览》为巨擘,治四部书者几无不用之,如仅以多收古史籍重之,固不足以概其余也。

《御览》书成后,即于太平兴国六年诏令镂版,事见《玉海》引《国朝会要》。然其本世已久佚。世所传宋刻本,前有庆元五年七月成都府路转运判官蒲叔献序,后有阆中县尉双流李廷允跋,知为庆元间蜀中刻本。今日本宫内省图书寮、西京东福寺及静嘉堂文库俱有残帙,合三本尚可得一完书。静嘉堂本乃嘉庆间吴县黄氏旧藏书,虞山张海鹏刻本从之出。张刻得见残宋本,不以臆妄改,故较其他明清刻本略胜。明清诸本大抵自明钞本出。隆庆铜活字本自称据宋本重排,仅印百部,然以真宋本校之,讹谬至多,疑所称非实也。鲍崇城亦得校张刻所据之宋本,并据明严嵩钤山堂钞本补校成书,以多窜改,故犹逊于张本也。

宋蜀本余尝见之,曾据以校张本数卷,改正至百余字,且知今本有全文互倒者。惜以篇幅过多,迄未终校为憾事耳。

《册府元龟》一千卷(北宋蜀刻本　南宋重刻监本　东方文化图书筹备处藏明黑格钞本　明崇祯黄国琦刻本)

宋王钦若等奉敕撰。宋真宗景德二年九月,命资政殿大学士王饮若、知制诰杨亿修历代君臣事迹,钦若等又奏请钱惟演、刁衎、杜镐、李维、陈彭年、姜屿、宋贻序等同编修。惟演等各撰篇目,送钦若参详。后又命夏竦、孙奭撰音义。凡八年而成,祥符六年八月上进。凡千卷,外目录十卷,音义十卷,今音义已佚。全书为部三十一,为门一千一百四。门各有序。皆李维等所撰。计帝王部一百八十一卷一百二十八门,闰位部三十七卷七十八门,僭伪部十六卷三十七门,列国君二十一卷四十门,储宫六卷十七门,宗室三十八卷四十二门,外戚八卷二十三门,宰辅三十一卷四十一门,将帅一百十七卷一百六门,台省二十六卷二十九门,邦计二十九卷门亦如之,宪官十一卷十五门,谏诤二十七卷六门,词臣四卷八门,国史九卷十三门,掌礼三十四卷九门,学校十二卷十五门,刑法十一卷九门,卿监六卷十五门,环卫三卷九门,铨选十卷八门,贡举十三卷六门,奉使十三卷二十七门,内臣六卷十六门,牧守三十卷四十二门,令长七卷二十一门,宫臣八卷十一门,幕府十五卷十六门,陪臣二十卷二十门,总录二百零五卷二百四十一门,外臣四十五卷三十四门。分类与会要体史书相似,与其他类书不同。盖此书以君臣事迹、历代典制为主,与类书总四部书以天地、人事、昆虫、鸟兽等目分类者大相径庭也。此书取材于传记体史书及六经居多,稗史杂史则俱不取。其他《战国策》、《国语》、《韩诗外传》、《吕氏春秋》、《管》、《晏》、《韩子》、《孟子》、《淮南子》及《修文殿御览》、《文思博要》诸书,亦加采辑。与《资治通鉴》于唐代事摭拾杂记小说入录者,方法完全不同,故马贵与《文献通考》中极诋之。实则真宗之意以稗官小说诸书已收入太宗朝《太平广记》一书中,此书之作,盖欲方驾《太平御览》、《太平广记》、《文苑英华》诸书与之齐名,其不收稗史,固其所矣。贵与所讥非是。《元龟》所收宋以前史籍以每条下不注所出,故迄莫详其名目,然其中佚书必不在少。故考证汉唐之间史事或校勘传世传记体史书者,均恃此为鸿宝焉。清代史学家以此书收传记体史籍最多,其时宋庠之《新唐书》、欧阳修之《新五代史》未出,书中所收唐五代史事,必系全据刘昫、薛居正之书。然薛氏五代史久佚,《永乐大典》所引尚不足以云该备。刘氏《旧唐书》传世最古者虽有宋绍兴刻本,然中有讹夺,绝非原来面目。《四库》馆臣及刘文淇辈有鉴于此,故于校辑薛刘二家书时,几全恃此书成之。吾人如一读《四库》原辑本《旧五代史》及岑建功刻本《旧唐书校勘记》佚文，便知此书之重要矣。北宋类书摭拾传记体史籍不收稗史者，此外尚有《重广会史》一书，以无关弘旨，故从略。

《元龟》北宋监本早佚，传世最古者有明内阁散出北宋季年蜀眉山刻本。半叶十四行，行二十八字。合北平图书馆、常熟瞿氏、江安傅氏及归安陆氏旧藏，仅得五百六十五卷，约当全书卷数二分之一强。此外常熟瞿氏又藏新刊监本残帙，南北宋间重刻祥符监本，其本实逊于蜀刻，亦仅得八卷。传世明人钞本余南北所见不下二十余帙，悉从新刊监本出，盖北宋蜀本绝迹于天壤者久矣。此书自宋南渡后迄明之季世无重刻本。崇祯壬午匡山黄国琦知建阳县，始据旧本付雕。其版至嘉庆间尚存，今通行本是也。归安陆刚甫尝据北宋蜀本以校黄刻，有跋载《仪顾堂集》，云黄刻有脱至数十行者。余亦尝据蜀本以校同本，又订正数万字。而后知黄刻实据一钞本刊之，当时非但宋本未获据校，即寻常明隆庆前钞本，亦多优于黄刻万万也。然则黄本尚可据乎？是有待于今之学者为之校订矣。

《山堂先生群书考索》二百十二卷（元延祐圆沙书院刻本　明正德刘洪慎独斋刻本）

宋章如愚撰。如愚字俊卿，金华人。庆元中登进士第，初授国子博士，旋改知贵州，后忤韩侂胄罢归。此书简称《山堂考索》，分四集。前集六十六卷，分六经、诸子、百家、诸经、诸史、圣翰、书目、文章、礼乐、律吕、历数、天文、地理十三门。后集六十五卷，分官制、学制、贡举、兵制、食货、财用、刑法七门。续集五十六卷，分经籍、诸史、文章、翰墨、律历、五行、礼乐、封建、官制、兵制、财用、诸路、君道、臣道、圣贤十五门。别集二十五卷，分图书、经籍、诸史、文章、律历、人臣、经艺、财用、兵制、四裔、边防十一门。体裁亦与会要体史籍相似，厥后王氏《玉海》实仿此书而作。此书前后章目相同，足证其非一时所作。前集所遗者可于后集补之，言必有据，事必有征，博采诸史百家而折衷以己意，亦与《玉海》同。详于宋代而略于他世。其时宋诸帝实录及各朝会要俱在，皆如愚所及见，故此书所纪宋代事，亦较《通考》为直接可按也。南渡后人所著类书兼考本朝时政者,如林骃之《源流至论》,如无名氏之《画一元龟》,如祝穆《事文类聚》,皆不及此书之渊博翔实。盖作者欲经世济俗,一矫其时儒臣尚议论而尠考证之弊,故辑此书以历史事实昭示世人。厥后王氏《玉海》、马氏《通考》之作,亦犹是也。虽体制视《通考》稍杂,然亦治史者所不废也。此书有元延祐庚申圆沙书院刊本,最佳,明正德慎独斋本中经删节,不及延祐本远矣。

《玉海》二百卷(元至元庆元路刻本 清光绪浙江书局刻本)

宋王应麟撰。应麟字伯厚,庆元人,自署浚仪人,盖其先世原籍也。淳祐元年进士,宝祐四年复中博学鸿词科,官至礼部尚书兼给事中。事迹详《宋史·儒林传》。考宋自哲宗绍圣置宏词科,至高宗改定为博学弘词之名,重加试格,南渡后通儒多由是出。应麟此书即为词科应用而作。史称应麟登第,言曰:"今之事举子业者沽名誉,得则一切委弃,制度典故漫不省,非国家所望于通儒。"于是闭门发愤,誓以博学弘词科自见,假馆阁书读之。《玉海》之作,盖肇于是时矣。其书搜杂典故,囊括旧闻,分部二十有一:曰天文,曰律历,曰地理,曰帝学,曰圣文,曰艺文,曰诏会,曰礼仪,曰车服,曰器用,曰郊祀,曰音乐,曰学校,曰选举,曰官制,曰兵制,曰朝贡,曰宫室,曰食货,曰兵捷,曰祥瑞。部各有门,总计凡二百四十余门。体裁亦如《通考》,惟《通考》以敷陈事实为主,此则加以剪裁,颇见匠心。用力之深,非南宋他书可及。纪事始于伏羲尧舜,终于宋之季世。自六经、诸史、百家、子集、注疏、传记、谱牒、艺术之书,靡不札录,间以所见疏列下方。称引必注书名,考索必详岁月。于有宋一代典制艺文搜辑尤备,本诸当时实录、国史、日历、会要为多,视马氏《通考》犹高出一筹焉。

此书成于元初,至至元三年浙东道宣慰司准国子监牒,始下庆元路儒学雕造行世,即世传半叶十行行二十字本也。其版明初移入南监,清初改入江宁藩署,正德、嘉靖、万历、康熙、乾隆诸朝迭有修补,至嘉庆中始毁于火,与三朝版南北朝诸史同归于尽。传世明中叶后印本到处有之,版式不齐,讹误孔多。明初印本仅故宫博物院、北平图书馆藏数帙,盖已成硕果矣。光绪间浙江书局据《四库全书》钞本合旧刻校正重刊,今通行本是也。应麟等身著述,《玉海》外尚有《诗考》五卷、《诗地理考》五卷、《汉书艺文志考证》十卷、《通鉴地理考释》十六卷、《通鉴答问》四卷、《践阼篇集解》一卷、《急就篇补注》四卷、《王会篇补注》一卷、《汉制考》四卷、《小学绀珠》十卷、《姓氏急就篇》二卷、《六经天文编》六卷、《周易郑康成注》一卷、《词学指南》四卷,并附刊《玉海》后。其杂著《困学纪闻》,则单行云。

《永乐大典》二万二千八百七十七卷目录六十卷(明嘉靖内府钞本)

明解缙等奉敕撰。缙字大绅,吉水人。永乐初官翰林学士,出为江西参议,后下狱死。事迹详《明史》本传。明成祖永乐元年九月诏学士解缙以《洪武正韵》类聚经史子集、天文地志、阴阳医卜、僧道技艺之言为一书,越年奏进,赐名《文献大成》。与其事者一百四十七人。成祖览其书未备,复命太子少保姚广孝、刑部侍郎刘季箎与缙同监修,而以翰林学士王景、侍读学士王达、国子祭酒胡俨、司经局洗马杨溥、儒士杨济为总裁,翰林侍读邹辑,修撰王褒、梁潜、吴溥、李贯、杨觏、曾棨,编修朱弦,检讨王洪、蒋骥、潘畿、王傅、苏伯厚、张伯颖,典籍梁用行,庶吉士杨相,左春坊左中允尹昌隆,宗人府经历高得旸,吏部郎中叶砥,山东按察使命事晏璧为副总裁,中外宿师老儒充纂修,国学县学能书生员充缮写,开馆于文渊阁,光禄寺给朝暮膳,同事凡二千一百六十九人。六年冬,书成,改今名。冠以成祖御制序及姚广孝等进书表,拟锓诸梓,以工费浩繁而罢。孝宗嘉靖四十一年宫中火,亟命救出,幸未被焚。因选礼部儒士程道南等一百人重绿副本,命高拱、张居正校理。书手一百八名,每人日三叶。至隆庆改元始毕。正本贮文渊阁,副本别贮皇史宬。万历二十二年南京祭酒陆可教请分颁巡方御史校刊,亦未果。入清正本留乾清宫,副本在皇史宬者移贮翰林院敬一亭。后乾清宫灾,正本遂亡。而副本乾隆时检点时,已缺失二千余卷。历嘉道咸同四朝,散佚益多,光诸初尚存三千余册,庚子前仅存六百余册。庚子之变,翰林院被焚,《大典》亦半付劫灰。间有为西人取去散归英美图书馆博物馆者,亦不下数十册。合以国中公私所藏,可考见者不过四百册。以全书一万一千一百册之数计之，可谓九牛之一毛矣。

《大典》卷帙之繁重，取材之弘富，开古今中外未有之纪录。明永乐前人所著书几无不收入，如百川注海，万岳朝宗，诚可谓极缥缃之大观，尽艺林之能事者矣。然考其致此之由，不得不上溯宋元两朝藏书故事，以明原委。宋自南渡后，搜求旧闻，绍兴间有《秘书省续编到四库阙书目》之辑。及理宗朝，江左粗安，起缉熙殿于禁中，藏列祖列宗遗集及会要、实录诸书。委《宝刻类编》作者陈思任搜访之职，一时彬彬称盛。德（祐）之变，元兵尽掠以去，于是临安俄定。观元修《宋史·艺文志》，知至正间史臣所见，尚什佰倍于今日。盖赵宋文献当时尽萃燕京，故史臣得据以入录也。元自世祖后，深染华化，迭命儒臣纂修《大元一统志》、《经世大典》、《大元通制》诸书，卷帙盈千。《一统志》曾付杭州路镂版，他书迄未刊行。商企翁撰《秘书监志》，详著《一统志》撰著始末，决非乐史、王象元之书所可比拟。而《元文类》所录《经世大典序例》，体制繁富，又高出宋修会要一等。朱明肇兴，宋之缉熙殿、元之秘书监遗物，尽归南京文渊阁。太祖、成祖之世，迭命各省博征遗籍，所得益多。今所传宋元旧本，书背有洪武永乐某年某某买到一行者，皆其时所进也。此外金陵旧集庆路署、杭州西湖书院、福州宋漕治所遗宋元旧版，均厘然具在，文渊阁亦必有其印本。凡此种种，无一非纂修《大典》时之好材料。盖集宋元二代历劫仅存之文献于一编，宜其冠绝古今，为他书所不及也。所可惜者其时宋元实录尚存，迄未录入只字。姚广孝辈以有元修《宋史》、明修《元史》在，不必再及实录。此一念影响宋元两朝直接史料之存亡至巨。然在后人视之，瑕瑜互见，尚不足为此书病也。

《大典》所收明以前遗籍，大多见于永乐朝儒臣杨士奇所辑之《文渊阁书目》（《读画斋丛书》本）。然文渊阁藏书，明中叶以后已多散佚，明万历中张萱、孙能传重整时，十不存二三。万历间馆阁之臣，首倡自《大典》中辑佚书。当时录出宋人所撰《清明集》，曾镂版印行。是为自《大典》校辑佚书之始。清高宗时鄞人全祖望官京师，日往翰林院假观。钞出《宋田氏学易蹊径》二十卷、《高氏春秋义宗》百五十卷及曹粹中《诗说》、王安石《春秋新义》、史浩《尚书周礼解》诸书。全氏并著《钞永乐大典记》（见《鲒埼亭集》外编十七）以纪其事。时方苞辈奉敕纂修三礼，全氏语苞钞《大典》中三礼之不传者以实之，事不果行。乾隆壬寅，诏修《四库全书》，大兴朱筠请将《大典》中古书善本世所罕见者，择取缮写，各自为书，以复旧观。得旨允行，编入《四库》者三百六十五种，附存目者又一百有六种。第诸书辑散为整，考订不易，有辑出而复弃者如《大元一统志》是也，有辑出未进呈流人私家者，如宋元两《镇江志》、《嘉泰吴兴志》、《嘉定维阳志》、《奉天录》、《九国志》等亦复不少。嘉庆中又诏修《全唐文》，于《大典》中辑出唐人碑铭传记为他书所未见者甚多，大兴徐松时预与编纂之役，借公济私，利用馆中写官钞出《宋会要》五百册、《中兴礼书》三百八十卷、《河南志》三卷。后仁和胡敬亦从《大典》钞出施谔《临安志》十六卷、《大元海运记》一卷。及道光戊子，重修《清一统志》，嘉兴钱仪吉奏请重辑《大典》未尽之书，后仪吉降官，此事无人过问而罢。光绪初书渐散佚，江阴缪荃孙直翰林院时，曾阅过九百余册，钞出《宋十三处战功录》、《曾公遗录》、《泸州志》、《宋中兴百官题名》诸书，皆史部秘籍。数年前余校阅北平图书馆、吴兴刘氏、海盐张氏、上海涵芬楼、美国国会图书馆所藏《大典》残帙百六十余册，又钞出《陈了翁年谱》四卷、《大元一统志》一百卷及宋元人文集地志数十种。盖至此所存皆糟粕矣。然《大典》所收佚籍三百年间诸家所录者，尚未尽其百一。而《大典》原本已零落殆尽，坐使宋元两朝文献亦随之澌灭，方之前代江陵之炬，近世敦煌之劫，亦无多让，徒增怀古者想念而已，可胜叹哉。兹将自《大典》中钞出之史部要籍为表校录如下，以见《大典》所收宋元或前代史籍之一斑。

书　名	校辑者	版　刻
旧五代史一百五十卷目录二卷 宋薛居正撰	清四库馆臣辑	聚珍版本　武英殿刻本湖北书局刻本　丰城熊氏石印本　嘉业堂刻本
五代史记纂误三卷　宋吴缜撰	同上	聚珍版本　知不足斋丛书本

续表

书　名	校辑者	版　刻
中兴小纪四十卷　宋熊克撰	同上	广雅书局刻本
建炎以来系年要录二百卷　宋李心传撰	同上	仁寿萧氏刻本　广雅书局刻本
西汉年纪三十卷　宋王益之撰	同上	湖北书局刻本　席氏扫叶山房刻本　金华丛书本
东观汉记二十四卷　汉刘珍等撰	同上	聚珍版本　扫叶山房刻本　湖北先正遗书影印聚珍本
续资治通鉴长编五百二十卷　宋李焘撰	同上	常熟张氏刊本　浙江书局刊本
九国志十二卷　宋路振撰	同上	守山阁丛书本(附拾遗)　海山仙馆丛书本　粤雅堂丛书本
续后汉书九十卷　元郝经撰	同上	宜稼堂丛书本(附札记四卷)
奉天录四卷　唐赵元一撰	同上	龙氏活字版印本(一卷)　指海本　江都秦氏石研斋刻本　粤雅堂丛书本　云自在龛丛书本(附补遗)
咸淳遗事二卷　不著撰人姓氏	同上	墨海金壶　守山阁丛书本　粤雅堂丛书本
曾公遗录三卷　宋曾布撰	缪荃孙辑	藕香零拾本
十三处战功录一卷　宋李壁撰	同上	藕香零拾本
汝南遗事四卷　元王鹗撰	清四库馆臣辑	泽古斋丛钞本　指海本　畿辅丛书本
谠论集五卷　宋陈次升撰	同上	
三苏年表二卷　宋孙汝听撰	同上	藕香零拾本(仅苏颖滨年表一卷)
魏郑公谏续录二卷　元翟思忠撰	同上	聚珍版本　畿辅丛书本
陈了翁年谱一卷　元陈宣子撰	赵万里辑	
庆元党禁一卷　不著撰人姓氏	清四库馆臣辑	知不足斋丛书本

续表

书　　名	校辑者	版　　刻
京口耆旧传九卷　不著撰人姓氏	同上	道光二十九年贺鸣谦刻本　守山阁丛书本　粤雅堂丛书本
忠传四卷　不着撰人姓氏	同上	涵芬楼秘籍第一集不分卷本
邺中记一卷　晋陆翙撰	同上	聚珍版本　榕园丛书重刻聚珍本
蛮书十卷　唐樊绰撰	同上	聚珍版本　桐花馆刊本　琳琅秘室丛书本　渐西村舍丛书本
江南余载二卷　不著撰人姓氏	同上	知不足斋丛书本　函海本　龙威秘书本
嘉泰吴兴志二十卷　宋谈钥撰	同上	吴兴丛书本
宋嘉定维阳志　撰辑人未详	同上	
嘉定镇江志二十二卷　宋卢宪撰	同上	丹徒包氏刻本　新刻本
淳祐临安志六卷　宋施谔撰	清胡敬辑	
寿昌乘一卷　撰人无考	清文廷式辑	光绪丁未柯氏刻本
大元一统志一百卷　元岳铉等修	赵万里辑	
至顺镇江志二十一卷　元俞希鲁撰	清四库馆臣辑	丹徒包氏刻本
元河南志四卷	清徐松辑	藕香零拾本
明永乐顺天府志七卷	缪荃孙辑	
明永乐宁波府志	清全祖望辑	
明泸州志二卷	缪荃孙辑	
河防通议二卷　元赡思撰	清四库馆臣辑	明辨斋丛书本　守山阁丛书本
治河图略一卷　元王喜撰	同上	墨海金壶本
岭表录异三卷　题唐刘恂撰	同上	聚珍版本　榕园丛书重刻聚珍本
岭外代答十卷　宋周去非撰	同上	知不足斋丛书本
西湖繁胜录一卷　题西湖老人撰	同上	涵芬楼秘籍第三集本

续表

书　　名	校辑者	版　　刻
辽东行部志一卷　金王寂撰	剑舟居士辑	藕香零拾本　晨风阁国粹丛编本
河朔访古记二卷　元纳新撰	清四库馆臣辑	真意堂丛书本　守山阁丛书本（三卷）
诸蕃志二卷　宋赵汝腾撰	同上	函海本　学津讨原本
麟台故事五卷　宋程俱撰	同上	聚珍版本　榕园丛书重刻聚珍本　十万卷楼丛书本（四卷补遗一卷）
中兴学士院题名一卷　宋何异撰	清钱大昕辑	藕香零拾本　武林掌故丛编本
中兴行在杂买物杂卖场提辖官题名一卷　宋何异撰	缪荃孙辑	藕香零拾本
中兴东宫官寮题名一卷　宋何异撰	同上	藕香零拾本
中兴三公年表一卷　不著撰人姓氏	同上	藕香零拾本
太常沿革二卷　元任拭撰	清四库馆臣辑	
南台备要二卷　元刘孟保等撰	同上	江安傅氏影印大典卷二千六百十至卷十一本
宪台通纪一卷续集一卷　元赵承禧撰	董康辑	中国学报本（未完）
州县提纲四卷　不著撰人姓氏	清四库馆臣辑	函海本　学津讨原本　长恩书室丛书本　半亩园本　日本刊本
宋朝事实二十卷　宋李攸撰	同上	聚珍版本　墨海金壶本
宋会要五百卷　官修	清徐松辑	
汉官旧仪一卷补遗一卷　汉卫宏撰	清四库馆臣辑	聚珍版本　平津馆丛书重辑四卷本　榕园丛书重刻聚珍本
宋中兴礼书续中兴礼书三百五十卷　宋淳熙间官撰　续编嘉泰间撰	清徐松辑	

续表

书　　名	校辑者	版　　刻
大金德运图说一卷	清四库馆臣辑	
庙学典礼六卷　不著撰人姓氏	同上	
熬波图一卷　元陈椿撰	同上	雪堂丛刻本　吉石盦丛书第一集影印画院摹本
大元官制杂记一卷　元经世大典治典中官制十则	清文廷式辑	广仓学窘丛书本
大元海运记二卷　同上赋典中海运门	清胡敬辑	雪堂丛刻本
元高丽纪事一卷　同上政典中征伐门高丽一目	清文廷式辑	广仓学窘丛书本
元皇征缅录一卷　同上政典中征伐门缅一目	未　详	守山阁丛书本
招捕总录一卷　同上政典中征伐门招捕一目	未　详	守山阁丛书本
大元驿站记四册　同上政典中驿站门		日本东洋文库影印本
大元马政纪一卷　同上政典中马政门	清徐松辑	广仓学窘丛书本
大元仓库记一卷　同上工典中仓库门	清文廷式辑	广仓学窘丛书本
大元毡罽工物记一卷　同上工典中毡罽门	同上	广仓学窘丛书本
元代画塑记一卷　同上工典中画塑门	同上	广仓学窘丛书本
宋吏部条法二卷　宋景定间重修		吉石盦丛书四集本
直斋书录解题二十二卷　宋陈振孙撰	同上	聚珍版本　江苏书局覆刻本
宝刻类编八卷　不著撰人姓氏	同上	道光间东武刘氏刊本　粤雅堂丛书本

上表所举，见于《四库存目》今无传本者尚不在内，然为目逾七十，为卷盈千。如合馆臣所编《永乐大典辑佚书目》（此目未有刊本）计之，犹当倍蓰于此，可谓极史林之观矣。至其他零简断缯，在在可予吾人辑佚或校辑之助。如元修《宋史》，《大典》宋字韵及他韵所录，乃据元代官本，较明监本、清殿本自不可同日语。又如杨衒之《洛阳伽蓝记》，《大典》寺字韵所录，乃明以前旧本，当较今本为长。皆其著例也。举一反三，学者当知所适从矣。

右会要类凡七种（附类书八种）

案：类事之书，肇自魏文帝《皇览》。其后词赋括帖之学大盛，类书亦随之层出不穷。其内容统及四部，与会要体史书体制相似，而致效尤弘。盖会要体史书多不注其说之所从来，故有时不得视为直接材料。而类书所载，多直接录自成书，不加润饰，不减原来面目，治史者乐予称引，可作多方面应用也。试观隋唐宋元诸史艺文经籍志所录史部要籍，十不存一，不有类书，何以征之，其重要为何如哉。世之治史者于纸上材料能利用类书，于地下材料能利用甲骨、青铜器、碑铭、墓志，则庶几乎得之矣。兹之所述，不过略发其凡而已，不足以概其全也。

《资治通鉴》二百九十四卷（《四部丛刊》影宋刻本　商务书馆影宋　刻百衲本　宋蜀刻本　元覆宋蜀刻本　明嘉靖孔天胤刻本）

《目录》三十卷、《考异》三十卷（《四部丛刊》影宋刻本）

宋司马光撰。光字君实，陕州夏县人。哲宗初官至尚书左仆射兼门下侍郎，谥文正。事迹详《宋史》本传。考宋以前十七史俱备，而编年之史仅有前后《汉记》，三国以下无闻焉。英宗治平三年，有诏翰林学士司马光仿《春秋》体裁编次历代史事为一书，以神宗元丰七年十二月书成奏上，凡历十九年而毕。《东都事略》八十七本传云："初光患历代史繁，学者不能综，况于人主。遂约战国至秦二世如《左氏》体为通志以进，英宗命续其书,置局秘阁,以其素所贤者刘攽、刘恕、范祖禹为属。凡十九年而成。神宗尤重其书,以为贤于荀悦,亲为制序,赐名《资治通鉴》。"是助光成书者尚有刘攽等数人。《宋史·刘攽传》称:"攽尤邃史学,作《东汉刊误》,为人称颂。司马光修《通鉴》,专职汉史。"又《刘恕传》云:"恕笃好史学,自太史公所记下至周显德末,纪传之外至私家杂记无所不览,上下数千载间,巨微之事如指诸掌。司马光编次《资治通鉴》,英宗命自择馆阁英才共修之,光对曰:馆阁文学之士诚多,至于专精史学臣得而知者,唯刘恕耳。即召为局僚。遇史事纷错难治者,辄以委恕。恕于汉魏以后事考证差谬,最为精详。"又《范祖禹传》云:"祖禹从司马光编修《资治通鉴》,在洛十五年,不事进取,书成,光荐为秘书省正字。"《通考·经籍考》亦引光子康之言,谓修《通鉴》时,史记前后汉则刘贡父(攽),三国历九朝而隋则刘道原(恕),唐迄五代则范纯甫(祖禹)。盖光修书时攽等均以全力赴之,故成书如此之易。高氏《纬略》引光与宋次道书曰:"某自到洛以来,专以修史为事,于今八年。仅了得晋宋齐梁陈隋六代以来奏御。唐文字尤多,托范梦得(即范祖禹)将诸书依年月编次为草卷,每卷四丈,截为一卷。自课三日删一卷,今已二百余卷,至大历末年耳。向后卷数又须倍此,共计不减六七百卷。更须三年,方可粗成编。又须细删,所成不过数十卷而已。"其精审不苟盖如此,与元明以下官修书之草率将事者,不可同日语矣。

光之撰此书也,有一事用三四百种材料编成者。如《通考》载司马康所述有司马彪、荀悦、袁宏、崔鸿、萧方等、李延寿及《太清记》《唐历》之类。《窻斋随笔》所摘有《河洛记》《郑魏公谏录》《李司空论事》《张中丞传》《凉公平蔡录》《郱侯家传》《彭门纪乱》《平剡录》《广陵妖乱志》之类。除正史外,取资于稗官杂史,据《通考》所述,凡二百二十二家。其间传闻异词不一而足,稗官既多向壁虚谈,正史不尽当时实录,光既择可信者著于篇,复参详同异为《考异》三十卷。如引范晔《后汉书》,别据谢承书以究其异。引唐修《晋书》,又采臧荣绪书以证其误。此例最善。自来修史者,未见自著一书明所以去取之故。有之,实自光始。其后李焘撰北宋一祖八宗遗事为《通鉴长编》，李心传采建炎绍兴一代之事为《系年要录》，以续光书，皆为《考异》，散附本书各条之下，虽体例略殊，然犹光之意也。至宋以后陈桱著《通鉴续编》，王宗沐著《续资治通鉴》，薛应旂著《宋元资治通鉴》，徐乾学著《资治通鉴后编》，虽追续光书，体制与光无异，然仅据普通正史为说，未暇博征同异以著其立说所从来，以视光书，直有上下床之别矣。与《通鉴考异》同时奏上者，尚有《目录》三十卷，即光《进书表》所谓略举事目以备检阅者也。名为《目录》，实即年表。自周威烈王二十三年，下讫五季之末，凡一千三百六十二年，年经事纬。载《尔雅·释天》岁阳岁名于上而各标《通鉴》卷数于下。又以崇文院检讨刘羲叟《长历》气朔、闰月及列代七政之变著于上方，以便检索。盖《通鉴》一书，卷帙繁重，光恐阅者倦于披寻，故仿史汉年表例，别为此编以冠全书之首。同时刘道原著《通鉴外纪》，亦附目录。南渡后熊方撰《后汉书年表》，略有光之遗意外，他人未有遵此例者。此君实史识过人之处，非后之续貂者所能知也。

光之撰此书也，尽发秘阁典籍，尚虞不足，神宗复以颖邸藏书二千四百卷与之，始克成书。《通考》谓光于唐代事兼采稗史二百余家，则于唐以前他史可知矣。考其时秘阁藏书承太真二朝之遗，搜罗弘富，唐五代人所著书大多俱在。微论薛居正、刘昫之书光均得寓目，即刘珍（《东汉观记》）、谢承（《后汉书》）、崔鸿（《十六国春秋》）、萧方等（《三十国春秋》）之书及南北朝逸史亦厘然无缺。观于《考异》引证之富，光与刘道原辈辑录之勤，略可想见。时至今日，上举刘谢崔萧之书或缺或佚，即薛氏《五代史》、刘氏《旧唐书》亦无一完本，其他南北史七史，非卷有缺叶，即篇有补配，欲于《通鉴》外求一宋以前任何体裁完整不苟之通史，实为不可能之事。吾人视此书为直接史料者，职此故也。南渡后人以此书所载史事，可资经世佑民之助，故士人多习之。投机者且以其书繁密，别辑详节本以供科场之用。与吾人重其多采直接史料可供多方面参考者，完全异趣。此又读史者所当具之通识也。

《通鉴》成书于元丰八年九月，至元祐元年十月奉诏下杭州镂版。秘书省群官张耒、晁补之、孔武仲辈俱预为校定之役。此本世已无传。南渡初以旧版亡失，两浙东路提举茶盐司公使库下绍兴府余姚县刊板进呈，是为南宋监本。绍兴三年刊成，半叶十二行行二十四字。其版后入明南监。此《通鉴》传世刊本之最古者，今济宁潘氏有之，清内府天禄琳琅旧物也。由是以后闽中书肆迭有印造，有半叶十五行、十四行、十六行、十一行诸种。今江安傅氏所藏百衲宋本《通鉴》，即合闽浙诸刻残本而成（商务书馆有影印本）。近人长洲章式之（钰）获见傅藏百衲本最早，因取清嘉庆间胡克家重刊胡三省音注本校之。成《通鉴校记》六册，有刊本行世，为改正音注本误字不少。此外南渡后又有蜀中费氏进修堂刊本，半叶十一行行十九字，疑从元祐原刻翻造，俗又称龙爪本。今常熟瞿氏、日本静嘉堂文库有之。其本元至元中福建参知政事魏天佑复据以重雕于建之中和堂，行款版式俱同。此二本明内阁亦有之，当时与浙闽诸本并行，惜乎章氏校百衲本时均不及见也。至元以后，胡氏音注本出，白文本遂不为世所重。嘉靖间孔天胤刊白文本于浙中，可谓空谷足音，弥可珍异。今孔本已罕见，微论元以前刊本。自涵芬楼得半叶十一行宋建本全帙影印于《四部丛刊》，宇内始见宋本真面。然较古之浙蜀二本终未得传，是有待于好事者为之刊行矣。

《通鉴》一书网罗弘富，为前古所未有。其中名物训诂，非浅学所能通。光门人刘安世尝撰《音义》十卷，是为此书有训释之始。然世久无传。传世者当推史照《释文》为首。自是以后，注释之作大出。兹一一胪列如左。

（一）《资治通鉴释文》三十卷（宋史照撰）

照字见可，眉山人。元刊本题曰右宣义郎监成都府粮料院史照，其非显宦可知。此书积十年而成。凡字有疑难，求之本史，本史无据则杂取六经诸子释音、《说文》、《尔雅》及地理、姓氏书为之训释。摘书中一二字为大字而附注释于下方，如《经典释文》例。前有绍兴三十年缙云冯时行序，则此书成于南渡之初可知也。宋刻本今不可见。《四部丛刊》影印元黑口本最佳（自来藏书家以此本误为宋刻）。《十万卷楼丛书》亦有覆刻元本,然讹脱满目,不及原本远矣。

(二)《资治通鉴音注》二百九十四卷《释文辨证》十二卷(元胡三省撰)

三省字身之,天台人。宋宝祐四年进士,入元不仕。此书历数十年而后成。袁桷《清容集》载《师友渊源录》称:"三省天台人,贾相馆之。释《通鉴》三十年,兵难稿三失。乙酉岁留袁氏家塾,日手钞定注。己丑寇作,以书藏窖中得免。"与三省此书《自序》所云乙酉彻编正合。《自序》又称:"初依《经典释文》例为《广注》九十七卷,后失其书,复为之注,始以《考异》及己所注者散入《通鉴》原文下,历法天文则随《目录》所书而附注焉。"今所传本惟《考异》散归各文,而《目录》所有之历法天文,未见附载,则元季刊行时所删落也。三省既释《通鉴》全书,于象纬、地形、典制诸大端无不贯穿,复撰《释文辨证》以驳正史照之失及当时所传司马康本、蜀费氏龙爪本之误,随文考正,与《音注》相辅而行。没后临海郡为之刊行,其本世误题兴文署本。考兴文署之立,远在三省成书前。三省注此书时,曾见兴文署刻本《通鉴》,故其书前有王盘序,非兴文署为三省刊《音注》也。后人以王盘序云"兴文署刊书以《通鉴》为首",乃并《音注》亦认为署中所刻,不知其与三省成书岁月相抵牾也。明黄溥《简籍遗闻》谓是书刊于临海,其地乃三省故乡,最得其实,故明初取其版入南监。如刊于兴文署,应归北京国子监,无由入南监也。清嘉庆鄱阳胡克家以元刻重校覆刻,顾千里为任校勘之职,世所传胡刻《通鉴》,即指覆刻本言之。同光间武昌书局又覆刻胡本,盖自三省成书后,至此已三刻矣。

(三)《通鉴地理通释》十四卷(宋王应麟撰)

此书附刻元、清刻本《玉海》后。以《通鉴》地名异同沿革,最为纠纷难理,而历代兵事措置,亦足为有国者成败之鉴,因各为条例,著为一编。首历代州域,次历代都邑,次十道山川,次历代形势,而终以唐河湟十一州、石晋燕云十六州。征引详博,足为读《通鉴》者借镜。书成于元世祖至元十六年,时宋祚已屋,应麟盖有为而作也。

(四)《资治通鉴补》二百九十四卷(明严衍撰)

衍字永思,嘉定人。明万历中补县学生。与李流芳、龚方中友善。

年四十一,读《通鉴》而好之。以光之著书意在致治,故朝章国政述之独详,而家乘世谱纪之稍略,其于人也显宦者多而逸民则略,方正者多而节侠则略,丈夫者多而女子则略。乃援引诸史并他书补之,或补正文,或补分注。补正文之例有二:有《通鉴》已载,而事或阙而不周,文或简而不畅,则逐节补之;有《通鉴》所未载,而事有关于家国,言有系于劝惩者,则特笔补之。其补分注之例有三:一曰附录,事虽可采而涉于琐或近于幻者;一曰备考,说与《通鉴》互歧而事属可疑者;一曰补注,三省《音注》所未备或有讹舛须订正者。其所取材,十七史居十之九,稗官野史居十之一,大都为光著书时所及见,而补之订之未恐后人,抑何愚也。平心论之,其所补者固应受续貂之讥,至所订者则多为三省《音注》所未及。故钱大昕序中评之曰:"先生于史学实学求是,不肯妄下雌黄,其辩正皆确乎不可易,胡身之而后有功《通鉴》者,仅见此书耳。"云云。谅非过誉也。书成后迄未刊行,咸丰元年江夏童和豫始以活字版印行,复著《刊误》二卷附于卷末。童本印行不多。光绪二年武进盛康复以活字重印,即思补楼本是也。光绪二十八年上海益智书局又有石印本。

(五)《通鉴胡注》举正一卷(清陈景云撰)

景云字少章,吴县人。此书订正三省《音注》之误,凡六十三条,皆精确不可易。有《文道十书》本。

(六)《通鉴注辨正》二卷(清钱大昕撰)

大昕字晓征,号竹汀,嘉定人。乾隆甲戌进士。官至少詹事。事迹详见《清史稿》本传。此书亦订《音注》之失,凡百有四十余则。其中辨证地理诸条尤为精审,如谓汉建安之益州郡在南中,非侨治成都郭下;晋咸和之东海郡侨治京口,非海虞;耿令贵刺南郢州在今随州,非东魏之南郢;梁二十三州当举衡桂霍,不当数宛冀秦;扬州二郡,沔中七郡,荆州四郡,豫州四郡,皆剖析精到。他于声音、文字、职官、氏族,亦多办证。有《潜研堂全书》本。

《稽古录》二十卷（明弘治刻本　《四部丛刊》影印明刻本　《学津讨原》本　江苏官书局刻本）

宋司马光撰。光既撰《资治通鉴》，卷帙繁重，览者以不暇遍观为憾。因就其在英宗时所进《历年图》，由三晋开国之初迄后周显德之末，删繁节要，著为此书。并于每代之末，各为论以明一代治乱之原委。又稽其在神宗时所进《百官公卿表》、《大事记》诸书，于周威烈王前补著上世史事，自伏羲下迄战国，以续原书。后又略述本朝事迹，自太祖开国迄英宗治平四年，以补《通鉴》之缺。其主旨不外陈前代兴衰之迹，著古今得失之林，朱熹所谓可备讲筵官僚进读者也。光政术道德，炳耀一时，著述等身，为北宋一代巨擘。其史德与史识，尤有过人处。除上举二书外，尚有《涑水纪闻》十卷，记北宋时事。其他《大事记》、《历年图》诸书，则散佚久矣。

《续资治通鉴》六十四卷（明隆庆刻本）

明王宗沐撰。宗沐字新甫，临海人，嘉靖甲长进士，官至刑部左侍郎。事迹详见《明史》本传。此宗沐官山东布政使时所纂。始事于嘉靖乙卯，断手于隆庆丁卯。真定梁梦龙时巡按山东，为纠众刊行，今所传隆庆刻半叶十行行二十字本是也。纪事始于宋太祖建隆改元，迄于元顺帝至正丁未，前后凡四百零八年，年经事纬，一仍涑水《通鉴》旧例。所据原料，除四朝正史外，殆无他书。凡例中仅述及朱子《纲目》及商辂《续纲目》，其浅陋可知。薛应旂《宋元通鉴》成书与此书略同时，内容亦相当，然各不相涉，宗沐生前盖未见薛书。

第二章① 上古史（史后迄六国）

研究中国上古史，每苦于事实与传说不分。王静安先生于《古史新

---

① 讲义原稿将此章仍标为第一章，今按目录改作第二章。

证·总论》中为之说曰:研究古史为最纠纷之问题,上古之事传说与史实混而不分。史实之中,固不免有所缘饰与传说无异,而传说之中亦往往有史实为之素地。在古代已注意此事。孔子曰:"信而好古。"又曰:"君子于其不知,盖阙如也。"故于夏殷之礼曰吾能言之,杞宋不足徵也,文献不足故也。孟子于古事至可存疑者,则曰于传有之,于不足信者曰好事者为之。太史公作《五帝本纪》取孔子所传《五帝德》及《帝系姓》而斥不雅驯之百家言,于《三代世表》取《世本》而斥黄帝以来皆有年数之谍记,至为谨慎。其持论至为精审。今欲于载籍中决何者为史实,何者为传说,何者为传说中之史实,何者为史实中之传说,则非于纸上之材料,更于宋以来地下所出之材料中求之,或交相阐明之不为功。盖地下之材料苟非后人伪作,殆皆为实录;而纸上之材料,固不免有缘饰,或竟如近人所云累层地成之也。何谓纸上之材料,秦以前载籍或汉魏人载籍所涉及前世事者皆是,依时代之先后举之。则有:

(一) 尚书

题孔安国传,十三卷,唐石经本及宋刻单注本(如相台岳氏本、《四部丛刊》影宋本均是),孔颖达正义本始改为二十卷。单疏本传世有南宋覆刻北宋监本,宫内省图书寮藏,近有日本大阪每日新闻社影印本及嘉业堂刘氏刻本,欲知孔疏之真面目,必当于此本求之。次为南渡后越州刻本,合疏于注自此本始,日本足利学校藏,有日本影刻本及适园张氏刻本。次为阮刻十六朝以来《尚书》单注通行本,乃隶古定本。隶古定者,依古文作今隶也。至唐天宝三年,玄宗诏集学士卫包改古文《尚书》为今文,于是民间皆行改字之本。此所谓今文,指唐季通行书体言之,非汉世今古文之今文也。幸陆德明《音义》,于字体有别,尚见之音内,可据以考见隶古定本之十一。及宋开宝五年,因陆氏所解与明皇所定今文互异,令陈鄂删定,别为今本《音义》,于是不但原本不可见,而别异之字仅存于《释文》者,亦无一存。近始于敦煌及日本见唐时真本,共得二十二篇有奇,分卷与开成石经同,不可谓非人间环宝也。录目如下:

《禹贡》残卷　日本古写本　日本东大寺藏。

《禹贡》、《甘誓》、《五子之歌》、《胤征》残卷　敦煌唐写本　法国国民图书馆藏。

《盘庚》、《说命》、《高宗肜日》、《西伯戡黎》、《微子》残卷　日本古写本　东大寺藏。

《泰誓》、《牧誓》、《武成》残卷　日本古写本　日本神田氏藏。

《洪范》、《旅獒》、《金縢》、《大诰》、《微子之命》残卷　日本古写本　上虞罗氏藏。

《顾命》残卷　敦煌唐写本　法国国民图书馆藏。

《毕命》、《君牙》、《冏命》、《吕刑》残卷　日本古写本　东大寺藏。

以上各残卷，今俱有上虞罗氏印本，闻英京尚有数卷，其名不可知。就现存诸卷观之，其足以为考证之资者有二：

（1）可以证薛季宣《书古文训》为杜撰不足据也。案薛书与《宋史·艺文志》著录之孔安国隶古文《尚书》二卷，其所出具不可考，王应麟《困学纪闻》二已疑问。今观其书，满纸皆异字，与陆氏《音义》释例古文无几之说不合，试取近出诸残卷校之，违者十且八九，乃知薛书全撷拾字书为之，或出郭忠恕手，竟如厚斋所云，故与郭撰《汉简》所录古文多巧合，殆非无因也。

（2）可以与魏正始三字石经之古文相参证也。案三字石经之古文，殆即汉以来相传之孔子壁中古文，故与殷周古文不合。说者谓为六国文字之遗，一线相传，于隶定本《尚书》中尚可窥见一二。如会字，三字石经古文作佮，敦煌本隶古定《尚书》作佮，即佮字之讹，即其例也。

此外，敦煌本《尚书·尧典》、《舜典》残卷（《吉石盦丛书》本、《涵芬楼秘笈》本）亦在法京见之，不仅可据以补今本《音释》之遗，其所存隶古文，亦可与上列诸卷互证也。

今本《尚书》，乃晋世梅赜所献，其羡于今文《尚书》之《大禹谟》、《五子之歌》、《胤征》、《仲虺之诰》、《汤诰》、《伊训》、《太甲上》、《太甲中》、《太甲下》、《咸有一德》、《说命上》、《说命中》、《说命下》、《泰誓上》、《泰誓中》、《泰誓下》、《武成》、《旅獒》、《微子之命》、《蔡仲之命》、《周官》、《君陈》、《毕命》、《君牙》、《冏命》等二十五篇，文体与他篇殊不类。崔述论此点最精到，综其说如下(见《古文尚书·辨伪一》)：

(a)《大禹谟》与《皋陶谟》不类，篇末誓词与《甘誓》不类。

(b)《五子之歌》、《胤征》除与经传所引同者外，余皆不成文理。

(c)《泰誓》三篇与《汤誓》、《牧誓》、《费誓》不类。

(d)《仲虺之诰》、《汤诰》、《武成》、《周官》皆诰也，与《盘庚》、《大诰》、《多士》、《多方》皆不类。

(e)《伊训》、《太甲》、《咸有一德》、《吕獒》皆训也，与《高宗肜日》、《西伯戡黎》、《无逸》、《立政》皆不类。训在商者简劲切实，在周则周详笃击，迥然两体。《伊训》、《太甲》诸篇在《肜日》、《戡黎》前数百年，乃反冗乏平弱，而周书之《吕獒》，乃与《伊训》如出一手，何也？

(f)《说命》、《微子之命》、《蔡仲之命》、《君陈》、《毕命》、《君牙》、《冏命》九篇皆命也，与《顾命》、《文侯之命》皆不类。

然此朱熹已疑之，而为之说曰："书有二体，有极分晓者，有极难晓者。诸命皆分晓，盖如今训诰，是朝廷做底文字；诸诰皆难晓，盖是时与民下说话，后来追录而成之。"其于孔《传》则直斥之为只是《孔丛子》等做出来。同时吴棫亦疑晚出二十五篇皆伪，其所撰《书经难言》以二十八篇为伏生之旧，余二十五篇自为卷表附后。其致疑之由，亦在文体之差异。此后元吴澄《书纂言》(四卷，《通志堂经解》本)、明郑瑷《井观琐言》(一卷，《今献载言》本，瑷乃成化间人)皆疑及晚出二十五篇文词不似真作。正德间旌德梅鷟撰《尚书考异》共五卷(《平津馆丛书》本，浙江书局刻本)，始明白攻击二十五篇为东晋人伪作。清初阎若璩著《尚书古文疏证》八卷(《续皇清经解》本、浙江汪氏刻本)，攻之最烈，视梅氏尤详尽。于是晚出二十五篇之为作伪，遂成为定谳矣。然阎书实未纯，同时惠栋著《古文尚书考》(一卷，《皇清经解》本)为阎氏张目。至崔述《古文尚书辨伪》(一卷，家刻本)、王鸣盛《尚书后案》(三十卷，《皇清经解》本)、程延祚《晚书订疑》(二卷，《金陵丛刻》本)其说始定。然辩护《晚书》者亦不乏，自毛奇龄以下凡八家：

《古文尚书冤词》八卷，毛奇龄撰，《西河合集》本。

《尚书未定稿》二卷，茹敦和撰，嘉庆间《茹氏丛书》本。

《尚书后案驳正》二卷，王劼撰，咸丰间四川刻本。

《古文尚书私议》三卷，张崇兰撰，咸丰间刻本。

《古文尚书辨》八卷，谢庭兰，光绪间刻本。

《尚书古文辨惑》十八卷、《释难》二卷，洪良品撰，光绪间活字印本。

《古文尚书膡言》一卷，洪良品撰，稿本未刊。

《古文尚书正辞》三十三卷，吴光耀撰，家刻本。

《古文尚书辨惑》二十二卷，张谐之撰，光绪间刻本。

以上各书除毛、洪二家外，余均罕见，然终无以难阎等之说。近人张荫麟撰《伪古文尚书案之反控与再鞫》一文，于是毛奇龄诸人之说皆破，而斯案遂定。近代学术史上最愉快之事，当无过于此者矣。

近世治《尚书》者，虽有今古文之别，然于训诂及校勘上作出发点而致力则一。综其要者，则有下列诸家：

《尚书集注音疏》十四卷，江声撰，原刻本、《皇清经解》本。

《古文尚书撰异》三十二卷，段玉裁撰，经韵楼刻本、《皇清经解》本。

《尚书今古文疏证》三十卷，孙星衍撰，平津馆刻本、《皇清经解》本。

《尚书今古文集解》三十卷，刘逢禄撰，《续经解》本。

《书古微》十二卷，魏源撰，淮南书局本、《续经解》本。

《太誓答问》一卷，龚自珍撰，《滂喜斋丛书》本、《续经解》本。

《今文尚书经说考》三十二卷，陈乔枞撰，《续经解》本。

《尚书孔传参正》□卷，王先谦撰，湖南新刻本。

或主调和，或主极端，莫衷一是。至王静安先生作《洛诰解》及《周书顾命考》，始运用新材料、新解说以决千载之惑。如云"王命作册逸祝册"，援彝器谓"作册"乃古史官名；云"惟七年"，谓周初文例记年在篇末有盂鼎可证，不斤斤于今古文之争。此皆发前人所未发，可为吾人取则者也。

《尚书·虞夏书》中如《尧典》、《皋陶谟》、《禹贡》、《甘誓》,《商书》中如《汤誓》,文字稍平易简洁,或系后人据传说重述,然至少必为周人作,殆无疑义。《禹贡》别天下为九州,固未必为当时史实,然为自来言地理者所宗。清人如:

胡渭《禹贡锥指》二十卷、图一卷,《皇清经解》本、漱六轩刻本。

王澍《禹贡谱》二卷,原刻本。

程瑶田《禹贡三江考》三卷,《皇清经解》本、《通艺录》本。

丁晏《禹贡集释》三卷,颐志斋刻本;《禹贡锥指正误》一卷,《续经解》本。

刘毓崧《禹贡旧疏考证》一卷,《续经解》本。

成镜蓉《禹贡班义述》三卷,《续经解》本、广亚书局刻本。

辈用力至勤,殆非无因。至《商书》中《盘庚》、《高宗肜日》、《西伯勘黎》,《周书》中之《牧誓》、《洪范》、《金縢》、《大诰》、《康诰》、《酒诰》、《梓材》、《召诰》、《洛诰》、《多士》、《无逸》、《君奭》、《多方》、《立政》、《顾命》、《康王之诰》、《吕刑》、《文侯之命》诸篇,皆当时所作,乃殷及宗周唯一之直接史料。吾辈今日得见之殷及宗周遗文,除《诗》、《易》卜辞及彝器文字外,要惟上举诸篇而已。

(二)《诗》

题毛苌传、郑玄传,二十卷。传世以唐石经本为最古,白文无注,然卷首亦题郑玄笺,知即从郑本出,特删其注文以省篇幅耳(唐石经所刊诸经皆如此)。敦煌所存古写本如唐写本《毛诗传笺》存《召南·麟趾》至《陈风·宛丘》(《唐风》以前无注),又存《国风·柏舟》至《匏有苦叶》;六朝写本《毛诗笺》卷九存《鹿鸣》以下,又存《出车》以下,又存《小雅·六月》至《吉日》;唐写本《豳风》残卷。日本存唐写本《毛诗故训传·秦风》残卷(篇题与隋唐《志》合)。以今本校之,有与《释文》所举之一本合,有与山鼎井《七经孟子考》文所举合,均阮元撰《校勘记》时所未见。罗振玉有古写本《毛诗校记》刊入《辽居杂著》中,即据此等新材料成之也。唐孔颖达疏，凡四十卷。单疏本在日本竹添氏家，仅存三十卷，吴兴刘氏新刊本从之出，最可据。今本自南宋闽刻本出，多讹夺，非善本也。

今所传《毛诗》乃古文家言，汉平帝时立于学官，见《汉书·儒林传序》，寻罢去，终汉之世，未得复之，至魏世尽废今文立古文，于是《毛诗》遂沿用至今。齐鲁韩三家《诗》当时刊入于熹平石经者，自是以后反湮没不传，仅余韩《诗》剩义于韩《诗》内、外《传》中，而《内传》唐以后亦亡，甚可惜也。

《韩诗外传》，汉韩婴撰。《汉志》有《韩故》三十六卷，《韩内传》四卷，《韩外传》六卷，《韩说》四十一卷，岁久散佚，惟《韩故》二十二卷，《新唐志》尚著录，然宋亡以后亦亡，惟《外传》至今尚存。然自《隋志》后，即校《汉志》多四卷（为十卷），或后人所分也。其书杂引古事以证诗义，多与先秦诸子相出入，盖亦从诸子摘出也，故治诸子者，辄以外传为校勘之助。此书宋刊本无传，以嘉靖间芙蓉泉馆及野竹斋本（又名《通津草堂》本）为最佳，清人赵怀玉、周廷寀俱有校本，盱眙吴氏望三益斋合刊之，最便学者。然如近人俞樾、孙诒让诸家校语，吴中本未及收入，即终非完本。古书中引《外传》涉及训诂者类皆由传文，如《太平御览》卷十二引"凡草木花多五出，雪花独六出，雪花曰霙"，《文选·南都赋》李注引"漻，清貌也；逍，遥也"等，皆误为《外传》文。此又当分别观之矣。清人宋徵舆有《韩诗内传徵》刊入《鲗斋丛书》，可参阅。

汉熹平石经所刊之诗乃鲁《诗》，齐韩二家异文以校列于行间。就近岁出土之残石与毛《诗》校读，有可考鲁毛异文者。若《邶风》之"深则厉"，鲁《诗》"厉"作□①，字虽半损，然知其不作"厉"。《小雅》之"怒焉如擣"，"擣"鲁《诗》作"玕"；"假寐永叹"，"假"鲁《诗》作"监"；"祝祭于祊"，"祊"鲁《诗》作"閟"；"载号载呶"，"呶"鲁《诗》作"譊"；"乐只君子"，"只"鲁《诗》作"旨"。《周颂》之"载筐及筥"，"筥"鲁《诗》作"篆"。有可考鲁、毛诗次之异者，如《小雅》之《湛露》上接《瞻洛》，《彤弓》下接《宾筵》，《菀

---

① 原文为空格。

柳》之后虽不知何篇,然非《都人士》则明甚;《大雅》之《韩奕》与《公刘》相比,《旱麓》与《灵台》相次。此皆考三家《诗》异文如陈乔枞辈所未知也。

清儒治《诗》或专训诂:《毛诗稽古编》三十卷,陈启源撰,《皇清经解》本;《毛诗传笺通释》三十二卷,马瑞辰撰,广雅书局本、《续经解》本;《毛诗后笺》三十卷,胡承珙撰,《续经解》本;《诗毛氏传疏》三十卷,陈奂撰,原刊本、《续经解》本;《郑氏笺考证》一卷,陈奂撰,原刊本、《续经解》本;《毛郑诗释》四卷,丁晏撰,《颐志斋丛刻》本。或考异文:《诗经异文释》十六卷,李富孙撰,《续经解》本;《蜀石经毛诗考异》二卷,陈鳣撰,拜经楼刻本;《四家诗异文考》五卷,陈乔枞撰,《续经解》本;《毛诗异文笺》十卷,陈玉澍撰,南菁书院丛书本。或主名物:《毛诗陆疏校正》二卷,丁晏撰,《颐志斋丛刻》本;《诗名物证古》一卷,俞樾撰,春在堂丛书本。然大抵依毛《传》、郑《笺》为归,独创新解,则惟有龚橙之《诗本谊》,既不信《传》、《笺》,又不依《诗序》为说,其卓识诚可佩也。

《诗》乃当日通行文字,以近代事物喻之,《书》与官府告示或档案相类,《诗》则风雅纯为当时民歌,其中抒情诗占大部分,一如后世套数小令《挂枝儿》,原无圣人微言大义可言,乃汉已后以经典目之,俱矣。《诗》、《书》行文皆当时通用成语,今去古已远,即在马、郑时,亦且千年,故欲求古谊无一义不可解,无一辞不可识,殆为不可能之事实。其难解识之说,盖有三焉。一曰讹阙,此以《尚书》尤甚。如《酒诰》曰:"越在内服,百僚庶尹,惟亚惟服宗工,越百姓里居。"案"里居"二字不可通,史颂敦云:"友里君百生"(姓),矢彝云:"众里君",《逸周书·尝麦解》云:"归祭闻率里君",知"里居"即"里君"也,居、君二字隶书颇相似,故传写易误。又如《盘庚上》云:"恪谨天命",句亦费解。案"谨"当作"堇",即"勤"之省。"天"当作"大",单伯钟、毛公鼎均有"劳堇大命"一语,《礼记·祭义》引孔悝鼎铭云:"对扬以辟之,勤大命施于烝彝鼎",均其证,天命即大命。《多士》云:"肆予敢求尔天邑商",又曰:"今朕作大邑于兹雒",天邑即大邑。殷周古文"天"、"大"相近,此皆汉以来之舛误,吾人得据与《诗》、《书》同时之彝器文字正之者也。二曰古之成语与今语不同,而成语之意义,与其中单语分别之意义又不同。汉以来人但合其中之单语解之,未有不龃龉者。如《诗·大雅·思齐》云:"肆戎疾不殄,烈假不瑕。"郑《笺》云:"厉、假,皆病也;瑕,已也。"谊亦未谛。案《康诰》云:"用康乃心,顾乃德,远乃猷,裕乃以民宁,不汝瑕殄。"《诗》云"不殄"、"不瑕",犹言不汝瑕殄也,此由《诗》、《书》本文比较知之者也。其余《诗》、《书》中语不经见于本书而旁见彝器者,亦可比较以定其意义。如《书·金縢》云:"敷佑四方",伪孔《传》云:"布其德教以佑助四方"。案盂鼎云:"匍有四方",知"佑"为"有"之假借,非佑助之谓矣。又如《诗·卷阿》云:"俾尔弥尔性",毛《传》云:"弥,终也"。案龙姞敦云:"用薪眉寿,绾绰永命,弥厥生",齐子仲姜镈云:"用求考命弥生",是"弥性"即"弥生",犹言永命也。又如《诗·江汉》云:"肇敏戎公",毛《传》云:"戎,大也;公,事也。"郑《笺》云:"戎,犹女也。"案不嫢敦云:"女肇诲于戎工",虢季子盘云:"庸武于戎工",皆谓兵事,训大训汝皆失之。明乎此当知《诗》、《书》之难解实远过他经,王国维先生《观堂集林》中有《论〈诗〉〈书〉成语》一文,辨析甚详,学者可互参也。

三曰《易》

上下经注及《略例》,王弼撰;《系辞传》、《说卦传》、《序卦传》、《杂卦传》注,晋韩康伯撰;《正义》,唐孔颖达撰。《易》中卦辞、爻辞周初人作,《十翼》相传为孔子作,至四亦七十子后学所述。宋元人治《易》无一足称,至清嘉庆间焦循撰《易通释》二十卷、《易章句》十二卷、《易图略》八卷(《焦氏丛书》本),始独辟蹊径,一新耳目。张惠言、姚配中继之,发挥光大,远胜前哲。张氏有《周易虞氏易》九卷、《周易虞氏消息》二卷、《周易虞氏易礼》二卷,姚氏有《周易姚氏学》十六卷,俱刊入《清经解》中。

四曰《春秋左氏传》

晋杜预集解,唐孔颖达疏。《春秋》,鲁国史,孔子重修之,史书编年体之最古者。《左氏传》敷陈事由,春秋战国初作,至西汉初年始行于世。刘师培《左盦集》中有《左氏传行于西汉考》一文引《史记》、《汉书》为证,其言确不可易。今以吉金文字证之,举凡姓氏、地理、封爵合者十之七八，不合者十之一二，则此书非汉人所能伪托明矣。清人治《左氏传》者无虑百数，以仪征刘氏为最劲，刘毓崧有《旧疏考证》，刘师培有《旧注校疏》已成外，其三世所作之新疏，迄未成书，至可憾也。

五曰《国语》

吴韦昭注。相传为左氏作，所记之事与《左传》俱迄智伯之亡，时代亦相合。然中有与《左传》不符者，亦犹《新序》、《说苑》、《列女传》同出刘向，而时复抵牾，盖古人著书各据旧文以存疑，不似后人妄改故也。此书当为春秋战国初作，于汉始行世，与《左氏传》实互为表里。清人治此书者，以汪远孙、董增龄二氏为最者，汪氏有《国语辑存》四卷、《国语发正》二十一卷、《国语考异》四卷，号曰《国语三书》（汪氏原书本），董氏有《国语正义》二十一卷（会稽章氏刻本），皆韦氏之诤友也。

六曰《五帝德》及《帝系姓》

太史公谓孔子所传《帝系》一篇，与《世本》同，此二篇后并入《大戴礼记》。

七曰《世本》

原书今不传。有秦嘉谟辑本（见《问经堂丛书》），较为核备。汉初人作，多取古代材料，与殷墟甲骨文字多合，太史公采其文入《史记》。

八曰《竹书纪年》

晋时有盗发汲郡魏安釐王冢，得竹简史书，盖战国时魏人作。今所传四明范氏刻本乃唐以后人讹托，非原本。清人朱右曾著《竹书纪年存真》一卷，今人王国维先生有《古本竹书纪年辑校》一卷，据古类书校辑，皆真本纪念也。王氏又有《竹书纪年疏证》二卷，以证旧本《纪年》之讹，并刊入《广仓学窘丛书》中。

九曰《战国策》

汉高诱注，已佚，今本实宋姚宏校本。注文零落不完，宋鲍彪、元吴师道并有增注，清嘉庆间黄氏士礼居据宋本重刻，最通行。

十曰《史记》

汉司马迁撰，褚少孙补，今本又有后人据《汉书》改补之迹，已非迁书之旧矣。凡本纪十二、表十、书八、世家三十、列传七十,都一百三十卷。史书纪传体之最古者,统三代秦汉为一书,后世郑樵撰《通志》,及祖述迁意也。宋裴骃撰《集解》,唐司马贞撰《索隐》,张守节撰《正义》。宋世俱有单刊本,南北宋监中所刊者,则仅裴氏《集解》耳。北宋监本半叶十行行十九字,今藏江安傅氏。南宋监本即复刻北宋本,故行款亦与之同,俗称福唐本,今吴兴张氏、北平图书馆俱有之。南渡后闽中蔡梦弼始辑《集解》、《索隐》、《正义》为一书,黄善夫继之,重校刊行。自是以后,除《集解》外,《索隐》、《正义》原本遂亡。明季白鹿洞书院覆南宋监本,《集解》本赖以获存。正德中廖铠、嘉靖中王鏊、柯维熊、秦藩均据黄善夫本重刊,万历中北监继之,清乾隆中武英殿又据明北监重刊,皆黄善夫之裔孙也。武英殿校刻廿四史时,非特黄、蔡及南北宋监本俱未见,即白鹿洞本、廖铠本俱未寓目,故误脱卷中至多。道光间嘉兴钱泰吉尝发愤校勘《史记》,然所据者亦仅明刻诸本(详《甘泉乡人稿》)。清人治《史记》者无虑数十,举其要者,则有:《史记志疑》三十六卷,清梁玉绳撰,原刻本、广雅书局本;《史记正讹》五卷,清王元启撰,广雅书局本;《廿二史考异》卷一至卷五,清钱大昕撰,原刻本;《读书杂志》卷三之一至六,清王念孙撰,原刻本;《史记索隐正义集解札记》五卷,清张文虎,原刻本。此文疑问賸义,散见诸家文集、笔记者尚多(如赵翼《廿二史札记》、王鸣盛《十七史商榷》等皆是),兹不备举。

司马迁著百三十篇,后世谓之"史记",非迁所自名也。迁亦屡称"史记",非自谓所著书,盖汉人所谓"史记",皆泛言古史,不以之专指太史公书。故在前汉则著录于向、歆《七略》者,谓之《太史公》百三十篇,杨恽则谓之《太史公记》,《宣元六王传》谓之《太史公书》;其在后汉,则班彪《略论》、王充《论衡·超奇》、《案书》、《对作》等篇、宋忠注《世本》亦谓之《太史公书》,应劭《风俗通》谓之《太史公记》,亦谓之《太史记》,是两汉不称太史公书为"史记"。惟《后汉书·班彪传》称"司马迁作史记",乃宋范晔语;《西京杂记》称"司马迁发愤作史记",则梁吴均语也。称太史公书为《史记》,盖始于《魏志·王肃传》,乃《太史公记》之略。晋荀勖《穆天子传序》亦称《太史公记》,《抱朴子·内篇》以《太史公记》与《史记》互称,可知以《史记》名书始于魏晋间矣。称《太史公记》为《史记》,亦犹称《说文解字》为《说文》,《世说新语》为《世说》矣。

《史记》汉时极通行,斯坦因所获西陲木简中有《滑稽列传》残文,其传本之广可知。

十一《吕氏春秋》

吕不韦宾客所集,凡纪十二、览八、论六。杂记百家之言,兼宗古今异闻,与《淮南子》、《新序》、《说苑》体裁略同。汉高诱注。清乾隆间毕沅有校注本,最通行。

十二曰《淮南子》

汉淮南王刘安撰,汉时高诱、许慎并有注本。今本除《缪称》、《齐俗》、《道应》、《诠言》、《兵略》、《人间》、《泰族》、《要略》等八篇为许注外,余皆高注。盖高、许注杂糅为一书,自宋以来已然矣。书中所载类皆战国时人著述,与《吕览》有同等价值。清时有庄逵吉校订本,近时有集解本,最便学者。

十三曰《新序》

汉刘向所纂,刺取周秦人著述为之。近时《铁华馆丛书》中有影宋本,较《汉魏丛书》本为善,卢文弨《群书拾遗补》中有《新序校记》,应互参。

十四曰《说苑》

汉刘向所纂,与《新序》体例相同。《四部丛刻》本最善,卢文弨有《说苑札记》,应互参。余有《说苑集解》最为精审,惜至今未刊行。

纸上材料之可持或较可持者惟此而已。此外知《仪礼》虽为周人作,然深文周纳,疑当时曾局部行之,亦犹唐宋人所撰《开元礼》、《中兴礼书》,类皆具文,未必真能奉行之。《周礼》半涉理想,《礼记》乃汉初人谈古礼之论丛。七十子后学齐鲁间人所述居多,信史之可能性更少。周秦诸子类非成于一手所成,后人润色之处不在少数。且所谈皆哲理,时代背景可供玩者因多,然真正史实究鲜。汉以后人所著如魏孔衍之《春秋后语》,近有敦煌石室古写残本,亦杂采子史为之,当不能视为直接的史料。故俱略而不论。

至真确史料,可与《诗》、《书》、《易》、《春秋》等有同等价值,则当推自宋以后地下所出之新史料。新史料之方面甚多,具其要者:

一曰甲骨文字

甲骨文字者,文字镌于龟甲式兽骨上,殷代卜时命龟之辞也。古时贞卜先于骨际凿一个圆形孔,然后以火灼之,视其裂纹以定事之休咎,并纪所卜之辞于骨上,如祭祀、征伐、晴雨等无不书。清光绪戊戌乙亥间出于河南安阳西北五里之小屯,其地在洹水南,水三面环之,《史记·项羽本纪》所谓洹水南殷墟上者也。初出土后,潍县估人得数片,以售之福山王懿荣,一时所出皆归之。懿荣殉难,所藏皆归丹徒刘铁云(鹗),铁云复命估人蒐之,所藏增至三四千片。光绪壬寅刘氏选千余片影印行世,所谓《铁云藏龟》是也。光绪丙午,上虞罗振玉服官京师,复命估人大蒐之,自丙午至辛亥,所得约二三万片,而彰德牧师英人 T. M. Menzies(明义士)亦得五六千片,其余散在北京大学研究所国学门、南陵徐氏随庵及日人林泰甫、英人哈同氏者,亦不下万余片。民国十八年中央研究院历史语言研究所考古组成立,始倡议以科学方法从事大规模之采掘,董作宾、李济二氏预焉,所得亦近万片,较罗、刘所得尤多瑰奇。同时骨器、石器、金属器亦有同时出土者,殷代文化之阶梯至此始大明,前后发掘凡四次,至今已告一段落,此后虽有续出之可能,然已略尽于此矣。著录此类文字或考释之书或墨本如下:

《殷虚古器物图录》一卷,《坿说》一卷,罗振玉辑,民国五年影印本。

《传古别录第二集》,罗福成辑,民国十七年影印本。

(以上图像)

《铁云藏龟》不分卷,刘鹗辑,光绪二十九年影印本、民国二十年重印附释文本。

《殷虚书契前编》八卷,罗振玉辑,民国元年影印本

《殷虚书契菁华》一卷,罗振玉辑,民国三年影印本。

《铁云藏龟之余》一卷,罗振玉辑,民国四年影印本。

《殷虚书契后编》二卷,罗振玉辑,民国五年影印本。

T. M. Menzies: The Oracle Records of the Waste of Yin, 1917.

《龟甲兽骨文字》二卷、附《钞释》,日本林泰辅辑,大正十年影印本。

《戬寿堂所藏殷虚文字》一卷、《考释》一卷,王国维辑著,民国八年影印本。

《铁云藏龟拾遗》一卷、附《考释》,叶玉森著,民国十四年影印本。

《新获卜辞写本》一卷,董作宾辑,民国十七年写印本。

(以上文字)

《殷商贞卜文字考》一卷,罗振玉著,宣统二年石印本。

《殷虚书契考释》一卷,罗振玉著,民国三年石印本。

《增订殷虚书契考释》三卷,罗振玉著,民国十四年石印本。

《殷卜辞中所见先公先王考》一卷、《续考》一卷,王国维著,见《观堂集林》。

《殷礼徵文》一卷,王国维著,见《王忠悫公遗书》第二集。

(以上考释)

《殷虚书契待问编》一卷,罗振玉注,民国五年石印本。

《殷虚文字类编》十四卷、附《待问编》,商承祚编,民国十二年刻本。

以上字书

二曰吉金文字

古者无论上至诸侯卿相,下至士庶人,其葬也,其日常御用之器物饰具均置诸圹内为殉。贫瘠之家多用陶器,有封爵或较富有者则改用铜器或参互用之,三代多为礼器,秦汉则谓日常服御之器,此其大较也。铜器往往有铭识货奇异之图案,著录是项铜器成一书,实肇始于赵宋。考宋初内府本有藏器,仁宗皇祐三年诏以秘阁及太常所藏三代钟鼎器付太乐所参校剂量,凡十又一器。至徽宗即位,始大事蒐集,《铁围山丛谈》记徽宗一朝蒐集古器事,最为详尽,然亦有夸诞失实处。如谓《宣和博古图》之名,取诸宣和殿,又谓其成书在大观之初,而不在宣和之末,其实不然。

翟耆年《籀史》谓政和癸巳秋获兕于长安，而《博古图》中已著录此敦。赵明诚《金石录》谓重和戊戌安州孝感县民耕地得方鼎三、圆鼎二、甗一，谓之安州六器，而《博古图》已著录其五；又谓宣和五年青州临湽县民于齐故城耕地得古器物数十种，其间钟十枚尤奇，而《博古图》已著录其五。然则此书之成自在宣和五年之后，而图中所载古器仅五百余，则政和六千余器、宣和万余器之说殆不足信，或蔡氏并古玉、印玺、石刻计之。然弟如《博古图》所录，已为古今大观矣。其尤奇者，南渡以后宣和殿器并为金人辇而北，而绍兴内府藏器亦未尝不富，《博古图》著录之器见于张抡《绍兴内府古器评》者，尚得十之一二。盖金人不重视此种物，而宋之君臣方以重值悬购古器，故北宋内府及故家遗物往往萃于榷场。如刘敞旧藏张仲簠，刘炎于榷场得之；毕良史亦得古器十五种于盱眙榷场，其中八种皆宣和殿旧物也。然宋人搜集古器之风，实自私家开之，刘敞知永兴军得先秦古器十有一物，李公麟《博物精鉴闻》一器捐千金不少靳，而吕大临《考古图》、无名氏《续考古图》、王复斋《钟鼎款识》以及《集古》、《金石》二录跋尾往往于各器之下注明藏器之家，其人不下数十。虽诸家所藏不及今日私家之富，然家数之多则反过之。观于周密《云烟过眼录》所记南方诸家藏器，知此风至宋末犹存矣。又观徽宗撰《宣和博古图》，实用刘敞《先秦古器图》、李公麟《考古图》体例，则徽宗之大蒐古器，受私家藏器影响不少也。

宋人于吉金文字，不徒以蒐集为能事，其最有功于斯学者，则流通是也。流通之法，分传拓与著录二种。皇祐三年诏以秘阁及太常所藏三代鼎彝付太乐所参校剂量，又诏墨器寰以赐宰执，此为传拓古器之始。刘敞在长安所得古器，悉以墨本遗欧阳修，甚至上进之器如政和三年武昌太平湖所进古钟及安州所进六器皆有墨本传世，则当时传拓之盛可知。然拓本流传自不能广，于是有刊木、刊石之法。有仅摹其文字者如王俅《啸堂集古录》、薛尚功《钟鼎彝器款识法帖》是；有并图其形制者，自《皇祐三馆古器图》、刘敞《先秦古器图》以下不下十余种。今惟吕大临《考古图》、《宣和博古图》及无名氏《续考古图》尚存，兹札录如次：

《集古录跋尾》十卷,欧阳修辑,《欧阳文忠公全集》本,《三长物斋丛书》本。

《考古图》十卷,吕大临辑,明万历中泊如斋刻本。

《宣和博古图录》三十卷,宋王黼等辑,元至大刻本,明嘉靖蒋旸刻本,万历泊如斋刻本。

《金石录》三十卷,赵明诚辑,《雅雨堂丛书》本、《结一庐丛书》本。

《东观余论》二卷,黄伯思辑,《津逮秘书》本、《学津讨原》本。

《广川书跋》十卷,董逌辑,《津逮秘书》本、《适园丛书》本。

《啸堂集古录》二卷,王俅辑,商务印书馆影印宋刻本。

《历代钟鼎彝器款识法帖》二十卷,薛尚功辑,明万历刻本、崇祯刻本、清嘉庆阮元刻本。

《续考古图》五卷,无名氏辑,《十万卷楼丛书》本。

《绍兴内府古器评》一卷,张抡辑,《逮津秘书》本。

《复斋钟鼎款识》一卷,王厚之辑,清嘉庆阮元刻本、道光叶名澧刻本、《百一庐金石丛书》本。

王静安先生尝据上列十一书撰《宋代金文著录表》,汰其重复,共得六百四十三器,可谓富矣。诸书体例,于形制文字外,兼著其尺寸,权其轻重,乃至出土之地、藏器之家亦复记载,著录之法,盖已大备。清乾隆间敕撰《西清》、《宁寿》诸编,即仿《博古图》而作;其后阮文达始汇录同时诸家藏器为《积古斋钟鼎款识》,亦仿薛书而作;吴荣光继之,有《筠清馆金文》之辑;同时如嘉兴张廷济清仪阁、吴兴吴雪两罍轩亦各出藏器传拓。道咸间潍县陈介祺、吴县潘祖荫出,锐意蒐求,齐鲁秦洛所出多归之,陈氏藏书以十钟、毛公鼎为最著,潘氏亦以盂鼎、克鼎、邵钟等重器名于海内。同时吴大澂、吴式芬亦各有庋藏,二吴并辑诸家藏器墨本为一编,所谓《愙斋集古录》、《攈古录》是也。同光后关右中州所出更多,登市舶散归东西洋者数亦不可胜计,上虞罗振玉复补二吴之遗为《集古遗文》十六卷,近数十年地下所出之吉金文字,始略告一结束。诸家辑录之书汇列如次:

《西清古鉴》四十卷,清乾隆敕编,清内府刻本,光绪间鸿文书局石印本。

《宁寿鉴古》十六卷,清乾隆敕编,民国二年涵芬楼石印本。

《西清续鉴甲编》二十卷,清乾隆敕编,宣统二年涵芬楼五印本。

《西清续鉴乙编》二十卷,清乾隆敕编,民国二十年古物陈列所印本。

《积古斋钟鼎彝器款识》十卷,阮元编,嘉庆刻本,光绪八年重刻本。

《十六长乐堂古器款识》四卷,钱坫编,嘉庆刻本。

《怀古山房吉金图》一卷,曹载奎编,道光刻石本,民国十一年影印本。

《筠清馆金文》五卷,吴荣光编,道光本,杨守敬重刻本。

《攈古录金文》三卷,吴式芬编,光绪刻本,民国二年西泠印社重刻本。

《恒轩所见所藏吉金录》一卷,吴大澂编,光绪刻本。

《愙斋集古录》二十六册、《释文賸稿》一卷,吴大澂编,民国八年涵芬楼印本。

《陶斋吉金录》八卷、《续编》二卷,端方撰,宣统元年石印本。

《梦郼草堂吉金图》三卷、《续编》一卷,罗振玉编,民国六年影印本。

《宝蕴楼彝器图录》一卷,容庚编,民国十八年石印本。

《武英殿彝器图录》一卷,容庚编,未刊。

《贞松唐集古遗文》十六卷,罗振玉编,民国二十年石印本。

《周金文存》六卷,邹安编,民国五年石印本。

《泉屋清赏六册》,日本住友氏藏,日本影印本。

《猷氏(C. Eumorfopoulos)集古录》第一集,英人 W. Percevel yetts 编,一九二九年印本。

《国朝金文著录表》六卷,王国维编,《雪堂丛刻》本、《王忠悫公遗书》本乃罗福颐重编。

此外如陶器、泉币亦无一非直接有用之史料,著录陶器之书则有:

《簠斋藏陶》不分卷,陈介祺辑,拓本。

《铁云藏陶》四册,刘鹗辑,光绪三十年印本。

《梦庵藏陶》一卷,日本太田孝大郎辑,影印本。

著录泉币之书固多,然大都统周汉至近代为一书,举其著者则有:

《货币文字考》四卷,马昂辑,道光金山钱氏刻本。

《泉币汇考》十二卷,王锡棨辑,中华书局影印本。

《古泉汇》六十四卷,李佐贤辑,同治家刻本。

《续泉汇》十四卷、《补遗》二卷,李佐贤、鲍康同辑,光绪刻本。

《药雨古化杂咏》二册,方若辑,拓印本。

运用此二类文字或图象与古史相发明,所得究不及甲骨文与古金文之多。最近徐中舒氏《耒耜考》,始谓古泉币之外形,乃像耒耜为之,其说至确不可易。文载《中央研究院历史语言研究所集刊》。至应用古陶文与古兵器、玺印文字,谓此皆六国通用文字,换言之乃战国时东土文字,与西土文字有显著之差别者,则王静安氏于桐乡徐氏印谱序中始发明其奥。盖王氏此文当时曾引起学术界莫大之注意,王氏于草此文后致友人书后张其说,谓六国时秦用籀文,六国用古文,实则此说未确。兵器、陶器、玺印、货泉,是否与殷周古文字为一家眷属,尚不能完全成立。且玺印关中出土者亦多,其文体与齐鲁间所出者无大异,则西土、东土之分,自不能完全确定。然谓当时六国文学不合六书,自是事实,换言之即不合殷周古文,较之西土文字尚多存古文之遗迹者实有显著之差别,故相斯同一文字后,此种讹别之文字,即一扫而空,此项新论断实较王氏为优。然非王氏发之于前,亦无如此之进步也,其详当别撰文论之,兹不赘。

由徐氏之说,知周以前农业社会有悠久历史与多量之进步。至周代虽形成宗法社会,而仍为一广漠之农业园,其间之阶段,得由文字与古泉币推定之。由王氏之说,知古文字之衍变至六国而极,秦兼并六国后始同一之。此二事于古代史事有特发之覆,微陶文与泉币,其谁能证之?吾故曰新史料与旧史料须相辅而行、相互为用,观于此二事可知矣。

然近代古史学之新创获,以新史料为立说之基者尚不止此,举其要者,约有数端。一曰据甲骨文字以考殷先公先王世系,知《史记·殷本纪》未尽为实录,而《山海经》、《楚辞》中之传说或得其真,此甲骨文字出世后古史上最大之创获。初日本内藤博士虎撰《论王亥》一文,揭于《艺文杂志》,谓卜辞中之王亥乃殷先王之名而不见于史者,王静安先生读之颇韪其说,复于卜辞中得王恒、上甲微二人为内藤氏所未及,因草《殷先公先王考》详加疏证,其后又撰《续考》揭于《广仓学宭学术杂志》,遂成定论。又后十年重加修正著为《古史新证》第三章,兹据原稿本迻录王亥、王恒数章于下,以便初学者览焉。

(一) 夒

贞黉于夒,《殷虚书契前编》卷六第十八叶。
黉于夒□曰牢,同上。
虞于夒六牛,同上卷七第二十叶。
于夒奈牛六,罗氏拓本。
贞桒年于夒九牛,同上。
癸巳贞于高祖夒(下阙),同上。
又于夒,《后编》卷上第十四叶。

案:夒二形,象人手足之形,《说文·夊部》"夒,贪兽也,一曰母猴,似人从页,已、止、夊其手足。"毛公鼎"我弗作先王羞"之羞作夒,克鼎"柔能夒"之柔作夒,番生敦作夒。而《博古图》、薛氏《款识》盠和钟之"柔燮百邦",晋姜鼎之"用康柔绥,怀远廷柔"并作□,皆是字也。夒、羞、柔三字古音相同,古互相通假。此称高祖夒,案卜辞惟王亥称高祖王亥(《后编》卷上二十二叶)或高祖亥(《戬寿堂所藏殷虚文字》第一叶),大乙称高祖乙(《后编》上第三页),则夒必为殷先祖之最显赫者,以声类求之,盖即帝喾也。帝喾之名已见《逸书·书序》,自契至于成汤八迁,汤始居亳,从先王居,作帝告,《史记·殷本纪》"告"作"诰",《索隐》曰一作"俈",案《史记·三代世表》、《封禅书》、《管子·侈靡篇》皆以"俈"为"喾",《伪孔传》云"契父帝喾都亳,汤自商丘都亳,故曰从先王居",若《书序》之说可信,

199

则帝喾之名已见商出之书矣。诸书作"喾"或"俈"者,与"夒"字声相近,且或作"夋"者,则又"夒"字之讹也。《史记·五帝本纪》《索隐》引皇甫谧曰:"帝喾名夋",《初学记》九引《帝王世纪》曰:"帝喾生而神灵,自言其名曰夋",《太平御览》八十引作"逡",《史记正义》引作"岌","逡"为异文,"岌"为讹字也。《山海经》屡称帝俊(凡十二见),郭璞注于《大荒西经》"帝俊生后稷"下云:"俊为帝喾",余皆以为帝舜之假借。然《大荒东经》曰:"帝俊生仲容",《南经》曰:"帝俊生季釐",是即《左氏传》之仲熊、季貍,所谓高辛氏之才子也。《海内经》曰:"帝俊子八人,实始为歌舞",即《左氏传》所谓有才子八人也。《大荒西经》"帝俊妻常羲生月十有二",又传记所云:"帝喾次妃诹訾氏女曰常仪,帝挚者也"。三占从二,知郭璞以帝俊为帝舜,不如皇甫以夋为帝喾名之当矣。《祭法》:"殷人禘喾",《鲁语》作"殷人禘舜",舜亦当作夋。喾为契父,喾为商人所自出之帝,故商人禘之。卜辞称高祖夒乃与王亥、大乙同称,疑非喾不足以当之矣。

(二) 土

贞叀于◊,三小牢,卯一牛,沈十牛。《前编》卷一第廿四叶,又重见卷七第廿五页。

贞秂年于◊,九牛。《铁云藏龟》第二百十六页。

贞弜叀于◊。同上第二百二十八页。

贞于◊秂。《前编》卷五第一页。

癸亥卜又◊叀羊,一小牢㊣。《戬寿堂所藏殷虚文字》第一叶。

其叀于◊。同上。

案◊即土字,孟鼎"受民受疆土"之土作甘,卜辞用刀契不能作肥笔,故空其中作◊,犹大之作夨之作口矣。土疑即相土,《史记·殷本纪》:"契卒,子昭明立;昭明卒,子相土立。"相土之名见于《诗·商颂》、《春秋左氏传》、《世本·帝系篇》、《周礼·校人》注引《世本·作篇》曰"相土作乘马",而《荀子·解蔽篇》云"乘杜作乘马",《吕览·勿昭篇》云"乘雅作驾",注"雅一作持"。案持、杜声相近,杨倞注《荀子》云"以其作乘马,故谓之乘杜",是"乘"非本名。相土或单名,土又假用杜也,然则卜辞之土或即相土与？

(三) 季

　　辛亥卜□贞季□求王。《前编》卷五第四十叶两见。
　　癸巳卜之于季。同上卷七第四十一叶。
　　贞之于季。《后编》上第九叶。
　　季亦殷之先公,即冥是也。《史记·殷本纪》"相土卒,子昌若立；昌若卒,子曹圉立；曹圉卒,子冥立；冥卒,字振立。"振,《索隐》云："《世本》作核。"卜辞谓之王亥。《楚辞·天问》云："该秉季德,厥父是臧",又曰："恒秉季德",则该与恒皆季之子。该即王亥,恒即王恒,皆见于卜辞。则卜辞之季,亦当王亥之父冥矣。

(四) 王亥

　　贞賣于王亥。《前编》卷一第四十九叶。
　　贞之于王亥,卅牛,辛亥用。同上卷四第八叶。
　　贞于王亥求年。《后编》卷上第一叶。
　　乙巳卜□贞之于王亥十,下阙。同上第十二叶。
　　贞賣王亥。同上第十九叶。
　　贞于王亥。同上第二十三叶。
　　癸卯卜□贞□□高祖王亥□□□。同上第二十一叶。
　　甲辰卜□贞来辛亥賣于王亥,世牛,十二月。同上第二十三页。
　　贞登王亥羊。同上第二十六叶。
　　贞之于王亥□三百牛。同上第十八叶。
　　贞賣于王亥五牛。《龟甲兽骨》卷一第九叶。
　　庚□□□贞于王亥米年。《戬寿堂》一叶。
　　高祖亥,上下阙。同上。

案卜辞中王亥称高祖,又其牲用牛三十、牛四十,乃至三百牛,乃祭祀礼制最隆者。必殷之先公先王无疑。案《史记·殷本纪》及《三代世表》殷先祖无王亥,惟云:"冥卒,子振立;振卒,子微立。"《索隐》:"振,《世本》作核",《汉书·古今人表》作"垓",然则《史记》之"振"当为"核"或"垓"之讹也。《大荒东经》曰:"有困民国,句姓而食。有人曰王亥,两手操鸟,方食其头,王亥讬于有易,河伯仆牛。有易杀王亥,取仆牛。"郭璞注引《竹书》曰:"殷王子亥宾于有易而淫焉,有易之君緜君杀而放之,是故殷主甲微假师于河伯以伐有易,克之,遂杀其君緜臣也。"(此《纪年》真本,郭氏隐括如此。)今本《纪年》:"帝泄十二年,殷侯子亥宾于有易,有易杀而放之。十六年殷侯微以河伯之师伐有易,杀其君緜臣。"是《山海经》之"王亥",古本《纪年》作"王子亥",今本作"殷侯子亥",又前于上甲微者一世,则为殷之先祖冥之子、微之父无疑。卜辞作王亥,正与《山海经》同。又祭王亥皆以亥日,则亥乃其正字,《世本》作"核",《古今人表》作"垓",皆其通假字。《史记》作"振",则应与"该"、"核"二字形近而讹。夫《山海经》一书其文不雅驯,其中人物亦以子虚乌有视之,《纪年》一书亦非可尽信者。而王亥之名竟于卜辞见之,其事虽未必尽然,而其人则确非虚构,可知古代传说于周秦之间,非绝无根据也。

王亥之名及其事迹,非徒见于《山海经》、《竹书》,周秦间人著书多能道之。《吕览·勿躬篇》:"王冰作服牛",案篆文冰作仌,与亥字相似,王仌亦王亥之讹。《世本·作篇》:"胲作服牛",其证也。服牛即《大荒东经》之仆牛,古服、仆音近也。《楚辞·天问》:"该秉季德,厥父是臧,胡终弊于有扈,牧夫牛羊。"又曰:"恒秉季德,焉得夫朴牛。""该"即"胲","有扈"即"有易","朴牛"亦即"仆牛"、"服牛",是《山海经》、《天问》、《吕览》、《世本》皆以王亥惟作服牛之人。盖古之车或尚以人挽之,至相土作乘马,王亥作服牛,而车之用始备。《管子·轻重戊》云:"殷人之王立帛牢、服牛马,以为民利,而天下化之。"盖古之有天下者,其先皆有大功德于民,禹抑洪水,稷降嘉种,爰启夏周,商之相土、王亥盖亦其俦。然则王亥祀典之隆,亦以其为制作之圣人,非徒以其为先祖。周秦间王亥之传说,皆由此起也。

卜辞记王亥事者，凡十余见。其二有祭日皆用辛亥，与祭大乙用乙日祭，大甲用甲日同例，是王亥确为殷人以辰为名之始，犹上甲微之为以日为名之始也。然观殷人之名即不用日辰者，亦取于时为多。自契以下若昭明、若昌、若冥，皆含朝莫明晦之意，而王恒之名亦取象于月弦，是以时为名或号乃殷俗也。夏后氏之以日为名者，有孔甲、有履癸，要在王亥及上甲之后矣。

（五）王恒

贞之于王亙。《铁云藏龟》第一百九十九叶，及《书契后编》卷上第九叶。

贞㚔于王亙。《后编》卷下第七叶。

贞王亙，下阙。《前编》卷七第十一叶。

案亙即恒字。《说文解字》二部："恆，常也。从心从舟，在二之间，上下心以舟施恒也。亙，古文恆，从月。《诗》曰：'如月之恒'。"案许君既云古文恆从月，复引《诗》以释从月之意，而今本古文乃作"亙"，盖传写之讹也，当作亙。又《说文》木部："榠，竟也。从木恆声。亙，古文榠。"案古从月之字后或变为从舟，殷虚卜辞之朝作（《后编》下第三叶），从日月在茻间，与莫字从日在茻间同意。而篆文作韓不从月而从舟，以此例之，亙本当作亙。㫪鼎有亙字，从心从亙，与篆文之恆从亙者同，即恆之初字，可知亙亙一字。卜辞亙字从二从月，其为亙字或恒字之省无疑。其作亙者，《诗·小雅》"如月之恒"，《毛传》"恒，弦也"，弦本弓上物，故字又从弓。然则亙亙二字，确为恒字。王恒之为殷先祖，惟见于《楚辞·天问》。《天问》自"简狄在台誉何宜"以下十二韵皆商事（前夏事，后周事），其间王亥以下数世事曰："该秉季德，厥父是臧。何终弊于有扈，牧夫牛羊？干协时舞，何以怀之？平胁曼肤，何以肥之？有扈牧竖，云何而逢？击床先出，其命何从？恒秉季德，焉得夫朴牛？何往营班禄，不但还来？昏微遵迹，有狄不宁。何繁鸟萃棘，负子肆情。眩弟并淫，危害厥兄。何变化作诈，后嗣而逢长？"此十二韵以《大荒东经》及郭注所引《竹书》参证之，实纪王亥、王恒及上甲微三世之事。而《山海经》、《竹书》之"有易"，《天问》作"有扈"，乃字之误，益后人多见有扈少见有易，又同是夏时事，故改"易"为"扈"。下文又云："昏微遵迹，有狄不宁。"昏微即上甲微，有狄亦即有易也，故狄、易二字同音，故互相通假。《说文》辵部"逊之古文作遏"，《牧誓》"逊矣，西土之人"，《尔雅》郭注引作"遏矣，西土之人"，《书·多士》"离逊尔土"，《诗·大雅》"用遏蛮力"，《鲁颂》"狄彼东南"，曾伯霥簠"克狄淮夷"，毕狄钟"毕狄不龏"，此逊、遏、狄三字异文同义。《史记·殷本纪》之简狄，《索隐》云"旧本作易"，《汉书·古今人表》作"遏"，《白虎通·礼乐篇》"狄者，易也"，是古狄、易二字通，有狄即有易。上甲遵迹而有易不宁，是王亥弊于有易，非弊于有扈，故曰扈当为易也，狄、易二字不知孰正孰借。其国当在大河之北或易水左右，盖商之先自冥河王亥迁殷，已由商丘越大河而北，故游牧于有易高爽之地，服牛之利，即发见于此。有易之人乃杀王亥取服牛，所谓"胡终弊于有扈，牧夫牛羊"者也。其云"有扈牧竖，云何而逢？击床先出，其命何从"者，似记王亥被杀之事。云"恒秉季德，焉得夫仆牛"，恒盖该弟，与该同秉季德，复得该所失服牛也。云"昏微遵迹，有狄不宁"者，谓上甲微能率循其先人之迹，有易与之有杀父之仇，故不宁也。"繁鸟萃棘"以下亦当指上甲事，书阙有间，不敢妄为之说。要之，《天问》所说当与《山经》、《竹书》同出一源，而《天问》就壁画发问，所记尤详。恒之一人并为诸书所未载，卜辞之王恒与王亥同以王称，其时代自当相接，而《天问》之"该"与"恒"适与之相当，前后所陈皆商家故事，则中间十二韵自当述王亥、王恒、上甲微三世之事。然则王亥与上甲微之间，又当有王恒一世，以《世本》、《史记》所未载，《山经》、《竹书》所不详，而今于卜辞得之。《天问》之辞，千古不能通其解者，而今由卜辞通之，此治史学与文学所当同声称快也。

案先生此文，再四考量，始可写定。《世本》、《史记》之为实录，得于三千年之后证之。而殷先公先王之名史公所未知者，亦得于卜辞中考见之，不可谓非学界一大创获也。顾今日吾辈所见卜辞远过先生撰此文时，中央研究院所获英人明义士、美人司密司及中州图书馆所藏，均先生未及见也。吾人预想此等材料中必有可补苴先生之说者，期之数年，今始得之。《史记·殷本纪》有沃丁、沃甲二名，卜辞中无沃字，亦无沃丁、沃甲之名，沃果何解乎？近见卜辞中有"二大丁"连文，始悟"二大丁"即第二大丁，盖二、大二字，卜辞中并肩书之，与沃字形近致误。由此例之，则沃甲乃三大甲之误，亦意中事矣，此一事也。先生据罗氏所藏易州出土三句兵，谓三世兄弟之名先后骈列无贵贱之分，殷俗盖如此。近又见一句兵，文曰"祖乙、祖己、祖丁"，又吴县吴氏藏一戈，文曰"丁癸乙"，与易州出土之三句兵文例正同，可为先生添一有力之旁证，此二事也。兹二事者，虽无关宏旨，然读史者亦不可无此通识，故并著之。

周季诸侯国名经传中多用假借字，而本名当于金文中求之。如"滕"当作塍，有塍虎敦可证；薛当作辥，有辥侯鼎可证，此字形之讹也。至蔡之为𤔔，许之为鄦，燕之为匽，徐之为郤，经典皆用假借字，赖彝器始知其本字。他如诸侯称王，本宗周之例。案宗周诸侯称王，本非越礼，彝器有邵王鼎，有足王鬲、吕王壶，有矢王鼎、矢王尊，散氏盘亦有"图矢王于豆"一语。而录伯𢨴敦云"作朕皇考釐王宝尊敦"，羌伯敦云"用作朕皇考武羌几王尊敦"，二器皆纪王命，并称其祖考有劳于周邦，则非不王之国，又非周之子弟分封于外者，而并称其考为王，可见当时诸侯并有称王之俗。文王受命称王，益用商之旧俗，《史记·秦本纪》有丰王，自不足怪矣。

特祭不祧，乃殷世之殊典。案殷之先公若王亥，若示壬、示癸，至三公二十二王，自卜辞观之，无一不特祭者，此制与周制大异，盖殷无庙祧坛墠之制，不以亲疏为厚薄。周制自禘祫合祭外，更无特祭之法也。

周官六卿，并见于彝器。案《周礼》六卿，冢宰、司徒、宗伯、司马、司寇、司工，金文中无不有之。如鲁太宰原父敦、邾太宰簠之太宰，殆即冢宰。推之宰峀敦、宰椃角及颂鼎之宰弘，师𣄰敦之宰䖒升，皆冢宰之省也。齐侯有"宗伯听命于天子"一语，散氏盘以𤔲土（即司徒）、𤔲马、邦人、𤔲工（即司空）、宰德父连举，卣文亦云"𤔲土幽作且辛于彝"。司寇则司寇良父敦、司寇良父壶、虞司寇壶等数见不鲜。然周初此六官未必同时并立,《诗·小雅·十月》云"皇父卿士,番维司徒。冢伯维宰,仲允膳夫。棸子内史,蹶维趣马。楀维师氏",卿士与冢同列,卿士即卿事,其名起于殷世,卜辞有"卿事寮"可证,金文及《书·牧誓》、《洪范》亦时见之,盖周制如此。《周礼》以诸官分属六卿,或非其溯也。

《郑语》诸姓,无徵于实物。案《国语·郑语》云"曹姓邾莒",考《春秋左氏传》记莒女皆己姓,《世本》以莒为嬴姓,彝器记邾国之女皆㜏姓,非与《郑语》合。

梁伯戈识鬼方之名。案鬼方为殷周间西北一大民族。《易》称:"高宗伐鬼方,三年克之。"《竹书纪年》称:"王季伐西落鬼戎,俘其二十翟王。"近殷墟所出卜辞亦有载鬼方者,则鬼方之非小部落可知矣。彝器纪鬼方事者,以小盂鼎最详,当时俘人之数至万三千有余,当周成王全盛之时,鬼方尚如此强大,则无怪乎宗周末造见侵于犬戎矣。梁伯戈时代当后于盂鼎,铭文亦有"䰙方蠻"三字,蠻即蛮字,则成周之世,中国与鬼方间兵事正未艾矣。

不𣪘敦记猃狁之号。案猃狁乃周时秦国一游牧民族,以声类求之,与鬼方代可视为一家眷属。彝器中如今甲盘、虢季子白盘、不𣪘敦均纪猃狁侵轶疆界事,详王静安先生《鬼方混夷猃狁考》。又案宗周一代征战大事,以伐南淮夷、伐楚、伐猃狁为最著。记伐猃狁事除彝器外,《诗·采薇》、《出车》、《六月》、《采芑》诸篇均及之。伐淮夷则《诗·江汉》、《常武》,彝器伯犀父休彝、彔伯𫘣卣、彔伯𫘣敦、白犀父卣、仲称父鼎、师𩰚父鼎、䍙卣、受尊、师寰敦、曾伯霖簠等均有之。至伐楚事,则仅矢彝、矢敦略记其一鳞一爪而已。

此皆近数十年来古史学之最大创获,非旧时局促于陈编断简者所及料也。此后山川所出宝物必日多,古器物学、古文字学、古声韵学必日渐进步,古史学亦必随之益多新异之收获与发展,可预卜之。数千年来传统的古史,经谯周(《古史考》)、皇甫谧(《帝王世纪》)、刘恕(《通鉴外纪》)、罗泌(《路史》)辈重加改造后,实已不可究诘。清初马骕撰《绎史》,

亦杂钞经史百家为之，古史之厄至此而极。清嘉庆间大名崔述昌言疑古，有《考信录》之作，不过于几部古书中发现相互间若干矛盾点而已，然已足为振瞆发聋之用。近人疑禹、疑井田及讨论一切汉以前经典真伪问题，殆皆受崔氏之暗示而更进一步者也。然世人尚鲜有以宝物为根据以改造古史者。吾愿今之学人，当本近代最新奇之地下材料，以绵密的料学论证，从民俗学、社会学多方面观察，作有系统客观研究，以阐明吾国古代文化发展之阶梯，不必斤斤于一二文字之推敲。举凡古器物之花纹图案、彩色形制，亦必据为中心视点，由此而及彼，从甲以推乙，此后古史学之昌明正未可量，全视吾人努力如何而定耳。

第三章① 秦

载籍中记嬴秦史事者，除《史记·秦本纪》、李斯、商鞅诸列传及《战国策·秦策》外，几无他书可寻，然近世所出地下材料属于此时代者，亦颇不乏。此项材料大率均见于：《秦金石刻辞》三卷，罗振玉编，民国三年影印本；《秦金文录》一卷，容庚编，民国二十年中央研究院影印本。二书中，析言之，则石得其三：泰山刻石、琅琊台刻石、会稽刻石（刻石始末见《始皇本纪》）。金得八十有五，权四十四：计二十六年诏权二十，二十六年诏铁权二，二十六年诏二十四斤权、二十六年诏二十斤权各一，二十六年诏十六斤权三，二十六年诏八斤权五，二十六年诏六斤权、二十六年诏□斤权各一，元年诏铁权一，两诏权六，美阳权、大騩权、旬邑权各一。量十六：计二十六年诏楕量八，十六年诏方量三，𪓐二十六年诏量一，大良造鞅方量一，两诏楕量三。诏版二十：计二十六年诏版八，元年诏版十二，两诏版一。虎符二：计阳陵虎符、新郪虎符各一。兵器二：计大良造鞅戟、相邦吕不韦戟各一。陶得其七。陶量一。瓦六：计羽阳临渭瓦、羽阳万岁瓦各一，羽阳千岁瓦四。权中之美阳、大騩，符中之新郪、阳陵，尤

---

① 原稿作第二章，今按目录改作第三章。

为瑰丽伟奇，不可方物。此外玺印之属，尚不与焉，可谓富矣。

除相邦吕不韦戈乃始皇五年作，大良造鞅方量铭曰"十八年齐□卿大夫来聘"，乃始皇十八年作外，余皆秦并天下后所作，而文字体势前后数十年间无甚悬殊，即与孝公时所作之秦公敦盨和钟、宗周所属西虢遗器虢季子白盘较之，文字亦大约相同。是以知宗周古文，秦实传之，始皇兼并天下后同一文字，即废除六国异体文字之谓，相斯所创之小篆，与兼并六国前之先秦文字，固无二致也，此吾人得见上举嬴秦遗文后之新论断也。然宗新旧史料疏证之，所得尚不止此。

始皇十六年兼并六国后废古改制，《史记·始皇本纪》大书特书者，一曰以水德王，数以六为纪，符法冠皆六寸，而舆六尺，六尺为步，乘六马，更名称为德水，是为水德之始。二曰废谥法，称始皇帝，更名民曰黔首，一法度衡石丈尺，车同轨，书同文字，吾人今日以嬴秦遗器证之，始知《史记》所载确为实录。何以言之，秦刻石以三句为一韵，一句四字，三句十二字。十二字者，六之二倍数也，故碣石刻文九韵一百八字为六之十八倍数，泰山刻石十二韵一百四十四字为六之二十四倍数，会稽刻石二十四韵二百十八字为六之四十八倍数，不独字数为然，韵数亦为六之倍数。此外如阳陵虎符，文曰："甲兵之符，左在阳陵，右在皇帝。"阿房宫址所出瓦当，文曰："惟天降临，延元万年，天下康宁。"潍县陈氏藏一玺，文曰："建明德，子千亿，保万年，□无极。"亦皆为六之倍数。（秦并天下为三十六郡，亦用六之自乘数。）此求之遗物与史文无不合者也。此一事也。传世始皇权量诏版，均载始皇或二世诏文，始皇诏曰："二十六年皇帝尽并兼天下，诸侯黔首大安，立号为皇帝，乃诏丞相状、绾法度量，则不壹歉疑者，皆明壹之。"丞相绾者，即史之丞相绾，《索隐》云："绾，姓，王者也。"而状则史所失书，赖此文知之。二世诏曰："元年制诏，丞相斯、去疾法度量，尽始皇帝为之，皆有刻辞焉。今袭号，而刻辞不称始皇帝，其于久远也。如后嗣为之者，不称成功盛德，刻此诏，故刻左，使毋疑。"此与《二世本纪》云皇帝曰："金石刻画，始皇帝所为也。今袭号，而金石刻辞不称始皇帝，于其久远也。如后世为之者，不称成功盛德。丞相臣斯、臣去疾、御史大夫臣德昧死言：'臣请具刻诏书。'"均合。此求之遗器而亦合者也。不仅铜权量有此诏文，即陶器上亦载之，可知秦时法令之严峻，此二事也。此二事者，皆秦兼并六国后之大政，新旧史料互参，其事乃大白于后世。

至嬴秦先世史事前乎始皇者，《史记》所载亦未足云备。秦字金文作𣎴，像抱杵舂木之形，明其地位农业社会。盖自非子居犬丘，好马及畜，周孝王诏使主马于汧渭之间，马大蕃息，其时尚为一游牧民族。及乎周室东迁，平王封襄公为诸侯，赐以岐以西之地曰："戎无道侵夺我岐丰之地，秦能攻逐戎，即有其地，与誓封爵之。"襄公十二年伐戎至岐而卒，生文公，四年之汧渭之间，即营邑之（以上节录《史记·秦本纪》）。其地盖本称秦，师西敦乃宗周器，所称之秦夷，亦即指此。秦夷者，秦人也。自是以后，始由游牧生活一变而为农业社会。汧渭间本丰腴，宅京于此，遂益强盛。传世石鼓文乃德公都雍前后所作，鼓中灘字当即雍之古文，其字从邑虜声，虜字虽不可识，男即勇之古文，则可知也。戊鼓云"□□自廊"，当是地名之证。而壬鼓谓"大□句"，或谓此公字指虢公言之，班氏《地理志》所谓"而虢在雍"是也。然无论为西虢或为德公之秦，器出陈仓，其地后为秦所役属，则可断言。考之鼓中有"佳鱮佳鲤"之文，甲鼓云有"我敺其时，我敺其朴"，此鼓盖记当时诸侯渔猎之事，则其地之富、水草宜游牧可知矣。与《史记》载非子前后生活适相符合，此可据以证史者一也。秦德公徙雍后，自非子至文公陵庙，皆在西垂。西垂之为何地，迄无人能明白言之。十年前秦州出敦一，文曰：

  秦公曰：不（丕）显朕皇且（祖），受天命，鼏宅禹賛，十又二公。在帝之𢾅，严，恭夤天命，保糱氏秦，虩事蛮夏。余虽小子穆穆，帅秉明德，剌剌（烈）起起（桓），迈（万）民是敕。咸畜胤士，盍盍文武，锡静不廷，虔敬朕祀。作□宗彝，以邵（昭）皇且（祖），辥严遝各，以受屯鲁。多釐眉寿无疆，畯寏才（在）天，高弘有廖，灶有四方。宜。

文共百有三言，与宋御府藏盙叔钟文字略同，文中均有十又二公语。

欧阳修谓以秦仲为始,至康公为十二公,钟为共公时作。薛尚功谓襄公为诸侯,铭钟者当为景公。然无论为康为景,要必在德公徙雍以后所作。石鼓文出陈仓,虢季子白盘出郿县,乃西虢之物。雍与西虢相接,故此三器文字体势亦如出一手。然敦铭已有"烈烈桓桓"语,则其时秦之强大可知。敦盖器又各有鉴款一行,器云"西元器一斗七升八奉敦",盖云"卣一斗七升太半升"。西者,汉陇西县名,即《史记·秦本纪》之西垂及西太邱。王静安先生谓此敦之作,所以奉西垂陵庙,直至秦汉间犹为西县官物,故器出于秦州,其说良是。由此观之,秦徙雍前之根据地,即陇东之秦州故址矣。此可据以补史者二也。石鼓文、秦公敦有裨于秦先世者盖如此。石鼓文今藏清国子监旧址,秦公敦今藏皖中张氏,均为一代重器。惜《诅楚文》久亡,仅存其文于绛帖及古文苑中,不获与猎碣、秦敦并传,至可憾也。数年前有匪人率众于凤翔掘得彝器数百事,传为秦西昭襄王陵遗物,有人见所出铜禁,较陶斋所藏尤为伟丽,他器亦称是。闻多入市舶,散归东西洋。如得传拓其铭辞,影摹其形制,则于先秦史事必有更重大之发现。姑书以俟之。

(据北京大学出版组印行讲义整理,讲稿仅存第一、第二、第三章中的部分内容)

《西谛书目》序

西谛同志离开我们快近五周年了。他的全部藏书在他坠机遇难以后不久，即由高君箴同志遵照他的遗志献给中华人民共和国文化部，转送北京图书馆庋藏。《西谛书目》五卷、《题跋》一卷，今年 10 月将由文物出版社排印出版。文物出版社认为我和西谛在搜访、整理、探讨祖国文化遗产方面，是多年在一起的，对于他的藏书内容比较熟悉一些，特地要我写一篇序文。我辞不获命，因把他的藏书特点就个人见到的择要写在下面，以就正于读者。

西谛藏书的主要类别，有历代诗文别集、总集、词曲、小说、弹词、宝卷、版画和各种政治经济史料等，范围十分广泛。除去外文书打算另编专目，通行常见的旧版书和新版书暂不列入外，总达七千七百四十种。其中明清版居多数，手写本次之，宋元版最少，仅陶集、杜诗、佛经等数种。就数量和质量论，在当代私家藏书中，可算是屈指可数的。

西谛对于历代文学作品，总是按照中国文学发展过程，大力进行搜访工作。从《诗经》、《楚辞》，到戏曲、小说、弹词、宝卷，面面俱到，齐头并进，四十年如一日。他不但重视作家的别集，还特别强调总集和地方艺文类书籍所起的作用。他认为总集类书籍不但可和各家别集互相比勘，取长补短，而且还可看出各个历史时期文学流派的特色和各家对文学批评的倾向。在解答具体问题时，两者之间更有着千丝万缕的关系。例如汉魏六朝文学，除了各家别集和薛应旂、汪士贤、张燮、张溥等编校的各家别集丛书，还兼收《昭明文选》各种版本三十三种、《玉台新咏》各种版本八种和明人冯惟讷、刘成德、张之象、张谦、曹学佺等编选的总集。唐代文学除广收各家别集和朱警、黄贯曾、许自昌、毛晋、席启寓、刘云份等编校的各家别集丛书，还兼收唐宋人选唐诗和明清人卓明卿、吴管、吴勉学、胡震亨、曹学佺、季振宜等编选的总集。对宋以后和近代文学作品也是如此。他特别留意地方艺文类书籍，前后收得的达二百多种。其中不少是长期被人们忽视的，经他发掘出来，遂得重见著录。

　　西谛收藏的明清人诗文集，数量也相当可观，其中较大的一部分是僻书。他保存这些僻书的目的，是为了不让它默默无闻地被大家遗忘掉，以便去芜存菁，做到古为今用。此外，他对于画家的集子如沈周的《石田集》、陈淳的《白阳集》、董其昌的《容台集》、吴历的《墨井诗钞》、金农的《冬心先生集》；戏曲家的集子如《水浒记》、《橘浦记》作者许自昌的《卧云稿》，《四艳记》作者叶宪祖的《青锦园文集选》，藏改"四梦"和《元曲选》编辑者臧懋循的《负苞堂文集》，《桃花扇》作者孔尚任的《湖海集》，《玉湖楼传奇》作者裘琏的《横山诗文钞》，非常重视，都是他经常向人津津乐道的。他对曾遭禁毁的明遗民的著作，也一向留意搜访，如方以智的《浮山文集》、李确的《潜夫先生遗文》、杜浚的《变雅堂诗集》、葛芝的《卧龙山人集》，内容都很有史料价值。

　　西谛很早就开始收集唐宋以来词人的著作。记得1930年夏天，我在他上海虹口东宝兴路寓所中，看到他新收的天一阁旧藏的几种明版词集。中有明人夏言的《桂洲词》、夏旸的《葵轩词》、陈德文的《建安诗余》，纸墨俱佳，十分漂亮，但作品功力不深，风格不高，值得一读的寥寥无几。引得我注意的，倒是那厚厚的一册明嘉靖间四川嘉定九峰书院刻本元遗山编的《中州乐府》，字大如钱，刻工于粗犷中寓有质朴气息，后来毛氏汲古阁本、朱氏《彊村丛书》本都以此为祖本。解放后，他又在北京收得明代石村书屋蓝格钞本《宋元明三十三家词》，前后有清初浙派词人朱彝尊竹垞老人藏印，又有竹垞亲笔题识和眉端评语。竹垞和汪晋贤合编的《词综》，就是依据这些资料为素材的。这两种书，用他的话来讲，是他词藏中的两朵灿灿发光的奇葩。此外他为了全面评介明清人词，采取双管齐下办法，除了搜集孙默编的留松阁《名家诗余》、聂先和曾王孙合编的《百家名词》、龚祥麟编的《浙西六家词》和《诗余广选》、《倚声初集》、《瑶华集》、《清平初选》、《今词初集》、《众香词》等总集外，又广收明清人词别集。其中有独到成就的名家如汪氏环翠堂刊本陈大声的《草堂余意》、康熙间初刊本纳兰成德的《饮水词集》、道光间初刊本项鸿祚的《忆云词》、龚孝拱手写本龚自珍的《定盦词》，都因本子罕见，惹人注目。

西谛藏曲，可分两个时期。1939年以前为第一期，1939年起直到全国解放后为第二期。他曾经把第一期藏曲中的精本，编为《西谛藏曲目》写刻出版。刘龙田本《西厢记》、玩虎轩本《琵琶记》、浣月轩本《蓝桥玉杵记》和孟称舜编定的《酹江》、《柳枝》二集，是其中白眉。抗日战争期间，为了解决生活问题，他把这批藏曲的一部分作价售去，去书之日，心情非常难过。稍后又重整旗鼓，大事补充。那时从徽州、苏州、扬州、浙东等地流到上海的杂剧传奇中的精本，十之六七都归西谛所有。除了《西厢》、《琵琶》、"四梦"等等著名曲本不嫌重复，有见必收外，它如施惠的《幽闺记》、苏复之的《金印记》、姚茂良的《双忠记》、高濂的《玉簪记》、梁辰鱼的《浣纱记》、徐霖的《绣襦记》、周朝俊的《红梅记》、张凤翼的《红拂记》、屠隆的《昙花记》、沈鲸的《易鞋记》、金怀玉的《合襟桃花记》、徐复祚的《红梨记》、史盘的《藕钗记》和无名氏的《破窑》、《鹦鹉》、《四美》、《异梦》等记，都有版式精美，插图工致的明刻本。

西谛对于散曲的搜集，也非常努力。天一阁旧藏明钞本《张小山乐府》、汪廷讷校刊本《陈大声乐府》、嘉靖间刊本秦时雍的《秦词正讹》和杨廷和的《乐府余音》、杨慎的《陶情乐府》、王九思的《碧山乐府》、殷士儋的《明农轩乐府》，以及金銮、王磐、梁辰鱼、冯惟敏等四词宗乐府，他所收藏的本子，不但是很有名的，而且是非常罕见的。

除了戏曲与散曲，西谛还是提倡搜集和研究俗曲的第一人。三十多年前,他从周氏言言斋发现华广生编选的《白雪遗音》,从那里钞出了一些内容比较清新健康的作品,出版了《白雪遗音选》一书。不久有人在徽州一带得到了冯梦龙编选的《山歌》,这是中国俗曲宝藏中一个新奇的发现,中有不少恋歌,可和《国风》、《子夜歌》、《读曲歌》等媲美。他不但怂恿书主排版重印,还把原书作价收归已有。他又在招子庸的《粤谌》和乾隆末年王廷绍编选的《霓裳续谱》等书里发现了不少思妇怀人之曲和其他描写妇女坚强意志的作品,给中国俗文学增添了许多光辉的篇幅。

西谛很早就研究三言二拍等平话体小说和《三国志》、《水浒传》、《西游记》、《岳传》等故事源流,写了很多文章。那时他收藏的历代短篇小说和长篇小说还不够多,后来逐步发展,遂成为一个比较有系统的专藏。其中明版《忠义水浒传》最负盛名。记得1931年8月,我们同到宁波访书,偶然在林集虚大西山房的书架上发现棉纸印本《忠义水浒传》残本八回,西谛大喜过望,认为造就是嘉靖年间武定侯郭勋的校刊本,在现存《水浒传》版刻中,再没有比它更早的了,是一个新的重大的发现。当时我就表示异议,觉得嘉靖刊本是十分可能的,但武定侯郭勋刊的可能性并不大,因为它和郭勋刊的《元次山文集》、《白乐天文集》字形和版式都不相同,和嘉靖《雍熙乐府》比较,也有显著的差别。过了几年,西谛在书友郭石麒的帮助下买到了其中的五回,但其他三回,却为一个五金商人豪夺而去。直到1958年,才由北京图书馆从上海购回,大家多年来的愿望,终于得到实现。

西谛在青年时代就对宝卷、弹词、鼓词等讲唱文学发生浓厚的兴趣,他曾经编了一个自藏的弹词目录,登入《小说月报·中国文学专号》,还编了宝卷和鼓词的目录。"一·二八"敌机肆虐,这些书籍被炸毁了一部分,不久又续有增益。宝卷中有明写彩绘本《目连救母出离地狱生天宝卷》和嘉靖刊本《药师本愿功德宝卷》,他认为这是流传最早的两个宝卷。弹词中名作尤多,吴语文学《三笑姻缘》、《玉蜻蜓》、《珍珠塔》等,西谛都有藏本。由于作者把人物的形象和个性精雕细琢得十分生动,描写生活琐事以细致具体见长,备受群众欢迎。以后就出现了弹词妇女作家。最有名的,当推陶贞怀的《天雨花》、邱心如的《笔生花》。对妇女们所遭受的封建压迫,提出了强烈的控诉。这是他所藏弹词中压卷之作。鼓词中也有不少内容比较健康的作品。外边罕见的有福州本《荔枝陈三歌全传》、《潘必正陈妙常村歌》、潮州本《双白燕》等。还有各种南音和时调唱本。这些民间艺人文学创作,如果没有他大力进行搜访和发掘,怕早就湮没无闻了。

西谛对于历代版画书籍,有丰富的收藏和深邃的研究,这是人所共知的。他早年留意徽派版画,从明朝歙县虬村诸黄如黄德时、黄应光、黄一楷、黄一彬、黄伯符等著名木刻家雕制的插图书,直到清初徽派殿军鲍承勋父子的木刻画,他都有独特的藏品。稍后又广收宗教画。他藏的宋版《陀罗尼经》、元版《碛砂藏》的扉画,以及明初北京出版的带有图像的佛教宣传小册子,线条刚柔兼施,刀法明快流利,代表着各个不同时地的艺术风格。此外上图下文的通俗小说,附有插图的杂剧传奇和科学技术用书,各种静物写生和富有生活气息的故事画,凡是木版书中有插图的,都在他刻意搜求之列,前后得书甚多。进入他的书斋,如百卉逢春,花团锦簇,令人目不暇接。

明代和明清之际,许多著名画家为木刻家创作的画稿,如丁云鹏为黄鳞、黄应泰等画的《程氏墨苑》,陈老莲为黄子立和其他木刻家画的《博古叶子》和《水浒叶子》,萧尺木为汤尚、汤义、刘荣画的《太平山水图画》,除了老莲的《博古叶子》,西谛都有刻印绝精的本子。他藏的那部彩色印本《程氏墨苑》,一部分图版是把几种颜色涂在一块板上印的,绚丽夺目,开后来饾版法的先河。《水浒叶子》着墨不多,却能深刻而传神地勾勒出梁山英雄们鲜明的个性和大无畏的反抗精神,是一部现实主义杰作。《太平山水图画》画面峻秀奇拔,刀法变化莫测,把祖国雄伟富丽的山川景色刻划得超神入化,百观不厌。

西谛还藏有明末胡正言编印的《十竹斋画谱》和《笺谱》,这是中国古代版画艺术举世闻名的划时代的杰出作品。它巧妙地运用了当时流行的饾版、拱花二法,把彩色木刻画印刷术推向新的高峰。书中春风杨柳、秋日芙蓉、碧树凝烟、寒梢笼月、松下听涛、篱边访菊等富有诗意的图像，和一草一木、一拳一石等彩色木刻画，都用饾版法来显示画面的深浅浓淡和阴阳向背的痕迹，他如山际行云、江上流水、禽类羽毛、花朵轮廓等则兼用拱花法。此后王蓍等编印的《芥子园画传》，文美斋主人编印的《百华诗笺谱》，用饾版而不用拱花，他也有十分精美的藏本。

西谛对于政治经济史料，也经常留意搜集。如刘锡玄的《黔牍偶存》，是明代万历末年统治阶级残酷镇压贵州少数民族农民起义的血泪记录。程任卿的《丝绢全书》，是反映明代上层统治者通过实物征收对徽州地区农民进行剥削压榨的文献汇编。它如明崇祯朝《缙绅便览》、《北新关商税则例》、《闽海关则例》、《淮盐分类新编》，同治间广和号刊《丸散膏丹集录》，和明代坊本《万事不求人》、《四民备观翰府锦囊》等书，都是比较罕见的参考数据。名目繁多，不一一列举了。

西谛一生节衣缩食，费尽心力，为国家为人民积累了这么多的精神财富，对我国学术研究和社会主义文化建设事业无疑将作出重要的贡献。喝水不忘凿井人，我们摩挲陈编，缅怀过去，不能不对他表示无限的钦敬和感激的心情。

这部书目是由北京图书馆王树伟、朱家濂、冯宝琳、冀淑英四位同志合力编成的。分类上的失当和著录上的不妥之处，在所难免。希望读者们多予指正。

1963 年 6 月

（原载《西谛书目》卷首，文物出版社 1963 年出版）

唐写本《文心雕龙》残卷校记

敦煌所出唐人草书《文心雕龙》残卷,今藏英京博物馆之东方图书室。起《征圣篇》,讫《杂文篇》,《原道篇》存"赞曰"末十三字,《谐讔篇》仅见篇题,余均亡佚。每叶二十行至二十二行不等。卷中"渊"字、"世"字、"民"字均阙笔。肇势遒劲,盖出中唐学士大夫所书,西陲所出古卷轴,未能或之先也。据以逐校嘉靖本,其胜处殆不可胜数,又与《太平御览》所引及黄注本所改辄合,而黄本妄订臆改之处亦得据以取正。彦和一书传诵于人世者殆遍,然未有如此卷之完善者也。去年秋,余既假友人容君校本临写一过,以其有遗漏也,复假原复印件重勘之,其见于《御览》者亦附著焉。即以三夕之力,汇录成校记一卷,序而刊之,以质并世之读彦和书者。丙寅花朝日记。

征圣第二(唐写本篇名均顶格写)

则圣人之情见乎文辞矣(正文依嘉靖本①)　唐写本②无"文"字。案:今本有"文"字,盖涉上下文而衍,当据删。

---

① 即《四部丛刊》所影印之本。
② 以下校语句首"唐写本"三字均从省。

先王圣化　"圣化"作"声教"。

夫子风采　"风采"作"文章"。

以多方举礼　"方"作"文"。案：黄注本依孙校改"方"作"文"，与唐本正合。

此事迹贵文之征也　"迹"作"绩"。

然则忠足而言文　"忠"作"志"，"而"作"以"。案：黄本依谢校改"忠"作"志"，与唐本正合。

廼含章之玉牒秉文之金科矣　"廼"作"乃"。

丧服举轻以包重　"包"作"苞"。

书契断决以象夬　"断决"作"决断"，"夬"讹"史"。

文章昭晰以象离　"象"作"効"。

五例微辞以婉晦　"以"作"而"。

故知繁略殊形　"形"作"制"。

变通会适　"会适"作"适会"。案：上云"抑引随时"，与此句相对成文，则以作"适会"为是，当据唐本乙。

是以政论文必征于圣必宗于经　作"是以论文必征于圣，窥圣必宗于经"。案：唐本是也，黄本依杨校，"政"上补"子"字，"必宗于经"句下补"稚圭劝学"四字，臆说非是。

弗惟好异　"弗"作"不"，"惟"作"唯"。

故知正言所以立辩　"辩"作"辨"。

辞成无好异之尤　"成"下有"则"字。案："则"字当据补。

辩立有断辞之义　"立"下有"则"字，"义"作"美"。案："则"字当据补。

虽欲此言圣　"此言"作"訾"。案：黄本改作"訾"，与唐本正同。

弗可得已　"弗"作"不"，"已"作"也"。

犹或钻仰　"犹"作"且"。

胡宁勿思　"胡宁"作"宁曰"。

若征圣立言　无"若"字。

赞曰　"赞"作"讃"。此下各篇均同。

宗经第三

其书言经　"言"作"曰"。案：《太平御览》六百八引"言"亦作"曰"，与唐本正合。

洞性灵之奥区　"奥区"作"区奥"。

自夫子刊述而大宝咸耀　"刊"作"删"，"咸"作"启"。案：《御览》六百八引此文正与唐本合，黄校一本"咸"作"启"，当据改。

义既极乎性情　"极"作"挺"。案：《御览》六百八引作"埏"，以下文"辞亦匠于文理"句例之，则作"埏"是也。唐本作"挺"，即"埏"字之讹。

辞亦匠于文理　"于"作"乎"。

圣谋卓绝　"谋"作"谟"。案：黄本"谋"作"谟"，与唐本正合。

而吐纳自深　无"而"字。案：唐本是也，今本即涉上文而衍。

夫易惟谈人神致用　"谈"下有"天"字，"人"作"入"。案：《御览》六百八所引均与唐本合，当据订。

固哲人之骊渊也　"固"作"故"。

而训诂茫昧　"训诂"作"诂训"，"茫"作"芒"。

昭昭若日月之明离离如星辰之行　"明"上有"代"字，"行"上有"错"字。案：今本误脱，当据补。

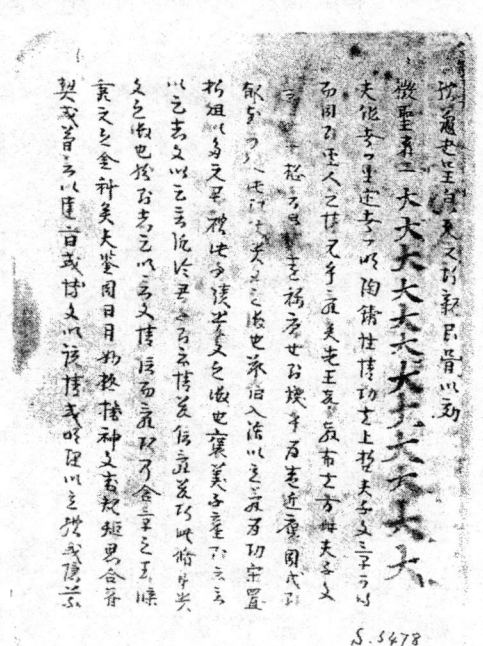

S.5478 唐写本《文心雕龙》残本

言昭灼也　"昭"作"照"。

诗主言志　"主"作"之"。

敢最附深衷矣　无"敢"字。案："敢"即"最"之讹而衍者。《御览》六百八引亦无"敢"字，黄本改作"故"，非是。

礼记立体　"记"作"以"。案：《御览》六百八引与唐本合，当据改。

据事剬范　"剬"作"制"。

章条纤曲　此下有"执而后显，采掇片言，莫非宝也，春秋辨理"十六字。案：《御览》六百八引亦有此文，黄本已据《御览》增，惟"片"字误作"生"。

谅以邃矣　"以"作"已"。

此圣人之殊致　"人"作"文"。案：作"文"义较长。

至根柢盘深　"至"下有"于"字，"盘深"作"盘固"。

是以往者虽旧余味日新　"虽"作"唯"，"余"上有"而"字。案："而"字今本脱，当据补。

后进追取而非晓　"晓"作"晚"。案：黄本"晓"改"晚"，与唐本正合。

前修文用而未先　"文"作"久"。案：唐本作"久"是，"先"疑即"完"字之讹。

纪传铭檄则春秋为根　"纪"作"记"，"铭"作"盟"。案：唐本作"盟"是，黄本引朱云"铭当作移"，臆说未安。

终入环内者也　"者也"二字无。

若禀经以製式　"製"作"制"。

是仰山而铸铜煮海而为盐也　"仰"作"即"，"也"上有"者"字。案："者"字今本脱，当据补。

四则义直而不回　"直"作"贞"。

扬子比雕玉以作器　"扬"上有"故"字。案："故"字今本脱，当据补。

励德树声　"励"作"迈"。

正末归本　"正末"作"极正"。

不其懿欤　"欤"作"哉"。

致化归一　"归"作"惟"。

正纬第四

斯之谓也　"之"作"其"。

好生矫诞　"诞"作"托"。

孝论昭晣　"晣"作"晢"。案：黄本依许校改"晢"作"晣"，与唐本正合。

按经验纬　"按"作"酌"。

倍摘千里　"摘"作"摘"。

经显圣训也纬隐神教也　"圣"作"世"（下同），两"也"字无。

而今纬多于经　"今"字无。

商周以前　"以"作"已"。

图箓频见　"图箓"作"绿图"。

纬何豫焉　"豫"作"预"。

原夫图录之见　"原"字无，"图箓"作"绿图"。

故知前世符命　"世"作"圣"。

于是伎数之士　"伎"作"技"。

谓起哀平　"谓"下有"伪"字。案："伪"字今本脱，当据补。

至于光武之世　"于"字无。

曹褒撰谶以定礼　"撰"作"选"。

尹敏戏其深瑕　"深瑕"作"浮假"。案：此文与上句"桓谭疾其虚伪"相对成文，则唐本作"浮假"是也。

荀悦明其诡诞　"诞"作"托"。

论之精矣　"论"字无。

白鱼赤乌之符　"鸟"作"雀"。

黄金紫玉之理　"金"作"银"，"理"作"瑞"。案：黄本依孙校改"理"为"瑞"，与唐本正合。

是以后来辞人　"后"作"古"。

采摭英华　"采"作"捃"。

平子恐其迷学　"恐"作"虑"。

荣河温洛　"荣"讹"采"。

糅其雕蔚　"糅"作"采"。

辨骚第五

小雅怨谤而不乱　"谤"作"诽"。案：黄本依许校改"谤"作"诽"，与唐本正合。

可谓兼之　"兼之"二字无。案：唐本是也，此文即承下文"蝉蜕秽浊之中，浮游尘埃之外"为句，"兼之"二字当是后人妄加。

昆仑悬圃　"悬"作"玄"。案：黄校引一本亦作"玄"，与唐本正合。"悬"、"玄"古通，《楚辞·天问》、《淮南·地形训》均作"悬圃"，自以作"悬"为是。

然其文辞丽雅　"辞"字无。

以为皆合经术　"术"作"传"。

扬雄讽味　"讽"作"谈"。

可谓鉴而弗精翫而未覈也　"弗"作"不"，"也"作"矣"。

称汤武之祗敬　"汤武"作"禹汤"。

典诰之体也讥桀纣之猖披伤羿浇之颠陨规讽之旨也　此四句脱。

同于风雅者也　"于"作"乎"。

丰隆求宓妃　"丰"上有"驾"字。案：此处上下文均三字为句，"驾"字当据唐本补。

鸩鸟媒娥女　"鸩"上有"凭"字，"娥"作"娀"。案：唐本是也，今本有脱误，当据订。

康回倾地　"康"讹"秉"。

夷羿蔽日　"蔽"作"毙"。案：唐本是也，黄本依孙校改"蔽"为"弹"，臆说未安。

木天九首　"天"作"夫"。案：黄本依谢校据《招魂》改"天"作"夫"，与唐本正合。

土伯三足　"足"作"目"。案：黄本依朱校据《招魂》改"足"作"目"，与唐本正合。

摘此四事　"摘"作"指"。

异乎经典者也　"乎"作"于"。

语其本诞则如此　"本"作"夸"。案：唐本是也，当据订。

体宪于三代而风雅于战国　"雅"作"杂"。案：唐本是也，今本即涉下文"乃雅颂之博徒"而误。

虽取镕经意　"意"作"旨"。

亦自铸伟辞　"伟"作"纬"。案：唐本是也，"纬辞"与上句"经意"相对成文，"纬"讹作"伟"，则文不成义矣。

故骚经九章　"故"字无。

九歌九辩　"辩"作"辨"。

绮靡以伤情　"绮靡"作"靡妙"。

瓌诡而惠巧　"惠"作"慧"。

招魂招隐　"招隐"作"大招"。案：唐本是也，黄本引冯校，与唐本正合。

耀艳而深华　"深"作"采"。

故能气性作轹古　"性"作"往"。案：唐本是也，当据改。

自九怀以下　"以"作"已"。

遽蹑其跡　"跡"作"迹"。

故才高者菀其鸿裁　"菀"作"苑"。案：唐本是也。"苑"与"蕴"通。《广雅》云："蕴，聚也。"是其义。

酌奇而不失其真　"其真"讹作"居真"。

不有屈原　"原"作"平"。

壮志烟高　"志"作"采"。案：作"采"于义为长。

绝益称豪　作"艳逸锱毫"。案：黄本引朱校据宋本《楚辞》改作"艳溢锱毫"，与唐本正合，惟"逸"作"溢"，乃声近之讹。

明诗第六

圣谋所析　"谋"作"谟"。案：唐本是也，本书"谋"、"谟"多形近互讹。

诗者持也　"诗"上有"故"字。案：今本脱"故"字，当据补。

有符焉尔　"有"上有"信"字。案：此文疑当作"信有符焉"，"尔"字衍。

昔葛天氏乐辞云玄鸟在曲　"天"字、"氏"字、"云"字均无。案：此文疑当作"昔葛天乐词，玄鸟在曲"，方与下文"黄帝云门，理不空绮"相对成文。今本衍"氏"字、"云"字，唐本夺"天"字，均有误，然终以唐本近是。

黄帝云门理不空绮　"绮"作"弦"。案：唐本是也，黄本引朱校"'绮'当作'弦'"，与唐本正合。

至尧有大唐之歌　"唐"作"章"。案：《御览》五百八十六引作"唐"，黄校引一本作"章"，与唐本正合，"章"、"唐"古通用。

及大禹成功　"功"字无。

五子咸怨　"怨"作"讽"。案：作"讽"义较长，《御览》五百八十六引亦作"讽"，与唐本正合。

子夏监绚素之章　"监"作"鉴"。案：唐本作"鉴"，与《御览》五百八十六引合。

可与言诗　"诗"下有"矣"字。案：今本脱"矣"字，当据补。

风人辍采　"辍"作"掇"，"采"作"彩"。

酬酢以为宾荣　"为"作"成"。

所以李陵班婕好见疑于后代也　"好"字无。案："好"字可省，《御览》五百八十六引亦无"好"字，与唐本正合。

按召南行露　"召"作"邵"。案：《御览》五百八十六引亦作"邵"，与唐本正合。

阅时取证 "证"作"征"。案：黄校引一本及《御览》五百八十六引均作"征"，与唐本正合。

比采而推 "采"作"彩"。

两汉之作乎 "两"上有"故"字，"乎"作"也"。案：《御览》五百八十六引"两"上有"固"字，"固"、"故"音近而讹。疑此文当作"固两汉之作也"，今本有脱误。

至于张衡怨篇 "于"作"如"。

清曲可味 "曲"作"典"。案：黄校改"曲"作"典"，与唐本及《御览》五百八十六引均合。

暨建安初 "安"下有"之"字。案：唐本是也，与黄本正合。

五言腾踊 "踊"作"跃"。

唯嵇旨清峻 "旨"作"志"。案：唐本是也，与黄本正合。

乃应璩百一 "一"作"壹"。

张潘左陆 作"张左潘陆"。案：唐本是也，与《御览》五百八十六引合，今本误倒，当据乙。

或枡文以为妙 "枡"作"析"。

嗤笑徇务之志 "嗤"作"羞"，"徇"作"佝"。案：《御览》五百八十六引"嗤"亦作"羞"，与唐本正合。

崇盛亡机之谈 "亡"作"忘"。案：唐本是也，与《御览》五百八十六引合。

而辞趣一揆 "辞"作"辄"。

莫与争雄 "与"作"能"。

挺拔而马俊矣 "俊"作"儁"。案：唐本作"儁"，与《御览》五百八十六引合。

庄老告退而山水方滋 "庄"作"严"。案：《御览》五百八十六引亦作"严"，与唐本正合。

而情变之数可监 "监"作"鉴"。案：《御览》五百八十六引亦作

"鉴",与唐本正合。

若夫四言正体雅润为本五言流调清丽居宗　"雅"上、"清"上均有"则"字。案:《御览》五百八十六引亦有两"则"字,与唐本正合,当据补。

叔夜含其润　"含"作"合"。案:《御览》五百八十六引亦作"合",与唐本同。

茂先凝其清　"凝"作"拟"。案:《御览》五百八十六引亦作"拟",与唐本正合。

景阳振其丽　"振"作"震"。

鲜能通圆　"通圆"作"圆通"。案:唐本是也,与《御览》五百八十六引合,今本误倒,当据乙。

忽之为易　"之"作"以"。案:《御览》五百八十六引亦作"以",与唐本合。

离合之发　"离合"作"合离"。

则明于图谶　"则"下有"亦"字,"明"作"萌"。案:《御览》五百八十六引亦作"萌",与唐本正合,当据改。

回文所兴　"回"作"迴"。

乐府第七

既其上帝　"既"作"暨"。

葛天八阕　"阕"作"阕"。案:唐本是也,与黄本合。

自咸英以降　"以"作"已"。

殷鼙思于西河西音以兴　"鼙"作"鳌"。案:《吕氏春秋·音初篇》云:"殷整甲徙宅西河,犹思故处,实始作为西音。"此文当本《吕览》,自以作"整"为是,"整"、"鼙"、"鳌"均形近致讹。

音声推移　"音"作"心"。

及夫庶妇　"及"下有"匹"字。案:唐本是也,当据补。黄本依许校改"及"作"匹",非是。

诗官採言　"採"作"采"。

乐育被律　"育"作"胥"。案：唐本是也，当据改。一本作"盲"，非是。

志感丝篁气变金石　"篁"作"簧"，"石"作"竹"。

精之至也　"至"作"志"。

制氏纪其鉴铿　"鉴"作"铿"。案：唐本是也，与黄本正合。

叔孙定其容与　"与"作"典"。

于是武德兴乎高祖　"乎"作"于"。

暨武帝崇礼　"礼"作"祀"。案：《汉书·礼乐志》云"武帝定郊祀之礼，乃立乐府"，则当以作"祀"于义为长。

朱马以骚体製歌　"製"作"制"。

河间荐雅而罕御　"荐"作"篇"。

至宣帝雅颂诗效鹿鸣　"颂"字无，"诗"下有"颇"字。案：唐本是也，当据订。

迄及元成　"迄"作"逮"。

暨后郊庙惟杂雅章　"后"下有"汉"字，"杂"作"新"。案：唐本是也，当据订。

观其兆上众引　"兆"作"北"。案：唐本是也，与黄本正同。

荀最改悬　"最"作"勖"。案：唐本是也，与黄本正同。

声节哀急　"哀"作"稍"。

故阮咸讥其离声　"声"讹"盘"。

和乐精妙　"乐"下有"之"字。案：唐本是也，当据补。

晋风所以称远　"远"作"吴"。

若夫艳歌婉娈　"娈"作"恋"。

怨志诀绝　作"宛诗诀绝"。案：唐本近是，疑此文当作"怨诗诀绝"，与上句相对成文。

自此阶矣　"阶"作"偕"。

诗声曰歌　"诗"作"咏"。

故陈思称李延年闲于增损古辞　"李"作"左"。案：唐本是也。左延年，魏时之善歌者。见《魏志·杜夔传》。

观高祖之咏大风　"观"作"睹"。

咸有佳篇　"咸"作"亟"。

至于斩伎鼓吹　"斩伎"作"轩歧"。案：唐本是也，当据订。

而并总入乐府　"并"字无。案：唐本是也，当据删。

缪袭所致　"袭"作"朱"。

故略具乐篇以标区界　"具"作"序"，"界"下有"也"字。案：唐本是也，当据订。

诠赋第八

铺采摛文　"采"作"彩"。

昔邵公称公卿献诗师箴赋　"卿"字无，"箴"下有"瞽"字。案：《御览》五百八十七引"箴"下亦有"瞽"字。《周语》云："天子听政，使公卿至于列士献诗，瞽献典，史献书，师箴，瞍赋，蒙颂，百工谏。"据此则"瞽"字当从唐本及《御览》订。

刘向云明不歌而颂　"刘"上有"故"字，"云"字无。案：《御览》五百八十七引唐本正合，今本有脱误，当据二书订。

结言揔韵　"揔"作"短"。

然赋也者受命于诗人招字于楚辞也　"然"下有"则"字，"人"下有"而"字，"招"字作"拓"字。案：唐本是也，《御览》五百八十七引此文"辞"下有"者"字，余均与唐本正合，今本有脱误，当从二书订补。

宋玉风钧　"钧"误"均"。案：当依黄本作"风钧"。

遂客至以首引　"至"作"主"，"首"作"守"。案：《御览》五百八十七引"至"亦作"主"；与黄校及唐本均合，当据改。

极貌以穷文　"貌"上有"形"字。案：唐本是也，当据补。黄本依曹校于"貌"上补"声"字，与《御览》五百八十七引虽合，似未可据订。

顺流而作　"顺"作"循"。案：唐本是也，与《御览》五百八十七引合。

枚马同其风　"同"作"播"。案：《御览》五百八十七引作"洞"，又与唐本异。

皋翔已下　"翔"作"朔"。案：唐本是也，与《御览》五百八十七及黄本引曹校均合。

夫京殿苑猎述行序志　"夫"上有"若"字，"序"作"叙"。案：唐本是也，与《御览》五百八十七引合，当据补。

辞以理篇　"辞"作"乱"。案：唐本是也，与黄本同，《御览》五百八十七引作"词"，与嘉靖本同误。

迭致文契　作"写送文势"。案：《御览》五百八十七引此文，与唐本正合。

闵言称乱　"言"作"马"。案：唐本是也，与《鲁语》正合。

故知殷人辑颂　"辑"作"缉"。

斯并鸿裁之寰域　"寰"作"環"。

鹿品杂类　"鹿"作"庶"。案：唐本是也，与黄本引曹校正合。

则触发致情　"致"作"置"。

斯又小制之区畛　"制"作"制"。

宋发巧谈　"巧"作"夸"。案：作"夸"义较长，《御览》五百八十七引亦作"夸"。

枚乘菟园　"菟"作"兔"。案：《御览》五百八十七所引与唐本正合。

贾谊鹏鸟致辨于情理　"鹏鸟"作"畏服"，"理"作"衷"。

朋约以雅瞻　"朋约"作"明绚"。案：唐本是也，与《御览》五百八十七引正合。

构深璋之风　"璋"作"伟"。案：唐本是也，与《御览》五百八十七引正合。

合飞动之势　"合"作"含"。案：唐本是，与《御览》五百八十七所引及黄本均同。

并辞赋之流也　作"并词赋之英杰也"。案：唐本是，与《御览》五百八十七所引及黄本均同。

　　发端必遒　"端"作"篇"。案：《御览》五百八十七所引与唐本正合。

　　彦伯梗槩　"梗槩"作"槩梗"。

　　故义以明雅　"以"作"必"。案：唐本是也，与《御览》五百八十七所引及黄本均合。

　　物以情观　"观"作"睹"。案：《御览》五百八十七引与唐本合，作"睹"义较长。

　　文虽新而有质　"新"作"杂"。

　　色虽糅而有本　"本"作"义"。案：作"义"是也，《御览》五百八十七所引及黄校引一本均作"仪"，亦其证。

　　无贵风轨　"贵"作"实"。

　　此扬子所以追悔雕虫贻诮于雾縠者也　"悔"下有"于"字。案：唐本是，与《御览》五百八十七引及黄本均合。

　　分歧异派　作"异流分派"。

　　枿滞必杨　"枿"作"抑"，"杨"作"扬"。案：唐本是，当据改。

　　言庸无溢　"庸"作"旷"。

　　辞剪美稗　作"辞剪稊稗"。案：唐本是也，当据订。

颂赞第九

　　咸墨为颂　"墨"作"黑"。案：唐本是也，《吕氏春秋·古乐篇》云："帝□命咸黑作为声歌。"是其证。

　　以歌九韶　"韶"作"招"。案：唐本是也，《御览》五百八十八所引及《吕氏春秋·古乐篇》均作"招"，与唐本正合。

　　自颂已下　"颂"上有"商"字。案：唐本是也，当据补，与《御览》五百八十八引合。

　　容告神明谓之颂　"容"上有"雅"字，"明"字无。

　　风雅序人事兼变正颂主告神义必纯美　"事"上、"义"上均有"故"

字。案:《御览》五百八十八引此文正与唐本合,今本有脱字,当据补。

鲁人以公旦次编商人以前王追录　两"人"字无。案:唐本是也,《御览》五百八十八所引正与唐本同,当据删。

斯乃宗庙之正歌　"正"作"政"。

非谦飨之常咏也　"谦飨"作"飨谦","常"作"恒"。案:《御览》五百八十八引此文与唐本合。

晋兴之称原田　"兴"作"舆"。案:唐本是也。黄本依曹校改"兴"作"舆",与唐本正合。

直言不咏　"言不"作"不言"。

丘明子高并谍为诵斯则野颂之变体浸被乎人事矣　"诵"均作"颂","乎"作"于"。

情采芬芳　"情采"作"辞采"。案:唐本义较长。

又覃及细物矣　"又"作"乃","及"下有"乎"字。

至于秦政刻文　"于"作"乎"。

史岑之述僖后　"僖"作"燕"。案:唐本亦误,"僖"当作"熹","燕"即"熹"字之讹。

或范坰那　"坰"作"驷"。案:唐本是也,《御览》五百八十八所引正与唐本合,黄本亦同。

至于班傅之北征西逝　"逝"作"征"。案:唐本是也。傅毅有《西征颂》,《御览》卷三百五十一引之。

岂不褒过而谬体哉　"过"作"通"。

而不变旨趣　"变"作"辨"。

及魏晋辨颂　"辨"作"杂"。

原夫人颂惟典雅　"雅"作"懿"。案:《御览》五百八十八引此文正与唐本合。

唯纤曲巧致　"唯"作"虽","曲巧"作"巧曲"。案:唐本是也,《御览》五百八十八引此文正与唐本合。

与情而变　"与"作"兴"。

其大体所底　"底"作"弘"。案：唐本是也，《御览》五百八十八引作"宏"，"底"即"宏"字之讹。

讚者明也　"明也"下有"助也"二字。案：黄本从《御览》五百八十八引补"助也"二字，与唐本正合。

及益讚于禹　"讚"作"赞"。案：《御览》五百八十八所引与唐本正合。

嗟叹以助辞也　"也"字无。

及史班固书　"固"作"因"。

颂体以论辞　作"颂体而论词也"。案：《御览》五百八十八引"以"亦作"而"，与唐本正同。

又纪传侈评　"侈"作"后"。案：黄本依朱校据《御览》改"侈"为"后"，与唐本正同。

及景纯注雅　"注"下有"尔"字。案：唐本是也，当据补。

义兼美恶　"义"作"事"。案：《御览》五百八十八引作"赞"，与唐本又异。

然其为义　"然"下有"本"字。案：唐本是也，黄本据《御览》于"然"下增"本"字，与唐本正合。

昭灼以送文　"昭"作"照"。

容体底颂　"体"作"德"。

镂影摘文　"文"作"声"。案：唐本是也，黄本作"镂彩摘文"，非是。

声理有烂　"声"作"文"。案：唐本是也，当据改。

年积逾远　"积"作"迹"。

祝盟第十

祀徧群臣　"祀"作"礼"，"臣"作"神"。案：唐本是也，当据改。

是生黍稷　"黍稷"作"稷黍"。

资乎文辞　"乎"作"于"。

昔伊祈始蜡　"祈"作"耆"。案：唐本是也，黄本依柳校改"祈"作"耆"，与唐本正同。

土及其宅　"及"作"反"。案：唐本是也，黄本依许校改"及"作"反"，与唐本正同。

爱在兹矣　"爱"作"暖"。

舜之祠田云荷此长耜耕彼南亩四海俱有　"四"上有"与"字。案：唐本是也，"与"字当据补。《御览》八十一引《尸子》云："舜兼爱百姓，务利天下，其田历山也，荷彼耒耜，耕彼南亩，与四海俱有其利。"观《路史·后纪》十二注及王应麟《困学纪闻》十，即彦和此文所本，是其证。

即郊里之祠也　"祠"作"辞"。

则雩荣之文也　"则"作"即"。

掌六祀之辞　"祀"作"祝"。案：唐本是也，与黄本正合。

夙兴夜处言于附庙之祝　"处"作"寐"，"附"作"祔"，"祝"作"祀"。

多福无疆　"疆"作"强"。

所以寅处于神只严恭于宗庙也　"处"作"虔"。案：唐本是也，当据改。

春秋已下　"春"上有"自"字。案：唐本是也，当据补。

祀币史辞　"祀"作"祝"，"币"作"弊"。

至于张老成室致善于歌哭之祷　"于"作"如"，"成"作"贺"，"善"作"美"。案：唐本是也，《檀弓》下云："晋献文子成室、晋大夫发焉，张老曰：'美哉轮焉，美哉奂焉，歌于斯，哭于斯，聚国族于斯。'"即此文所出，当据唐本订正。

获佑于筋骨之请　"佑"作"祐"。

可谓祝辞之组纚也　"纚"作"丽"，"也"上有"者"字。案："者"字当据唐本补。

汉之群祀　"汉"上有"逮"字，"之"作"氏"。案："逮"字当据唐本补。

肃其旨礼　"旨"作"百"。案：唐本是也，与黄校所引一本合。

既总硕儒之仪　"仪"作"义"。

异于成汤之心　"于"作"乎"。

侲子敺疾　"侲"作"振","疾"作"疫"。案:作"疫"是也,与黄本依王氏校改正合。《后汉书·礼仪志》云:"大傩谓之逐疫,选中黄门子弟十岁以上十二以下百二十人为侲子。"是其证。

同乎越巫之祝　"乎"作"于","祝"作"说"。

至如黄帝有祝邪之文　"祝邪"作"呪耶"。

唯陈思诰　"诰"下有"咎"字。案:唐本是也,陈思王有《诰咎文》。

若乃礼之祭祀　"祀"作"祝"。

祭而兼讚　"讚"作"赞"。

盖引神而作也　"而"作"之"。

然则策本书赠因哀而为文也　"赠"作"賵","而"字无。

谇首而哀末　"首"作"体"。

颂体而呪仪　"呪"作"祝"。

太史所作之赞因周之祝文也　作"太祝所读固祝之文者也"。

凡群言发华而降神务实　"发"作"务"。

在于无愧　"愧"作"愧"。

班固之祀蒙山　"祀蒙山"作"祀涿山"。案:唐本是也,《文选·颜延之〈曲水诗序〉》注、王俭《褚渊碑文》注、虞义《咏霍将军北伐诗》注、《宣德皇后令》注、丘迟《与陈伯之书》注均引班固《涿邪山祝文》,今本讹"涿"为"蒙",遂使后人无从考索矣。

奠祭之恭哀也　"奠祭"作"祭奠"。

辟毛白马　"毛"作"庨"。案:唐本是也,"辟庨"出《左》襄十年传,当据改。

以及要契　"以"作"弊","契"作"劫"。

崇替在人　"替"作"替"。案:唐本是也,与黄本正同。

呪何预焉　作"祝何豫焉"。

若夫臧洪歃辞气截云蜺　"歃辞"作"唾血","气"作"辞"。

而无补于晋汉　"晋汉"作"汉晋","而"字无。案:"晋汉"当据唐本乙。

　　反为仇譬　"反"上有"而"字。

　　故知信不由衷　"不由"作"由不"。

　　奖忠孝　"奖"下有"乎"字。

　　共存亡戮心力　作"存亡戮力"。

　　宜在殷鉴　"在"作"存"。

　　毖祀钦明　作"毖祀唾血"。

铭箴第十一

　　大禹勒笋簴而招训　"笋"作"簴","而"作"以"。案：《御览》五百九十引"而"亦作"以"。

　　武王户席题必戒之训　"戒"作"诫"。案：《御览》五百九十所引正与唐本合。

　　则先圣鉴戒　"则"字无，"先"作"列"。案：唐本是也，《御览》五百九十所引正与唐本合。

　　故铭者名也　无"故"字。

　　观器必也正名审用贵乎盛德　"必也"作"必名焉"，"盛"作"慎"。案：《御览》五百九十引"盛"亦作"慎"，与唐本合，今本疑出宋人所改。又，据唐本则此文当于"焉"字、"用"字处断句，又与今本异。

　　盖臧武仲之论铭也　"武"字无。

　　曰天子令德诸侯计功大夫称伐　此三句脱。

　　夏铸九牧之金鼎周勒肃慎之楛矢　"鼎"字、"矢"字均无。案：《御览》五百九十所引与唐本正合。

　　魏颗纪勋于景铭　"铭"作"钟"。案：唐本是也，与《晋语》七及《御览》五百七十所引均合。

　　孔悝表勒于卫鼎　"勒"作"勤"。案：唐本是也，与《御览》五百九十所引正合，黄本同。

灵公有蒿里之谥　"蒿"作"旧"。案：《庄子·则阳篇》及张华《博物志》均有卫灵公葬得石槨文。

吁可怪矣　作"噫可怪也"。案：《御览》五百九十所引与唐本正合。

赵灵勒跡于番禺　"跡"作"迹"，"番禺"作"潘吾"。案：唐本是也，《御览》五百九十引此文亦作"番吾"，张榜本《韩子·外储说左上》正作"潘吾"，与唐本合。"番"、"潘"古通用。

秦昭刻傅于华山　"傅"作"博"。案：唐本是也，与《御览》五百九十所引合，黄本依朱氏校改同。

吁可茂也　"茂"作"笑"。案：唐本是也，与《御览》五百九十所引合，黄校同。

亦有疏通之美也　"有"作"其"。

若班固燕然之勒　"若"字无。

张昶华阴之碣　"昶"作"旭"。

侨公之箴吐纳典谟　"侨"作"桥"，"箴"作"钺"，"吐"上有"则"字。案：唐本是也，与《御览》五百九十引合（《御览》引作"箴"，与今本同）。

准矱矮戒铭　"戒"作"武"。案：唐本是也，当据改。

而居博弈之中　"中"作"下"。案：《御览》五百九十所引与唐本正合。

而在臼杵之末　"臼杵"作"杵臼"。案：《御览》五百九十所引与唐本正合。

唯张采剑阁　"采"作"载"。案：唐本是也，《御览》五百九十所引正与唐本合，黄本依谢氏校改同。

其才清采　作"清采其才"。案：此处"其才"与"清采"相对成文，则其殆"奇"字之误。

勒铭岷汉　"勒铭"作"诏勒"。案：《御览》五百九十所引正与唐本合。

箴者　下有"针也"二字。案：唐本是也，当据补。

斯文兴　"文"下有"之"字。案：唐本是也，《御览》五百八十八引同。

及周之辛甲百官箴一篇体义备焉　"及"字无，"箴"下有"阙唯虞箴"

四字。案：唐本是也，《御览》五百八十八引同。《左》襄四年传曰："昔周辛甲之为大史也，命百官箴王阙，于虞人之箴曰：'芒芒禹迹，画为九州岛，经启九道，民有寝庙，（中略）兽臣司原，敢告仆夫。'"即此文所出，各本俱脱，当据唐本补订。

楚子训民于在勤　"民"作"人"。案：与《御览》五百八十八所引合。

箴文委绝　"委"作"萎"。案：与《御览》五百八十八所引合。

肇鉴可征　"可"作"有"。案：唐本是也，《御览》五百八十八引同。

信所谓追清风于前古攀辛甲于后代者也　"所"作"可"，"信"字无。案：唐本是也，《御览》五百八十八引同。

温峤傅臣　"傅"作"侍"。案：唐本是也，《御览》五百八十八引同。《晋书·温峤传》云："蠕在东宫，数陈规讽，献《侍臣箴》。"是其证。

引广事杂　作"引多而事寡"。案：唐本是也，与《御览》五百八十八及黄校引一本均合。

义正体芜　"正"下有"而"字。案：唐本是也，当据补。

乃真巾履　"履"作"屦"。

得其戒慎而失其所施　"戒"作"诫"，"所"字无。

宪章戒铭　"戒"作"武"。案：唐本是也，与《御览》五百八十八引合。

名目虽异　"目"作"用"。

故文质确切　"质"作"资"，"确"作"确"。案：唐本是也，与《御览》五百八十八引合，黄本依朱改同。

所以箴铭异用　"异"作"寡"。

罕施代　"施"下有"后"字。案：唐本是也，与《御览》五百八十八引合，黄本"施"下有"于"字，即"后"字之讹。

唯乘文君子酌宜其远大焉　"乘"作"秉"，"大"下有"者"字。案：唐本是也，当据订。

铭实表器　"表器"作"器表"。案：唐本是也，"器表"与下句"德轨"相俪见义。

敬言乎履　作"警乎立履"。案：唐本是也，当据订。

诔碑第十二

其详靡闻　"详"作"词"。案:唐本是也,当据改。

在万乘　"在"上有"其"字。案:唐本是也,当据补。

逮尼父卒　"父"下有"之"字。案:唐本是也,与《御览》五百九十六引同。

观其憝遗之切　"切"作"辞"。

至柳妻之诔惠子　"妻"作"婴"。

暨乎汉世　"乎"作"于"。

文实烦秽　"烦"作"繁"。

沙麓撮其要而挚疑成篇　"麓"作"鹿","挚"作"执","其"字无。案:明钞本《御览》五百九十六引此文有其字,余与唐本同。孙仲容疑"挚疑"当作"挚虞",是也。

孝山崔瑗　"孝山"作"苏顺"。案:孝山乃苏顺字,此处不当称字,当从唐本订改。

观序如传　"观"下有"其"字,"序"下有"事"字。案:唐本是也,与黄本同。

潘岳构意　"意"作"思"。

能征厥声者也　"征"作"徵"。

文皇诔末旨言自陈　"末"误"未","旨"作"百","言"下有"而"字。

若夫殷臣诔汤　"诔"作"咏"。案:唐本是也,当据改。

始序致惑　"惑"作"感"。案:唐本是也,与《御览》五百九十六所引合。

景而效者　"景"作"影"。

道其哀也凄焉如可伤　"道"作"述","如"作"其"。

碑者埤也　"埤"作"裨"。案:与《御览》五百八十九所引同。

上古帝皇　"皇"作"王"。案:与《御览》五百八十九所引同。

始号封禅　"始"作"纪"。案：与《御览》五百八十九所引同，当据改。

树石埤岳　"埤"作"裨"。案：与《御览》五百八十九所引同。

亦石碑之意也　"石"字无。

事正丽牲　"正"作"止"。案：唐本是也，与《御览》五百八十九所引及黄校均合。

自后汉以来　"以"作"已"。

周乎众碑莫非清允　"乎"作"胡"。案：唐本是也，与《御览》五百八十九引合。《蔡中郎文集》有《汝南周勰碑》、《陈晋太守胡硕碑》、《太傅胡广碑》。今本"胡"讹作"乎"，则文义殊乖矣。

自然而至　"至"下有"矣"字。案：唐本是也，与《御览》五百八十九引合。

有慕伯喈　"慕"作"摹"。

志在碑诔　作"志在于碑"。案：《御览》五百八十九引"在"下亦有"于"字。

温王郄庾　"郄"作"郗"。案：郗即郗鉴。唐本是也，与《御览》五百八十九引合。

最为辨裁　"裁"下有"矣"字。案：唐本是也，与《御览》五百八十九引合。

此碑之制也　"制"作"致"。案：唐本是也，与《御览》五百八十九引合。

事光于诔　"光"作"先"。案：唐本是也，与《御览》五百八十九引合。

是以勒石赞勋者　"石"作"器"。案：与《御览》五百八十九所引同。

树碑述已者　"已"作"亡"。案：作"亡"义较长。

写实追虚　"实"作"远"。

铭德慕行　"慕"作"纂"。案：作"纂"义较长。

文采允集　"文采"作"光彩"。

赖影岂忒　"忒"作"戡"。

哀吊第十三

事均夭横 "横"作"柱"。案：与《御览》五百九十六引合。

而霍侯暴亡 "侯"作"嬗"。案：与黄校引一本及明钞《御览》五百九十六引均合。

及后汉 "及"上有"降"字。案：唐本是也，与《御览》五百九十六引合。

始变前戒 "戒"作"式"。案：唐本是也，与《御览》五百九十六引合，黄本据谢氏校改同。

亦仿佛乎汉武也 作"亦髣髴乎汉式也"。

至于苏慎张升 "慎"作"顺"。案：唐本是也，与《御览》五百九十六引合。

虽发其情华而未极心实 "情"字无，"极"下有"其"字。案：明钞《御览》五百九十六引亦无"情"字，疑此文当作"虽发其华而未极其实"。

实踵其美 "踵"作"钟"。

观其虑善辞变 "善"作"瞻"。案：与明钞《御览》五百九十六引合。

情洞悲苦 "悲"作"哀"。

莫之或继也 "也"字无。

故誉止于察惠 "于"作"乎"。

观文而属心则体奢奢体为辞则虽丽不哀 "奢"均作"夸"。

言神至也 "神"下有"之"字。

及晋筑虎台 "虎"作"厩"。案：唐本是也，与《御览》五百九十六引合，黄本据孙氏校改同。

使苏秦 作"史赵苏秦"。案：唐本是也，与《御览》五百九十六引合，黄本孙补同。

或骄贵而殒身 "而"作"以"。

或狷忿以乖道 "以"作"而"。

或美才而兼累　"美才"作"行美"。

及平章要切　"平"作"卒"。案:《御览》五百九十六引及黄校引一本均与唐本合。

意深文略　"文略"作"反骚"。

并敏于致语　"语"作"诘"。案:唐本是也,当据改。

褒而无闻　"闻"作"间"。

各志也　"各"下有"其"字。案:唐本是也,与《御览》五百九十六合。

降斯以下　"以"作"已"。案:与《御览》五百九十六合。

辞定所表　"定"作"之","表"作"哀"。

迷方告控　"告"作"失"。案:与黄校所引一本合。

杂文第十四

辞盈乎气　"辞"作"辨"。

故日新殊致　"新"下有"而"字。

气实使之　"之"作"文"。案:唐本是也,当据改。

本丽风骇　"本"作"夸"。案:与《御览》五百九十引合,唐本是也。

始雅末正　"雅"作"邪"。案:唐本是也,与《御览》五百九十引合。

扬雄覃思文阔　"覃"作"淡"。

其辞虽小　"其"上有"珠连"二字。

凡此三者　作"凡三此文误"。

暇豫之末道也　"豫"作"预"。

自对问以后　"以"作"已"。

杂以谐谑　"谑"作"调"。

吐典言之裁　"裁"作"式"。

张衡应间　"间"误"问"。

景纯客傲　"景纯"作"郭璞"。案:唐本是也,当据改。

庾凯客咨　"凯"作"敳","咨"作"谘"。案:唐本是也,黄本据钦校改

"凯"为"敦",与唐本正合。

　　意荣而文粹　　"粹"作"障"。案:唐本是也,与黄本所据朱校合。

　　无所取裁矣　　"裁"作"才"。

　　原兹文之设　　"原"下有"夫"字。

　　乃发愤以表志　　"以"作"而"。

　　此立本之大要也　　"本"作"体"。

　　自七发以下　　"以"作"已"。

　　入博雅之巧　　"博雅"作"雅博"。

　　植义纯正　　"植"作"指"。

　　自桓麟七说以下左思七讽以上　　"以"均作"已"。

　　壮语畋猎　　"畋"作"田"。案:与《御览》五百九十引合。

　　穷瓌奇之服馔　　"瓌"作"瑰"。

　　甘意摇骨体　　"体"作"髓"。案:唐本是也,与《御览》五百九十引合,黄本引杨校同。

　　艳词动魂识　　"动"作"洞"。案:与《御览》五百九十引合。嘉靖本作"洞"。

　　而终之以居正　　"终"上无"而"字。案:与《御览》五百九十引合。

　　然讽以观百　　"以"作"一"。案:唐本是也,与《御览》五百九十引及黄本均合。

　　子云所谓先骋郑卫之声　　"先"字、"卫"字、"之"字均无。案:与《御览》五百九十引合,疑古本如此。

　　唯七厉叙贤　　"厉"作"例"。

　　里配捧心　　"配"作"丑"。案:唐本是也,与《御览》五百九十引同,黄本谢氏校改同。

　　唯士衡运思理新文敏　　"运"字、"理"字均无。

　　岂慕珠仲四寸之珰乎　　"仲"作"中"。

　　磊磊自转　　"磊磊"作"落落"。

　　或典语誓问　　"语"作"诰"。案:唐本是也,与黄本同。

各人讨论之或　"或"作"域"。案：唐本是也，与黄本同。

故不曲述　"述"下有"也"字。

学坚多饱　"多"作"才"。案：唐本是也，当据改。

嘒若参昴　"嘒"作"彗"。

慕噸之心于焉祇搅　"之"下有"徒"字，"于"字无。案：唐本是也，当据订。

(原载《清华学报》第三卷第一期，1926年6月)

《说苑》斠补
（依《四部丛刊》影明钞本）

君道篇

齐宣王谓尹文曰

案：《御览》引《尹文子》佚文有尹文对齐王语。则此文当亦《尹文子》佚文矣。

圣人寡为而天下理矣

案："理"当作"治"。此避唐讳而尚未改回者。

孔子对曰恶恶道不能甚（至）则百姓之亲之也亦不能甚

案：《礼记·礼运》正义云："刘向《说苑》'能'字皆作'而'。"今《说苑》无有作"而"者，皆后人所改也。

有一人寒则曰此我寒之也

卢文弨曰："'人'当作'民'。"案：卢说是也。《群书治要》正引作"民"。《贾子·修政语》上篇亦作"一民或寒"。

先恕而后教

案：《贾子》"教"作"行"。《御览》八十引作"先生而后杀"，与今本异。

禹出见罪人下车间而泣之

案：《后汉书·陈蕃传》注引作"泣而问之"，于义为长。尧舜之人皆以尧舜之心为心

案：《治要》，《御览》八十二、四百八十七、六百四十一，《类聚》三十五引"人"均作"民"，当据正。

今寡人为君也百姓各自以其心为心

案："自"字衍文，《御览》、《类聚》、《意林》引无"自"字，是其证。

帝者之臣其名臣也其实师也

案：《御览》四百五引"师"作"友"。

霸者之臣其名臣也其实宾也

案：《御览》四百五、四百七十四引"宾"均作"仆"，疑所据本异。

其君下君也而群臣又莫若君者亡

案："若"下曾依《贾子·先醒篇》删"君"字，"君"即"若"之羡文，又涉上诸"君"字而衍。

于是使人持三足鼎祝山川

案："祝"当作"祀"，盖涉下文"教之祝曰"而讹。《后汉书·冠荣传》注，《类聚》七十三、一百，《御览》八百七十九引作"祀"，均其证。

政不节耶使人疾耶苞苴行耶谗夫昌耶宫室营耶女谒盛耶

案：《后汉书》注引作"政不节邪，包苴行邪，谗夫昌邪，宫室崇邪，女谒盛邪，使人疾邪"，序次与今本略殊。

文侯谓左右曰为人臣而撞其君其罪如何

案：《治要》引"谓"上有"顾"字，当据增。

臣可一言而死乎

案："可"下脱"得"字，当据《治要》引增。

未尝闻吾过不善

案："过"与"不善"文义嫌复。《御览》九百三十五及《治要》引《晏子》均无"过"字，当据删。

公以五十乘赐弦章归

卢文弨曰："'弦章'二字当重。"案：《御览·人事部》六七引《晏子》正

重"弦章"二字。

伐无道刑有罪一动天下正其事正矣

案：下"正"字当依《家语·致思篇》作"成"，涉上文五"正"字而讹。

春致其时万物皆及生君致其道万人皆及治

案：《家语·致思篇》作"春秋致其时而万物皆及，王者致其道而万民皆治"。疑此文"春"下脱"秋"字，"生"与"王"、"君"与"者"均为字之讹，下"及"字涉上而衍，"人"当作"民"，均当据彼文为正。

周公戴己而天下顺之

案："己"下《家语》有"行化"二字。

臣术篇

昭然独见存亡之几

案："几"当依《臣轨·公正章》、《辅行记》卷二之五、《长短经·臣行篇》及《治要》引作"机"。

预禁乎不然之前

案：《臣轨》、《治要》、《长短经》、《北堂书钞》二十九引"不"均作"未"，是也，当据订。

如此者良臣也

案："良臣"唐本《说苑》作"大臣"。观《臣轨》、《治要》、《辅行记》、《长短经》所引可证。

数称往于古之德行事以厉主意庶几有益以安国家社稷宗庙如此者忠臣也。

卢文弨曰："当从《初学记》十七所引删，祗作'数称往古以厉主意，以安国家'，余均衍文，凡衍文皆不古。"案：卢说近是。《治要》引作"数称于往古之行事以厉主意，如此者忠臣也"；《辅行记》引作"称古行事以励主意，名为忠臣"；《长短经》引作"数称往古之行事，以厉主意"。均与卢引《初学记》略同。惟"往古"下均有"行事"二字，足证"行事"非衍文也。

《臣轨》引作"数称于往古行事以励主意,庶几有益,以安国家",则已经后人窜改矣。

饮食节俭

案:"饮食"《治要》、《臣轨》、《长短经》引作"食饮",疑古本如是。

六曰国家昏乱所为不谏然而敢犯主之颜面言主之过失

案:"谏"为"谀"之讹,"然而"二字衍文,"颜"上脱"严"字,"面"字属下为句。当据《治要》、《臣轨》、《长短经》、《辅行记》引订。

以快主耳目

案:"主"下当依《臣轨》、《治要》、《长短经》补"之"字。

外容貌小谨

案:"容"字衍文。上下文均四字为句,《臣轨》、《长短经》、《治要》引均无"容"字。

五曰专权擅势持抔国事以为轻重于私门成党以富其家

案:"于"字及"持抔国事"四字均为衍文,"以为轻重"当作"以轻为重","专权擅势,以轻为重"与"私门成党,以富其家"相对成文。《治要》及《长短经》引正无此五字,是其证。《臣轨》作"持操国事",则后人已据今本《说苑》乱之矣。

以自贵显

案:"贵显"当依《治要》、《长短经》所引作"显贵"。

六曰谄主以邪坠主不义

案:《长短经》引"主"下有"于"字,《治要》同。"邪"上有"佞"字。疑古本如此。"谄主以佞邪,坠主于不义"相对成文。

九卿者不失四时通于沟渠修堤防树五谷通于地理者也

案:"于"字衍文。"树五谷"《御览》二百二十八及《书钞》五十三两引均作"种树木美五谷",疑今本有脱文,当据订。"美"疑"艺"字之讹。

翟黄至而睹其子方也

案:"其"字衍文。

秦穆公使贾人载盐

案：《书钞》一百四十六引"盐"下有"于卫"二字。

晏子侍于景公朝寒请进热食

案：依下文文例，"朝寒"下当依《晏子春秋·杂篇》补"公曰"二字。

对曰婴非田泽之臣也

案：依上文文例，"非"下当有"君"字。

对曰社稷之臣也

案："社"上脱"婴"字，当据《晏子》订。

辨上下之宜使得其理制百官之序使得其宜

案：上"宜"字当依晏子作"义"，盖涉下"宜"字而讹。

吾有难不死

卢文弨曰："'吾'疑'君'。"案：卢说是也。《晏子》卷三、《新序·杂事篇》及《论衡·定贤篇》均作"君"，是其证。

谋而见从终身不亡臣何送焉

案："谋而见从"当作"谏而见从"。下文曰"谏而不见从"，即承此文而言。《新序》、《论衡》亦作"谏"。今本《晏子》讹"谏"为"谋"，与《说苑》同，但《治要》及《御览》六百二十一《魏征论治道疏》引《晏子》作"谏"，均其证。

夫子之禄寡耶何乘不任之甚也

卢文弨曰："'任'，《御览》七百七十四作'佞'。古巧切。"案：作"佞"是也。《治要》引《晏子》亦作"佞"，说见王氏念孙《读晏子杂志》。

晏子不饱使者返言之景公

案：《晏子·杂篇下》云"使者不饱晏子亦不饱"，此有脱文，当据补。

婴闻之厚取之君而厚施之人代君为君也

案："人"当作"民"（下节云"以先齐国之人"，"人"亦当作"民"）。"代君"上脱"是"字，当据《晏子》订。

君有过不谏诤

案：《臣轨·匡谏章》引"过"下有"失"字，"不"上有"而"字，当据补。

将危国殒社稷也

案:"国"下《臣轨》引有"家"字,与《荀子·臣道篇》合,当据补。

用则留之不用则去之

案:两"之"字涉上下文诸"之"字而衍。《臣轨》及《御览》卷四百五十五引均无"之"字,《荀子》同,是其证。

立节篇

今陈修门者不行一于此

案:《韩诗外传》卷一"者"下有"虽众"二字,"不"下有"能"字,文义较完。

曾子曰臣闻之受人者畏人予人者骄人

案:此二语又见《尸子·明堂篇》(《治要》引)及《家语·在厄篇》,与此略异。

易而言则生不易而言则死

案:下"而言"二字疑涉上文而衍。《御览》四百二十一、四百五十五两引均无"而言"二字,是其证。

楚庄王猎于云梦射科雉得之

卢文弨曰:"《吕氏·至忠篇》'科雉'作'随兕'。"案:"兕"与"雉"古通。《史记·齐世家》"苍兕",徐广曰:本或作"苍雉"。《管蔡世家》"曹惠伯兕",《十二诸侯年表》"兕"作"雉"。故《集韵》云:兕,或作"雉"。均其证。

孔子以三代之道教导于后世继嗣至今不绝者有隐行也

案:"后"字当在下句"继嗣"二字上,又脱"其"字。当从《淮南子·人间训》作"教导于世其后继嗣至今不绝者"。

使养之

案:《晏子·杂上篇》"使"下有"吏"字,此脱,当据补。

喟然叹曰令吏养之

案:"叹曰"二字衍文,说详王氏念孙《读晏子杂志》。

249

复恩篇

行三赏而不及陶叔狐

案：此本下文云"三行赏之后"，与《韩诗外传》卷三及《治要》引合。此文"行三赏"，《治要》亦作"三行赏"，当据订。

防我以礼

案：如上下文例，"防"上当有"夫"字。

周内史叔舆闻之曰

案：《治要》引"叔舆"作"叔兴"，与《吕览·当赏篇》合。

妾援得其冠缨持之

案："之"下《治要》有"矣"字，当据补。

趣火来上

案："来"即"火"之羡文。《治要》引作"促上火"，是其证。敦煌本古类书引《韩子》亦作"促上火而照之"。

北郭骚踵见晏子曰

案："踵"下当据《吕览·士节篇》、《晏子·杂篇》补"门"字。

今子之所树者蒺藜也非桃李也

卢文弨曰："《御览》引有'非桃李也'四字。"案：《治要》引与《御览》同，并与此本合。黄荛圃云：北宋本《说苑》有此句。今考南宋本、元本、程荣本均无此文，则此本祖本当为北宋椠本矣。（又案：此本胜处颇有与卢校合者。如《贵德篇》"正始受命之统"各本脱"命"字。卢校云：《汉书》"受"下有"命"字。又此文上文云"朝廷之吏亲危臣于法"各本"法"讹"众"。卢校云：《御览》九百九十七"众"作"法"。均其例。）

子夏曰春秋者记君不君臣不臣父不父子不子者也此非一日之事也有渐以至焉

案：《韩子·外储说右上》云："春秋之记臣杀君、子杀父者，以十数矣。皆非一日之积也，有渐而以至矣。"与此略异。

政理篇

则莫不慕义礼之荣而恶贪乱之耻

案:"则"下《治要》有"下"字,当据补。

先其刑而后德

案:"后"下当据《治要》补"其"字。

水浊则鱼困令苛则民乱

案:"困"当作"喁"。《说文》:"喁,鱼口上见也。"《韩诗外传》一作"水浊则鱼喁",是其证。或作"噞"。《淮南子·主术》、《缪称》、《说山》诸篇均作"水浊则鱼噞"。左思《吴都赋》云"噞喁沈浮",则"噞喁"为连绵字。刘逵注:噞喁,鱼在水中群出口貌。若今本作"水浊则鱼困",则颇费索解矣。

情行合而民副之

案:"民"当依《外传》、《淮南》作"名",与上"名过其实者削"文气正合。

不齐之所治者小也不齐所治者大其与尧舜继矣

案:上"不齐"上《治要》引有"阶也"二字,与《家语·辨政篇》、《外传》八作"惜乎"合,当据补。下"不齐"疑涉上文而衍,当据《治要》删。

齐桓公问于管仲曰国何患

案:《晏子春秋·问上篇》及《韩诗外传》卷七均作"景公问于晏子曰",此与《韩子·外储说右上》均作"桓公问于管仲"。又案:"国"上当依《晏子》、《韩子》补"治"字。

诛之则为人主所察据腹而有之

案:"察"字当依《治要》及王楙《野客丛书》卷四引作"案"。《晏子》亦作"案",《韩子》作"安","安"、"案"古通。"案据"二字连文,属上为句。"腹而有之","腹"疑"覆"之假,"有"借作"宥",谓覆而宥之使不得诛也。《方言》云:"据,定也。"僖五年《左氏传》注:"据犹安也。""案据"谓安

251

定也。

此酒所以酸不售之故也

案："之故"二字衍文。《晏子》无,是其证。

有道术之士欲明万乘之主

案："明"字不可晓,疑"干"字之误。《外传》作"白",此文作"干",后人注"白"字于"干"字之侧,妄人不察,讹为"明"字矣。《晏子》正作"欲干万乘之主",是其证。

而用事者迎而䬼之

案："䬼"当从《晏子》及《治要》引作"吃"。

善言进则不善无由入矣不进善言则善无由入矣

案："不进善言"当作"不善言进"。《治要》作"不善进",是其证。

犹悬牛首于门而求买马肉也

案："买"当依《晏子》作"卖"。

自今以来鲁人不复赎矣

案:《淮南·道应训》、《家语·致思篇》并作"鲁人不复赎人于诸侯矣",文义较完。

尊贤篇

百里奚道之于路

案:《文选·邹阳（狱中上书自明）》注引"道之"作"乞食",与卢校引《御览》合,当据改。

威王以齐强于天下而湣王以弑死于庙梁

案:《贾子·胎教篇》作"而简公以弑于檀台"。彼文威王,盖指桓公而言。此文则指战国时之威王,两不相涉也。

鲍叔以为贤于己而进之为相

案："进之为相"当依《贾子》作"进之桓公"。下文云："委国政,乃始为相。"鲍氏恶能即进管仲为相？于下句文义不合。"桓"误为"相",又脱去"公"字。校者不案上下文,而臆加"为"字,遂有此讹。

周公旦白屋之士所下者七十人

案:《御览》四百七十五引作"周公一日白屋之士所下者凡七十人",疑今本"旦"字乃"一日"二字之讹。

执贽所师见者十二人

案:此处有脱误。《治要》引作"执贽而所师见者十人,所友见者十二人",当据补。

九九何足以见乎

案:"何"字衍。《治要》引无,与卢校引《御览》合(案:此节凡卢校引《御览》订者,《治要》多与之合,兹不更举)。

赵简子游于河而乐之

案:黄朝英《靖康缃素杂记》卷七引"河"上有"西"字,与卢校合,当据补。

古者驵骝骐骥

卢文弨曰:"'者'下脱'有'字。"案:卢校是也。《治要》及《长短经·论士篇》引正有"有"字。

王必将待尧有舜禹汤之士而后好

案:"好"下当依《治要》、《长短经》引补"之"字。

介子推行年十五而相荆

案:原本《书钞》卷四十九引作"荆公子年十五而相荆",与《家语·六本篇》合,今本疑经后人窜改。

疏不能制亲

案:原本《书钞》卷五十三引作"疏不能威近",《御览》卷二百二十八引作"成近","成"即"威"之讹,则古本《说苑》不作"制亲"矣。

简主闻之绝食而叹

案:原本《书钞》卷四十九引"绝"作"缀",与俞荫甫说合,当据改。

正谏篇

君乐治海上而六月不归

案:《事类赋注》卷六及《御览》卷六十、卷四百六十八引均作"君乐治海,不乐治国",当据改。今本盖涉上文而误。

隐臣窃顾昧死御

卢文弨曰:"'顾'疑'愿'。"案:《御览》四五六引正作"愿",卢校是也。

则怀操弹于后园

案:《御览》四五六引"怀"下有"丸"字,"弹"下有"游"字,"园"作"圃",与今本有异。

子来何苦沾衣如此

案:《事类赋注》卷三引"苦"作"露",与卢校引《初学记》校合。又《御览》十二引"苦"下有"露"字。

乃罢其兵

案:"其"字疑即"兵"之羡文。《御览》四百五十六、《事类赋注》三十引无"其"字,是其证。

楚庄王欲伐阳夏师久而不罢

案:"欲"字疑涉下文"群臣欲谏而莫敢"而衍,《御览》四百五十六引无"欲"字。

取皇太后迁之于萯阳宫

案:《御览》一百三十五引"萯"作"棫"。《史记·始皇本纪》云"迎太后于雍",则当依《御览》作"棫阳"为是。下同。

步马十里引辔而止曰

案:"步马"上当依《渚宫旧事》卷二补"子西"二字。

君不胜欲为台

案:此处文义未足。疑当作"君不胜欲,既为台矣"。"既为台矣"与下文"今复欲为钟"文义相贯。《晏子·谏下篇》不误,当据正。

民之哀矣

案:"之"字《晏子》作"必"。此涉下文"歛民之哀"而讹。

晏子曰烛雏有罪

案:《御览》四百五十五引作"烛邹",与《晏子》合。《外传》九作"颜邓聚","邓"字疑误。

于是乃召烛雏而数之晏公前

案:"乃"字乃"召"之羡文。《晏子》无,当据删。

寡人以天子大夫之赐

案:"天"字衍文。《治要》引《晏子》无"天"字,是其证。

今弃万乘之位而从布衣之士饮酒

案:"今"上《文选·东都赋》注引有"君"字,当据补。

敬慎篇(《治要》作"法诫")

夫谷阳之进酒也非以妬子反

案:"妬"当从《淮南·人间训》作"祸",字之误也,《韩子·十过篇》作"雠",义与"祸"亦相近。

善说篇

父老皆拜闾丘先生不拜

案:《治要》引"不"上有"独"字,当据补。

立于游水之上

案:《水经·汝水》注及《秘府略》残卷绣部引"游"均作"流",与《御览》五百七十二引同,当据改。

张翠盖

案:原本《书钞》一百三十七引"翠"下有"羽之"二字,与卢校引《御览》、孙校引《玉台新咏》合。

今夕何夕兮搴中洲流

案：《秘府略》残卷及《乐府诗集》卷八十三引作"搴洲中流"，近确。原本《书钞》卷一百六两引作"搴舟中流"，与《玉台新咏》合，当据正。

倡优侏儒处前

案：原本《书钞》一百一十二引作"俳优在前，谄谀侍侧"，与今本略异。

切终而成曲

案：此文无义。当依原本《书钞》一百零九引作"曲终而切叹"。

孟尝君涕浪汗

案：原本《书钞》一百零九两引作"涕泣增哀"，唐本如此，今本不知所谓，当据正。

奉使篇

明君之使人也

案：原本《书钞》卷四十引"明君"上有"臣闻"二字，当据补。

君何不遣人使大国乎

案：原本《书钞》四十两引此文，均作"君何以不遣人使大君"。疑古本《说苑》作"大君"。

权谋篇

莒其亡乎

案：《晏子·问下篇》"其"下有"先"字，当据补。

师行数十里

案："数十里"《御览》四百五十引作"数千里"，未知孰是。

乃仰而曰

案："而"当依《御览》四百五十引作"面"。

迁桀南巢氏焉

案:《御览》四百五十引无"氏"字。"氏"字当删。

至公篇

齐景公尝赏赐及后宫

案:"尝"即"赏"之羡文。《晏子·外篇》无,是其证。

由君之意自乐之心

案:"之意"二字衍文。

楚庄王有茅门者法

案:"茅门"当作"弟门",字之误也。弟门即雉门。《说文》:"雉古文作鷏。"或省作弟。《史记·鲁世家》"筑茅阙门"即《春秋》定二年之经"雉门两观",是其证。此文本于《韩子·外储说右上》篇,今本《韩子》亦讹作"茅",《御览》六百三十八引《韩子》正作"弟",是也。又案:"者"字当依《韩子》作"之",盖涉下文而讹。

指武篇

子不如敦处而笃行之

案:"敦处"无义。"处"当依《淮南·道应训》作"爱",字之讹也。

士卒无生之气

案:原本《书钞》二十五引"气"下有"是以克之"一句,当据补。

孔子为鲁司寇七日而诛少正卯于东观之下

案:此事又见《荀子·宥坐篇》、《尹文子·圣人篇》、《史记·孔子世家》、《家语·始诛篇》、《刘子·心隐篇》,与此文颇有异同。又《淮南子·泛论训》、《白虎通·诛伐篇》、《论衡·讲瑞篇》亦略述之。

谈丛篇

一言不急

案:《邓析子·转辞篇》作"一言而恶",当据改。

圣人以心导耳目小人以耳导心

案:此语出《子思子》(《意林》引),《家语·好生篇》袭之,"圣人"作"君子"。

杂言篇

子居艘楫之间

案:原本《书钞》四十九引作"巨川长楫之间",无上"子"字,与孙校合。

贲于言者华也奋于行者伐也

案:《韩诗外传》卷三作"慎于言者不诈,慎于行者不伐"。此文"华"即"诈"之省文。"贲"(《家语·三恕篇》"贲"亦作"奋")与"奋"皆"眘"字之误,即古之"慎"字也。下又脱两"不"字,遂文不成义。《荀子》、《家语》与此同误,赖《外传》正之。

辨物篇

易曰仰以观于天文

卢文弨曰:"元本提行,宋本在上二句提行起。"案:今考咸淳本《说苑》提行与此本同,卢说不知何据。

度量权衡以黍生之为一分

案:《秘府略》残卷粟部、《广韵》去声二十六恩"寸"字及入声二十二昔"尺"字下注引"黍"作"粟","之"下有"十粟"二字("寸"字下引作"说文",依段懋堂校改)。《宋书·律志》同,与卢校合,当据订。

稷负五种托株而从天下
案:《秘府略》残卷稷部引"稷"上有"昔"字,当据增。

故杀之断其首而葬之
案:"杀之"二字衍文,说见王氏念孙《读晏子杂志》。

修文篇

齐景公登射
案:"登射"《书钞》八十引作"登酌",《御览》五百二十三及《玉海》七十三引作"登酎",是也。景公登酎,犹《左氏传》之"尝酎"矣。

使王近于民
案:"民"当作"仁",与下文"远于佞,啬于时,惠于财"相对成文。《治要》引正作"仁",是其证。

反质篇

案:《渭南文集》卷二十七《跋说苑》曰:"李德刍云:馆中《说苑》二十卷,而阙《反质》一卷。曾巩乃分《修文》为上下,以足二十卷。后高丽进一卷,遂足。"据此,则宋本以下有此卷,殆出于高丽本也。

国贫穷者为奸邪而富足者为淫泆
案:《治要》引"国"下有"贫民侈则"四字,与上文紧接,当据增。

人主不塞其本而替其末
案:《治要》引"替"作"督",于义较长。

既醉以酒既饱以德
案:二句衍文。说详王氏念孙《读晏子杂志》。

(原载《国学论丛》第一卷第四号,1928年)

谈谈《永乐大典》

《永乐大典》是中国文化遗产中一部规模最弘大、卷帙最浩繁的大百科全书。1403年,即明成祖永乐元年,封建王朝的最高统治者朱棣为了巩固新政权、笼络全国知识分子起见,特命解缙等仿照宋人阴时夫的《韵府群玉》、钱讽的《回溪史韵》,扩大编纂为《文献大成》一书,第二年毕工。朱棣以该书匆匆编成,内容简陋,1405年再命解缙等选定儒士曾棨等二十九人重修,并动员广大知识分子和工书的文人达三千人,从事编写。编辑时首先采用明初皇家图书馆文渊阁藏的宋元两朝政府藏书,作为基本资料。同时又派遣了一批采访员如苏叔敬等分赴各地采购图书,在极短时期内,集中了经、史、子、集、释藏、道经,和北剧、南戏、平话,各类古今图书达七八千种,依照《洪武正韵》韵目,将这些书籍一字不易地整部、整篇或整段按韵编入。到1408年冬,即永乐六年,全部缮写告成。全书连目录共计二万二千九百三十七卷,分装一万一千零九十五册。综计字数约在三亿七千万左右。

《永乐大典》是在南京编写完成的。1421年北京新宫筑成,南京文渊阁藏书的大部分和《永乐大典》全书,即在此后数年内运到北京。但因卷帙过多,始终未能刻版。1562年,即明世宗嘉靖四十一年,宫中三殿被焚,《永乐大典》因抢救得法未毁,世宗就叫徐阶等摹写副本一部,以免再遭不测。那时写生一百零八人，每人日钞三叶，前后历六年，到 1567 年，即穆宗隆庆元年，始将副本写成。据上所记，《永乐大典》在明朝共有二部：一部是永乐正本，一部是现在流传的嘉靖副本。正本不知毁于何时，一说是明清之际和文渊阁的藏书同时毁的，也有人说是嘉庆年间乾清宫失火时烧毁的，大概前说比较可靠。副本在雍正年间由皇史宬移到东交民巷翰林院贮藏，乾隆年重点时，已失去二千四百多卷。仅存九千多册《永乐大典》，曾在纂修《四库全书》和《全唐文》时大起作用，被发掘出佚书五百多种和唐人文学作品等珍贵数据。之后，《永乐大典》残帙即蛛网尘封，无人查问。经历年被窃和鼠啮虫伤，到 1890 年左右，移存东交民巷翰林院敬一亭的《永乐大典》残帙，据说又有一些损失。但它所遭受最悲惨的命运，是在 1900 年，即光绪二十六年（庚子）八国联军入京的一次。《永乐大典》被烧毁了一部分，未烧为灰烬的却全被帝国主义者挟之西去，盗运回国。英使馆因"近水楼台"，劫去最多。他们盗运回国后，有的看作古董送到拍卖行去换钱，有的转卖或赠给公共和学校图书馆作为东方古典文化的象征品。从那时起，美、英、德、日各大图书馆，均藏有《永乐大典》零帙，少者一、二册，三、四册，多者数十册。

《永乐大典》的大量被毁被劫，造成了研究中国文学、艺术、历史、应用科学各方面数据供应上无可补偿的损失。《永乐大典》内数以千计的宋、元两朝地方志和医书、诗文集、戏曲、小说等，都失传了，或大部分失传了。也有不少富有科学参考价值的古书，如贾思勰的《齐民要术》、李诫的《营造法式》、宋初官修的《太平圣惠方》、元时官编的《农桑辑要》等书，《永乐大典》里都全部引用着。如果《永乐大典》没有毁掉，我们一定能够把现行本和它比较研究，搞出一部定本来为科学研究服务。但是这个愿望，现在已经无法实现。

北京图书馆过去曾经大力搜集残存的《永乐大典》，藏有一百一十册。1951 年苏联列宁格勒大学东方学系图书馆把帝俄时代遗留下来的《永乐大典》十一册送还我中央人民政府文化部。1954 年苏联列宁图书馆又把原藏日本满铁图书馆的《永乐大典》五十二册送还我中央人民政府外交部。同年苏联科学院又把帝俄时代遗留下来的原藏海参崴远东大学的《永乐大典》"梦"字韵一册送还我科学院访苏代表团。1955年德意志民主共和国格罗提渥总理访问我国时,把德国莱比锡大学图书馆所藏的《永乐大典》三册送还我中央人民政府。这四批《永乐大典》都已先后拨交北京图书馆收藏。此外1951年,上海商务印书馆董事会也把该馆涵芬楼历年辛勤搜集的《永乐大典》二十一册,捐赠给北京图书馆。同年,天津市周叔弢副市长和赵元方先生也把他们收藏的《永乐大典》各一册捐赠给北京图书馆。1958年北京大学图书馆也把《永乐大典》"水"字韵的《水经注》后半部四册移赠给北京图书馆。近年北京图书馆也有零星搜购。截至最近为止,北京图书馆收藏的《永乐大典》,实达二百十五册。以前国外各图书馆和私人收藏的《永乐大典》根据不完全的统计约有二百零七册,北京图书馆和国内其他图书馆以及私人收藏的《永乐大典》,包括现存台湾的八册在内,约有一百六十余册。合计国内外图书馆和私人收藏的《永乐大典》共约有三百七十多册。

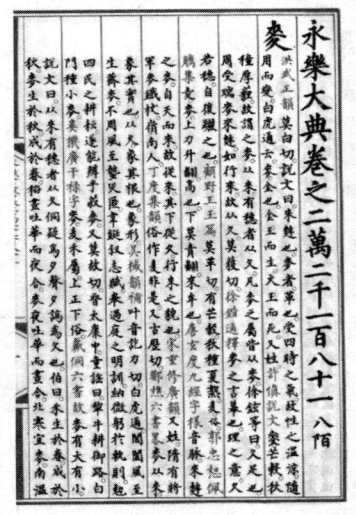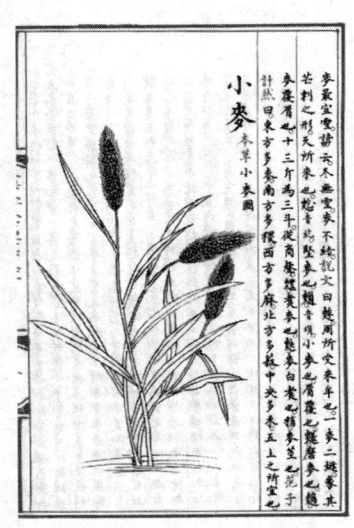

这是1951年苏联列宁格勒大学赠还的《永乐大典》第二万二千一百八十一卷中的两页。书中所引用的书名,如《洪武正韵》等,以及注释,如"音纥"等,都是朱红色笔书写,其他全系墨笔书写。

历年北京图书馆还从国外各图书馆和私家征集到《永乐大典》一部分复制本,包括照片和显微胶卷。加上自藏二百十五册明钞原本,共得七百一十四卷,约当全书总卷数百分之三强。

现在,我们从上述七百多卷的《永乐大典》内,还能发掘出很多的珍贵资料。这些数据,是很难甚至不可能从其他古书中找到的。《永乐大典》在国内外学术界被大家重视,其原因就在于此。

例如:我们从"种"字韵找到了宋人吴欑的《种艺必用》和张福的《种艺必用补遗》。这是两部相当重要的有关农业和园艺的专门著作。它总结了种植豆、麦、麻、茄子、菠菱、芋头、枸杞、萝葡、瓜类、山药、莴苣、竹子,和果木类包括桃、梅、杏、葡萄、石榴,以及观赏植物包括牡丹、蕙兰、木樨、海棠、菊花等等种植方法和注意事项。

又如"匠"字韵收有元初人薛景石的《梓人遗制》。这是一部记载各种车子和机子(小布卧机子、罗机子、立机子等)的制造方法的专业用书,附有详细的图和说明书。可惜原书绝大部分都失传了,现在看到的只是《永乐大典》中半卷而已。

至于古代文学史料和文学作品,在《永乐大典》内几乎触目皆是。例如"南戏"是宋元两朝浙江一带民间流行的著名剧种,但除了"荆"、"刘"、"拜"、"杀",和高则诚的《琵琶记》外,较古的南戏,都已失传。我们从《永乐大典》"戏"字韵找到了三种不同时代的南戏《小孙屠》、《张协状元》、《宦门子弟错立身》。中以《张协状元》写得最为生动。张协贵后弃妻,其妻后为达官认做义女,招赘张协为夫,原来新妻还是旧人。剧情大似明代小说《金玉奴棒打薄情郎》情节。

又如宋朝《双渐赶苏卿》这个富有斗争意义的民间故事,在古代文学作品唱本和戏剧中流传很广。《水浒传》白秀英说唱的诸宫调,就是这一故事。元初王实甫为写《苏小卿月夜贩茶船》杂剧,元以后故事渐渐失传。我们过去只能从明朝梅鼎祚的《青泥莲花记》知道一点故事的轮廓,但在《永乐大典》"苏"字韵引宋人小说《醉翁谈录》却详载其事(《适园丛书》本和日本新印本《醉翁谈录》无此段),并且收着双渐和小卿赠答的两首情诗。这个故事情节的重新发现，对于戏曲史和民间文学史的研究，是有帮助的。

《永乐大典》内还收着宋、金人张子野、贺方回、吴彦高、范成大等人久已失传的长短句。又收着宋代江西诗派如李希声、徐师川、林敏修、林敏功、杨信祖、僧正平的诗歌，和宋末很多诗人的作品。元朝著名诗人如刘秉忠、贯酸斋、冯海粟等人的诗歌，也有不少是他书从未见过的。这些作品中，有相当多的一部分，意境是比较清新，内容是比较健康的，无疑可丰富我们文学史的宝藏。

《永乐大典》内还收着很多医书和方志，这些数据的重新发现，对于进行有系统的科学研究，都是非常有用的。

今年适当《永乐大典》编成的五百五十周年，北京中华书局为了使这一世界著名的中国大百科全书流传得比较广泛，让研究工作者便于参考起见，特商得北京图书馆的同意，将现存的七百多卷《永乐大典》缩小照相影印。我们热烈地拥护这一出版计划，这将为我国学术界和全世界的汉学家们在研究资料的供应上带来了无比的便利。

(原载《光明日报》，1959 年 3 月 7 日)

《永乐大典》内辑出之佚书目

清乾隆间，《四库》馆臣王际华等曾撰《永乐大典采辑书目》，目中独遗《四库全书》存目诸书(《四库目录标注》载《永乐大典书籍散篇目》一卷，云何子贞有钞本，《四库》馆原辑，未知内容如何)；后缪艺风撰《永乐大典考》，附录佚书目，始及之。然撷拾未备，且不著版刻，览者病焉。今年春《图书馆月刊》拟出《永乐大典》专号，余乃以旬日之力，别纂此目，合《四库》馆臣及以后诸家所辑，得书四百九十余种。其中有已辑而实未佚者，则别为附录于后。至诸家据《大典》校补者，如《方言》、《春秋繁露》等书，别为表殿焉。草稿略具，亟付手民；挂漏之讥，知无能免。因略书所见，以弁其首。惟达者董正之！

（一）考校辑《大典》佚书之举，虽成于《四库》馆臣，然全谢山实首导其端。谢山于《钞永乐大典记》，别其例之大者为五：曰经，曰史，曰志乘，曰氏族，曰艺文。其言最确切不可易。今观馆臣所辑，惟于宋元艺文用力最勤。据章实斋《周永年别传》，知预于此役者，以永年之力为多。他如邵二云之于《旧五代史》、《九国志》，戴东原之于算经，均各有所成，要未易言高下。独于志乘一门，则几于完全放弃。于史，则《宋会要》、《中兴礼书》提要中虽尝及之，直至修《全唐文》时，始由徐星伯钞出。《经世大典》则徐氏与文道希所钞出者，尚不及全书十之一。即其中较重要之驿站一门今尚存东洋文库者,亦未见有传钞本。《大元一统志》(瞿志有元刻本,仅存数卷)馆臣虽已签出,殆以供编纂《大清一统志》之用,初未闻以辑本著录。其失收之多,实非吾人意料所及;而尤以志乘、方技、词曲诸书为尤甚,固不仅《存目》所载诸书,得而复失,为可憾也。

(二)今所传《大典》残本,封面后,乾隆时馆臣签出佚书单,间有存者。然所载各书出《四库》著录外者,不一而足。如卷八百九十九周字韵,纂修官陈签出《兼金合璧》一书;卷二千九百四十九神字韵,纂修官萧签出《晋史挥麈》、《悦生随抄》、《采真集》、《温革琐碎录》诸书;卷一万五百四十,纂修官吴签出沈继祖《栀林集》、《缙绅渊源》诸书;卷一万八百十四母字韵,纂修官秦签出《孝友同风》、《古今事通》、《事类蒙求》诸书;卷一万三千一百三十九至一万三千一百四十梦字韵,纂修官王签出《摭遗新说》、《玉融备对》、沈括《清夜录》、《卢子遗史》、江敦教《影响录》诸书。以上所举,即《四库全书存目》均未著录,盖钞出后而复摈者。乃馆臣于《永乐大典》提要云"菁华已采,糟粕可捐",何耶?

(三)自《大典》搜辑逸书,为事固易,然甄别真伪,则非通学不为。盖其中标题不确者,在在有之。余尝于寄字韵中,见高似孙词数十首,始大惊异,继读之,知即元遗山《乐府》。又尝于《江湖后集》卷十七,见吴仲方《虚斋乐府》,细审之,盖即赵以夫词。此例甚多,观劳季言《读书杂识》及刘申叔《元宪集书后》、《浮溪集书后》(《左盦集》卷八)便自知之。

(四)《文渊阁书目》所载诸书,大都见收于《大典》。若以此目勘之,十不得三四。矧《大典》所载尚多出阁目外者。今《大典》正本早亡,副本所存无几。坐使宋、元两代文献,与之俱亡,实近世学术上不可恢复之损失,以视咸阳、江陵之炬,亦无多让焉。

(五)清人著述中,如全谢山《鲒埼亭集》、纪晓岚《阅微草堂笔记》、胡书农《南熏殿图象考》、徐星伯《登科记考》诸书,均有引用《永乐大典》者,而尤以徐氏书为最多。汇而录之,亦可资多闻。(《全唐文》及《续礼记集说》多采用《大典》,惟未易缕指耳)。

(六)缪荃孙《永乐大典考》云,全谢山尝于《大典》内钞出宋田氏《学易蹊径》二十卷,元窦苹《酒耘先生令谱》。然《鲒埼亭内外编》内均未道及。外编中有《田氏学易蹊径题词》,云见其书于都下,不言出于《大典》。缪说不知何据。又缪氏曾于《大典》内辑出《国清百录》一书,《艺风堂藏书记》未载,书亦未见传刻(案头无《艺风堂藏书续记》,容后再检)。敢志所疑,以俟博雅君子。

（原文附表格著录五百余种辑佚书目,本书从略）

（原载《北平北海图书馆月刊》第二卷第三、四号合刊,1929年4月）

《宋会要稿》略说

《宋会要》为宋史学者所公认之唯一可靠直接史料。惜书已久佚，幸嘉庆间大兴徐星伯（松）自《永乐大典》辑出之本，尚存人间。数年前北平图书馆斥巨资购得徐氏原稿三百六十六卷（一册为一卷），即延揽专家，组织编印委员会，积极筹备编印事宜。至去年秋季，始以全稿委托上海大东书局印刷所影印。预定今年三、四月间出书。全书约有二百册，用上等毛边纸精印，定价一百四十元。

一

历代史籍中之有断代的会要（断代的会要，所以别于通史的会要。《通典》、《文献通考》，皆通史的会要体史书也），自唐贞元中苏冕纂修《唐会要》始。迄于大中，崔铉等又监修《续会要》四十卷，上之于朝。建隆初，司空平章监修国史王溥，既增益苏崔旧本为《唐会要》一百卷，又采辑五季治乱兴亡之迹，为《五代会要》三十卷。自是以降，会要体史书与编年体之实录、纪传体之国史，鼎足而峙，皆足代表一代或一朝之故实。而赵宋一代，会要之辑，前后共历十次，成书凡二千二百余卷，开历代会要体史书未有之记录。政府于秘书省设立会要所以专司其事，与国史实录院、日历所互为唇齿，规模之大，惟元修《经世大典》差可比拟。若明清两代之修《会典》，体制经纬，逮不及焉。《永乐大典》卷一万九百四十二引《宋会要》云："乾道六年十一月六日秘书省言，本省编修国朝会要，已降指挥。自建炎元年接续修至乾道五年，续准指挥，许逐旋关用建炎以后日历编修。缘其间多经去取，未为详备。欲望特降指挥，在内令六部行下所属，在外令诸路监司行下所管州军，将建炎元年以后至乾道五年终，应被受诏书及圣旨指挥，内百司限一月，外路州军限一季，并录全文，赴省送纳，照用编修，所贵大典不致疏忽，从之。"

据此知纂修《会要》时其主要原料当是实录与日历。此外内而六部所属，外而诸路监司所有档案，无不在网罗搜集之列。所不同者，实录与日历，月网日纬，杂然胪陈，不以史实之内容为准。会要则就史实之性质，区别之归纳之，不啻一史的类书耳。

宋修《会要》，前后共历十次。《玉海》、《山堂考索》、《文献通考》等书，记述最详。兹依汤爱礼先生之研究录为简表如后。

书名	卷数	内容	修纂年月	修纂进臣名
（一）庆历国朝会要	一百五十卷（直斋著录八十五卷，当是节本或残本）	总类十五。自太祖建隆元年至仁宗庆历三年止，凡八十四年	仁宗天圣八年七月诏修，庆历四年四月奏上	宋绶、冯元、李淑、王举正、王洙同修，章得象奏进
（二）元丰增修五朝会要（一作六朝国朝会要）	三百卷	总类二十一。自仁宗庆历四年至神宗熙宁十年系新修，余系增益旧文。凡一百十八年	神宗熙宁三年九月诏修，元丰四年九月奏上	李德刍、陈知彦同修，王珪奏进
（三）政和重修会要	仅成吉礼一百十卷	神宗熙宁十年以后	哲宗元符三年十二月诏修，政和中奏上	王观、曾肇、蔡攸同修
（四）乾道续四朝会要（一作续会要）	二百卷	总类二十一。断自神宗之初，迄于钦宗靖康之末，凡六十年（一云自元丰元年起）	高宗绍兴九年十二月诏修，孝宗乾道六年五月奏上	汪大猷删定，陈俊卿、虞允文等奏进

续　表

书名	卷数	内容	修纂年月	修纂进臣名
(五)乾道中兴会要	二百卷	高宗一朝,凡三十六年	孝宗乾道六年诏修,九年奏上	陈睦编类,梁克家等奏进
(六)淳熙会要	三百六十八卷	孝宗一朝,凡二十七年	孝宗淳熙六年七月进第一次,十三年十一月进第二次,光宗绍熙三年进第三次	赵雄、王淮等奏进
(七)嘉泰孝宗会要	二百卷	同上	宁宗庆元六年闰二月秘丞邵文炳请修,嘉泰元年七月奏上	
(八)庆元光宗会要	一百卷	总类二十三。光宗一朝,凡六年	宁宗庆元六年二月奏上	京镗等奏进
(九)嘉泰宁宗会要	改正一百十五卷,续修一百一十卷	宁宗一朝,凡三十年	宁宗嘉泰三年八月进第一次,嘉定六年闰九月进第二次,十四年五月进第三次,理宗淳祐二年进第四次	陈自强、史弥远等奏进
(十)嘉定国朝会要(一作十三朝会要)	五百八十八卷	自太祖建隆元年至孝宗淳熙十六年,凡二百三十年	孝宗淳熙七年秘监赵汝愚请修,宁宗嘉定三年奏上。一云至理宗端平三年始成书	李心传编类

　　宋时会要,除李心传所编《国朝会要总要》(当即《十三朝会要》之节本),曾刊版于蜀中。至官修原本,宋时从未刊行,惟政府可许臣民自由传钞;故南渡后国史散佚,程俱申请就知桂州许中家钞《政和会要》,而陈振孙《书录解题》中亦得著录会要有五种之多也(李心传《国朝会要总要》,即其一种)。宋时秘阁所藏北宋纂修之传钞本,及南渡后纂修之正本,德祐之变,当尽为元兵劫入燕京,元修《宋史》时,即据为修史原料之

一。吾人今日所见《宋史》之志，实脱胎于《宋会要》。虽两相比较，详略之殊，有如霄壤。然《宋会要》之轮廓，《宋志》固全得之矣。明修《永乐大典》时，文渊阁所藏之《宋会要》残本二百零三册，当即元人所见之本。文渊阁藏书，明宣德间毁于火者大半。故万历间张萱、孙能传重编阁目时，已无其书。赵宋一代故实，至此遂扫地以尽。明以后人欲求《宋会要》之踪迹，不得不诉诸宋明人所著之类书，职此故耳。

二

明初修纂《永乐大典》，将《宋会要》史事分隶于各韵。计有《国朝会要》、《续会要》、《政和会要》、《乾道会要》、《中兴会要》、《光宗会要》、《宁宗会要》等七种。亦有泛称《宋会要》而不冠以乾道、中兴等字样者。知当时已十亡其三。故杨士奇所编《文渊阁书目》，仅载二百零三册，下注阙字。焦竑《国史经籍志》，虽列《宋会要》之名，然有目无书，不足深究。至《菉竹堂书目》所收，实即《文渊阁书目》之化身。叶水东时，决无得见是书之理，此可断言者也。

清嘉庆十四年，大兴徐星伯（松）入全唐文馆，任提调兼总纂官。时《永乐大典》已佚去一千余册，然所存尚得十之八九。徐氏签注《大典》时，遇有《宋会要》，即另纸标以"全唐文"三字。盖徐氏力不能置写官，不得不借公济私，假托《宋会要》为纂修《全唐文》之资料，以授写官为之录副也。如是日积月累，据俞正燮《宋会要辑本跋》引徐氏之言，所得无虑五六百卷。卷帙之巨大，可以想见。徐氏未及排比整理而卒。卒后其稿流落北平琉璃厂书肆，为江阴缪荃孙所得。旋归广雅书局，时张之洞督两广，聘缪氏及武进屠寄任校勘，拟付剞劂，仅成职官一门而止。所有原稿，为书局提调华阳王秉恩所藏匿。民国四年，王氏藏书散出，吴兴刘翰怡先生以重金购归。以原稿部类不明，先后杂厕，乃延仪征刘富曾、吴兴费有容重加厘订，而纠纷亦自此起矣。

刘富曾氏重订《宋会要》时，自言其要旨有四。（一）有归并两类为一类者。如帝系类宗室袭封，叙述绍熙时事，与绍熙宗室并别，而绍熙宗室又有训名、补官、恩赐等分目，且多嘉泰、嘉定、开禧时。兹将袭封等条与训名、补官、恩赐等，同列为绍熙宗室杂录，为一类。（二）有将同一类目分隶于别种类目之前者。如礼类有郊祀奏告，另有告礼两叶。因郊祀奏告专主郊祀，而告礼则兼言各典礼，不仅郊祀。故以告礼另列于祝文版与祭器之前。（三）有订正原稿钞写之错误联合为全文者。如濮秀二王杂录，原稿分散数处，今合为一卷。如兵类讨叛全国之后半节，误接于杨大国伦之下，今移并为一文。（四）有芟去重文而标明互见者。如食货市舶类与职官提举市舶司全同，则去文存目，即其一例。

案：刘氏所陈，貌视之虽似有理，然细加体认，则类有不妥之处。盖《大典》之引《宋会要》，如冠以国朝、乾道、中兴、光宗、宁宗等等字样者，乃从文渊阁所藏宋时馆阁写本录出无疑。至单称《宋会要》，则其出处极有待于研究。盖《大典》通例，凡引用类书及选集总集的，注原书之主名者固有之，然只注原书中引用之书名，以自示渊博，亦数见不鲜。如引用《太平御览》中之《东观汉记》，绝少冠以"御览"字样，一若《东观汉记》一书，至明初尚未亡佚者。此种掩耳盗铃之术，吾人读《大典》时，不可被其瞒过。其引《宋会要》，亦必蹈此覆辙无疑。如上所推测非误，则刘氏所举之四项要旨，无不有重新考虑之必要矣（刘氏四项要旨之有待于从长考虑，理由甚多，兹为篇幅所限，姑举此点，以示一斑）。

惜刘氏见不及此，一意孤行，将全部徐氏原稿痛加删并，成初编二百九十一卷，续编七十五卷。帝系八卷，后妃四卷，礼九卷，乐八卷，舆服六卷，仪制十三卷，崇儒六卷，运历二卷，瑞异三卷，职官七十九卷，选举三十四卷，食货六十卷，兵二十九卷，道释二卷，方域二十一卷，蕃夷七卷，以上初编。帝系三卷，凶礼十六卷，吉礼十九卷，嘉礼十四卷，军礼一卷，宾礼三卷，崇儒一卷，食货十卷，刑法八卷，以上续编。

自此以后，原稿面目，纵天荒地老，亦不可复见。此诚憾事，吾人认为最不愉快者也。刘氏又参考《宋志》、《通考》、《玉海》等书，移改旧史实，增入新资料，录成清本，为四百六十卷。计：

(一) 帝系十二卷(卷一至卷十二)

(二) 后妃六卷(卷十三至卷十八)

(三) 礼七十六卷(卷十九至卷九十四)

(四) 乐八卷(卷九十五至卷一百二)

(五) 舆服七卷(卷一百三至卷一百九)

(六) 仪制十八卷(卷一百十至卷一百二十七)

(七) 崇儒九卷(卷一百二十八至卷一百三十六)

(八) 运历三卷(卷一百三十七至卷一百三十九)

(九) 瑞异四卷(卷一百四十至卷一百四十三)

(十) 职官九十五卷(卷一百四十四至卷二百三十八)

(十一) 选举四十卷(卷二百三十九至卷二百七十八)

(十二) 道释二卷(卷二百七十九至卷二百八十)

(十三) 食货九十八卷(卷二百八十一至卷三百七十八)

(十四) 刑法二十卷(卷三百七十九至卷三百九十八)

(十五) 兵二十九卷(卷三百九十九至卷四百二十七)

(十六) 方域二十三卷(卷四百二十八至卷四百五十)

(十七) 蕃夷十卷(卷四百五十一至卷四百六十)

如以刘氏新编之清本,与被剪裁之原稿较,吾人宁取原稿,而舍清本。盖原稿纵有误文误字,乃《永乐大典》编者或全唐文馆中写官之过,与他人无涉。且一字一句,尽是《大典》原文,吾人尚可据以推定原来之次序。至所谓清本,总类之子目,离合无端,杂引他书,不注所本,有窃改兰台漆书之嫌,只能供读原稿者比勘之用,不足据为典要,是则有负刘氏一番苦心矣。

三

民国二十年,国立北平图书馆因董授经先生介绍,斥巨资四千元,从刘翰怡先生处,购归徐氏原稿。复假得刘富曾氏改编本(即所称为清本者),以便互相比勘,俾明刘氏改编之旨趣。由图书馆委托兰溪叶左文先生从事研究,结果证明改编本分类隶事颇多失检。且发现有少数篇幅,确系《大典》原文,见于清本,而覆检原稿,遍觅不得者。如立夏祀荧惑星一则,见清本乐六。赴任二则,见清本仪制十二。三官告一则,见清本仪制十一。淳熙九年五月二十六日条,见清本兵十二。是必刘氏剪裁后无意中随手弃去,幸已录入清本,故左文先生得发其覆。由此知清本与原稿,实有合印并行之必要。然为经费所限,不得不先印原稿,以偿百余年来史学界之宿愿。如有余力,当再谋印清本,以供得读原稿者之参考。

民国二十二年一月,北平图书馆委员会以编印《宋会要》事关流通故籍,因延请傅沅叔、陈援庵、章式之、余季豫、徐森玉、赵斐云、叶左文诸先生为编印委员,专司其事,并推定陈援庵先生为委员长。筹备数载,至去年秋季始以原稿委托上海大东书局印刷所代为影印。哈佛燕京社以此举关系宋史学之研究至巨,特补助美金二千五百元为印费。预计今年三、四月间,即可全部出版。此真学术界之盛举,吾人引为无限欣幸者也。

附注:本文参考汤爱礼先生所著之《宋会要之研究》(民国二十一年商务印书馆出版,定价一元),及叶左文先生所著之《刘编宋会要目录校注》及《徐钞宋会要佚文目录》(稿本未刊),裨益良多,谨此致谢。

(原载《图书季刊》第三卷第一、二期合刊,1936年6月)

重整范氏天一阁藏书记略

(一)

民国二十年的夏天,我从北平去上海。目的在访问庐江刘晦之先生,预备跟着我的朋友容希白、徐中舒先生,一同去参观刘先生自藏的青铜器。及至到了上海,结果和我预定的计划完全相反。在商务印书馆遇见郑振铎先生,无意中谈起天一阁。我提议乘着朋友们未到上海的当儿,不妨先赴宁波一游。立时决定了应走的路线,从杭州渡江,乘公路汽车出发。那时马隅卿先生正在原籍休假,我们到了宁波,马先生欢迎我们到他家里去住。在宁波勾留了一星期,天一阁去了两次。阁前一泓清水,有小桥可通前后假山。青藤和不知名的羊齿类植物,荫盖着全部的山石。石上小亭摇摇欲坠。回视阁的全部,仅有五楼五底的容积。西边一间,有梯可达阁之上层;东边一间,租给闲人住着,炊烟正从窗缝里吹向阁的上空,那时住家的媳妇正在预备晚餐。阁的东西柱上,悬着薛叔耘的对联。旁外的柱上,挂着范氏传统的戒条,"不准子孙无故开门入阁,罚不与祭"等等条例。楼上的窗户,关的像铁桶一般的严紧。细察阁的建筑方式,和其他宁波住宅并无多少不同之点。所用材料,简陋非凡。

天一阁主人范钦画像（摄于1933年）

消防设备，简直等于零。和藏《四库全书》的文渊阁规模相比，真有天渊之别了。我不信文渊阁是模仿着天一阁盖的。我们本想直奔阁上参观，因为范氏族长不在，无人负责招待而罢。后来请鄞县县长陈冠灵先生和小学校长范鹿其先生交涉，又因范氏族中主事者到乡下收租去了，一时不得回来，我们急于离甬，参观阁书之议遂无形搁置。这一次到甬的成绩，除了在一位新认识的朋友家发现了一部天一阁旧藏明蓝格钞本钟嗣成原本《录鬼簿》和贾仲名《续录鬼簿》，合隅卿、振铎和我三个人的力量，以二日一夜之力，钞了一部副本以外，没有其他惊人的发现可以值得称道。

去年7月初旬，我又从北平去上海，在四马路振华旅馆邂逅了马隅卿先生，那时他正从宁波到上海来医宿疾。我们见面以后，无非谈些关于小说戏曲书和其他书本的问题。忽而又提到天一阁，很想去替天一阁作一次彻底的整理工作。我们鼓着勇气，同船去宁波。几经接洽，由鄞县县长陈冠灵先生、鄞县文献委员会长冯孟颛先生，和范氏族中成立了一种谅解。相约7月25日起，以一星期为限，开阁观书。在此期间，所有监视我们的范氏族人的伙食费，都由我负责筹款担任。但须向鄞县县政府补递一封公函，以便据以备案。我于是又回到上海，用中央研究院和北平图书馆双方特派的名义，面请蔡孑民先生署名，发函给鄞县县政府，请求予以便利。公函备好了，我于25日黎明又在宁波登岸，那天寒暑表在百度左右，正是实行开阁的第一天。闻讯来观光的人，纷至沓来，把一个小小的阁楼，挤得水泄不通。那前清乾隆御赐的毛装的残本《图书集成》放在正中间五个柜子里。所谓《历代帝王名贤图》钞本，早已成了广鼎,比北平廊房头条三等货还不如。范文正的墨迹,也是后人伪造的。而范氏族人珍之如拱璧,岂不可笑。此外东西二间共有十个大柜,里面足足装了两千多种破的、烂的、完整的、残缺的种种不同时代的书,这是我十几年来梦想神游的目标之一。我最注意的,是明代方志和一切明朝官书。孟颛、隅卿二位先生,和大律师朱鄮卿先生、竹洲女子中学校长杨菊庭先生,都来帮忙。又在法院里请来了几位书记,来做誊写的工作。北京大学史学系同学张美余先生看了日报,知道我在宁波,也赶到阁里来帮着编目。我一个人负全部提调之责,旁人整理过的书籍,总得经我审查一次才算完事。我从上午六时起到阁工作,下午七时才出阁休息。晚上如无应酬,也得和隅卿或其他熟人,乘风凉闲谈。所以每天睡眠时间,最多不过五小时,但是精神并不觉得疲倦。这两千多种的书,到现在我还能默忆出大部分来。我们整理的步骤,是用预定的一种较精密的统计法。无论行款、边口、版心大小,属于机械方面的,固非一一记载不可。就是序跋和内容的特点,也得在极短时间内缩写下来,以便日后作书志时参考。我们发现好几个柜子里都有蠹虫,因此对于传统的保存阁书的秘诀,发生疑问。故老相传阁里的书全都夹着芸草,可以防蠹;柜子下镇着浮石,可以吸收水分。这完全是神话。其实天一阁所谓芸草,乃是白花除虫菊的别名,是一种菊科植物,早已失去了它的除虫作用。浮石不知从郭外哪个山里搬来的一种水成岩的碎块,并无什么吸收空中水分的能力。现在阁里的书,遭虫蛀的数不在少。东边一个柜子里,装着六部不全的成化本《宋史》,没有一部不遭虫蛀。所以科学防蠹的工作,实是今后保

天一阁(摄于1933年)

存阁书最要的一著。到了第七天,我们想瞻仰阁主人范东明的遗像,特地请县长陈冠灵先生来一同举行公祭,并摄影以留纪念。编制书目的工作,即于次日完成。一共发现了二百多种书超出阮、薛二目之外,这是我们引为最快意的。

(二)

天一阁现存的书,以史部占最多数。兹约略述之如次:

1. 地理类的志书　天一阁藏明代方志,在全国可算首屈一指,谁也比不过它。现存的二百四十种,其中十之八九,在他处我敢担保绝对找不到同样的第二部。万历刻本占最少数,大部分是嘉靖或是正德弘治间修的。纸墨精湛,触手如新,且作包背装,令人爱不忍释。现在随意举几个例子在下面,以见一斑。如《上海县志》,我的朋友周越然先生藏有嘉靖刻本,自然可贵之至。但天一阁里有比嘉靖本更古的弘治本,周先生见了,一定要惊讶不止。又如《武康县志》,在全浙志书里是最罕见名贵的,天一阁居然有一部骆文盛所修的嘉靖本。又如正嘉间杨循吉所修的《吴邑志》,乾隆间修《吴门补乘》时已经找不到,天一阁居然有一部散装未订的初印本。又如宋季朱长文的《吴郡图经续记》,黄丕烈题跋说有明刻本,我访问了许多藏书家都不理会。天一阁里居然出现一部,原来是隆庆间龙宗武从钱叔宝家藏宋本付雕,无怪黄尧翁会忘不了它。又如正德间周季凤所修的《云南志》,在李元阳纂修本之前半世纪,前年我在涵芬楼看见李元阳本,后来又在常熟瞿氏见到景泰本,而正德本又在天一阁里发现,一连见到三部明修的《云南志》,真是巧极了。又如正德《建阳县志》里,有一叶建阳书坊图,正是我做建本考的好材料,里面又有一卷坊刻书目,和康熙修本《建阳志》比较,内容大异。我托人完全钞下来,以便暇时考订周弘祖《古今书刻》之用。至于其他陕西沿边各县志书里,包藏着不少明代边政的史料;四川、云贵僻省的志书里,包藏着不少民族史的材料,这都是不言而喻的。记得有一部《隆庆志》,隆庆地在居庸关外,在明季屡失屡复。天一阁里藏的,是嘉靖二十七年谢庭桂所修,算它是孤本总不会错。这些志书里各项史料的丰富,可供多方面学者作参考书,当然不用我来细说。然而它和五百年来的学术界,从来没有接触过,连装潢也都保持着它的处女美。本来中国地方性史书最为发达,普通习惯有了新修的,旧的就无人过问,渐渐地就会失传。所以宋元旧志著录于《四库全书》者,聊聊可数。仅少数江浙通都大邑,有几部旧志点缀着。杭州是南宋的政治中心,咸淳间修的《临安志》,至今还短五卷。至于咸淳以前所修的乾道、淳祐二志,更是残缺不全,杭州尚如此,其他更不必问。惟有宁波的宋元六志流传独多,即杨寰成化志、张时彻嘉靖志,至今也未尝绝迹,这不能不说是天一阁保存之力。我很想据平时在公私藏家所见的明代方志和天一阁所藏的全部,案《明史·地理志》的次序来排列,结一个现存明志的总账,看看究竟有多少种。大约少则八百,多则一千,总是可能的。哪一个有志气的书店,能够借来影印一次,这真是学术界空前的盛举,值得我们提倡的。

2. 传记类的登科乡试等录　天一阁藏明代登科录,在明朝已经赫赫有名。嘉靖中锡山俞宪辑《皇明进士登科考》,序里说:"各科有缺略,不能衔接,或谓四明范氏藏录最多,盍就询之,辗转乞假,果得补全。"据此可知明代登科录在明中叶已罕见。现在阁里尚有洪武永乐以下各朝的登科录,这不能不钦佩范东明搜辑之勤。我想范氏搜辑这许多当代的史料,必有深意在内。我在一个未上锁的柜子里,发现一本乱稿,内记历朝科甲人名字不少。我因在上海友人家见过范东明《古谣谚》的手稿,证明这也是他的手迹,大略这就是东明老先生未竟之业。明朝的登科录,和宋朝的大同小异。宋时的著小名小字及一举二举字样,而明则无之,然大致尚与宋同。宋季登科录传世者,仅有朱熹登科的《绍兴十八年同年小录》和文天祥登科的《宝祐四年登科录》二种而已。而现在的天一阁所藏明录,竟几十倍于传世的宋录,合已经散出阁外的算起来,其总数犹当倍蓰于此。除了登科录以外,尚有各省会试乡试武举等录,约有一千二百余种。无论是哪一省哪一科所刊,都是半叶十行,有一定的款式。此外尚有进士三代履历十余册,皆万历朝坊本,许多不甚知名的文学作家的身世,藉此考见不少。记得嘉庆间法梧门在翰林院里得到了《顺治进士三代履历》三册,上面有王士稹兄弟的履历,一时翰苑诸彦,题字的题字,考据的考据,忙得不亦乐乎,后来传为佳话。如以天一阁所藏相比,真是小巫见大巫,法梧门辈太可笑了。登科录等等,可算是最直接的传记体史料。除了天一阁,别处很难见到,在黄河流域各省旧家的祠堂里,容或有之,此外无发现的可能了。

上举两类的书以外,零玑断璧,往往而有。如明铜活字本唐人集子,南北所见的至多不过四十种,阁里多至三十余册八十余种,这真是"下宋本一等"的奇书。又如《淮南居士长短句》,阁里忽有一正德单刊本,与南宋高邮郡斋刻本编次略同。又如《国朝英烈传》,阁里有蓝格大字本,用对字句作章回标目。以审查明代钞本的有效方法观察,至迟当是嘉靖时人手笔,还在传世崇祯刊本之前。凡此都是新鲜玩意儿,例子正多,不再细举。当年范东明选书的标准,与同时苏州派藏书家,完全采用两个不同的方式,他是"取法乎下"的。明以前刊本书籍,很少受他收容,除了吴兴张氏藏的宋小字本《欧阳文忠公集》是天一阁旧藏外,很少有此例外。惟其如此,明人著述和明代所刊的明以前古籍,因他保存了不少。换言之,天一阁之所以伟大,就在能保存朱明一代的直接史料。除了乾隆修《四库全书》时,天一阁和贵族的学术界一度接触以外,至今二百余年,学术界没有受到他一点影响。这一个奇异的洞府,几时可以容我们作前度刘郎再去访问一次,这是我天天想望的。

(三)

我现在正努力编制这一次整理天一阁藏书的全部报告。每一部书,在可能范围内,都给它一个简短的提要。所用方法似乎比阮目、薛目繁密得多。举个例子如下:

诗学梯航一卷　明钞本

　　正统十三年戊辰之岁夏五南京翰林侍讲学士奉训大夫前兼修国史兼经筵官吉水周叙序

　　正统十三年夏六月朔日承事凤阳府临淮县知县渝川彭光后序

　　半叶十行，行十二字。白口，四周单边。蓝格。此吉水周鸣所著。鸣字岐凤，洪武中以经明行修荐为桐城训导。永乐初，授国子学正，预修《永乐大典》。仁宗时升园子博士，官至职方员外郎。故其子叙序此书，谓之职方府君。事迹见《吉水县志·宦业传》。此书体裁，略似傅与砺《诗法源流》。为类六：曰叙诗，曰辨格，曰命题，曰述作，曰品藻，曰通论。《千顷堂书目》载此书，注云宣宗命学士周叙等编，则失之矣。

　　两千多种巨量的书，非经过相当的时间，目录不能完成。这一个重整天一阁现存书目，我预备叫它作内篇。此外还有一个外篇附在内篇之后，外篇是将历次散落在阁外的书，作一次总结账。说到阁书外散的原因，一言难尽，约有：

　　1. 由于修《四库全书》，阁书奉命进呈因而散落的　乾隆三十八年浙江巡抚三宝，从范懋柱手里提去了不少的书，据《四库全书提要》及《浙江采集遗书总录》计算起来，共有六百三十八部。这一类的书上，有一个客观的标识，封皮下方正中，有一长方形朱记，文曰："乾隆三十八年十一月浙江巡抚三宝，送到范懋柱家藏某某书壹部，计书几本。"开卷又有翰林院大方印，封皮上的朱记有时为妄人割去，至大方印则时时可以遇到。《四库全书》完成后，库本所据之底本并未发还范氏，仍旧藏在翰林院里。日久为翰林学士拿还家去的，为数不少。前有法梧门，后有钱犀盦，都是不告而取的健者。转辗流入厂肆，为公私藏家收得。我见过的此类天一阁书，约有五十余种。

　　2. 由于乾隆后当地散落出去的　阁书在乾隆以后，虽有阮云台学使出来编目替它捧场，然同时阁书颇有流落阁外者。卢氏抱经楼为前清一代四明藏书家后起之秀,他的藏书里最著名的一批钞本《明实录》,就是天一阁的旧物。此外宁波二三等的藏书家,如徐时栋、姚梅伯之流,以及到过宁波做过官的,如吴引孙有福读书斋、沈德寿抱经楼,都有天一阁的细胞在他们藏书里称霸着。就是现在几位宁波本地的藏书家,也都有少数天一阁的种子分布着。我可以说凡是宁波旧的书肆里遇着皙白干净的明刻白棉纸书,十之八九都是天一阁的遗产。天一阁的书很少有印记的;但是无论它改了装,我们能辨别这本书是不是天一阁的故物。所以如此说来,无怪以阮目与《玉简斋丛书》里的代表最早的天一阁书目较,则玉简斋本目完密多了。以薛目与阮目和我所藏的一本阮薛之间无名氏所编的天一阁目较,则薛目更简陋多了。天一阁书在过去三百年间流落外间者,真不少哩!

3. 由于民国初年为巨盗薛某窃去的 这一次是天一阁空前的损失,至少总有一千种书散落到阁外。阁中集部书无论宋元明,损失最多。即明季杂史一项,所失亦不在少。登科录和地方志,去了约有一百余部。转辗由上海几个旧书店,陆续售归南方藏书家,当时以吴兴蒋氏收得最多。号称孤本的明钞《宋刑统》就在里头。现在蒋氏书散,整批明别集流归北平图书馆。其他登科录及明季史料书则归商务印书馆,在"一·二八"沪战起时,作了日本飞机队的牺牲品。此外我所认识的上海、苏州几位藏书家,也都有少数天一阁的遗藏分布着。在我日记簿里载下来的,此类书已经超过了五百种。

根据上述几个原因,编辑天一阁阁外现存书目,是刻不容缓的事。我打算外篇与内篇一同印行,我希望各处的藏书家,都能帮助我实现这一个弘愿。

(原载《大公报·图书副刊》第 12 期,1934 年 2 月 3 日)

从天一阁说到东方图书馆

1930年的盛夏,蒙张菊生先生热诚的招待,在上海宝山路商务印书馆东方图书馆涵芬楼参观两个整天的书。涵芬楼要算当时江南惟一的大藏书库,方面之广,质量之多,无论宋元旧椠明清旧钞,足足塞满了几十个大木柜子。虽然其中名贵的已经盛了几十个大衣箱,运到租界里金城银行内库避风火去了,剩下的一部分,据我看来,还是值得羡慕。事实上商务印书馆藏书库,并无涵芬楼其名。所谓涵芬楼大约就是东方图书馆第三层楼上的一角。那天我就在这楼中做了七小时以上的工作。只是累了那招待我的馆员某君,将书搬上搬下忙个不了。他曾对我说:这是他进馆以来招待外人看旧书的第一遭,以前很少有此一例,就是底下编译所里的先生们,也不能轻易进来看书或借书。当时我听了这话,非常惊奇。我现在把当时记录下来的明季史料属于天一阁旧藏的摘要钞在下面,以供留意四明文献和明季史料的同志参考。

(一) 属于传记类的

(1) 虚庵李公奉使录一卷　明李实撰。九行,行十九字。明成化刻本。此正统北狩后,礼部给事中李实奉命探视英宗之作。述英宗在北虏情事极详,问答辞概用当时土语。

(2) 王氏家乘一卷　明王梃辑。八行,行十九字。明嘉靖刻本。辑录梃父涣个人的墓志碑传,间及其先世事。涣尝见忤于刘瑾,以鲠直见称。传世明本谱谍,大都是徽州一带大族居多,徽州以外绝少。此书和《姚氏家乘》、《曾氏家乘》都是天一阁的遗物。可称为家谱中传世之最早者,我都见过。

(3) 楚昭王行实一卷　明楚王继蜺撰。九行,行十九字。明正统刻。

(4) 定远忠敬王行状一卷　明丰畴撰,十行,行十八字。明嘉靖刻本。

(5) 先考奉国公年表一卷　明宗室朱睦㮮撰。十行,行十八字。明隆万间刻本。此睦㮮为其父奉国将军所作年表。

(6) 宋氏传芳录八卷　题明潘璋辑。十行,行二十字。明成化刻本。纪宋景濂事迹。前有洪武十二年方孝孺序。

(7) 忠烈编十卷　明孙堪等撰。十一行,行二十字。明嘉靖刻本。正德间宸濠举兵,巡抚余姚孙燧死之。此记其死节事实。《四库》入存目。

(8) 金姬传一卷　明杨仪撰。八行,行十六字。明嘉靖刻本。这是一篇富于情感的作品。后来潘之恒编《亘史外记》时,完全据以录入。后附别记一篇,所载诗词与亡宋旧宫人诗词中王昭仪赠汪水云之作相同,可作亡宋旧宫人诗词是明人伪作的一个旁证。

(9) 临江先哲言行录二卷　明龚守愚撰。九行,行十九字。明弘正间刻本。录南唐迄朱明临江先哲事迹,得四十四人。体例如苏天爵《名臣事略》,颇有条理。

(10) 建宁人物传四卷　明李默撰。九行,行二十二字。明嘉靖刻本。记建宁人物,自唐末迄明景泰间得四百十七人。《四库》入存目。

(二) 属于边防类的

(1)海防录一卷　九行,行十八字。明嘉靖刻本。此翁大立议御倭之作。

（2）御房安边策一卷　明张铉撰。十行,行二十字。明嘉靖刻本。此嘉靖三十年倭寇犯境,铉居京都所上策。卷后附上大司马赵某书一通。

（3）日本国考略一卷补遗一卷　明薛俊撰。十行,行二十字。明嘉靖刻本。嘉靖二年日本遣使来贡,抵宁波,未几宋素卿等亦至,互争真伪,自相残杀。所过沿海州县大肆焚掠。俊因辑此书言防御事。定海知事王文光为增补刊行,实为研究明季中日外交史事最好的材料。别有《得月簃丛书》本。但此为原刊,且有补遗出王文光手,与丛书本不同。

（4）山海关志八卷　明詹荣撰。八行,行十八字。明嘉靖刻本。记山海关至黄花镇当时驻兵处及兵额至详。前有图说,与康熙重修本不同。康熙本亦极罕见,何况此书!

（三）属于地志类的（政书附）

（1）隆庆铜梁县志四卷　明高启愚纂修。九行,行十六字。明隆庆刻本。

（2）嘉靖贵州通志十二卷　明张道纂修。八行,行二十三字。明嘉靖刻本。此谢东山按视贵州时所修。我曾在黄陂陈氏遗藏里见过与此本同样的一部,有翰林院方印,惜经改装,不及此本初印精美多矣。

（3）嘉靖仙游县志八卷　明林大年纂修。九行,行二十字。明嘉靖刻本。

（4）成化新编嘉祥县志六卷　明周诏纂修。十一行,行二十二字。有嘉靖末年增入之叶。

（5）兰州志三卷　不著纂修人姓名。十一行,行二十一字。明嘉隆间刻本。

（6）后湖志十二卷　明赵官原辑,嘉靖中重修。十行,行十八字。明嘉靖刻本。后湖即玄武湖,为明代藏黄册之所。此志非志后湖,实志一代版籍。前三卷事迹，后七卷皆事例，事例至嘉靖四十一年止。为研究明季经济史社会史最有用的原料。其后有万历重修本，尝于沪上见过，似不及此本详赡。后湖黄册至清初废毁一空，说详谈迁《北游录》。

(7) 滇略十卷　明谢肇淛撰。九行，行十八字。明万历刻本。此书著录入《四库全书》，惜多窜改。明刻本极罕见，故近刻《云南丛书》亦未收入。其中《夷略志·苗族》、《俗略志·风俗》二章，于研究民族学最有用。

(8) 通惠河志二卷　明吴仲撰。九行，行十九字。通惠河即元郭守敬所凿的通州运河，明初湮废。吴仲以御史巡按直隶，疏请重浚。工成遂著此书。可补《明史·河渠志》之略。《四库》入存目。

(9) 北新关志十六卷　明王廷幹撰。十行，行二十字。明嘉靖刻本。辟在杭州武林门北，明以户部员外郎一人主之，北关榷百货，南关榷竹木，此纪北关沿革。乾隆间有重修本，亦罕见。

(10) 河东盐池录四卷　明李鉴撰。九行，行二十字。明弘治刻本。

(11) 鄞县丈量田总一卷　明齐禹臣撰。九行，行二十字。明嘉靖刻本。此嘉靖初宁波府照磨齐禹臣奉命丈量鄞县大界时所上册籍，在宁波人看来当然是一部最可宝贵的地方史料书。

(12) 长芦运司志七卷　明郭司常等撰。十行，行二十字。明嘉靖刻本。

以上摘记之书，为《副刊》篇幅所限，不过二十六种。除极少数外，无一非绝无仅有的秘籍。此外如明代登科乡试诸录，至少也有七八十种。当时匆匆只钞名目，未录内容及序跋，至今引以为恨。除了史部各书，最引人注意者，尚有类书类明人吴琉所编蓝格钞本《三才广记》一书，共存四百九十六卷，八十三册。原书卷数达一千一百八十四，比《太平御览》还多。在涵芬楼仅有三分之一。现在天一阁者尚有百册左右，合起来虽不完全，实已过全书之半。自从1932年1月28日经过日本飞机队轰炸以后，一律化为灰烬，除了我日记簿上一些痕迹以外，什么都看不见了。我在涵芬楼观书北返后，曾向友人建议，此项富有史料性的纸上材料，似乎在北方有留一册副本的必要。我只是一种泛论，所要传钞的，不单是涵芬楼的天一阁遗书，凡是天一阁以外的书，无论属于谁的，如认为罕见而富有史料价值者，都应当在请求传钞之列。此项建议当然没有人起来反对，但总以为这是不急之务，三四年后再办，也无关紧要。哪里知道不测之祸，公然降生于两年前的今日。涵芬楼东方图书馆，就整个牺牲在这次空前的国难里。涵芬楼到今日，在藏书界尚未失掉它的尊严与价值。但剩下的，祇是一些版本性质的书，像上面所举的，纵有千金万金也找不到同样的一叶半叶。我谢谢张菊生先生和其他当时招待我的几位先生，到今天我还能写这篇稿子，都是他们给我的。

"一·二八"第二周年纪念日之夜

（原载《大公报·图书副刊》第 12 期，1934 年 2 月 3 日）

论商务印书馆出版之《四部丛刊》

今世我国书店资本最雄厚、刊物最丰富,厥惟上海商务印书馆,盖隐然以书店托拉斯自居矣。然其于学术界之功罪亦参半,教科书之肤浅庸劣,译书之荒谬棘目,均影响于全国学风至巨。为得为失,明眼人自能知之。然其影印旧本书,使数百载以来未通行之珍籍,得人手一编,此其功至不可没者。正统《道藏》昔人有据之以校子部书者,藏书家得之,珍如拱璧,其求之不易如此,今则全书已印行矣。他如日本续藏经、《学津讨原》等亦次第重刊,继又有《续古逸丛书》之辑,虽所收各书大都古而不逸,然如宋本《啸堂集古录》、《颐堂集》及翰林国史院旧藏之宋本唐人集,均为希世奇珍,学术界之盛事似无过于此矣。顾该馆最足以自傲者,实为影印《四部丛刊》。举凡宋椠旧钞近刻,一一荟萃其间,且有自宋无第二刊本之秘籍(如杨万里《诚斋集》)。一次预约之不足,更选印单行本,近又以二次预约闻矣,可知其销数之多。其印行原启中盛言其有七善而无一弊,宇内藏书家悉数署名于下,大有不可一世之概。夫四部之书浩如烟海,今乃以四年之力出此二千一百册之大丛书,其毅力似有大过人者。嘉惠艺林,当亦不在长塘鲍氏、海虞张氏下。余不敏,居尝翻阅一过,颇有不可解者,聊申一得之愚,以当刍荛之献。举其大要,约有五端:

（一）所选各书之未足云备也

经部中既选印陈彭年本《玉篇》，何不重印宜都杨氏、上虞罗氏所印之《原本玉篇》？《广韵》既有宋刊矣，何独舍敦煌本之《切韵》、棟亭本之《集韵》？史部中关于历代制度之书如唐之《六典》、宋之《会要》（闻吴兴刘氏藏有徐星伯辑本）、元之《典章》、明之制书，地理书如乐史《太平寰宇记》、李吉甫《元和郡县志》及《大元一统志》（瞿氏有残本），古志书如景定《建康志》、嘉泰《会稽志》、嘉定《镇江志》等，正史外如《续资治通鉴长编》、《元朝秘史》等，均付阙如，未免无识。子部中于先秦汉魏之书略可称备，然唐宋元明四朝书除《酉阳杂俎》、《群书治要》及释道、医书三四种外，并一册而无之。集部中于唐则无郑谷之《云台编》、杜荀鹤之《唐风集》，于宋则无张咏之《乖崖先生集》、杨亿之《武夷新集》、余靖之《武溪集》、韩琦之《安阳集》、苏颂之《苏魏公集》、米芾之《宝晋英光集》、李之仪之《姑溪集》、邹浩之《道乡集》、李纲之《梁溪集》等等，于金则无段氏之《二妙集》，于元则无耶律铸之《双溪醉隐集》、程文海之《雪楼集》，明人如危太朴、姚广孝、王世贞、杨升庵、陈卧子之书，其重要或有在所选诸书之上，而竟未一见。总集中如《唐文粹》、《宋文鉴》、《元文类》、《明文衡》诸书外闻均有印本，其所据宋本、元本较今本佳处亦无几，不如更以《文馆词林》、《文苑英华》、《圣宋文选》、《播芳大全文粹》及黄宗羲之《明文海》等书较为难致可贵也。词曲书不收专集而收选本，为计亦得。然既收《花间》、《草堂》、《乐府雅词》诸书，而遗《绝妙好词》、《阳春白雪》、《花草粹编》，何也？曲则仅有杨朝英《太平乐府》一种，明人选本最大巨帙若《雍熙乐府》亦无之。词谱曲律，更无暇顾及。此不可解者一也。

（二）所选诸书版本之可议也

书录中于版本之最得意者，则盛道其佳处，然不注明较通行本究有若何胜处，于次等者则默不置辞。此乃高等广告之变相，其所云固未足为据也。正史悉据武英殿本入刊，则因该馆原有影印本，以省麻烦，故未便更张。不知武英殿本之有谬误,三百年来学者均已知之。如《唐书》以上改用宋本,辽金元三史改用元明本,《旧五代史》改用嘉业堂本,各还其旧,更列其与殿本及南北监本异同于校勘记中,庶几尽善矣。乃不图此而以武英殿本塞责,何耶?《水经注》用戴东原校本固佳,然戴本人人可有,似不宜入选。不如改用明嘉靖黄省曾刊本,或常熟瞿氏及海盐朱氏所藏之明钞本为出于宋本,俾学者藉知郦书旧本面目。《家语》用嘉靖本,不如用日本宽永本为出于彼邦古椠也。《鬼谷子》用石研斋依《道藏》本,不如用以述古堂钞本重刊者,盖钞本较此本多出数百字也,或仍据此本而附以校记,更善矣。《意林》用武英殿本,不如用《道藏》。《曹子建集》用明活字本,不如用《续古逸丛书》中之宋本。《张说之集》嘉靖本最劣,有缺叶二三处,讹误数千字,远不及《结一庐丛书》缪荃孙校知圣道斋钞本之善。《岑嘉州集》用正德本未足,不如用明翻书棚本。《杜工部诗集》不如改用乌程蒋氏、常熟瞿氏之《草堂诗笺》宋刊原本(《古逸丛书》本非真面目,详见傅增湘题跋中)。《元氏长庆集》嘉靖本之荒谬,卢氏《群书拾补》已详言之,如无其他善本,何不印抱经校记于后?《司空表圣文集》用旧钞本,何不用《续古逸丛书》中之宋本。《小畜集》用经鉏堂钞本,讹误满目,与《张说之集》不相上下,远逊粤中近刻本,不如改用他本。《攻媿集》用武英殿本,今宋刊闻在临清徐氏,与殿本异同甚多,亦当改用宋本。《秋涧大全集》用弘治刊本,墨钉满纸,何不径用元刊本,或其他钞本代之?《玉台新咏》用五云溪馆活字本,误字较多,何不径用南陵徐氏所刊之明寒山赵氏本?此不过就余所知者言之,其他专集似当禁用选本,如陆放翁、王渔洋之诗,岂以其卷帙较夥,故不用全集耶?然使读者不得窥其全豹,实非所宜也。今二次预约目录仅于《陆宣公集》、《洪盘洲集》改用宋本。宋本与非宋本恐亦无甚殊异,而于上所举者均无所更发。此不可解者二也。

(三) 校勘记及佚文补辑之不可废也

现行《四部丛刊》,校勘家或好古者视之必甚以为重,而于初学者不甚便利。何以言之？宋元刻本较今本胜处固多，然其误字亦如之，而尤以活字本、旧钞本为最。读者多见其卷中有缺叶，叶中有破烂处，行间多误字及墨钉而已，而未见其胜处也。非以他本勘之，未足以见其优劣。昔贤如卢抱经、劳季言以丹铅终老者，世有几人。可见知音之不易，何可责之今人，宜其为浅学诟病。然欲免此病，则非以校勘或佚文补辑不可矣。印此书者非不知此也，故于《经典释文》、《史通》、《世说新语》、《庄子》、《江文通集》、《亭林诗集》、《中兴闲气集》、《河岳英灵集》等均附有校记，然于其他各书则未遑也。而已成之校记大都出无锡孙毓修氏手，眉目不甚清晰。其最可笑者，如《张说之集》孙氏据汪小米校本补佚诗数篇，然《同赵侍御乾湖作》一诗云伍本有阙文，乃所录与伍本不异一字，何耶？其卤莽草率可见。他书之当订补者，如唐人诗文集凡有旧刻者，如以《文苑英华》、《唐文粹》或《唐人选唐诗》各书核之，异同甚多。且有溢出者，如张说之据缪荃孙所辑尚有文数十篇（缪君所辑亦有以不佚为佚者），《王子安集》宜据蒋清翊、罗振玉所辑本补刊佚文，韦庄《浣花集》宜补《秦妇吟》及《金荃集》、《尊前集》中各词。宋人集部书颇有佚文散见于选本、史书、地志、石刻中者，并宜补辑。而旧本之多误字或墨钉者，当据他本勘之，为校记附于后。然亦不可径行改正，致失原本面目。《秋涧大全集》据书录所云，似编者曾见元刊本，然明本墨钉多至数千，何不据元刊补之。吾固知元刊必不如此，可由武进陶氏影刻元本《秋涧乐府》证之。古书之不可率尔影印，宜加以整理织校，已如此述。今观二次预约书，仅载明《释名》补吕序、李贺《歌诗编》补《集外诗》(《集外诗》宋本有之，然《乐府诗集》中《少年乐》、《静女春曙曲》二诗宋本亦无之，并当收入)二事，其他多未顾及。此不可解者三也。

(四) 版本之谬误宜更正也

李贺《歌诗编》之非金刊，乃蒙古宪宗时刊本，海宁王静安先生已据《元史·耶律希亮传》、《秋涧大全集》为跋文正之矣（见《观堂别集补编》）。他如张九龄《曲江集》，乃嘉靖中重刊成化邱浚本，非成化原刻也。邱序前原有湛若水序,此本为估人撕去以充成化本,编者不察,以为成化原本,误矣。凡此均宜改正,而二次预约时仍而不改。此不可解者四也。

(五) 印刷时多描改致失原本面目也

日本内藤博士尝疑《四部丛刊》非影印乃写印者,盖其与所据原本颇多违失也。今统观全书,似非写印,其所以有违异者,盖旧本不甚明晰,印刷时随意添改故也。友人当言张鼎思本《史通》原本与影印本有异,而复印件有据浦起龙《史通通释》改订之嫌。此说果确,其妄谬已甚。然以余之所知,尚有他处可议者。如纂图互注本《礼记》,复印件颇有失真处。李贺《歌诗编》第一次预约本与后出单行本亦有一二处微异,原本在罟里瞿氏,无从借校,疑复印者描失也。《小畜集》卷十五《死丧速贫朽论》原钞有错简,后单行本已改正,故与第一次预约本不同,然卷三十《朱府君墓志》尚有错简,则未更正,而所更正者则并未注明。又《王秋涧大全集》文集卷三十一第一叶第一次预约白纸印本与黄纸印本绝异。细考之乃知白纸印本乃弘治原样,而黄纸印者乃据他本改正,虽所改无误,然亦不注所出,使人莫知究竟。凡此歧误,本不易发见,而余个人所知者已有此数端,可知其必有甚于此者在焉。明人刻书而原书多失其面目,不谓当世亦有蹈此弊者。此不可解者五也。

以上限于篇幅,不克详述。然统观全书大体,可取处亦殊不少,得失正复相当。子部如《群书治要》,集部如鹤山、后村、诚斋、于湖诸家书,在昔求之数十年不一遇,今则可家藏户储矣。他如《说苑》、《论衡》及经部、集部诸书,底本佳者居多。书囊无底,神物时出,固未容深责也。

(原载《大公报·文学副刊》第 12 期,1928 年 3 月 26 日)

《四部丛刊续编》的评价

（一）引子

商务印书馆在去年冬天，同时发行了两部国学大丛书——《四库全书珍本初集》和《四部丛刊续编》。南北报纸广告版上纷纷登载，充满了古色古香的意味。最引起我们注意的，最算《四部丛刊续编》了，这是与十几年前发行的《四部丛刊》相辅而行的。《四部丛刊》在过去图书界里赫赫有名，它的使命，是替研究国故的学者，把一部分基本材料书或参考书的标准或准标准本子集中起来，作一次总计算。结果总算履行了这个使命，虽然缺点尚多，但是我们都能谅解它，要尽满人意是不可能的。自第一集出版后，即准备演出第二集，中经"一·二八"之变，事业停顿了许久，直至去年才把《续编》发行预约，这在寂寞的出版界里，不能不算是惊人的盛举。这部大丛书的成功，完全是张菊生先生一人努力的总和。张先生的学问和办事精神，向来是无人不钦服的。尤其是《百衲本二十四史》，张先生用力最勤，对于史学界的贡献是无可比喻的。此次《续编》发行，也是他一人主持，经过无数的困难，卒底于成，这是读者们应当向他感谢的。至于本书定价的低廉，尚在其次。一部嘉靖本《雍熙乐府》，前年某大学花了五百元才买到一部，现在影印本祇消花十元零几毛，便可人手一编。如能全部预约,平均不过三毛钱一册,比洋装书固然便宜,和国内学术机关出版品价格相比,也无逊色。不过在农村破产、经济衰落的今日,无论书价如何低廉,穷学生还是望洋兴叹。就是粉条生涯的教师,也是清苦的多,春天刚去,烦闷季节又来到了,有闲钱闲情买书的究属少数。于是这一类书的出路,不能不乞灵于巨宦富绅和银行界老板们,说起来真是可怜。侥幸还有单行本可以换换空气,零整批发,在所不拘。像《四库珍本》非整部出售不可,那只好门可罗雀了。现在且把我个人对于《续编》的管见整理出来,以就正于张先生和本刊读者们。

(二) 本书的优点

全书种数,计第一期经部二十三种、史部二十四种、子部三十一种、集部三十四种,共一百十二种。第二期经部十八种、史部二十四种、子部二十二种、集部三十七种,共一百一种。就量的方面说,似驾乎正编以上;就质的方面说,也胜过正编不少。正编中广收清人著作,我们固然不必绝对反对,但这一类的书都是市上容易得到的,和宋、元古本放在一起,未免不伦,不如代以富于材料性的宋、元旧籍较为妥善。现在搜集《续编》,关于此点确已相当改进。但也有使人不能无疑的,如史部无端收了柯绍忞《新元史》,《新元史》是近人的著述,天津徐氏的木刻本极容易得到,何必在《续编》里占据了许多重要的篇幅,甚或出版以后引起版权之类的纠纷问题,我以为将它割爱另易较古的书为是(听说孟纯孙先生也是如此主张)。又如经部收了吴廷华的《三礼疑义》,一共有一百多卷,吴廷华在清代经学史里是没有地位的,他的礼学非汉非宋,无甚可取。祇因当年张金吾收它在《贻经堂经解》里,《贻经堂经解》从未刻过,原稿本存在东方图书馆的大楼上,不幸毁于"一·二八"之役,祇有《三礼疑义》因为事前我代几位朋友借到北方来,得免于难,所以痛定思痛,非将他表扬一下不可,实则殊可不必的。总之清人著述有价值而又罕见的,无论在哪一方面,数不在少,《四部丛刊》有限的园地里是收不胜收的。单收这几种,一定有许多名落孙山的优秀分子,在暗地里叫冤。所以《四部丛刊》合理的立场,应尽量多收宋、元以前人的著述,行有余力,再及明清。这个基本原则,无论影印《四库全书珍本》或《四部丛刊》,似乎都应当考虑到的。好在目录里像吴廷华一类清人著述究属少数,问题并不严重,与全书价值亦不抵触。兹先将目中各书优点择要介绍一下:

1.《宋太宗实录》残本十二卷(宋钱若水、杨亿等撰　宋馆阁钞本　钱大昕、吴大徵跋)

案:此书原有八十卷。张菊生先生自藏的南宋馆阁钞本,棉纸黑格,每卷后都有写校官吏的题名,大概是宋理宗时缉熙殿的遗物,为元兵所掠,转入元明内府,当然可以当得起"海内孤本"的尊号了。这是北宋初期最直接可靠的史料,李焘《资治通鉴长编》太宗一部分,大抵取材于是。不过除了张先生的十二卷外,尚有卷二十六至三十、卷七十六、卷七十九至八十共八卷,有传钞本行世,款式并卷后题名和张先生藏本正同,且恰恰衔接着。如向常熟瞿氏借影,定可珠联璧合。至于邓秋枚《古学汇刊》所刊的本子,改易行款,绝不可取。

2.《元朝秘史》十五卷(不著撰人　影元钞本　顾千里跋)

案:《元秘史》自从嘉道以来蒙古学者表扬过后,谁都知道它在蒙古史原料里的地位是属于第一等的。但是世所谓元刊本,谁都没有见过。旧刊本比较近的,要算叶德辉刊本。但以此本勘点,叶本沿误亦数不在少。此本虽说从元本录出,元本二字实是欺人之谈。书名既叫《元朝秘史》,是不会有元刻本的。我无意从内阁大库残叶里发见了几十叶洪武年间刊本,证明了顾跋本即转从洪武本录出,二本款式固合,即文字亦大抵雷同。真正洪武本既不可全见,则此本可谓下洪武本一等了。

3.《三朝北盟会编》二百五十卷(宋徐梦莘编　明钞本)

案:此书编者根据档案和野史来编辑徽钦高三朝丧地辱国的事变经过,年经月纬,真是最详尽无遗了。近代有川中许氏木刻本,从彭文勤钞本出,校以《四库》本,连"金虏"二字在校勘记里屡次说"一本作'金人'",岂不可笑。虽然比许本以前的活字本胜过一筹,但绝对不能算为标准本子。此本大概是根据涵芬楼自藏黑格大字明钞本付印,原本平阙之式极古,自系出于宋本,我曾在江安傅沅叔先生案头见过,傅先生曾假来造校许刻,校正误字无数。我愿此书出版后,有一位有血性的青年,将它标点句读一遍,印成洋装小本,以便目下当局诸公、爱国志士人手一编,看看十二三世纪中华民族遭逢国难时的光景和现在有什么不同。徐梦莘可算得一个骄子,在那时代能从容大雅,据实直书,如不幸生在现代,我真替他担心呢!

4.《嘉庆重修一统志》五百六十卷(清仁宗敕撰　钞本)

案:清代《一统志》凡三修,祇有最后一次嘉庆修本未经刊行。写本旧存清史馆,现归故宫博物院图书馆。这五百多卷不传的秘本,印成二百巨册,给中国人夸耀夸耀也好。说那时节中国真了不得,不仅东三省如金瓯无缺,丝毫不成问题,即台湾也是一行省,此外朝鲜、安南、缅甸都能在《一统志》里占着数十叶以上的篇幅,和现在地理教本校勘起来,大不相同。这无怪张先生在本书跋语里要感慨系之了。

5.《大唐六典》三十卷(唐玄宗撰　宋刻本配明刻本)

案:此书通行有正德刊本,至绍兴四年温州州学刊本则内阁大库旧有之,现散入江安傅氏、德化李氏及历史博物馆者,数仅及半。以较明刻,不唯文字远胜,且知明本卷三第十八叶中脱去数百字,正当宋本一叶,亦至可喜。雍正初,日本有家熙者,尝以全力勘校此书,所据材料无非正史、《通典》而已。此本出则家熙本无颜色矣。

6.《太平御览》一千卷(宋李昉等撰　宋刊本)

案:《御览》一书,包罗万象,可以补充宋以前纸上材料之穷,不仅为高邮学派的校勘家持为工具而已。顾自明以来,无论刊本、活字本,除嘉庆间张海鹏刻本得见真正宋本三百六十六卷,因此较为可靠外,如明隆庆铜活字本自称从宋本出,实则误字满纸,去宋远甚。至于鲍崇城本,则自郐以下,更不足数矣。张氏所据之残宋本,以刊工体势察之,乃南渡后浙刻风气。旧为士礼居黄氏故物,现归日本静嘉堂文库。悠悠千载,绝无化鹤归来之望。菊生先生前年东渡,怒焉伤之,商诸文库主人,始获借影之请。而西京东福寺所藏庆元蜀本亦同时发现,遂一并商照,终告成功。呜呼,此乾嘉以下诸老没世所不及见者,乃竟获神物护持,如延津之剑合,岂不奇哉!以校张本,知张本前后章次倒置处不少,盖张氏所据不尽出宋本故也。从此马国翰、黄奭、汪文台诸家煌煌大著,和向以《御览》为著书工具者,其书非重新加以审查,不能信任矣。

7.《册府元龟》一千卷(宋王钦若撰　宋刻本配钞本)

案:此书之富于材料性,虽亚于《御览》,然对于史学影响极大。观邵晋涵辑《旧五代史》、刘文淇校《旧唐书》,几全凭此书为材料,从可知矣。顾自元迄于近代,仅赖崇祯间黄国琦刊本以传,黄本脱落讹误几如风庭落叶,不可胜数。世人能见明钞本卷首标题冠以"新刊监本"字样者,已将万幸,何况汴宋旧椠。此本系据北平图书馆、常熟瞿氏及日本静嘉堂文库所藏之北宋季年眉山小字十四行本影印,尚缺约三之一,只得据明钞本补之。眉山本虽非真宗朝初刊监本,然胜于黄本万万,以较"新刊监本"(实乃南宋建本),亦不可同日语。读者如谓不信,请阅陆心源《仪顾堂题跋》和傅沅叔先生《静嘉堂观书记》,便知此言绝非夸大。惟印行此书时应注意两点:一、眉山本从内阁大库散出,断篇零叶散入公私藏家,往往而有,应尽量收罗,以光篇幅。二、此书在明代几全恃钞本流传,故当时书贾曾雇了大批钞手,以求大量生产,实在是要不得的,故以钞本配宋本时,应觅一时代早而误字较少之本为妥。

除上列所举,此外优点尚多。如朱子《诗集传》用宋刊本(想是宋刊七行大字本,即陈仲鱼《经籍跋文》所表扬的一本;如用麻沙本,则令人气短矣),则明经厂本以下诸本可废。朱震《汉上易传》用影宋钞本,则《通志堂经解》本可废。《群经音辨》用汲古阁(?)影宋钞本,则泽存堂刻本可废。《麟台故事》用明影宋钞本,则聚珍版本可废。《法书考》用旧钞本,则《曹楝亭十二种》本可废。《容斋随笔》用宋刻配明活字本,则马调元刻本可废。《愧郯录》用宋刻本,则《知不足斋丛书》本可废。《挥麈录》用汲古阁影宋钞本,则《津逮秘书》本可废。《契丹国志》用元刻本,则扫叶山房本可废。《国朝名臣事略》用元刻本,则武英殿聚珍版本可废,而陆心源《群书拾补》中的校记,从此可无人过问。《西汉会要》、《东汉会要》用宋刻配钞本，则聚珍版本可废。《唐律疏议》用宋刻本（此处原目疑有手民之误，说详下），则岱南阁刻本可废。《宾退录》用宋刻本，则康熙间影宋刻本可废。《冷斋夜话》用元刻本，与日本五山本内容悉同，则《津逮秘书》本可废。不仅如此，目中诸书尚有明清以来从未付刻而为一般学者所渴望者，如孙奭之《律音义》、戴笠之《流寇长编》（此记明末清初农民起义始末，可抵半部《崇祯长编》）、无名氏之《宋大诏令》、祝穆之《方舆胜览》，皆极有裨史地之学。一旦出版，从此万本流传，旧书店无居奇之口实矣。

《续编》尚有一奇迹，少数人以为诟病，而我以为正是可取者，即多收残本书是也。如魏了翁《礼记要义》三十三卷，目中收宋刻本仅得三十一卷；《宋太宗实录》八十卷，目中收宋钞本仅得十二卷；唐仲友《帝王经世图谱》十卷，目中收宋刻本仅得八卷：皆是编者独到处。正如安阳出土之龟版，整块极少；敦煌发见之卷子，完本不多。古今一例，则于此目又何怪焉。读者又谓目中各书，多与该馆出版《续古逸丛书》相重复，如《汉隽》、《张子语录》、《龟山语录》、《公是先生七经小传》、《郡斋读书志》、《啸堂集古录》、《郑守愚文集》，皆曾收入《续古逸丛书》者。此外如《困学纪闻》影元本，该馆亦早已出版单行，何必采入《续编》以代篇幅。我以为关于此点，在商务方面，或另有隐衷，我们可以不问；而在读者方面，大可不必反对，因为《续古逸丛书》版心宽大，定价高贵，非穷酸可力致，不如缩小印在《续编》里，让我们也来领略一点"古逸"的风味。不过像《汉隽》一类无聊的书，似可不必枉费纸墨，《啸堂》、《郡斋》是有用的书，当然不能一概而论了。

（三）修正意见的商榷

以上将本书优点表过，真是不尽万一，遗漏孔多。至于消极方面的修正和质疑，也有二点，略论如次。

从今年正月到四月一共出版了二十多种，所据的底本大抵尚称满意。然细阅拟目，令人疑信参半之点亦数不在少。例如蔡邕《独断》一卷,下注明弘治刻本。弘治本《独断》究竟是单行本或丛书本呢？单刻本则浅学如我,从未见过。我怀疑这就是《百川学海》本。如真用《百川学海》本,为什么不用影宋本或真宋本而用弘治翻本呢？这都是要请编者指教的。《独断》本子的问题,本来无关痛痒,最使我难以索解的,是目中关于《唐律疏议》采用宋本和吴棫《韵补》采用元本的两个问题了。《唐律疏议》传世仅有元本二种。其一半叶十二行行二十字,虽有泰定四年秋七月江西等处儒学提举柳赟序文,实系建安余氏刻本,孙星衍《岱南阁丛书》里的本子,即从余本影出。国内国外的藏书家所藏不止一本,并不希罕。其二半叶九行行十八字,字大行疏,宋讳不避,客观鉴定的结果,认为是元季江西刻本。无疑的就是江西等处儒学提举柳赟刻的一本,实即余本的底本,要算本书时代最早的刻本。然从内阁大库流落到公私藏家不过十卷,恰当全书三之一,此外别无第二帙。我想《续编》所收之本必非此本,十二行的建本可能居多。至于宋刻本呢,我不敢说一准没有：这些哑谜,祇好听下回分解罢。最近日人仁井田升做了一部《唐令拾遗》,将《唐律疏议》两种硕果仅存的元本书影郑重地精印在前面,假如确有宋本的话,那真要吓坏那同文同种的仁井氏呢。至于宋本《韵补》的宋字,无疑是手民之误(？)。当年常熟瞿氏编书目时,收了宋刻本《韵补》五卷,注云："《韵补》始刻于嘉禾,明人已云罕见,此本讹脱虽甚,观其行款字画,尚是宋椠也。"这段话妙不可当,中间两个"宋"字,也是手民之误。其实这半叶十行行二十九字的古本《韵补》是元刻而非宋椠,在比较版本学里早已论定的了。所以我说这是手民之误,而非编者之过。这部元本《韵补》内容并不见佳,元人刻的任何韵书总是乱七八糟,《韵补》自非例外。真正嘉禾郡斋本的《韵补》虽佚,但影钞本世尚有存者,何必一定要影印这一部假宋本呢？读者们不要见怪,这一类例子,正多着呢。例如《四部丛刊》正编里收了一部元本(实亦建本)史照《资治通鉴释文》,硬说它是宋本。这也不是编者之过,鼎鼎大名的陆心源已经如此说了。本来,审定版本的方法,到近几年才慢慢地利用比较版本学,确定了几条客观的原则。目的不仅要解决时间问题,连空间部分也有长足的进步。这和研究青铜器时代的方法差不多，以前以为汉器的，现在说不定把它提升为战国时六国的器；以前以为是商器的，现在会把它降到宗周后期或初期。材料越出越多，方法越来越新，前人不合科学的结论，终会有动摇的一日。研究书本时代，不过其中一端罢了。这一类的错误，本书编者是不能负责的，是无损于编者丝毫提倡的热诚的。

本书正编里，收了不少古本群经旧注，大都是阮芸台老夫子看不见的。虽然收的建本居多，但也难能可贵了。现在《续编》里收了好些宋元人经说，无论如何，总敌不过纳兰词人一部《通志堂经解》。在今古文学派杀得两败俱伤的今日，宋元人经说除了少数例外，似可不必再提倡影印了。只有唐宋二代诸经正义，应当找个标准本子，替它出版一次。这是一般学者所企求的，其意义与影印《百衲本廿四史》一样重大。讲到诸经正义最古的面目，无疑的是单疏。但传世诸经单疏，《周易》在若存若亡之间；《公羊》仅得七卷，现归南海潘氏；《仪礼》自嘉庆间汪阆源影刻后，原本早化异物；《毛诗》存在日本西京内藤湖南家者，仅得三十三卷。此外《谷梁》仅凭钞本流传，生平但见拜经楼吴氏钞本，且亦不全；《春秋左氏传》宋本早佚，日本宗正寺古钞三十六卷俱全，乃彼邦宋、元间写本，近已影印行世；《礼记》仅得八卷，日本在不久以前也有影印本。最无问题，要算《尚书》与《尔雅》。《尚书》日本已出版，《尔雅》在中国有好几部，陆心源的一部他自己在世时已影刻了，泰兴刘氏的一部商务印书馆借印在《续古逸丛书》里。此外如《周礼》、《论语》、《孝经》的单疏，海内海外从未闻有传本，自明以来早已失传。这一类一律十五行的单疏和十四行本的纪传体史书，同是北宋监里的产物。但除了日本所存八卷残本《礼记》，或者是北宋本在将信将疑之间外，其余如《尚书》，如《尔雅》，如《周易》，如《公羊》，敢确定都是南渡后绍兴监本。至《诗经》则有"绍兴府雕造"一行，那更无问题了。所以如此说来，除《孟子》外，要将十二经单疏一律找到付印，是绝对不可能的。老实说我是反对先印或祇印单疏的，理由可分二点说。其一，关于单疏宋刊本或古钞本，日本近几年都已先后印出来，得风气之先的最算西京大学文学部影印《毛诗·秦风》古钞卷子。就是国内吴兴刘承幹氏,也努力将杨守敬从日本将来的古钞单疏,或国人自藏的如《公羊》单疏残本之类,次第付刻。虽然改易行款,失去本来面目,然在刘先生所校刊各书中,要算最矜慎的了。因为当时有缪荃孙一辈典型的校勘学者帮忙作校勘记,为之生色不少。经过国内国外学者一番提倡以后,早已尽了最大的努力。《四部丛刊》可做之事正多,何必在此赶热闹呢。此其一。其二,所谓单疏,根本就不切实用。只摘录经注二三字以示起讫,和陆元朗《经典释文》、司马贞《史记索隐》体例相似。六朝人做诸经义疏,也是如此,这是传流下来牢不可破的方式。换言之,单疏里经的全文和注的全文是不全收的。无论孔颖达的一百五十卷《五经正义》是如此,贾公彦的《周礼》、《仪礼》正义,杨士勋的《谷梁疏》,徐彦的《公羊疏》,他们都是唐代的产物,当然无疏不单。就是大宋咸平间邢昺主持之下所纂的《孝经》、《论语》、《尔雅》三经正义,亦不录经注全文。那时单疏统制下的学者,一面读单疏,一面又要翻出经注本来对照着看,其疲于奔命可知。换句话说,北宋监里八行系统的经注本和密行细字六朝以来义疏面目的单经本一齐倾销,生意一定很好,印到后来无法再印,所以南渡以后非重刻不可。可是南宋监本出世以后,遇见了一位大敌,就是合疏于经注的越州本。从此单经本一落千丈,无人过问。等到建阳一带书店老板发明了更深一层的附刊释文的附释音本,那单疏巨量的书版,存在元朝西湖书院里,尘封鱼蚀,真不胜今昔之感。几块顽然的书版,也会时代落伍,真教人有桓大司马之叹了。祇有《尔雅》因为在元明之际,附释音本《十三经注疏》里忽然短了,于是单疏本曾小小出过一点风头,这就是《尔雅》单疏传世最多的惟一原因。《四部丛刊》是给一般学者用的,先印单疏,未免太不切实用。这是我不赞成先印单疏的最大理由。然则不先印单疏,要先印什么呢? 最明显的答案,是要印越州本。如无越州本,只好印附释音本。何谓越州本,就是岳珂《九经三传沿革例》里所谓越州旧本注疏。提倡雕造的是孝宗绍熙间两浙东路茶盐司黄唐。黄唐在所刊《礼记正义》里有一篇自白,可以窥见他合疏于经注的宗旨:

六经疏义，自京监蜀本，皆省正文及注，又篇章散乱，览者病焉。本司旧刊《易》、《书》、《周礼》，正经注疏萃见一书，便于披绎，他经独阙。绍熙辛亥仲冬，唐备员司庾，遂取《毛诗》、《礼记》疏义，如前三经编汇，精加僻正，用锓诸木，庶广前人所未备。若《春秋》一经，顾力未暇，姑以贻同志云。

据此知黄唐备官茶盐司之前，已有人将《易》、《书》、《周礼》刻过。黄唐继任，祇刻了《毛诗》、《礼记》二经。至《春秋左氏传》，以卷帙太多，故延至庆元间沈作宾越时，始行雕版。然行款版式一如绍熙所刻，半叶八行，用北宋监里经注本的旧式，故俗称八行本。自越州本行世，单疏本遂微。兹将越州本存佚列表如左：

《周易注疏》十三卷　存。常熟瞿氏藏。陈鳣《经籍跋文》中曾称此本之佳。日本足利文库亦藏一帙，有陆放翁第六子子遹题记。

《尚书正义》二十卷　存。日本足利文库藏。日本有覆刻本，字体逼真，与原本无异。此外杨守敬从日本携回一残宋本，用覆刻本补配，钩乙满纸，现在天津李氏。

《毛诗正义》佚。

《周礼疏》五十卷　存。故宫博物院藏。总算故宫藏书之冠，听说《天禄琳琅丛书》第二集里，要将它影印。此外德化李氏也有一帙，约缺三之一。

《礼记正义》七十卷　存。南海潘氏藏，此书世间无第二帙。自惠定宇以来捧它的人不少，所以名望最大。前数年董绶金先生设计影刻，终告成功。但定价太贵，不能普及为憾。

《春秋左氏传正义》三十六卷　存。上海涵芬楼藏。这部书足以睥睨一世，令人艳羡不止。何义门弟子们也许见过，所以阮芸台校勘记里借过光，然原书谁都没有正式见过。

《论语注疏解经》十卷　残。历史博物馆、南海潘氏、德化李氏藏。合之约可得十卷，故不如改用眉山本，商务印书馆曾出版过，而以此本作校记俪焉,这是上上策。

《孟子注疏解经》十四卷　存。故宫博物院藏。虽然说是邵武士人伪作,然向来放在注疏堆里,不妨同样待遇,将它出版。

越州本可考者,不过上列八种。除《毛诗》有问题外,余可迎刃而解。至于越州所未刻如《仪礼》,如《谷梁》,如《公羊》,如《孝经》,如《尔雅》,或虽刊而失传者如《诗经》,除《尔雅》外,不妨采用附释音本之较早印本。事实上除了采用附释音本,也无其他出路可寻。至于《尔雅》,如不屑采用明初配本或李元阳九行本,则祇有乞灵于单疏本了。现在《续编》拟目里最令人惊异的,不借印越州本《礼记正义》而用日本新出版的《礼记》单疏残卷八卷本。现在日金落价,花几元钱就可买到一部玻璃版精印本,买到了也并无用处,又不能当课本读,不过校出几个无关大要的异文罢了。如果真非印《礼记》的单疏不可,那附印在越州本后,占去一册的地位,不失为两全其美之道。为什么不直截了当改印越州本呢?又如《春秋正义》三十六卷,不印商务自藏的八行孤本,而用日本最新出版的宗正寺古钞单疏来替代。这也是为过重单疏一念所误,我以为也应当改良的。菊生先生早想印一部古本《十三经注疏》,所以从宋版孙家里将越州本《春秋左传》贾来。此类越州本注疏,将来要单独出版,和百衲本《二十四史》一样,不放在《四部丛刊》里。所以在《续编》里,祇能收单疏。不过为一般读者计,最好将越州本提早出版。时不再来,此后是否能让我们再度那"稽古右文"曼妙的生活,是不可预知的。所以我不揣愚昧,提出这一个最低度的请求。

此外关于拟目,消极的修正意见,还有一点。就是所用底本,应在可能范围内设法改善。如《汉上易传》应改用宋刻本配汲古阁钞本;《切韵指掌图》应废影宋钞本而用真宋本;《刘子新论》应废明覆宋本用黄丕烈校宋本;《北山小集》宋本尚存一卷,可与影宋钞本合印;《寅刻丛编》应改用宋钞本配明钞本;《东观余论》应改用宋刻本配明刻本;《梦溪笔谈》应改用元大德刻本;《寇忠愍公诗集》明嘉靖本不足,应改用明谢在杭小草斋钞本;《周益公文集》应改用宋刻本配钞本;《蚁术诗选》明隆庆时与《词选》四卷合刻，不应废词存诗；《南唐二主词》用钞本，想是常熟瞿氏藏本，内容并不甚佳，不如改用万历单刻本。以上随手所举，都要达到目的，是不可能的。藏书家大多（也许是少数）不愿将所藏珍本公开出来给大家瞧；就是公家所藏，商务书馆去商借时，也未必都能如愿以偿。我在此地说某书应换某本时，所谓某本，究竟是何人何地所藏，我也未便在日报上明说，其他可知了。编者明知有最善的本子，而在拟目里祇能注上次善的徐图改良，这是编者所感到最痛苦的一点。我们读者不应吹毛求疵，应当予以同情的。

拟目里有几种书，似乎可以删去不印。如明天启刻金尼阁《西儒耳目资》，北京大学已经影印了，定价甚廉，《续编》里何必再收。又如正德本汪藻《浮溪文粹》，康熙间有覆刻本，和正德本一字不差；况且《正编》里早已印过聚珍版《浮溪集》，《浮溪集》纵与《浮溪文粹》有少数异同，然亦无关弘旨。又如谢翱《晞发集》，清陆大业刊本并不难得，亦可不印。此外如明本《文始真经关尹子》，所谓明本，不知何本。《关尹子》是伪书，处今之世，不必再替它宣传了。

（四）关于选书的意见

一般人对于《四部丛刊续编》的批评，总以为材料性的名著太少，这部书未必能适当一般学者的需求，也许是专为刻了几个黑底蓝地大字，安置在大厅上装场面用的。我以为这话也未必尽然，却也未可厚非。例如《梅亭四六》，底本虽好，但是有何用处？梅亭先生的四六在宋四六里是没有地位的，他没有当过外交官或中央政务官，所以披沙检金，决无什么史料可寻。徐天麟的《东西汉会要》，所用材料无非班、范两书，比不得王溥的《唐会要》、《五代会要》，我们当它直接材料看待，驾正史而上之。虽然用的底本甚佳，可以打倒聚珍版本而有余，但是这一类阿斗式古旧的书，有何用处呢？卑之无甚高论，我在此提出几部最普通极有用的书名，而《正编》《续编》里都不收的，和大家商榷，且看大家意见如何。

1.《太平广记》五百卷　这部书的价值与《太平御览》不相上下,用不着我来废话。通行的巾箱小本,不堪入目,尽人知之。宋本不可得见,最早的版本,要算嘉靖中谈恺刻本,其后活字本、许自昌本都自谈本出而略加修正。所以影印这部书起见,非用谈本不可。我不解《续编》里,竟会失收了这样一部好书。

2.《文苑英华》一千卷　这部书的重要和许敬宗《文馆词林》差不多。《文馆词林》早已零落殆尽,而此书因为经南渡后周必大重新校定,到现在完全无恙。自宋迄于现代,祗有明隆庆间刻过一次。隆庆本脱文有至千数字者,其荒唐可知。宇内所存宋刻共有一百四十卷,皆内阁大库遗物,还是当年周必大的进呈本。其余所缺,不妨采用明钞本。明钞本曾见一部,与宋本内容无异,可以配补宋本之缺。宋本的大部分,商务方面曾借来照过,底本放在北平京华印书局的四层楼上,不知道为何不想出版。

3.《通典》二百卷　此书所有明刻,如李元阳,如方献夫,祗见元本,未见北宋原本。现在海外所存北宋本有二,如可借到,与延祐本《文献通考》、大德本《通志》合印一部古本三通,在一般学者,人人可得一善本,在商务必不至于亏本。从此武英殿本、浙江书局本的三通,无人过问,岂不甚好。

4.《寰宇通志》一百十九卷　这部书是景泰七年文渊阁大学士陈循所主修,在英宗复辟后天顺五年所修《一统志》之前。何以前后仅隔五年,一定要重修呢?这是含有政治作用,与原书好坏无关。天顺《一统志》几经翻刻,而《寰宇通志》如无《水东日记》为之介绍,恐知之更少。陈循当时得见《大元一统志》,这是本书惟一特色。现在北平图书馆和四明天一阁都有残本,可以配全。《续编》里既有印《嘉庆一统志》的魄力,为什么不印《寰宇通志》呢?至天顺《一统志》,经厂本尚不难得,至后来宁寿堂坊刻本更多,可毋庸再印矣。

5.《一切经音义》一百卷　这指的是唐释慧琳的书。书中所收两汉六朝以来古训、古义、古字书、古韵书之多,谁都知道。自从高丽伽耶山海印寺大藏经本发印以来，这部书才有标准本子可读。现在海印寺本不易购得，如能缩小出版，和玄应《一切经音义》合印尤好。玄应《音义》，孙星衍辈校刻本和宋藏校起来，异文甚多，不如改用福州藏本。

6.《集韵》十卷　此书康熙曹刻，后来姚刻，都不可靠。如用日本帝室图书寮所藏淳熙重刻蜀本影印，真是大快人心的事。音韵学者所想望而不可得见的，希望《续编》来努力实现。

这一类富于材料性的书有的是，如因《宋文鉴》想到《五百家播芳文粹》（涵芬楼有此书宋刻残本，为何不印）；因《东西汉会要》想到《唐会要》、《五代会要》，尤其要想到徐星伯编的《宋会要》；因《太平乐府》想到元本《乐府新声》；因《雍熙乐府》想到《词林摘艳》和《盛世新声》。我不是说次要的书可以不印，我是主张要先印材料性的书，在某一部分学科里确有不可磨灭的价值的书。像现在拟目里，有几种是材料书，大多数还是供给我们参考用的，祇因是古，所以要印，别无其他理由。我们希望第二次发行续约时，要尽量考虑到这一点。

（原载《大公报·图书副刊》第23、24期，1934年4月21、28日）

《程氏墨苑》杂考

程君房《墨苑》，余所见通县王氏鸣晦斋（王氏所藏《墨苑》，不止一帙。其一现归国立北平图书馆。其他数帙，今不知流归何所）、武进陶氏涉园藏明刻足本，凡二十三卷。首为图录十四卷。此十四卷类别为六，曰玄工类、曰舆图类、曰人官类、曰物华类、曰儒藏类、曰缁黄类。每类又厘为上下卷。玄工、物华两类后，各增卷终一册。故总得十四卷。次为《墨苑人文爵里》，乃时人投赠诗文，凡九卷。此外又殿以《续中山狼传》、《园中》、《不二价文》，均无卷数。案此书《明史·艺文志》及黄虞稷《千顷堂书目》均作十卷，《四库全书》谱录类存目则作十二卷，惟《天禄琳琅书目续编》作十五卷，卷数最多，并与今所见明刻本异。天禄本盖从原书总目之旧，合图录六类为六卷，并《人文爵里》计之。目中记述特详，其言曰：

> 前六卷，以所制墨款式诗词绘之为图。曰玄工，图七十九。曰舆图，图六十七。曰人官，图四十四。曰物华，图九十八。曰儒藏，图五十九。曰缁黄，图五十八。第四卷中有图七十七，亦标物华，似续制成图，欲入之物华类中，而编次无法，又标为卷四终也。

其言物华类别有终卷，独不及玄工终卷，殆所见本缺此卷欤？兹就原书各类图式之数考之，与天禄本亦不尽合。今所见本玄工类图九十，舆图类图八十，人官类图五十二，物华类图一百七十七，儒藏类图五十九，缁黄类图六十二。中惟儒藏类图式之数，两本相同，余较天禄本为多。考此书成于万历甲辰乙巳之间，各卷均陆续镌刊，题识图款，多有增订修补之迹。书内版心每有不列卷数者，或题又几叶者。故诸目所载卷数，遂多差异。明志、黄目所收，殆在全书未成前，其为残本，或目中有脱字，皆未可知。《四库》存目本，仅据图录上下卷改为十二卷。天禄本较完善，亦未见玄工终卷。此外曹寅《楝亭书目》、高晋《江苏采进书目》均作二十二卷，疑亦以原书六类上下卷合物华终卷及人文爵里数之，与天禄本无异，其未见玄工终卷，则诸本皆同。准上言之，今所见本有玄工终卷者，要为传世最善最备之本矣。

《四库》存目引沈德符《飞凫语略》、姜绍书《韵石斋笔谈》，记方于鲁、程君房二人以名相轧致讼始末。案姜氏《笔谈》卷二云：

> 新安方于鲁、程君房，以治墨互相角胜。方所著《墨谱》倩名手为图，刻画研精，细入毫发，程作《墨苑》以矫之。两家遗编，至今传为清玩。盖于鲁微时，曾受造墨之法于君房，仍假馆而授餐焉。程有妾颇美丽，其妻妒而出之，正方所慕焉，乃令媒者展转谋娶，程讼之有司，遂成隙末。程坐杀人系狱，疑方阴嗾之，故《墨苑》绘《中山狼传》以诋方。然以墨品人品论，程终不能胜耳。

所记颇乖事实。考程所著《续中山狼传》、《不二价文》、《园中》诸文，备言为人构陷致讼之由，情直理壮，其为冤狱无疑。姜氏既云方受墨法于君房，并假馆授餐，慕娶其妾，则其人凉德薄行，乃龌龊小人之流，何以复云以墨品人品论，程终不能胜方耶？前后矛盾，固有不能自掩者。孙炯《研山斋杂记》云：

> 程君房取烟甚清，制胶得法，不用金珠水脑屑，有本色与施漆二种。本色宜南，施漆宜北。盖北土风高，不施漆，惧中断且裂也。次则方于鲁，其墨品在君房之下，烟微浓，胶微重，着纸颇有色泽，盖其

> 取烟以松，取油用桐，而胶则不免杂皮耳。

是程君房墨品在方于鲁上，世已久有定评。姜氏不辨黑白，其为瞽言，不问可知。至方谱图式仅三百八十余种，程书则多至五百二十，而方书图式，亦多窃取于程，两书具在，可以覆按。《四库》存目于两书并称。于程则曰：

> 雕镂题识，颇为精巧，与方于鲁《墨谱》斗新角异，实不相上下。

于方则曰：

> 摹绘精细，各系题赞，亦备列真草隶篆之文，颇为工巧。

盖于二书无所轩轾。今观程书图式精巧，镂刻妍丽，题识弘富，诚文房之鸿宝，墨海之津梁。与方谱较，实有霄壤之别。提要云云盖不及审校，而漫加雌黄耳。至张应文《清秘藏》云：

> 我朝墨，当以罗小华为第一。方于鲁墨，不及小华，所刻谱颇奇绝，可供闲燕清赏。

则亦方隅之见，未见程书者。总之，君房以肮脏不平之气，发奋著为此书，苦心孤诣，务极工巧，神物护持，愈久而愈显。正不必赖诸家著录，而见重于世也。

书内所收图式，核以原目，颇多漏略。如玄工类之庚子解元墨、丁未会元墨、丙午解元墨，舆图类之白岳灵区、黄山圣迹，人官类之丁酉解元墨、金不换墨二款，杜诗高楼月似霜秋夜郁金堂、府寮能枉驾家酝复新开两图，儒藏类之坎坎伐檀图，缁黄类之列子御风图皆是。以上诸图，每卷分目内均失载，惟见于人文目录题赞中耳。其所增玄工终卷，有道器、先天太极二图，后附宋应昌论赞数首，本卷目中无之，与物华终卷增图有目者，亦不划一也。他如缁黄下卷玄海紫澜、清华仙露及天主图、信而步海诸图，似皆续增之叶，按之本卷目次，则增刊之迹宛然。其有各图题赞，为卷内分目所未载者，如玄工类之丘禾实、陈勋《湘夫人诗》各一首，孟时芳《璇玑玉衡赞》；舆图类之文湛持《白岳诗》，朱国桢《黄山松歌》；人官类之孟时芳、许獬《梦人遗墨诗》各一首,邹彦吉《画眉黛诗》,常道立《掌珠诗》;物华类之孙如游、茅溱《桂子添香诗》各一首;缁黄类之陈勋《玉杵玄霜诗》,邹彦吉《异鱼吐墨诗》,吴会《乌金赞》,周懋相《青牛紫气诗》,列子御风图张泰贞诗二首,孙如游诗一首,君房自制庚子丁未丙午丁酉会元解元各墨铭赞,《庄生化蝶歌》,金不换小玄天灵气铭,均是。至《人文》九卷中,复多申时行、郭正域二序,林表、张汝霖赞,吴守言《读园中短歌》,吴光裕《读墨苑歌》、《酬惠墨诗》,王良相《感寄诗》,汪震《留别诗》,程人林、于念东、任怀野、杨忠庵、刘夷白、袁虎溪、南居益、李湘洲、睦东荪、李东山、张瀛海、苏云浦、毕懋康、洪韧韦、孙恺阳书各一首,蹇理庵、温体仁、方祖兆书各二首,宋桐江书三首,皆目所失载。盖此书编刊时,造端弘大,迨成书时,不及细检,遂有顾此失彼之弊。此类事明人书中屡见不鲜,不足为君房病也。

　　此书各图,多出名手丁南羽所绘。有镌印章者,如玄工类之景星图,六龙御天,龙九子,凤九雏;舆图类之西岳华山,南岳衡山,北岳恒山,中岳嵩山,玄岳藏书,大玄山,白岳灵区,黄山圣迹;人官类之天禄、青藜二款,画眉黛,树汁为墨,杜诗"高楼月似霜"、"府寮能枉驾"二图,何休学海;物华类之惟南有金,鞠通,北溟有鱼,昆岑玄木,嘉禾重颖;儒藏类之龙行云施,明两作离,坎水洊至,随风申命,洊雷主器,兼山艮止,丽泽为兑,君子解,鼎黄耳,鸿渐于陆,鸣鹤在阴,大人虎变,明王慎德,玄壤乔夭,归马放牛,大旱霖雨,松柏之有心,竹箭之有筠,受命咸宜,巨川舟楫,大行使楚,恭默思道,反禾起木,若作梓材,补衮,坎坎伐檀;缁黄类之玉杵玄霜,三生图,仙居台阁,异鱼吐墨,万年枝,玄光灵芝,乌金,㗅水墨,泥墨金,墨菊,书入木,紫磨金,象冈玄珠。共六十三图。有见于题识者,如物华类之鹰扬虎视,百雀图(均见于君房自作诗歌);缁黄类之列子御风图(见于张泰贞诗)。共三图。其无印款及题识,观于笔墨蹊径,极似南羽者,如玄工类之天保九如(方谱署南羽款),燃石香云,片云黑;舆图类之东岳泰山,玉洞桃花(方谱作南羽画,有款);人官图之侑座之器,金人图,陈玄,梦人遗墨,石室观书,画掌股,刘佑市墨,函三为一,掌珠,墨池;物华类之庐山松烟,龙膏烟瑞,玄香太守,鴥彼飞隼,千岁苓;儒藏类之牝马之贞,雎鸠(方谱作南羽款),五瑞四岳,十有二牧,东斋注易;缁黄类之二室翻经,喷墨成字,墨樵,二十八图等均是。其中侑座之器,金人图,五瑞四岳,十有二牧,与南羽所绘养正图解,同一规范,其为丁作尤确切可信。尚有江世会,亦当时良匠。南羽之外,多其所制。缁黄类维摩说法图后有新会江世会摹款一行。世会仕履未详。君房自序有云:"书有若江世会之巧,式有若郑桂之精,会计督率有若洪自宽之贤劳尽事。"郑与洪艺事他处亦无可考。书内题赞,有署洪自宽书者,是洪亦文人,并能书翰。足见此书之成,多士为之。用意之专,致力之勤,非方谱所能望其项背矣。

此书梓行,在方书后,六类图式,几包罗方谱而悉有之。有款与图全同方谱者。如玄工类之国宝,天保九如,金茎灵,五星聚奎璧,九锡,厥有太常,天府紫香,天府御香,璇玑玉衡,日月九道,藕心钱等十一图;舆图类之四圭有邸,两圭有邸,汉宫春(方谱作蓬莱宫),山玄水苍,五岳四渎,三台石墨,桃叶,双凤玦,束素,回文玦,合璧,汉玉提梁,玄象,玄岳藏书,玉洞桃花等十五图;人官类之玉虎符,瑞葵并蕚,文彩双鸳鸯,浮金轻玉,五色玦,兰台,九子墨,结绮,文璧等九图;物华类之太平有象,九鼎,谷文璧,圭邸,圭璧,蟠桃核,虞廷卿云,双龙小玺,九贡,狼跋,玉堂花瑞,载弄之璋,夒龙玦,玉鱼佩,玉貂蝉,青琅玕,唐蹲龙,八龙之骏,双鱼玦,文犀照水,压胜钱,双鲤,宋绣虎印,香玉辟邪,苍玉佩,玉镌,剑脊,蓍艸瓶,百花香露(方谱图作单边),乌玉玦,乌玉环,浮玉,紫璃玦,交龙璧,珥璧,云环,香玦,古卧蚕璧,香玉,文玉,分香莲,玉壶冰,辟邪,夒龙佩,玄钟等四十五图;儒藏类之雎鸠,鸒斯羽,谷璧,蒲璧,昭华玉,黄琮,铜虎符等七图;缁黄类之六根清净,金刚法轮,金光幢轮,尊胜幢,云来宫阙,五牛图(方谱图略大),佛面竹,黄金师子座,天女散花,三兽渡河,六十二佛轮,僧宝,三神山,清华仙露等十四图,均是。有款同而图异者,如玄工类之紫薇垣,日月重光,九宇玺,龙九子,凤九雏,龙凤呈祥,为龙为光,作霖雨,天孙云锦,弧南,五宝,廿八宿内之心宿、胃宿、井宿、毕宿、角宿、觜宿,文昌宫,乙未解元墨等十九图;舆图类之寅露台,群玉册府,纶阁,双凤玦,凌烟阁,杂杜蘅与芳芷,水木湛清华,连理石,玉兰花,萍实,龙门,娲皇补天,山河分影,天门山,大玄山,清晖照海月,天禄永昌,结蜃楼,金屑泉,词源倒流三峡水,二酉,非烟,青云芝等二十三图;人官类之云台,世掌丝纶,掌珠,函三为一,天禄青藜,侑座之器,金人图,玄香异气,织锦图,寥天一等十图;物华类之嘉禾重颖,五鸟叙伦,虎文,千岁苓,千岁芝,珊瑚间木难,桃根,同心比翼,常棣,三足乌,骊虞,王者香,九尾狐,五色凤池云,七枝秀,駃彼飞隼,天马,黄金台,桂子天香,龙光射斗牛之墟,合懽芳,触邪,八吉祥,北溟有鱼,鱼在在藻,摽有梅,月精,大干椿,灵宝,墨狻猊,五客图,五清,三媚,七香,九英梅,知白守黑,芎泽,瑶华,青玉案,玄鲸宝柱,丹渊玄蜂,维熊,灵犀,百子榴等四十四图;儒藏类之调羹,补衮,九罭,玄兖玄钺,玄鸟等五图;缁黄类之三生花,三生果,三车,天宝,僧宝,旃檀海,达摩真性颂,扫象等八图,均是。有款异而图同者,如舆图类之螺黛,方谱作蛾绿,物华类之百卉含英,方谱作富贵长春,百马图方谱作百子骏;人官类之五松,方谱作墨出青松烟;儒藏类之始制文字,方谱作始作书契,夏禹书方谱作神禹碑;缁黄类之冰盘,方谱作玄冰盘(两图稍殊)等均是。有款异而图相类似者,如玄工类之室宿,方谱作玄宫,尾宿方谱作九子星;舆图类之众流归海意万国奉君心,方谱作案星拱极,苍山研方谱作壶中九华;人官类之桐乡戏封,方谱作桐圭;物华类之松化石方谱作玄松脂,父乙爵方谱作三雅,松膏方谱作松肪,龙孙方谱作竹胎;儒藏类之龙行雨施,方谱作云行雨施等均是。两书虽多雷同,实则方窃自程,非程袭取方者。观君房此书自序云:

> 有窦夫方于鲁者,客于余,谓佣身不足以糊朝夕,愿请受业以资生人。余怜其窘,悉授之,且助之资,而复画以规式之方,齐价之略。余方意其由基而立,或者未忘本也,讵谓其苟行以相报?

诸语可证。款同而图异者,以方谱各图猥鄙,改从隽美。图同而款异者,亦以其命名不雅驯而是正之。即图款俱同者,钩摹镌绣之间,亦有精粗妍媸之别，非草率将事，漫无抉择者也。故谓嗜墨者得一程书，则方谱可束之高阁，直以土苴草芥视之可矣。

程苑、方谱，世不多见，前人摭拾耳谈，每多歧误。徐康《前尘梦影录》卷上云：

> 程君房有《墨谱》十二巨册，前题后跋，皆有闻于世。图谱之工，丁云鹏、吴左千居多。碉镂之精，为万历时绝作。因伙友方于鲁负心，册后附《中山狼传》并图四幅，所记负心者，不厪于鲁。然于鲁亦以鬻墨起家。《中山狼传》一出，方氏蒙垢，遂刻《墨苑》一书以相敌，并出资购烬此传，故传世者绝少。方氏书刻工不及程氏，即松烟工料亦不逮。

所举书名互误。又谓方书后出，案于鲁《墨谱》刻于万历戊子，《墨苑》则至乙巳丙午始成书，中间相隔十余年，徐说非是。又谓《中山狼传》后有图四幅，以记负心者，今书中《续中山狼传》全文具在，而无图。姜绍书《韵石斋笔谈》亦云绘《中山狼传》。今书所缺之图，其亦为方所购烬欤？惟谓方书刻工不及程，又谓松烟工料亦不逮，自是确论耳。

程书刻工，均一时名匠。见于卷中者，杜大绶书、君房自序后有黄鳞，董思白序后有黄道，孙承宗《辑㮤园丈人事略》后有黄应泰。此三人者，皆歙中良工，宜镂刻之精冠绝古今也。案：明万历间绣象小说戏曲，及其他书籍之有绣象者多出徽郡雕造，尤以黄姓为最著。黄应泰又尝刻《状元图考》，神采奕奕，不在程书下。他如黄端甫、黄一彬、黄伯符、黄元吉、黄应组、黄镐、黄奇、黄旸谷、黄桂芳辈，皆铮铮有所造作。天启崇祯间，黄子立以刻陈章侯《叶子格》著称于时。按其年辈，当又在应泰及诸黄之后矣。

此书初印本，各图间有为彩色套印者，如通县王氏藏本玄工类之昂宿图，衣作浅碧色，花作绛色。人官类之蔽芾甘棠图，碧树朱阑，别饶幽情。此外廿八宿图赞，右列各符皆朱印，天姥对廷图则纯以苔绿精拓，尤奇丽可喜也。

君房工古文词，其为人任侠有奇行。所著诗文集六卷，《四库》存目著于录，为于慎行所选，凡杂文二卷，诗四卷。原本世亦罕传。余尝于沪上涉园陶君寓中见之，匆匆未得假读为憾。今观《墨苑》王锡爵序云："新安程君，负侠好结客，能文章。"常道立序云："君房新安高士，攻古文辞，而尤长于诗赋。"管志道序云："君房长攻古文辞，不铢铢于摹古，而直撼自得，词坛翕然重之。"翁正春序云："园中一艸，愤懑壮烈，与邹阳江淹异调同工。"顾起元序云："君房为人忼慨激壮，发为文章，往往多燕赵感慨悲歌之气。"屠隆序云："君房博物好古，工词赋，不与时流结社竞名，居然词林翘楚，乃为墨掩，世未尽知。"其言皆可征信。君房有杰才，宜得身后名，乃后人妄加雌黄，以与墨匠方氏并称，惜哉！

此文写成，就正于法国杜柏秋君，蒙杜君不弃谫陋，以新收程书见示。其本系一残帙，仅存七卷。然镌刻印刷之精，设色套印之美，不让余前所见陶氏王氏藏本。如卷一玄工上，太极图（三字三色套印），根阴根阳（四字三色套印），日初升，太微垣（太微垣三字三色套印），北斗七星，天保九如，月初弦，五星聚奎壁，金茎露，浮汉槎诸图；卷四舆图下，汉宫春，玄国香，天禄永昌，结蜃楼，萍实诸图；卷六人官下，世掌丝纶，落日放船好（此图四色套印，尤为悦目），瑞葵并萼，程乡松滋侯诸图；卷七物华上，五色凤池云，紫龙涎，分香莲诸图；卷八物华下，古松心，惟南有金，五松，触邪，天马俱飞，蛱蝶诸图；卷九儒藏上龙行雨施，明两作离，坎水溶至，鼎黄耳，虎豹其文诸图；卷十一缁黄上，法云，三生图，玄光灵芝，宝树低枝诸图。此皆设色套印，王本则否。陶本现归沪友玄览堂主人，其内容余尚能想象得之，其中套印之叶，亦无此帙之多。以是知此本，乃今日南北所见程书最初印本，其于中国雕版史及工艺史之研究，裨益至巨，未可以其断圭零缣少之。附书于此，以为杜君贺，并谢杜君之厚贶焉。

（原载《中法汉学研究所图书馆馆刊》第二号，1946年10月）

《校辑宋金元人词》序

长短句为宋世乐府之正声,当时名工巨制,难以数计。书林乘机翻刻,今可得而考者凡三地焉。一曰长沙坊刻词。《直斋书录解题》(二十一)歌词类全录其目。自《南唐二主词》迄郭应祥《笑笑词》,凡百家。嘉定元年滕仲因跋《笑笑词》云:"昔闻张于湖一传而得吴敬斋,再传而得郭逊斋,长沙刘氏书坊既以二公之词锓诸木,而逊斋《笑笑词》独家塾有本,一日,予叩逊斋,愿并刊之"云云。案:张孝祥《于湖词》、吴镒《敬斋词》,直斋所记并有之,知《百家词》乃刘氏书坊所刻矣。二曰《典雅词》。朱彝尊辑《词综》时,于文渊阁及他处共得六册。《曝书亭集》(四十三)有跋记之。其略曰:"《典雅词》不知凡几十册,予未通籍时,得一册于慈仁寺集,牋皆罗纹,惟书法潦草,盖宋日胥吏所钞南渡以后诸公词。后分纂《一统志》。昆山徐尚书请于朝,权发文渊阁书,用资考证。中亦有《典雅词》一册,始知是编为中秘所储也。既而工部郎灵寿傅君以家藏钞本词四册贻予,则尺度题笺与予囊所购无异,考正统中《文渊阁书目》止著诸家词三十九册,而无"典雅"之名(案:《文渊阁书目》载诸家宴喜词三十册,与竹垞所云不合),疑即是书,著录者未之详尔。"据此知"典雅"乃宋世旧题,故杭世骏补本《千顷堂书目》、倪灿《宋史艺文志补》并著于录。然仅列姚述尧《萧台公余词》、倪偁《绮川词》、邱密《文定公词》三种。合以江阴缪氏传钞汲古阁本陈允平《西麓继周集》、曹冠《燕喜词》、赵磻老《拙庵词》、李好古《碎锦词》、冯取洽《双溪词》、袁去华《宣卿词》、程大昌《文简公词》、胡铨《澹庵长短句》、失名《章华词》、刘子寰《篁嵊词》、阮阅《巢令君阮户部词》、黄公度《知稼翁词》、陈亮《龙川词》、侯真《嫡窟词》(《艺风藏书续记》七著录)，共得十有七种，与朱氏所跋之六册，自当为一家眷属，或即系一书。劳巽卿曾见朱氏藏本，尝以校欧良《抚掌词》、张辑《东泽绮语债》，则传世《典雅词》至少亦当有十九种矣。更以江阴缪氏藏本行款推之，半叶十行，行十八字，与汲古阁影宋陈氏书棚本赵以夫《虚斋乐府》、许叶《梅屋诗余》、戴复古《石屏长短句》均合，平阙之式亦有同者。与毛氏影宋本《知稼翁词》和《石湖词》、《辛稼轩词》亦无不合。殆均为陈氏书棚所刻，其性质初与《群贤小集》无异。此虽属假设之辞，然于事实必不相远。考宋人乐章辄以雅相尚，传世有张安国《紫微雅词》、赵彦端《寅文雅词》、曾慥《乐府雅词》，《宋史·艺文志》有《书舟雅词》，《岁时广记》引《复雅歌词》，此书以典雅名，亦足觇南渡后风尚矣。三曰《琴趣外篇》，乃闽中书肆所刻。毛子晋有影宋写本欧阳修《醉翁琴趣》、晁元礼《闲斋琴趣》、晁无咎《晁氏琴趣》各六卷。此外毛斧季校本《淮海词》亦时引《琴趣》，知尚有《淮海琴趣》。合以《四库提要》所举之叶梦得《石林琴趣》、吴门汪氏旧藏之赵彦端《介庵琴趣》、唐栖劳氏所校之黄庭坚《山谷琴趣》，共得七种，然其总数当不止此。今惟《山谷琴趣》全帙及《醉翁琴趣》上册尚存海盐张氏。去秋于沪上见之，始知前人谓为闽刻不谬。此宋世书林刊词之大略也（张炎《词源》下云旧有刊本《六十家词》，未详为何地所刊）。余校辑宋金元人词，于《永乐大典》残帙搜得蔡柟《浩歌集》、张孝忠《野逸堂长短句》，疑即出长沙本；于《典雅词》得到刘子寰《篁嵊词》；而《闲斋琴趣》余所见赵辑宁星凤阁钞本乃全帙，尤为快意。因详著宋世湘浙闽各地刊词始末，以弁其首，俾世人知汇刻宋人乐章，以长沙百家词始，至余此编乃告一段落，盖所由来者远矣。二十年二月海宁赵万里书。

（原载赵万里编《校辑宋金元人词》卷首，国立中央研究院历史语言研究所1931年出版）

谈柳词

近几年我特别爱读柳耆卿词。遇见比较旧一点的柳词写本,如明季紫芝漫钞本、吴文恪百名家词本、赵清常写本,必设法借来,与汲古阁六十家词本细细比勘,以求其真。有时又从宋以来选集,如《梅苑》、《花庵词选》、《花草粹编》里,搜集所引柳词,作比勘之助。因此读了又校,校了又读,前后不下十数次。愈读愈觉得柳氏写景言情,俱是超人一等。而意境之高妙,辞采之骏发,又迥非他人可及。有人如问宋词当先看那一家,我总劝人于欧、晏、清真外,当先读柳词。又有人问,合乎宋人心目中宋词的代表作是那一家,我又推举柳词。下面便是我个人一点点意见,匆匆写出来,让大家指教指教。

宋词本是中唐以后民间新兴的时曲。唐五代北宋人,直称之为曲子,如敦煌所出之《云谣集杂曲子》,石晋时和凝契丹人尊之为曲子相公,北宋时孔方平等组织兰畹曲会,杨元素编辑词话为《本事曲子集》,下至南渡后姜尧章《白石道人歌曲》,无不以曲子为名。就体裁论,其不同于诗者,祇在句法之不固定,不一律,而以牌名为准,不失为一种新的解放,故宋人名之曰长短句,或又名近体乐府,以别于五言、六言、七言之旧乐府,如欧阳永叔之《近体乐府》,周必大之《平园近体乐府》,均是。其初不过行于教坊乐师与歌妓间,有新调未必有新辞,有新辞未必即有动人的曼妙文字。自来文人,每喜作狎邪游,易与歌妓接近,喜其新声,而嫌其文辞之不雅驯。如温飞卿、韦端己及其他《花间》、《尊前》集里的作家们,下至北宋时欧、晏之流,在歌妓前无不卖弄才情,捉刀代笔,努力染指于新乐曲之创作。故早期文人所作的长短句,大抵模仿着歌妓或自身的口吻,而为描写现实之作,几乎全部是两性间的恋歌情歌。及至后来,文人学士纷起效颦,利用词调来发挥一切情感,以做诗的方式来填词。词与诗同化,而悉数流为庙堂文学,或案头文艺,去歌妓乐师们的意识及大众的需要日益辽远。新兴时曲如诸宫调、赚词、北散曲、南散曲,乃先后起而代之。如此,新陈代谢,兔起鹘落,形成了一部中国纯文学史里,各种不同时间和空间的时曲的热闹场面。

我们试看柳耆卿的《乐章集》,除了少数应制之作,如《倾杯乐》(禁漏花深)、《醉蓬莱》(渐亭皋叶下)之外,几乎全数是真挚的情歌。不必说是合乎上边所说时曲的资格的,叶梦得《避暑录话》说得好:

> 柳永为举子时,多游狭邪,善为弦辞,教坊乐工每得新腔,必求为辞,始行于世。

可知柳之为词,多数是应教坊乐工而作的,故集中前所未见之新调,即所谓"新腔"者,亦最多。编集者又恐歌者不易寻知其新调之隶于何官何调,故编时即以官调为次,与周邦彦《片玉词》编法正同。集名乐章,而不冠以他名,亦甚新奇。宋时长短句曲子,亦可通称"乐章",如谢懋之《静寄居士乐章》,即其一例。"乐章集"犹言"曲子集",在当时的歌场里,想是一种流行的小唱本。其集出他人所辑,已在柳氏身后,随辑随补,故集后又附续添曲子多首。凡此称名与编次之异于他集,亦可据以推知在宋时乐师与歌妓间传播之普遍了。

柳词在宋时不仅风靡国内,即在边境,亦颇流行。《避暑录话》又称:

> 西夏归朝官云:凡有井水处,即能歌柳词。

寥寥二语,柳词流行之广与爱好者之多,已可概见。《钱塘遗事》说:

孙何帅钱塘,柳耆卿作《望海潮》词赠之,有"三秋桂子,十里荷花"之句。此词流播,金主亮阅之,欣然有投鞭渡江之意。

《望海潮》一词,见于今本《乐章集》卷下。其全文如下:

东南形胜,江吴都会,钱塘自古繁华。烟柳画桥,风帘翠幕,参差十万人家。云树绕堤沙,怒涛卷霜雪,天堑无涯。市列珠玑,户盈罗绮,竞豪奢。重湖迭巘清嘉。有三秋桂子,十里荷花,羌管弄晴,菱歌泛夜,嬉嬉钓叟莲娃。千骑拥高牙,乘醉听箫鼓,吟赏烟霞。异日图将好景,归去凤池夸。

可见南渡后的北方,尚有柳词流行。一阕《望海潮》,曾引起两国无端以兵戎相见,这是柳耆卿生前所万想不到的。这还不算出人意外。最可异的,宋时向高丽输出的乐曲中,亦有柳词在内。宋元间高丽有少数柳词流行,这和杨朝英《阳春白雪》卷首收着十首大乐,中有柳词《雨霖铃》:

寒蝉凄切,对长亭晚,骤雨初歇。都门帐饮无绪,方留恋处,兰舟催发。执手相看泪眼,竟无语凝噎。念去去,千里烟波,暮霭沉沉楚天阔。多情自古伤离别,更那堪、冷落清秋节。今宵酒醒何处,杨柳岸、晓风残月。此去经年,应是良辰好景虚设。便纵有千种风情,更与何人说。

可认为元时中土尚能歌唱柳词的情形差不多。柳词历久不衰,于兹可见。明初朝鲜郑麟趾纂修的《高丽史·乐志》里,收着柳词三首:

倾杯乐

禁漏花深,绣工日永,蕙风布暖。渐(今本《乐章集》卷上"渐"作"变")韶景都门十二,元宵三五,银蟾光满。连云复道凌飞观。耸皇居丽,嘉气瑞烟葱蒨。翠华宵幸,是处层城阆苑。龙凤烛,交光星汉。对咫尺鳌山,开雉(《集》作"羽")扇。会乐府两籍神仙,梨园四部弦管。渐(《集》作"向")晓色都人未散。盈万井山呼鳌抃,愿岁岁天仗里,镇(《集》作"常")瞻金(《集》作"凤")辇。

浪淘沙令

有个人人,飞燕精神。急将(今本《乐章集》卷中作"锵")环佩上华茵(《集》作"裀")。促拍尽随袖红(《集》作"红袖")举,风柳腰身。簌簌轻裙,妙尽尖新。曲终独立敛香尘。应是四肢(《集》作"西施")娇困也,眉黛双颦。

临江仙

梦觉小庭院,冷风渐渐(今本《乐章》卷下"渐渐"作"浙浙"),疏雨潇潇。绮窗外秋击败叶,狂飘心摇。奈寒漏永,孤帏悄,烛泪(《集》作"泪烛")空烧。无端处,是绣衾鸳枕,闲过清宵。萧条。牵情惹(《集》作"系")恨,争向年少,偏觉新来憔悴,旧日风标。魂消。念欢娱事,烟波阻,后约方遥。还经岁,问怎生奈(《集》作"禁")得如许无聊。

以上第一首当是应制之作,二三两首均系情景交融的时曲。《高丽史》所收乐曲数十首,例不著原撰人姓名,兹据《乐章集》定此三词为柳词。《高丽史》又称:

高丽睿宗朝,宋赐新乐,又赐大晟乐。

疑此三词宋时入大晟乐,故得输入高丽。《高丽史·乐志》所载诸词,除柳词外,绝无北宋诸大家之作在内,可见宋词中惟柳词流播为最广,而柳词乃宋季乐曲的代表作,于此亦可加以肯定了。

但南渡后亦有不甚赞成柳词者。我想第一人许是曾慥。曾氏于南宋初选辑北宋词为《乐府雅词》一书,独于柳词未见专章称引。大约他认为柳词中侧艳居多,算不得雅词的缘故吧。徽宗朝以作俚词出名的曹元宠,曾氏尚选及他,对于柳词置之不理,未免太主观了(至《乐府雅词》里不收东坡词,则因曾慥曾辑有全部《东坡乐府》,故不复见以重其人,与不选柳词原因不同)。第二当是《花庵词选》的编者黄叔旸。黄氏《词选》共选柳词十一首,态度比曾氏缓和得多。但也说:"耆卿长于纤艳之词,多近俚俗,故市井之人悦之。"此外孙敦立也说:"耆卿词虽极工,然多杂以鄙语。"二氏所云,当指集中带有色情狂的诸作而言,如《凤栖梧》(酒力渐浓春思荡)、《法曲第二》(青翼传情,香径偷期)、《画夜乐》(秀香家住桃花径)及《木兰花》咏心娘、佳娘、虫娘、酥娘诸妓皆是。这些,本没有什么了不得,后来南北散曲和明季流行的《傍妆台》、《罗江怨》、《挂枝儿》等等时曲,无不以此类题材为其骨干。花庵所云"市井之人悦之",正是柳词在宋词中具有时曲资格的良好现象。或者如以此言太过,不妨大胆地引诗三百篇为例。三百篇里如《曹风·候人》"维鹈在梁,不濡其咮"一类的诗,不一而足,说穿了无非男女相悦之辞。圣人删诗时尚舍不得丢开它,那我们又何必以严正的态度来指责柳词呢。

(原载《艺文杂志》第二卷第一期,1944年2月)

评罗庄女士《初日楼词》

窃尝论古今闺秀之工词者，八百年来得二人焉。李清照清丽遒逸，徐湘苹哀戚顽艳，其他非伤之纤屑即失之堆砌，且不尽为庐山真面，是以谈词者略而不道。近阅上虞罗孟康（庄）女士《初日楼词》，伏其笔力峭拔，气象森丽，非特不屑以梅溪、梦窗自囿，行且与六一、珠玉抗衡。三百年来词人舍万年少、纳兰容若、陈亦峰诸公外，不能有此作也。女士为上虞罗振常氏长女，吴江某士人继室。幼承庭训，其尊人亦工词。有《征声集》行世，《初日楼稿》刊于辛酉，续稿刊于丁卯，盖作于乙丑丙寅间旅居津沽时为夥。虽多应酬之什，然弹丸脱手，已达火候纯熟之境。较之初稿，又胜一筹矣。

初稿中《蝶恋花》下叠云："绕砌秋棠纤梗弱，独抱幽心，无语垂红萼。雁阵惊寒梧叶落，斜阳庭院秋萧索。"《踏莎行》云："细雨楼台，峭寒帘幙。经旬病起心情恶，送春无力强凭栏，几回风裛罗衣薄。"置之欧阳永叔集"南雁依稀回侧阵"诸阕中，可乱楮叶矣。初稿《采桑子·己未中秋》下叠云："繁弦急管谁家院，催动昏黄，高阁人忙，齐卷朱帘送夕阳。"《浪淘沙》云："风雨作深秋，脉脉飕飕，黄昏生怕倚层楼。无限云山低压水，天向人愁。故国海西头，波远烟稠。甚时重上木兰舟，望眼枌榆何处也，只见东流。"一片浑成，消息甚大。细味此二词，似作于壬子癸丑间避日本时，距今十余年。时女士年方及笄,而笔力雄厚如此,信乎天钟此才,在于女子,其偶然哉?

词之胜者,不以辞胜,而能以境胜意胜者为上。续稿中《浣沙溪》上叠云:"叠雪轻纱试越罗,晚来池上看新荷,一春烟景等闲过。"《渔家傲》下叠云:"高阁去天空尺咫,白云何处瞻亲舍,待把音书连夜寄。风满地,水寒犹恐沉双鲤。"又云:"木叶声干凉意满,墙头屋角秋零乱,落月穿篱光照眼。清露泫,牵牛花袅青丝蔓。"《减字木兰花》云:"芙蓉江上,空水澄鲜清入望。雁起银塘,摇落芦花白似霜。采莲人往,缥缈歌声云外响。长笛惊秋,谁倚高寒奏石州。"诸作无不意境兼胜。又集中吊鱼弟诸作,花蔓之悲,溢于言表。观于女士之词,益知文字无不与性情相表里矣。

又《初日楼诗》,亦多可诵。如《送别郑文渊赴津因寄飞霞云锦》云:"记得河桥柳似金,有人送我泪沾襟。归来海上花如雪,春逐离愁冉冉深。"《秋日有怀郑文渊姻姊》云:"灯火深宵渐可亲,几回掩卷忆幽人。银钩铁画簪花体,是否窗前染翰频。"诸作幽胜一如其词。呜呼!女士岂独以词名也哉?

(原载天津《大公报·文学副刊》第6期,1928年2月6日)

评顾随《味辛词》

《味辛词》二卷,近人顾随著,十七年夏间排印本。其词直追稼轩,兼祧樵风,今之词人所不能为且不喜为者,乃见之于顾氏,亦可谓"不同凡响"矣。其《八声甘州》、《哀江南》二阕,慷慨激越,读之令人神往。其词云:"记明湖最好是黄昏,斜阳射湖东。正春三二月,芦芽出水,燕子迎风。城外南山似幛,倒影入湖中。醉里曾高唱,声颤星空。此际伤心南望,有连天烽火,特地愁侬。便梦魂飞去,难觅旧游踪。绕湖边、血痕点点,更血花比著暮霞红。凭谁问、这无穷恨,到几时穷。"又一阕云:"便将来重复到明湖,胜游总成空。任三更渔唱,数声柔橹,半夜荷风。只怕双擎泪眼,觅不到残红。点点青磷火,芦苇丛中。眼看春光又老,漫酿成春色,费尽春工。上九重天上,细问碧翁翁。甚年年、伤春不了。却一春、不与一春同。春归去、已匆匆了,莫再匆匆。"往读蒋春霖《水云楼词》,《扬州慢》、《台城路》诸词,已叹为感时绝唱,然较顾氏此作,直有人工与天然之别。其一结尤令人不能为怀,实非今之词人所能道也。其浣溪沙"真个今年胜去年"、《踏莎行》"放眼楼头,信非吾土"、《渔家傲》"楼外红桥桥下水"、《浣溪沙》"一日阴阴一日晴"、《鹧鸪天》"点滴敲窗渐作声"诸阕,无一不以淡语出之。凡吾辈所欲言而不能如此言者,顾氏皆能言之,而不假色泽堆砌之巧。读者试诵其《蓦山溪》"年年客里看得春光贱"一阕,真切而有味,古今来词人除朱希真外,实不多觏。三复斯集,当知吾言非溢美也。

(原载天津《大公报·文学副刊》第41期,1928年10月15日)

悼江山刘毓盘先生

江山刘子庚(毓盘)先生,于本年七月二十五日,在北平寓宅逝世。享年六十二岁(1867—1928)。适记者以事离津,未及为文以志其哀思。今先生仙逝已满三月,谨补述先生于文学界之靖献,及其文学上之造诣如左。世人之与先生有旧戚、素仰先生之学者,想均具哀悼之同情也。

词至清初,勃焉中兴。秀水宜兴,分主词坛。厥后浙派大昌,至仁和项氏(鸿祚)、钱塘厉氏(鹗)始略变其风格。宜兴一帙,盛于常州,至张皋文(惠言)更倡言以寄兴相尚。江阴蒋鹿潭(春霖)继起,《水云楼词》风动海内,已不以南宋自囿。道咸以后,中经兵燹,蒋氏号称词史,然其时同气尚少。同光之降,丹徒庄中白(棫)继其后,与仁和谭复堂(献)相往来,而谭氏尤为杰出,观陈亦峰(廷焯)《白雨斋词话》便可知其一斑。时江山刘泖生(履芬)氏,以少年工词翰,与谭氏相友善。刘氏《古红梅阁词》,虽沉着幽致不及谭,而空灵跌荡,要非一无师承者可比。子庚先生(毓盘)即其令子(生于同治六年),少承家学,继又受业于谭氏之门,其工倚声,固环境造成之,然非天资颖迈,又乌能臻于斯域?先生年少即驰名江南,刘氏故多藏书,泖生先生熟精史汉,故先生于史亦尝有所论述。当光绪季年,先生游宦秦中,箧中词稿已积储盈尺,然先生未尝示人。会逢寇难,其稿尽失,及后检寻,已不及十一。盖此数年之间,既遭寡故,又逢丧

悼江山刘毓盘先生

乱,兰放萧索,不堪卒读,非复少年可比。辛亥后,营宅于钱塘,往来嘉禾杭垣间,仅一妾为伴,心绪颇寥落。掌教于杭州省立师范、嘉兴省立中学凡四载余。时先生友人之在北京大学者,以先生荐充该校文学教授。先生北上后,因作《清平乐·重到燕京》词记之。令威重来,已非复昔时景物矣。时大学经济不裕,先生因兼他校课,其寓所离诸校匪尔,往返常以步履,不辞劳悴。然犹手辑《宋六十家词》及编纂《词史》以授生徒。旁搜博证,当代词家若况蕙风、朱古徼所未能成者,乃见之于先生,不可谓非学林之厚幸也。先生老而著书,又限于时力,故所成书中时有疏漏,然不能以此少之。今年先生益衰惫,老境苍凉,与况蕙风大同。竟于七月下旬卒于京寓,身后萧条,遗稿零落,无人董理。而先生后人更无能继其学者,盖刘氏数世之学,至此遂告中绝,一如仪征刘氏,令人浩叹。而先生及门,亦无能述其学彰其行者,故特就吾人所知者记之,为世人告焉。

【一】濯绛宧词　　此先生手定之词集也。首有吴县彭世襄序,共七十九阕。其自序云:"五季北宋,津逮风骚,二窗中仙,开关门户。华年选梦,锦字缄愁,律据音先,意写言外。美人香草,无憀极矣"云云,其下不见年月。其版初刊于浙中,无卷末十余阕,盖其后又有补刻也。先生尝自云:"凡所造句不二用,必刻骨镂肾以见异于他人",故凡他人所习用者,先生必不屑与之雷同,此固先生之奇癖,然亦旧事才人应有之事。故其词中创意创句为他人所未及道者,如《卜算子》云:"不为无人不下来,只有斜阳好。"至如《谒金门》"四季花开长命,花底翠莺交颈,花鸟相依天也肯,呼天天不应"半阕,则变徵之声,为集中仅见之作。其后词似得力于碧山、二窗为多,更佐以梅溪之疏宕、美成之隐秀。如《忆旧游》及《禺溪梅令》,均清丽可诵。至《寿楼春》"听环花莺啼"一阕,较之梅溪"裁春衫寻芳"亦有过之而无不及。郑文焯《寿碧词》尝努力谱此调三四阕,然究不如先生此阕能令人不能为怀也。又《浪淘沙》一阕,有"一到如今,耐了衣冷酒冷香冷。更无人唤得,花醒月醒秋醒"之句。读之令人回想施梦宰、赵秋舲诸公之套曲。又《菩萨蛮》上叠有"花约夕阳迟,一齐红几时",下叠有"窗际觅归帆,飞鸿过两三"之句,疑是庚子戚时之作,与彊村

"商略解连环，人前出手难"可称异曲同工。其在嘉禾时作《浣沙溪》"旧恨空中记不全，一窗花落又今年，玉珰缄札诉缠绵"一词，信手拈来，直如上元宫人坐谈开元旧事，不知从何说起。至《蕙兰芳引》一阕，则与吴县吴瞿安（梅）诸词友同作，沉着嫣丽，初不料其出于五十老人也。要之，先生所存之稿，虽在近代作家中不为多，然亦谈艺者不可忽视也。

【二】词史　此书仅有北京大学排印本，《东北大学月刊》曾转载之。全书共十章，首序论，第一章论词之初起由诗与乐府之分，第二章论隋唐人词以温庭筠为宗，第三章论五代人词以及西蜀南唐为盛，第四章论慢词盛于北宋，第五章论南宋词人之多，第六章论宋七大家词，第七章论辽金人词以汉人为多，第八章论元人词至张翥而衰，第九章论明人词之不振。第十章论清人词至嘉道而复盛。末附备论。观先生此书中所述，大都偏重文学性质方面，而于五代两宋词之变迁及各大作家事迹之钩稽，尚未遑注意。首章论词之初起由诗与乐府之分，其说颇中肯。其余虽多见到语，固较近人所编文学史仅作门面语者远胜，然以历史的眼光观之，则尚有数事为先生书中未见者。略举三事，以见一斑。

（甲）词调命名之由来及其变迁　此问题上则与隋唐古乐府有关，中则于宋金大曲院本有关，下则与金元之杂剧有关。细加钩索，当有重大发明。而一调数名之由起，亦可于研究此问题时附论之。

（乙）词律之新补正　万氏《词律》后，确有杜文澜、徐立本为之拾遗补正，然至近代始有特殊规定。齐天乐之有去上，绕佛阁之为双泄头，固无论矣。即清真、梦窗诸家词，亦非拘拘于四声不可，且于去上尤须严加遵守。此虽为掩耳盗铃之故智，以今日词谱零落无存，而犹从事于此，诚为至愚。然以南北曲音谱准之，自有消息可寻，此非重加研究不可。近代诸家所刻宋人词中，有可以补正前人谱律者，谅不在少。此亦谈词者所当有事也。

（丙）两宋词人事迹之钩稽　宋代大词人如秦淮海、苏东坡，其事迹固彰彰在人口，无劳今人更事编述矣。其他词人之稍著者，宜仿王静安《清真先生遗事》例，详加研究。其人不甚著者，则宜仿劳季言《读书杂识》例,就宋人著述中略考其行事。至如草窗、梦窗、碧山、玉田、白石诸公行事,在宋人著述中数见不鲜,且其篇什传世尚完整,则考索钩稽,又乌可忽哉?

【三】重辑宋六十家词　此仅见北京大学排印本,亦未全。近人如朱彊村辈亦尝从事于此,然不及先生所辑之广。尝见先生所辑《僧仲殊词》,不及引《中吴纪闻》所引,则其有遗漏可知。如有人仿先生成例,就《草堂诗余》、《绝妙好词》、《唐宋诸贤词选》,及《梅苑》、《全芳备祖》、《花草粹编》,及宋人说部、地志中辑之,再就《历代诗余》、朱氏《词综》等书略校异同,更仿郑文焯校《清真词》、朱古微校《梦窗词》之例,录校记于每阕之右,则尽善矣。更就他书统计之,则两宋一代人所作词尚存于今者,自可得精详之统计。而《全宋词》之辑,亦可由此完成。此殆先生未竟之业,后之作者,可不勉旃?

【四】中国文学史　仅有排印本,似先生在浙中时所编以授生徒者。虽戋戋小册,亦完整可观。惜传本至少,外间尚未见流行也。

【五】濯绛宦文钞　此先生门人查君排印本。共文数十篇,骈体文居大半,中有《魏志·王粲传书后》数篇,颇发前人所未发。此外先生诗稿,曾见数十首于先生门人魏塘徐君处,亦疏秀可诵。白石以词显,然其诗亦如其词,读先生之诗者,或有此同感也。

(原载天津《大公报·文学副刊》第 43 期,1928 年 10 月 29 日)

散曲的历史观

（一）

　　从晚唐到南宋，整整四百年，长短句的曲子词，统制了那时候的文坛。周邦彦在宋徽宗政和六年奉命就大晟府提举之职，目的在巩固曲子词的壁垒。一时帮他忙的人，如晁次膺、万俟咏、田不伐，都是慢词的新作家。自仁宗以来，曲子词的核心早已由小令，倾向到慢词。慢词的进展，影响到整个曲子词在乐府史里的地位。但万俟咏辈按月制腔的时候以东京为中心，孔三传一派的诸宫调势力，早已具体化了。女真民族崛兴，两河一带沦为战场，诸宫调的新乐曲，随着北人南徙。然诸宫调在北方之势力，并未削减，且有继续增长之势。从比较版本学上，确定了《刘知远传诸宫调》是南宋中期金章宗前后平阳书肆的产物，《董解元西厢记》在结构上看来成书的时代尚在其后，这都是诸宫调盛行于北方的确证。我们虽然得不到诸宫调南渡以来的真正标本，但从传世最古的戏文《张协状元》里的家门，有"占断东瓯盛事，诸宫调唱出来因，厮罗响"一段话，知道《梦粱录》所载诸宫调在临安游艺场里活动的情形，决非虚语。但南方爱好诸宫调者，究不敌戏文之多。戏文是温州乡土戏，在本地早已有很久的历史,但从温州进展到政治中心都市临安来,恰与诸宫调南渡相同时。戏文的势力,在南方加速度地膨胀,诸宫调与院本,一种是静的说唱,一种是动的表演,也一样在北方大都市里活动。因为方言和其他客观环境有种种不同之点,不久就形成了两个对峙的文体,就是南曲与北曲。

南北曲在南北双方同时进展,使贵族化的曲子词,感到一种尖锐的威胁。虽然南渡后,经过贵族和文人如曹勋、张抡、姜夔、吴文英辈向曲子词里注射了好些新血液。宫调体系统制下的《乐府混成集》,也在临安修内司正式雕版。至多不过使慢词格外规律化,于曲子词整个生命线的延长,无补于万一。曲子词流转于贵族文人、舞女歌童之口者,意境逐渐僵化,行文逐渐古典化。新兴的南北乐曲,因为已尽量使用当地方言、成语,尽量采用民间神话故事,予听众以好感,曲子词的弱点遂日益暴露而趋于灭亡之道。曲子词到了南渡以后,除了少数词同化于南北曲,如《风入松》之类外,其余唱法谱法,一概失传。连吴梦窗自度的《西子妆慢》,到了元初张玉田按谱填词时,有不能倚声而歌之叹。其他古老的词调,杨朝英编《阳春白雪》时,祇余十种,尚可付之歌场。这十个词调名之曰大曲,与宋人所谓大曲,界说完全不同,以示别于新兴乐曲。最初努力于新兴乐曲的作家,大抵是无名氏和勾栏中人,到了上层的文人学士醉心于新兴乐曲而染指于创业时,旧日长短句的曲子词从此便如唐代通行的近体诗曲一样,形成一种案头文艺,永远脱离歌场。想起当年以《花间》、《尊前》为名,以号召于一般读者前时,真不胜今昔之感!这个关键,完全系于散曲之普遍化上面。换言之,消灭曲子词最有效的工具是散曲,尤其是北散曲,而非剧曲。

(二)

长短句的曲子词,除了少数大曲,是用同样词调,连做若干支,自成一套外,大多数在各宫调里的词调,是祇许各个单独活动的。换言之,在曲子词里同一宫或同一调下的各个词调，本无相互间的关系。其有相互间的关系，可以自由结为小组织，联成套数，则始于诸宫调和南方通行的戏文联套的运动，从试验到成功，一定经过了相当的时间。这是曲子词在时代乐府里落伍的原因之一。

然曲子词最大的劲敌则在散曲而不在剧曲。散曲的格调意境，与曲子词相同。其抒写性灵不寓故事，亦与曲子词无异。曲子词在中唐初期，不过民间新兴的一种长短不齐的歌曲，到了晚唐逐渐抬头，为文人学士所注意。散曲不知起于何时，元以前一定有许多无名作家，继续不断地在南北同时创作着，和剧曲一齐向上进展，与唐代长短句暴兴的光景一样。但是那时的文人学士，方留连于代表前一个时代的乐府，约言之可分三派。在北方女真民族境内，则有以苏辛为标榜的元遗山，和得元遗山教泽最深的白仁甫。这一派的典型作品，是一部《中州乐府》。在女真民族北境，受着蒙古民族新兴势力所威胁的燕京一带，有一派全真教主如丘长春和他们的门弟子们，曾一度利用曲子词作为宣传宗教麻醉民众的工具，不久耶律楚材利用政治势力来消灭全真教，曾起了一次激烈的宗教斗争。曲子词也跟着失去了宣传作用。在南方南宋政治没落的时候，少数有民族意识的文人，在江南一带，填词以见志，如王沂孙、张炎、刘辰翁、赵文等，都是曲子词、乐府史里最后的继承者。

等到文人学士同情于新兴乐曲时，他们对于散曲的兴趣，反高于剧曲。他们承认散曲是一种抒情歌曲，和曲子词性质格调相同。他们以为剧曲，究非高贵的文人学士所应为。祇有散曲，不妨随众附和，一试身手。所以像姚牧庵、卢疏斋一类的大文豪，于北散曲颇有述作。但他们还未能忘情于旧日的曲子词，一如宋人填词以外，还能做诗。这壁厢趋时，那壁厢复古，自来文人大抵如此，毫不足怪。姚牧庵、卢疏斋的曲子词，收在《永乐大典》里很多，这就是一个显明的例证。此外华化很深的西域人如楚兰芳，畏吾儿人如贯云石，都是努力于北散曲的有力分子，那时北散曲流行之速且广可知。元时南人对于北曲的信念很浅，张可久是庆元路人，专心从事于小令套数，这是一个例外。后来元末汤舜民，也从事于北散曲,有一部新发见的《笔花集》可证。但所作无不清新华赡,与曲子词意境相差只一间耳,和关汉卿、马致远作品比较起来,显然有刚柔之别。总之自元初入主中原以来,北方纯正的曲家于剧曲外专擅散曲者,比比皆是,固不足奇。即一般超时代的文人学士,虽然不屑写剧曲,但对于散曲是要染指的。

散曲流行于贵族社会,旧日的曲子词的唱法和谱法,从此就逐渐失传,以至于全部消灭,相差不过半世纪的时间。那时候一般文人学士,虽然是有时写散曲来陶情悦性,但逢到编刻全集时,则所作散曲必在摒弃之列,是不屑与诗、古文、词并列的。张养浩在元文宗时,官拜陕西行台中丞,著有《归田类稿》二十四卷,我曾见一部元刻本,与《四库》著录的《永乐大典》本大体相同,然于所作散曲一概不收。姚牧庵、卢疏斋全集虽亡,然引入《永乐大典》者,亦无散曲。张可久《北曲联乐府》,我曾见一部汲古阁影元钞本,观其版式自系坊本。这与北宋人对于曲子词的观念一样。苏东坡是曲子词中缚不住者,但南宋浙、蜀、赣刻本全集,连《和陶诗》都收入,于所作曲子词,绝不提及。此外北宋词人的集子,如系北宋编刻的,决不收曲子词,几乎成为一条普遍的原则。北宋人词集,大都是南宋坊间据传闻搜辑得来的。所以同样一首秦观淮海词,有的纪载以为张子野作;同样一首欧阳修词,有的记载以为是冯正中作的。曲子词在北宋时,已经朝野公认为时代的乐曲,一般人尚且以为格调尘下,不能与诗、古文同样看待。这无怪元代大文豪的全集里不收散曲,而散曲的选本如《太平乐府》、《阳春白雪》之类,无一而非投机性质的坊本了。

(三)

北剧曲虽说是北方的产物,然在蒙古帝国最盛的时期,北剧曲跟着政治势力到南方文化都市来繁殖,是不可避免的事实。所以杭州书肆里,居然也大批翻刻北方曲家的名作。那时南方的戏文,组织和技巧两方面,固已成熟,且不亚于北曲,然其势力,在北方实无伸足的余地。元人北剧里,间有采用一二支南曲,然不能视为南曲势力进展到北方去的一种证明。

不久神州光复,蒙古帝国退到长城以外,南曲始有北展的机会。所以宋元人所编的戏文,除了元末明初的几种以外,徐文长《宋元旧编》和《永乐大典》戏字韵所著录的,大都是无名氏作的。就是南散曲收在《雍熙乐府》和《南九宫词》里,竟无一首可以确指为元人所作。那时一般文人学士的心目中,对于北曲较南曲为重。他们对于北散曲有很深的修养,对于南散曲是不过问的。

可是自从南曲势力北渐以后,北曲的势力渐次消沉,宁献王朱权在洪武年间,替北曲编了一部《太和正音谱》,这就是北曲快要衰落的象征。我们读陈所闻编的《北宫词纪》,知道明人所作散曲,数不在少,但是这和明人做北剧曲差不多,有肉而无骨,未必悉能被之管弦,登之歌场,不过是南散曲的附庸罢了,那有什么意思呢?

(四)

南曲有许多优点,也可以说是有许多缺点。例如集曲之加多,和赠板之产生。此外关于律的修正,越到后来越完整,这不是好现象。一种乐府在自由往前发展文人学士不加青睐的当儿,是不必有谱,且不必有律的。谱与律的浅显事实,是当时曲家人人会心的。拿后来整理改造过的律,以绳前人所作的剧曲或散曲,说那处合律,那处不合律,这都是明末人厚诬古人的话。像元初人的剧曲,同一套数中同一曲调,固然句法长短不齐,可以说是衬字不定的缘故,但是为什么除了衬字剩下的正字相互间的句法四声和叶韵与否,以及每句的所谓务头,都是很不划一呢? 不仅是北曲较初期的作品是如此,就是南曲也不能例外,这和中唐曲子词诞生时情形无异。试观敦煌唐写本的《鹊踏枝》,何等流利明快,和五代冯正中的典型作品,句法大不相同,就是一个极好的例证。曲子词到了南渡后,确有遵守前人四声,或句末要用去上或去平上的律例出来，箝制文人的意识。但决没有南曲那样的。

南北曲是曲子词的当然继承者，在北曲里公开地可以随便多加衬字，除了句中须就力之所及，多用去上或上去，有所谓务头外，其他方面，事实上比宋人的曲子词的律还宽。这是北曲和南曲比曲子词受人欢迎的原因。决不能如明以来曲谱所说那样的严，这是后来的曲家作茧自缚的政策。沈璟在万历年间，修了一部《南九宫谱》，只和宋时《乐府混成集》一样，是一种乐府快要没落的象征，是某项新兴乐曲进攻到都市里来快要撞头的一种反应。

南剧曲在明朝的势力，是驾乎北剧而上之的，及到后来，文人学士和贵族们过分提倡，离开一般民众娱乐的水平过远，并且曲律日趋严密，这是南曲的致命伤。清代的传奇剧本，祇有《长生殿》，可算最合律，直是无懈可击，律之难解，可想而知了。乡土戏在民间势力逐渐推广，到了乾隆以后，南剧曲一泻千里，日趋衰落与灭亡之途，除了少数名剧到现在还保留一点点轮廓，可以供给历史家以资观摩外，大多数终成《广陵散》了。这几幕新陈代谢的悲剧，具有时代的必然性。剧曲如此，就是散曲也不能逃此公例。

沈德符《万历野获编》里有一段话，说得最明白：

> 元人小令行于燕赵，后浸淫日盛，自宣正至成弘后，中原又行《锁南枝》、《傍妆台》、《山坡羊》之属。李崆峒先生初自庆阳徙居汴梁，闻之以为可继《国风》之后。何大复继至，亦酷爱之。今所传《泥捏人》及《鞋打卦》、《熬髻髻》三阕，为牌名之冠，故不虚也。自兹以后，又有《耍孩儿》、《驻云飞》、《醉太平》诸曲，然不如三曲之盛。嘉隆间乃兴《闹五更》、《寄生草》、《罗江怨》、《哭皇天》、《干荷叶》、《粉红莲》、《桐城歌》、《银纽丝》之属，自两淮以至江南，渐与词曲相远，不过写淫妪情态，略具抑扬而已。比年以来，又有《打枣竿》、《挂枝儿》二曲，其腔调约略相似。则不问南北，不问男女，不问老幼良贱，人人习之，亦人人喜听之，以至刊布成帙，举世传诵，沁入心腑，其谱

不知从何来,真可骇叹!又《山坡羊》者,李何二公所喜,今南北词俱有此名,但北方惟盛《爱数落山坡羊》,其曲自宣、大、辽东三镇传来。今京师妓女惯以此充弦索北调,其语秽亵鄙浅,并桑濮之音,亦离去已远,而羁人游堞,嗜之独深,丙夜开樽,争先招致。

这就可知道杂曲在明代流行之广了。考其源流,虽是与北曲为一家子弟,然早已分化成为另一系统。《野获编》所说成弘间流行的《驻云飞》,我曾访得明成化七年金台鲁氏刻本《驻云飞》唱本三种,其一名唤《新编太平时赛赛驻云飞》,其二名唤《四季五更驻云飞》,其三名唤《新编题西厢记咏十二月赛驻云飞》,那是咏《西厢记》故事居多。金台是明代北平书肆中心区域的总称。金台书肆传刻大批《驻云飞》,可以推测《驻云飞》在民间的势力了。现在钞几首在下面,以见一斑:

初鼓才敲,正是黄昏人静悄。闷把栏杆靠,祷告灵神庙。嗏,心急好难熬。每夜烧香,只把青天告。早早团圆交我有下梢,早早团圆交我有下梢。

月下星前,拜罢烧香只靠天。但得重相见,称了平生愿。嗏,动岁又经年。泪涟涟,若得成双,方称于飞愿,早早团圆答谢天。

闷对银釭,坐想行思只为郎。寂寞销金帐,懒把帏屏傍。嗏,交奴细思量。自参详,便把情人望。一回寻思愁断肠,一回寻思愁断肠。

手捻花枝,闷闷无言自散思。又没闲传示,诉不尽心间事。嗏,辜负少年姿。一时思,倘若来时,说却从前志。一任交他心上思,一任交他心上思。

此外也有咏故事的,和赵德麟《商调蝶恋花》咏《西厢记》故事差不多。这一类时曲,《雍熙乐府》收着不少,成化本《驻云飞》也有好几段:

双渐还乡,未会苏卿心意忙。来把虔婆望,将我虚谦让。嗏,俊俏在何方。入兰房,尘锁妆台,空挂红罗帐。止不住腮边泪两行,止不住腮边泪两行。

上的骅骝,来到长江古渡头。勒马停时候,去把商船就。嗏,顾只小偏舟。浪波流,正遇秋天,两岸芦花瘦。意急忙心不自由,意急忙心不自由。

嘱咐梢公,顺水行船趁好风。不觅张骞共,不恋游仙梦。嗏,扯起五合蓬。望江东,甚日何年,会了鸾和凤。仔细思量愁更浓,仔细思量愁更浓。

意不俄延,跳上张帆下水船。恰似流星现,不若离弦箭。嗏,急递马加鞭。望江天,举目遥亲,见座琉璃殿。礼拜伽蓝求圣签,礼拜伽蓝求圣签。

拜罢金容,问有何人至寺中。法座僧人动,阶下忙陪奉。嗏,游玩梵王宫。礼禅宗,意急心忙,交我情尤重。无计支吾萧寺空,无计支吾萧寺空。

行者来迎,报与东君侧耳闻。休的心中闷,与你通音信。嗏,见个俏佳人。泪纷纷,伴着茶商,对我闲评论。走向回廊书下文,走向回廊书下文。

听说心忙,急出僧房转过廊。举目睁睛望,离恨题墙上。嗏,怨恨两三行。诉衷肠,无限相思,交我心不放。甚日登临过大江,甚日登临过大江。

看罢端的,就唤梢公莫要迟。恨不得腾云内,早到江南地。嗏,不避苦禁持。为娇媚,想象行容,留恋别无计。怎得青霄跨凤飞,怎得青霄跨凤飞。

水路难行,是等来人问好音。若有姻缘分,胜似权州印。嗏,来到豫章城。日西沉,玉兔东升,慢把船儿趁。彩凤求鸾何处寻,彩凤求鸾何处寻。

意不肯停,只听江楼打二更。夜永人幽静,交我心不硬。嗏,辜负旧恩情。意无宁,膝上横琴,弦拨相思令。雁杳鱼沉信不凭,雁杳鱼沉信不凭。

苏氏心惊,走向船头侧耳听。恍惚心不定,月下寻芳径。嗏,恰似俏书生。把弦鸣,这弄琴声,正是双县令。句句分明音韵清,句句分明音韵清。

会合江州,两下相思一笔勾。展放眉尖皱,欢喜还依旧。嗏,急急上归舟。意难留,匹配夫妻,休把风声漏。撇下冯魁村纣牛,撇下冯魁村纣牛。

《金瓶梅词话》里,就有一个很好的例证。第十一回第四十四回引了几支《驻云飞》,都是那时妓女唱的。此外《野获编》所说的《锁南枝》、《傍妆台》、《耍孩儿》、《罗江怨》等时曲,《金瓶梅词话》和明刻《销释印空实际宝卷》里也有记载。《傍妆台》明人做的不少,此外《罗江怨》之类的杂曲,文人学士做的并不多。这固然可以证明《金瓶梅》这一部社会小说,不是很后的产物;也可以据以说明南散曲在当时社会里,未必能抵得过这一类时曲的潜势力。

至于《挂枝儿》之类的时曲,流行尚远在《驻云飞》之后,我搜集这一类文学史料,也有好几种。尚有《夹竹桃》和《吴歌》,在明末江南一带也很风行。冯梦龙在天启崇祯间,对于这一类时曲,很表同情。他是一位时曲创作家,他所作南散曲如《江儿水》,也很有《挂枝儿》、《夹竹桃》的风味:

郎莫开船者,西风又大了些,不如依旧还奴舍。郎要东西和奴说,郎身若冷奴身热。且受用而今这一夜,明日风和,便去也奴心安帖。

到了清初,这一类的时曲,在北方还有相当的势力。例如康熙年间广川韩允嘉《谷贻山房集》里,这一类作品最多。中有《边关调》咏失驴,最为别致有趣:

那人儿有驴时总不到,无了驴你就来了。有了驴一溜烟伴着人家同欢笑,俺那驴儿作何勾消。你虽有了,依旧没了。你思从来思,俺饶却不饶。俺就是恭敬了也,寻一个可赏的道。

那猛骨俺到底也还要,要来了作个出稍。撇土人休迷了这旁人的窍。有驴的痴来,无驴的焦。无驴的净了,有驴的恼。何不着你跑,盍着你各处找。各处找,找不着,回了家里,一屋里闹。

这驴儿偷的妙,偷驴的人儿忒也蹊跷。省的那瞎主人时时挂念长呼叫。山里的草儿,也吃匀了。闲得极了,不如跑了。老婆乱嘈嘈,儿子絮叨叨。絮叨叨,只落的碎了碗,摔了箸,打了锅,弃了瓢。不吃饭,不做活,还上一个不睡觉。

忽传得先生到,慌忙的接出相交。但见你脸黄脚乱无着落,有甚废风火事儿来的早,你说来我与你剖。我那驴不见了,坑死我谁怜着。谁怜着,你与我撒下招。许下赏,察了贼,定了罚,找了来,你还替我出钱和钞。

我听见欣欣的笑,你的驴怎么偷了。无了驴你骑着甚么,你倒是无驴来的好。有驴时何曾走遭,仍然有一驴付与你骑了。你骑了,但见你打一鞭,放一辔,各处溜,别处走,图些钱,还要骗些草和料。

我的驴儿强哉矫,二两二也还觉。你的驴就是百金那里捞,思量起银子,钱也是虚矫。骗了人的人,也偷了等子称的牢。拍拍心要知道,要知道我与你斟酌着,商量着,颠倒着,乘除着。完了银,你骑着方享你的安和乐。

此外《醉太平》时曲,韩先生也做得不少。自此以后,时曲在民间非常活跃,渐渐脱离了宫调体系下的曲调束缚,而自成一种幽美的音律。《霓裳续谱》和《白雪遗音》全部,就是这时代的标准作品。时曲的日趋发达,影响到南剧曲相依为命的南散曲在歌场上的地位,由摇动而趋于灭亡之途。除了少数文人,偶尔用做诗填词的方式,学做几支套数、小令,聊以解嘲之外,在时代的乐曲的园地里,已无它的地盘了。

(原载《文学》第 2 卷第 6 号,1934 年)

关汉卿史料新得·一点补正

关汉卿谁都知道是元初一个杂剧大作家。他的事迹,除钟嗣成的《录鬼簿》和陶宗仪的《辍耕录》有一些记载外,1326年(元泰定三年)临安人钱孚所作《鬼董》跋文,曾提到"关解元"。近人因推论关解元就是关汉卿。并称汉卿得中解元,当在金末。其实这一说法,也有可商榷的地方。一般说来,解元一辞有二种意义。一说:汉卿可能真的得中解元。一说:解元是当时文人的通称,作《西厢记诸宫调》的董解元,就是一个例子。再说《鬼董》提到的关解元,是否就是关汉卿,也无法确切证明。

前几年,我曾从《永乐大典》寻找有关《析津志》的资料。《大典》卷四六五三天字韵引的《析津志·名宦传》有下列一段文字:

> 关一斋,字汉卿,燕人。生而倜傥,博学能文,滑稽多智,蕴藉风流,为一时之冠。是时文翰晦盲,不能独振,淹于辞章者,久矣。

考元代大都,就是现今首都北京。辽时名叫析津府,宋宣和五年改名燕山府,金天会元年复旧名,仍称析津府。所以"析津"就是北京的古名,《析津志》就是最古的北京志书。这部志书的纂修官,是江西丰城人熊自得。嘉庆《丰城县志·人物志》云:

> 熊自得,字梦祥,横冈人。博学强记,尤工翰墨。元末以茂才异

等,授大都路儒学提举、崇文监丞。著有《析津志》。

熊自得纂修《析津志》的时代,已在元顺帝时。《元史·百官志》:"艺文监,天历二年置。至元六年十二月改艺文监为崇文监。"由此可知,熊自得官崇文监丞,当在元顺帝至正年间。那时政府中所收到的故籍旧牍具在,《析津志》称关汉卿为关一斋,必有所据。《录鬼簿》作于元至顺二年,在《析津志》成书前约十余年,称汉卿号己斋叟。己斋、一斋,疑有一误。或汉卿有二名,《录鬼簿》和《析津志》各举一个,这也不是不可能的。

《析津志》肯定汉卿是字而非名,这一点也很可注意。元时曲家多以字行,其名反而不甚显著。例如《西厢记》剧作家王实甫,名德信;《燕子楼》剧作家侯正卿,名克中;散曲作家张小山,名可久;曾瑞卿,名瑞;王日华,名晔。此外《试玉郎》和《金钗剪烛》的剧作者赵天锡,名禹圭,详见至顺《镇江志》。所以关汉卿以字为名,也是很自然的事情。

关汉卿所处的时代,我们根据《析津志》,也有一点启发。上边引的这段文字,《析津志》写在史秉直之后、粘合中书合达之前。史秉直就是《老庄周一枕蝴蝶梦》的剧作家史九散仙的祖父。散仙名樟,官至武昌万户,事迹具见元人王恽《秋涧先生大全集·忠武史公家传》,又见《元史·史天倪传》。略云:

> 史天倪,燕之永清人。父秉直,读书尚节义。癸酉,太师、国王木华黎统兵南伐,秉直率里中老稚数千人,诣涿州军门降。木华黎欲用秉直,秉直辞而荐其子,乃以天倪为万户。

案:癸酉为元世祖中统四年,亦即1263年。《析津志·名宦传》诸人排列次序,虽然未必都很恰当,但大致尚可依据。所以,我们如果肯定汉卿生当十三世纪中叶,就是元世祖中统前后一个时期,看来还是比较确切的。

关汉卿是一位生活非常丰富,善于摹写人情,而又富有才华的伟大作家。他杂剧里写的女主角的性格,像赵盼儿之流,尤为出色当行。《析津志》说他"博学能文,滑稽多智,蕴藉风流,为一时之冠",一点也不过分。《析津志》把他列入《名宦传》,但他担任的究是什么官职,是不是太医院户,未见明文交代,这不能不说是件憾事了。

(原载《戏剧论丛》1957 年第 2 辑)

一点补正

上期《戏剧论丛》我写的《关汉卿史料新得》一文,谈到《析津志·名宦传》引著关汉卿一段材料。这段文字,原书写在史秉直之后、粘合中书合达之前。我说史秉直就是剧作家史九散仙的祖父,事迹见《元史·史天倪传》:

> 史天倪,燕之永清人。父秉直,读书尚节义。癸酉,太师、国王木华黎统兵南伐,秉直率里中老稚数千人,诸涿州军门降。木华黎欲用秉直,秉直辞而荐其子,乃以天倪为万户。

案《元史·太祖本纪》云:

> 八年癸酉秋,命木华黎攻密州,屠之。史天倪、萧勃迭率众来降,木华黎承制,并以为万户。

两相对照,《史天倪传》的"癸酉"就是《元史·太祖本纪》的"八年癸酉"(1213)。前文误认"癸酉"为元世祖中统四年(1263),实是一时疏误。史秉直既是元太祖铁木真时的人物,关汉卿的时代,应在史秉直后。说他是金末元初人,当然不会有问题的了。因此,我们暂定关汉卿生于 1210 年左右,死于 1280 年左右,想来是很有可能的。

《太平乐府》收着关汉卿《南吕一枝花》套曲,题为《杭州景》而云"大元朝新附国,亡宋家旧华夷"。有人因说这不是金遗民口气。其实关汉卿如果真是金遗民,也无碍于称元为"大元朝"。曾记元初有个学者名叫韩性,《元史》入《儒林传》。我们读了他写的《题瑞应宫次吕复初韵》和其他一些诗篇,他确是亡宋遗民,入元也未出仕。但他为刘敏中《中庵先生文集》作序文,文中盛称刘敏中之文"审中和之音,窥圣人政化之盛",也不像宋遗民口气。情况和关汉卿的《一枝花》相似。何况关汉卿这套曲子大概是写给新附的杭州妓女们歌唱的,妓女们日常应接的大都是骑在人民头上的达官显宦,为适应环境起见,这样措辞,是最恰当不过的了。这套曲,应是关汉卿晚年作品。

关汉卿大概等不到元成宗大德元年(1297)就死了。《阳春白雪》前集收著关汉卿小令《大德歌》十段,有人认为"大德"二字应是元成宗年号,怕是错误的推测。《大德歌》或许是个佛曲,后来拉入北曲,也是很可能的。

最后,我谢谢吴晓铃先生和胡忌先生,他们把上述"癸酉"这个错误指出来让我修正。我能够得到他们的指教,感到非常荣幸。

(原载《戏剧论丛》1957年第3辑)

关汉卿散曲辑存

目 录

套曲

黄钟侍香金童

大石调青杏子 离情

大石调青杏子 骋怀

大石调归塞北

仙吕翠裙腰 闺怨

中吕古调石榴花 闺思

南品一枝花 杭州景

南吕一枝花 赠珠帘秀

南吕一枝花 不伏老

双调新水令

双调新水令二十换头 题情

双调乔牌儿

越调斗鹌鹑 女校尉

越调斗鹌鹑　　蹴踘
以上共十四套
小令
正宫白鹤子四首
仙吕醉扶归一首　　秃指甲
仙吕一半儿四首　　题情
中吕普天乐十六首　　崔张十六事
中吕朝天子一首　　书所见
南吕四块玉一首　　别情
南吕四块玉四首　　闲适
双调沉醉东风五首
双调大德歌四首　　春夏秋冬
双调大德歌六首
双调碧玉箫十首
商调梧叶儿一首　　别情
附录
中吕红绣鞋二首　　写怀
中吕喜春来一首　　新得间叶玉簪
中吕喜春来一首　　夜坐写怀示子
南吕骂玉郎过感皇恩采茶歌一首　　初度述怀
以上共五十七首附录五首
编例
（一）套曲、小令，俱依《太和正音谱》所列北曲宫调先后为次。
（二）各曲所注引用书籍，依成书先后为次。
（三）各曲正文，依引用书籍中第一种书迻录。各书异文，录为校记附后。其字句之显然谬误者，径予改正，而备著其原由于校记中。
（四）引用各书，以收录全套或全曲者为限。其摘引套曲中一曲或数曲可作校勘资者，则备载于校记中。

(五) 引用各书，须稍加说明者有二：

《太平乐府》：世传元刻小字本有二。一、瞿氏铁琴铜剑楼旧藏本，缺第九卷，现藏北京图书馆。一、潘氏滂喜斋旧藏本，全，现藏上海图书馆。此辑据瞿本迻录，校以明刻本与孙胤伽校本。明刻本影入《四部丛刊》，版式极似元刻本，黄丕烈误题元本，今改正。孙胤伽校本亦系明刻本，瞿镛《铁琴铜剑楼书目》题明活字本，亦误。

《阳春白雪》，南京图书馆藏元刻本，与黄丕烈别藏钞本内容不完全相同。关汉卿《南吕一枝花·赠珠帘秀》套、《双调乔牌儿》套，均不见于元刻本，此据钞本辑入。

套 曲

黄钟侍香金童①

春闺院宇，柳絮飘香雪。帘幙轻寒雨乍歇，东风落花迷粉蝶。芍药初开，海棠才谢②。

[么篇]柔肠脉脉，新愁千万迭。偶记年前人乍别，秦台玉箫断绝。雁底关河，马头明月。

[降黄龙滚]鳞鸿无个③，锦笺慵写。腕松金，肌削玉，罗衣宽彻。泪痕淹破胭脂双颊，宝鉴愁临④，翠钿羞贴。

[么篇]等闲辜负，好天良夜。玉炉中银台上香消烛灭。凤帏冷落，鸳衾虚设。玉笋频搓，绣鞋重撏。

[出队子]听子规啼血。又西楼角韵咽，半帘花影自横斜。画檐间丁当风弄铁，纱窗外琅玕敲瘦节。

[么篇]铜壶玉漏催凄切，正更阑人静也。金闺潇洒转伤嗟。蓬步轻移呼侍妾，把香桌⑤儿安排打快些。

[神仗儿煞]深沉院舍⑥，蟾光皎洁。整顿了霓裳，把名香谨爇。伽伽⑦拜罢，频频祷祝。不求富贵豪奢，只愿得夫妻每早早圆备者。

（《阳春白雪》后集卷五）

校笺：

① 《太和正音谱》引此套《侍香金童》、《降黄龙滚》二曲，《啸余谱》同。《北词广正谱》亦引此二曲，惟未引《么篇》。《广正谱》又引《神仗儿煞》。
② "才谢"，《太和正音谱》作"纔谢"，《啸余谱》、《北词广正谱》并同。
③ "无个"，《太和正音谱》作"无便"，《啸余谱》同。
④ "愁临"，《北词广正谱》作"慵临"。
⑤ "香桌"原误"香卓"，从任中敏先生校。
⑥ "院舍"，《北词广正谱》作"院宇"。
⑦ "伽伽"，《北词广正谱》作"深深"。

大石调青杏子①

离情②

残月下西楼，觉微寒轻透衾裯。华胥一枕蹭蹬觉③。蓝桥路远④。吴峰⑤烟涨⑥，银汉云收。

[么篇]天付两风流，番⑦成南北悠悠。落花流水人⑧何处。相思一点，离愁几许，撮上心头。

[荼蘼香]记得初相守，偶尔⑨间因循成就。美满效绸缪，花朝月夜⑩同宴赏。佳节须酬，到今⑪一旦休。常言道好事天怪。美姻缘他娘间阻，生拆⑫散鸾交凤友。

[么篇]坐想行思，伤怀感旧。各⑬辜负了星前月下深深呪。愿不损，愁不煞⑭，神天还佑。他有日不测相逢话别离，情取一场消瘦。

[好观音煞]与怪友狂朋寻花柳。时复间和哄消愁⑮，对着浪蕊浮花懒回首。怏怏归来⑯，元⑰不饮杯中酒。

[尾声]对着盏半明不灭的⑱孤灯双眉皱，冷清清没个人僦。谁解春衫纽儿叩⑲。

（《太平乐府》卷七、《雍熙乐府》卷一五、《北宫词纪》卷六、《彩笔情词》卷九）

校笺：

① 《雍熙乐府》引此套不著撰人。《太和正音谱》引《荼蘼香》一曲，《啸余谱》同。《北词广正谱》引《荼蘼香》、《尾声》二曲。

② "离情"，《雍熙乐府》作"思情"，《彩笔情词》作"夜怀"。

③ "觉"，《雍熙乐府》作"后"，《彩笔情词》同。

④ "远"，《雍熙乐府》作"阻"，《彩笔情词》同。

⑤ "吴峰"，《雍熙乐府》误作"玉锋"，"锋"当作"峰"。

⑥ "吴峰烟涨"，《彩笔情词》作"玉峰烟障"。

⑦ "番"，《雍熙乐府》作"翻"，《彩笔情词》同。

⑧ "人"，《雍熙乐府》作"知"，《彩笔情词》同。

⑨ "尔"，元刻本《太平乐府》作"耳"，明刻本《太平乐府》作"而"，今据孙胤伽校本《太平乐府》订正。《太和正音谱》亦作"尔"，《雍熙乐府》、《北宫词纪》、《彩笔情词》、《啸余谱》、《北词广正谱》并同。

⑩ "夜"，《啸余谱》作"下"，《北词广正谱》同。

⑪ "今"下，《太和正音谱》有"日"字，《北宫词纪》、《彩笔情词》、《啸余谱》并同。

⑫ "拆"，《雍熙乐府》作"折"，《北宫词纪》同。

⑬ 《太和正音谱》无"各"字，《北宫词纪》、《彩笔情词》、《啸余谱》并同。

⑭ "煞"，《雍熙乐府》作"杀"，《北宫词纪》、《彩笔情词》、《北词广正谱》并同。

⑮ "愁"，元刻本《太平乐府》误"秋"，据明刻本改正。《雍熙乐府》亦作"愁"，《北宫词纪》、《彩笔情词》并同。

⑯ 《彩笔情词》无"来"字。

⑰ "元"，《北宫词纪》作"原"，《彩笔情词》同。

⑱ 《北词广正谱》无"的"字。

⑲ "叩"，《彩笔情词》作"扣"，《雍熙乐府》作"扣"，《北词广正谱》同。

大石调青杏子①

骋 怀

花月酒家楼，可追欢亦可悲秋。悲欢聚散为常事。明眸皓齿，歌莺舞燕,各逞温柔。

〔么篇〕人俊惜风流,欠前生酒病花愁。尚还不撤②相思债。携云挈雨,批风切月,到处绸缪。

〔攧拍子〕爱共寝花间锦鸠,恨孤眠水上白鸥。月宵花画,大筵排回雪韦娘,小酌会窃香韩寿。举觞红袖,玉纤横管,银甲调筝,酒令诗酬③。曲成诗就,韵协④声律,情勤魂消,腹稿冥搜,伯⑤恩当受。水仙山鬼,月妹花妖,如还得遇,不许干⑥休,会埋⑦伏未尝泄漏。

〔么篇〕群芳会首,繁英故友,梦回时绿肥红瘦。荣华过可见疏薄,财物广始知亲厚。慕新思旧,簪遗佩解,镜破钗分,蜂妬蝶羞。恶缘难救,痼疾常发,业贯将盈,努⑧力呈头。冷冶重餂,口刀舌剑,吻槊唇鎗,独攻决胜,混战无忧,不到落人奸彀。

〔尾声〕展放征旗任谁走,庙算神谟必应口。一管笔在手,敢搦孙吴兵斗。

(《雍熙乐府》卷一五、《彩笔情词》卷五)

校笺:

① 《雍熙乐府》引此套不著撰人。
② "撤",《彩笔情词》作"彻","撤""彻"字通。
③ "酬",《彩笔情词》作"筹"。
④ "协",《彩笔情词》作"谐"。
⑤ "伯",《彩笔情词》作"美"。
⑥ "干",《彩笔情词》作"甘"。
⑦ "埋"原误"理",据《彩笔情词》改正。
⑧ "努"原误"怒",据《彩笔情词》改正。

大石调归塞北①

人闹处,忽见一多娇。一点樱桃樊素口,半围杨柳小蛮腰,云鬟蝉金翘。

〔催拍子〕碧天上斗柄回杓,墙角畔腊雪才消。渐日长天道。听唱卖春燕春鸡,雪柳玉梅插好,稔色轻妙。向晚来碧天外万里无云,月明风渺,画竿相照。春红碧绿,刻玉雕金。像生灯儿,排门儿吊,转灯儿巧,壁灯儿笑。最喜夜景,水灯纱窗灯尭灯闹,六街上绮罗香飘。

〔随煞〕快快归来情如悄,灯火阑珊寂寞。高楼上住却笙箫,月转梅梢天渐晓。

(《北词广正谱》)

校笺:

① 此套未全。《北词广正谱》注云:"关汉卿律管灰飞套数",知首曲起句系"律管灰飞"四字。又据《北词广正谱》"大石调套数格式",首曲以四字句作起者,有"六国朝",因疑《归塞北》前当脱《六国朝》一曲。其后亦尚有夺佚,文献不足,今已无从校补。此套仅引见《北词广正谱》,疑出《乐府群珠》。

仙吕翠裙腰①

闺怨②

晓来雨过山横绣③,野水涨汀洲。阑干倚遍空回首,下危楼。一天风物④暮伤秋。

〔六么遍〕⑤乍凉时候西风透,碧梧脱叶,余暑才收。香生凤口⑥,帘垂玉钩。小院深闲清画。清幽,听声声蝉噪柳梢头。

〔寄生草〕为甚忧,为甚愁,为萧郎一去经今⑦久。玉台寅鉴生尘垢,绿窗冷落闲针绣。岂知人玉腕钏儿松,岂知人两叶眉儿皱。

〔上京马〕他何处共谁人携手,小阁⑧银瓶⑨妇歌酒。早忘了呗,不记得低低辱。

〔后庭花煞〕掩袖暗含羞,开樽越酿愁。闷把苔墙画⑩,慵将锦字修。最风流,真真恩爱,等闲分付等闲休。

(《太平乐府》卷六、《雍熙乐府》卷四、《词林白雪》卷一、《北宫词纪》卷六)

校笺：

① 《太和正音谱》引此套《翠裙腰》、《六么令》、《上京马》三曲，《六么令》即《六么遍》，《啸余谱》同。《北词广正谱》引上举三曲外，又引《后庭花煞》一曲。《雍熙乐府》引此套不著撰人。

② "闺怨"，《雍熙乐府》作"闷怨"。

③ "绣"，《太和正音谱》作"秀"，《雍熙乐府》、《词林白雪》、《北宫词纪》、《啸余谱》、《北词广正谱》并同。

④ "风物"，《雍熙乐府》作"风雾"。

⑤ "六么遍"，《太和正音谱》作"六么令"，《啸余谱》作"六麽今"，"麽"字误。

⑥ "凤口"，《啸余谱》作"膩口"，《北词广正谱》作"凤嘴"。

⑦ "经今"，《雍熙乐府》作"今经"，《词林白雪》作"经年"，《北宫词纪》同。

⑧ "阁"原作"阆"，《太和正音谱》作"阁"，《雍熙乐府》、《词林白雪》、《北宫词纪》并同，《啸余谱》、《北词广正谱》亦作"阁"，今从之。

⑨ "银瓶"，《太和正音谱》作"银屏"，《北宫词纪》、《啸余谱》、《北词广正谱》并同。

⑩ "画"，《北词广正谱》作"划"。

中吕古调石榴花①

闺思②

颠狂柳絮扑帘飞，绿暗红稀。垂杨影里杜鹃啼，一弄儿断送了春归。牡丹亭畔人寂寞③，恼芳心似醉如痴。怏怏为他成病也④。松金钏，褪罗衣⑤。拆散燕莺期，总是伤情别离。则这鱼书雁信，冷清清杳无踪迹。更有谁知，到何时共我成连理。乍离别玉减香消，俊庞儿亦憔悴。

[酥枣儿]一自相逢，将人来萦系。樽前席上，眼约心期。比及道是⑥配合了⑦，受了些⑧闲是闲非。咱⑨各办⑩一⑪个坚心，要博⑫个终缘⑬活⑭计⑮。想佳期梦断魂劳，衾寒枕冷，寂寞罗帏。瘦损香肌，闷慷慨鬼病谁知。同欢会，不提防半路里簪折瓶坠，两下相抛弃。把腰肢瘦损，废寝忘食。

[鲍老儿]⑯当初指望成家计，谁想琼簪碎。当初指望无抛弃，谁想银

瓶坠。烦烦恼恼⑰,哀哀怨怨,哭哭啼啼,悲悲切切⑱,长吁短叹,自跌自摧⑲。

〔鲍老儿〕⑳故人何处,冷清清染病疾。相思证转添,受凄凉捱朝夕。细蒙蒙细雨儿淅淅,飒飒晚风窗儿外吹。扑冬冬的鼓声,滴滴点玉漏不住催。添愁闷,独自知。子这心自悔。再团圆、几时一处共相随㉑。

〔鲍老三台滚〕俺也自知,鸾台懒傍尘土迷。俺也自知,金钗款㉒弹云鬓堆㉓。俺也自知㉔,绝鳞翼断信息几时回。乍别来肌如削,早是我㉕多病自愁,正值着困人㉖天气。

〔墙头花〕㉗守香闺镇日情如醉,闷㉘懊恼离愁㉙教㉚我诉与谁。愁闻的是紫燕关关,倦听的㉛黄莺呖呖。

〔卖花声煞〕㉜愁山闷海却怎㉝当敌,好教㉞我无一㉟个刮划。耐㊱心儿多垂㊲下些凄惶泪,呼侍㊳婢将绣帘低放㊴,把㊵重门深闭。怕莺花笑人憔悴。

(《雍熙乐府》卷七、《盛世新声》卷五、《词林摘艳》卷三、《北词广正谱》)

校笺:

① 《雍熙乐府》不著撰人,《盛世新声》同。

② "闺思",《词林摘艳》作"怨别"。《盛世新声》不著题目。

③ "寞",《盛世新声》作"静",《词林摘艳》、《北词广正谱》并同。

④ "也",《北词广正谱》作"矣"。

⑤ "褪罗衣"下,《北词广正谱》注云:"《雍熙乐府》载此词末还有数句,《群珠》所无,删之。"案:《盛世新声》、《词林摘艳》均无"拆散燕莺期"至"俊庞儿亦憔悴"一段,与《乐府群珠》合。

⑥ 《北词广正谱》无"是"字。

⑦ "了"下,《北词广正谱》有"时"字。

⑧ "受了些",《北词广正谱》作"受了多少"。

⑨ 《北词广正谱》无"咱"字。

⑩ "办",《盛世新声》误"辨",《词林摘艳》同。

⑪ "一",《盛世新声》作"著",《词林摘艳》、《北词广正谱》并同。

⑫ "博",《盛世新声》作"拨",《词林摘艳》同。《北词广正谱》作"卜"。

⑬ "缘",《北词广正谱》作"身"。

⑭ "活",《盛世新声》作"之",《词林摘艳》、《北词广正谱》并同。

⑮ "要博个终缘活计"下,《北词广正谱》注云:"《雍熙乐府》载此末还有数句,《群珠》所无,不录。"案:《盛世新声》、《词林摘艳》均无"想佳期梦断魂劳"至"废寝忘食"一段,与《乐府群珠》合。

⑯ "鲍老儿",《盛世新声》作"催鲍老",《词林摘艳》同。

⑰ "烦烦恼恼"上,《北词广正谱》有"早则不"三字。

⑱ "悲悲切切",《盛世新声》作"回黄倒皂",《词林摘艳》、《北词广正谱》并同。

⑲ "摧",《词林摘艳》作"推",《北词广正谱》同。《盛世新声》作"堆",当是"推"之坏字。

⑳ "鲍老儿"与前一曲名同,当是前一曲么篇,《雍熙乐府》分列为二,疑误。

㉑ 《盛世新声》无此曲,《词林摘艳》同。

㉒ "款",《盛世新声》作"环",《词林摘艳》同。

㉓ "俺也自知,金钗款弹云鬓堆"二句,《北词广正谱》无。

㉔ "俺也自知"句上,《北词广正谱》有"道是"二字。

㉕ "我",《北词广正谱》作"俺"。

㉖ "人"下,《盛世新声》有"的"字,《词林摘艳》同。

㉗ 《墙头花》隶般涉调,此处借入中吕宫联套。

㉘ "闷",《北词广正谱》作"漫"。

㉙ "愁"下,《盛世新声》有"空"字,《词林摘艳》同。《北词广正谱》有"却"字。

㉚ "教",《盛世新声》作"交",《词林摘艳》同。案:"教"、"交"二字通用。

㉛ "的"下,《北词广正谱》有"是"字。

㉜ "愁山闷海却怎当敌"至"多垂下些凄惶泪"三句,《雍熙乐府》引与上四句衔接,均属《墙头花》,《盛世新声》、《词林摘艳》并同。兹依《北词广正谱》划归《卖花声煞》。

㉝ "却怎",《盛世新声》作"不许",《词林摘艳》同。《北词广正谱》作"怎教人"。

㉞ "教",《盛世新声》作"著",《词林摘艳》、《北词广正谱》并同。

㉟ 《盛世新声》无"一"字,《词林摘艳》、《北词广正谱》并同。

㉟"耐",《盛世新声》作"奈",《词林摘艳》、《北词广正谱》并同。
㊲"垂",《盛世新声》作"陪",《词林摘艳》、《北词广正谱》并同。
㊳"侍",《盛世新声》作"使",《词林摘艳》、《北词广正谱》并同。
㊴"放",《盛世新声》作"率",《词林摘艳》同。
㊵"把",《北词广正谱》作"任"。

南吕一枝花①

杭州景

　　普天下锦绣乡,寰海内②风流地。大元③朝新附国,亡宋家④旧华夷。水秀山奇,一到⑤处堪游戏。这⑥苔儿⑦忒富贵,满城中绣幕风帘,一闃地人烟凑⑧集。

　　[梁州第七]百十里街衢整齐⑨,万余家楼阁⑩参差,并无⑪半苔儿闲田地。松轩竹径,药圃花蹊⑫,茶园稻陌⑬,花坞⑭梅溪。一陀儿一句诗题,行一步⑮扇面屏帏。西盐场⑯便似一带琼瑶,吴山色千迭翡翠,兀良⑰望钱塘江万顷玻璃。更有⑱清溪,绿水,画船儿来往闲游戏。浙江亭紧相对,相对着险岭高峰长怪石。堪羡堪题。

　　[尾声]家家掩映渠流水,楼阁峥嵘出翠微。遥望西湖暮山势,看了这壁,觑了那壁,纵⑲有丹青下不得笔⑳。

　　　　　　　　(《太平乐府》卷八、《雍熙乐府》卷一〇)

校笺:

①《雍熙乐府》引此套不著撰人。
②"海内",《雍熙乐府》作"宇内"。
③"大元",《雍熙乐府》作"大明",误。
④"家",《雍熙乐府》作"代"。
⑤"到",《雍熙乐府》作"处"。
⑥"这",《雍熙乐府》作"一"。

⑦ "儿",《雍熙乐府》作"苔"。

⑧ "凑",《雍熙乐府》作"辏"。

⑨ "整齐",《雍熙乐府》作"齐整"。

⑩ "楼阁"原误"楼阁",今改正。下尾声"楼阁峥嵘"同。

⑪ "无"下,《雍熙乐府》有"那"字。

⑫ "花蹊",《雍熙乐府》作"蔬畦"。

⑬ "稻陌",《雍熙乐府》误作"稻附"。

⑭ "花坞",原作"竹坞",与上"松轩竹径"语复,今据《雍熙乐府》改正。

⑮ "行一步",《雍熙乐府》作"一步步"。

⑯ "场"下,《雍熙乐府》有"恰"字。

⑰ "兀良",元曲中习用辞。孙胤伽校《太平乐府》作"兀的",《雍熙乐府》同,"的"字误。

⑱ "有"下,《雍熙乐府》有"那"字。

⑲ "纵",《雍熙乐府》作"总"。

⑳ "下不得笔",《雍熙乐府》作"难下笔"。

南吕一枝花①

赠珠②帘秀

轻裁虾万须,巧织珠千串。金钩光错落,绣带舞蹁跹,似雾非烟。妆点就深闺院,不许那等闲人取次展。摇四壁翡翠浓阴,射万瓦琉璃色浅。

[梁州第七]富贵似侯家紫帐,风流如谢府红莲。锁春愁不放双飞燕。绮窗相近,翠户相连,雕栊③相映,绣模相牵。拂苔痕满砌榆钱,惹杨花飞点如绵。愁的是抹回廊暮雨萧萧,恨的是筛曲槛西风剪剪,爱的是透长门夜月娟娟。浚波殿前,碧玲珑掩映湘妃面,没福怎能勾见。千里扬州风物妍,出落着神仙。

[尾声]恰便似一池秋水通宵展。一片朝云尽日县。尔个守户的先生肯相恋。煞是可怜。则要你手掌儿里奇擎着耐④心儿卷。

(《阳春白雪》后集卷三)

校笺：

① 黄氏士礼居旧藏元刻本《阳春白雪》后集卷三，刘时中《正宫端正好》套数后，脱去《南吕一枝花》八套，此套即在其中，今据士礼居别藏黄丕烈校本和张氏爱日精庐藏钞本合校迻录。

② "珠"原误"朱"，今改正。珠帘秀姓朱氏，见《青楼集》，但此处不应作"朱帘秀"，"珠帘秀"盖其乐名。

③ "栊"，黄丕烈校本误"龙"，据爱日精庐藏钞本改正。

④ "耐"，黄丕烈校本误"奈"，据爱日精庐藏钞本改正。

南吕一枝花

不伏老

攀①出墙朵朵花，折②临路枝枝柳。花攀红③蕊嫩，柳折翠条柔。浪子风流，凭着我折柳攀花④手，直熬得⑤花残柳⑥败休。半生来折⑦柳攀⑧花⑨，一世里眠花卧柳。

[梁州第七]我是个普天下郎君领袖，盖世界浪子班头。愿朱颜不改常依旧，花中消遣，酒内忘忧，分茶撷竹，打马藏阄。通五音六律滑熟，甚闲愁到我心头。伴的是银筝女银台前理银筝笑倚银屏，伴的是玉天仙携玉手并玉肩同登玉楼，伴的是金钗客歌金缕捧金樽满泛金瓯。你道我老也。暂休。占排场风月功名首，更玲珑，又别透。我是个⑩锦阵花营都帅头，曾翫府游州⑪。

[三煞]⑫子弟每是个茅草冈，沙土窝，初生的兔羔儿乍向围场上走。我是个经笼罩受索网苍翎毛老野鸡，踏踏的⑬阵马儿熟，经了些窝弓冷箭蜡鎗头，不曾落人后。恰不道人到中年万事休，我怎肯虚度了春秋⑭。

[黄钟尾]⑮我是个⑯蒸不烂煮不熟搥不匾炒不爆响珰珰一粒铜豌豆，恁子弟每⑰谁教你⑱钻入他锄不断斫不下解不开顿不脱慢腾腾千层锦套头。我翫的是梁园月，饮的是东京酒，赏的是洛阳花，攀⑲的是章台柳。我也会围棋，会蹴鞠，会打围，会插科，会歌舞，会吹弹，会咽作，会吟

诗,会双陆⑳。你便是落了我牙,歪了我嘴㉑,瘸了我腿,折了我手,天赐㉒与我这几般儿歹症候,尚兀自不肯休㉓。

〔尾声〕㉔则㉕除是㉖阎王亲自㉗唤,神鬼自来勾,三魂归地府,七魄丧冥幽㉘。天那㉙,那其间才不向烟花路儿上走㉚。

(《雍熙乐府》卷一〇、《彩笔情词》卷五)

校笺:

① 《北词广正谱》引此套《一枝花》、《三煞》、《收尾》(即《黄钟尾》)、《尾声》四曲。"攀"下,《北词广正谱》有"尽"字。

② "折"下,《北词广正谱》有"尽"字。

③ "红",《北词广正谱》作"香"。

④ "折柳攀花",《北词广正谱》作"折桂攀蟾"。

⑤ "得",《北词广正谱》作"的"。

⑥ "柳",《北词广正谱》作"将"。

⑦ "折",《彩笔情词》作"弄"。

⑧ "攀",《彩笔情词》作"拈"。

⑨ "折柳攀花",《北词广正谱》作"倚翠偎红"。

⑩ 《彩笔情词》无"我是个"三字。

⑪ "曾甄府游州",《彩笔情词》作"四海遨游"。

⑫ "三煞"原作"隔尾",据《北词广正谱》"南吕宫套数分题"改正。《三煞》原属般涉调,联套时可借入他宫他调。此处惜入南吕宫,《雍熙乐府》、《彩笔情词》并误。

⑬ "的",《彩笔情词》作"得"。

⑭ 此曲,《北词广正谱》作"他是个初出窝嫩雏儿怎敢向我围场上走,我是个经笼罩受网索花翎毛老野鸡。端的是战马熟,怕什么窝弓弩箭铁鎗头。我也曾南北东西走,我正是锦营中花丛内都帅首,我也曾玩府游州。"末二句和上曲《梁州第七》末二句多同,疑有误。

⑮ "黄钟尾",《雍熙乐府》作"尾",《彩笔情词》作"黄钟煞"。此曲有增句,实即《太和正音谱》之"黄钟尾",今据以改正。

⑯ "是个",《彩笔情词》作"却是"。

⑰ 《彩笔情词》无"每"字。

⑱《彩笔情词》无"你"字。

⑲ "攀",《彩笔情词》作"扳"。

⑳ "我也会围棋"至"会双陆",《彩笔情词》作"我也会吟诗,会篆籀,会弹丝,会品竹。我也会唱鹧鸪,舞垂手,会打围,会蹴鞠,会围棋,会双陆。"

㉑ "嘴",《彩笔情词》作"口"。

㉒《彩笔情词》无"赐"字。

㉓ 此曲,《北词广正谱》作"我正是个蒸不熟煮不烂炒不爆捶不碎打不破响当当一粒铜菀豆,你是个揪不折拽不断推不转揉不碎扯不开慢腾腾千层锦套头。我曾玩梁园月,饮渭城酒,簪洛阳花,插章台柳。会吟诗,会射柳,琴又会操,筝又会搊,会围棋。会双了头,折了手,那其间尚兀自未肯休。"

㉔ "尾声"一曲,《雍熙乐府》与上曲合并为一,《彩笔情词》同,今据《北词广正谱》"南吕官套数分题"订正。

㉕ "则",《彩笔情词》作"只"。

㉖ "则除是",《北词广正谱》作"直等待"。

㉗ "自",《彩笔情词》作"令"。

㉘ "丧冥幽",《北词广正谱》作"赴冥州"。

㉙《彩笔情词》无"天那"二字,《北词广正谱》同。

㉚ "才不向烟花路儿上走",《北词广正谱》作"收了荸篮罢了斗"。

双调新水令

楚台云雨会巫峡,赴昨宵约来的期①话。楼头栖燕子,庭院已闻雅。料想他家(2),收针指晚妆罢。

〔乔牌儿〕款将花径踏,独立在③纱窗下。颤钦钦④把不定⑤心头怕。不敢将小名⑥呼,咱只索⑦等候他。

〔雁儿落〕怕别人瞧见⑧咱,掩映在荼蘼⑨架。等⑩多时不见来⑪,只索⑫独立⑬在花阴下。

〔挂苔钩〕等候多时不见他,这的是约下佳期话,莫不是贪睡人儿忘了那。伏冢在蓝桥下,意懊恼却待⑭将他骂。听得呀的门开,蓦⑮见如花⑯。

〔豆叶儿〕⑰鬌挽乌云,蝉鬓堆雅⑱,粉腻酥胸,脸衬红霞,袅娜腰肢更喜恰。堪讲⑲堪夸,比月里嫦娥,媚媚孜孜,那更撑达⑳。

〔七弟兄〕我这里觅他,唤他。哎㉑,女㉒孩儿㉓果然道色胆天来大㉔。怀儿里搂抱着俏冤家,揾香腮悄语㉕低低话。

〔梅花酒〕两情浓,兴转佳㉖。地权为床榻,月高烧㉗银蜡㉘。夜深沉,人静悄。低低的㉙问如花,终㉚是个女㉛儿家。

〔收江南〕好风吹绽牡丹花㉜,半合儿揉损绛裙纱。冷丁丁舌尖㉝上送香茶,都不到半霎,森森一向遍身麻。

〔尾声〕乌云欲把金莲屧㉞,纽回身再说些儿话。你明夜个㉟早些儿来,我等㊱听着纱窗外芭蕉叶儿上打。

(《阳春白雪》后集卷五、《雍熙乐府》卷一二)

校笺:

① "的期",《雍熙乐府》无"的"字。任中敏先生云:据下文《挂苔钩》似应作"佳期"。

② "料想他家",《雍熙乐府》作"料应伊家"。

③ 《雍熙乐府》无"在"字。

④ "颤钦钦",《雍熙乐府》作"战兢兢"。

⑤ "不定",《雍熙乐府》作"不住"。

⑥ "名"下,《雍熙乐府》有"儿"字。

⑦ "只索",黄丕烈校本《阳春白雪》作"则索",下曲《雁儿落》"只索"同。

⑧ "瞧见"原误"照见",任中敏先生据《雍熙乐府》改正,今从之。

⑨ "荼蘼"原作"醾酴",据《雍熙乐府》改正。

⑩ "等"下,《雍熙乐府》有"候"字。

⑪ "来",《雍熙乐府》作"他"。

⑫ 《雍熙乐府》无"只索"二字。

⑬ "独立",《雍熙乐府》作"独影"。

⑭ "却待",《雍熙乐府》作"恰待"。

⑮ "蓦",《雍熙乐府》作"早"。
⑯ "如花"原误"奴花",任中敏先生据《雍熙乐府》改正,今从之。
⑰ "豆叶儿",《太和正音谱》作"豆叶黄",《啸余谱》、《北词广正谱》并同。
⑱ "蝉鬓堆雅",《雍熙乐府》作"鬓蝉乌雅"。
⑲ "讲",《雍熙乐府》作"羡"。
⑳ "撑达"原误"净达",任中敏先生据《雍熙乐府》及《北词广正谱》改正,今从之。
㉑《雍熙乐府》无"哎"字。
㉒ "女"上,《雍熙乐府》有"他是个"三字。
㉓ "儿"下,《雍熙乐府》有"家"字。
㉔ "果然道色胆天来大"一句,《雍熙乐府》作"虽道我色胆有天来大"。
㉕ "悄语",《雍熙乐府》作"笑语"。
㉖ "兴转佳",《雍熙乐府》作"意转加"。
㉗ "烧",《雍熙乐府》作"点"。
㉘ "蜡"原误"烛",任中敏先生据《雍熙乐府》改正,今从之。
㉙《雍熙乐府》无"的"字。
㉚ "终"原误"中",任中敏先生据《雍熙乐府》改正,今从之。
㉛ "女"下,《雍熙乐府》有"孩"字。
㉝《雍熙乐府》无"尖"字。
㉞ "屧",《雍熙乐府》作"靸"。
㉟《雍熙乐府》无"个"字。
㊱ "等",《雍熙乐府》作"专"。

双调新水令二十换头①

题情②

玉骢丝鞚③金④鞍鞯⑤,系垂杨小庭⑥深院。明⑦媚景,艳⑧阳天。急⑨管繁弦,东⑩楼上恣⑪欢宴。

[庆东原]或向⑫幽窗下,或向曲槛前⑬。春纤相对⑭摇纨扇,闲⑮凭着玉肩。双歌⑯采莲,对⑰抚⑱冰弦。遂⑲却少年心,称⑳了㉑于飞愿。

〔早乡词〕九㉒秋天,三径边。绽㉓黄花遍㉔撒金钱,露春纤把㉕花笑捻,捧㉖金杯酒频欢。畅好是㉗风流如五柳庄前。

〔挂打㉘沽〕浅浅㉙江梅驿使传,乱㉚剪碎㉛鹅毛片。旋㉜剖温㉝橙列着㉞玳筵,玉液着㉟金瓶㊱旋。酒晕红,新妆面。人道是穷冬,我道是虚言㊲。

〔石竹子〕夜夜㊳嬉游赛上元,朝朝宴乐赏㊴禁烟。密㊶爱㊷幽欢不能㊸恋,无奈㊹被名缰㊺利锁牵。

〔山石榴〕阻鸾凤,分莺燕。马头㊻咫尺天涯逮㊼,易㊽去㊾难相见㊿。

〔么篇〕㊿心①间,愁万千,不能言。当时②月枕歌声③变④,到如今番作⑤阳关怨。

〔醉也摩挲〕真⑥个⑦索⑧去也么⑨天,天⑩,真个索去也么天。再要⑪团圆⑫,动⑬是⑭经年。思⑮量煞⑯俺⑰也么⑱天。

〔相公爱〕晚宿在孤村闷怎⑲生眠,伴⑳人离愁月当轩。月圆㉑人几时圆,不似他㉒南楼上㉓斗婵娟。

〔胡十八〕天配合㉔俏姻眷㉕,分㉖拆开㉗并头莲。思量席上与樽前,天生的自然,那些儿体面㉘。也㉙是俺㉚心上有㉛,常常的㉜梦中见。

〔一锭银〕心友每相邀列着㉝管弦,却子待㉞欢㉟解动㊱凄然㊲。十分酒十分㊳悲㊴怨㊵,却不道㊶怎生般㊷消遣。

〔阿那忽〕㊸酒欢到㊹根前,只㊺办㊻的㊼推延。桃㊽花去年人面,偏怎生冷落了今年。

〔不拜门〕酒入㊾愁肠闷怎生言㊿,疏竹萧萧㊼西风战。如年,如年,似长夜天,正是㊽恰黄昏庭院。

〔金盏子〕咱㊾无缘,风㊿流十全。尽①可怜,芙蓉面。腕松②著③金钏,鬓贴着翠钿,脸朵④着⑤秋莲⑥。眼去眉来相思⑦恋。春⑧山⑨摇,秋波转。

〔大拜门〕玉免鹘⑩牌悬,怀揣着帝宣,称⑪了俺⑫男儿⑬深⑭愿。忙加⑮玉鞭,急催⑯骏骁,恨不乘⑰到俺那⑱佳人家⑲门前。

〔也不罗〕只⑳听得㉑乐声喧,列着㉒华筵,聚集诸亲眷。首先一盏㉓

拦门劝,走⑮马⑯身劳倦。

〔喜人心〕②人③丛里遥④见,半遮着罗扇。可④喜④的⑨风流⑩业冤,两叶眉儿未⑯展。百⑪般的陪⑫告,一赒⑲的⑩求和。只⑪管里熬煎。他越将⑫个⑬庞儿变,咱⑭百般的难分辨⑮。

〔风流体〕胡⑮猜咱,胡猜咱居帝辇。和⑯别人,和别人相留恋。上放着,上放着赐⑩福天⑱。你不知,你不知⑲神明⑩见。

〔忽都白〕我⑪半载来⑫孤眠。信⑬口胡言⑭,枉⑮了⑯把我冤也么⑩冤。打⑩听的⑪真实,有人曾见,母亲⑫根前,恁⑬儿情愿,一任⑭当刑宪,死而心无⑮怨。

〔唐兀歹〕⑯不付⑰能告求⑱的绣帏里头⑩眠,痛惜⑩轻怜。斩眼不得绿窗儿外月明却又早转⑪,畅好是疾明也么⑱天⑭。

〔鸳鸯煞尾〕⑮腰肢困摆垂杨软,舌尖吐笑丁香喘⑯。绣帐里无人⑪,并枕⑱低⑲言。畅⑩道美满姻缘⑪,风流缱⑫绻。天若肯为⑬人,为人是今生愿⑭。尽老同眠也者⑮,也强如⑯鴈底⑰关河路儿远。

(《梨园按试乐府新声》卷上、《盛世新声》卷七、《词林摘艳》卷五、《雍熙乐府》卷一一、《北宫词纪》卷六)

校笺:

①《盛世新声》引此套不著撰人,《雍熙乐府》同,《太和正音谱》、《啸余谱》、《北词广正谱》俱摘引此套曲文,题关汉卿作。

②《乐府新声》无题,《盛世新声》同。《雍熙乐府》题作"驸马还朝",《北宫词纪》题作"忆别",今依《词林摘艳》题作"题情"。

③"鞋",《雍熙乐府》作"控",《北宫词纪》同。

④"金",《盛世新声》作"锦",《词林摘艳》、《北宫词纪》并同。

⑤"鞋",《盛世新声》作"鞴",《词林摘艳》、《雍熙乐府》、《北宫词纪》并同。

⑥"庭",《雍熙乐府》作"亭",《北宫词纪》同。

⑦"明"上,《雍熙乐府》有"欣逢"二字,《北宫词纪》同。

⑧"艳"上,《雍熙乐府》有"喜遇"二字,《北宫词纪》同。

⑨"急"上,《雍熙乐府》有"摆列着"三字,《北宫词纪》同。

⑩"东"上,《盛世新声》有"我向"二字,《雍熙乐府》有"在这"二字,《北宫词纪》同。

⑪"恣",《盛世新声》误"姿",《词林摘艳》同。

⑫《盛世新声》无"或向"二字,《词林摘艳》、《雍熙乐府》、《北宫词纪》并同。下句同。

⑬"前",《盛世新声》作"边",《词林摘艳》、《雍熙乐府》、《北宫词纪》并同。

⑭"对"下,《盛世新声》有"着"字,《词林摘艳》同。

⑮"闲"上,《雍熙乐府》有"往常时"三字,《北宫词纪》同。

⑯"歌",《词林摘艳》作"歆",《雍熙乐府》作"和",《北宫词纪》同。"歌"下,《盛世新声》有"著"字,《词林摘艳》、《雍熙乐府》、《北宫词纪》并同。

⑰"对",原误"斗",今据《盛世新声》、《词林摘艳》、《雍熙乐府》、《北宫词纪》改正。

⑱"抚"下,《盛世新声》有"着"字,《词林摘艳》、《雍熙乐府》、《北宫词纪》并同。

⑲"遂"上,《盛世新声》有"赤紧的"三字,《词林摘艳》、《雍熙乐府》、《北官词纪》并同。

⑳"称"上,《盛世新声》有"如今早"三字,《词林摘艳》同,《雍熙乐府》有"如今便"三字,《北宫词纪》同。

㉑"了"下,《盛世新声》有"俺"字,《词林摘艳》同。

㉒"九"上,《盛世新声》有"正值着"三字,《词林摘艳》、《雍熙乐府》、《北宫词纪》、《北词广正谱》并同

㉓"绽"上,《雍熙乐府》有"则这"二字,《北官词纪》同。

㉔"遍",《盛世新声》作"乱",《词林摘艳》、《雍熙乐府》、《北词广正谱》并同。

㉕"把",《雍熙乐府》作"将"。

㉖"捧"上,《盛世新声》有"我这里"三字,《词林摘艳》、《北宫词纪》并同,《雍熙乐府》有"我这"二字,《北词广正谱》有"我见他"三字。"捧"下,《雍熙乐府》有"着"字,《北宫词纪》同。

㉗"是",《啸余谱》作"似"。"是"下,《雍熙乐府》有"那"字。

㉘"打",《太和正音谱》作"搭"。

㉙"挂打沽",《盛世新声》作"挂玉钩",《词林摘艳》、《雍熙乐府》、《北宫词纪》、《啸余谱》并同。

㉚"浅浅"上,《盛世新声》有"我则见"三字,《词林摘艳》、《雍熙乐府》、《北宫词纪》并同。

㉛"乱"上,《盛世新声》有"雪也"二字,《词林摘艳》、《雍熙乐府》、《北宫词纪》并同。

㉜《太和正音谱》无"碎"字,《北宫词纪》、《啸余谱》并同。

㉝"旋"上,《盛世新声》有"我与你"三字,《词林摘艳》、《雍熙乐府》、《北宫词纪》并同。

㉞"温",《太和正音谱》作"香",《啸余谱》同,《盛世新声》作"金",《词林摘艳》、《雍熙乐府》、《北宫词纪》并同。

㉟《太和正音谱》无"着"字,《盛世新声》、《词林摘艳》、《啸余谱》并同。

㊱《太和正音谱》无"着"字,《啸余谱》同。"着",《盛世新声》作"向",《词林摘艳》、《雍熙乐府》、《北宫词纪》并同。

㊲"瓶",《太和正音谱》作"壶",《北宫词纪》、《啸余谱》并同。

㊳"虚言",《盛世新声》作"丰年",《词林摘艳》、《雍熙乐府》、《北宫词纪》并同。

㊴"夜夜",《啸余谱》作"夜迢迢"。

㊵"赏",《北词广正谱》作"胜"。

㊶"密"上,《盛世新声》有"则俺那"三字,《词林摘艳》同,《雍熙乐府》有"则俺这"三字,《北宫词纪》同,《北词广正谱》有"则我这"三字。"密",《盛世新声》作"美",《词林摘艳》、《雍熙乐府》、《北词广正谱》并同。

㊷"爱"下,《雍熙乐府》有"的"字。

㊸"能"下,《太和正音谱》有"勾"字,《北宫词纪》、《啸余谱》并同。

㊹《太和正音谱》无"无奈"二字,《啸余谱》同。

㊺"韁",《啸余谱》作"缰"。

㊻"头"下,《雍熙乐府》有"前"字,《北宫词纪》同。

㊼"易"上,《盛世新声》有"今日个"三字,《词林摘艳》、《雍熙乐府》、《北宫词纪》并同。"易",《盛世新声》作"意",《词林摘艳》、《雍熙乐府》并同。

㊽"去"下,《盛世新声》有"也"字,《词林摘艳》、《雍熙乐府》、《北宫词纪》并同。

㊾"相见",《盛世新声》作"留恋",《词林摘艳》、《雍熙乐府》并同。

㊿"么篇",《盛世新声》误作"醉娘子",《词林摘艳》同。案:《醉娘子》是下曲《醉也摩挲》别名,与此无关。

(51)“心”上，《雍熙乐府》有“你”字。

(52)“时”，《盛世新声》作“初”，《词林摘艳》、《雍熙乐府》、《北宫词纪》并同。

(53)“声”原误“眷”，今据《太和正音谱》、《盛世新声》、《词林摘艳》、《雍熙乐府》、《北宫词纪》、《啸余谱》改正。

(54)“变”，《太和正音谱》作“转”，《盛世新声》、《词林摘艳》、《雍熙乐府》、《北宫词纪》、《啸余谱》并同。

(55)“番作”，《北宫词纪》作“生扭做”。“到如今番作”，《盛世新声》作“今日个生扭做”，《词林摘艳》、《雍熙乐府》并同。

(56)“真”上，《太和正音谱》有“莫不”二字，《啸余谱》同，下句同；《盛世新声》有“你莫不”三字，《词林摘艳》、《雍熙乐府》、《北宫词纪》、《北词广正谱》并同，下句同。

(57)“个”，《盛世新声》作“家”，《词林摘艳》同，下句同。“个”下，《盛世新声》有“待”字，《词林摘艳》、《北词广正谱》并同，下句同。

(58)“索”，《盛世新声》作“要”，《词林摘艳》、《北词广正谱》并同，下句同；《雍熙乐府》作“待”，下有“要”字，下句同。

(59)“磨”，《盛世新声》作“波”，《词林摘艳》、《雍熙乐府》并同，下句同。

(60)《太和正音谱》无“天”字句，《盛世新声》、《词林摘艳》、《雍熙乐府》、《北宫词纪》、《啸余谱》、《北词广正谱》并同。

(61)“要”下，《盛世新声》有“噌”字，《词林摘艳》、《雍熙乐府》、《北宫词纪》、《北词广正谱》并同。

(62)“团圆”下，《盛世新声》重“再要噌团圆”一句，《词林摘艳》同。

(63)“动”上，《雍熙乐府》有“咱团圆”三字。

(64)“是”，《盛世新声》作“岁”，《词林摘艳》、《雍熙乐府》、《北宫词纪》、《北词广正谱》并同。

(65)“思”上，《北词广正谱》有“兀的不”三字。

(66)“煞”原误“投”，今据《太和正音谱》改正，《盛世新声》作“杀”，《词林摘艳》、《雍熙乐府》、《北宫词纪》、《北词广正谱》并同。

(67)“俺”，《啸余谱》作“人”。

(68)“么”，《盛世新声》作“波”，《词林摘艳》、《雍熙乐府》并同。

(69)《盛世新声》无“怎”字，《词林摘艳》同。

(70)“伴”，《太和正音谱》作“照”，《盛世新声》、《词林摘艳》、《雍熙乐府》、《北宫词纪》、《啸余谱》、《北词广正谱》并同。

(71)“人”下,《雍熙乐府》有“的”字,《北宫词纪》同。

(72)“圆”下,《太和正音谱》有“知他是”三字,《北宫词纪》、《啸余谱》并同。《北词广正谱》重“月圆”二字。

(73)“似他”,《太和正音谱》作“能勾”,《北宫词纪》、《啸余谱》并同;《盛世新声》作“觉的”,《词林摘艳》、《雍熙乐府》并同;《北词广正谱》作“似那”。

(74)“上”,《盛世新声》作“外”,《词林摘艳》、《雍熙乐府》并同。

(75)“合”下,《盛世新声》有“一对儿”三字,《词林摘艳》、《雍熙乐府》、《北宫词纪》并同。

(76)“眷”,《盛世新声》作“绿”,《词林摘艳》作“婘”,“婘”、“眷”一字。

(77)“分”,《盛世新声》作“生”,《词林摘艳》、《雍熙乐府》、《北宫词纪》并同。

(78)“拆开”,《雍熙乐府》作“折散”,《北宫词纪》同。

(79)“天生的自然,那些儿体面”,《盛世新声》作“那些儿体面,天生的自然”,《词林摘艳》、《雍熙乐府》、《北宫词纪》并同。

(80)“也”上,《盛世新声》有“哎”字,《词林摘艳》、《雍熙乐府》、《北宫词纪》并同。

(81)《雍熙乐府》无“俺”字,《北宫词纪》同。

(82)“俺心上有”,《盛世新声》作“心上有也者”,《词林摘艳》同。

(83)“的”下,《盛世新声》有“在”字,《词林摘艳》同。《雍熙乐府》无“的”字,《北宫词纪》同。

(84)《太和正音谱》无“着”字,《盛世新声》、《词林摘艳》、《雍熙乐府》、《北宫词纪》、《啸余谱》并同。

(85)《太和正音谱》无“却子待”三字,《雍熙乐府》、《北宫词纪》、《啸余谱》并同。

(86)“欢”,《太和正音谱》作“望”,《雍熙乐府》、《北宫词纪》、《啸余谱》并同。

(87)“动”,《太和正音谱》作“劝”,《雍熙乐府》、《北宫词纪》、《啸余谱》并同。

(88)“却子待欢解动凄然”,《盛世新声》作“特的来欢悮一齐欣然”,《词林摘艳》同。“悮”当作“娱”。

(89)“分”下,《盛世新声》有“家”字,《词林摘艳》同。

(90)“悲”,《太和正音谱》作“哀”,《盛世新声》、《词林摘艳》、《雍熙乐府》、《北宫词纪》、《啸余谱》并同。

(91)“怨”,《盛世新声》作“劝”,《词林摘艳》同。

⑨②《太和正音谱》无"却不道"三字,《啸余谱》同。"却不道",《盛世新声》作"端的是",《词林摘艳》、《雍熙乐府》、《北宫词纪》并同。

⑨③《太和正音谱》无"般"字,《啸余谱》同。"般",《盛世新声》作"来",《词林摘艳》、《雍熙乐府》、《北宫词纪》并同。

⑨④"阿那忽",《太和正音谱》作"阿纳忽",《北宫词纪》、《啸余谱》并同,《雍熙乐府》作"阿忽纳"。

⑨⑤"到"下,《雍熙乐府》有"你"字,《北宫词纪》同。

⑨⑥"只"上,《盛世新声》有"你怎生"三字,《词林摘艳》同;《雍熙乐府》有"你可也"三字,《北宫词纪》同。

⑨⑦"办",《雍熙乐府》作"管",《北宫词纪》同。

⑨⑧"的",《太和正音谱》作"得"。

⑨⑨"推",《太和正音谱》作"俄",《盛世新声》、《词林摘艳》、《雍熙乐府》、《北宫词纪》、《啸余谱》并同。

⑩⓪"桃"上,《太和正音谱》有"不见"二字,《啸余谱》同;《盛世新声》有"想"字,《词林摘艳》、《雍熙乐府》、《北宫词纪》并同。

⑩①"入",《雍熙乐府》作"解"。

⑩②"言",《盛世新声》作"眠",《词林摘艳》同。

⑩③"萧萧",《太和正音谱》作"潇潇",《北词广正谱》同;《盛世新声》误作"消消",《词林摘艳》同。

⑩④"正是",《盛世新声》作"这早晚",《词林摘艳》同。

⑩⑤"金盏子",《盛世新声》作"慢金盏",《词林摘艳》、《雍熙乐府》、《北宫词纪》并同。《太和正音谱》云:"慢金盏即金盏子",《啸余谱》、《北词广正谱》说并同。

⑩⑥"咱"上,《北词广正谱》有"都则为"三字。

⑩⑦"风"上,《北词广正谱》有"想着他"三字。

⑩⑧"尽",《盛世新声》作"愿",《词林摘艳》同;《雍熙乐府》作"天",上有"愿"字。

⑩⑨"尽可怜",《北词广正谱》作"杨柳腰"。

⑩⑩"松"原误"琒",今据《盛世新声》、《词林摘艳》、《北宫词纪》改正;《太和正音谱》作"悚",《雍熙乐府》、《啸余谱》并同;《北词广正谱》作"鸣"。

⑪①"著",《盛世新声》作"了",下有"这"字,《词林摘艳》、《雍熙乐府》并同。

⑪②"鬓贴着翠钿",《盛世新声》作"裙拖着素练",《词林摘艳》、《北词广正谱》

并同。

⑬"朵",《太和正音谱》作"衬",《盛世新声》、《词林摘艳》、《雍熙乐府》、《北宫词纪》、《啸余谱》、《北词广正谱》并同。

⑭《太和正音谱》无"着"字,《啸余谱》同。

⑮"莲"下,《太和正音谱》有"裙拖素练"一句,《啸余谱》同;《雍熙乐府》有"裙拖着素练"一句,《北宫词纪》同;《盛世新声》有"鬓贴着翠钿"一句,《词林摘艳》同;《北词广正谱》有"额贴着花钿"一句。

⑯"思",《太和正音谱》作"留",《盛世新声》、《词林摘艳》、《雍熙乐府》、《北宫词纪》、《啸余谱》、《北词广正谱》并同。

⑰"春"上,《北词广正谱》有"则这"二字。

⑱"山",《盛世新声》作"衫",《词林摘艳》同。

⑲"摇",《太和正音谱》作"远",《北宫词纪》作"遥",《啸余谱》同。

⑳"鹊"下,《雍熙乐府》有"上"字。

㉑"称"上,《盛世新声》有"今日个"三字,《词林摘艳》、《雍熙乐府》、《北宫词纪》并同;《北词广正谱》有"今日个早"四字。

㉒"俺"下,《雍熙乐府》有"这"字,《北宫词纪》同。

㉓"儿"下,《盛世新声》有"每"字,《词林摘艳》同;《雍熙乐府》有"的"字,《北宫词纪》、《北词广正谱》并同。

㉔"深",《太和正音谱》作"心",《盛世新声》、《词林摘艳》、《雍熙乐府》、《北宫词纪》、《啸余谱》、《北词广正谱》并同。

㉕"加"下,《雍熙乐府》有"着"字,《北宫词纪》、《北词广正谱》并同。

㉖"催",《盛世新声》误"摧",《词林摘艳》同。"催"下,《盛世新声》有"着"字,《词林摘艳》、《雍熙乐府》、《北宫词纪》、《北词广正谱》并同。

㉗"不"下,《盛世新声》有"的"字,《词林摘艳》、《雍熙乐府》、《北宫词纪》、《啸余谱》、《北词广正谱》并同。

㉘"乘"原误"圣",今据《太和正音谱》、《啸余谱》改正。"乘",《盛世新声》作"行",《词林摘艳》、《雍熙乐府》、《北宫词纪》并同;《北词广正谱》作"飞"。"行"下,《盛世新声》有"来"字,《词林摘艳》同。

㉙《盛世新声》无"那"字,《词林摘艳》同。

㉚"家",《盛世新声》作"的",《词林摘艳》、《雍熙乐府》、《北宫词纪》、《北词广正

谱》并同。"的"下,《雍熙乐府》有"这"字,《北宫词纪》同。

⑬"只",《太和正音谱》作"蓦",《雍熙乐府》、《北宫词纪》、《啸余谱》并同;《盛世新声》作"则",《词林摘艳》同。"则"上,《盛世新声》有"我"字,《词林摘艳》同。

⑬"得",《盛世新声》作"的",《词林摘艳》、《雍熙乐府》、《北宫词纪》并同。

⑬《太和正音谱》无"着"字,《盛世新声》、《词林摘艳》、《雍熙乐府》、《北宫词纪》、《啸余谱》并同。

⑭"华",《啸余谱》作"画"。

⑮"盏",《雍熙乐府》作"杯"。

⑯"走"上,《太和正音谱》有"道是"二字,《啸余谱》同;《盛世新声》有"他道是"三字,《词林摘艳》、《雍熙乐府》、《北宫词纪》并同。

⑰"马"下,《太和正音谱》有"也"字,《北宫词纪》、《啸余谱》并同。

⑱"喜人心",《太和正音谱》作"小喜人心",《啸余谱》、《北词广正谱》并同。

⑲"人"上,《盛世新声》有"我去那"三字,《词林摘艳》、《雍熙乐府》、《北宫词纪》并同;《北词广正谱》有"我在那"三字。

⑭"遥",《盛世新声》作"瞧",《词林摘艳》、《雍熙乐府》、《北词广正谱》并同。

⑭"可"上,《盛世新声》有"正是俺"三字,《词林摘艳》、《北词广正谱》并同。

⑭"喜",《盛世新声》作"嬉",《词林摘艳》同。"喜"下,《北词广正谱》有"娘"字。

⑭"可喜的",《太和正音谱》作"正是那",《啸余谱》同;《雍熙乐府》作"正是俺",《北宫词纪》同。"的",《盛世新声》作"娘",《词林摘艳》同。

⑭"流"下,《盛世新声》有"的"字,《词林摘艳》同。

⑭"未",《太和正音谱》作"不",《雍熙乐府》、《北宫词纪》、《啸余谱》并同;《盛世新声》作"微",《词林摘艳》同。"未"下,《北词广正谱》有"舒"字。

⑭"百"上,《北词广正谱》有"我将他"三字。

⑭"陪",《盛世新声》作"哀",《词林摘艳》、《雍熙乐府》、《北宫词纪》、《北词广正谱》并同。

⑭"一枨",《太和正音谱》作"只管",《雍熙乐府》、《北宫词纪》、《啸余谱》并同;《盛世新声》作"一盏",《词林摘艳》同;《北词广正谱》作"半晌"。

⑭《盛世新声》无"的"字,《词林摘艳》同。

⑮"只",《盛世新声》作"则",《词林摘艳》、《雍熙乐府》、《北宫词纪》并同。

⑮"将",《太和正音谱》作"把",《盛世新声》、《词林摘艳》、《雍熙乐府》、《北宫词

纪》、《啸余谱》并同。

⑫ "将个",《北词广正谱》作"把那"。《太和正音谱》无"个"字,《盛世新声》、《词林摘艳》、《雍熙乐府》、《北宫词纪》、《啸余谱》并同。

⑬ "咱",《北词广正谱》作"我",上有"空着"二字。

⑭ "辨",《太和正音谱》作"辩",《盛世新声》、《词林摘艳》、《雍熙乐府》并同。

⑮ "胡"上,《太和正音谱》有"你则么"三字;《盛世新声》有"你可要"三字,《词林摘艳》同;《北宫词纪》有"你怎么"三字;《啸余谱》有"你则莫"三字。"胡",《雍熙乐府》作"疑",下句同,上有"你可休"三字。

⑯ "和"上,《盛世新声》有"你道我"三字,《词林摘艳》、《雍熙乐府》、《北宫词纪》并同。

⑰ "赐",《太和正音谱》作"阳",《盛世新声》、《词林摘艳》、《北宫词纪》、《啸余谱》并同。

⑱ "赐福天",《雍熙乐府》作"阳府青天"。

⑲ "知"下,《太和正音谱》有"须有"二字,《北宫词纪》、《啸余谱》并同;《雍熙乐府》有"自有"二字。

⑳ "明",《太和正音谱》作"灵",《盛世新声》、《词林摘艳》、《雍熙乐府》、《北宫词纪》、《啸余谱》并同。

㉑ "忽都白",《太和正音谱》作"古都白",《啸余谱》同。

㉒《太和正音谱》无"我"字,《啸余谱》同。"我"下,《盛世新声》有"受了"二字,《词林摘艳》、《雍熙乐府》、《北宫词纪》、《北词广正谱》并同。

㉓ "来",《盛世新声》作"也",下有"那"字,《词林摘艳》、《雍熙乐府》并同。《北词广正谱》无"来"字。

㉔ "信"上,《北词广正谱》有"你如今"三字。

㉕ "口"下,《盛世新声》有"也那"二字,《词林摘艳》同。

㉖ "信口胡言",《太和正音谱》作"受了些熬煎",《北宫词纪》、《啸余谱》并同

㉗ "枉",《雍熙乐府》作"你"。"枉"上,《盛世新声》有"你便"二字,《词林摘艳》同。

㉘《太和正音谱》无"了"字,《雍熙乐府》、《北宫词纪》、《啸余谱》并同。

㉙ "么",《盛世新声》作"波",《词林摘艳》、《雍熙乐府》、《北宫词纪》并同。

㉚ "打"上,《盛世新声》有"你若是"三字,《词林摘艳》、《雍熙乐府》、《北宫词纪》、

《北词广正谱》并同。

⑰ "的",《北宫词纪》作"得",《啸余谱》、《北词广正谱》并同。

⑫ "母亲",《太和正音谱》作"妳妳",《盛世新声》、《词林摘艳》、《雍熙乐府》、《北宫词纪》、《啸余谱》、《北词广正谱》并同。

⑬ "恁",《盛世新声》作"您",《词林摘艳》、《雍熙乐府》、《北宫词纪》、《北词广正谱》并同。

⑭ "任",《雍熙乐府》作"恁"。

⑮ "无",《雍熙乐府》作"不"。

⑯ "唐兀歹",《太和正音谱》作"唐古歹",《啸余谱》同;《盛世新声》作"倘兀歹",《词林摘艳》、《北词广正谱》并同;《雍熙乐府》作"倘古歹"。

⑰ "付",《北宫词纪》作"甫"。

⑱ "告求",《盛世新声》作"哀告",《词林摘艳》同;《雍熙乐府》作"求和",《北宫词纪》同。

⑲ "告求的",《太和正音谱》作"求和得",《啸余谱》同。"的"下,《盛世新声》有"在"字,《词林摘艳》同;《雍熙乐府》有"他"字,《北宫词纪》同。

⑳ 《太和正音谱》无"头"字,《盛世新声》、《词林摘艳》、《雍熙乐府》、《北宫词纪》、《啸余谱》并同。

㉑ "惜"原误"借",今据《太和正音谱》、《盛世新声》、《词林摘艳》、《雍熙乐府》、《北宫词纪》、《啸余谱》改正。

㉒ "斩眼不得绿窗儿外月明却又早转",《太和正音谱》作"不觉得纱窗外月儿转",《啸余谱》同;《盛世新声》作"睍眼观纱窗月明又早转",《词林摘艳》同;《雍熙乐府》作"展眼窗儿外明月转";《北宫词纪》作"不觉的纱窗外月儿转"。案:"斩眼"、"睍眼",疑"双眼"之误。"不"下疑脱"觉"字。字书无"睍"字。

㉓ "么",《盛世新声》作"波",《词林摘艳》、《雍熙乐府》、《北宫词纪》并同。

㉔ "畅好是疾明也么天",《盛世新声》重一句,《词林摘艳》同。

㉕ "鸳鸯煞尾",原省作"尾",今据《盛世新声》、《词林摘艳》、《雍熙乐府》、《北宫词纪》订正。

㉖ "腰肢困摆垂杨软,舌尖笑吐丁香喘"二句,《盛世新声》作"银台画烛轻风剪,戍楼残角声音转",《词林摘艳》、《雍熙乐府》、《北宫词纪》并同。

㉗ "绣帐里无人",《盛世新声》作"锦帐罗帏",《词林摘艳》、《雍熙乐府》、《北宫词

纪》并同。

⑱"并枕",《乐府新声》作"情语",《词林摘艳》同,《雍熙乐府》作"悄语",《北宫词纪》同。

⑲"低",《盛世新声》作"多",《词林摘艳》同。

⑳"畅",《盛世新声》作"唱",《词林摘艳》、《雍熙乐府》、《北宫词纪》并同。

㉑"姻缘",《盛世新声》作"夫妻",《词林摘艳》、《雍熙乐府》、《北宫词纪》并同。

㉒"缱"原误"谴",今据《盛世新声》、《词林摘艳》、《雍熙乐府》、《北宫词纪》改正。

㉓"为",《盛世新声》作"随",《词林摘艳》、《雍熙乐府》、《北宫词纪》并同。

㉔"为人是今生愿",《盛世新声》作"随人今生愿",《词林摘艳》、《雍熙乐府》、《北宫词纪》并同。

㉕"尽老同眠也者",《盛世新声》作"尽老团圆",《词林摘艳》、《雍熙乐府》、《北宫词纪》并同。

㉖"也强如",《盛世新声》作"索强似",《词林摘艳》、《雍熙乐府》、《北宫词纪》并同。

㉗"鴈底",《盛世新声》误作"应振",《词林摘艳》同。

双调乔牌儿①

世情推物理,人生贵适意。想人间造物搬兴废。吉藏凶,凶暗吉。

〔夜行船〕富贵那能长富贵,日盈昃月满亏蚀。地下东南,天高西北,天地尚无完体。

〔庆宣和〕算到天明走到黑,紧②的是衣食。凫短鹤长不能齐。且休题,谁是非。

〔锦上花〕展放愁眉,休争闲气。今日容颜,老如昨日。古往今来,怎须尽知。贤的愚的,贫的和③富的。

〔么篇〕到头这一身,难逃那一日。受用了一朝,一朝④便宜。百岁光阴,七十者稀。急急流年,滔滔⑤逝水。

〔清江引〕落花满院春又归,晚景成何济。车尘马足中,蚁穴蜂衙内,寻取个稳便处坐闲地。

[碧玉箫]乌兔相催,日月走东西。人生别离,白发故人稀。不停闲岁月疾,光阴似驹过隙。君莫痴,休争名利。幸有几杯,且不如花前醉。

[歇指煞]恁则待闲熬煎,闲烦恼,闲萦系,闲追欢,闲落魄,闲游戏。金鸡触祸机,得时间早弃迷途。繁华重念箫韶歇,急流勇退寻归计。采蕨薇,洗是非;夷齐等,巢由辈。这两个谁人似得?松菊晋陶潜,江湖越范蠡。

(《阳春白雪》后集卷四)

校笺:

① 元刻本《阳春白雪》后集卷四,《越调梅花引》套数后,脱去《黄钟醉花阴》等八套,此套即在其中,今据黄丕烈校本迻录。《太和正音谱》引此套《锦上花》、《碧玉箫》二曲,《啸余谱》同。《北词广正谱》引《庆宣和》一曲。

② "紧"上,《北词广正谱》有"赤"字。

③ "和",《太和正音谱》作"共",《啸余谱》同。

④ "朝"下,《太和正音谱》有"是"字,《啸余谱》同。

⑤ "滔滔"下,《太和正音谱》有"如"字,《啸余谱》同。

越调斗鹌鹑

女校尉①

换步那踪②,趋前退后,侧脚傍行,垂肩蝉袖。若说③过论搽④头,鬓苔扳楼。入来的掩,出去的⑤兜。子⑥要⑦论道儿着人,不要无拽样顺⑧纽。

[紫花儿序]打的个桶子簾特⑨顺,暗足窝妆腰⑩,不揪拐回头。不要那看的每侧面,子弟每凝眸。非是我胡搊⑪,上下泛前后左右瞜,过从⑫的员⑬就。三鲍⑭敲⑮失落,五花气从头。

[天净沙]平生肥马轻裘,何须锦带吴钩。百岁光阴转首,休闲⑯生受,叹功名似⑰水上浮沤。

［寨儿今］得自由，莫刚求。茶余饭饱邀故友，谢馆秦楼，散闷消愁。惟蹴踘最风流，演习得⑱踢打温柔，施逞⑲得㉑解数滑熟。引脚蹙龙斩眼，担枪拐凤摇头。一左一㉑右，折㉒迭㉓鹘胜㉔游。

［尾声］锦缠腕，叶底桃，鸳鸯叩㉕。入脚面带㉖黄河逆流，白㉗打赛官场，三埸儿㉘尽皆有。

（《太平乐府》卷七、《雍熙乐府》卷一三）

校笺：

① 《雍熙乐府》引此套不著撰人，题作"蹴踘"。元时圆社中踢球的女艺人号"女校尉"。

② "蹤"，《雍熙乐府》作"踪"。

③ "说"下，《雍熙乐府》有"著"字。

④ "搽"，《雍熙乐府》作"茶"。

⑤ 《雍熙乐府》无"的"字。

⑥ "子"，《雍熙乐府》作"则"。

⑦ "要"下，《雍熙乐府》有"你"字。

⑧ "顺"，明人孙胤伽校焦竑家藏元刻本《太平乐府》作"嫩"，《雍熙乐府》同。

⑨ "特"，《雍熙乐府》作"忒"。

⑩ "腰"，《雍熙乐府》作"么"。

⑪ "搊"原误"邹"，今据孙胤伽校本改正，《雍熙乐府》作"诌"。

⑫ "从"，《雍熙乐府》作"论"。

⑬ "员"，《雍熙乐府》作"将"。

⑭ "鲍"，《雍熙乐府》作"抱"。

⑮ "敲"，《雍熙乐府》作"巧"。

⑯ "闲"，《雍熙乐府》作"赒"。

⑰ 《雍熙乐府》无"似"字。

⑱ "得"，《雍熙乐府》作"的"。

⑲ "逞"，《雍熙乐府》作"呈"。

⑳ "得"，《雍熙乐府》作"的"。

㉑《雍熙乐府》无"一"字。

㉒"折",《雍熙乐府》作"折"。

㉓"迭"下,《雍熙乐府》有"拐"字。

㉔"胜",《雍熙乐府》作"滕"。

㉕"叩",《雍熙乐府》作"扣"。

㉖《雍熙乐府》无"带"字。

㉗"白"上,《雍熙乐府》有"閞"字,"閞"疑当作"关",下套尾声"关白打官场小踢"可证。

㉘"儿",《雍熙乐府》作"踢"。

越调斗鹌鹑①

蹴踘

蹴踘场中,鸣珂巷里,南北驰名。寰中可意,夹缝堪夸。抛②声尽喜,那唤③活煞整齐。款侧金莲,微挪④玉体。唐裙轻荡,绣带斜飘,舞袖低垂。

[紫花儿序]打得⑤个桶子赚特硬,合扇拐偏疾,有一千来邹⑥拾,上下泛云云⑦的。论道儿直,使得个插肩来可戏⑧。扳搂⑨巢杂,足窝儿零利⑩。

[小桃红]装⑪跷委实用心机,不枉了夸强会,女辈丛中最为贵。煞曾习,沾身那取着田地。赶起了白踢,诸余里快收拾。

[调笑令]喷鼻,异香吹,罗韈长黏⑫见⑬色泥,天生艺性诸般儿会。折末你转花枝勘赚当对,鸳鸯叩⑭体样如画的,到⑮赚⑯得校尉每疑惑。

[秃厮儿]粉汗湿珍珠乱滴,宝髻偏鸦玉斜堆。虚蹬落实拾蹑起,侧身动,柳腰脆⑰,丸惜⑱。

[圣药王]甚旖旎,解数儿希⑲,左盘右折煞曾习。甚整齐,省气力。劳⑳行侧脚步频移,来往似粉蝶儿飞。

[尾声]不离了花前㉑柳影闲田地,关㉒白打官场小踢。竿网下世无

375

双,全场儿㉓占了第一。

(《太平乐府》卷七、《雍熙乐府》卷一三)

校笺:

① 《雍熙乐府》引此套不著撰人。《北词广正谱》引"秃厮儿"一曲。《太平乐府》无题,据《雍熙乐府》补。

② "抛"原误"胞",今据孙胤伽校本《太平乐府》改正,《雍熙乐府》亦作"抛"。

③ "唤",《雍熙乐府》作"换"。

④ "挪"原误"那",今改正,《雍熙乐府》作"舒"。

⑤ "得",《雍熙乐府》作"的"。

⑥ "邹",孙胤伽校本作"捣",《雍熙乐府》同。

⑦ "云云",孙胤伽校本作"匀匀",《雍熙乐府》同。

⑧ "戏",孙胤伽校本作"喜",《雍熙乐府》同。

⑨ "扳搂"原误"扳老",据《雍熙乐府》改正,上套"肷苔扳搂"可证。

⑩ "零利",《雍熙乐府》作"伶俐"。

⑪ "装",《雍熙乐府》作"状"。

⑫ "黏",《雍熙乐府》作"沾"。

⑬ "见",孙胤伽校本作"现",《雍熙乐府》同。

⑭ "叩",《雍熙乐府》作"扣"。

⑮ "到"下原衍"啜"字,今从孙胤伽校本删。《雍熙乐府》亦无"啜"字。

⑯ "赚",孙胤伽校本作"赋"。

⑰ "脆"原误"桅",今据《雍熙乐府》改正。

⑱ "惜"原误"腊",今据孙胤伽校本改正,《雍熙乐府》亦作"惜"。《北词广正谱》作"膝"。

⑲ "希",《雍熙乐府》作"稀"。

⑳ "劳",《雍熙乐府》作"旁"。

㉑ "前"原误"半",今据孙胤伽校本改正。《雍熙乐府》亦作"前"。

㉒ "关",《雍熙乐府》作"闻"。

㉓ "儿"下,《雍熙乐府》有"上"字。

小　令

正宫白鹤子四首

四时春富贵，万物洒风流。澄澄水如蓝，灼灼花如绣。
花边停骏马，柳外缆轻舟。湖内画船交，湖上驿骆骤。
鸟啼花影里，人立粉墙头。春意两丝牵，秋水双波溜。
香焚金鸭鼎，闲傍小红楼。月在柳梢头，人约黄昏后。

（《太平乐府》卷三）

仙吕醉扶归一首①

秃②指甲

十指如枯笋，和袖捧金尊。搊杀银筝字不真，搔③痒天生钝。从有相思泪痕，索把拳头揾。

（《词林摘艳》卷一、《尧山堂外纪》卷六八）

校笺：
① 《词林摘艳》不著撰人，《尧山堂外纪》题关汉卿作，不知何据。
② "秃"上，《尧山堂外纪》有"嘲"字。
③ "搔"原误"探"，今据《尧山堂外纪》改正。

仙吕一半儿四首

题　情

云鬟雾鬓胜堆鸦，浅露金莲簌绛纱，不比等闲墙外花。骂你个俏冤家，一半儿难当一半儿耍。

（《太平乐府》卷五、《尧山堂外纪》卷六八）

377

碧纱窗外静无人,跪在床①前忙要亲,骂了个负心回转身。虽是我话儿嗔,一半儿推辞一半儿肯。

(同上)

银台灯灭篆烟残,独入罗帏淹泪眼,乍孤眠好教人情兴懒。薄设设被儿单,一半儿温和一半儿寒。

(《太平乐府》卷五)

多情多绪小冤家,迤逗得人来憔悴煞,说来的话先瞒过咱。怎知他,一半儿真实一半儿假。

(同上)

校笺:

① "床",明刻本《太平乐府》作"窗",今从元刻本。

中吕普天乐十六首 崔张十六事

普救姻缘

西洛客说姻缘,普救寺寻方便。佳人才子,一见情牵。饿眼望将穿,馋口涎空咽。门掩梨花闲庭院,粉墙儿高似青天。颠不剌见了万千,似这般可喜娘罕见,引动人意马心猿。

西厢寄寓

娇滴滴小红娘,恶狠狠唐三藏。消磨灾障,眼抹张郎。便将小姐央,说起风流况。母亲呵,怕女孩儿春心荡,百般巧计关防。倒赚他鸳鸯比翼,黄莺作对,粉蝶成双。

酬和情诗

玉宇净无尘,寅月圆如镜。风生翠袖,花落闲庭。五言诗句语清,两下里为媒证。遇着风流知音性,惺惺的偏惜惺惺。若得来心肝儿敬重,眼皮儿上供养,手掌儿里高擎。

随分好事

梵王宫月轮高,枯木堂香烟罩。法聪来报,好事通宵。似神仙离碧霄,可意种来清醮。猛见了倾国倾城貌,将一个发慈悲脸儿朦着葫芦啼到晓。酪子里家去,只落得两下里获铎。

封书退贼

不念法华经,不理梁皇忏。贼人来至,情理何堪。法聪待向前,便把贼来探。险把佳人遭坑陷,消不得小书生一纸书缄。杜将军风威勇敢,张秀才能书妙染,孙飞虎好是羞惭。

虚意谢诚

东阁玳筵开,不强如西厢和月等。红娘来请,万福先生。请字儿未出声,去字儿连忙应。下工夫将额颅十分挣,酸溜溜蛰得牙疼。茶饭未占成,陈仓老米,满瓮蔓菁。

母亲变卦

若不是张解元识人多,怎生救咱全家祸。你则合有恩便报,到教我拜做哥哥。母亲你忒虑过,怕我赔钱货。眼睁睁把比目鱼分破,知他是命福如何,我这里软摊做一垛。咫尺间如同间阔,其实都伸不起我这肩窝。

隔墙听琴

月明中,琴三弄。闲愁万种,自诉情衷。要知音耳躲,听得他芳心动。司马文君情偏重,他每也曾理结丝桐。又不是黄鹤醉翁,又不是泣麟悲凤，又不是清夜闻钟。

开书染病

寄简帖又无成，相思病今番甚。只为你倚门待月，侧耳听琴。便有那扁鹊来，委实难医恁。止把酸醋当归浸，这方儿到处难寻。要知是知母未寝，红娘心沁，使君子难禁。

莺花配偶

春意透酥胸，春色横眉黛。新婚燕尔，苦尽甘来。也不索将琴操弹，也不索西厢和月待。尽老今生同欢爱，恰便似刘阮天台。只恐怕母亲做猜，侍妾假乖，小姐难捱。

花惜风情

小娘子说因由，老夫人索穷究。我只道神针法灸，却原来燕侣莺俦。红娘先自行，小姐权落后。我在这窗儿外几曾敢咳嗽，这殷勤着甚来由。夫人你得休便休，也不索出乖弄丑，自古来女大难留。

张生赴选

碧云天，黄花地，西风紧白鴈①南飞。恨相见难，又早别离易。久已后虽然成佳配，奈时间怎不悲啼。我则厮守得一时半刻，早松了金钏，减了香肌。

旅馆梦魂

为功名，伤离别。可怜见关山万里，独自跋涉。楚阳台朝暮云，杨柳岸朦胧月。冷清清怎的捱今夜，梦魂儿这场抛撇。人去也，去时节远也，远时节几日来也。

喜得家书

久客在京师,甚的是闲传示。心头眼底,横倘莺儿。趁西风折桂枝,已遂了青云志。盼得他一纸音书,却是断肠诗词。堪为字史,颜觔柳骨,献之羲之。

远寄寒衣

想张郎,空僝僽。缄书在手,写不尽绸缪。修时节和泪修,嘱付休忘旧。寄去衣服牢收授,三般儿都有个因由。这袜儿管束你胡行乱走,这衫儿穿的着皮肉,这里肚常系在心头。

夫妇团圆

为风流,成姻眷。恩情美满,夫妇团圆。却忘了间阻情,遂了平生愿。郑恒枉自胡来缠,空落得惹祸招愆。一个卖风流的志坚,一个逞娇姿的意坚,一个调风月的心坚。

(《乐府群珠》)

校笺:
① "白鹛"疑当作"北鹛"。

中吕朝天子一首①

书所见②

鬓鸦,脸霞,屈杀③将陪嫁。规摹全是④大人家,不在红娘下。笑眼偷瞧⑤,文谈回话,真如解语花。若咱,得他,倒了蒲萄⑥架。

(《太平乐府》卷四、《词林摘艳》卷一、《尧山堂外纪》卷六八)

校笺：

①《太平乐府》题周德清作，《词林摘艳》同。《尧山堂外纪》题关汉卿作，未知何据。

②"书所见"，《尧山堂外纪》作"从嫁媵婢"。

③"杀"下，《尧山堂外纪》有"了"字。

④"是"，《尧山堂外纪》作"似"。

⑤"笑眼偷瞧"，《尧山堂外纪》作"巧笑迎人"。

⑥"萄"，《尧山堂外纪》作"桃"。

南吕四块玉一首

别　情

自送别，心难舍，一点相思几时绝。凭阑袖拂杨花雪，溪又斜，山又遮，人去也。

（《太平乐府》卷五）

南吕四块玉四首

闲　适

适意行，安心坐。渴时饮，饥时冶，醉时歌①，困来时就向莎茵卧。日月长，天地板，闲快活。

（《太平乐府》卷五、《太和正音谱》卷下、《乐府群珠》、《啸余谱》卷五）

旧酒投，新醅泼，老瓦盆边笑呵呵。共山僧野叟闲吟和，他出一对鸡，我出一个鹅，闲快活。

（《太平乐府》卷五、《乐府群珠》）

意马收，心猿锁②，跳出红尘恶风波。槐阴午梦谁惊破，离了利名场，钻入安乐窝，闲快活。

（同上）

南亩耕，东山卧，世态人情经历多。闲将往事思量过，贤的是他，愚的是我，争甚么。

（同上）

校笺：

① "渴时饮，饥时冶，醉时歌"，《太和正音谱》作"渴时饮呵醉时歌"，《啸余谱》无"饥时冶"三字。

② "锁"，《乐府群珠》作"琐"。

双调沉醉东风五首

咫尺的天南地北，霎时间月缺花飞。手执着饯行杯，眼阁着别离泪。刚道得声保重将息，痛煞煞教人舍不得。好去者望前程万里。

忧则忧鸾孤凤单，愁则愁月缺花残，为则为俏冤家，书则书谁曾惯，瘦则瘦不似今番，恨则恨孤帏绣衾寒，怕则怕黄昏到晚。

伴夜月银筝凤闲，暖东风绣被常悭①。信沉了鱼，书绝了雁。盼雕鞍万水千山，本利对相思若不还。只②告与那能索债愁眉泪眼。

夜月青楼凤箫，春风翠髻金翘。雨云浓，心肠俏，俊庞儿玉嫩③香娇。六幅湘裙一搦腰，闲别采十分瘦了。

面比花枝解语，眉横柳叶长疏。想④着雨和云，朝还暮，但开口只是长吁。纸鹞儿休将人厮应付，肯不肯怀儿里便许。

（《阳春白雪》前集卷三（黄丕烈校本见前集卷一））

校笺：

① 此曲首二句相对为文，"银筝凤闲"与"绣被常悭"不协。任中敏先生云："常悭"疑"鸳悭"之讹。

② "只"，黄丕烈校本《阳春白雪》作"则"。

③ "玉嫩"，元刻残本《阳春白雪》作"玉软"，黄丕烈校本同。

④ "想"，元刻本《阳春白雪》误"相"，今据黄丕烈校本改正。

双调大德歌四首

春[①]

子规啼,不如归,道是春归人未归。几日添憔悴,虚飘飘柳絮飞。一春鱼雁无消息,只[②]见双燕斗衔泥。

(《阳春白雪》前集卷四(黄丕烈校本见前集卷三))

夏

俏冤家,在天涯,偏那里绿[③]杨堪系马。困坐南窗下,教[④]对清风想念他。蛾眉淡了教谁画,瘦岩岩[⑤]羞带[⑥]石榴花。

(同上)

秋

风飘飘,雨潇潇,便效[⑧]陈抟睡不着。懊恼伤怀抱,扑簌簌泪点抛。秋蝉儿噪罢寒蛩儿叫,渐零零细雨打芭蕉。

(《阳春白雪》前集卷四(黄丕烈校本见前集卷三)、《北词广正谱》)

冬

雪纷纷,掩重门,不由人不断魂。瘦损江梅[⑨]韵,那里是清江江上村。香国里冷落谁瞅问,好一个憔悴的凭阑人。

(《阳春白雪》前集卷四(黄丕烈校本见前集卷三))

校笺:

① "春"、"夏"、"秋"、"冬"四题,元刻本《阳春白雪》俱不载,今据黄丕烈校本订补。

② "只",黄丕烈校本作"则"。

③ "绿",黄丕烈校本作"丝"。

④ 任中敏先生云："教"字待校。
⑤ "岩岩"，黄丕烈校本作"慷慷"。
⑥ "带"，任中敏先生改作"戴"。案："带""戴"字通。
⑦ "潇潇"，《北词广正谱》作"萧萧"。
⑧ "效"，《北词广正谱》作"做"。
⑨ "江梅"当作"红梅"，疑涉下句"清江江上村"而误。

双调大德歌六首

粉墙①低，景凄凄，正是那西厢月上时。会得琴中意，我是个香闺里钟子期。好教人暗想张君瑞，敢只②是爱月夜眠迟。

（《阳春白雪》前集卷四（黄丕烈校本见前集卷三））

绿杨堤，画船儿，正撞着一帆风赶上水。冯魁吃的醺醺醉，怎想着金山寺壁上诗。醒来不见多姝丽，冷清清空载月明归。

（同上）

郑元和，受寂寞，道是你无钱怎奈何。哥哥家缘破，谁着你播铜铃唱挽歌。因打③亚仙门前过，恰便是司马泪痕多。

（同上）

谢家村，赏芳春，疑怪他桃花冷笑人。着谁传芳信，强题诗也断魂。花阴下等待无人问，只④听得黄犬吠柴门。

（同上）

雪粉华，舞梨花，再不见⑤烟村四五家。密洒堪图画，看疏林噪晚⑥鸦。黄芦掩映清江下，斜缆⑦着⑧钓鱼艖⑨。

（《阳春白雪》前集卷四（黄丕烈校本见前集卷三）、《太和正音谱》卷下、《啸余谱》卷五）

吹一个，弹一个，唱新行大德歌。快活休张罗，想人生能几何。十分淡薄随缘过，得磨陀处且磨陀。

（《阳春白雪》前集卷四（黄丕烈校本见前集卷三））

校笺：

① "墙"，元刻本《阳春白雪》误"儿"，今据黄丕烈校本改正。
② "只"，黄丕烈校本作"则"。
③ "打"，元刻本《阳春白雪》误"把"，今据黄丕烈校本改正。
④ "只"，黄丕烈校本作"则"。
⑤ "见"，《啸余谱》作"则"，误。
⑥ 《啸余谱》脱"晚"字。
⑦ "缆"，元刻本误"揽"，今据黄丕烈校本改正。《太和正音谱》亦作"缆"。《啸余谱》同。
⑧ 《啸余谱》无"着"字。
⑨ "艖"，元刻本误"叉"，今据黄丕烈校本改正。《太和正音谱》亦作"艖"，《啸余谱》同。

双调碧玉箫十首

黄召①风虔，盖下丽春园。员外心坚，使了贩茶船。金山寺心事传，豫章城人月圆。苏氏贤，嫁了双知县。天，称了他风流愿。

（《阳春白雪》前集卷四（黄丕烈校本见前集卷三）、《北词广正谱》）

怕见春归，枝上柳绵飞。静掩香闺，帘外晓莺啼。恨天涯锦字稀，梦才郎翠被知。宽尽衣，一搦腰肢细。痴，暗暗的添憔悴。

（《阳春白雪》前集卷四（黄丕烈校本见前集卷三））

盼断归期，划损短金篦。一搦腰围，宽褪素罗衣。知他是甚病疾，好教②人没理会。拣口儿食，陡恁的无滋味。医，越恁的难调理。

（同上）

帘外风筛，凉月满闲阶。烛减银台，宝鼎串烟埋。醉魂儿难挣挫，精彩儿强打捱。那里每来，你取闲论诗才。咍③，定当的人来赛。

（同上）

你性随邪，迷恋不来也。我心痴呆，等到月儿斜。你欢娱受用别，我凄凉为甚迭。休谎说，不索寻吴越。嗏，负心的教天识者④。

（同上）

席上樽前,衾枕奈无缘。柳底花边,诗曲已多年。向人前未敢言,自心中祷告天。情意坚,每日空相见。天,甚时节成姻眷。

（同上）

膝上琴横,哀怨动离情。指下风生,潇洒弄清声。锁窗前月色明,雕阑外夜气清。指法轻,助起骚人兴。听,玉⑤漏断人初静。

（同上）

红袖轻揎,玉笋挽秋千。画板高悬,仙子坠云轩。额残了翡翠钿,鬓松了柳叶⑥偏。花径边,笑撚春罗扇。搧,玉腕鸣黄金钏。

（同上）

秋景堪题,红叶满山溪。松径偏宜,黄菊遶东篱。正清樽斟泼醅,有白衣劝酒杯。官品极,到底成何济。归,学取他渊明醉。

（同上）

笑语喧哗,墙内甚人家。度柳穿花,院后那娇娃。媚孜孜整绛纱,颤巍巍插翠花。可喜煞,巧笔难描画。他,困倚在秋千架。

（同上）

校笺：

① "召"，《北词广正谱》作"肇"。
② "教"，黄丕烈校本《阳春白雪》作"交"。
③ "哈"原误"台"，今据元刻残本《阳春白雪》改正。
④ "教天识者"，黄丕烈校本作"教天减"。
⑤ "玉"，黄丕烈校本作"正"。
⑥ "柳叶"，元刻残本作"荷叶"，黄丕烈校本同。

商调梧叶儿一首

别　情

别离易,相见难。何处锁雕鞍。春将去,人未还。这其间殃及杀愁眉泪眼。

(《尧山堂外纪》卷六八)

附 录
中吕红绣鞋二首[①]

写 怀

望孤云悠扬远岫,叹逝水浩渺东流,斡璇玑又复几春秋。逢人权握手,遇事强昂头,老精神还自有。

来翻浪工勤禾稼。花落锦断送韶华,庄生遇此也宜嗟。感时思结发,兀坐似僧家,兀的不把先生愁闷杀。

(《乐府群珠》)

中吕喜春来一首
新得间叶玉簪

异根厚托栽培力,间色深资造化机,小园新得甚希奇。魁众卉,堪写入诗题。

(《乐府群珠》)

中吕喜春来一首
夜坐写怀示子

风寒不解忧成病,火暖难温老去情,佳儿慰我孝心诚。愁何进,香散暗银灯。

(《乐府群珠》)

南吕骂玉郎过感皇恩采茶歌一首
初度述怀

对时对景眉频皱,无才愧列王侯,后持自省己心无疚。坐不偏,立不倚,行不右。端冕凝旒,辅翊皇猷。尚忠诚,敦孝友,秉宣犹。宗藩世守,百事无求。得康强,到知命,屈千秋。望前修,勉潜修。昔时欢会此难酬,罔极悲思嗟在口,糟糠痛忆泪盈眸。

(《乐府群珠》)

校笺:

①《红绣鞋》以下五首,《乐府群珠》俱题一斋作。胡忌先生根据《永乐大典》引《析津志》"关一斋字汉卿",因谓此五首亦当为关氏作品。但据《感皇恩》"端冕凝旒,辅翊皇猷"、"宗藩世守,百事无求"等语,似是明时宗藩口吻,疑与汉卿无关。姑录于此待证。

(原载《关汉卿戏曲集》,中国戏剧出版社1958年版)

写在《琵琶记》之后

《琵琶记》传奇是元末永嘉人高则诚写的,尽人皆知,无须考证。现在所要讨论的问题,是那个以蔡中郎、赵贞女为主角的故事。据徐文长《南词叙录》所载,在古老的温州戏文里,蔡中郎后来弃亲背妇,为暴雷震死,落得个不忠不孝的罪名。而在高则诚的《琵琶记》,却尽力地描写他夫人赵五娘在他上京应考之后,因为年头不好,家境困难,背着她公婆,把细米皮糠强自吞咽。朱彝尊《静志居诗话》说他写到《孝顺歌》"糠和米本是两倚依,谁人簸扬你作两处飞"等句时,案上一对灯烛忽然发出光彩,合在一起,一时传为异事。这虽是齐东野语,但据此可知当时人对于他那深刻的描写,所受到的感动之大了。后来五娘的公婆病死,她又剪了头发,当街去出卖。又用麻裙里了泥土,自力营建坟墓。正合那元人岳伯川所作《铁拐李》杂剧"你学那三贞赵贞女,罗裙包土将坟台建"的二句话。这且不必细说,单说那蔡中郎上京应考,中了头名状元,无端红鸾星照命,当朝的牛丞相看中了他,选他为东床。这在蔡中郎原也有万般不得已的苦衷,我们且不必过分责难他。但看他一步登天之后,依旧不忘那在家乡苦度的双亲,和那结发的爱妻五娘,这已是十分难得的事。终于上表辞官,带了新夫人和在路途中巧遇的五娘,一同还家,祭扫坟墓,哭泣尽哀。牛丞相得知其事,替他奏明了大汉天子,不仅他本人授官为中郎将,两位夫人都封为郡夫人,连他已去世的父母也都有封赠。于是民间故事和戏剧里不忠不孝、无情无义为大众所唾弃的蔡中郎,到了高则诚生花的笔下,便变成一部忠孝传里的主人翁了(《忠孝传》,即是《琵琶记》的别名。现存的明嘉靖隆庆间刻本,有题为《蔡中郎忠孝传》的)。这和温州戏文《王魁负桂英》,到了明季高濂的《焚香记》传奇,便变成了王魁不负桂英夫妻团圆的喜剧一样。高则诚何以忽发雅兴,要在千载之下替蔡中郎伸冤雪恨,并且要用十二分的力量去表扬这位吃过糠的蔡夫人呢?

要解答这个问题,最好能见到高则诚的自白。不幸他的《柔克斋文集》,明初以后早已佚去,而现存《琵琶记》无论何种本子,均未见有作者的序跋,或其他同时人有关系的文字。我们至此便不得不侧面去观察作者的思想,和他所处的时代背景,作为解答这问题的一种尝试。

我很惭愧,对于这位大戏曲家的传记材料知道的太少了,所可据的,仅有《温州府志》和《瑞安县志》里短短的一篇传文。传的大意说:

> 高明,字则诚,聪敏博学。读《春秋》,识圣人大义。登至正乙酉第,授处州录事,有能声。时监郡马僧家奴贪残,明委曲调护,民赖以安。去任,民立碑,青田刘基为文记之。辟江浙省掾吏,改调浙东闽幕,四明都事,转江南行省掾,数忤权贵。除福建行省都事,道经庆元,方国珍欲留置幕下,不从,即日解官,旅寓鄞之栎社沈氏楼,因作《琵琶记》。明太祖闻其名,召之,以老疾辞。所著有《柔克斋集》。

在这里看不出他写《琵琶记》的动机来,仅知这部曲本是在他解官后晚年寓居鄞之栎社时所作而已。《瑞安县志·艺文志》又引他所作《王节妇》诗,诗云:

> 清清慈溪水,苹藻被涯涘。昔年修妇职,采撷荐明祀。殷勤执豆笾,斋肃事君子。一朝双鸳鸯,别离隔生死。死者无还期,生者当同归。奈何姑嫜老,重以膝下儿。升堂奉甘脆,篝灯训书诗。庶以未亡人,慰彼泉下思。溪水波可竭,妾身不改节。溪水有停污,妾心

但明洁。荧荧瑶台镜,玄发今已雪。孤鸾虽不舞,寒影自澄澈。溪水常流东,余波总相从。结发为夫妇,永别何由逢。青山有玄寂,百岁须当同。愿言合欢树,化作垅上松。葛萝更缠绵,相依无终穷。

在这里的王节妇,大概就是高则诚的同乡李孝光《五峰集》中的王贞妇。王节妇一生的遭遇,似乎比传说中的赵贞女还不幸得多,可知高则诚对于有奇行异操的妇人,是乐于加以表扬的。又《铁网珊瑚》及《华民传芳录》里都收着高则诚《春草轩》诗二首,此二诗不见于顾嗣立《元诗选》里的《柔克斋集》辑本。兹钞录如下:

蘀蘀庭际草,暠暠阳春辉。淑气播嘉泽,勾萌悉荣滋。玄化虽无言,寸草心自知。常恐霜露零,春晖报无时。愿言慈母线,永托游子衣。衣线有零落,母恩无终期。

筑室至近郊,开轩面平冈。前楹列宾友,中房鼓琴簧。彩服及春日,奉觞升华堂。醴酒既嘉兴,肴蔬亦芬芳。流景虽易迈,春晖岂能忘。竭此寸草心,以慰慈颜康。

上举二诗的色泽和意境,有点像魏晋六朝人的作品。但所谓慈母和游子是说的哪一位呢?据同书《铁网珊瑚》及无锡人华幼武《黄杨集》里所收的张翥《春草轩记》,知此二诗实为幼武的太夫人而作。原来华太夫人陈氏,年二十八而寡居,遗下一子幼武仅三岁,自誓不再嫁人,事公婆极尽敬养之道,终于教子成立。地方有司闻其事于朝,至正二年中书表其门闾。幼武因构堂曰贞节,轩曰春草,以奉太夫人。由是可知这位华节母,也是王节妇一流人物,所以高则诚也愿意作诗来歌颂她。又洪武初年纂修的《无锡县志》和明人所辑的《惠山集》里,都收着高则诚所写的《华孝子故址记》。华孝子想来许是华幼武的祖先。这篇散文,音调铿锵,是现存高则诚第一篇好文字。兹亦钞录如下:

惠山寺之东偏,当泉水之上,有三贤祠。按志书,今此址华孝子所居宅也。初,祠久废,吴人王彬始复倡建,既成,则以三贤事刻诸石,且曰:初址实孝子故居。孝子之事,不以没而不著。复眷其碑阴以记其事,章善也。按齐史,孝子名宝,晋义熙末,始八岁,父豪戍长安,且行,谓曰:我还为汝冠。后长安陷,父殁。宝奉命至七十不婚冠,或问之,不忍答,辄号恸弥日。建元三年诏表其门闾,凡史载孝子事若此。盖自西晋以来,尚玄虚,贱名检,教弛法斁,波流风靡,而孝子独能笃至行,终始不渝,其诚意恻怛,可以贯金石、干云霓,若与宇宙日月同其久。于此见天之降衷,人之秉彝,不以衰世末俗而有异也。孝子晋人,而志谓齐孝子者,盖孝子生于晋,长于宋,殁于齐,当其一身而天下三易姓。当时居朝廷有爵位者,朝事司马氏夕事刘,朝事刘夕事萧,恬不以为怪。而孝子奉父一言,七十年余,未尝斯须忘,以至没身不替。使当时朝廷有爵位者,其奉君命,恪官守,亦咸若华氏子,则晋不当为宋,宋不当为齐,而孝子宜不曰齐孝子也。凡游于兹者,憩幽林,酌清泉,临风览古,怀三贤之高风,慕孝子之至行。其素有志者,宜加奋励,其未能者,则澄思革心,勉追退躅,是则某所以树碑之意云尔。

他在此文的结尾,又大声疾呼地说:"夫人性一耳,有为者亦若是,吾徒宜毋自怠。"他以为大家都应该去接受华孝子的精神,或摹仿着他的人格做去。其实华孝子的事迹,仅见于萧子显《南齐书·孝义传》,他的终身不婚不冠的奇特行为,祇是一种愚孝。但在高则诚的文章里,却发挥得有声有色,淋漓尽致。我们更以《春草轩》、《王节妇》诸诗参读,他一生维护纲常名教的苦心,便昭然若揭了。

此外我们又在《黄岩县志》里,找到一篇高则诚写的《孝义井记》。一口井为什么要以"孝义"二字为名呢?原来黄岩县东南境有座方山,山势雄秀,风景极佳。可惜山底下土壤过于深厚,凿开不易,过其地者,以无处求饮,大感痛苦。当地郑氏有鉴于此,在宋理宗朝,独力出资凿了一口大井,并在井上修盖一亭,以便汲人休憩。又因附近即是郑氏家茔,所以当时宰相杜清献公(即杜范)就题名为"孝义井"以表彰之。高则诚居台州时,曾往一游。后在四明,得晤郑氏后人永思君,备悉其先人凿井始末并永思君补葺经过，因作一文以记。他的结论，要大家本着必诚必信的精神去服务社会，日子久了，必能博得令名美誉，和郑氏的子孙一样。可见高则诚对于推己及人有牺牲精神的为善之士，也是竭力加以鼓吹的。反映在《琵琶记》曲本里，就变成赵五娘的恩人张广才一类人物了。

我们再看看高则诚所处那时代的社会情形，正当元顺帝至正年间，其时大河南北以迄江南一带，到处天灾人祸，民不聊生。即以高则诚的家乡永嘉、平阳等地而论，因为地方官吏的失德，把老百姓压迫得喘不过气来，致有种种惨剧发生。刘基是高则诚的好朋友，二人时有诗篇来往唱和。刘的《诚意伯文集》有《赠周宗道六十四韵》一诗云：

> 永嘉浙名郡，有州曰平阳。面海负山林，实维瓯闽疆。闽寇不到瓯，倚兹为保障。官司职防虞，当念怀善良。用民作手足，爱抚勿书伤。所以获聚心，即此是仞墙。奈何纵淫毒，反肆其贪攘。破縻取菽粟，夷坦劫牛羊。朝出系空橐，暮归荷丰囊。丁男跳上山，妻女不得将。稍或违所求，便以贼见戕。负屈无处诉，哀号动穹苍。斩木为戈矛，染紫作衣裳。鸣锣撼岩谷，聚众守村乡。官司大惊怕，弃鼓撒旗鎗。窜伏草莽间，股栗面玄黄。窥伺不见人，湍江走伥伥。可中得火伴，约束归营场。顺途劫寡弱，又各夸身强。将吏各有献，欢喜赐酒觞。民情大不甘，怨气结肾肠。遂令父子恩，化作蚕与蝗。恨不斩官头，剔骨取肉尝。纍纍野田中，拜泣祷天皇。愿得贤宰相，飞笺奏严廊。先封尚方剑，按法诛奸贼。

这就是当时以海盗起家的方国珍能在温州庆元据地自恣的根本原因。《诚意伯集》里又有《忧怀》一首：

> 群盗纵横半九州，干戈满眼几曾休。官曹各有营身计，将帅何曾为国谋。猛虎封狼安荐食，农夫田父困诛求。抑强扶弱须天讨，可怪无人借箸筹。

短短的几句诗，把一切致乱的根由，说得更为明快。浙东如此，他处情况亦无不在水深火热之中。诚意伯又有《泾县东宋编修长歌》，中云：

浙东行人遏江左,正值蕤宾之管吹轻葭。阴气黯黮天地闭,仰面不见扶桑鸦。满路青泥杂陨箨,局缩畏触蛭与蛇。破瓦荒畦旧市井,荆榛秽奥巢麏麚。翠眉蝉鬓转蓬去,颓墙缺甃劫火煆。废田蔓草结旌旆,农夫尽化为虫沙。布谷不知时事异,劝耕终日声查查。晚来雨歇到泾县,祇有蒿荻无人家。萧条破竈冷灰地,饥童冻口张唅呀。滹沱麦饭那能致,新丰酒醪何处赊。夜深月出照庭树,鬼磷一似青莲华。惊魂逋魄稍归舍,收入志虑无令邪。

可怜诚意伯空有王佐之才,到此也是束手无策。此项动乱继续蔓延下去,遂有极度饥馑人相食的怪事发生。如张羽《蜕庵集》有《书所见》一诗,读之令人不寒而凛。诗云:

沟中人啖尸,道上母弃儿。有眼不曾见,无方可疗饥。干戈未解日,风雪正寒时。归与妻孥说,毋嫌朝食糜。

又如吾邱衍《闲居录》,有《哀越民》一诗云:

越壤吴江左,州民泰伯余。田莱空草芥,井邑共萧条。相食能无忍,传闻信不虚。寒沙满骸骨,掩骼意何如。

极写越人饿死的惨状。这些事实,都是高则诚所能耳闻或目击的。那时一般人要维持最低限度的道德水平,是一件不很容易的事。所以像王节妇、华节母以及历史上的华孝子,都是高则诚心目中不可多得的伟大人物。高则诚为要"顽廉懦立"、"讽世警俗"起见,自非加以歌颂不可,而反映在《琵琶记》曲本里,却是一幕赵五娘吃糠的场面,高则诚更非尽力渲染烘托不可的了。

本来温州永嘉一带,是南宋以来南曲戏文的发源地。《赵贞女》戏文出世较早,观宋人刘克庄《后村诗集》里,有"身后是非谁管得,满城争唱蔡中郎"之句,替蔡中郎报不平的,想来决不止刘后村一人。高则诚素以维护纲常名教为职志的,当然更看不过去,进一步自非采用有效方法来替这位弃亲背妇为天雷震死,约略在剧坛上做了一百多年的名教罪人平反不可。他又是永嘉人,他以本乡学人的身份,来改编在本乡乃至各地流行得很普遍的《赵贞女》戏文,当可一新世人耳目。他又以表扬王节妇、华孝子一贯的作风,来描写赵五娘的志操,来改造蔡中郎的人格,自然是更有意义的了。到现在,我们在剧台上,祇看到天打张继保,而不见有雷震蔡中郎,这不能不算是高则诚的大贡献、大成功。

(原载《艺文》第一卷第四期,1943年10月)

《水浒传》双渐赶苏卿故事考

《水浒传》一书，其历史的背景，至为悠远。盖由杂剧平话或他种类似之书演绎而成。书中蕴藏宋元二代民间风俗方言及名物为他处所未见者至多。其难索解处，直不亚于汉以前书。余每有所见，辄笺识卷端。兹摘录第五十五《插翅虎枷打白秀英》回内双渐赶苏卿故事考证如左，以质世之治通俗文学者。

《水浒传》第五十五回："那白秀英道：今日秀英招牌上明写着这场话本，是一段风流韫籍的格范，唤做豫章城双渐赶苏卿。说了开话，又唱，唱了又说。合棚价众人，喝采不绝……"

双渐之名，见于元剧者，辄与孟姜女、王魁等，同作代名词用。知此故事之渊源，必在元代前。《录鬼簿》著录《苏小卿月夜泛茶船》杂剧，为王实甫作，《永乐大典》剧字韵收之。今惟《盛世新声》内收一折，尚可见其涯略。

王实（原误世，今改）甫《泛茶船》杂剧（《盛世新声》引）：

[粉蝶儿]这些时浪静风恬。再不去唤官身，题名儿差占。直睡到上纱窗红日淹淹。从今后管家私，学针指，毕罢了花浓酒酽。一会家暗搯春纤。我这里数归期故人作念。[醉春风]旧约信难凭，新愁眉带脸。落红满地不钩帘，把朱扉半掩。掩怕对菱花，照人憔悴，不似我旧时娇艳。[迎仙客]灵鹊儿噪绿槐，喜蛛儿挂在垂檐。不由

我腮斗儿上,喜孜孜堆着笑脸。这书写时节带着些愁眉,封时节和泪粘,拆开封皮仔细观瞻,我与你一字字从头念。[石榴花]原来这负心的真个不中粘。想当初啜赚我话儿甜。则好去破窑中挨风雪,受齑盐。那时节谨廉君子谦谦,贲发的赴科场才把鳌头占,风尘行不待占粘。如今这七香车五花诰无凭验,到做了脱担两头尖。[斗鹌鹑]则有分泪眼愁眉,无福受金花翠屐。我这里按不住长吁,揾不干泪点。谁承望你半路里将人来死抛闪,恩情似水底盐。到骂我做路柳墙花,顾不的桃腮杏脸。[上小楼]也是我那前世里缘,也是我今生少欠。贲发的他应举求官,独步青霄,折桂攀蟾。受了些老母严,女伴每怗,何曾心厌。兀的可不亏负杀小卿双渐。(幺)有一日见了他,我和他便有甚脸。若见俺那负德辜恩、短命敲才,敢吃我会捆打揪持。见放着海神庙有报应爷爷灵验。看你这个负心贼怎般短监。[十二月]这厮把莺花来热粘,俺娘将才礼钱忙苦。你道是先忧来后喜,我着你有苦无甜。请学士先生吊赚,快疾忙归去陶潜。[尧民歌]使了些精银夯钞买人嫌。把迭厮剔了髓,挑了觔,剐了肉,不伤廉。我从来针头线角不曾拈,我则会付粉施朱对妆奁,心严财钱信口添,着这厮吃我会开荒剑。[耍孩儿]俺伴是风流俊俏潘安脸,怎觑那向日头獾儿的嘴脸。乔趋跄宜舞一张掀,怎和他送春情眼角眉尖。我心里不爱他心里爱,正是家菜不甜野菜甜。觑不的乔铺苦。看了他村村棒棒,怎和他等等潜潜。[二煞]你休夸七步才,连敢道三个盐。九江绝品三江潋。倚仗你茶多强挽争着买,倚仗着钱多热死粘。眼见的泥中陷。赤紧的泛茶的客富,更和这爱钞的娘严。[尾声]往常时一迷里嫌,到今日都是诣。汝阳斋眼见撅下坑堑,不提防脑背后将咱这一闪。

此剧流行颇广,元时南戏中亦有之(见《永乐大典》戏字韵),徐天池撰《南词叙录》时犹及见之。其源盖出于院本。然均作"泛茶船",与《水浒传》及宋方壶、刘庭信所作散套之作"走苏卿"者迥异(庾天锡有《苏小卿丽春园杂剧》,未知何如)。

元宋方壶《走苏卿》散套(《盛世新声》引,又见《雍熙乐府》卷一,文字小有异同):

  [醉花阴]雪浪银涛大江迥,举目玻璃万顷。天际水云平,浩浩澄澄,越感的人孤另。一叶片帆轻,直赶到金山不见影。[喜迁莺]见楼台掩映,彻云霄金壁层层。那能上方幽径。我则见宝殿蒙蒙紫气生,真胜境。蓦闻的幽香缥缈,则不见可喜娉婷。[出队子]心中偎幸,意痴痴愁转增。猛然见梵王宫得悟的老禅僧。何处也,金斗郡。无心苏小卿,空门下临川县多情双县令。[刮地风]我这里叉手躬身将礼数迎,请禅师细说叮咛,他道有一个女娉婷寺里闲踢蹬。他生的袅袅婷婷,阁不住的雨泪盈盈,愁凄凄有如痴挣,闷恹恹染成疾病。蘸双毫回廊下壁上题名,猛抬头恰定睛。正是俺可意多情。走龙蛇字体儿堪人敬,他诉衷肠表志诚。[四门子]他道狠毒娘硬接了冯魁的定,揣与我个恶罪名。当初实意儿守,真心儿等,恰便似竹林寺有影不见形。实意儿守,真心儿等,他可便如何拆证。[古水仙子]他他他,觑绝罢雨泪倾,便有那九江水,如何洗得清。当初指雁为羹,充饥画饼。道无情,却有情。我我我,暗暗的仔细评论。俏苏卿摔碎粉面筝,村冯魁硬对菱花镜,则俺狠毒娘有甚前程。[者刺骨]占天边月共星,同坐同行。对神前说誓盟,言死言生。香焚在宝鼎,酒斟在玉觥。越越的人孤另,分开燕莺。[神杖儿]唤稍公忙答应,休要意挣。谁敢道是半霎消停,直赶到豫章城。[节节高]碧天云净,绿波风定,银蟾皎洁。猛然见俺多情薄幸。俺两个付耳言,低声语,携手行。呀,下水舡如何觅影。[尾声]说与你个冯魁奈心听,俺两个喜孜孜悄语低声,你在那蓝桥下细寻思慢慢等。

刘庭信《咏走苏卿》(《盛世新声》引):

  [醉太平]聪明的志高,懵懂的愚浊。一船茶单换了个女妖娆。豫章越趱了,老卜儿接了,鸦青钞。俊苏卿受了金花诰,俏双生披了

缘罗袍。村冯魁老曹。

《雍熙乐府》所载无名氏散套，亦多作《赶苏卿》，或作《苏卿诉苦》，无作《泛茶船》者。

无名氏《赶苏卿》套数(《雍熙乐府》卷二引)：

[端正好]本是对美甘甘锦堂欢，生扭做悲切切阳关怨。恰离了莺儿寨，早来到野水平川。急煎煎千里程途践，景萧萧宜写在帏屏面。[滚绣球]动羁怀的是淅零零暮雨声，恼人肠的是日迟迟春画暄，感离情的是娇滴滴弄喉舌啼莺语燕，舞飘飘乱纷纷柳絮飞绵。嬉游玩赏无穷尽，畅饮开怀乐自然。此景堪怜。[么篇]叹浮世的草凄凄际碧天，绿茸茸柳带烟。流尽年光的是兀良，响潺潺碧澄澄皱玻璃楚江如练，断送行人的是忔蹬蹬鞭羸马行色凄然。猛想起醉醺醺昨宵欢会知多少，陡恁的冷清清今日凄凉有万千。情默默无言。[倘秀才]莫不是黄司理缘薄分浅，多管是双通叔时乖运蹇。小卿你再不向秦楼列管弦，彩鸾回舞袖，青鸟罢衔笺，兀良不远。[叨叨令]不思量心上犹作念，越思量越恁的添劳倦。意迟迟欲把他留恋，再几时能勾成莺燕。他原来去了也波哥，他原来去了也波哥，减香肌松了黄金钏。[脱布衫]行不动则管里熬煎，休停待莫得俄延。侧着耳听沉了半晌，唬的我胆寒心战。[醉太平]原来是昏鸦噪暮天，落雁叫沙边。猛听的隔江人唤渡头船。啼红的是杜鹃，扑簌簌泪湿残妆面，将风流秀士难留恋。生忔揸拆散了并头莲，则为我多情的业冤。[尾声]三杯别酒肝肠断，一曲阳关离恨添。我上车儿倦向前，他上雕鞍懒增鞭。彼各无言两泪连，各办心坚石也穿。两处相思情意牵，遥望见车儿渐渐远。

无名氏《赶苏卿》套数(《雍熙乐府》卷十三引)：

[斗鹌鹑]一叶舟中，千层浪里。风送云帆，星前月底。比着那临海袁弘，归湖范蠡。胜马跑，赛鸟飞。则为他腹热肠荒，因此上心忙意急。[紫花儿序]明皎皎一轮皓月，荧燥燥万点星辰，浪滔滔千

顷玻璃。山横南北,溪水东西,殿阁高低。远望金山云影迷,钟声相递。这其间参了菩萨,礼拜阿弥。[小桃红]锦帆收住橹声低,岸口将船系。山在云峰半江内,绕周围清烟锁垂杨地。你看那松稠柏密,曲栏短砌,楼阁接天齐。[金蕉叶]风铃响江声应随,早行到山门这里,盖造的是名山古迹。[调笑令]我这里步移下阶基,直到如来宝殿里。烧香拜礼无心意,两廊下往回寻觅。恨薄情小卿无道理,法堂上见一个阇黎。[秃厮儿]那和尚先施一礼,俏双生举手忙回,共禅师厮跟相伴随。交谈接语,追陪心急。[圣药王]走一回,看一回,见西廊壁上有诗题。看仔细,问的实。这新诗谁写好跷蹊。念罢了泪珠垂。[么篇]便告回,那一直,到船边立定心惨慽。日落西,月渐起。那些烦恼好伤悲,独自受孤栖。[络丝娘]船儿上将冰弦慢理,江岸边星前月底。流水高山动情意,水泉漱千层怪石。[东原乐]心中事那个知,我这里自家闲抚声递。月朗风清二鼓催,算来无计,这姻缘不能成济。[绵答絮]游鱼翻戏,鸾凤肇啼。苍龙出水,神鬼惊疑。心事传情空白知,村汉拘束来不得。难舍难离,我如今怎弃掷。[么篇]越教人心似痴,他心中总不知。蓦然写毕,一声伤悲。来到根底,见了容仪。两意徘徊,撇了冯魁,怎想到今宵相会。解缆休迟,岸口慌离,趁风力到江心一似飞。[尾声]冯魁酷酊昏沉睡,不计较苏卿见识。一个金山岸醒后痛伤悲,一个临川县团圆庆贺喜。

无名氏《苏卿诉苦》套数(《雍熙乐府》卷六引):

[粉蝶儿]江景潇疏,更那堪楚天秋暮,占西风柳败荷枯。立夕阳,空凝竚,江乡古渡。水接天隅,眼弥漫晚山烟树。[醉春风]寂寞日偏长,别离人最苦。把一封正家书改做假休书。冯魁不亲将我来娶娶。知他是身跳龙门,首登虎榜,想这故人何处。[红绣鞋]往常时冬里卧芙蓉衲褥,夏里铺藤席纱厨。但出门换套儿好衣服。不应冯魁茶员外,茶员外钞姨夫。我则想俏双生为伴侣。[迎仙客]见一座古寺宇盖造得非常俗。见一个僧人念经掐着数珠,待道是小阇

梨,却元来是老院主。俺是个檀越门徒,问长老何方去。〔石榴花〕看了那可人江景壁间图,妆点费工夫。比及江天暮雪见寒儒。盼平沙趁宿,落雁无书。空随得远浦帆归去。渔村落照船归住,烟寺晚钟夕阳暮,洞庭秋月照人孤。〔斗鹌鹑〕愁多似山市晴岚,泪多似潇湘夜雨。少一个心上才郎,多一个脚头丈夫。每日家茶不茶饭不饭,百没是处。教我那里告诉。最高的离恨天堂,最低的相思地狱。〔普天乐〕腹中愁,诗中句。问甚么失题落韵,跨马骑驴。想着那得意时,着情处。笔尖题到伤心处,不由人短叹长吁。嘱付你僧人记取。苏卿休与,知它双渐何如。〔上小楼〕怕不待开些肺腑,都向诗中分付。我这里行想行思,行写行读,雨泪如珠。都是些道不出写不出,忧愁思虑,忍不住放声啼哭。(么)他怎知我嫁人,我知他应过举。番做了鱼沉雁杳,瓶坠簪折,信断音疏咫尺地,半载余,一字无。双郎何处。我则索随他贩茶船去。〔十二月〕无福效同俦并侣,有分受枕剩衾余。想起来相思最苦,空教人好梦全无。撇飞了清歌妙舞,受了些寂寞萧疏。〔尧民歌〕闪的人凤凰台上月儿孤,趁帆风势下东吴。我这里安桅举棹泛江湖,倒不如沉醉罗帏倩人扶。跨踌跨踌,天边雁儿无,遥望把佳期悮。〔耍孩儿〕这厮不通今古通商贾,是贩卖俺愁人的客旅,守着这厮愁闷怎消除。真乃是牛马而襟裾,斗筲之器成何用,粪土之墙不可圬。想俺爱钱娘乔为做,不分些好弱,不辨贤愚。〔三煞〕娘呵你好下的,好下的忒狠毒,忒狠毒,全没子母情肠肚。则好教三千场失火遭天震,一万处疗疮生背。怎不教我心中怒。你在钱堆受用,撇我在水面上遭荼。〔二煞〕我上船时如上木驴,下仓时如下地府,靠桅杆似靠将军柱。一个随风倒柁船牢狱,趁浪逐波乘辍车。伴着这魑人物,便如冤魂般相缠,日影般相逐。〔一煞〕他正是冯魁酒正浓,苏卿愁起初。下船来行到无人处,我比娥皇女哭舜添斑竹,比曹娥女哭江少一套孝服。则怕他瞧破俺离情绪,推眼疾偷掩痛泪,佯呵欠带几声长吁。〔尾声〕比我这泪珠儿何日干,愁眉甚日舒。将普天下烦恼收拾聚,也不似得苏卿半日苦。

402

无名氏《苏卿题恨》套数(《雍熙乐府》卷二引):

[端正好]不亲事拆鸾凰,软兀剌分莺燕。茶船上暗接了丝鞭,浪花中一叶扁舟远,望不见芙蓉面。[滚绣球]想呵想俺那无主意的人,恨呵恨他那有势力的钱。被几文泼铜钱将柳青来买转。莫不我只有分寡宿孤眠。这其间遏金山古寺前,到浔阳江岸边,把九江水品茶尝遍,他几曾惯扫雪烹煎。他安排着檀肚肠凤髓酬歌兴,我准备着调琴瑟鸾胶续断弦。再相逢甚日何年。[倘秀才]书写下情词数联,更叙着寒温半篇。拣一张整整齐齐碧玉笺,将心事付婵娟。百般的无一个顺便。[滚绣球]往常时玉楼前巢翡翠,绣衾栖交颈鸳。也曾遂少年心愿。翠红乡非我十全,他则会风月情花柳筵,几曾经这般水面。暗送了茶引三千,把一个丽春园生扭做相思海,金斗郡翻为离恨天。就里难言。[倘秀才]再不见娇滴滴人如玉仙,星厴靥花背翠钿。再不见桃花扇影偏。我往常尊席上小楼前,将吹弹敷演。[呆骨朵]梨花零落深沉院,冷清闲耍秋千。谁想他信杳音乖,闪的我缘薄分浅,被这倒城计虔婆骗。谁与这无势力的人方便。他管甚麽有情惜有情,问甚麽解元不解元。[尾声]新愁不共芭蕉展,旧恨难将柳线穿。圣记临行甚所言,恩爱翻成生死冤。赤紧的冤家紧厮缠。有一日宴罢琼林作状元,除得临川做知县。恁时节苏氏方知姓名显。

惟《太和正音谱》所载白仁甫套数,不注题名,以文义测之,盖亦《赶苏卿》。

[恼煞人]又是红轮西坠,残霞照万顷银波。江上晚景寒烟,雾蒙蒙风细细,阻隔离人萧索。宋玉悲秋愁闷,江淹梦笔寂寞。人间岂无成与破,想别离情绪,世界里只有俺一个。[伊州遍]为忆小卿,牵肠割肚。悒怏悄然无底末,受尽平生苦。天涯海角,身心无个归着。恨冯魁趋恩夺爱,狗幸狼心,全然不怕夭折到。到如今划地吃耽阁,禁不过,更那堪晚来暮云深锁。故人杳杳,长江风送,听胡笳沥沥肇韵聒。一轮皓月朗,几处鸣榔,时复唱和渔歌。转无那,沙汀

403

蓼岸一点渔灯,相照寂寞。古渡停画舸。双生无语泪珠落,呼仆隶指拨,水手在意扶拖。[尾声]兰舟定把芦花过,橹肇省可里高声和。恐惊散宿鸳鸯,两分飞也似我。(《太和正音谱》卷上引)

今据梅禹金《青泥莲花记》所载本事观之,知《泛茶船》为《赶苏卿》之张本,二者乃同实而异名,于是前疑始决。

《青泥莲花记》卷七:"苏小卿,卢州娼也。与书生双渐交昵,情好甚笃。渐出外久之,不还。小卿守志待之,不与他狎。其母私与江右茶商冯魁定计,卖与之。小卿在茶船,月夜弹琵琶甚怨。过金山寺,题诗于壁以示渐,云:'忆昔当年折凤皇,至今消息两茫茫。盖棺不作横金妇,入地当寻折桂郎。彭泽晓烟迷宿梦,潇湘夜雨断愁肠。新诗写记金山寺,高挂云帆上豫章。'渐后成名,经官论之,复还为夫妇。"(传奇○此亦谈说家近俚俗,然元人喜咏之《贩茶船》、《金山寺》、《豫章城》杂剧,《仰山脞录·扬州李妙惠》载其诗为卢进士妻,未知何据。)

由上所引,知此故事活动于剧场及民间文艺间,以元代及元明间为最盛。至清代已微,近且无人能道其颠末。《南词定律》所引明人传奇,有《双渐》与《苏小卿》二本,是明代亦尚有翻本。

[孝顺歌]水绕山,山连水,山青水绿景最奇。长天共一色,残月已沉西。明星渐稀,曙光方明,朝霞舒绮。(合)顺风听得琵琶,遣人心碎。(《南词定律》卷九引《双渐传奇》)

[胡女怨]寻思越痛情,恍惚神不定,如醉如痴琵琶不忍听。怎知我一别永不相认。(合)寻思做甚人,拼了一性命。(《南词定律》卷四引《苏小卿传奇》)

然与十万卷楼旧藏《茶船记传奇》(见陆心源说部戏曲书目)是否同为一书,则不可考矣。

(原载《国立北平图书馆月刊》第三卷第一号,1929年7月)

《汉魏南北朝墓志集释》序

前人著录古冢墓遗文,盖肇于赵宋之世。欧阳永叔《集古录》首考宋宗悫母夫人、南齐海陵王二志,以补益史传。沈存中《梦溪笔谈》、黄伯思《东观余论》亦详载海陵王志出土始末。知宋人留意于前代蕴幽之文,亦与三代彝器、两京碑刻无异。自后赵德父撰《金石录》,著录渐广,孙蔚、拓跋吐度真、普六如忠诸志,皆欧公所未见。陈思《宝刻丛编》引《复斋碑录》、《京兆石刻录》,但记志主姓名、葬日、书撰人、出土地,此后世《天下金石志》、《寰宇访碑录》之体之所由昉。视欧赵征文考献,孳孳惟恐不足,固有间矣。顾欧赵考证虽密,然未录志文,使人无由窥豹,终为憾事。元末陶南邨迻录梁永阳王妃等志文于《古刻丛钞》,然考证独阙。以是知二者得兼如洪氏《隶释》、《隶续》之不易购也。近世金石之学,凌越前代。青浦王兰泉《萃编》一书,有凿空之功,合欧、赵、南邨之学为一,斯学大昌,如日中天。然拓墨仅据一本,编校出于众手,纰缪孔多,读者惑焉。厥后陆勰闻《续编》、陆星农《补正》,踵事增华,得失参半。光绪间宜都杨惺吾遴选石墨,为《寰宇贞石图》,不烦钞胥之劳,可规庐山之面。近年地不爱宝,志石踵出,数已数十倍于曩昔。爰于暇日,就南北藏家借读,更益以洛中友人所寄,积久渐多,整比需时,乃先取自汉迄隋墓志、墓记、神坐、柩铭等新旧拓本六百又九通,厘为十卷,又补遗一卷,颜曰"汉魏南北朝墓志集释"，守青浦之成规，兼宜都之新法，荏苒经年，始克蒇事。谨述编例，用代弁言，并世方雅，幸裁正之。

编例

一、此编上起东汉，下迄杨隋，以墓志、墓记、椁铭、神坐、柩铭等得见新旧拓本者为限。墓前碑表、神道非圹内物，当别为一书，以与此编辅行，兹不拦入。近出晋虎牙将军王君墓表，高广仅及建初尺之半，当为圹内物，以编时未见拓本，当以留待后编。

二、此编所收，力求整纸初拓足拓本，如司马元兴墓志，系缪艺风旧藏本；元公、姬氏、董美人、苏顺诸志，系刘燕庭旧藏本；常丑奴墓志，系龚孝拱旧藏本，均是。或损字较少之本，如贾武仲妻马姜墓记，系"惟永平东侯"五字未损本；高湛墓志，系"遐流"二字未损本，均是。至原石久佚无整纸旧拓可据者，如崔敬邕、张玄二志，今依坊间新印本重印。事非得已，阅者谅之。

三、此编于石志有见必录，专志十不存一，仅选文字精好易于制版或志文有关史事者印之。箧藏专志拓本及《蒿里遗文目录》所载约百余通，率字多讹别，真赝难辨。又行文简略，无裨考史。如与石志错综并列，转为赘疣，兹从删落，理或当然。至宝华盦旧藏汉恒农郡徒役专志及近年西域出土高昌诸志，以有《恒农冢墓遗文》、《恒农专录》、《高昌专集》等书在，不再辑述，以省篇幅。

四、此编所收拓本，历时数载，遍访南北藏家，期臻完善。然自愧谫陋，遗珠之憾，仍未能免。如北魏杨祖兴（出潼关，见《关中金石文字存佚考》八引《潼关新志》）、崔纂、崔约、崔演、崔重和、崔含（均出博野，见光绪《畿辅通志》一百四十二《金石志》）、西魏杜何拔（见《山右金石记》一）、北齐高阳王浞（出磁县，钱大昕《潜研堂文集》三十二、任兆麟《有竹居文集》十二俱有跋）、隋伊玑（出安县，见光绪《畿辅通志》一百四十二《金石志》）、陈夫人王氏（出番禺，见汪兆镛《广州新出土隋碑三种考》）、冯原

(出高阳,见光绪《畿辅通志》一百四十二《金石志》)、李寅(出屯留,见《山右金石记》二)等志,今皆未见拓本。近年洛阳出土徐义(元康九年)、元晔(孝昌三年)、元跃(太昌元年)、张夫人侯氏(正始四年)、董敬(大业二年)、刘达(大业三年)、王德(大业七年)、蒋庆(大业十一年)等志,漳滨出土薛广(河清四年)、吴迁(武平元年)、崔大苟(开皇三年)、苏巎(开皇十三年)等志,咸阳出土独孤信(周闵帝元年)、宇文俭妻步六孤须蜜多(庾信文,建德元年)、段威(开皇十五年)、独孤罗(开皇二十年)等志,景县出土封魔奴(正光二年)、封延之(兴和三年)、封子绘(河清四年)等志,以得见拓本稍迟,未能编入。又梁永阳王萧敷夫妇墓志,全文见严可均《全梁文》、方履篯《金石萃编补正》,传世宋拓本今藏吴县吴湖帆家。以湖帆珍袭备至,未允借影。附识于此,以俟将伯之助。

五、前人著录,间杂赝品,如晋房宣、张盛、和国仁,梁杨公则,魏周哲等志,字体率矫揉造作,或平弱无力,兹皆不收。近年洛阳北魏墓志大出,嗜古者珍逾拱璧,碑贾乘机私造,以牟重利。或窃改唐志年号以充隋志,如《贾玄赞殡记》,不一而足。然一验文采书体,立竿见影,真赝自明。大抵晋志承炎汉之余,古风未泯,分书丰厚圆润,上者可与正始石经、咸宁辟雍碑抗衡,下者亦与郭休、任城孙夫人碑相近。北魏则太和景明,迁洛未久,书体厚重,气象盛大。正光以降,渐趋秀整。漳滨所出东魏北齐墓志,体势宽博,文字多存隶古,视高长恭、高盛、高翻诸碑及磁县响堂诸石刻,如出一辙。隋志则俊爽遒丽,别具风格。兹所甄录,悉经鉴定。世有摭拾游谈,傅会耳食,以真为赝,如缪艺风之疑高百年,陈可庄之疑苏孝慈;或以赝为真,如杨惺吾、端陶斋之信房宣,则非吾所敢知矣。

六、此编于志主只书姓名,不冠仕历。妇人则称某某妻某,或某夫人某氏。夫妇合葬,于夫志中著其妇之姓氏卒年者,则称某某暨妻某氏。夫妇各勒一志,则俪妇志于夫志后,不依葬日为次,以便检寻。

七、北魏宗室墓志,依《魏书·宗室传》世系为次,不依葬日。北齐墓志亦仿北魏例,以宗室冠首。

八、此编造录前人及时人题跋,以有关史事及原石出土流转始末为限。其专论书法工拙,概置不录。

九、此编所记高广尺度,均据拓本测定,以较原石,容有参差。

十、此编经始于1933年,中更艰屯,屡作屡辍。1953年中国科学院考古研究所特予协助,并提出修正意见,旧稿得以粗定。私衷感荷,匪可言宣。二十年来辱承吴兴徐森玉先生、鄞县马叔平先生、洛阳郭玉堂先生惠借拓本,并承教益。又至德周氏、武进陶氏、固始许氏藏拓亦曾选影。谨此致谢。

1953年12月

(原载赵万里撰《汉魏南北朝墓志集释》卷首,科学出版社1956年出版)

魏宗室东阳王荣与敦煌写经

一、引言

北朝事佛之风,盛极一时。观《魏书·释老志》及杨衒之《洛阳伽蓝记》所载,便知拓跋氏迁洛后,帝都僧寺之多,规制之隆,无与伦比。而传世云冈、龙门石刻造象之雄肆伟大,即此时代之产物,见者辄惊叹为中国佛教工艺史上之奇迹。此外河北、河南、山左、山右一带所出,石制造象碑或铜制造象,又所在多有,见于著录者,无虑千数。凡此皆充分表现,佛教在此时期内之活跃状况。上至天家帝室,下迄臣工庶氓,无不渗透呼吸于此种宗教气氛内而引为无上之至乐,洵哉宗教为慰藉人生苦恼与矛盾之唯一工具,而于乱世为尤甚,此征之史籍及实物,固无人能加以否认者也。拓跋氏盛时,宗室如城阳王鸾、汝南王悦,及广川王妃亦均笃信彼教,有所述作。《魏书·城阳王鸾传》称鸾缮起佛寺,劝率百姓,共为土木之劳。观近岁定县料敌塔前出土石刻七宝塔铭,文云:

> 正始二年二月四日铭旨三州教化大像,用赤金三十六万六千四百斤,黄金二千口百斤。二菩萨用赤金四万六千斤,黄金一千一百斤。

下署定州刺史城阳王鸾云云。乃知本传所云，即指此事。而龙门石刻中广川王侯太妃造象，及某地所出汝南王造象记，亦均雕造奇伟，不可方物。虽风会使然，亦可见当时有力者好事之甚。余尝检阅公私藏家所庋敦煌莫高窟古写卷子，见有一人焉，其人乃元魏宗子，久镇瓜州，负方面之重任。奉佛之诚，不下于城阳、汝南诸王。其所写经帙，今间有存者。而史无专传，后世且无能举其名。其人为谁，即东阳王荣是也。因不揣愚昧，征之史籍及洛阳近出元魏乐安王系诸志石，其事迹及世系乃得大明。爰以三夕之力，写为此文。自维学殖荒落，见闻陋隘，下所论列，未敢云是。世之治敦煌学者，幸裁正之。

二、敦煌写经中之东阳王

东阳王之名，见于敦煌写经者，首为《妙法莲华观世音经》。其卷尾题记，字多讹别，兹迻录如下：

盖至道玄凝洪修有无之境，妙理家廓，起拔群品于无垠之外。是以如来愍溺类昏迷，抗大悲于历劫。故众生无怙，唯福所恃。清信士佛弟子尹波，实由宿福不懃，觟多屯难。扈从主人东阳王殿下，届临瓜土。瞩遭离乱，灾夭横发，长虵竞炽，万里含毒。致使信表罕隔，以迳年纪。寻幽寄矜，唯凭圣趣。辄兴微愿，写《观世音经》卅卷，施诸寺读诵。愿使二圣慈明，永延福祚，九域早清，兵车息钾，戎马散于茂菀，干戈辍为农用。文德盈朝，哲士溢阘，锵锵鏘鏘，隆于上日。君道钦明，忠臣累叶，八表宇宙，终齐一轨。愿东阳王殿下，体质康休，洞略云表，年寿无穷，永齐竹柏。保境安蕃，更无虞寇，皇途寻开，早还京国。敷畅神讥，位升宰辅。所愿称心，事皆如意。合家眷大小亲表内外参佐家客，感同斯佑。又愿一切众生，皆离苦得乐，弟子私眷，沾蒙此福，愿愿从心，所求如意。

大魏孝昌三年岁次丁未四月癸巳朔八日庚子佛弟子假冠军将军乐城县开国伯尹波敬写。

此经后题,仅称东阳王殿下而不名,则以尹波乃东阳私臣,尊之至,故讳言其名耳。

此外又有《大智度论》残卷。卷后题记,径称弟子口阳王荣,殆系荣所自署。文曰:

> 大代普泰二年岁次壬子□□乙丑朔二十五日已丑弟子使持节散骑常(缺)西(缺)阳王元荣。(下缺)

此处文字残缺不完。"壬子"下当有"三月"二字,"常"下当有"侍"字,"阳"上当有"东"字,此均可推定者。"西"字上下所缺,当是"平西将军"或"西戎校尉"等字,惜史无他证,今不可确知矣。普泰二年乃前废帝广陵王嗣位之第二年,上距道武议改国号时,已逾百年,而称大魏曰大代者,则以魏代二字,魏时本可并用。或连称大代大魏,如《元鉴墓志》题曰"大代大魏正始四年武昌王"。或连称魏代,如《司马景和妻墓志》题曰"魏代扬州长史南梁郡太守宜阳子司马景和妻"。或以大代代大魏,如《魏修中岳庙碑》大代字凡两见,太和二年《始平公造像记》亦云"暨于大代",太和七年《孙秋生造像记》首题大代,皆其明证。故《魏书·崔浩传》称浩云代魏兼用,犹彼殷周也。此云大代,亦当时通例耳。

兹所欲讨论者,《妙法莲华经》题记之东阳王殿下,与《大智度论》之东阳王元荣,果系一人否耶?曰,以近出《王夫人元华光墓志》证之,其为一人无疑。《元华光墓志》作于孝昌元年,下距三年《妙法莲华经》之写,年代正相衔接。志称华光为瓜州荣之第二妹。瓜州即瓜州。瓜加水旁作瓜,犹《魏书·寇赞传》之比阳镇将,近出《寇臻墓志》作沘阳,《魏书·地形志》之瀛州,东魏《凝禅寺三级浮图碑》及《隋书·地理志》并作嬴州之比。由是可知瓜州荣,即瓜州刺史荣之简称。则经题中届临瓜土之东阳王,自非瓜州荣莫属,换言之亦即《大智度论》之东阳王荣。此无可疑者。据此又知荣官瓜州,至迟亦当在孝昌初,更不待言矣。

《妙法莲华经》题记中有下列数语:

> 瞩遭离乱,灾夭横发,长蚍竞炽,万里含毒。致使信表罕隔,以

径年纪。

玩上文知孝昌中瓜州与中原道路隔绝，信表鲜通。盖魏自正光以降，关陇间叛者四起，兵连祸结前后逾十年，遂召尔朱氏之祸。初莫折太提反于秦州，杀刺史李彦，又杀高平镇将赫连略，行台高元荣。太提寻死，子念生代立，僭称天子，置立百官，又遣其兄天生下陇东。自是氐蛮亦乘机蠢起，连年征讨，史不绝书。瓜州远处边陲，蕃汉杂居，西阻诸戎，东有兵事。荣处其境，自有蹙蹙靡骋之感。故题记又云："愿保境安蕃，更无虞寇，皇途寻开，早还京国。"以见其身在江海，而心居魏阙。孝昌以降，率土分崩，岁无宁日，而魏祚亦自此而斩。荣终老河西，还京之愿，竟莫能偿。此则吾人揽纸怀古，不胜同情者也。

又考《魏书·孝庄纪》永安二年封瓜州刺史元太荣为东阳王，荣之名见于《魏书》者，仅此一事。然其名为太荣，与《大智度论》题记及他处单名荣者不合。当是《孝庄纪》衍太字，或荣名而太荣其字，皆未可知。《纪》云永安二年封东阳王，《妙法莲华经》题记作于孝昌三年，已云扈从东阳王殿下届临瓜土，则爵封东阳王，当在孝明时，不得迟至永安中。而《纪》所云非然者，亦自有故。

《孝庄纪》又称建义元年六月以高昌王世子光为平西将军瓜州刺史，是孝庄时刺瓜州者又有高昌王世子。《高昌传》则称普泰初曲坚除平西将军瓜州刺史，是前废帝时刺瓜州者又有曲坚。案魏之瓜州，本系敦煌镇，孝明时始废镇置州(《元和郡县志》云：后魏太武帝置敦煌镇，明帝废镇立瓜州，寻又改为义州，庄帝又改为瓜州)。其始官瓜州者，当是曲嘉，《高昌传》"延昌中以嘉为持节平西将军瓜州刺史"可证。盖魏于他族内附者，辄官以边境诸州，以安其反侧。是时瓜州新置，而嘉适新附，故即官以瓜州刺史之职。嘉于正光间尚遣使朝贡，其卒当在正光后，嘉死荣继，以《元华光墓志》作于孝昌初证之，年代正合。自是迄于西魏大统间，荣未尝离州他去。《北周·令狐整传》云：

> 整为刺史，魏东阳王元荣辟为主簿，加荡寇将军。荣器整德望，

尝谓僚属曰：令狐延保（整字延保）西州令望，岂州郡之职所可縻维，但一日千里，必基武步，寡人当委以庶务，书诺而已。顷之魏孝武西迁，河右扰乱，荣仗整防扞，州境获宁。

据此知孝武西迁以前官瓜州者，乃元荣而非他人。窃疑尔朱氏入洛，皇纲不振，政由彼出，荣以抗命或他故，曾一度夺爵。稍后至永安二年，又复其职。则以荣久处瓜州，为众所倾服，或朝廷方欲削平秦陇诸贼，得此可抒西顾之忧。揆之当时情势，绝非无因。高昌王世子与曲坚，虽有朝命，疑未必实授。果尔，则《妙法莲华经》题记与《庄帝纪》所载，似异而实无抵牾矣。

三、东阳王之世系

然则荣果为何人后乎？此事史所不载。《元和姓纂》卷四云：

> 北魏明元帝生范，乐安王。生良，良生滕，滕安乐王吏部尚书，生荣。荣生慎、康，慎生樟。

余初疑《姓纂》之荣，即此东阳王荣。然拓跋氏宗子同名者正不乏，安见其必为一人。嗣读《王夫人元华光墓志》称：

> 华光，明元皇帝第三子，乐安王范之曾孙，城门腾之女，瓜州荣之第二妹。

又读近出《元祎墓志》称：

> 樟字伯礼。曾祖乐安王腾。祖东阳王荣。父慎，周开府仪同三司新卢楚三州诸军事三州刺史。

以校《元和姓纂》，世次正合。知荣乃明元帝子乐安王范之曾孙。惟《姓纂》"腾"讹作"滕"，"乐安王"讹作"安乐王"，又不及荣爵东阳王，及慎之仕历，均当以志为得。据近出《城门校尉元腾墓志》，称腾为乐安简王良第八子，不云袭封乐安王。又《王夫人元华光墓志》称夫人为城门腾之女，亦以城门

为其历官,与《元腾墓志》正合。更据近出《洛州刺史乐安王元绪墓志》:

> 绪字绍宗。明元皇帝之曾孙。仪同宣王范之正体。卫大将军简王梁之元子。以正始四年二月八日薨。

又据绪之子《益州刺史乐安哀王元悦墓志》:

> 悦字庆安。太宗明元皇帝之玄孙。靖王薨,居丧喻礼,勉服袭王。春秋三十六。岁在辛卯五月十一日薨于位。

案《魏书·明元六王传》久佚,后人以《北史》补亡,故乐安王系止于简王良,不及良之子裔。此二志及《元祎墓志》均足补史文之缺。据上举二志,知简王卒,子靖王绪袭。正始四年绪卒,子哀王悦袭。又四年至永平四年,悦卒,其后以何人袭,悦志无明文。腾卒于正始末,即哀王悦嗣位之年,则不得袭父爵甚明。而《元祎墓志》与《姓纂》均称腾为乐安王,一似袭简王良后者乃腾,而非靖王绪。此其故颇难索解。疑哀王悦无后,朝廷以腾一子绍封,时腾已先卒,遂并腾亦追封为王。此虽臆测,然为事理所可能。更考《元华光墓志》作于孝昌初,仍称腾为城门,则追封腾为乐安王,必在孝昌元年后。计其时当距元荣封东阳王不远。荣守西土,为一方重镇,而其父名位不显,至卒后乃得封王。此则史所不详,今读新出诸志石,乃得为之考定者也。兹据《姓纂》及诸志,表其世次如下:

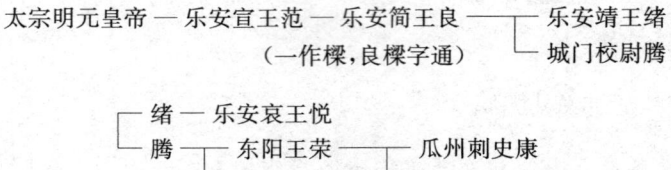

四、邓彦夫妇所写之《摩诃衍经》

东阳王荣居瓜州时所写经,余见闻所及,仅《妙法莲华经》及《大智度论》二残卷,上文具已言之矣。此外传世敦煌写经中尚有《摩诃衍经》卷

第八,其卷尾亦有题记一则,文曰:

> 大魏大统八年十一月十五日佛弟子瓜州刺史邓彦妻昌乐公主元敬,写《摩诃衍经》一百弓。上愿皇帝陛下国祚再隆,八方顺轨。又愿弟子现在夫妻男女家眷四大康健,殃灾永灭,将来之世,普及含生,同成正觉。

此云瓜州刺史邓彦妻昌乐公主元敬,敬殆荣之女,彦盖荣之婿也。《北周书·申徽传》云:

> 先是东阳王元荣为瓜州刺史,其女婿邓彦随焉。及荣死,瓜州首望表荣子康为刺史,彦遂杀康而取其位。四方多难,朝廷不遑问罪,因授彦刺史。频征不奉诏,又南通吐谷浑,将图叛逆。文帝难于动众,欲以权略致之。乃以徽为河西大使,密令图彦。徽轻以五十骑行,彦见徽单使,不以为疑。彦来至馆,徽先与瓜州豪右密谋执彦,彦辞无罪。徽数之曰:君无尺寸之功,滥居方岳之重,恃远背诞,不恭贡职,戮辱先人,轻忽诏命,计君之咎,实不容诛。于是宣诏慰劳吏人,及彦所部。

又《令狐整传》云:

> 邓彦窃瓜州,拒不受代,整与开府张穆等密应使者申徽,执彦送京师。

叙彦事甚详。彦杀荣之子而窃其位,而仍与其妻写《摩诃衍经》,以祈夫妇男女之福。与世之言为孔孟而行同盗跖者,其何以异。彦固凉德薄行,然所写之经,颇可称重。《开元释教录》卷十四云:

> 《摩诃乘经》,或云《摩诃衍》,魏吴失译。

隋法经等《众经目录》卷一,亦加载失译众经中。则此北朝以后久佚之经,转因彦夫妇一念之善而得存,虽仅窥豹一斑,亦可宝矣。

(原载《中德学志》第五卷第三期,1943年9月)

赵韶事实考证
——北朝定州之新史料

近读数年前新修《定县志》,见卷十八《志余·金石篇》载赵村所出《赵韶墓志》,细绎其文,于东魏天平、元象间蠕蠕史事,有特发之覆,不仅有关河北一地掌故。因于暇日为之铨绎如左,以与定县人士共商榷焉。其文曰:

> 君讳韶,字叔胤,定州卢奴县人也。帝颛顼之苗裔,大业之后,因封命氏,重基垒叶。逮汉司徒公显,食邑卢奴,遂居京上。祖盛,骠骑大将军常山郡守,谋深荀彧,计越陈平。父寿,器宇渊弘,志识风远,刺史大杨公辟为西曹书佐,在职而亡,追赠本郡中山太守。公少好史籍,尤善弓马,昆季四人,并以孝闻。魏天平三年匈奴入境,刺史侯行台,募令平殄,官以靖境大都督广昌军主,指麾擒获,事若汤雪,见宠行台,殊蒙锡赏。左丞相东南道大行台洛州刺史裴公,牒举为洛州默曹参军,司正士林,义深豪强。至齐天保五年,寝疾而卒,春秋四十有三。所谓天摧梁栋,地奄哲人,呜呼伤悲。以仁寿元年岁次大梁月号大火十八日壬申,窆于京上村南旧陵。(下铭文从略)

韶史无专传,以志证史,有可晓者,有不可晓者。

志称:韶,定州卢奴人。案卢奴,本汉县,魏属定州中山郡,后齐废入安喜,隋开皇初,改置鲜虞县。志作于隋高祖仁寿初,当云"定州鲜虞人",方与史合,而称鲜虞为卢奴者,则以韶本魏人,其卒亦在北齐初,故得仍前代旧称。此例北朝隋唐间碑志文字所常见,绝不足异。此一事也。

志又称:"汉司徒公显,食邑卢奴,遂居京上。"京上,村名。下文云:"窆于京上村南旧陵",可证。当即今之赵村。考两汉赵氏官司徒者,检两《汉书》,有赵戒、赵谦、赵温三人,无名显者,且汉时卢奴属冀州中山王国,终汉之世,无以卢奴出封异姓功臣之理。则所以司徒公显,不特无此人,其称食邑卢奴,亦且无此事矣。东魏凝禅寺三级浮图碑亦云:"赵居士融,远祖蔺,汉司徒公。"史亦无司徒赵蔺其人,当出私谱杜撰,与此云司徒公显,其谬正同。此二事也。

志又称:魏天平三年匈奴入境,刺史侯行台官以靖境大都督广昌军主。考《魏书·静帝纪》:"天平三年九月以定州刺史侯景,兼尚书右仆射南道行台,节度诸军南讨。"《梁书·侯景传》亦称:"以生擒葛荣功,擢定州刺史大行台。"是侯行台谓侯景,行台者,当是北道行台之省。魏尝置北道行台于定州①,《魏书·杨津传》:"孝昌初,行定州事,寻除定州刺史②兼吏部尚书北道行台。"《孝庄纪》:"永安三年十一月,罢韩兰根河北行台,以定州刺史薛昙尚为北道行台。"则景以刺史兼行台,固当时成例矣。《北史·蠕蠕传》:"元象元年五月阿那瓌掠幽州范阳,南至易水。"与志文互证,知志云"匈奴入境",匈奴即指阿那瓌言之。惟记年志云"天平",史则云"元象",前后差二年为异。盖因天平中阿那瓌已有动兵征象,故景闻警后,即授韶以军主之职,以固边圉。是年九月景兼南道行

---

① 《魏书·昭成子孙传》:"太祖置中山行台,诏卫王仪镇之。"《太祖纪》:"天兴元年正月慕容德走保滑台,克邺追德至于河,不及而还。帝虑还后山东有变,乃置行台于中山,诏卫王仪镇之。"是定州置行台,为时最早。《地形志》:"始皇二年置安州,天兴三年改定州。"则置行台时,尚未改定州也。不知何时又改称北道行台。
② "定州刺史"四字,《魏书·杨津传》脱,据《北史》补。

台①率师南讨,继定州刺史任者为彭城王元韶②。其人性行温裕③,无御侮之力,非景之骁勇多诈可比。且尔时高欢方与西师相距,沙苑之败,丧师至十数万,自无余力北顾。故阿那瓌得乘时际会,牧马于范阳易水间,骚骚乎有南侵相邺,西逼晋阳之势矣。稍后高欢不得不改行怀柔之策,与阿那瓌之女通婚,其动机盖系于此。由此观之,志云"天平"者,盖指始事时言之,传云"元象元年",则其时寇势已成燎原,广昌必已不守,韶或已离州他去,与前此情势迥殊矣。是志与史本无抵牾。又考《杨津传》:"孝昌中阿那瓌遣从祖吐豆发率精骑南出,前锋达广昌。"是阿那瓌出飞狐,赵长城南侵时,广昌为必由之路,天平元象间之役,不过循故道扩大行之耳。由是可知韶戍广昌,所系一隅安危至巨,故志有"指麾擒获,事若汤雪,见宠行台,殊荣锡赏"等语,以见韶之功在桑梓。此三事也。

　　志又称:"左丞相东南道大行台洛州刺史裴公牒举马洛州默曹参事。"考《魏书·裴叔业传》:"叔业兄子彦先,彦先子约,约子英起,武定末洛州刺史。"志所云"洛州刺史裴公",当即英起。英起事迹又附见《北齐书·高昂传》,传称:"英起河东人,仕魏至定州长史。"是韶之得识英起,必在英起官定州时。武定时韶佐英起,其因即伏于此。则裴公自非英起莫属矣。《高昂传》又称:"北齐世宗引为行台属官。"是英起仅至行台属官,初未官东南道行台也。时行台为慕容绍宗。《北齐书·慕容绍宗传》:"梁刘乌黑人寇徐方,绍宗击破之,因除徐州刺史,侯景反,命绍宗为东南道行台。梁武帝遣贞阳侯渊明顿军寒山,与侯景犄角,拥泗水,灌彭

---

① 东魏南道行台当在豫州。《隋书·地理志》"汝南郡后魏置豫州,东魏置行台"是也。
② 元韶除定州刺史,《北齐书》本传失载。考《孟业传》:"彭城王韶拜定州,除业典签长史。"此韶除定州刺史之证。《魏书·孝静纪》:"兴和三年十一月以彭城王韶为太尉。"当是由外任入居三公。故知韶除定州,必在兴和前,实继侯景之任也。
③《北齐书·元韶传》,有"性行温裕"一话。

城,仍诏绍宗为行台,节度三徐二兖州军事。"①《魏书·静帝纪》系绍宗兼行台讨贞阳侯于武定五年,是年高欢已死,世宗高澄嗣位为渤海王,则世宗时非英起官行台甚明,综上所考言之,志文盖羡一"相"字,又误置"左丞"二字于"东南道大行台"上,当作"东南道大行台左丞洛州刺史裴公",方与史合。此四事也。

志所记事,踳驳不一,作者于前代史事,或未尽谙,行文失据,自无足怪。惟称"父寿,大杨公辟为西曹书佐,在职而亡,追赠本郡太守"。大杨公谓杨椿,椿与其弟津先后俱官定州刺史,故称大杨公以示别。其云"在职而亡",当因孝昌二年鲜于修礼反于定州,疑寿曾及于难,故虽书佐小吏,亦追赠郡守也。此二事考之《魏书》杨椿兄弟本传,及《孝明纪》,尚无不合耳。

---

① 东魏置东南道行台于徐州,北齐仍之。《北齐书·辛术传》:"武定八年侯景叛,除东南道行台尚书。"《赵彦深传》:"天保初,出为东南道大行台尚书徐州刺史,尚恩信,士庶追思,号赵行台。"《阳斐传》:"除徐州刺史,带东南道行台左丞。"《段深传》:"武平末徐州行台徐州刺史。"《隋书·地理志》:"彭城郡旧置徐州,后齐置东南道行台。"皆可为证。惟《周书·独孤信传》:"孝武西迁,东魏民心犹恋本朝,乃以信为东南道行台荆州刺史,以招怀之。"此西魏置之东南道行台在荆州,即隋之南阳郡,与东魏徐州之行台同名异实。

彭城王元勰妃李媛华墓志铭

此彭城武宣王元勰妃李媛华墓志,与勰志同出一兆。案:妃薨于正光五年,春秋四十有二。方武宣王遇害时,妃年仅二十有六。以元勰墓志勰以永平元年薨年三十有六推之,知勰长于妃凡十岁,颇疑妃为勰之继室也。《魏书·彭城王传》称:勰被召时,妃方产。及载尸归第,妃号哭大言曰:高肇枉理杀人,还当恶死。肇后果以罪见杀。今以始平王元子正墓志证之,子正年二十一,以建义元年四月被害于河阴。由建义元年上推至永平纪元彭城王被难时,中间适得二十一年。则《传》云"妃方产"者,乃产始平王矣。

志首历叙祖父以下名位妃匹,以校《魏书》,有足匡史氏之失者。如《魏书·郑羲传》载羲从父兄德玄,显祖初自淮南内附,拜荥阳太守。据志知德玄字文通,宋散骑常侍,魏使持节冠军将军豫州刺史阳武靖侯,《传》俱失载。此一事也。

志称妃父冲;兄延实;弟休纂,故太子舍人;延考,今太尉外兵参军。案:延实见《魏书·外戚传》,冲别自为传,至休纂、延考之名,则冲与延实传俱失书,赖志补之。此二事也。

妃长子劭,字子讷,庄帝时尊为无上皇,亦附见《彭城王传》。志云子讷字令言,今彭城郡王,与《传》不合。又《庄帝纪》称帝讳子攸,而不及其字,据志知子攸字彦远。此三事也。

志称女季瑶适李延实子彧。案:《李延实传》称彧字子文,尚庄帝姊丰亭公主。丰亭公主当即季瑶,史不载其名。此四事也。

志又载妃长姊长妃适荥阳郑道昭(道昭附见其父郑义传),次姊仲玉适郑洪建(洪建乃德玄之孙,亦附见义传),三姊令妃适范阳卢道裕(道裕附见卢玄传,乃玄之曾孙。《传》称道裕尚显祖女乐浪长公主,据志知又娶冲女为室,殆事尚在之后矣),妹稚妃适清河崔勗(勗附见其父崔光传)。所适皆中原显族,北朝门阀之盛,可于斯觇之矣。

(原载《益世报·读书周刊》第三十期,1935年12月26日)

洛阳新出尔朱敞父子墓志考证

近岁洛阳城北三十里张凹村乡人掘地得隋初尔朱敞父子墓志,其人史有专传。郭君玉堂以初拓本见贻,因于暇日与旧史相印证,为之诠释如左,并世方雅,幸裁正之。

(一) 尔朱敞墓志

(开皇十一年十一月二十四日)志高68.8厘米,广70厘米。三十二行,行三十二字。分书。敞《隋书》、《北史》俱有传。《传》叙历官甚略,其详于志者,仅幼时匿居长孙氏家、微服入关二事耳。

志称:"祖,假黄钺静王尚书令太师司空公;考,博陵王录尚书太傅司徒公。"以《魏书》尔朱彦伯及彦伯弟世隆传证之,静王谓买珍,博陵则彦伯也。《尔朱世隆传》:"前废帝赠其父使持节侍中相国录尚书事,都督定、相、青、齐、济五州诸军事,大司空,定州刺史。"不言有谥,亦不云"太师司空公"。近出尔朱绍、尔朱袭二志称买珍谥孝惠,盖庄帝所颁,与此云静王又异。静王之谥,当在长广王或前废帝时矣。

志又称:"年十八,拜都督大行台郎中,封灵寿县开国伯,寻加车骑将军、左光禄大夫、通直散骑常侍。大统初,加车骑大将军。七("七"上衍

"十"字,今删)年,转大都督。九年,迁仪同三司,进爵为侯。保定(志夺"保定"二字,今径增)四年,加骠骑大将军,开府仪同三司。"《传》则但云:"拜大都督行台郎中,封灵寿县伯,迁通直散骑常侍,转车骑大将军、仪同三司,保定中骠骑大将军"而已。

又《传》称:"天和中历信、临、熊、潼四州刺史,进爵为公,进位上开府,除南光州刺史,入为护军大将军,转胶州刺史,高祖受禅,改封边城郡公,拜金州总管,转徐州总管。"据志则:"天和元年除使持节都督信州诸军事信州刺史,其年转都督临州诸军事临州刺史。建德元年进为公,任蕃部尚书,除使持节熊州诸军事熊州刺史。四年,除潼州诸军事潼州刺史。宣政元年,转开府仪同大将军,都督南光州诸军事南光州刺史。二年,除陇州诸军事陇州刺史。大成元年,除护军大将军申州诸军事申州刺史。大象二年,迁上开府都督胶州诸军事胶州刺史①。开皇元年,迁都督金、洵、直、上、罗、迁、绥、井八州②诸军事,金州总管,金州刺史。二年,改封边城郡开国公,都督徐、邳、兖、沂、泗、海、楚、宋八州③八镇诸军事,徐州总管。"《传》志互校,志详于《传》多矣。《高祖纪》:"开皇元年十二月,以申州刺史尔朱敞为金州总管④。二年六月,以上柱国尔朱敞为徐

---

① 按:信、临、熊、潼、光、陇、申、胶八州,以《隋书·地理志》考之,信州即巴东郡,临州即临江县,熊州即宜阳县,潼州即金山郡,陇州即沂源县,申州即义阳郡,胶州即高密郡,惟无南光州。南光州,当即《魏书·地形志》之光州,《隋志》谓"弋阳郡梁置光州"者是也。当时别无北光州,而云南光,未详其故。又考《太平寰宇记》卷三十二:"西魏大统十七年改东秦州为陇州,周武帝天和五年省入岐州,宣帝大象二年复置。"志叙官陇州刺史于宣政二年,在大象前,与《寰宇记》异。周之宣政无二年,是年正月朔改元大成,二月改元大象,则志云二年亦误。
② 按:金、洵、直、上、罗、迁、绥、井八州,考之《隋志》,金州即西城郡,洵州即清化郡,直州即安康县,上州即上津县,罗州即竹山县,迁州即房陵郡,惟绥、井二州未详。
③ 按:徐、邳、兖、沂、泗、海、楚、宋八州,考之《隋志》,徐州即彭城郡,邳州即下邳县,兖州即鲁郡,沂州即琅琊郡,泗州即下邳郡,楚州北齐谓西楚州,即钟离郡,宋州即夏丘县,惟周隋之际有海州,《地理志》无明文。《周书·李景传》:"孝闵帝践阼,景出为海州刺史。"此周有海州之证。《周书·李和传》:"开皇二年薨,赠徐、兖、邳、沂、海、泗六州刺史。"《太平寰宇记》卷二十二:"武定七年改青、冀二州为海州,大乐三年罢州为郡。"此隋有海州之证。《隋志》:"东海郡,梁置南北二青州,东魏改海州。"不言废于何时,当是省文耳。
④ 《周书·静帝纪》:"大象二年八月,废金州总管。"据《隋书·高帝纪》及此志,似周末未废,当是废于开皇二年,故敞于是年改徐州总管。《隋书·地理志》:"开皇初府废。"较得其实。

总管。"是敞刺申州亦见于《纪》,特本传遗之耳。

《文苑英华》卷九百六十四引杨炯《彭城公夫人尔朱氏墓志》,彭城公不知何许人,夫人乃敞嗣子休最女,称:"祖敞,隋岐、同、金、申、信、临、徐七州总管,兵部尚书,金城郡开国公。"《英华》文多讹夺,以校此志,"兵部"当作"蕃部","金城"当作"边城","七州总管"当作"信、临、熊、潼、陇、申、胶、光八州刺史,金、徐二州总管。"又敞之孙、休最之子名义琛者,与彭城夫人为同父姊妹,近亦有志石出土。称:"祖敞,隋藩部尚书,申、陇、信、临、熊、潼、光、胶八州刺史,金、徐二州总管,边城郡公。"与此合,而与彭城夫人志异。案:彭城夫人墓志作于唐高宗上元三年十月,仅后于琛志五日,叙夫人先德名位不容有误,以是知《英华》原文当与敞、琛二志合符,今本盖周益公辈校勘不慎因而致讹,固彰彰甚明也。《英华》载敞官申州,与《隋纪》合,犹可据以补《传》。至官陇州,则《纪》、《传》、《英华》俱失书,今仅赖此与琛志知之矣。

《传》又称:"年老上表乞骸骨,归河内,卒于家,年七十二。"隋初河内属怀州,与志云"开皇十年四月薨于怀州"亦合。唯《传》不载卒之年月,又当以志为正耳。

又考欧阳修《集古录跋尾》卷五有开皇五年(当是"十年"之误)尔朱敞碑跋,略称:"《传》字干罗而碑云天罗,《传》云为金州总管,而碑又为徐州总管。"以见碑之可贵。盖碑至汴宋犹存,故欧公与赵德父撰金石录目时均得见之。今验之志文,则敞字干罗,固明明与《传》合,而碑云天罗者,"天"、"干"二字以音义俱近通用,或敞有二字,碑与志、《传》,各举其一也。至官徐州总管,《隋书》纪传载之,而《北史》失载,欧公但据《北史》为说,可谓失之眉睫矣。敞葬于开皇十一年一月二十四日,据长术是月己卯朔,二十四日值壬寅,志作庚寅,误。

(二) 尔朱端墓志

(开皇十一年十一月二十四日)志高43.6厘米,广亦如之。二十五行,行二十五字。分书。与敞志同出一兆。

志称:"祖彦,太傅司徒公;父敞,徐州总管边城公。"是端为敞子。案《隋书·尔朱敞传》:"敞卒,子最嗣。"而不及端。端,周封归化郡公,入隋未膺显职,故《传》略之耶?

敞卒于开皇十年,逾年端亦卒,父子同日葬,二志书体亦相似,殆出一手矣。

《文苑英华》卷九百六十四引杨炯《彭城夫人墓志》,夫人乃端之犹女,称:"父休最,隋左千牛备身齐王府司马,袭爵金城公。"洛中近出最子义琛及义琛子曼二志,举其父祖之名,亦作休最,与《彭城夫人墓志》合。以"端字休侃"例之,疑《传》脱休字,或名最而字休最也。

志又称:"公长子义庄。"其名以义为行,与休最子名义琛亦合。义琛、义庄,《传》并不载,亦赖志知之。

志又称:"妻母崔氏皇姨。"案《洛阳伽蓝记》卷三:"秦太师公东寺,皇姨所建。"安阳近出宝泰妻娄黑女墓志亦称黑女为皇姨,是皇姨之称魏齐间已有之。其称"崔氏皇姨"者,考《隋书·独孤罗传》:"父信入关后娶二妻,崔氏生献皇后。"又《独孤皇后传》:"大都督崔长仁,后之中外兄弟。"端妻之母殆与献皇后母氏为近族,或径与长仁同行辈。惜史无他证,今无由详考耳。

尔朱氏世为河朔枭雄,天宝吐万,挟汗马之劳,遂倾魏祚,一时族姓满布中外,多拥兵为暴,韩陵战后不数年间,殄灭殆尽。敞以孑遗之身间道入关,得免诛戮,而历任两朝,颇称贤明,孟子所谓"小人之泽,五世而斩",其敞之谓欤!

近年敞之姑叱列延庆妻尔朱元静墓志出漳滨,其叔尔朱弼、尔朱袭志出芒洛,合敞四世志石共得七志,尔朱氏魏周以降世次得以考见,亦读史者所当称快也。

(原载《天津民国日报·图书周刊》第十九期,1946年11月29日)

高虬墓志跋

（仁寿元年二月十八日）右志近年出洛阳北邙山。二十三行，行二十三字。分书。

志称："虬字龙叉，渤海蓨人。祖长威，魏侍中、仪同三司、青州刺史。父子固，开府仪同三司、左仆射、简武公。"知虬乃高齐族人。志又称："武平四年官给事黄门侍郎，隋初除河南道行台膳部侍郎，寻除尚书膳部侍郎，又转工部侍郎，加通直散骑常侍，判太府少卿，副将作大监检校营造事。"是虬于齐亡入隋后，仍历显位。考《北齐书·长乐太守灵山传》："灵山卒，文宣帝以灵山从父兄齐州刺史建国子伏护为后，卒，建国侯孙义袭。又少谨，武平末给事黄门侍郎，隋开皇中为太府少卿，坐事卒。"叙义历官与志合，其为一人无疑。惟《传》称其名为"义"，志作"字龙叉"，当是《传》脱"龙"字，又讹"叉"为"义"。《传》云"建国侯孙"，"侯孙"二字语不可晓，疑"从孙"之误。证之近出高建墓志，建国盖名建而字兴国，《传》合其名与字之一字为名，固误；《魏书·高湖传》作"达"，则又"建"之讹矣。据此志及《灵山传》，建与长威非同父即同祖昆弟，然于《高湖传》无可征，当是《传》有脱误。此二事史与志异耳。

又《灵山传》称"义坐事卒"，而不详其本末。以志云"薨于开皇二十年十月十三日"考之，是年十月为丁巳朔，十三日值己巳。《隋书·高祖纪》:"开皇二十年十月己巳杀左卫大将军五原郡公元旻。"是虬与旻同日死,旻以党太子勇获罪,则虬亦勇之党矣。检《房陵王勇传》载高祖诏文,有"副将作大匠高龙叉,豫追番丁,辄配东宫使役,营造亭舍,进入春坊。率更令晋文建,通直散骑侍郎、判司农少卿事元衡,料度之外,私自出给,虚破丁功,擅割园地。并处尽"等语,果得其罪状。其人名龙叉,而官副将作大匠,与志吻合。《灵山传》所云"坐事",观于此,始恍然矣。

《隋书》不为虬立传,可考者如是而已。

(原载《天津民国日报·图书副刊》第二十七期,1947年2月21日)

高湛墓志跋

（元象二年十月十七日）右志于乾隆十四年出土于德州第三屯运河东岸，归同邑封氏。今原石久佚，拓本亦不易购，第二行"遐流"二字未泐者，尤为罕见。其文钱大昕、王昶、洪颐煊诸家考之已详，兹补其未备如左：

钱洪诸家谓湛乃高扬之孙，高肇之子，其说颇核。清康熙间高植墓志出德县运河岸，稍后此志及高贞碑亦出其地，光绪二十三年又出高庆碑，诸石出土处盖高氏家茔。植乃肇子，贞乃肇侄，庆乃贞弟。志称："父司徒、侍中、尚书令。"与《魏书·高肇传》赠官合（惟官司徒不见于史），则湛为肇子植弟无疑矣。

志称："湛除南荆州刺史，于时伪贼陈庆率旅攻围，孤城独守，载离寒暑，终能克保边隍，全帖民境。"考《北齐书·尧雄传》："梁司州刺史陈庆之围南荆州，雄曰：白苟堆（案梁置西淮州于白苟堆），梁之北面重镇，因其空虚，攻之必克，彼若闻难，荆围自解，此所谓机不可失也。遂率众攻之，庆之果弃荆州。"《魏书·静帝纪》系庆之入寇于天平二年二月，与志云"天平之初，襄城阻命"亦合，是"陈庆"即"陈庆之"。湛守南荆，得保州境者，赖有尧雄之师耳。此志前人考证已详，而于旧史漫不一检，何耶？

志又称："除大都督，行广州事。元象元年正月卒于家。"又载孝静帝诏有"临难殉躯,奋从非命"之文,是湛非善终,亦如于景被杀于怀荒镇,明见《魏书·于栗䃅传》,而洛中近出于景墓志称终于洛阳之比。志例固当如此,不必曲为之解也。寇奉叔墓志称"广州立义,帅民割地,并入关右",亦其一证。《地形志》"武定中广州自鲁城徙治襄城",亦因是时鲁城已非东魏所有,或已夷为平地,明乎此,则天平元象间情势,略可想见矣。

(原载《天津民国日报·图书副刊》第二十八期,1947年1月31日)

李挺墓志跋

（东魏兴和三年十二月十三日）志于民国二十六年出安阳磁县间漳水之滨。三十七行，行三十七字。正书。

挺字神偁，以字行，事迹附见《魏书·李宝传》及《北史·序传》。《魏书》以字为名，《序传》出自李氏家牒，故名与字并举，与志合。以《传》与志文互校多异，兹枚举之：

志称"高祖凉武昭王，曾祖酒泉公，祖侍中、使持节、征西大将军、开府仪同三司、沙州牧、并州刺史、敦煌宣公，父尚书昭侯"而不名，据《传》，则武昭王谓西凉主李暠，酒泉公谓暠子酒泉太守翻，宣公谓翻子宝，昭侯则第四子佐也。《传》称"宝镇西大将军"，不云"征西"。佐，世宗初拜都官尚书，卒谥曰庄，亦不云"昭侯"。一也。

志又称："以功封千乘县侯，征入拜司农少卿，庄皇纂统，拜散骑常侍，领殿中尚书。"则拜千乘于前，兼尚书于后，一在孝明末，一在孝庄初，甚明。《传》则云："庄帝以神偁外戚之望，拜殿中尚书，追论守荆州功，封千乘县侯。"与志先后各异，又并书其事于庄帝时，亦未为得。二也。

《传》称："神偁丧二妻，又欲娶从甥郑严祖妹，卢元明亦将为婚，二家阋于严祖之门。郑卒归元明，神偁惘怅不已。"据志，神偁元妻为文贞公彭城刘芳第二女幼妃，未期而亡；又娶江阳王继第三女阿妙，卒于穰城。

《传》云"丧二妻",当指刘女与江阳王女言之。志又云"娶清河文献王悺第三女季聪",当是郑氏女已归卢门,遂又娶静帝姑为室。神㒞卒时,清河王女尚健在也。又《传》仅称"神㒞少以才学知名,为太常刘芳所赏",不言芳以女嫁之。此皆《传》略而志详者。三也。

神㒞卒于兴和三年六月,《传》误二年。四也。

然如官荆州时,与梁将曹敬宗相距,神㒞有守城功。志则隐约其辞,泛云"水军飘锐,事均关于之来;旧灶生灶,不异赵衰之急"。又当以《传》为正矣。

此志字体宽博遒劲,与高翻、高盛二碑,元宝建墓志相似,近出东魏志石无与匹者。文累千三百余言,典丽乔皇,非温魏诸公不办,惜无由知为谁氏作矣。

(原载《天津民国日报·图书副刊》第三十一期,1947年2月21日)

徐智竦墓志跋

（隋大业八年三月二十一日）右志于民国前一年春出土于广州城北镇海楼后冈，首圆趾方，尚存汉碑之式。十八行，行二十九字；阴十六行，行亦二十九字。正书。

志称："总管赵讷，远闻徽猷，□□□建州刺史。"总管者，广州总管之省。《隋书·谯国夫人传》："时番州（案番州即广州，仁寿二年避太子广讳改广州为番州）总管赵讷贪虐，诸俚獠多有亡叛。夫人遣长史张融上封事，论安抚之宜，并言讷罪状，不可以招怀远人。上遣推讷，得其赃贿，竟致于法。"此讷事迹之见于史者。《元和姓纂》七："赵怀讷，广州刺史、总管、怀化公。"则涉下文"怀化公"衍一"怀"字。

玩志文，智竦之官建州，盖出讷所荐举，及讷以罪伏法，智竦亦解职北行。志又称："双僮遽逼，万古便侵，大业六年十一月于江都口逝。"案《炀帝纪》："大业六年三月幸江都，七年三月自江都入通济渠，幸涿郡。"是六年冬炀帝尚在江都。疑智竦即于是年以讷党坐诛，故志云："昊天不愁，歼此哲人，痛心疾首，行路悲凄。"又云："泪将花堕，鸟共声哀，孝子欲养，慈亲不在。"辞意隐婉，有非楮墨所能宣者。一如高虬以坐废太子勇党诛死，而志云"光景不留，溘先朝露"之比。志例当如此，惜史无他证，今无由确知耳。《谯国夫人传》称夫人卒于仁寿初，其上疏劾讷，当在开皇末。南海距京师辽远，故至大业初讷之案始定谳；或讷之伏法在前，而穷治智竦罪在后，皆未可知。

《隋书·地理志》："永熙郡安遂县，梁置建州广熙郡，寻废郡，大业初废州。"又《太平寰宇记》一百六十四引《南越志》："梁大同中分广熙置建州，又分建州立双州，隋炀帝初废州置永熙郡。"是开皇仁寿间尚有建州，与志合。汪景吾《广州新出隋碑三种考》跋此志谓"《新唐志》唐武德四年置建州"，又谓"可据志以订欧志之失"，而不援《隋志》为说，诚失之眉睫矣。

（原载《天津民国日报·图书副刊》第三十六期，1947年3月28日）

跋洛阳近出陈叔明墓志

民国二十五年七月，洛阳杨臼村北乡人掘得石志一方，题曰"隋故礼部侍郎通议大夫陈府君之墓志铭"。近郭君玉堂自洛寄初拓本至，因以半日之力为之考释，并录其文如左，俾与世之治隋唐之际史事者共观赏焉。

君讳叔明，字慈尚，吴兴长城人也。出自帝舜之后，胡公满食菜于陈，因而赐姓。源与颍川同祖，漢太丘长寔之支子钧，徙家长城。若夫三君比驾，远映德星；二子连环，高谈旦月。汝颍人物，许洛名流，世蕴奇伟，时标秀杰。金山鹅响，岳峻不褰；铜柱鱼游，渊澄无底。应东南之王气，拯淮海之横流。王后在天，四帝丕绪。君，前陈武皇帝之孙，孝宣皇帝之第六子。太建七年，策封宜都郡王，时年十二。润渐天潢，表河房之宿；华分日干，拂扶阳之景。君共第四兄长沙王叔贤同产，宣皇命贵妃袁氏养之，礼贯群蕃，恩深诸子。八年，授宣惠将军。九年，授卫尉卿，其年改授智武将军。十年，出授东扬州刺史，将军如故。十二年，进授散骑常侍南徐州刺史。十三年，授使持节都督吴兴太守。十四年，加诚武将军。至德元年，征授侍内秘书监。二年，改授侍内左卫将军。三年，授内书令。真明元年，册拜司空公。上爵曲岛，地拟应韩，近卫钩陈，寄深王傅。畿辅北门之要,枌榆东户之重。丰珥左右,徽章内外。陟六符而耸辔,历三阶而振策。真明三年,百六运拒,庚子数终,与青盖而同入,渡沧江而不反。东陵废侯,空想种瓜之地;南冠絷者,徒操怀土之音。曹志亡国之余,特降收采;张锡归朝已后,方蒙召见。大业二年,散官未废,诏授正五品朝散大夫。四年,兼鸿胪少卿。六年,守礼部侍郎。七年东巡,检校右御卫虎贲郎将。八年,授朝散大夫,其年以临辽勋例授通议大夫,寻摄判吏部侍郎事。九年,检校左屯卫鹰扬郎将。卿寺增辉,郎曹切务。越辽(下一字泐)而陛侍,奉旌门而縠丘。大业七年,凯旋西旆,礼毕东辕,其年十二月二十七日,还届洛川,奄然暴殒。终于河南县思顺里之宅,春秋五十三,茌苒波澜,儵忽泉夜。未辍罇酒,便嗟古今。君幼禀纯孝,早尚风格。容止可观,折旋有度。新知久要,不绝宾筵。秋夕春朝,无弃光景。达生达命,善始善终。以十一年正月二十八日辛酉,卜宅于雒阳县安山里凤台原。永恨他乡,徒感苏韶之梦;长悲异县,岂恤孙嘉之言。敬勒玄阴,式传不朽。陈太建十年,娶仁威将军黄门郎驸马都尉到郁第三女为妃,去大业元年先薨,今便同圹。(铭文从略)。

案:叔明为陈宣帝第六子,后主之异母弟。以志校史多异。志称"字慈尚",《陈书·高宗二十九王传》则作"子昭",当是入隋后避炀帝子元德太子讳改名,与叔明同产兄长沙王叔坚避隋高祖讳改坚为贤者同例。此一事也。

《传》称:"太建五年,立为宜都王,寻授宣威将军。七年,授东扬州刺史,寻为轻车将军卫尉卿。十三年,出为使持节云麾将军南徐州刺史,又为侍中翊右将军。至德四年,进号安右将军。"志则云:"太建七年,策封宜都郡王,时年十二(案:叔明卒于大业七年,年五十三,上推至太建七年,当年十七,志云十二,盖误)。……八年,授宣惠将军。九年,授卫尉卿,其年改授智武将军。十年,出授东扬州刺史,将军如故。十二年,进授散骑常侍南徐州刺史。十三年,授使持节都督吴兴太守。十四年,加诚武将军。至德元年，征授侍内秘书监。二年，改授侍内左卫将军。三年，授内书令（案：侍内即侍中，内书令即中书令，隋时避隋高祖父嫌名改）。真明元年（案：陈后主年号祯明，而志作真明者，盖因隋高祖之祖名祯，故改祯为真耳），册拜司空公。"《传》以太建七年封宜都王为五年事，十年授东扬州刺史为七年事，十二年进授南徐州刺史为十三年事，系年与志异而与《陈书·宣帝纪》则合，未知孰是孰否。其他出守吴兴，入为秘书监、中书令、司空，《传》俱失书，可据志以裨史阙。此二事也。

《传》举入关后历官，仅称："大业初为鸿胪少卿"。据志："大业二年，散官未废，诏授正五品朝散大夫。四年，兼鸿胪少卿。六年，守礼部侍郎。七年东巡，检校右御卫虎贲郎将。八年，授朝散大夫，其年以临辽勋例授通议大夫，寻摄判吏部侍郎事。九年，检校左屯卫鹰扬郎将。"《传》、志互校，志详于《传》多矣。叔明入隋，当在开皇九年。自是迄于大业初，阅一十六年，未膺显职。至大业二年，始授官，当因炀帝宠幸宣华夫人后，泽及夫人昆弟，与后梁子姓因内宫萧后得蒙礼遇者，事出一揆。此三事也。

志又称："太建十年，娶仁威将军黄门郎驸马都尉到郁第三女为妃。"考《陈书·到仲举传》："子郁，尚文帝妹信义长公主，仲举父子以罪赐死，郁诸男女及帝甥获免。"不言曾官仁威将军黄门郎，亦不及郁女嫔于宣帝子。案：郁之赐死在光大元年，下距大建十年逾十年，则《传》云"帝甥获免"，不仅免于死，且重与帝室为婚矣。此四事也。

叔明卒于大业七年十二月，年五十三。自是上推至陈亡时，年已逾而立。《传》不及卒之年，今赖志知之。此五事也。

此志文字隐秀峻洁，隋志中所罕见。叙叔明陈亡入隋，客死异国事，一则曰："东陵废侯，空想种瓜之地；南冠絷者，徒操怀土之音。"再则曰："永恨他乡，徒感苏韶之梦；长悲异县，岂恤孙嘉之言。"弦外之音自见，非江表旧臣深于黍离麦秀之思者不办，惜无由知为谁氏作矣。

（原载《图书季刊》新第八卷第三、四期合刊，1947年12月）

评《河南金石志图》第一集

关百益辑,二十三年河南博物馆印行

此书首有河南省主席刘峙序言及编者自序,次有凡例十三则。条理精审,颇具规模。全书共分四编。前年出以行世者,仅此首编耳。

首编收金类新郑古器之一部,二十五叶,及石类墓志塔铭等墨本八十一叶。新郑之器,出土后十九归于河南省立图书馆,即今之河南博物馆,故编者得首先利用之。芒洛所出北朝以降墓志,今多归三原于氏,转入河南博物馆及洛阳金石保存所者为数无几。编者于古志墨本夙有收集,故此编所载志石特多,且皆其精好者,具见用力之勤。惟所收大抵限于芒洛一带所出,他地十九被摈,此在编者或别有会心,然读者未尝不引为憾事也。

除芒洛外,近世河南全省所出古志石,自当以安阳为最多。安阳所出,大抵在漳水之滨。东魏及北齐宗室卿相陵寝,皆在其地,土人指为曹操七十二疑冢者是也。其地介于磁县(属河北省)与安阳之间。以地域言之,有时所出,只能作为河北金石志里的好资料,非经实地勘察,不能贸然加入此编。编者有见于此,故于安阳一带所出志石,祇收元宝建一种。此编者学识过人处:吾人应首先提出为读者解惑者也。

通观全集,似编者过信金石文字越古越有美术的意味,故详于北朝志石,而忽于李唐以后之作.唐志收五种,宋志收一种,五代及北宋以降,均付阙如。此则其主观的解释有以误之。吾人如承认一朝之书体各有其时代性之客观事实,则于北朝书体之劲拔,隋及初唐之绵丽,中唐以降之草率不恭,皆当无间言矣。芒洛所出中唐以降五季及北宋之志石,颇多名公巨室,有裨于史事处不在北朝志石之下。乃编者以为除泉男生墓志以书志者为小欧阳,崔涉墓志以撰文者为李北海,崔祐甫墓志以篆盖者为李阳冰,又宋时祖士衡墓志以撰文者为邵康节,尚足见重一时,有著录之必要外,余则千唐百宋,无一能邀编者一顾。此乃方隅之见,吾人未敢赞同者也。

编中所载附说,以礼经史籍与实物相印证,颇多发明。然容有未安之点,条举如下,以就教于编者:

(一)金图第三叶至第十叶,共列周牢鼎图十六。又金图第十一叶至第十三叶,共列周陪鼎图五。案:牢鼎、陪鼎之名,虽见于九家《易》及《周礼·天官·膳夫》郑注,然此等名词于彝器铭文中无征,故自来治古器物学者多未沿用,不如省称周鼎,或以花纹种类别之为妥。

(二)石图第六叶下魏始平公元偃墓志铭。注云:"龙门二十品中有始平公象一区,向不知始平公为谁,据此知始平公即偃也。"案:此说似是实误。龙门始平公造象作于太和二十二年,维与偃之卒虽同在一年,然造象称始平公官使持节光□大夫洛州刺史,与志及《魏书》景穆十二王传载偃历官均不相合。则造象之始平公与志之偃,固不能认为一人矣。近出元宁墓志,称宁为冠军将军始平公俟尼须之孙。是魏时爵封始平者,决不止一人。据此旁证,可见编者之说不免言之过早。

(三)石图第九叶魏任城王妃李氏墓志铭。注云:"李氏为任城王云之妃。"案:此说亦有待于商榷。李氏当是任城王澄之妃,乃云之子媳而非云之妃也。云妃孟氏(即澄之母),见《魏书·列女传》。然此仅为消极的证明,必待其他积极的确证,而后可释前疑。余尝细读志文及《魏书·任城王传》,得三证焉。任城王澄传载澄于世宗初改授安西将军雍州刺史,是澄尝官雍州刺史。计其时当在景明初,与志称"景明二年九月三日雍州刺史任城王妃李氏薨于长安"正合。此一证也。冯令华墓志称"正始三年策拜为任城国妃",事在景明二年之后,时李妃已先卒,故又策立冯熙女为继室。澄传云:"子彝为继室冯氏所生。"元彝墓志亦称"太妃冯氏"。是令华为澄之继室无疑。令华既为继室,则李妃当为原配矣。此二证也。云薨后,谥曰康,见本传。李氏果为云之妃,依文例当称"康王妃"或称"任城王太妃"。今志称"任城王妃",明任城王是时尚在人世,则非属之元澄不可矣。此三证也。编者以元云为太和中亦尝官雍州刺史,而志文复失载李氏卒年得年若干,遂有此误,可谓失之眉睫。

（四）石图第九叶下魏穆亮墓志铭。注云:"亮与尉夫人合葬,可证史称其尚中山长公主者误也。"案:穆亮之妻尉太妃墓志确与亮志同时出土,然不能据以引证史称尚主之误。疑亮先尚公主,或公主先卒,而后更娶尉氏为继室,其事皆属可能,注所推论不确。

（五）石图第十叶下魏云阳男张整墓志铭。注云:"《魏书》阉官传有白整,其出身历官,并与志合。岂白整即张整欤?"案:白整即张整,无可疑,白整之名,又见《魏书·后妃传》、《释老志》。整以乡难入官,更姓为白,事属可能。志为窀穸之文,例应著其本姓,故称张君耳。

（六）石图第十九叶下魏元扬妻王夫人墓志铭。注云:"此与元扬墓志俱归日本太仓氏,中土拓本极少。前岁日本地震,石已不存,惜哉!"案:元扬夫妇志石宣统年出土,初归武进董授经先生,稍后转入日本东京太仓氏。闻二石至今尚存,毁于地震云云,恐不确。

（七）石图第二十七叶魏元玞妻穆玉容墓志铭。注云:"玉容想出丘穆陵,而三代俱无考。志中叙其家室姿容,及安定王为子择妇之郑重,皆委婉动听,想玉容必为当代绝色。"案:《魏书·穆崇传》称:"崇宗人丑善子莫提,从平中原,为中山太守,除宁南将军相州刺史。"志载玉容曾祖堤与传之莫提官职正同,当为一人无疑。而一作莫提,一作堤,盖魏时代人称名无定字,绝不足异。编者又谓玉容乃当代绝色,亦属望文生义。

（八）石图第三十二叶下魏齐郡王妃常季繁墓志盖。案:此盖文曰"太保齐郡顺王常妃志铭",乃齐郡王元简妃常氏之志盖,以元简墓志互观自明。《魏书·文成五王传》所谓"燕郡公常喜女，文明太后以赐简"者，是也。此与简志，乃近十年间同时出土，均归三原于氏。常季繁则民国初年所出，与元扬夫妇志合，今俱入日本太仓氏家。两不相涉，何能牵连为一。此志仅存一盖，元简墓志后半亦残缺，想出土时早已碎裂矣。

以上所举，乃千虑之一失，不足为编者病。至全书印刷之精，纸料之佳，装潢之美，则读此书者类能言之。在四海困穷之今日，河南省独能出大力，成此巨帙，诚令人有空谷足音之感矣。

（原载《清华学报》第十一卷第二号，1936年4月）

《元一统志》前言

元代官修全国地理书,始于元世祖至元二十二年,至三十一年成书。稍后得《云南图志》、《甘肃图志》、《辽阳图志》,因倡议重修,由孛兰肹、岳铉等主其事。元成宗大德七年纂修成书,凡一千三百卷(焦竑《国史经籍志》作一千卷,钱大昕《元史艺文志》同,兹从《秘书监志》),定名为《大元大一统志》。元顺帝至正六年由杭州刻版,今所见残元本即是杭州本。元代政府对此书编制经过十分重视,特详载本末于王士点《秘书监志》中,兹不赘引。

《大元大一统志》简称《元一统志》。书中于各路各州各县史迹,继承唐代《元和郡县图志》,宋代《太平寰宇记》、《舆地纪胜》等书成例,归纳为建置沿革、坊郭乡镇、里至、山川、地产、风俗、形势、古迹、宦迹、人物、仙释等部门。所引数据,凡大江以南各行省大半取材于《舆地纪胜》和宋、元旧志,北方等省则取材于《元和郡县图志》、《太平寰宇记》和金、元旧志居多。今宋、元旧志十亡八九,金志全佚,而《元和郡县图志》、《太平寰宇记》、《舆地纪胜》等书今传本俱有缺叶缺卷,正赖此书得以订补。此书存,则无数宋、金、元旧志俱随之而存,此书亡,则宋、金、元旧志亦随之而亡。此书学术上之重要性,于此可见一斑。

《元一统志》明以后久无全本。近年内阁大库出元至正刻本残帙七卷,计合州二卷,灌州、眉州、海盐州、崇德州、常州路各一卷。其中眉州一卷,1930年友人徐中舒先生为我钞得之,原书现不知流转何所。余卷多为公私藏家收藏,亦倩人次第钞得。此外常熟瞿氏旧藏钞本九卷:鄜州二卷,葭州三卷,均州、房州、巨津州、通安州各一卷。别有嘉庆间吴县袁廷梼家钞本三十五卷,除均州、房州、墉州、葭州等七卷见于瞿本外,袁本溢出瞿本者二十八卷:南阳府、裕州各三卷,孟州、郑州、襄阳路、峡州路、延安路各二卷,嵩州、江陵路、洋州、金州、成州、兰州、会州、西和州、平江路、瑞州路、新昌州、抚州路各一卷。钱大昕《潜研堂文集》二九所称南濠朱氏藏本,实即袁本之祖本。至吴骞《愚谷文存》四称四川一省彭州、威州、茂州、简州、眉州、沔州、蓬州、达州、重庆路、夔州路诸残帙,则自来未见著录,恐早已亡佚无存。

《元一统志》除上举元至正刻本残帙与瞿本、袁本外,《永乐大典》引用最多。明代官修地理书《寰宇通志》、《明一统志》亦间加引用。《明一统志》中所引"元志",以《寰宇通志》与他书查对,知是《元一统志》简称。《嘉定镇江志》、《寿昌乘》原出《永乐大典》,其夹注中引《元一统志》,自出《大典》无疑。《热河志》、《盛京通志》、《东昌府志》、《满洲源流考》、《日下旧闻考》所引《元一统志》,疑皆前人从《永乐大典》转录。《四川通志》引《元一统志》,则似出吴骞旧藏元刻残帙,书阙有间,今无由详考矣。

今试以《元史·地理志》为纲,将元刻残帙、瞿本、袁本与群书所引汇辑为一书。始于1944年,荏苒二十年,至1965年始克蒇事。他日续有所得,当再补辑,以竟全业。

《元一统志》所引事迹,如叙大都寺观之壮丽、古迹之纷繁,多他书所未见。延安路石油条,墉州石脂、石油等条,可补沈括《梦溪笔谈》之遗。延安路范雍、计用章、庞籍、狄青、韩琦、薛奎、王温恭、夏安期、李师中、李若谷、王庶等人事迹均出《宋史》,但与今本《宋史》多不合,盖《元一统志》所据乃元初纂修本,今所见乃脱脱纂修本,故两本不同如此。

《元一统志》乃元代官书,其纂修出自封建统治阶级之手,因此带有浓厚的封建正统观念。一方面承历代史书之遗,极度尊重汉、晋、唐、宋等正统王朝,而对当时的四围少数民族则加以蔑视,甚至采用侮辱性称呼,如太原路郅都条称匈奴为贼,延安路麟州旧壤条称匈奴为戎人,葭芦川、屈野川、永洛故城、范仲淹、程戬、沈括、赵卨、刘平、史吉等条均称西夏为贼、为夏贼,成州孔奋条称氐人为贼,虞诩条称羌人为贼,嘉定府路苏元老条称茂州少数民族为蛮、为贼,容州王翊条称岭南少数民族为贼等均是。对古代少数民族还有汉裳蛮、乌蛮、白蛮、绛蛮、聂些蛮、庐蛮、鹿蛮、凌蛮、三王蛮、磨蛮、些蛮、施蛮等称。对历代统治阶级镇压少数民族的残酷战争,均称为征讨、讨伐等等。另一方面对人民群众反压迫反剥削的正义斗争,如南阳府鲁阳关,襄阳路王焕,高邮府三湖,安西路淳化故城,汀州路宁化县、清流县、潭飞磜等条,则诬之为贼、为寇、为盗贼、为摽盗、为蕃贼、为草寇、为暴乱、为犯法等等。这些情况,在古迹、宦迹、人物门中,显示的最为突出。这一意识形态,乃封建时代之脊骨,直到解放后才被彻底纠正。此外仙释门,除某些神话性的故事外,余皆荒诞不经的迷信之谈。宦迹、人物门中又杂有宣扬宿命论的封建思想,和忠君、贞节等封建道德观念。以上各点,希望读者在利用此书时,能予以严正的批判。

1966 年 5 月 15 日

(原载赵万里校辑《元一统志》卷首,中华书局 1966 年出版)

《薛仁贵征辽事略》后记

右《薛仁贵征辽事略》，明《文渊阁书目》著录。原书明以后久佚。余从英国牛津大学图书馆所藏《永乐大典》卷五千二百四十四辽字韵（据影片）辑出，付上海古典文学出版社印行。《大典》中有戏文，有杂剧。现存宋元戏文《小孙屠》、《张协状元》、《宦门子弟错立身》等三本，即从《大典》传录。至《大典》中发现整部话本，则自此书始。《永乐大典目录》话字韵共收宋元评话二十六卷，此书疑亦其中一种，尚冀他日能继是发现也。

薛仁贵征辽事迹，详见两《唐书》薛仁贵传。旧书薛传云：

> 薛仁贵，绛州龙门人。贞观末，太宗亲征辽东。仁贵谒将军张士贵应募，请从行。至安地，有郎将刘君昂为贼所围，仁贵往救之，跃马径前，手斩贼将，贼皆慴服，仁贵遂知名。及大军攻安地城，高丽莫离支遣将高延寿、高惠真率兵二十五万来距战，依山结营，太宗分命诸将四面击之。仁贵自恃骁勇，欲立奇功，乃异其服色，着白衣，握戟腰鞬张弓，大呼先入，所向无前，贼尽披靡。大军乘之，贼大溃。太宗遥望见之，问先锋白衣者为谁。引见，赐马两匹、绢四十匹，擢游击将军、云泉府果毅。

《薛仁贵征辽事略》后记

旧传又称：

　　高宗时九姓突厥有众十余万，令骁健数十人逆来挑战，仁贵发三矢，射杀三人，自余下马请降。仁贵更就碛北安抚余众，擒其伪叶护兄弟三人而还。军中歌曰：将军三箭定天山，战士长歌入汉关。

和话本内容比较，事实大致相合。惟称征辽时仁贵军功为张士贵副将刘君昴冒领，事发，张士贵、刘君昴共谋背唐奔高丽，中途为尉迟恭等追回，士贵递流海岛，刘君昴受戮。刘君昴当即《旧唐书·薛仁贵传》之刘君昴（《新书·薛仁贵传》作刘君邛）。案：此事全属子虚。两《唐书》张士贵传："士贵以军功累迁左领军大将军，封虢国公。高宗显庆初卒，陪葬昭陵。"自无"递流海岛"之事。话本又称："莫离支借天山军颉利可罕领元龙、元虎、元凤兼大兵三万来助高丽，被仁贵两箭一戟将元龙等打下马来。"则是把高宗朝仁贵领兵击九姓突厥于天山一事和太宗征辽事混为一谈。话本既是小说，其中事实自可东搬西凑，任意捏造，固无足怪矣。

后来《说唐后传》，又捏造薛仁贵本名薛礼，张士贵本名张环，仁贵战功为士贵之婿何宗宪所掩，事发，张士贵、何宗宪等俱诛死。和话本内容，似是一脉相承。不过把刘君昴换了何宗宪，事情又趋向复杂化、演义化而已。

此书文辞古朴简率之处，和至治新刊平话五种相似，当是宋元间说话人手笔。其叙仁贵引兵至安地岭，至一高峰，发现一座宫观。仁贵下马，令众兵排门而入，忽于正殿转过一个妇人。话本形容这个妇人生得十分美貌，有如"芙蓉城下，子高适会琼姬；洛水堤边，郑子初逢龙女"。案：芙蓉城下故事，苏轼《芙蓉城》诗引首咏其事。施元之《注东坡诗》引胡微之《王子高芙蓉城传》，详载子高与周瑶英遇合本末。赵彦卫《云麓漫钞》卷十、王实父《韩彩云丝竹芙蓉亭》杂剧"王子高不好色，周琼姬忒分外"，则女主角周瑶英改称周琼姬，与此书同。宋元戏文中有《王子高》戏文，残文引见《九宫正始》。元以后文学作品中，此故事已罕见称引（事详《中山大学语言历史学研究所周刊》拙撰《王子高芙蓉城故事考》，和钱南扬先生《宋元戏文辑佚》"王子高"条），此书随手拈来，便成故实。可知此书写作时代，当在王子高故事流传正盛时。据此推断，知非南宋时或元初不可矣。

此书又称"秦怀玉领兵出阵，便似挂孝关平也"。案：关平与父关羽同时被杀，明见于史。此事本无问题，但在《至治新刊三国志平话》卷下"刘禅即位"、"诸葛七擒孟获"、"诸葛造木牛流马"三节中，均有关平出场。可知说话人心目中关羽被杀时，关平并未同死，与此书称"挂孝关平"若合符节。据此推断，此书写作时代当与《三国志平话》写作时代相距不远。事或然乎？

书中讹别之字，如"呐喊"作"纳喊"，"萧铣"作"肖铣"，"慌忙"作"荒忙"，"铁锏"作"铁简"，"睁目"作"争目"，"正走"做"盛走"，"甫能"作"付能"，"纵马"作"从马"，"可汗"作"可罕"，疑《永乐大典》所据底本如此，重印时不予改正。附志于此，以告读者。

1957 年 6 月 30 日

（原载赵万里编注《薛仁贵征辽事略》卷末，古典文学出版社 1957 年出版）

宋刻《淮海居士长短句》跋

《淮海居士长短句》三卷,附刻宋本《淮海集后集》后。以讳字及刊工笔势观之,当系乾道中浙中刊本,其版至明季犹存(张綖序重刻《淮海集》云:北监旧有集版。疑"北监"乃"南监"之误。然不见于黄佐《南雍志·经籍考》,盖至嘉靖间监中已无存矣)。故传世此本以后印者为习见,宋及元初印本则希如星凤矣。并世公私藏家,如常熟之瞿、德化之李、吴兴之蒋及北平图书馆所藏残帙,均不附长短句(潘氏《滂喜斋藏书志》有宋本《淮海居士长短句》三卷,今未知存亡)。此本长短句赫然具在,虽间有钞补,亦足宝也。持校明嘉靖间南湖张綖校刻《淮海集》附刻本,此本即张刻所自出,合者固十之八九,然亦有足订张刻误者。如:《望海潮》"茂草台荒",张本"台荒"作"荒台";《水龙吟》"水楼连远横空",张本"远"作"苑","疏帘半卷","疏"作"朱";《满庭芳》"寒鸦万点",张本"万"作"数";《一落索》"杨花终日飞空舞",张本"飞空"作"空飞"。《阮郎归》"身有恨",张本"身"作"更",又"那堪肠已忧",张本"已"作"也";《满庭芳》"骤雨才过还晴,古台芳榭",张本"才"作"方","古"作"高",又"开缾试一品香泉,张本"缾"作"尊";《调笑令》诗,"越公万骑鸣箫鼓",张本"箫"作"笳",曲子"旧欢新爱谁是主",张本"是"作"为";《虞美人》"绿荷多少斜阳中",张本"斜"作"夕";《临江仙》"独倚危樯情悄悄",张本"樯"作"楼"

等均是。其他《广陵怀古》、《越州怀古》、《别意春思》诸题,宋本皆无之。张刻殆涉诸选本而误,并当据以删。昔归安朱氏校刊《淮海词》,据松江韩氏读有用书斋藏黄尧圃校钞本入录,欲求宋椠一校,苦不可得,且并张綖刊本亦未适校。今此本出,亦足弥朱氏之缺憾矣!

传世秦词以毛氏汲古阁本为最劣。其底本亦当自三卷本出,惟前后倒置,又妄据他书增入《如梦令》等十阕。除《喜春来》或确系淮海佚词外,余率据《类编草堂诗余》及明人所辑《续草堂诗余》、《古今词统》内录出,实则均非秦作。其误与毛氏所刻苏子瞻、周美成、李清照词均同,实无足怪也。试于宋人载籍中求淮海佚词,则仅于《阳春白雪》(卷一)得《木兰花慢》一首,《苕溪渔隐丛话》(前集卷五十)引《冷斋夜话》(今本《夜话》无此文)及《全芳备祖》(前集卷七海棠门)得《喜春来》一首而已。《喜春来》毛本已收之,而《木兰花慢》缘《阳春白雪》一书乃晚出(明万历间陈耀文辑《花草粹编》、清康熙间朱彝尊辑《词综》时俱未见),故诸本并未及。然气弱不似他作,姑附以存疑可也。至《直斋书录》所载长沙坊刻百家词有《淮海词集》一卷,乃宋时秦词之别本,与三卷本有无异同则不可知矣。十九年五月海宁赵万里跋。

(原载《淮海居士长短句》卷末,故宫博物院图书馆1930年影印版)

稿本《今乐考证》跋

(一)

这是镇海姚梅伯(燮)所著《今乐考证》的原稿。虽然他所谓"今乐"二字的界说,似乎不限于杂剧与传奇。从第一册缘起里,知道一切民间唱本曲词与文人雅士所欣赏的杂剧传奇,都可等量齐观。但他事实上所收集到的材料,杂剧和传奇几乎占了整个的篇幅,此外仅有花部名目九十余本,聊以充数而已。

这部书虽薄薄的只有五册,但可以为近代剧曲史料的一个总结集。在戏曲史的立场看来,其重要性不亚于钟嗣成、贾仲名的正续《录鬼簿》和徐渭的《南词叙录》。《录鬼簿》是总结元代和元明之间北杂剧的总账而作的,《南词叙录》是总结明中叶以前南戏的总账而作的。自《南词叙录》行世以后,约过了二百五十年,又有姚氏出来结元、明、清三代剧曲的总账。规模之大,远在钟、徐二家之上。这真是空前的杰作,和静安先生在宣统初年编纂《曲录》时的动机和背景完全一样。

静安先生编辑《曲录》时,实未知五十年前姚氏已有此书。姚氏所根据的基本材料,如《武林旧事》里的官本杂剧段数,《辍耕录》里的院本名目,《录鬼簿》、《太和正音谱》、《也是园书目》里的元明杂剧名目,《扬州画舫录》里元明传奇名目,后来静安先生也同样据以采入《曲录》。彼此所见的材料既略相似,因此部居剧曲的次序和所用的方法,也大体相同。所不同者,《曲录》对于散曲、曲律、曲谱及剧曲选集、总集之类,有见必录;此则除了纯正的杂剧和传奇之外,别的大多不收为异耳。

现将此书与《曲录》所收剧曲名目(宋之官本杂剧、金之院本除外)及作家人数,列成一表,以资比较。如下:

	今乐考证		曲录	
元杂剧	八十三家	六百九十一本(内无名氏一百本)	六十五家	四百七十四本
明清杂剧	一百十七家	三百五十二本(内无名氏八本)	四十家	四百五十九本(内无名氏二百六十六本)
明及明以前传奇	一百十六家	三百零一本(内无名氏六十一本)	四十八家	二百九十八本(内无名氏一百二十本)
清传奇	一百九十六家	七百二十二本(内无名氏二百五十本)	五十五家	七百四十本(内无名氏三百七十八本)

据上表所列,知此书所著录的剧曲和作家的数量,无一不比《曲录》为多,这可见姚氏搜辑之勤。然有时亦不免草率将事,例如姚氏自藏的明清刻本剧曲,见于他自编的《大梅山馆藏书目录》卷十二里的,比较此书,时有出入。他自藏的剧曲资料,尚未能悉数引用,则此外之有漏略可知。然则姚氏为何匆匆忙忙要编此书呢。

我以为姚氏之编此书,与他所纂辑的《今乐府选》有连带关系。《今乐府选》一共有五百卷之多,可算是元、明以来规模最大的剧曲大选集,远非《群音类选》、《歌林拾翠》、《缀白裘》之类可比。举凡古今著名的剧曲,无不收入。姚氏在乾嘉以降狭义的经史考据学的气氛里,居然开发了一个老师宿儒所不屑去且不能去的文学史料的新园地,真叫人钦佩无已。《今乐考证》,不过是《今乐府选》未完成以前的初步统计工作;这好比静安先生之辑《曲录》,事实上不过为写《古剧脚色考》、《宋元戏曲史》时的参考而已。

(二)

此书所收剧曲,其序次有前后倒置者,如徐渭《南词叙录》所载宋元旧编名目,例应置于《荆》、《刘》、《拜》、《杀》之前,而反屈居明人院本之末;又如叶宪祖的《四艳记》,即是《夭桃绒扇》、《碧莲绣符》、《丹桂钿合》、《素梅玉蟾》的总名,著录六里又别出《四艳记》,可见姚氏误认为传奇了。洪防思之《四婵娟》,盖仿《四声猿》而作,与《长生殿》体例大不相同,姚氏置诸国朝院本之列,亦是一误。王昙的《万花缘》、《十香传》、《鱼龙爨》,书虽不传,然据张鸣珂序《黼黻图回文诗》,知是传奇而非杂剧,姚氏置诸国朝杂剧之列,这都是应当代他改正的。

此书所列剧曲作家,多未能遍考各书,详其字里仕履。且称名称字称号互混,亦非妥善之道。有仅著其别号,而失书其本名者,如陈太乙之名汝元,刘东生之名兑,王澹翁之名澹,黄石牧之名兆森,黄方印之名方胤,嵇留山之名永仁,邵文明之名宏治,周夷玉之名朝俊,周螺冠之名履靖,胡全庵之名文焕,朱素臣之名确,范香令之名文若,马亘生之名佶人,薛既扬之名旦,朱良卿之名佐朝,姚氏皆未能深考。此外如若耶野老即徐翙,他山老人即查慎行,花韵庵主人即石韫玉,漏略歧误,不一而足,是在读者善于体会矣。

总之,目前我们所闻所见的资料,比姚氏时有增无减,如一一持以衡量此书之实质,当然有不少应当阙疑修正的地方。但此书所举示我们的新知识,也数不在少。如《南词叙录》现在通行刻本,眉端列有批注,向不知何人所作。据此书著录七里所载,知出何义门手。此虽细事,然于南戏之研究裨益至大。读者如以此书与《曲录》逐篇逐段比较一下,便知二书颇有互相发明之处。为省篇幅起见,恕不详举了。

（三）

我最早得知此书原委,是老友平湖钱南扬先生贻书告我的。那是民国十八年的事,南扬在宁波竹洲女子中学教书,课暇辄往当地资格最老的旧书肆大酉山房巡视,在店主人林集虚处,得见此书手稿,惊为奇迹。即就肆中节钞一些目录以归,但知其部居与《曲录》相似,未能质言其得失也。二十年夏,我和郑西谛先生从上海迂道赴宁波,作四明访书之游。那时马隅卿先生正在原籍养疴。我们三人志同道合,想用整个力量将《曲录》重新加以修正。因此想起南扬的话,同赴林集虚处访问此书下落。五册毛装蓝格的《今乐考证》,顿时呈现于我们眼前。才知道这是一部未曾完工的稿子,体例不尽邃密,所收剧曲的类别未必能多于《曲录》,但颇有《曲录》所失收的。隅卿与西谛实时有问鼎之意。林集虚表示,这不是寻常营业品,非千儿八百的善价,决不轻易脱手,我们猎大闻之,顿时气沮。后来朱鄮卿先生出来调停,说可设法传录一部,以供我们参考。这一次在宁波,无意中发现了钟嗣成的原本《录鬼簿》和贾仲名的《续录鬼簿》,这都是从来不见著录的,于元明戏曲史的研究关系至大。新资料的不断发现,使我们愈觉得《曲录》有从速改编的必要了。

那时西谛的情绪最紧张,最热烈,又邀我们到镇江和任中敏先生会面。中敏致力于北杂剧与北散曲,历有所年,自号曰"二北"以见志。曾在《国闻周报》发表过一篇《曲录补遗》,重编《曲录》的呼声,可算是中敏首先提出的,因此我们有和他商榷合作的必要。隅卿因故留在苏州独逛虎丘,祇有我和西谛同行。那晚正是新秋天气,下了火车,踏着月色,到了中敏寓舍。彼此交换意见的结果,中敏愿把全部稿子送给我们做参考。相约等到《今乐考证》不论正本副本到手时,大家便可开始做排比材料的初步工作。

暑假过后,我和西谛都在北平,隅卿仍留滞故乡。一日忽来书谓林集虚有将《今乐考证》出让的意思,惟须我们替他找到宋刻《广韵》为先决条件。这话太离奇了,《广韵》与《今乐考证》真是风马牛不相及。原来那林集虚生平有一弘愿,费了半世工力,想把《康熙字典》加以修正出版,这是不可思议的事,所以牵连到宋本《广韵》上去。事有凑巧,我那时正筹备做点校勘《广韵》的工作,从江安傅先生处借到半部宋刻《广韵》,就顺手晒了一卷寄去,聊以塞责。这回隅卿在宁波,一因《广韵》晒片发生了神秘的效力,二因朱鄦卿先生代为疏通,居然以三百圆的代价,全书归于隅卿。西谛提议此书应由我们三人公有,后来终于由隅卿一人承受。不登大雅文库(隅卿藏书之处)顿时为之生色不少。

廿三年秋间,隅卿才由原籍返平。行筐中携有此书,几次想设法将它出版,终于因循未果。那时隅卿和我重编《曲录》的兴趣,还是相当浓厚。隅卿在到平后的一年里,编了一部原本《录鬼簿》的校注。我也收集了不少明清散曲的新资料,又把隅卿所发现的汤舜民《笔花集》细细校勘补辑一过。工作始终没有停顿着。不幸的很,隅卿竟于北返后的第二年——即廿四年——二月十九日,以脑溢血症病殁于协和医院。隅卿毕生的精力,大家都知道他全部寄托在戏曲小说的史料堆里。岂料著述未成,遽归长夜。国立北京大学为悼念他起见,特将他的遗书中通俗文学的一部分购归公有,《今乐考证》从此就进了北大的图书馆。因为幼渔先生和郑毅生、魏天行两位先生的提倡,得由北京大学影印出版。可惜隅卿已作古人,看不见这桩盛举了!

影印既竣,蒙幼渔先生不弃,要我写一篇后跋。谫陋如我,实不足以衡量此书之得失。惟念隅卿生前和我交谊较深,且隅卿购置此书的一段历史亦惟我知之最详,遂不辞而为之跋,兼以为隅卿逝世周年之纪念。隅卿有知,或不以为忤乎!

1936年2月15日

(原载清姚燮《今乐考证》卷末,北京大学出版组1936年影印)

元大德刻《稼轩长短句》跋

辛稼轩词，宋元旧本可考者有二：

一、甲乙丙丁四卷本。见马端临《文献通考·经籍考》。传世有吴讷《四朝名贤词》本，又有毛氏汲古阁影宋钞本。毛氏钞本半叶十行，行十八字，疑从宋时临安陈氏经籍铺刻本录出。近年武进陶湘曾据毛钞本甲乙丙三集刻入《涉园影刊宋人词》，而缺其丁集。后上海涵芬楼从常熟赵氏旧山楼散出书中购得丁集，合旧藏甲乙丙集，原系一书而两析者，乃重付影印。四卷本梁任公先生谓编次有编年意味。今细按之，甲集皆稼轩四十九岁以前作，乙丙丁集所载，则淳熙十五年以后作居多。要之，稼轩生存时，四卷本已编行矣。

二、信州刻十二卷本。见《直斋书录解题》、《宋史·艺文志》。宋本已佚，今有元大德三年广信书院覆刻本。此本流行最广，明嘉靖十五年王诏刻之，二十四年何孟伦再刻之。清光绪间临桂王鹏运从杨氏海源阁借得大德原刻本，刊入《四印斋刻词》中。明末毛氏汲古阁刻《六十名家词》，其中《稼轩词》虽并为四卷，然编次与信州本同，文字谬误与嘉靖本合，盖即据嘉靖本覆刻。是上述诸本实系一家眷属。

稼轩南渡后，居铅山、上饶最久，开禧三年卒于铅山。铅山期思渡有稼轩书院，原名瓢泉书院，乃稼轩故居。又上饶城北灵山门外有带湖书院，淳熙间稼轩读书于此，后毁于火，乃迁于铅山之期思渡。此云广信书院，疑即铅山之稼轩书院。铅山、上饶，宋时俱属信州，信州刊印稼轩词，自不足异。此本酬和赠送范先之词前后共十首，四卷本中八首俱作廓之，余二首题中不着姓名。案：范先之原名当作廓之。四卷本刊于宋宁宗赵扩即位前，故用本名。信州本则刊于宁宗朝，或已在稼轩身后，故刊时避宁宗讳嫌名，改廓之为先之。《刘后村大全集》卷九十八有《辛稼轩集序》，序中盛称其词"横绝六合，扫空万古，秾纤绵密，不在小晏、秦郎下"。是宋时辛集诗文外必兼载其词。又称"公嗣子故京西宪口欲以序见属，未遣书而卒，其子肃具言先志，始述其梗概"。知稼轩卒后，其子裔曾刊行其集。疑信州本稼轩词即据当时集本别行，或即其集之一部分。时移代远，今已无从质言矣。

此本卷一第一叶版心下方有"信铅畅叔仁刊"六字，"信铅"者，宋时信州铅山县之简称。元至元二十九年升铅山县为州，直隶江浙行省。此云"信铅"，盖仍前朝旧称。此书原为清初吴县朱之赤藏书，嘉庆间流人黄丕烈士礼居。时顾广圻馆黄氏家，因据黄氏别藏毛氏汲古阁钞本补钞卷四第十六叶、卷六第十叶、卷十一第四之五叶，共三叶。于是此本复全。此本刻工体势纯乎元人风格，笔墨飞舞，如龙蛇际空，捉摸不定。在元刊书中，可称别开生面之作。今据以影印，想亦为治辛词者所共许乎。

（原载《东坡乐府·稼轩长短句》卷末，古典文学出版社1957年影印版）

宋龙舒本《王文公文集》题记

王荆公诗文,宋徽宗时由薛昂等编为一集,这是荆公文集有传本之始。南渡后,杭州、龙舒、临川、麻沙等地,都有刻版。但流传到现在的,只有杭州和龙舒两个刻本。

两本中比较通行易见的,当推杭州本。原书标题"临川先生文集",宋高宗绍兴二十一年(1151)荆公曾孙王珏任职两浙西路转运司时所刻。元时吴澄在《王文公文集》序文中提到的浙西本,就是这一本。其版迭经元、明两朝修补,近代公私收藏,几乎全是明季印本。明世宗嘉靖年间,应云鸑、何迁两刻本起而代之,杭本遂告废置,无人过问。应、何两本都直接或间接据杭本重刻,以后各本和《四库全书》本,一脉相承,也都源出杭本。因此,我们可以断言,荆公诗文在过去八百年间,杭本实居独占地位。

荆公诗文集传世除杭本外,还有另一宋刻本,就是龙舒本。原书标题"王文公文集",前后序跋都缺。版心下端刻有孙右、施光、阮宗、江清、陈伸、胡右、林选、余全、章旼、吴全等三十多人姓名,他们都是南宋初期活动于金陵、当涂、宣城、无为、舒州一带的刻字工人。其中章旼、陈伸二人,绍兴年间又刻建康郡斋本《花间集》、江东漕司本《后汉书》,我们不能因此就认为王集也是金陵刻本。如果王集确是金陵本,《景定建康志》书版门不应不见著录。建康郡斋本《花间集》、建康府学本《杜工部集》,均见《建康志》。只有《后汉书》虽刻于金陵,但刻成后不久即移送杭州国子监,因此,《景定建康志》编纂时,就不再著录了。至于元时吴澄在王集序文中提到的金陵旧本,据《建康志》知是《半山老人绝句》,而不是这一本。

龙舒即今安徽舒城,宋时属淮南西路庐州,南境与舒州接壤。南渡后文化发达,刻书不少,曾刻贾思勰《齐民要术》(见原书葛祐之后跋)、赵明诚《金石录》(见洪迈《容斋四笔》)等书。《金石录》刻工胡珏、胡刚、徐亮三人,淳熙三年又刻舒州公使库本曾檀《大易粹言》;而《大易粹言》刻工吴全、余全、胡右三人在他们青年时代又刻过王集。据此推论,王集刻于龙舒的可能性是存在的。杭本王珏跋文称"比年龙舒版行,尚循旧本",足证龙舒在绍兴年间确曾刻印王集,刻时还在杭本前,这就是现在所见的龙舒本了。

龙舒本《王文公文集》,现时国内外仅存两个残帙。一帙原藏清季内阁大库,光绪年间转入宝应刘启瑞氏食旧德斋。存卷一至三,卷八至三十六,卷四十八至六十,卷七十至一百,共七十六卷。蝶装广幅,纸莹墨润,字体雅近欧阳率更。除十数卷外,余卷纸背全是宋人书简手札真迹,飞凫舞鹤,各极其致。宋时公库常用故纸废牍印书,陆放翁《剑南诗稿》纸用宋人诗稿,《三国志·魏志》纸用乾道淳熙两朝官牍,情况与此正相似。简札中有名适者,疑是洪盘洲;有名义问者,疑是叶义问。二人《宋史》都有传。此外楔、去彼、临、广问、沟、釿、运、世明、若川等人,都无可考(当时照存十二通,今用珂㰐版附印全书之后)。另一帙现藏日本东京宫内省图书寮,原为日本金泽文库藏书。森立之《经籍访古志》、《图书寮汉籍善本书目》、金泽文库本图录并有解题。存卷一至七十,共七十卷。两残帙,除去重卷,恰可得一完书。

龙舒本凡百卷,卷数与杭本同,诗文都按体分类编次。卷一至八书、卷九宣诏、卷十至十四制诰、卷十五至二十一表、卷二十二至二十四启、卷二十五传、卷二十六至三十三杂著、卷三十四至三十五记、卷三十六序、卷三十七至五十一古诗、卷五十二至七十七律诗、卷七十八挽辞、卷七十九集句诗、卷八十集句歌曲、卷八十一至八十二祭文、卷八十三至八十五神道碑、卷八十六墓表、卷八十七至一百墓志，与杭本先诗后文编次迥异。龙舒本内容和薛昂初编本比较接近，在编法上有其独特之处。古诗中五、七言古诗，律诗中各体律诗和绝句，都杂厕在一起；杭本则经过一番加工，整齐划一，绝无上举现象，但由此也产生了一些缺点。例如龙舒本卷七十五《即事》十五首、《半山即事》十首、《无题》二首、《回文》三首、《杂咏绝句》十五首、《绝句》九首，杭本除个别几首外，均摘首句首二字为题，巧立名目，大失诗人旨意，不如改从龙舒本，于义为长。

两本互勘，除篇题和字句间的异文层见迭出，应细加抉别，择善而从，或两存外，还有以下两种情况：

一、两本脱文可互为校补。例如杭本卷六十七"夫子贤于尧舜"一文，脱去开头一段：

> 孟子曰："可欲之谓善，有诸己谓信，充实之谓美，充实而有光辉之谓大，大而化之之谓圣，圣而不可知之谓神。"圣之为称德之极，神之为名道之至。故凡古之所谓圣人者，于道德无所不尽也。于道德无所不尽，则若明之于日月，尊之于上帝，莫之或加矣。《易》曰："大人者，与日月合其德，与天地合其明，与四时合其序，与鬼神合其吉凶。"此之谓也。由此观之，则自传记以来，凡所谓圣人者，宜无以相尚而其所知宜同。

此文又引见蜀刻本《二百家名贤文粹》，与龙舒本全合。杭本脱文正赖龙舒本和《名贤文粹》补足。又如龙舒本卷七十四《召赴资政殿听读诗义感事》诗，吴冲卿原作后脱去荆公和作：

> 周南麟趾圣人风，未见驺虞系召公。雅颂兼陈为四始，笙歌合奏以三终。讨论韶使成书上，休瀚恩容著籍通。墙面岂能知奥义，延陵听赏自为聪。

又卷七十五《偶成》第二首，脱去前后四句，全诗应是：

怀抱难开醉易醒,晓歌悲壮动秋城。年(龙舒本作风)光断送朱颜去,世事栽培白发生。三亩未成幽处宅,一身还逐众人行。可怜蜗角能多少,独与区区触事争。

以上所举龙舒本脱文,又赖杭本补足。总之,两本互有短长,不可偏废任何一本。

二、两本佚篇可互为辑补。杭本佚篇,前人曾据日本官内省图书寮藏龙舒本前七十卷辑为《临川集拾遗》一书。但中有误收之作,如《西去》一诗,明见杭本卷二十五,惟题作"初去临川"为异。外制十二篇,除《沈德妃侄授监簿制》、《覃恩转官二制》、《吴省副转官制》、《士度支转官制》等五篇确为杭本佚篇,其余七篇并见杭本。此外佚篇还有漏去未辑的,这一比勘工作,需要我们仔细地进行。后三十卷中杭本佚篇,如卷七十一《松江》"宛宛虹霓堕半空"一首,卷七十二《春怨》"扫地待花落"一首、《晚春》"春残叶密花枝少"一首,卷七十三《子贡》"一来齐境助奸臣"一首,卷七十四《忆江西》"城南城北万株花"一首,卷七十五《杂咏》"百年礼乐逢休运"一首,卷七十六《西帅》"吾君英睿超光武"一首、《到家》"五年羁旅倦风埃"一首、《宫词》"六宅新妆促锦"一首,卷八十《雨霖铃》"孜孜砣砣"一阕,卷八十一《祭先圣文》一篇、《祭先师文》一篇,卷九十五《屯田员外郎虞君墓志铭》一篇,除诗九首别见荆公诗李壁注本,《雨霖铃》引见曾慥《乐府雅词》,《祭先圣文》、《祭先师文》引见魏齐贤、叶菜《五百家播芳大全文粹》外,祇有《屯田员外郎虞君墓志铭》确是前所未见的。至于龙舒本佚篇可据杭本辑补,数量更多,在此不再列举了。

龙舒本《王文公文集》,宋以后未见翻版,传本几绝。1959年中华书局上海编辑所根据徐森玉先生倡议,先将傅沅叔先生生前从国内藏本拍摄的玻璃片制版影印,尚缺二十四卷,恰巧北京图书馆从日本东洋文库得到前七十卷影片,中华书局上海编辑所因向北京图书馆转借补印,延津剑合,全书告成(现在仅总目卷上缺第一至四叶,卷九十三缺第八叶、第九叶,卷九十四缺首叶)。

现在，全书即将出版，中华书局上海编辑所要我写文说明这部书的特点和版刻源流，因不辞谫陋，就个人看法略加阐发。时间仓促，舛误难免，尚祈国内外读者予以指正。

1962 年 5 月 25 日

（原载《王文公文集》卷首，中华书局 1962 年影印版）

跋汤舜民《笔花集》

右汤舜民所作散曲《笔花集》。舜民名式,号菊庄,象山人。元明间补本县吏,后落魄江湖。尝侍明成祖于燕邸,至永乐中尚存。有《瑞仙亭》、《娇红记》杂剧,今佚。事迹无考,仅略见贾仲明《续录鬼簿》。原书黑格茧纸写本,纸墨俱古,乃正嘉间人手迹。民国二十年夏间,余返浙过甬,与吾友平妖堂主人薄游市肆,主人得之冷摊者。旧为范氏天一阁藏书,阮薛二目及其他明清公私书目俱未著录,仅见于宋漫堂家钞本及《玉简斋丛书》本《天一阁书目》,盖久佚之秘籍也。序跋及总目俱缺,前后题尚存,前题后第二行题"菊庄汤舜民著"。纸敝线脱,篇什零乱,版心又不著叶数,余与主人为之排比整理,始可卒读。全书计套数四十有四,重头小令一百六十有六。今详加审阅,第一叶第二叶间曲文不衔接,以《雍熙乐府》卷二、陈所闻《北宫词纪》卷四校补,知所缺乃《双调夜行船·送杨景言回武林》"花柳乡中自在仙"套中前三曲。第三叶前亦缺失数行,据《北宫词纪》卷六校读,知是《商调集贤宾·友人爱姬为权豪所夺复有跨海征进之行故作此以书其怀》"莺花寨近来谁战讨"套中前二曲。而第二叶后半叶《赋风台春》一题"沉醉春风"后,文义不完,据《北宫词纪》卷五、《彩笔情词》卷二校读,所缺乃"沉醉春风"后数语及《离亭宴带歇拍煞》全阕。其他各曲，讹文脱字几如风庭落叶，不胜枚举。余以《盛世新声》、《词林摘艳》、《北曲拾遗》、《乐府群珠》、《雍熙乐府》、《北宫词纪》、《彩笔情词》、《词林白雪》及《北词广正谱》、《北九宫大成谱》诸书逐校，补缺正讹，居然条整可诵。《雍熙乐府》引舜民《南吕一枝花》套曲最多，除《赠美人》"缘底事谪离方丈台"一套，《言志》"自怜王粲狂"一套，《赠教坊张韶舞善吹箫》"露溥溥万籁沉"一套外，无不征引，然悉不署作者姓名，非以此书对勘，无由知为舜民作也。《乐府群珠》今所传明钞残帙眉端例标一单字，以暗示所引用之书名，如引《乐府群玉》，注一"玉"字；引《太平乐府》，注一"太"字；引《云庄乐府》，注一"云"字；引《梨园雅调》，注一"梨"字；引《阳春白雪》，注一"阳"字；其引舜民之曲，则注一"笔"字，此即《笔花集》三字之省。知明人辑《群珠》时，此书尚盛行也。

《群珠》引《普天乐·送丁起东回陕》一曲，其眉端亦注一"笔"字，当亦出《笔花集》。文曰：

<blockquote>玉立照青春，金匮消白日。调和内景，运化玄机。虽无胶漆情，还有醇醪味。执手河梁君须记，再相逢何处追随。知他在华阳武夷？知他在丹山赤水？知他在玄圃瑶池？</blockquote>

此本失收，是所据本实较此本为善。此本共计五十七叶，细检之，第一叶、第二叶、第二十七叶后均有阙叶。故他书征引，颇有出此本外者。兹就平时浏览所及，录目如左：

（一）《正宫端正好·元日朝贺》"一声莺报上林春"套，见《雍熙乐府》卷二第二十八叶、《北宫词纪》卷一第九叶引。

（二）《正宫端正好·题梧月堂》"向朝阳春长凤枝新"套，见《雍熙乐府》卷二第四十五叶、《北宫词纪》卷四第四十六叶引。

（三）《正宫塞鸿秋·忆美》"一会家想多情教我伤怀抱"套，见《雍熙乐府》卷二第十七叶、《彩笔情词》卷十一第十二叶引。

（四）《商调集贤宾·客窗值雪》"倚龙泉一声长欢息"套，见《雍熙乐府》卷十四第二十叶、《北宫词纪》卷四第三十叶引。

（五）《双调风入松·题马氏吴山景卷》"十年踪迹走尘霾"套，见《北宫词纪》卷四第四十四叶引。

（六）《双调新水令·送王姬往钱塘》"十年无梦到京师"套，见《雍熙乐府》卷十二第四十七叶、《北宫词纪》卷六第七十五叶、《彩笔情词》卷七第二十五叶引。

（七）《双调新水令·秋夜梦回有感》"凤台空无伴品鸾箫"套，见《雍熙乐府》卷十一第十七叶、《北宫词纪》卷六第七十六叶引。

（八）《双调新水令·秋怀》"碧天风露怯青衫"套，见《雍熙乐府》卷十一第二十一叶、《北宫词纪》卷六第七十八叶、《彩笔情词》卷九第九叶引。

（九）《双调蟾宫曲》"冷清清人在西厢"，见《北词广正谱》双调第九叶引。

（十）《南吕一枝花·送车文卿归隐》"轻帆滟涟堆"套，见《雍熙乐府》卷八第二十叶、《北宫词纪》卷三第二十九叶引。

（十一）《南吕一枝花·赠会稽吕周臣》"三千丈萧萧白发生"套，见《雍熙乐府》卷八第十叶、《北宫词纪》卷三第三十叶引。

（十二）《南吕一枝花·赠钱唐镊者》"三万六千日有限期"套，见《北宫词纪》卷三第三十一叶引。

（十三）《南吕一枝花·旅中自遣》"锦囊宽闲凤琴"套，见《雍熙乐府》卷十第十四叶、《北宫词纪》卷四第二十四叶引。

（十四）《南吕一枝花·题白梅深处》"罗浮山接渺茫"套，见《雍熙乐府》卷八第十二叶、《北宫词纪》卷四第四十叶引。

（十五）《南吕一枝花·题崇明顾彦升洲上居》"潮生玉马来"套，见《雍熙乐府》卷八第十七叶、《北宫词纪》卷四第五十二叶引。

（十六）《南吕一枝花·桧轩为越中沙子正赋》"得指教三迁好住居"套，见《雍熙乐府》卷八第十一叶、《北宫词纪》卷四第五十三叶引。

（十七）《南吕一枝花·题云巢》"揽将天上云"套，见《雍熙乐府》卷八第十八叶、《北宫词纪》卷四第五十三叶引。

（十八）《南吕一枝花·赠王观音奴》"出西方自在天"套，见《北宫词纪》卷五第十五叶、《彩笔情词》卷一第三十叶、《词林白雪》卷四引。

（十九）《南吕一枝花·赠王善才》"手曾将千眼佛绿柳瓶"套，见《北宫词纪》卷五第十六叶、《彩笔情词》卷一第三十一叶、《词林白雪》卷四引。

（二十）《南吕一枝花·赠妓宋湘云》"送飞琼下九天"套，见《北宫词纪》卷五第十八叶、《彩笔情词》卷一第三十二叶引。又引见《词林白雪》卷四，但误题顾均泽作曲，与他书异。

（二十一）《南吕一枝花·赠妓素兰》"散清芬烟月中"套，见《北宫词纪》卷五第二十一叶、《彩笔情词》卷二第二叶引。

（二十二）《南吕一枝花·冬景题情》"一轮寒日沉"套，见《北宫词纪》卷六第四十九叶、《词林白雪》卷二引。

（二十三）《仙吕赏花时·送人回镇淮安》"铁瓮金墉壮九关"套，见《北宫词纪》卷四第三叶引。

以上共搜得套数二十有二（《双调蟾宫曲》系小令，故未计入），约当此本所收套曲之半，其散佚之多，殆出想象外也。

舜民乐府，元明之际颇著声誉。《太和正音谱》卷首称其词如"锦屏春风"，《续录鬼簿》亦称"所作套数小令极多，语皆工巧，江湖盛传之"，均极推重。今观其词，已开明人"堆垛"、"饾饤"之习，去盛元"清丽妩媚"格调渐远。然视同时作者刘东生、杨景贤辈，则以所存尚多，究胜一筹。至后此之周王诚斋亦以北乐府名于时，而陈言腐语，了无生气，与此书较，又有虎贲中郎之别，不可同日语矣。

二十三年仲夏，假平妖堂藏本手录一过，并以旬日之力为之雠校，漫书其后。越十二年，今年三月，砚友卢君冀野自陪都来书，索阅此文，用备参考。因据《词林白雪》及他书重加厘订，以就正于冀野，并慰冀野旅居岑寂之思焉。三十五年四月记。

（原载《图书季刊》新第八卷第三、四期合刊，1947年）

《馆藏善本书提要》选录

《刘随州文集》十一卷外集一卷

唐刘长卿撰　明钞本

　　明钞本《刘随州文集》十一卷《外集》一卷,卷首题"随州刺史刘长卿撰"。长卿两《唐书》无传,事迹略见计有功《唐诗纪事》卷二六、辛文房《唐才子传》卷二。《唐才子传》云长卿字文房,河间人,与《直斋书录解题》所云宣城人不合。盖河间在唐时属河北道瀛州,而宣城则属江南道宣州也。此本为叶文庄公菉竹堂旧藏,迭经周松霭(春)、盛伯羲(昱)及洹上袁氏庋藏。书字拙古,虽谬讹满纸,然以明正德覆宋本勘之,此本卷一《送宣尊师醮毕归越》诗后所脱,适当明刊二叶之数;卷二《送梁郎中赴吉州》诗、卷六《奉送从兄罢官之淮南》诗及卷七《罢摄官后将还旧居留辞李侍御》诗后所脱,又适当明本一叶之数。是此本实与正德本同出一源。盖宋本此数处偶有缺佚,故余所见之正德本,卷一、卷七亦空脱,与此本无异。考此书宋刊仅见半叶十二行行二十一字元翰林国史院旧藏之《刘文房文集》残帙,与正德本之称号及行款迥殊,当非正德本及此本之所自出。正德本半叶十行行十八字,与传世南宋临安府陈宅经籍铺印行诸唐人诗集，体式行款无一不合。而南宋本《刘随州诗集》世无传本，仅赖正德本以见其涯略。正德本讹误以此本校之，可得其大半，以是知旧钞之足贵也。兹列其异同为校记如左，庶览者详焉。此本前后有"叶文庄公家世藏"、"叶印子寅"、"叶德荣甫世藏"、"叶氏藏书"、"松霭藏书"、"宗室文悫公家世藏"、"盛昱之印"、"伯羲父"诸印。

卷一

[湘妃]婵娟湘江水　钞本"水"作"月"。

[瓜洲道中送李端公南渡后归扬州道中寄]惆怅江南北　"北"作"地"。

[听弹琴]冷冷七丝上　"冷冷"作"泠泠"。

[游南园偶见在阴墙下葵因以成咏]　"咏"作"咏"。

[送子婿崔真甫李穆往扬州]落花逐水流　"水流"作"流水"。

[过刘员外长卿别墅]返照寒川满　"川"作"山"。

[碧涧别墅喜皇甫侍御相访]　"御"作"郎"。

[初到碧涧招明契上人]泉浇苦后田　"苦"作"谷"。

[却归睦州至七里滩下作]惆怅梅花早　"早"作"发"。

[对酒寄严维]郡简容垂钓　"郡简"作"群涧"。

门前七里濑　"七里濑"作"濑七里"。

[朱放自杭州与故里相使君立碑回因以奉简吏部杨侍郎制文]鹏集占书久　"久"作"夕"。

[赴新安别梁侍郎]此路云水深　"云水"作"水云"。

[和州留别穆郎中]唯闻江北钟　"江"作"汀"。

[送金昌宗归钱塘]新家渐水上　"渐"作"浙"。

[送州人孙沅自本州岛却归句章新营所居]征税反渔竿　"反"作"及"。

星居海岛寒　"星居"作"田生"。

[送李员外使还苏州]夜月留同舍　"同"作"洞"。

［岁日作］律变沧江外 "沧"作"苍"。
［送李秘书却赴南中］炎洲百口住 "住"作"往"。
［使回次杨柳过元八所居］婚家复如何 "家"作"嫁"。
［寄普门上人］白云寒卧处 "寒"作"幽"。
［巡去岳阳却归鄂州使院留别郑洵侍御侍御先曾谪居此州］暮帆归夏口 "帆"作"潮"（钞本朱笔增入）。

离别洞庭头 "离"作"难"。

卷二

［送李中丞之襄州］茫茫汉江上 "汉江"作"江汉"。
［酬郭夏日长沙感怀见赠］"夏"下有"人"字。
［余干旅舍］孤城向水闭 "向"作"临"（钞本朱笔改）。
［敕恩重推使牒追赴苏州次前溪馆作］疲马向空山 "疲"作"瘦"。
［重推后却赴岭外待进止寄元侍郎］黄叶已辞根 "已"作"更"。
来往落沅 "落"下有"湘"字。
［送郑司直归上都］宦游成禁老 "禁"作"楚"。
［送李挚赴延陵令］旦暮华阳洞 "旦"作"日"。
［长沙桓王墓下别李纾张南史］伫立伤今日 "日"作"古"。
［送侯御赴黔中充判官］"御"下有"史"字。
［今日登吴公台上寺远眺寺即陈将吴明彻战场］"今"作"秋"。
［淮上送梁二恩命追赴上都］故关无去客 "关"作"园"（钞本墨笔校改）。
［遏李将军南郑林园观妓］草映大堤春 "大"下有小注"一作绿"三字。
［送严侍御充东畿观察判官］风霜向北寒 "风霜"作"霜风"。
［送王端公入奏上都］"奏"下有"赴"字。
［送李校书赴东浙幕府］"府"下有小注"校书工于翰墨"六字。
芸香辞乱事 "乱"作"职"。

〔送度支留后若侍御之歙州便赴信州省觐〕"送"上有"奉"字。

〔余干夜宴奉饯前苏州韦使君〕"君"下有"新除婺州作"五字。

〔晚次苦竹馆却忆干越旧游〕"游"下有小注"一作晚行次苦竹馆"八字。

〔廨中见桃花南枝已开北枝未发因寄杜副端〕"发"作"放"。

〔奉送卢员外之饶州〕应看吴岫微 "岫"作"毗"。

〔送王员外归朝〕往来无尽目 "目"作"日"。

〔酬李侍御登岳阳见寄〕青山鄂柱深 "柱"作"杜"。

卷三

〔过鹦鹉洲王处士别业〕春草带雨锄 "草"作"苗"。

〔寄万州崔使君令钦〕"万"作"方"。

〔送袁明府之任〕何时当位政 "位"作"报"。

〔送路少府使东京便应制举〕五言凌白云 "云"作"雪",钞本亦误。

〔喜李翰自越至〕江月向天开 "天"作"人"。

〔过横山顾山人草堂〕垂杨闲自风 "闲"作"白"。

〔送李校书适越谒杜中丞〕摇路行人去 "路"作"落"。

〔寻南溪常山道人隐居〕白云依静者 "者"作"渚"。

〔送陆羽之茅山寄李延陵〕"羽"作"明"。

〔寄灵一山人初还云门〕方同沃洲去 "同"作"从"。

〔寄灵一山人初还云门〕 无"初还云门"四字。

〔宿洞灵观〕松柏凌高殿 "凌"作"陵"。

〔送顾长〕晨裴林月在 "裴"作"装"。

〔送张判官罢使东归〕归去带经锄 "锄"作"鉏"。

卷四

〔过包尊师山院〕卖乐胃相识 "胃"作"曾"。

〔越江西湖上赠皇甫曾之宣州〕"越"作"赴"。

东西潮渺渺 "潮"作"湖"。

离相雨萧萧 "相"作"别"。

天涯有来客 "来客"作"客来"。

[水东渡]寒渚生微波 "生"作"住"。

[下山]谁识往来意 "识"作"知"。

[题独孤使君湖上林亭]荆州客独安 "独"作"犹"。

[送严维赴河南充严中丞幕府]山屐留何处 "屐"作"履"。

莲府开萼口 "萼口"作"花萼"。

[酬包谏议见寄之作]"作"作"什"。

[栖霞寺东峰寻南齐明征君故居]古暮作寒草 "作"作"依","暮"当作"墓"。

[行营酬吕侍御]扶疾□前旌 □作"拜"。

[自道林寺西人石路至麓山]惆怅湘江水 "水"作"远"。

[和袁郎中破贼后军行过剡中山水谨上太尉]赦罪春阳发 "春阳"作"阳春"。

[送郑十二还庐山别业]门首秋草闲 "首"作"前"。

卷五

[毗陵校送邹结先赴河南充判官]周残春草在 "周"作"凋"。

[会稽王处士草堂壁画衡霍诸山]看看慰怠颜 "怠"作"愁"。

[观李凑所画美人障子]空令浣沙熊 "熊"作"态"。

[自鄱阳还游中寄褚征君] "游"作"道"。

[石梁湖陆兼]潇潇清秋暮 "潇潇"作"萧萧"。

[夏口送长宁杨明府归荆南因寄幕府诸公]草覆招丘绿 "招"作"昭"。

[泛曲阿后湖简同游诸公]映带至徐州 "至"作"南"。

[上湖田馆南楼忆朱晏]万里望孤舟 "望"作"随"。

[送姚八之句容旧任便归江南]谁家过楚老 "过"作"遇"。

469

〔杪秋洞庭中怀亡道士谢太虚〕青枫亦可意 "可"作"何"。
日送沧波流 "波"作"浪"。
〔砍石遇雨宴前主簿从兄子英宅〕 "英"作"美"。
〔江中晚钓寄荆南一二相识〕既怜沧浪水复（原注"一作吏"）爱沧浪曲 "怜"作"邻"，"吏"作"更"。

卷六

〔题王少府尧山隐处简陆鄱阳〕陆生鄱阳令 "生"作"公"。
〔陪元侍御游支硎山寺〕峰峰带落日 "落日"作"月落"。
步步人青霭 "人"作"入"。
〔夕次担石湖梦洛阳亲故〕颇得湖山趣 "山"作"上"。
〔按覆后归睦州赠苗侍御〕岂令宽气积 "令"作"知"。
〔奉寄婺州李使君舍人〕初传来暮歌 "来"作"未"。
渔樵识太石 "石"作"古"。
〔哭魏兼遂〕全身出乱斤 "斤"作"军"。
〔禅智寺上方怀演和尚寺即所创〕远山低目殿 "目"作"月"。
〔关门望华山〕夏云亘百里 "百"作"万"。
髣髴仍仵想 "仍"作"初"。
〔奉陪萧使君入鲍达洞寻灵山寺〕入云开岭道 "云"作"山"。
〔雨中登沛县楼赠表兄郭少府〕伫立收烟氛 "氛"作"雾"。
〔灞东晚晴简同行薛弃朱训〕伊余在羁束 "羁束"作"灞东"。
好道当有心 "当"作"常"。
荣生苦无暇 "荣生"作"营主"。
〔哭张员外继〕二星来不返 "返"作"还"。
〔贬南巴至鄱阳题李嘉祐江亭〕湖目上高枝 "目"作"月"。

卷七

〔奉钱郑中丞罢浙西节度还京〕今古流不谒 "谒"作"竭"。

〔旅次丹阳郡遇康侍御宣慰召募兼别岑单父〕客心募千里 "募"作"暮"。

〔送元八游汝南〕匹马斯平泽 "斯"作"嘶"。

〔奉和李大夫同吕评事太行苦热行兼寄院中诸公仍呈王员外〕千骑严欲前 "严"作"俨"。

〔洛阳主簿叔知和驿承恩赴选伏辞一首〕皇华使二载 "二"作"三"。

〔题宽句宋少府厅留别〕"宽句"作"句容"。

〔早春赠别赵居士还江左时长卿下第归嵩阳旧居〕瀽洛名不成 "洛"作"落"。

〔夜宴洛阳程九主簿宅送杨三山人往天台寻智者禅师隐居〕满复万余卷 "复"作"腹"。

落湖见孤屿 "湖"作"潮"。

下灯今尚传 "下"作"一"。

〔瓜州驿奉钱张侍御〕称价扶琅玕 "扶"作"掩"。

佐剧劳黄绶 "绶"作"绶"。

星象衔新宠 "象"作"相"。

宁冀少回鸾 "少"作"有"。

卷八

〔寻张逸人山居〕"人山"作"山人"。

〔发越州赴润州使院留别鲍侍御〕"润"作"润"。

〔家园瓜熟是故萧相公所遗瓜种凄然感旧因赋此诗〕谁能更向青门外 "相"字无,"向"作"上"。

〔奉使鄂渚至乌江道中作〕白发那堪带铁冠 "带"作"戴"。

〔送陆澧仓曹西上〕日下凤翔双阙回 "回"作"迥"。

〔寻龙井杨老〕泉咽恐劳经陇底 "恐"作"空"。

手栽松树苍苍老 "树"作"柏"。

身卧桃园寂寞春 "园"作"源","寞"作"寂"。

471

[见故人李均所借古镜恨其未获归府斯人已亡怆然有作]如今始挂陇头枝 "始"作"难"。

卷九

[献淮宁军节度使李相公]白马翩翩春草细 "细"作"绿"。

郊原（原注"一作少陵"）西去獵平原 "少"作"邵"。

[登余干古县城]孤城上与白（原注"一作迢迎楚"）云齐 "迎"作"递"。

[将赴岭外留题萧寺远公院]南朝古木向人秋 "木"作"寺"。

月落猿啼傍客舟 "月"作"叶"。

[北归入至德州界偶逢洛阳邻家李光宰]旧路依然比重过 "比"作"此"。

[使次安陆寄友人]新年早已远萋萋 "早已"作"草色"。

三户无人自乌啼 "自乌"作"乌自"。

[送台州李使君兼寄题国清寺]晴江洲渚带春草 "晴"作"清"。

[送孙逸归庐山]楚客东归栖此岩 "东"作"荣"。

浔阳郭外暗枫杉 "郭外"作"江上"。

[送李将军] 下有"一作送开府侄迎故使中丞旅榇卻赴上都李公用贬谪没于江西开府上表让官乞自扶护"三十六字，较刻本多数字。

擒生绝漠经胡雪 "漠"作"汉"。

[赋得]家住层城临汉苑 "临"作"邻"。

[三月三日李明府后亭泛舟] "亭"作"庭"。

时俗犹传晋水和 "水"作"永"。

[喜朱拾遗承恩拜命赴任上都]身去东山闲草堂 "闲"作"闭"。

[送杨于陵归宋汴州别业]向水残花污客衣 "污"作"傍"。

[哭陈使君]千愁万古共平原 "愁"作"秋"。

[送孔巢父赴河南军]更言诗将会南河 "更"作"又"，"诗"作"诸"。

[齐一和尚影堂] "齐"作"济"。

苔苏苍苍阒虚院　"苏"作"藓"。

卷十

[颖川留别司仓李万]挥手皆城闉　"皆"作"背"。
[登吴古城歌]望平原兮青远目　"平"作"中","青"作"寄","目"作"月"。

叹姑苏兮聚麊鹿　"麊"作"麋"。

叶辞风水自波　"叶"下有"去"字。

[铜雀台]清楼日夜长寂寞　"楼"作"流"。

君不见邺中万事非时昔　"时昔"作"昔时"。

古人不在今人悲　"今"作"令"。

[山鹧鸪歌]万壑千峰目愁独　"目"作"自"。

[望龙山怀道士许法稜]桃花洞里洞人满　"洞"作"居"。

(原载《北京图书馆月刊》第一卷第二号,1928年6月)

《重广会史》五十卷

不著撰辑人姓氏　昭和二年东京前田侯爵景印本

　　日本前田侯爵藏北宋椠本《重广会史》前半五十卷，不著撰人姓氏。《宋史·艺文志》类事类著于录。自来官私书目绝不经见。每半叶十五行，行三十字至二十字不等。匡高营造尺五寸，广三寸八分强。首题"重广会史目录"，字径大如钱。次行低一格题"卷第一"，越数格为子目，卷第二以下仿此。卷一首题"重广会史卷第一"，次低二格题"君无为而治第一"，越数格题"臣无为而治第二"，第三行以下仿此。目后接书"君无为而治第一"，不另起行，犹为卷子本旧式。又次行为正文。白口单边。中缝有"史一"，"史二"等字样。字体古茂劲拔，与罟里瞿氏所藏《冲虚真经》、南林蒋氏旧藏李贺《歌诗编》同一体势。每卷后有"高丽国十四叶辛巳岁藏书，大宋建中靖国元年，大辽统和元年"木刻印记：与日本宫内省图书寮所藏北宋本《通典》后印之记全同。此盖高丽御府藏书，不知何时流归日本。考高丽时兼奉宋辽正朔，建中靖国元年乃高丽肃宗之六年，亦即宋徽宗即位之年。自高丽太祖以迄肃宗，正得十四叶。郑麟趾《高丽史》(十一)云："肃宗六年二月，帝御重光殿阅书籍。六月，分内府文书藏于枢密院。"而此书卷首又有"经筵"一印,知此印记实为经筵侍讲诸臣所钤。其携归高丽,当更前于建中靖国元年。时高丽右文正盛,两国间使臣商旅络绎于道,宋帝赐书事载于史籍者,为数不鲜。故当时新刊书,不数年得转归彼邦。揆诸事理,诚非偶然。案:书中称引至《新唐书》而止,《新书》上于宋仁宗嘉祐五年,卷中于英宗讳"实"字缺笔,即此书刊于英宗时,或更在神哲两代时之铁证。然其于史汉三国晋隋诸史称引不止,而南北朝各史绝不引用,必其时诸史监本尚未见刊成也。江安傅氏藏宋刊《南齐书》首有牒文,略云:"《宋书》、《齐书》、《梁书》、《陈书》、《后魏书》、《北齐书》、《后周书》,见今国子监并未有印本,宜令三馆阁见编校书籍官员精加校勘。"下署"治平二年六月　日"云云。是宋、齐诸史之印行,已在英宗治平之后。《郡斋读书志》亦云:"治平中曾巩校定南齐、梁、陈三书上之,刘恕等上《后魏书》,王安国上《周书》,政和中皆毕,颁之学官,民间传者尚少。"与《南齐书》牒文正合。《会史》为书肆中人所纂,自不能得睹馆阁新刊之书,况诸史大行尚在政和之后,则诸史之见摒亦固其所。其不引欧阳《五代史记》者,盖欧史之刊行实在庐陵身后。《冷斋夜话》卷八载:"刘渊材南归,挟布橐,开橐有李廷珪墨一丸,文与可竹一枝,欧公《五代史》草稿一巨编,余无所有。"考渊材即《宋史·乐志》之刘几,其人于徽宗朝进《乐书》,于庐陵为后辈,而其时欧史尚未有刊本。是《会史》之纂,其不能得见欧史明矣。书中引《旧唐书》不满十则。卷一引唐马燧传,以今本《旧唐书》核之无大悬殊,与岑建功校勘记无一合者。盖《册府元龟》所据或非尽为《唐书》原文,而《太平御览》所引又非《会史》所据之本故也。此书虽非全帙,其所引诸史自出北宋监本,或更有前于监本者,核以今本,自当有一二异同可资校订。固非仅以中土久佚之秘笈重之。爰列诸善本书类,并详记之,为学者告焉。

(原载《北京图书馆月刊》第一卷第三号,1928年7月)

《芦浦笔记》十卷

宋刘昌诗撰　旧钞本(黄荛圃手校)

黄丕烈手跋：

郡中吴枚庵先生多古书善本，皆手自钞录或校勘者。久客楚中，归囊尚留数十种，此《芦浦笔记》其一也。余欲借校鲍氏新刊本，久未得闲。适张初庵来，谈及近见一旧钞残本。内八卷文有"起立行伍"句上多"赵"字，较鲍本为胜。因检此本，乙"起立"为"立起"，文似顺矣，然初不知原文为"赵立起行伍"也。遂动校勘之兴。并忆旧藏穴研斋钞本宋人说部有数种，此书在焉。取勘是本，所获实多。其最胜者，乃卷五"赵清献公充御试官日记"中文多几行也（卷四"巴丘"条亦补九字，较鲍刻为胜）。观鲍本跋语，于此书譬勘至数四，而尚有脱误，信乎古书之难观而校勘之不易也。惜鲍渌饮已作古人，不能语□□之为一大恨事，祇好与枚庵共为赏析尔。

吴翊凤手跋：

戊戌中元，借陆孟庄家西宾本，匀张兴宗令弟钞，惜多误脱。古欢堂主人吴翊凤。

　　此书余于数年前录有净本,已于□□□□□□底本讹脱甚多,今得复翁取善本勘□□无遗憾矣。甲戌重阳后一日枚庵老人书。

陈鳣手跋:

　　余于乾隆四十七年正月,从鲍君渌饮借《芦浦笔记》观于小桐溪馆,命门人传录一本,手自勘正。后十余年,渌饮又得旧本校数过,刻入《知不足斋丛书》,世称善本。今年九月,过吴门,适黄君荛圃,获见旧钞,并以其向藏穴砚斋钞本合校于吴君枚庵旧钞本上,枚庵复跋之而归诸余。余亟以鲍刻重勘,正误甚多,既补第五卷所缺之九行,又补得刘昌诗后跋一篇。计是书先后三十年,历经名家,屡有补正。惜渌饮已不及见是本,犹幸余与枚庵、荛圃之得见也。嘉庆十九年九月十一日陈鳣记。(下有"仲鱼"二字朱文方印。万里案:此文不见于《简庄缀文》,羊氏辛楣所辑《补遗》中亦未收入。)

《芦浦笔记》十卷,宋清江刘昌诗撰。昌诗事迹无考。据书中卷七"仙卜"条称"开禧乙丑窃太常第,敕头毛自知同在期集所,从容问及预有预兆否"云云,而康熙《西江志》卷四十七开禧元年毛自知榜进士题名中亦载之,是昌诗曾登进士第。然未登第以前,其踪迹至不定。淳熙辛丑,客桂林依王清叔(见卷六"紫微王舍人"条及卷十"石芥诗"条),因记桂林尧庙事(见卷六)。其后又尝至淮南。卷四"草鞮大王"条云:"绍兴癸丑,予客淮南。"《提要》谓"绍兴"乃"绍熙"之误,其说良是。至庆元庚申,复返临江(见卷十"石林词"条)。嘉泰壬戌,又道出姑苏(见卷六"六合大同印"条)。时距昌诗登第之年仅隔两载。此二年中,不闻有行役事。自淳熙辛丑迄开禧乙丑,中经二十五年,则昌诗登第时殆已过中年矣。是书之成在嘉泰癸酉,上距登第时亦仅九年。此九年中,昌诗又尝南至四明,徘徊定海、象山间。《提要》谓此书为其监华亭芦沥场盐课时所作,遂以"芦浦"为名。然序中明言芦浦乃廨宇之攸寓,且《宝庆四明志》卷十八载定海县东有芦浦渡,是芦浦之名,不得以华亭之芦沥场当之,明矣。余谓欲知芦浦之所在，当据此书跋中"锓梓于六峰县斋"一语求之。跋文作于成书后之二年，其时昌诗似尚为监税官。观书中所载地理事迹多及四明，而无一语及云间，核之《四明图经》等书，无一不合，自非身历其境者不能为。而《宋史·地理志》及他书中，均未见六峰一名。考《宝庆四明志》（二十）载昌国县有晓峰，柳耆卿即于其地为监场。"六峰"疑即"晓峰"之讹（"晓"误作"陆"，"陆"讹为"六"），此一说也。本书卷六载昌国县有九峰山，"六峰"或即"九峰"矣，此又一说也。综此二说，则"六峰"之有舛讹，似得其实。此固为极穿凿之假设，而其事实之近是与否，则有待于证明者。此书《宋史·艺文志》既不著于录，陶南邨《说郛》亦未引及。嘉庆戊午，长塘鲍氏始据谢氏小草斋旧钞本精校印入《知不足斋丛书》。鲍氏至矜为厉樊榭、赵意林辈所不及见，则其本之精善可知。此为吴枚庵旧藏本，黄复翁据穴研斋钞本勘正甚多。穴研斋本于"贞"、"慎"诸字均缺笔，是其祖本殆即嘉定乙亥六峰县斋本。观于复翁旧藏穴研斋本徐度《卻扫编》（今已影刊入张氏《择是居丛书》），其胜处亦多与宋本合，则此书穴研本为出于宋椠益信。复翁又藏此书节录本，云较鲍刻为胜，与穴研斋本亦合。今此书节本及穴研斋原本俱不可见，则此校本弥足珍矣。此本后复归吴枚庵，枚庵既跋之以贻吾乡陈简庄征君，征君又据鲍本互勘。时鲍君已下世，上距鲍书之刊已十余年，不可谓非后来居上矣。后吴兔床复假此本临校于自藏龚蘅圃玉玲珑阁钞本上。龚本盖即鲍刻之底本，故此本之胜处，龚本亦未能毕具。龚本著录于《拜经楼藏书题跋记》，今已若存若亡。此本后归武原马氏读史精舍，虽阅百余年而首尾仍完具，丹黄煊烂，新若未触，世无宋元旧刻，则此本终当推首善矣。夫昌诗以一稗吏而淹雅如此，观书中辨证《世说》"宁馨儿"及古人称呼多用"阿"字诸条，后之学者亦无以易其说。他于金石刻及名贤手翰，尤多甄录。跋文举汪氏辨证《石林燕语》，以见述作之难，谦冲之诚，溢于楮墨。清江于天水一朝名贤辈出，如徐商老（梦莘）、刘子澄（清之）、韦济川（楫），均足与当世闻人匹。然则昌诗之多才善艺，盖犹沐一乡一邑之化欤！前有"仲鱼图象"（朱文）及"得此书费辛苦后之人其鉴我"（白文）二印，卷一首有"秘本"（朱文）、"陈仲鱼读书记"（白文）、"翊凤之印"（白文）、"枚庵"（朱文）四印，书尾有"读史精舍"（白文）、"筠斋珍赏"（朱文）及"武原马氏藏书"（白文）三印。

附校记（校《知不足斋丛书》本）

序

　　苟未惬其心　黄尧圃校宍研斋钞本"其"作"于"。

卷一

　　[约法三章]约法三章　吴枚庵曰："四字疑衍。"
　　[锡字出处]后汉亦谓之锡耳　吴校改"亦"作"始"。
　　[重五日生]孟尝君以恶月生　黄校"月"作"日"。
　　[射寝石]要皆出于疑心　吴本无"疑"字，校增"无"字。
　　而不及李万岁　吴本"而"字空格，校增"独"字。
　　[从理入口]及魏尅江陵　黄校"尅"作"克"。
　　[星屏]释者无注　黄校"注"作"考"。
　　俱云蔽当　黄校云："下有'车'字。"
　　[阿堵]或数年不点目精　黄校"精"作"睛"。
　　[生活]人间江霭　黄校"霭"作"瀰"，"瀰"字重。

卷二

　　[武成次序]受率其旅　吴本"受"作"纣"，黄校同。
　　列爵惟五分土惟三　黄校"惟"作"为"。
　　[汉砖]一砖之重至□斤　黄校"至"下有"十"字，下仍空格。

卷三

　　[紫荷]欧阳文忠回吴舍人启　黄校"忠"下有"公"字。

479

[振字]周易蛊卦　吴校"周"上增"予考"二字。

[漫录书人官位差误]尝作枢密　黄校"尝"作"当"。

[晋人吊丧]卿常好作驴鸣　吴校"好"下增"我"字。

[打字]又曰打迸　黄校"迸"作"并"。

又有打睡打嚏　黄校"嚏"下有"喷"字。

卷四

[巴丘]隋以来称崇仁县是也　黄校"仁"下有"以乡得名，今抚州崇仁"九字。

[余干]饶之余干号于越　黄校"于"作"干"，下同。下"于越"条诸"于"字，黄校亦作"干"。

[管名]四明奉化县凡七乡　吴枚庵改"七"作"八"，与阮善长说合。

[草鞵大王事]予此近老铺兵也　黄校"此"作"比"。

卷五

[赵清献公充御试官日记]传宣赐酒七宝茶　黄校"酒"下有"食"字。

圣驾幸覆考所起居　此下鲍本脱九行，黄校依穴研斋本补之：

考到诸科卷子

三日晴　上巳日

圣驾幸覆考所起居

赐上巳酒各二果子一

四日微雨春寒

圣驾幸覆考所起居

赐酒食果子

五日阴寒

驾幸覆考所起居

第三谓艺业可采文理俱通　黄校"艺业"作"业艺"。

谓文理疏浅退落无疑　黄校无此九字。

谓犯不考式　黄校无此五字。
谓所试文字并皆荒恶　黄校无此九字。
王瑾　黄校"瑾"作"骥"。
奏乞送焆字号卷重详定　黄校"焆"作"煟"。
圣旨看详定夺靷䩋艎五号等事　黄校"事"作"第"。
在集英殿之前　黄校"殿"下有"门"字。

卷六

[金根车]公主出降　黄校"出"作"下"。
史记中有说金根车处　黄校"记"作"传"。
[季子碑]而季字作蜀　吴本无"蜀"字，吴校补"蜀"字。
非季子也　吴校改"子"作"字"。
[瘗鹤铭]雷门去鼓　黄校"雷"作"玄"，"鼓"作"壳"。
孙恩斫鼓　黄校"斫"下有"此"字。
[六合大同印]谓家藏是印文而失之　黄校"文"作"久"。
[紫薇王舍人梦]陈白金六小锭于前　黄校"锭"作"铤"。
具书之　黄校"具"作"且"。

卷七

[比事]声振天下　黄校"振"作"震"。
固其本根　黄校"本根"作"根本"。
[启母石]后遗飧于鼓　黄校"飧"作"饭"。
知鸟所误　黄校"鸟"作"乌"。
[仙卜]仍大书一魁字　黄校"仍"作"乃"。
王老志喜至人休咎　黄校"志"作"至"。

卷八

[至和拜相制]久滋著效　黄校"滋"作"兹"。

［贤政庄节王公家传］始无愧于天地间矣　黄校"地"下有"之"字。

道过淄川　黄校"川"作"州"。

今日得死所矣　黄校作"今知死所矣"。

敌察其无降意　吴本"敌"作"虏"。

谥庄节　吴校改"庄"作"壮"。

不食五（一作三）日而卒　吴校改"五"作"三"。

绍兴八年和好成　吴校改"好"作"议"。

子非求王待制瘗所乎　黄校"制"下有"之"字。

田谔　黄校"田"作"白"。

敕命嫁遣之　黄校"命"作"令"。

起立行伍　黄校作"赵立起行伍"。

［卞氏玉牒］长史　黄校"史"作"吏"。

南渡寓惟扬　黄校"惟"作"维"。

卷九

［白玉楼赋］端不可以名举而数同也　黄校"同"作"周"。

盖九万风斯在下矣　黄校"万"下有"里"字。

宜其澡心于广漠之清渊　吴校改"澡"作"游"。

华实之林则琼枝珠宇　吴校改"宇"作"树"。

或拊琴而鸣匏　黄校"琴"作"瑟"。

差冠累弁者　吴校改"差"作"羑"。

真放浪而逍遥者也　黄校"而"作"以"。

明窗净几　黄校"明"作"晴"。

九素烟中寒一色　黄校"中"作"光"。

［骊饮箴］伊嫔之职　黄校"嫔"作"妇"。

卷十

［杜诗句差］许求聪惠者　黄校"惠"作"慧"。

[筹笔驿诗]虎奔咸逐逐　黄校"咸"作"还"。

东期赤魏庭　黄校"庭"作"廷"。

想象音徽在　黄校"音"作"风"。

[米小仪题禊帖诗]谩使萧翼夸末许　黄校"翼"作"义"。

[石芥诗]最是徂徕名地道　吴本改"名"作"明"。

[了头严诗]前峰号龟岂是龟　黄校"岂"作"本","是"作"非"。

苍然顽石白天成　黄校"自"作"皆"。

[上元词]进尧杯传宣车马上天街　黄校"尧"作"瑶","传"作"尽"。

珠帘翠模护春风　黄校"帘"作"灯"。

[念奴娇]留落天涯俱是客　黄校"留"作"流"。

[陶谷使江南词]秦弱兰　黄校"弱"作"翡"。

[生查子]露湿玉兰秋　黄校"兰"作"栏"。

观《石林燕语》多故实旧闻，或古今嘉言善行，可谓博洽矣。而怀玉汪先生每事辨其误，信乎述作之难也。昌诗读书（据黄校增"书"字）不多，托子墨以自试，好事者闻（黄校"间"）欲得之，而笔札或不给。后二年乙亥秋锓清俸梓于六峰县斋，非敢以传世也，亦愿闻其误焉尔。重阳日书。（鲍本全脱，今据吴本补）

案：蒋氏《斠补隅录》有《芦浦笔记校记》，以旧钞本校鲍本，与此略同。惟互有详略，读者当自得之。又记。

(原载《北京图书馆月刊》第一卷第四号,1928年8月)

《典雅词》十四种

缪艺风旧藏写本

　　此《典雅词》十四种,中多残破,乃缪艺风老人旧藏书。缪氏曾长江南图书馆,疑此本即从丁氏八千卷楼藏本中录出。丁氏书余未见,确否殆未可必。考《典雅词》之名,不见于宋元以来公私书目(《千顷堂书目》词曲类载《典雅词》三种,与倪璨《补宋史艺文志》所著录者全同,疑出杭堇浦辈所增入,似非俞邰原文如此)。朱竹垞辑《词综》,始自文渊阁及他处搜得六册。朱氏谓即《文渊阁书目》所著《诸家词》三十九册内之残本(案:读画斋本《文渊阁书目》所载乃诸家燕宴词三十册,与朱氏所见本不同)。《曝书亭集》卷四十三有跋,记之甚详。其言曰:

　　　　《典雅词》不知凡几十册,予未通籍时,得一册于慈仁寺集,牋皆罗纹,惟书法潦草,盖宋日胥史所钞南渡以后诸公词也。后予分纂《一统志》,昆山徐尚书请于朝,权发明文渊阁书用资考证。大学士令中书舍人六员编所存书目,中亦有《典雅词》一册。予亟借钞其副,以原书还库,始知是编为中秘所储也。既而工部郎灵寿傅君以家藏钞本词四册贻予,则尺度题牋与予曩所购无异。考正统中《文渊阁书目》止著《诸家词》三十九册，而无"典雅"之名，疑即是书，著录者未之详尔。予所得不及十之二，然合离聚散之故，可以感已！

据此知"典雅"二字乃宋时旧题。故倪璨《补宋史艺文志》内载之，然仅列姚述尧《箫台公余词》、倪称《绮川词》、邱密《文定词》等三种，盖其所知已不及竹垞之多。然此三者均不见于此五册中。又朱氏所藏之六册，今虽无可踪迹，惟劳巽卿曾见之，尝据以校欧良《抚掌词》。《抚掌词》亦不见于此五册中，则传世此书可考者，至少亦当有十八种矣。然如朱氏所云，似原书卷帙之富，可与《直斋书录解题》所载南渡后长沙坊刊之《百家词》相伯仲。则此十八种者，实不及全书十之二耳，其散佚之多，盖可想见。更以此本行款求之（每半叶十行行十八字），与今日所见汲古阁影宋钞本《知稼翁词》、《和石湖词》、《辛稼轩词》等版式正合，其平阙之式亦有同者。以较陈氏书棚本之《虚斋乐府》、《戴石屏长短句》（今所见亦惟毛氏影宋本）虽版式略异，未可遽认为陈氏所刊，然其系统必甚相近。意即宋末临安书肆所刊以牟利者，其性质初与长沙之《百家词》、陈氏之《江湖小集》无异（竹垞云宋时钞本，恐未确）。今《百家词》惟存一目，而此书亦在若存若亡之间，良可慨也。宋人为长短句，辄以雅相尚，故有名其乐府或所选总集为"雅词"者。如张安国有《紫微雅词》，赵彦端有《寅文雅词》，曾端伯有《乐府雅词》，无名氏有《复雅歌词》，宋壶山亦有《雅词》（见戴石屏《望江南》词题）。此书以"典雅"命名，亦足觇一时之风尚矣。

第一册

西麓继周集　陈允平撰

允平字君衡，号西麓，明州人。案《彊村丛书》刊本，据劳巽卿传录新城罗氏本，与此本十同八九，盖同出一源。至江都秦氏所辑《日湖渔唱补遗》，则钞自《历代诗余》。以校此本，颇有异同。已详见彊村本校记，兹不赘。

第二册

燕喜词(残)　曹冠撰

冠字宗臣,东阳人。案:此本卷末《望海潮》换头后缺一叶,与别下斋、四印斋两刊本均同,盖同出一源。

拙庵词　赵磻老撰

磻老字渭师,东平人。曾从范成大使北,还擢知临安府,坐事谪饶州,有《拙庵杂著》三十卷《外集》四卷。案:此与四印斋刻本实同出一源。

碎锦词　李好古撰

好古,字里未详。案:陶凫香《词综补遗》卷十五载李好古字敏仲。《谒金门》词后按云:李好古有《碎锦词》一卷,自署乡贡免解进士。今集中无此词,然首署进士,与陶氏所云合,疑陶氏误记也。又案:此本与四印斋刻本实同出一源。

第三册

双溪词(残)　冯取洽撰

取洽字熙之,延平人,自号双溪翁。案:此本《摸鱼儿》调后全脱。《彊村丛书》本即从此出。

袁宣卿词　袁去华撰

去华字宣卿,奉新人。绍兴乙丑进士。知石首县。著有《适斋类稿》八卷,词一卷。案:此与四印斋刊本实同出一源。

文简公词(残)程大昌撰

　　大昌字泰之,休宁人。绍兴二十一年进士。后官至龙图阁学士,致仕,谥文简,《宋史》有传。案:此即《彊村丛书》本所自出。

第四册

澹庵长短句　　胡铨撰

　　铨字邦衡,江西庐陵人。高宗建炎二年进士,历官至权兵部侍郎,以资政殿学士致仕,卒谥忠简,著有《澹庵文集》、《周礼解》等书。《宋史》有传。案:此本前脱十一叶,自《浣溪沙》残句"倡条冶叶漫争春"七字起。四印斋所刊《南宋四名臣词》本即从此出,然终不若此本之存真也(四印斋本失载《浣溪沙》残句)。

章华词(残)　　无名氏撰

　　案:四印斋刊本即从此出。

篔嶸词(残)　　刘子寰撰

　　子寰字圻父,号篔嶸翁。居麻沙。尝登朱文公之门,刘后村序其诗,行于世。案:此前后均有残脱,仅存第十二叶《解语花》、《玉漏迟》及残词二首。余尝于《花庵词选》钞得《齐天乐》等八首,《全芳备祖》内钞得《醉蓬莱》等三首,《翰墨全书》内钞得《霜天晓角》等二首,合此本所存校辑为《篔嶸词》,以文繁不录。

巢令君阮户部词(残)　　阮阅撰

　　阅字闳休,舒城人。建炎初知袁州,致仕寓居宜春。著有《诗话总龟》。案:此仅存首叶《感皇恩》等词四首,《彊村丛书》本即从此出。近余于《花庵词选》内搜得《眼儿媚》一首,《词综》内搜得《洞仙歌》一首,可补朱本之缺。

第五册

知稼翁词　黄公度撰

公度字思宪,莆阳人。绍兴八年进士。后官至尚书考功员外郎。案:此本与《六十家词》及汲古阁影宋钞本均无大异,实同出一源。

龙川词(残)　陈亮撰

亮字同甫,永康人。著有《龙川集》。《宋史》有传。案《宋史·艺文志》云:"陈亮外集词四卷。"今所传毛氏《六十家词》本已不及全书之半。此本前后均有残脱,仅存六叶有奇,四印斋所刊《龙川词补》即从此出。余尝于《全芳备祖》内搜得《水龙吟》等六首,为此本及毛刻所未载,则散佚之多可知矣。

孏窟词(残)　侯寘撰

寘字彦周,东武人。晁说之甥。绍兴中以直学士知建康府。案:此本前脱十一叶。持校《六十家词》本,颇有佳处。如《菩萨蛮》咏荼䕷一首,此本题作"次韵蔡子周咏荼䕷",较毛本为详。又此首"道人心似水,梦冷屏山里"二句,毛本"水"作"海","里"作"外",并以此本为长。又如《菩萨蛮》"各自东西去",毛本"西"讹"归";"非君谁解愁",毛本"非君"讹作"□非"。《青玉案》"冉冉年光真暗度",毛本"光"讹"元"。并当据此本正之。其他胜处尚多,兹不枚举。

(原载《北平北海图书馆月刊》第二卷第二号,1929年2月)

《明人文集题记》选录

《说学斋稿》不分卷

（明叶文庄公手钞本）

明危素撰。素字太朴，金溪人。元至正中官至礼部尚书、参知政事、翰林学士承旨，出为岭北行省左丞，后退居房山。淮王监国，起为承旨如故。明洪武二年，授翰林侍讲学士，后因御史王著等论素不宜列侍从，谪居和州以卒。卒后宋景濂为撰墓碑，见《宋学士集》。素在元明之际雅负时望，古文之业雄视百世，范杨虞揭以下无与抗者，惜《千顷堂书目》著录之文集五十卷久佚，仅存《云林集》二卷，乃在元日所作诗。《四库全书》著录之《说学斋稿》四卷，从鲍士恭家藏进呈本录出，乃嘉靖三十八年归有光从吴氏得手稿传钞者，其本不分卷帙，止一百三十余篇，皆赋、赞、铭、颂、记、序之属，实系残本也。此为有明成化间昆山叶文庄公（盛）菉竹堂钞本，首叶有"右佥都御史印"一印可证，书法工丽秀逸，的非凡品。凡碑十六篇，墓铭三十三篇，传、状十六篇，杂文二十五篇，除卷末《静修书院记》非文庄手迹后来补入外，其他八十九篇均在《四库》著录四卷本

《说学斋稿》之外,洵秘笈也。前后无书题,惟卷中有题"说学斋稿"三处,其下不记卷数,而记至正七年、至正十一年、至正十四年等字,知从稿本钞出,亦与四卷本同。面页有文庄玄孙恭焕手识,略云"嘉靖辛酉岁,震川归师从予觅危太朴文,因检不得,竟复之。自隆庆丁卯后,予以病淹,偶点检楼间元集,乃获此卷,实先文庄公钞存题曰'危翰林文'者。因思向归师借时,若细加检阅,亦可应命,只缘不肯加功,故草草回之,今归师已仙去而不获见,予复病淹非昔比,皆可感也"云云,是此帙归震川在日亦未见,与归本皆全集内之一部,故二本可作延津之合,读《四库》本者得此,庶几无遗憾矣。卷中时见识语,不著名氏,审是仁和劳季言(格)手笔。季言尝辑《说学斋集外文目》,得三十七篇,见所著《读书杂识》,故于此本亦郑重加以签校。邵懿辰《四库全书标注》谓劳巽卿得叶文庄亲笔钞校本《说学斋稿》乃外集遗文者,即此帙也(邵氏误以为外集,殆亦未见原书)。此帙嘉庆间归吴县黄氏士礼居,故末叶有"平江黄氏图书"一印,后又入劳巽卿家,故季言得见之。近吴兴刘氏嘉业堂校刻《危太朴续集》,仅得据南昌彭氏知圣道斋传录本,故以此帙校之颇有违异,自当以此为正也。此帙所收虽戋戋不足百数,然皆煌煌巨制,颇有资于蒙古史事之研究,其重要盖在《四库》著录本上矣。

《青旸集》四卷补遗一卷

(《粟香室丛书》本)

明张宣撰。宣字藻仲,江阴人。父端字希尹,博学好修,乡人称之曰沟南先生,仕至海盐州判官。宣少负才名,洪武初以考礼被征,寻入史局,与修《元史》。上亲书其名,召至殿庭,即日擢翰林院编修。六年谪濠,道卒。著有《春秋胡氏传标注》、《五经标题》、《青旸集》,皆未及行,行世者惟《四书点本》留刻郡庠。其《春秋胡氏传标注》,鄱阳周伯埼序之,谓其"潜心研采,羽翼文定之学"云。事迹具详《江阴县志·乡贤传》。此编首有友人朱桓及光绪十年邑人金武祥序文,后有光绪丙戌邑人夏勤邦跋语。初,宣之诗因明时未镂诸版,世不多见,邑人赵敬夫从《江阴文献录》搜得四卷,其本后归夏彦保,彦保以贻同邑缪荃孙,因介金武祥刊人《粟香室丛书》,以彰潜德。彦保复从《铁网珊瑚》搜得《送张吴县之官嘉定赋得采莲经》一首、《春草堂诗》一首,从《江阴诗粹》搜得《感兴》一首、《感事》三首、《寄许如心》一首,从《江阴诗粹续选》搜得《游兰亭》一首、《题惠子及莲窝》一首、《孤凤吟》一首、《新春和沈仲瞻述怀》一首、《白杨怨》一首、《刘宠庙》一首、《乙巳苏台检历》一首、《题和靖观梅图》一首,又从《明诗综》及《江上诗钞》搜得《送胡季城之官阳朔》一首,辑为补遗一卷殿焉。传世宣之诗盖尽于此矣。宣诗为杨铁崖所深赏,与高季迪、倪云林唱和相得,吐属婉秀,无钩章棘句之态。如《严氏五老图歌》、《感怀述旧兼怀唐丹厓》、《游四明山与慈邑诸公会宿》及《至正甲辰赋长句》诸作,格调高华,造语振采,与吴中四杰神似,卓然能自成一家。惜乎遭明祖之忌,不获令终,亦贾生、祢衡之徒也。宣原名瑄,唐肃为撰更名记,具见《丹厓集》云。

《继志斋集》二卷

(《续金华丛书》本)

明王绅撰。绅字仲缙,义乌人,待制樟之仲子。樟卒时,绅年仅十三,事母兄敦孝友,长博学,受业于宋濂。蜀献王闻其名,聘绅待以客礼。绅启王往云南求父遗骸,不获,因作《滇南痛哭记》,以志终天之恨。建文帝时,用荐召为国子博士,卒于官。事迹具见《明史·王樟传》。案:绅所著《继志斋集》,《千顷堂书目》,《明史·艺文志》著录者得三十卷,《四库全书提要》云十二卷,而写定入《四库全书》者则仅九卷。此九卷中,篇章零乱,不可究诘,如卷首永乐元年庐陵邹缉及锡山王达二序及第一卷《大明铙歌鼓吹曲十二章》、《谒余忠宣公庙》,第二卷《简郑叔良》,第三卷《和韦苏州韵》、《送潘叔困》,第五卷《汉元帝论》、《盘谷书舍诗序》、《素牡丹诗序》,第六卷《送戚文鸣归省序》,俱全缺。第三卷《史馆和侍讲方先生韵》、第四卷《灵岩泉韵》，第六卷《送郑叔贞序》，第七卷《万实堂记》、《尚志斋记》、《用拙斋记》，第八卷《容斋记》，第九卷《与博士仪书》、《上陈长史书》、《答邹公瑾书》、《辞蜀府书》，每篇均缺半叶。此外第一卷《别王仲修》，第二卷《夜坐呈正学方先生》，第三卷《送王元采大尹之汉阳》、《题苏武牧羝图》，第九卷《上仲兄请立家庙家法第一书》，全文虽佚，然篇题尚可于温陵黄氏旧藏写本中求之，库本并其目亦删落无遗，于是原书之面目尽失，至可憾也。此从明万历中张维枢所刻《王文忠公集》附录内摘出传刻，得诗文各一卷，篇叶虽不及库本四之一，然库本全脱之文，如《饶歌十二首》、《史馆和侍讲方先生韵》、《送郑叔贞序》、《用拙斋记》、《上仲兄书》诸文，厘然具在，足补库本之缺矣。绅之文本之《诗》、《书》之要，驰骋变化，追轶两京，诗亦流丽圆转，陶铸乎韦柳之间。《四库提要》评其文演迤丰蔚，诗无元季纤秾之习，实不足以尽其长也。

《易斋稿》十卷

（明初刻本）

明刘璟撰。璟字孟光，青田人，诚意伯基之次子。洪武二十三年，太祖命袭父爵，特设阁门使授之，寻为谷王府右长史。燕王称兵，随谷王归京师，令参李景隆军事。兵败，上书不见省，遂归乡里。成祖登极，召之，称疾不至，逮入京，下狱，自经死。事迹具详《明史·刘基传》。此编前后无序跋。半叶十二行，行二十四字，黑口双阑，审是永宣间刻本。与诚意伯所著《覆瓿集》、《写情集》、《翊运录》，诚意伯长子琏所著《自怡集》及其孙荐所著《盘谷集》版式全同，盖同时同地所刊，当即周弘祖《古今书刻》处州府项下著录之本。其本明季已极罕见。崇祯壬午，青田令杨文聪从诸生将芳华、芳荨兄弟得钞本，篇章零乱，反复校订，始序而刻之，然仅得二卷。以校此本，杨本缺失古诗四十余章，五七言近体诗一百余首，其他杂文、序、传、书、铭之属，杨本亦多舛讹。然则此本之为善本，不待言矣。《四库全书》别集类据杨本录入而未见十卷本,自是遗憾。钱唐丁氏善本书室藏有此本,虽系毛氏汲古阁故物,然仅存前五卷,反据杨本以弥其失,皆不及此帙之完整。此帙前后有"太原叔子藏书记"、"王印闻远"、"声弘"诸印,知是孝慈堂藏书,乃五百年来仅存之秘笈,吾人以球璧视之可也。至璟又著《赵吟稿》、《无隐集》,则自来藏家未见传本,殆已佚矣。

《大明宣宗皇帝御制集》四十四卷

(明内府钞本)

明宣宗撰。宣宗讳瞻基,仁宗长子,建元宣德,在位十年崩,葬景陵。此编前后无序跋。首《帝训》二卷,次序、记、论、说、赋、颂、箴、铭、杂著十卷,又次古今体诗三十一卷,又次散套、小令一卷。《千顷堂书目》、《明史·艺文志》俱云"《御制文集》四十四卷",与此本卷数相合,又别出诗集六卷,乐府一卷,似诗集、乐府尚有单行刊本。此则合诗文、乐府为一集,殆在景陵厌世之后矣。廖道南《殿阁词林记》云:"宣宗喜为诗,初即位,起学士李时勉而任用之。一日幸文渊阁,赐诸学士饮,呼时勉谓曰:'卿非朕,安得饮此酒?'时勉顿首谢。他日赐游东苑,上赐时勉酒,酌以御瓯,时勉顿首辞曰:'臣可与陛下同饮,不敢同器。'上悦,命易以银爵。既醉,上出御制诗俾赓之。"此即卷中《临视文渊阁》一诗之本事。王世贞《艺苑卮言》云:"宣宗天纵神敏,长歌短章,下笔即就。"世贞别撰《弇山堂别集》,又称宣庙命阳武侯薛禄等率师筑赤城等处,赐之诗,有"出车命南仲,城齐惟山甫"句。禄不晓,以问杨士奇。具言之,且曰:"上以古之贤将待尔也。"禄乃拊心感泣。今此诗亦见集中。此外徐𤊟《笔精》引所撰乐府词,然以此本校之,劣得其半而已。在明代诸帝中,景陵稽古右文,独擅睿藻,惜其集迄未刊行,《四库全书》仅存《宣宗御制集》一卷之目。此尚是明内阁藏嘉靖中精写本,海内无第二帙,极可宝也。

《执斋集》二十卷

(明嘉靖刻本)

明刘玉撰。玉字咸栗,万安人。弘治九年进士。除知辉县,入为御史,以劾刘瑾系狱,削籍放归。瑾诛,起河南佥事,历福建副使,擢大理少卿,进右佥都御史,提督江防,改巡抚郧阳。再督江防,改理院事,以平宸濠功进右副都御史,擢刑部侍郎,议大礼忤旨,坐李福达狱削籍。隆庆初,赠刑部尚书,谥端毅。事迹具详《明史》本传。此编凡赋、七、解、辞、颂、赞、箴、铭一卷,古今体诗八卷,奏疏二卷,记、序、引、论、说、议、书、启、题跋、杂著、传、志之属九卷。首有巡抚山东都御史安成后学彭黯及嘉靖己酉巡抚山东监察御史门人傅镇序文,末有嘉靖己酉济南府知府李增后序,目录前题"刑部左侍郎万安刘玉著,监察御史门人同安傅镇校",盖傅镇按鲁日所刊,尚是本书第一刻本也。玉以风节特行著于正嘉之际,授辉县知县日,发粟赈饥,上《陈民情疏》,蠲免虚税,复业者凡千家。擢御史,孙伯坚、金琦、王宁皆以传奉得官,已又以指挥胡震为都指挥,分守通州。玉上《塞幸门广言路疏》及《巡视通州陈言利书疏》,不纳。武宗即位甫四月,灾异迭见,玉又陈修省六事。出按京畿,中官吴忠奉命选后妃,肆贪虐,玉又上《慎重大婚疏》。会刘健、谢迁罢官,玉上《陈治忽明忠佞疏》,言刘瑾等佞幸小臣,陛下顺遥邪而弃辅臣,此乱危所自起,乞罢瑾等,于理仍留健、迁辅政,不报。嘉靖初,偕九卿争兴献帝不宜称皇,及帝意已决,又偕廷臣哭争,其立身严洁,扶持纲常,皆见之于奏疏,实足以风末世矣。玉尝于辉县立教条以兴民行,重修百泉书院,正邵康节以下诸儒之记,以课诸生。为河南学政时,兴大梁书院,购群籍与诸生讲习。为福建提学副使时,流寇为患,为檄谕降之,又立祠祀靖难死节之臣。及后罢官居乡,与罗整庵岁时讲学白鹭书院不辍。均有文载集中,盖终其身无浮词伪行焉。卷末有《祭阳明王公文》,推崇阳明学行备至,知犹奉阳明之教也。诗矫健劲拔,不愧作者。《题神女祠》有句云:"更无词客瞻云气,犹有诗人吊夕阳。欲向麻姑问消息,千年谁见海尘扬。"颇得风人之旨,谁谓执斋不工俪语耶?此本半叶十行,行二十二字,版心下记文体类别,亦罕见之例也。

《乙巳春游稿》五卷

(明嘉靖刻本)

明李濂撰。濂字川父,自号嵩渚山人,祥符人。正德甲戌进士。授沔阳知州,迁宁波同知,擢山西按察佥事。事迹具详《明史·文苑传》。此编首有池阳柯相及濂自序,乃濂罢官春游百泉日所作诗文。初,岁在嘉靖乙巳,濂杜门多暇,乃入王屋,蹑天坛观济源池,徘徊于龙潭盘谷之间。还经宁邑,过山阳,问竹林遗迹,遂入六真山,寻列仙丹灶。迤逦至百家岩、驼峰岭、石门潭,暂憩于共城之百泉书院,陟苏门山绝顶,访孙登啸台、邵子安乐窝,觞咏于泉上之涌金亭而返。前后历二十日,共得游记十二首,杂文三首,五七言杂体诗五十九首,诗余长短句十首,合为一帙。越岁丙午秋,中州巡抚柯相得见其稿,乃嘱开封知府桂林白某刊之郡斋,即此本也。濂诗标奇阐胜,独具宗风,读之恍如身在岩瀑间,云翱霞蔚,猿鸟乱啼。清赏即足,吟啸随之,不啻柳子厚之在永州,欧阳永叔之在滁州光景也。濂尝自定义其诗文为《嵩渚集》一百卷。《四库全书总目提要》谓其文于七子外自成一格,大抵笔锋踔厉,泉涌飘驰,而裁翦尚疏。及今观之,馆臣所诋未免浅乎测之矣。濂留心乡邦故实,所著《汴京遗迹志》二十四卷,博综典洽,几与《长安志》、《雍录》抗衡。又有《祥符乡贤传》八卷、《祥符文献志》十七卷,《四库》俱入存目,至今尚有传本。独此帙自来中州人士无见之者,《三怡堂丛书》亦未列入。乃范氏天一阁故物,不可谓非秘笈也。

《剿事汗语》二卷

（明天启刻本）

原书不著撰人姓名，前后无序跋。载檄文、看详、谕告文及呈杨经台、熊经台禀稿等杂文凡数十篇，各文均系以年月日，自戊午六月迄庚申正月。案：戊午为万历四十六年，庚申为四十八年。万历四十六年，辽事益亟，努尔哈赤以兵袭抚顺，诏起辽东旧巡抚杨镐为兵部尚书，任经略，编中所称杨经台者是也。踰年督师分三路攻辽，全军败绩，开原既陷，辽阳危在旦夕，朝廷急召熊廷弼渡辽宣慰，编中所称熊经台者是也。此书之作即在是时。观其招收游勇，宣谕营陈，严禁商贾，晓喻兵民，备极辛劳，盖当预于征辽之役。其于庚申正月复抚台禀稿云："泰夙不习兵，惟知己知彼四字，碎心筹划。"又云："去年三路败后，泰见之最真。"知其名必有一"泰"字，惟不知其姓耳。又同年月复阅台相机议，有"全辽所倚为存亡，天下所恃以安危者，辽阳也"等语。又云："无辽阳，则由广宁而山海，而蓟门，而都门，祸不忍言。"盖是时作者戍守辽阳，故言之不觉亲切动人。考熊廷弼《抚辽疏稿》卷一，有《急救辽阳疏》，引辽阳道阎鸣泰来帖，与编中所载情事正合，则此书自必鸣泰所撰也。鸣泰清苑人，万历戊戌进士。除户部主事，屡迁辽东参政、拾遗，被劾罢归。久之，起命事，分巡辽海，开原既失，半道恸哭而还。天启中，擢右佥都御史，巡抚辽东。召为兵部右侍郎，进本部尚书、太子太傅兼太子少师。事迹具详《明史·阉党传》。传叙其结识魏阉，把持朝政本末至详，然观此编前后所收章牍，规画边事未尝不殚精疲神以赴于事功，初不料剿事之汗未干，党人之祸已作，晚节不劲，至于斯极也。然则士生敦品励行，又奚可少哉。

《咏怀堂诗集》四卷《外集》二卷

（明崇祯刻本）

明阮大铖撰。大铖字集之，怀宁人。万历四十四年进士。授行人，天启元年考授户部给事中。三年,升吏部右给事中。南都既建,与马士英同领朝政,升兵部尚书。清兵破金华,大铖迎降。后又与士英等请隆武出关为内应,事发,大铖知不免,遂投崖死。事迹具详《明史·奸臣传》。此编乃其所自刊。大铖于天启中与左光斗、魏大中诸人构衅,名列珰案,故终思宗之世废斥凡十七年。卷首叶灿序谓其"里居八年以来,萧然无一事,惟日读书作诗,以此为生活,无刻不诗,无日不诗"云云,知是集所录皆其穷居屏处时粹精壹力为之也。大铖于诗之涂径可于其《与杨朗秋夕论诗》一阕中见其厓略。诗云:"时尚奠足云,所严在古昔。斋心望云天,柴桑如可即。天不生此翁,六义或几息。厥后王与储,微言增羽翮。"又云:"异代晞发生,泠泠濑中石。舍是皆泇沮,偶汇亦沟洫。胜国兼本朝,一望茅苇积。滔滔三百年,鸿蒙如未辟。"可知其推许古人,除三百篇、楚骚外,仅陶、王、储、谢数公,心中且无李、杜、苏、黄,遑论余子。大铖于诗之抱负,固目空一切也。大铖诗之佳处在其境界之高,窥入天之秘藏,为绝诣之冥赏,其写景之工,设想之奇,古今来大诗人无出其右者。以闲雅骀荡之笔,写幽蓓空灵之境,名篇佳制,层见叠出。如《春夕雷雨大作晚霁枕上口占》云:"花叶沐以齐,晴鸟纷我园。伫立始有悟,任运良可尊。"《看杏花宿瑕仲山庄微雨》云:"湖风弄微寒,果兆夜来雨。萧萧春竹鸣,高馆更成趣。"《盖臣拟为余刻诗述怀以谢》云:"林花觉我怀,纷纷下庭户。霁心与定气,冯之酌终古。"《雨中喜群贤集十赉阁会文》云:"花叶春烟和,石濑秋泉清。长谣达松风,兹赉何可轻。"《吸江楼为林六长遥赋》云:"深烟闭萝葛,疏星堕筊筲。去此垂廿年,回思神魂警。"《已戒三山帆风逆还泊銮江招杜退思入舟舣咏》云:"明灯黄叶下,寄梦疏钟里。霜筱感深夕,凉吹渺然起。"《簶天开岩历诸胜登摄山顶还宿》云:"怀音达钟界,饮光坐霞庑。烟定群峰开,林缺江帆舞。"《采莲曲江微雨晚霁》云:"万象歇霁夕,圆月逗孤岑。文鱼负我舟,兰芷充我簪。宓妃顾我嘻,冯夷鼓且摐。释此不臻懂,晼晚将来侵。"《同以冲少宰潜夫同年步明月峰》云:"草暝气亦和,空翠自成露。次第阅归禽,却立饶有悟。"此外联句如"炊烟冒岚影,旅梦接山云","竹疏山气透,荷近稻香分","林空闻露响,潭曙识星飞","立渚见恬鹤,争烟闻乱鸟"等,岂寻常模范山水、傲啸风月者所能梦见。貌视之虽极尽雕镂炼磨之能事,然非爱好天然者无从道一字,此《咏怀堂集》所以独有千古也。自诸体评衡之,其最胜者厥惟五言,五言得陶、王、韦、储之神髓;五律则精警完整,如天衣无缝。七言则不脱七子旧格,惟知铺排,了无天趣,然亦时时有佳句,如"江树春红村雨足,露秔秋碧晚烟和","尽日经行空翠里,一春调息雨声中","高咏各师寒岁雪,初衣交擎六朝云"等,其名贵亦不亚于五言也。大铖机敏奸滑,其人格无足称,独工于诗,开五百年未有之局,所谓孔雀有毒,文采斐然,固未可一概而论也。乃其诗不登于《明史·艺文志》,钱谦益与大铖有私谊,仅录其诗七首,均非其绝作,朱彝尊《明诗综》不载大铖名氏,附论于李忠毅诗曰:"金壬反复,真同鬼蜮,虽有《咏怀堂诗》,吾不屑录之。"以故其集公私藏家书目罕著于录。然就其诗艺论之,大铖要亦人杰矣,惜其文不传,所传者仅计成《园冶》前一序文耳。

《鹄湾遗稿》不分卷

(明末刻本)

明谭元春撰。元春字友夏,竟陵人。天启丁卯举人。事迹附见《明史·袁宏道传》。此编首有鹤湖钱继章序文,乃继章所辑《人琴集》之一。初,元春既辑其诗为《岳归堂集》十卷,吴人张泽又合其诗为文一帙,题曰《谭友夏合集》,共得二十三卷。一卷至五卷为《岳归堂新诗》,六卷至十四卷为《鹄湾文草》,十五卷至二十三卷为《岳归堂已刻诗》,每首各具评语。一时洛阳纸贵,风靡宇内者,即合集本也。同时有邹庵其人者,又辑谭诗得十卷,号曰《谭子诗归》,并载诸稿自题之名,如《西陵草》、《秋寻草》、《客心草》之类,凡十余种。知谭诗当时别行本甚多,合集与诗归当即取资于是。此则元春卒后其友人钱继章所辑,共得古今体诗二百六十五首,为前此诸集所未及,盖佚稿也。元春诗可称刻画无盐,与钟伯敬同趣,然才调绝不如钟。钱东涧评其诗,谓"以俚率为清真,以僻涩为幽峭。

作似瞭不瞭之语,以为意表之言,不知求深而弥浅;写可解不可解之景,以为物外之象,不知求新而转陈。无字不哑,无句不谜"。此数语殆可视为竟陵一派定论。验之卷中所载《梦李朱实同坐刘士云泛阁作》、《古诗送弟服膺》、《答陈义升令君》、《江北桃源行》、《答徐元叹》诸作,类皆篇章破碎,词旨蒙晦,然后知东涧之言非诬。乃继章刊此集时,谓谭诗"猎异穷窈,朴才灵多,开千古之胜胸,资万人之目福",其言骰乱是非,颠倒黑白,诚可谓阿其所好,非尚论者所敢许矣。

《夏节愍全集》十卷《补遗》一卷

(清嘉庆刻本)

明夏完淳撰。完淳字存古,华亭人,吏部中允彝之子。年十六,从师陈子龙起兵太湖,遵父遗命,尽以家产饷军。鲁王监国,遥授编修。子龙战败,走吴被执,至金陵死焉,时年十七。乾隆间赐谥节愍。事迹具详《成仁录》及《镇洋县志》。此编乃嘉庆中娄县庄师洛所辑。先是师洛尝辑《陈卧子遗集》,以完淳为卧子高弟,遂兼辑完淳诗文,零星掇拾,积久渐多。师洛弟子青浦何其伟、娄县陈均俱预于编订之役。盖综其生平所作《玉樊堂集》、《内史集》、《南冠草》三种汇录成帙者也。《玉樊堂集》作于甲申、乙酉间;《内史集》作于从军以后,始丙戌迄丁亥四五月间;《南冠草》则皆临难时道中、狱中之作。计得赋十首,骚九首,古今体诗二百五十三首,诗余四十一首,问一首,论三首,檄、序各一首,书三首。卷首冠以像赞、列传、事略,卷后又系以赠言、哀辞等文。编刊即毕,师洛又从柘湖黄氏得《内史集》别本,内有赋二首,骚一首,乐府十一首,五言古诗三十六首,七言古诗二首,为初编本所失载,因辑为《补遗》,续刊之,完淳遗文遂厘然可读。至《续幸存录》自序所云,《南都大略》一卷、《杂志》二卷、《义师大略》一卷、《先忠惠行状》一卷、《死节考》一卷,俱未搜采入集,殆已佚矣。完淳诗遒丽壮伟,绝无懦音。长短句得秦、柳之遗韵,拾《花》、《草》之余沫,殿步一朝,洵非虚誉。《大哀》一赋,足敌庾兰成《哀江南》一篇。《小长芦诗话》谓"终童未闻善赋,汪踦不见能文,方之古人殆难其匹"。其倾崇之忱可谓至矣。呜呼!当断续之交,丁无妄之世,怀申胥之志,赋汨罗之文,生为才人,死作雄鬼,百世之下,读其歌章,亦可哀其遇矣。

(题记原出赵万里所撰《续修四库全书总目提要》,部分经冀淑英整理,以《明人文集题记》为题发表于《文史》第52至55辑)

附录　赵万里先生年表

1905 年　出生
5 月 7 日,出生于浙江省海宁县城内的啸园。

1911 年　六岁
入海宁达才小学。勤于功课,爱习书法。

1917 年　十二岁
小学毕业,考入浙江省立第二中学。各门成绩优秀,以文史最为突出。喜爱植物,自制的植物标本曾在校展览。

1921 年　十六岁
中学毕业,考入国立东南大学国文系。师从吴梅先生,研习词曲,在词曲研究和创作上得窥门径。大学期间有不少习作及与人唱和的词作,后来辑录为《斐云词录》一卷。同时他开始刻意搜求、收藏书籍,收获颇丰,并抄写、校勘了数部古籍。

1923年 十八岁

2月,王国维因事返乡,他于亲戚家拜见了王先生。

发表处女作《述"录""方"二字义》,载于《国学丛刊》第一卷第二期。

1925年 二十岁

7月,经吴梅先生介绍,赴京拜王国维先生为师。

8月,代陆维钊在清华学校研究院国学门任王国维先生助教,负责帮王先生准备讲义,抄校、检阅书籍等事宜。在王先生的影响下,他的研究领域和视野得以拓展,涉及版本学、目录学、校勘学、金石学、史学、戏曲等诸多方面,研究功力也愈渐提升。

1926年 二十一岁

6月,发表《唐写本〈文心雕龙〉残卷校记》,载于《清华学报》第三卷第一期。

过录王国维的《水经注》校本。书成之后,王国维于此过录本卷尾题写一篇跋文,详叙其校勘《水经注》的过程,并对赵万里校书之勤予以称赞。

1927年 二十二岁

6月2日,王国维于颐和园昆明湖自沉身亡。赵万里怀着极其悲痛的心情,为先师整理遗著、编写年谱,概述其生平与学术。先后编写了《王静安先生著述目录》、《王静安先生校本批本目录》,《王静安先生年谱》、《王静安先生之考证学》等。

6月5日,与表妹张劲先结婚,婚礼由清华学校教务长梅贻琦主持。

12月,应聘编辑天津《大公报·文学副刊》。

1928年 二十三岁

发表《说苑斠补》,载于清华大学国学院《国学论丛》第一卷第四号。

6月,离开清华研究院,经陈寅恪介绍,就职于北平北海图书馆,任中文采访组和善本考订组组长,兼任编纂委员会和购书委员会委员。从此开启了长达五十余年的图书馆工作生涯。

以《馆藏善本书提要》为题,先后撰写了《刘随州集》、《封氏见闻录》、《重广会史》、《芦浦笔记》等书的提要,发表于《北平北海图书馆月刊》第一、第二卷。

1929年 二十四岁

4月,发表《〈永乐大典〉内辑出之佚书目》、《〈永乐大典〉内辑出之佚书目补正》、《记〈永乐大典〉之戏曲》、《〈永乐大典〉内之元人佚词》、《馆藏〈永乐大典〉提要》等文章,载于《北平北海图书馆月刊》第二卷"《永乐大典》专号"。这是他辑校、研究《永乐大典》初始阶段的重要成果。

8月,北平北海图书馆并入国立北平图书馆,他任善本部考订组组长,负责善本书的调查、采购、考订等事宜,并主编《国立北平图书馆月刊》。

9月,受聘在北京大学任兼职教师,同时兼任中央研究院历史语言所特约研究员、编辑员,故宫博物院图书馆和文献馆专门委员。

1930年 二十五岁

撰写《北平图书馆善本书志·明别集类》,共计完成七十余篇提要,分别发表于《国立北平图书馆馆刊》第四卷第一、第四、第五号。

7月中旬,赴上海,经张元济先生介绍,在商务印书馆东方图书馆涵芬楼访书二日,记录了原天一阁藏的明季史料,后将访书始末及所录部分材料写成《从天一阁到东方图书馆》一文,发表于《大公报·图书副刊》第12期。

7月下旬,赴苏州观览潘博山先生藏书。

1931年 二十六岁

2月,《校辑宋金元人词》一书由中央研究院历史语言所出版,胡适先生为之作序。

8月,与郑振铎、马廉同访宁波范氏天一阁,因故未能登楼阅书。无意间在友人家中发现了天一阁旧藏《录鬼薄》及《续录鬼簿》,三人合力抄写出副本,并作序一篇。

1932年 二十七岁
1月,在上海为北平图书馆购得蒋氏出售的明人别集六百四十种。

1933年 二十八岁
1月,发表《南宋诸史监本存佚考》,载《蔡元培先生六十五岁论文集》。

7月,与马廉再访天一阁,获允登阁观书七日,完成了对天一阁藏书的编目。

9月,受聘在清华大学国文系兼课,至1937年结束;同年又受聘在北平中法大学文学院兼课,至1935年结束;又受聘在北平辅仁大学国文系兼课;又受聘主编天津《大公报·图书副刊》;又应教育部聘请,担任"编订《四库全书》未刊珍本目录委员会"委员,发表了《景印〈四库全书〉罕传本拟目》,载于《国风》半月刊第三卷第二期。

所编《北京图书馆善本书目》出版,傅增湘为之作序。

1934年 二十九岁
1月,发表《散曲的历史观》,载《文学》1934年第2卷第6期。

2月,发表《重整范氏天一阁藏书记略》,载《国立北平图书馆馆刊》第八卷第一号。

4月,发表《〈四部丛刊续编〉的评价》,分载《大公报·图书副刊》第23、24期。

6月,发表《芸盦群书题记》,载《国立北平图书馆馆刊》第八卷第三号。

1936 年 三十一岁

所编《汉魏六朝冢墓遗文图录》十卷附补遗后记,由中央研究院历史语言所出版。

《宋会要稿》二百册,由大通书局出版。1931 年,北平图书馆购得徐松《宋会要》辑稿,于 1933 延请专家成立七人委员会负责整理、编印事宜,赵万里予其列,并于出版之际发表《〈宋会要稿〉略说》一文,载于《图书季刊》第三卷第一、二辑合刊。

1937 年 三十二岁

2 月,发表《〈清真集〉校辑》,载《国立北平图书馆馆刊》第十一卷第一号。

结束撰写《续修四库全书总目提要》的工作。日本东方文化事业总委员会人文科学研究所于 1928 年开始主持编修《续修四库全书总目提要》,他自 1934 年起参与编写,至本年 1 月共提交约三百五十篇提要稿。

1938 年 三十三岁

迫于战事,北平图书馆袁同礼馆长率部分馆员南迁昆明,成立了北平图书馆昆明办事处。他留守北平,任善本部主任。在抗战期间,他每年暑假皆赴北平图书馆上海办事处,与郑振铎等同仁一起抢救散落在沦陷区的文物古籍,以免遭日寇劫掠。

1940 年 三十五岁

7 月,为郑振铎购得《中庸集解》、《钟氏四种》等六种书,寄往上海。

9 月,为周叔弢购得海源阁所藏校本《博雅》。

与王国华合编的《海宁王静安先生遗书》出版。

1942 年 三十七岁

9 月,受聘在北平中国大学讲课,至 1945 年 6 月结束。

1943年 三十八岁

发表《魏宗室东阳王荣与敦煌写经》,载《中德学志》第五卷第三期。

1944年 三十九岁

1月,发表《谈柳词》,载《艺文杂志》第二卷第一期。

1945年 四十岁

应聘兼任《图书季刊》编辑。

1946年 四十一岁

1月,赴天津为北平图书馆购回"存海学社"收集的海源阁旧藏善本。

8月,北京大学自昆明迁回北平。9月,他再次受聘在北京大学史学系兼课,讲授中国史料目录学、版本学等课程,至1950年6月结束。同时,还受聘在北京大学图书馆指导有关李盛铎藏书的编目工作。

1948年 四十三岁

《北京大学图书馆善本书录》一书出版,此部书乃他与王重民先生等人合编。

北平解放前夕,为阻止南京政府将北平文物古籍南迁而积极奔走呼吁,通过多方面协作支持,使得北平图书馆的古籍完整保存下来。

1949年 四十四岁

4月30日,华北人民政府把抗战时期在山西抢救出的《赵城金藏》送至北平,入藏北平图书馆。5月14日,代馆长王重民主持《赵城金藏》的修复座谈会,赵万里于会上提出了"整旧如旧"的古籍修复原则。7月,他主持举行了"《赵城金藏》展览",并为展览撰写说明。此后,他一直参与指导《赵城金藏》的修复工作,历时十五年才全部整修完毕。

12月,参加董必武领导的政务院指导接收工作委员会华东文化工作团,赴上海。在华东工作期间,为国家收购了瞿氏铁琴铜剑楼的数百部藏书,又从无锡丁氏处获捐一批原铁琴铜剑楼的藏书,并接收了其他多位藏家捐献国家的古籍文物。

1950年 四十五岁
1月,将抗战期间寄存在上海的二百零八箱古籍调回北平图书馆,并结束上海办事处的工作。

6月,国立北平图书馆与北海松坡图书馆合并,更名为北京图书馆,赵万里任善本特藏部主任。

是年夏,赴天津拜访翁同龢后人翁之憙,商量翁同龢留在大陆的藏书归属。寓居翁宅半月,遴选翁氏藏书二千余册,经翁之憙同意捐献国家。这批书籍后来由文化部调拨入藏北京图书馆。

1951年 四十六岁
2月,发表《从简牍文化到雕版文化》,载《文物参考资料》1951年第2期。

8月13日,主持举行《永乐大典》展览,发表《〈永乐大典〉展示的意义》,载8月18日上海《文汇报》。

冬,赴上海接收潘氏宝礼堂捐赠北平图书馆的善本藏书。

是年,被文化部评定为第一批研究员。

1952年 四十七岁
4月,发表《中国印本书籍发展简史》,《文物参考资料》1952年第4期。

8月,与文化部张珩先生同赴天津,接收周叔弢先生捐赠北图的善本古籍。

校辑《天宝遗事诸宫调》一书完稿。

1953年 四十八岁

经多次洽商,海宁大藏书家蒋鹏骞将"衍芬草堂"、"西涧草堂"藏书全部捐赠国家,是年7月,受文化部委派,他赴浙江海宁主持蒋氏捐书的接收事宜。蒋氏藏书中的宋元善本后皆入藏北京图书馆。

是年,北京图书馆善本部设立新善本组,他提出新的善本观,认为名人手稿、解放区出版的革命文献、历史照片等皆应纳入善本范畴。

1954年 四十九岁

为第一届公共图书馆工作人员训练班学员讲课,并编写《中国古代版本史讲义》。

1955年 五十岁

是年起在馆内开展中国目录学系列讲座,至1966年结束,系统讲授了史部目录学和集部目录学。

经过洽商,为北京图书馆购回旅居香港的藏书家陈清华郇斋中的部分善本。

1956年 五十一岁

1月,应邀到中国书店作"发扬古旧书业优良传统"的讲话。

2月,受文化部委派去皖赣一带访书,后作《皖南访书记》,发表于《旅行家》1957年第9期。

《汉魏南北朝墓志集释》一书补充修订完成,被中国科学院考古研究所收入《考古学专刊》,由科学院出版社出版。

1957年 五十二岁

校辑《薛仁贵征辽事略》一书由上海古典文学出版社出版。

是年关汉卿入选世界四大文化名人,为此他发表了《关汉卿史料新得》、《对〈关汉卿史料新得〉的一点补正》,载《戏曲论丛》1957年第2、第 3 辑。

1958 年 五十三岁

完成《关汉卿散曲辑存》，收入《关汉卿戏曲集》，由中国戏剧出版社出版。

发表《〈永乐大典〉本〈水经注〉破镜重圆记》，载《人民日报》1958 年 12 月 5 日。

1959 年 五十四岁

为建国十周年献礼，主持编纂《中国版刻图录》。

主编《北京图书馆善本书目》，著录建国以来新收藏的善本，由中华书局出版。

发表《谈谈〈永乐大典〉》，载《光明日报》1959 年 3 月 7 日。

发表《古刻名钞待访记》，载《文物》1959 年第 3 期。

1960 年 五十五岁

《中国版刻图录》编纂完成，他作序一篇弁于书首，由文物出版社精装出版。

当选为北京市先进工作者，出席北京市先进工作者大会，受到嘉奖。

1961 年 五十六岁

3 月，发表《唐写本〈说苑·反质篇〉读后记》，载《文物》1961 年第 3 期。

11 月，再次受文化部委派赴浙、闽、苏一带访书，并考察文物古迹与地方戏曲，历时三月有余。沿途所记汇成《南行日记》，发表于《文物》1962 年第 9 期。

1962 年 五十七岁

作为特邀代表,列席全国人民政治协商会议。受到毛泽东、周恩来的接见。

1963 年 五十八岁

为郑振铎藏书所编的《西谛书目》出版,赵万里为此书作序一篇。

受文化部委派赴澳门,鉴定并成功购买一位藏书家散出的善本古籍。

1964 年 五十九岁

当选为第三届全国人民代表大会代表,并出席大会。鉴于国内大量古籍亟需修复,而传统的装裱手艺面临后继无人的情况,他和徐森玉向大会提议举办"古籍装修培训班"。提议后由文化部落实,举办了两期培训班,因"文革"而终止。

1965 年 六十岁

受周恩来总理委派,他再次南下收购香港藏书家陈清华所藏的一批善本珍品。11 月,成功将这批善本运回北京。

1966 年 六十一岁

3 月,校辑《元一统志》一书由中华书局出版。

6 月,"文化大革命"爆发,他被强加上了莫须有的罪名,遭到了严酷的迫害。残酷的批斗和人身攻击严重摧残了他的健康,致使他瘫痪在床,丧失了语言和行动能力。

1976 年 七十一岁

"文化大革命"结束,他等来了平反昭雪的一天。在"拨乱反正"运动中,他在"文革"期间被强加的各项"罪名"被全部推翻,恢复了在政治和学术上的名誉,收回了被强占的房屋和部分被抄没的书籍。

1979 年 七十四岁
受聘为《中国古籍善本总目》编委会顾问。

1980 年 七十五岁
6 月 25 日,因病情恶化抢救无效,病逝于北大医院。

后　记

　　本书以全面展现赵万里先生一生学术研究之菁华为原则，分别选取了他在版本目录、辑佚校勘、词曲研究、金石文献研究以及序跋提要等方面具有代表性的文章，并着意收入了《评顾随〈味辛词〉》《悼江山刘毓盘先生》等几篇《赵万里文集》中失收的文章。其中《实用目录学讲义》是赵万里先生在北大授课时由学生记录的讲义，共两百余页，尚未整理成文，本书仅作存目；《〈永乐大典〉内辑出之佚书目》原有附表著录了五百余种辑佚书目，今限于篇幅，删去了表格。将著录、研究王国维著作的文章冠于书首，以示赵先生对恩师的尊重。此外，本书编撰得到了赵万里先生哲嗣赵深先生与夫人及贤甥冯象教授的鼎力支持，特致谢忱！

付　佳
2015 年 10 月